일본어를 지배하는
핵심어휘와 예문

사람 *in*
커뮤니케이션

머 리 말

Preface

한국은 세계에서 일본어 학습자가 가장 많은 나라입니다.

일반적으로 어려운 발음이나 문법은 외국어를 학습함에 있어 큰 걸림돌이 됩니다. 그러나 일본어는 대부분의 발음이 한글로 보완 가능하고, 문법 역시 유사성이 많아서 학습효과가 빨리 나타납니다. 그런 점에서 한국인에게 습득하기 쉬운 언어라는 점만은 확실합니다.

그러나 유사성이 많다고 해도, 역시 외국어는 외국어. 문화와 국민성의 차이가 문장에 나타납니다. 문법을 이해하고, 단어를 외워도 그것을 어떻게 사용할 것인가가 문제가 됩니다.

레벨이 올라감에 따라 표현과 감각의 차이가 있다는 것도 알게 됩니다. 거기에 또 하나 커다란 벽이 바로 한자입니다. 일본어학습에서 한자의 습득은 커다란 비중을 차지합니다. 서양인들이 악마의 문자라고 부르는 한자는 우리에게도 큰 고민거리입니다. 그래서 이 책에서는 각 어휘 마다 한자 읽는 법을 먼저 제시하여 쉽게 한자를 접할 수 있게 하였고, 예문을 통해 가장 적절한 표현을 익히도록 하였습니다.

이 책은 많은 예문을 모아놓은 책입니다. 각 예문은 존경어, 겸양어, 속어, 남성어, 여성어 등으로 표현되어 있습니다. 일본의 시사, 문화, 사회 전반에 걸쳐 각 분야를 이해하기 충분한 다채로운 예문들이 약 6000개 이상 수록되어 있습니다. 또한 생활과 밀접한 살아있는 문장과 활용도 높은 문장, 일본어 특유의 표현과 단어 수록에 중점을 두었습니다.

책 전체에 한자 읽는 법을 달아 놓아, 한자에 대한 고민을 덜고, 한국어 번역과의 비교를 통해 원문과의 뉘앙스 차이도 이해할 수 있습니다.

「말속에는 문화가 있다」

말을 통해 그 나라의 문화를 배우는 것 역시 외국어학습의 목적 중 하나입니다.

여러분이 이 책을 충분히 활용하여 일본어 실력을 높이고, 일본문화를 조금이나마 이해할 수 있도록 도움이 되었으면 좋겠습니다.

저 자

이 책의 특징 및 구성과 사용법

1. 7대 특징
1) 일본의 시사, 문화, 사회 전반에 걸쳐, 각 분야를 이해하기 충분한 예문의 양과 질을 자랑합니다.
2) 일본어 특유의 표현과 단어가 많이 실려 있습니다.
3) 풍부한 한자 어휘를 읽는 법과 함께 달아놓아 한자사전을 펼 수고를 덜었습니다.
4) 존경어, 겸양어, 속어, 남성어, 여성어 등으로 표현되어 있는 다채로운 예문이 약 6000개 이상 수록되어 있습니다.
5) 일본어 문장과 번역된 한국어 문장의 비교를 통해 뉘앙스 차이를 이해할 수 있습니다.
6) 각종 일본어 능력시험에서 중급 이상을 목표로 하는 학습자에게 최적입니다.
7) 지금까지는 없었던, 실제장면에 꼭 들어맞는 자연스럽게 살아있는 예문이 수록되어 있습니다.

2. 효과적인 사용법
책의 특징이기도 한 예문의 양과 질의 충실함을 살리거나 죽이는 것 모두 이 책의 사용법에 달려있습니다. 본래 문장은 각 단어를 품사와 조사별로 문법과 용법에 맞게 집어넣어 완성한 것입니다. 이 말은 좋은 문장을 접하면 자연스럽게 문법과 용법들이 이해 가능하다는 말입니다.

일본어 또한 마찬가지이며, 그 좋은 예가 일본어를 모국어로 하는 네이티브 스피커들입니다. 일본어 네이티브 스피커들에게 잘못된 문법의 문장을 보여주면, 어디인가 이상하다면서 문법적인 오류를 직감적으로 알아냅니다. 어릴 때부터 자연스럽게 일본어를 접해왔기 때문입니다.

일본어 네이티브 스피커들도 중학교 1학년 국어 시간이 되어서야 문법을 배우기 시작합니다. 그때까지 수십 년 동안 문법을 모르고 생활해 온 바로 그 자체가 자연스러운 일본어를 몸에 익히게 된 비결입니다.

지금 일본어를 학습하고 있는 여러분도 좋은 문장을 많이 접하면서, 자연스럽게 일본어를 몸에 익힐 수 있습니다. 이 책에 실려 있는 방대한 양의 살아있는 예문이 그것을 가능하게 합니다.

Composition

「외국어학습에 왕도는 없다」
조급해 하지 않고 꾸준히 노력한 사람만이 보답 받는 것이 바로 외국어학습입니다.

3. 구체적인 사용방법

1) 예문 전체를 천천히 읽어 봅니다.
2) 각 예문을 한국어 번역과 대비하면서 차근차근 정확하게 살펴봅니다.
3) 한자는 직접 써보면서 다시 한 번 확인합니다.
4) 일본어 예문을 천천히 소리를 내며 읽어봅니다.
5) 문장을「반드시 암기한다」라는 생각으로 다시 한 번 읽습니다.
   (단어와 문장은 눈으로 외우고 손으로 외우고 입으로 외우는 것입니다.)

4. 구성과 표시

1) 이 책은 크게 '정치' '경제' '사회' '문화종교' '연예 / 스포츠 / 오락' '기타 (부사/대명사/속담)'의 6개 분야로 나뉘어져 있습니다. (이 구분은 편의상 나누어 놓은 것입니다)
2) 각 분야의 단어는「あ・い・う・え・お」순서로 배열되어 있습니다.
3) 중요한 단어는 ★・★★・★★★ 등의 별 표시로 구분하였습니다.
4) 단어 밑의 ☞표시에는 주의해야 할 점과 용법, 추가적인 설명을 덧붙였습니다.
   例) くろう [苦労]
       ☞[ごくろうさま(御苦労様)]는 수고했다는 인사말.
5) 참표시는 단어의 참고적인 내용을 수록하였습니다.
   例) さて
       참さておき(さて置き) 잠시 제쳐둠, 일단 그대로 둠.
6) 유표시는 유사어, 반표시는 반의어, 속표시는 속어를 나타냅니다.
7) 본문 뒤에 부록으로 기본단어집을 수록하였습니다.
8) 첫 번째 예문에서는 단어 위에 읽는 법을 적어놓았지만 두 번째 예문부터는 복습의 의미로 읽는 법을 적어놓지 않았습니다.
9) 또한 人(ひと)처럼 예문에 많이 등장하는 단어는 사회 분야 이후의 예문에는 읽는 법을 표시하지 않았습니다.

목 차

Contents

머리말

이 책의 특징 및
구성과 사용법

- **009** 정치
- **027** 경제
- **135** 사회
- **377** 문화 | 종교
- **517** 연예 | 스포츠 | 오락
- **535** 기타
- **603** 부록
- **643** 색인

정치

Politics

001 あらひとがみ [現人神] 사람의 모습으로 세상에 나타난 신, 살아있는 신. 일본의 천황을 일컬었던 용어

- 現人神とは、第二次世界大戦の終戦前に為政者が日本国民に植え付けた天皇観である。
  現人神(현인신)이란 제2차 세계대전이 끝나기 전에 위정자가 일본국민에게 심어 놓은 천황관이다.

- 戦後では、マッカーサーを「現人神」と評価した人もありました。
  패전 후에는 맥아더를 「살아 있는 신」이라고 평가했던 사람도 있었습니다.

- 1946年1月1日、天皇の神格化を否定する昭和天皇の人間宣言をラジオ放送した。それまで天皇は現人神とされていた。
  1946년 1월1일 천황의 신격화를 부정하는 쇼와천황의 인간선언을 라디오로 방송했다. 그 때까지 천황은 살아있는 신으로 여겨졌다.

002 いちいたいすい [一衣帯水] 한줄기의 띠와 같은 수로를 두고 근접해 있는 것

- 島原半島と天草は、一衣帯水の位置にある。
  시마바라 반도와 아마쿠사는 한 줄기의 띠같이 좁은 수로를 두고 근접한 거리에 있다.

- 戦後、日韓友好が叫ばれており、韓国を一衣帯水の地と表現した人がいた。
  전후, 한일우호의 목소리가 높아졌을 때 한국을「一衣帯水」의 땅이라고 표현했던 사람이 있었다.

  ☞ 이 말은 일제의 한반도 침략시에 우익주의자들이 내선일체를 부르짖으며 한국과 일본이 가까운 사이임을 강조하기 위해 자주 인용한 말이기도 하다.

003 いんせい [院政] (어린) 천황을 대신하여 은퇴한 전 천황이 다시 정치를 하는 것

- 院政とは退位した天皇がなお政治を執ることだが、今では引退後もなお勢力を発揮することを言う。
  「院政」란 퇴위한 천황이 다시 정권을 잡는 것으로, 지금은 은퇴 후에도 다시 세력을 발휘하는 것을 말한다.

정치

004 **いんたい** [引退] 은퇴, 현역을 물러남 ★★

- 次期社長にバトンを渡して、実業界から引退する。
  차기 사장에게 바통을 넘기고, 실업계에서 은퇴하다.

- あの選手はこの試合が終わったら引退するそうだ。
  그 선수는 이번 시합이 끝나면 은퇴한다고 한다.

- 華やかに活躍していたあの女優も引退して、この頃はすっかり過去の人になった。
  화려하게 활약했던 그 여배우도 은퇴해서 요즈음에는 완전히 과거의 사람이 되었다.

☞ いんたい : 한자에 따라 뜻이 달라지는데, 「引退」는 어떤 직책이나 지위의 제일선에서 물러나는 것으로 그 뒤에 다른 일을 할 가능성도 있지만, 「隠退」는 현역 활동에서 물러나는 것뿐만 아니라, 사람의 눈에 띄지 않는 곳에서 은둔 생활을 하는 것으로 구분해서 사용한다.

005 **うけいれ** [受け入れ] 받아들임, 맞이함, 떠맡음, 수용, 인수, 들어줌 ★★

- 川口外相は、核査察受け入れや、北朝鮮に滞在中の「よど」号犯の引き渡しを求めた。
  가와구치 외상은 핵사찰 수용과 북한에 체재중인 「요도」호 범인의 인도를 요구했다.

- セミナーでは、少子高齢化をにらんだ外国人労働者の受け入れをめぐり議論が交わされた。
  세미나에서는 출산감소·고령화를 주목하여 외국인 노동자의 수용을 둘러싸고 논의를 교환했다.

- 日本の技術、技能移転手段として、海外からの外国人研修生の受け入れを推進しています。
  일본의 기술·기능이전 수단으로서 해외로부터의 외국인 연수생의 수용을 추진하고 있습니다.

006 **うちきり** [打ち切り] 중지, 중단 ★★

- 電車は配電装置が故障したため運行を打ち切り、乗客らは後続の電車に乗り換えた。
  전철은 배전 장치가 고장이 나서 운행을 중지하고, 승객들은 후속 전철로 갈아탔다.

- 次回総会は、OPECが現在の減産を打ち切り、増産に転じるかどうかが焦点になる。
  차기 총회는 OPEC가 현재의 감산을 중단하고 증산으로 전환할지 어떨지 초점이다.

- 大臣はインタビューを打ち切り、「明日会見します」と車に乗り込んだ。
  장관은 인터뷰를 중단하고,「내일 회견하겠습니다」라고 말하고 차에 올랐다.

007 おおづめ [大詰め] 막판, 최종단계 ★★

- 会議は大詰めになって、混乱に陥った。
  회의는 막판에 와서 혼란에 빠졌다.

- サケの漁獲量を決める日本とロシアの漁業交渉は、いよいよ大詰めの段階を迎えた。
  연어의 어획량을 결정하는 일본과 러시아의 어업 교섭은 마침내 최종 단계를 맞이했다.

- いよいよ捜査が大詰めを迎える。
  마침내 수사가 최종 단계에 접어들다.

008 おおやけ [公] 국가, 정부 / 공적, 공공, 공무 / 공식적 ★

- 公と私の区別をはっきりしなければならない。
  공과 사의 구별을 확실히 하지 않으면 안 된다.

- 公の場所では、言ってはならないことがある。
  공공 장소에서는 말해서는 안 되는 것이 있다.

- その議員は、公の費用で外遊をした。
  그 의원은 공금으로 외유를 했다.

009 おしょく [汚職] 부정, 독직(瀆職) ★

- 社長は汚職問題によって退陣を余儀なくされた。
  사장은 독직 문제로 어쩔 수 없이 퇴진하지 않을 수 없게 되었다.

- 度重なる政治家の汚職事件は国民の政治不信を招かずにはおかないだろう。
  거듭되는 정치가의 독직 사건은 국민의 정치 불신을 초래하지 않을 수 없을 것이다.

정치

010 **おてもり** [お手盛り] 제멋대로 사욕을 취함, 자기에게 이롭게 조치함 / 원래의 의미는 손수 음식을 담는 것을 뜻함

- 各自お手盛りで召し上がってください。
  각자 원하시는 대로 드십시오.

- お手盛りの人事で世間の顰蹙を買う。
  자신에게 이롭게 조치한 인사로 세간의 빈축을 사다.

011 **おやかたひのまる** [親方日の丸] (공사 등) 국영기관이나 기업조직 ★

☞ 우두머리(親方)가 국가(日の丸)라서 도산하지 않는다는 의미로 쓰인다.

- 既得権という聖域の中で、太った親方日の丸組織をスリム化し、本来のスマートな姿に戻すべきだ。
  기득권이라는 성역 가운데에서 비대한 국영기업 조직을 슬림화 하고, 본래의 스마트한 모습으로 되돌려야 한다.

- 「親方日の丸」とは、日の丸、つまり政府が親方なので多少のことがあっても大丈夫だという意味です。
  「親方日の丸」란 일본국기, 즉 정부가 주인이기 때문에 다소의 실책이 있어도 염려 없다는 의미입니다.

- 親方日の丸の、すべてのツケが国税の納税者に回る制度は、早く改めてもらいたい。
  親方日の丸(국영기관)의, 모든 청구서가 국세의 납세자에게 돌아오는 제도는 빨리 고치기 바란다.

か

012 **かかし** [案山子] 허수아비

- 実権を持たない彼は、言うならば、ただの案山子に過ぎない。
  실권을 갖지 못한 그는 말하자면 허수아비에 불과하다.

- ワンマン会長が実権を握っているので、社長と言えども案山子のようなものだ。
  독불장군인 회장이 실권을 쥐고 있기 때문에 사장이라고는 해도 허수아비와 같다.

013 **かざみどり** [風見鶏] 해바라기족, 풍향계(의 닭) ★

- 風見鶏は、時折吹く気まぐれな風にも、くるくると踊っていた。
풍향계의 팔랑개비는 때때로 부는 변덕스러운 바람에도 빙글빙글 춤추고 있었다.

- 政界の風見鶏といわれた彼も、ついに総理大臣になった。
정계의 해바라기족으로 불리는 그도 마침내 총리대신이 되었다.

014 **かすみがせき** [霞が関] 도쿄의 행정부가 집중된 지명으로 일본정부 또는 관청가를 일컬음 ★

- 永田町と霞が関で政策競争をやればいいのだ。
나가타쵸(의회)와 霞が関(행정부)에서 정책경쟁을 하면 좋다.

- このところ霞が関から、徐々にではあるが、人材の流出が始まっている。
최근 霞が関(행정부)에서 (민간기업으로) 완만하지만 인재의 유출이 시작되고 있다.

- 霞が関出身の新知事は霞が関を知って霞が関に染まらず、公共事業などで成果を出している。
행정부 출신의 새 지사는 행정부를 알아서, 행정부에 물들지 않고, 공공사업 등에서 성과를 올리고 있다.

015 **かぜあたり** [風当たり] 비난, 공격, 압박, 바람받이 ★

- 度重なる事故で鉄道会社への風当たりが強い。
거듭되는 전철 사고로 지하철공사에 대한 비난이 거세다.

- 円への風当たりはますます強くなって、1994年にはついに1ドル100円を割るに至った。
엔(円)에 대한 압박은 더욱더 강렬해져 1994년에 마침내 1달러당 100엔을 깨기에 이르렀다.

016 **かんかんせったい** [官官接待] 공무원이 청탁을 위해 다른 부서의 공무원을 접대하는 것 ★

- バブルがはじけ官官接待もなくなり、時代とともに店は変化を迫られた。
거품경제가 빠지고 공무원끼리의 접대도 없어져 시대와 함께 가게는 변화가 다급해졌다.

- 今日、官官接待はほぼ根絶、カラ出張も影をひそめるに至りました。
오늘날 관관접대는 거의 근절되어 (서류상의) 가짜 출장도 자취를 감추기에 이르렀다.

- 国の補助金の一部である食糧費を自治体が「官官接待」に使ったのは違法な公金支出に当たる。
  국가 보조금의 일부인 식량비를 자치단체가 「관관대」에 쓴 것은 위법인 공금 지출에 해당한다.

017 **ぎごく [疑獄]** 정부 고관이나 정치인이 개입된 대규모 뇌물사건/복잡하게 얽힌 재판 사건 ★

- 大物政治家が逮捕される戦後最大の疑獄事件がおこった。
  거물 정치가가 체포되는 전후 최대의 뇌물 사건이 일어났다.

- 連日の報道が疑獄事件の深刻さを伝えている。
  연일 계속되는 보도가 뇌물사건의 심각성을 전해 주고 있다.

018 **くちきき [口利き]** 알선, 중개, 말솜씨가 좋음, 교섭·담판을 잘하는 사람 ★★

- 新規参入を目指す業者が課長の口利きに期待して、借金の立て替えまでしていた背景に何があったのか。
  신규 참여를 노리는 업자가 과장의 알선에 기대해서 빚까지 대신 갚아 준 배경에 무엇이 있었을까?

- A議員の秘書は政府関係機関に「口利き」をして企業から金銭を受け取っていた。
  A의원의 비서는 정부 관계기관에 이권개입 청탁을 하고 기업으로부터 금전을 받고 있었다.

- 口利き料は、いくらかと聞かれ、はたと困った。
  알선료는 얼마냐고 물어, 갑자기 난처했다.

019 **くちび [口火]** 사건의 발단, 일의 시초, 화승총이나 폭약에 붙이는 불 ★

- 野党を代表して質問に立ち、政府攻撃の口火を切った。
  야당을 대표해서 질문에 나서 정부공격의 포문을 열었다.

- 出席者が黙りがちの会議で、議論の口火を切るのはいつも彼だ。
  참석자가 침묵하기 쉬운 회의에서 토론의 물꼬를 트는 사람은 언제나 그다.

☞ 口火を切る 물꼬를 트다

020 さきおくり [先送り] (현시점에서 판단이나 결정을) 유보, 보류, 미룸 ★★

- 省庁間で利害が対立する案件は、全て当事者が納得がいくまで話し合われるか、問題が先送りされることになる。
  성청간에 이해가 대립하는 안건은 모든 당사자가 납득할 때까지 서로 의견을 모으든가, 문제가 보류된다.

- 予定した銀行税徴収が1年先送りとなり、基金から96億円の借り入れを余儀なくされている。
  예정됐던 은행세 징수가 1년 유보되어 기금에서 96억엔의 차입이 부득이 하게 되었다.

- 首相の神社参拝時期について、政府筋は「いつまでも結論を先送りしておくわけにはいかない」と述べた。
  수상의 신사참배 시기에 관해 정부 소식통은 「언제까지나 결론을 미루어 둘 수는 없다」라고 말했다.

021 しちょうそん [市町村] 우리나라의 시읍면 (市邑面)에 해당하는 일본의 지방행정 조직

- 참 とどうふけん(都道府県) 東京都・北海道・大阪府・京都府와 그 이외의 43県

- 市町村の長をえらぶ選挙戦もなかなか熾烈だ。
  市町村(지방행정조직)의 장을 뽑는 선거도 꽤 치열하다.

- 「所得税」は国に納める税金だが、「住民税」は都道府県や市町村に納める。
  「소득세」는 국가에 납부하는 세금이지만, 「주민세」는 都道府県이나 市町村에 납부한다.

022 じもと [地元] 자기가 살고 있는 지역, 본거지

- 地元の衆望を担って衆議院選に立候補する。
  고장 사람들의 기대를 짊어지고 중의원 선거에 입후보하다.

- 高校野球の優勝チームを地元の人達は盛んな拍手で歓迎した。
  고교야구의 우승팀을 지역의 사람들은 열렬한 박수로 환영했다.

- 地元の商店が連合して、大手スーパーの進出に反対している。
  지역의 상점이 연합해서 대형 슈퍼의 진출에 반대하고 있다.

정 치

023 しょうそくすじ [消息筋] 소식통 ★

- 消息筋の話では、彼は次の選挙に立候補するらしい。
  소식통의 말로는 그는 다음 선거에 입후보할 것 같다.

- 消息筋からしばしば重要な情報が提供される。
  소식통으로부터 가끔 중요한 정보가 제공된다.

024 しょくあん [職安] 공공직업안정소의 준말

- 職安に通ったが、なかなか勤め先が見つからない。
  공공 직업안정소에 다녔지만, 좀처럼 근무할 곳이 보이지 않는다.

- 職安を訪れる失業者は必死に仕事を探している。
  직업안정소를 찾는 실업자는 필사적으로 일을 찾고 있다.

- いまは、雇用保険期間も終わり、再就職活動のため職安を利用しています。
  지금은 고용보험기간도 끝나서 재취업 활동을 위해 직업안정소를 이용하고 있습니다.

- ハローワークとは公共職業安定所の愛称で、退職時もらった離職票を提出するところです。
  헬로워크(Hello work)란 공공직업안정소의 애칭으로 퇴직시에 받은 이직표를 제출하는 곳입니다.

025 しんすい [真水] 간접비가 아닌 순수 현금(지원)

- 補正予算案は、中小企業向け金融対策などで、2兆円台の国費「真水」を投入する。
  보정예산안은 중소기업을 위한 금융대책 등으로 2조 엔대의 국고비용을 현금 투입한다.

- 財務省は「地域振興券に似たばらまき」と難色を示しており、「真水」の規模は流動的だ。
  재무성은「지역진흥권과 비슷한 흩뿌리기」라고 난색을 표하고 있어 현금 지원의 규모는 유동적이다.

- 財務大臣は来年度の実質経済成長率2%を見込むために、真水は5兆円超との見方を示した。
  재무장관은 내년도의 실질 경제성장율 2%를 기대하기 위해서 현금지원은 5조엔 이상이라는 견해를 밝혔다.

026 **せろん**[世論] 여론 ★

☞ 원래는 よろん(与論)의 대체 한자로 「世論」으로 쓰게 되었는데, 언제부터인지 [せろん]이라고도 읽히게 되어 지금은 두 가지가 모두 통용되고 있다.

・その問題については世論がやかましくなるだろう。
그 문제에 관해서는 여론이 시끄러워지겠지.

・世論を無視するような政治はよくない。
여론을 무시하는 듯한 정치는 좋지 않다.

・蓋を開けてみると世論調査に反して、選挙は与党の圧勝だった。
뚜껑을 열어 보았더니 여론 조사에 반하여 선거는 여당의 압승이었다.

027 **だいさんこくじん**[第三国人] 과거 일본의 식민지(한국/대만/중국) 국가 출신의 일본 거주자 ★★

☞ 우익 세력에 의해 차별적인 용어로 쓰인다.

・石原知事の発言を見ると、「第三国」と「第三国人」とを意図的に混同させているとしか思えません。
이시하라 지사의 발언을 보면 「제3국」과 「제3국인」을 의도적으로 혼동시키고 있다고 밖에 생각되지 않는다.

・第三国人とは、戦後連合国にも中立国にも属さない朝鮮や台湾の人々に対して、日本人が意図的に蔑視として用いてきた言葉だ。
제3국인이란 전후 연합국에도 중립국에도 속하지 않은 조선이나 대만 사람들에 대해 일본인이 의도적으로 멸시하여 써 온 말이다.

028 **だいじん**[大臣] 각료, 장관

☞ 일본의 행정부에서는 [~省[しょう]]의 우두머리는 [大臣]이라 하고, [~庁(ちょう)]의 우두머리는 [長官]이라고 한다.

・大臣の中でいちばん中心となるのは総理大臣である。
각료 중에서 가장 중심이 되는 것은 총리대신이다.

・あの大臣は記者団のインタビューに答える形で、爆弾発言をした。
그 장관은 기자단의 인터뷰에 답하는 형태로 폭탄 발언을 했다.

정치

029 **たらいまわし**[盥回し] 특정 정파나 파벌이 서로 돌아 가며 자리를 계속 차지함, 사건의 소관 부서를 다른 곳으로 빙빙 돌림

☞ たらい 대야

- 一刻を争う患者が盥回しにされるようなことがあってはならない。
  일각을 다투는 환자가 이 병원 저 병원으로 내돌려지는 일이 있어서는 안 된다.

- 彼らは派閥内で政権を盥回しにした。
  그들은 파벌 내에서 돌아가며 정권을 잡았다.

030 **とどうふけん**[都道府県] 일본의 전국적인 행정구역의 총칭

☞ 1都(東京) 1道(北海道) 2府(京都・大阪) 43県으로 구성되어 있다.

- 都道府県、市町村などを地方自治体といいます。
  都道府県, 市町村 등을 지방자치체라고 한다.

031 **とどけで**[届け出] 계출, 관청이나 조직체에 신고하는 것

- 届け出は、一定の書式で書くこと。
  신고는 일정한 서식에 쓸 것.

- 区役所に婚姻の届け出をした。
  구청에 혼인 신고를 했다.

- 紛失物の届け出の記録を調べる。
  분실물 신고서의 기록을 조사하다.

032 **なかだち**[仲立ち] 중개, 거간, 중매, 주선 ㊛ なかがい(仲買) ★

- アメリカの仲立ちにより、両国の和平が成立したのです。
  미국의 중개에 의해 양국의 평화가 성립되었던 것이다.

- わたしが仲立ちをしてあげるから、一度会ってごらん。
  내가 주선을 할 테니 한번 만나 보렴.

- ハエや蚊は伝染病の仲立ちをする。
  파리나 모기는 전염병의 매개역할을 한다.

033 **ながたちょう**[永田町] 도쿄의 국회의사당과 수상관저가 있는 지역으로 「정계」 또는 「수상」을 가리키기도 함. ★

- 死刑廃止を考える「司法人権セミナー」を、永田町の参議院議員会館で開いた。
  사형폐지를 생각하는 「사법인권 세미나」를 永田町의 참의원 의원회관에서 개최했다.

- 戦没者遺族ら50人が永田町の首相官邸前で、首相の靖国神社参拝中止を求めた。
  전몰자 유족 등 50명이 永田町의 수상 관저 앞에서 수상의 靖国(야스쿠니)신사 참배 중지를 요구했다.

- 永田町の「仕事始め」となった7日、首相は自民党本部で新年のあいさつをした。
  수상으로서의 「업무개시」를 시작한 7일 수상은 자민당 본부에서 새해 인사를 했다.

- 「国民と永田町を近付けたい、国民の考えが少しでも永田町に通じるようにしたい」と述べた。
  「국민과 정치권이 가까워지게 하고 싶다, 국민의 생각이 조금이라도 정계에 전달되도록 하고 싶다」라고 말했다.

034 **にしきのみはた**[錦の御旗] (누구도 거역할 수 없는) 대의명분, 천황의 군대를 뜻하는 관군의 비단 깃발 ★

- 国際競争力の維持という錦の御旗を振りかざせば何でもまかり通る状況はおかしい。
  국제경쟁력의 유지라는 대의명분을 내세우기만 하면 무엇이든지 당당하게 통하는 상황은 이해가 안 된다.

- 認めない人もいるようだが、いまやグローバル・スタンダードは、まさに「錦の御旗」といえる。
  인정하지 않는 사람도 있겠지만, 이제 글로벌 스탠더드는 참으로 거스를 수 없는 「대의명분」이라고 말할 수 있다.

- 構造改革を錦の御旗にしているのは政治だけではない。むしろ経済界の方が御旗の数は多い。
  구조개혁을 대의명분으로 하고 있는 것은 정치뿐만은 아니다. 오히려 경제계 쪽이 깃발의 수는 많다.

정치

035 **にまいじた**[二枚舌] 거짓말, 모순된 말, 식언 ★

- 国連で軍縮を主張しながら、国内で軍事力の増強を図っているのは二枚舌を使う行為だ。
  UN에서 군축을 주장하면서, 국내에서 군사력 증강을 꾀하고 있는 것은 모순된 행위이다.

- 選挙の前は減税を看板にしといて、ずるいよ。政治家はいつも二枚舌を使うんだからね。
  선거 전에는 세금 감면을 간판으로 걸어 놓고서, 교활하군요. 정치가는 언제나 거짓말을 한다니까요.

036 **にゅうかん**[入管] 「출입국관리국」의 약칭 ★

- 入管とは外務省出入国管理局のことで、外国人、日本人の国内外への出入りを管理している役所です。
  입관이란 외무성 출입국관리국을 뜻하며, 외국인·일본인의 국내외로의 출입을 관리하는 관공서입니다.

- 留学生のアルバイトは入管の通達で「1週間 28時間以内」まで認められている。
  유학생 아르바이트는 출입국관리국의 지시로 「1주일 28시간 이내」까지 인정되고 있다.

- 入管(入国管理局)に提出する書類は、本人(外国人)が、入管に出頭して提出するのが原則です。
  출입국관리국에 제출하는 서류는 본인(외국인)이 출입국관리국에 출두해서 제출하는 것이 원칙입니다.

037 **ぬきうち**[抜き打ち] 어떤 일을 별안간에 함, 예고 없이 갑자기 실시함, 칼을 뽑자마자 침 ★

- 委員会の抜打ち解散に我々は闇討ちを食わされた感じだ。
  위원회의 예고 없는 해산에 우리들은 아닌 밤중에 홍두깨 질을 당한 기분이다.

- 抜き打ちの試験でやられた。
  느닷없는 불시의 시험으로 허를 찔렸다.

038 はっと [法度] 법도, 법률과 제도, 금령

☞ 「ほうと」라고 발음하지 않도록 주의할 것. 언제나 ご〜의 형태로 사용된다.

- 社内でマージャンの話は、ご法度だ。
  사내에서 마작(麻雀) 이야기는 절대 금물이다.

- 無礼講の際、ある程度「羽目を外す」のは良いが、トラブルを起こすのはご法度である。
  직위를 무시하고 마시는 술자리가 있을 때, 어느 정도 「도가 지나치는 것」은 좋지만, 트러블을 일으키는 것은 금기다.

039 ひぶた [火蓋] 포문의 뚜껑, 덮개 ★

- 本日の公示をもって、選挙戦の火蓋が切られた。
  오늘의 공시에 의해 선거전이 개시되었다.

- この年、両国の不戦条約は破棄されて、ついに戦いの火蓋が切られた。
  이 해에, 양국의 부전 불가침 조약은 파기되고 마침내 전쟁의 포문이 열렸다.

040 びょうよみ [秒読み] 초읽기, 기한이 임박함 ★

- 首相の退陣はすでに秒読みに入っていると言ってよい。
  수상의 퇴진은 이미 초읽기에 들어가 있다고 해도 좋다.

- ロケットの発射はいよいよ秒読みが始まった。
  로켓 발사는 마침내 초읽기에 들어갔다.

041 ひよりみ [日和見] 기회주의적 태도, 유리한 쪽에 붙으려고 형세를 관망함 ★

- こういう場合は、日和見として結論を延ばすことは許されない。
  이런 경우에는 기회주의적인 태도로 결론을 연기하는 것은 허용되지 않는다.

- 日和見主義だと非難され、売り言葉に買い言葉でケンカになった。
  기회주의자라는 비난을 받아, 폭언에 폭언으로 대꾸하는 싸움이 되었다.

정치

042 ふうふべっせい [夫婦別姓] 부부가 성을 각각 따로 씀

☞일본에서는 전통적으로 여자가 결혼하면 남편의 성(姓)을 쓰는데, 최근 여권 신장 및 여성의 사회활동의 지장 등으로 부부가 따로따로 본래의 성을 쓰자는 운동이 전개되고 있다.

- 夫婦が結婚後も別の名字を名乗ることができる夫婦別姓制度が、実現に動き出す可能性が出てきた。
  부부가 결혼 후에도 따로 성을 쓸 수 있는 부부별성 제도가 실현으로 옮겨지기 시작할 가능성이 대두되었다.

- 夫婦別姓制度は、国会でこれまで何度も議論されてきましたが、日の目をみませんでした。
  부부별성 제도는 국회에서 이제까지 몇 번이나 논의되어 왔습니다만, 햇빛을 보지 못했습니다.

043 ふてぎわ [不手際] (사물의 처리가) 서투름, 매끄럽지 못함, 실수

- 外交上の不手際で、外相自ら責任を取って辞任する。
  외교상의 실수로 외상이 스스로 책임을 지고 사임하다.

- 司会者の不手際により、会の進行が一時間も遅れてしまった。
  사회자의 미숙함으로 인해 회의 진행이 1시간이나 늦어지고 말았다.

044 ほこさき [矛先] 비난이나 공격의 화살(목표・방향), 창끝

- こっちに非難の矛先が転じてきそうになったので、あわてて逃げ出してきた。
  이쪽으로 비난의 화살이 돌려질 것 같아서 서둘러 도망쳐 나왔다.

- ヨーロッパ各地に戦火を広げたドイツ軍は、1940年に入ると矛先をオランダに向けた。
  유럽 각지에서 전쟁을 확대한 독일군은 1940년에 들어서자 공격 방향을 네덜란드로 향했다.

045 みかた [味方] 자기 편, 아군, 우군 ★

- ゲリラの不意打ちを食って味方は大敗した。
  게릴라의 기습을 당해 아군은 대패했다.

- 味方の暗号は敵に読まれて、戦争に負けた。
  아군의 암호는 적에게 해독되어 전쟁에서 졌다.

- 昔、同じ釜の飯を食った仲間がの今では敵の味方になった。
  옛날에 한 솥밥을 먹은 동료가, 지금은 적이 되었다.

046 **やおもて**[矢面] 질문·비난 따위를 집중적으로 받는 처지, 화살이 날아오는 정면 ★

- 公害問題の責任者として、非難の矢面に立たされた。
  공해문제의 책임자로서 비난을 정면으로 받는 처지에 섰다.

- 長女の私はいつも母の小言の矢面に立たされて損だ。
  장녀인 나는 언제나 어머니의 꾸지람을 집중적으로 받아서 손해를 본다.

- グループでは僕が最年長ということで、周囲の非難の矢面に立たされた。
  그룹에서는 내가 최고 연장자라 해서, 주위의 비난이 온통 집중되었다.

047 **やくしょ**[役所] 관청, 관공서 ★

☞ 참 しやくしょ(市役所) 시청, くやくしょ(区役所) 구청

- 何度役所に陳情を行っても、予算がないと判で押したような返事しか返ってこない。
  몇 번이나 관청에 진정서를 냈어도, 예산이 없다는 판에 박은 듯한 대답밖에 들을 수 없다.

- お役所仕事は、とかく不親切だと言われる。
  관공서의 일은 어쨌거나 불친절하다고 말들 한다.

- 住所を変えるときは、役所に届けなければなりません。
  주소를 변경할 때는 관청에 신고하지 않으면 안 됩니다.

048 **やくにん**[役人] 관리, 공무원 ★

- 彼は役人生活を30年したあとで、民間の会社へ移った。
  그는 공무원 생활 30년 뒤에 민간 회사로 옮겼다.

정 치

- あの人は本省に30年も勤めながら、役人風を吹かせたことが一度もない。
  그 사람은 본성에서 30년이나 근무하면서도 관리 티를 낸 적이 한번도 없다.

- 女は軽蔑をこめて役人の顔を見返した。
  여자는 경멸하는 눈빛으로 관리를 되돌아보았다.

049 **やくば** [役場]　町・村 등의 사무소, 공증인・집달관 등의 사무소

- 村役場に行って国民健康保険新規加入の手続きを済ませた。
  마을 사무소(면사무소)에 가서 국민건강보험 신규가입 수속을 끝마쳤다.

- 町役場から町議会議員選挙の投票日の通知が来た。
  마을 사무소(동사무소)로부터 町의회 의원선거의 투표일 통지가 왔다.

050 **やじ** [野次]　야유, 놀림　★

☞ 「弥次」라고도 쓴다. 동사형은 「野次る」

- 弁士はどんなに野次を飛ばされても、平然と話を続けた。
  변사는 아무리 야유가 날아 들어도 태연하게 이야기를 계속했다.

☞ 「やじを飛ばす」 야유를 하다

- 反対派の者たちが盛んに野次って、彼の演説を妨害しようとしている。
  반대파들이 맹렬히 야유를 퍼붓고 그의 연설을 방해하려 하고 있다.

051 **やりだま** [槍玉]　비난이나 공격의 대상 / 창을 자유자재로 다룸　★

- 政界の腐敗を槍玉に挙げて、鋭い論評を加える。
  정계의 부패를 비난의 대상으로 삼아 날카로운 논평을 가하다.

☞ 「やりだまにあげる」 비난・공격의 대상으로 삼다

- 不用意な発言をしたために、僕はみんなから槍玉にあげられる羽目になった。
  부주의한 발언을 한 탓으로 나는 모두한테서 비난을 받는 곤경에 처하게 되었다.

- 日本からのOA機器の完成品輸出は、今のところ、貿易摩擦の槍玉にあがっていない。
  일본으로부터의 OA기기 완성품 수출은 현 시점에서는 무역마찰의 공격대상이 아니다.

052 **よこがお**[横顔]　(어떤 인물의) 잘 알려지지 않은 일면, 프로필　★
- このエッセーには、書いた人の家庭生活の横顔がよく現れている。
  이 에세이에는 작자의 가정생활에 대한 일면이 잘 나타나 있다.
- 一週間も一緒に旅行すると、普段はわからないその人の横顔がわかるものだ。
  1주일 정도 같이 여행해보면, 보통 때는 알 수 없는 그 사람의 알려지지 않은 모습을 알게 되기 마련이다.
- 大統領候補者の横顔が紹介された。
  대통령 후보자의 프로필이 소개되었다.

053 **よこぐるま**[横車]　생억지, (수레를 옆으로 밀듯이) 억지를 부림　★
- 軍部が横車を押して、政府の外交方針を変えさせる。
  군부가 억지를 부려 정부의 외교방침을 변경시키다.
- 君ら、あんな横車に対抗することが出来ないのか？
  자네들, 그런 생억지에 대항할 수가 없단 말인가?
- 「国民世論が既得権益者の横車を許さない」という意見が出そうです。
  「국민의 여론이 기득권자의 횡포를 용서하지 않는다」는 의견이 표출될 것 같습니다.

054 **よこやり**[横槍]　간섭, 옆에서의 말참견
- 政府の見解に野党が横槍を入れて、審議が長引いた。
  정부의 견해에 야당이 간섭하여 심의가 오래 걸렸다.
- 結婚話に横槍が入った。
  혼담에 말참견을 하다.

055 **よろん**[世論]　여론 せろん(世論)
- 世論調査によれば、大部分の女性が雇用の機会が増えたと考えているという結果が出た。
  여론조사에 의하면 대부분의 여성이 고용기회가 늘었다고 생각하고 있다는 결과가 나왔다.

경제

Business

001 **あおたがい**[青田買い]　입도선매, 졸업 전 취업　★

- 青田買いとは、企業が来春卒業見込の学生から早期入社の約束を取り付けることを言う。
  「青田買い」란 기업이 다음 해 봄에 졸업 예정인 학생으로부터 입사 약속을 받는 것을 말한다.

- 卒業は春だが、青田買いで前の年の終りまでに殆ど全員が採用内定済みになっている。
  졸업은 봄에 하지만 입도선매로 전년 말까지 거의 전원이 채용 내정은 끝난 상태다.

- 青田買いがあまり派手にやられると、四年生が落ち着かなくて困る。
  입도선매가 지나치게 성행하면 4학년이 불안해서 곤란하다.

002 **あかじ**[赤字]　적자　★

- これでは、今月も赤字をだすことになる。
  이래서는 이번 달에도 적자를 내게 된다.

- 赤字をどうやって解消するかが頭痛の種だ。
  적자를 어떻게 해소할 것인지가 고민거리다.

003 **あしがかり**[足掛かり]　발판, 실마리, 단서, 거점　★

- 彼は地方議会を足掛かりにして、国会に打って出るつもりらしい。
  그는 지방의회를 발판으로 하여 국회로 치고 나갈 생각인 것 같다.

- 大阪支店を足掛かりにして、西日本全域に販路を広げる。
  오사카 지점을 거점으로 하여 서일본 전지역으로 판로를 넓히다.

004 **あしこし**[足腰]　아랫도리, 하부 구조

- このところ知的財産権をめぐって足腰を鍛えようとする企業が目立ってきた。
  요즈음 지적재산권을 둘러싸고 하부 구조를 단련하려는 기업이 두드러지고 있다.

- 年とともに足腰が弱っていくのは、いたしかたない。
  나이와 더불어 아랫도리가 약해져 가는 것은 어쩔 수 없다.

005 **あしぶみ**[足踏み] 답보, 제자리 / 걸음, 정체 ★

- この頃は原料が不足して、生産が足踏みをしている。
  요즈음 원료가 부족하여 생산이 답보 상태에 있다.

- 景気の後退で、需要の動向は足踏み状態だ。
  경기 후퇴로 수요 동향은 정체 상태이다.

006 **あたまうち**[頭打ち] (더 이상 오르지 않는) 한계점 ★★

- 生産が頭打ちの状態だ。
  생산이 극한 상태에 놓여 있다.

- 国民総生産の伸びはバブル崩壊後頭打ちになった。
  국민총생산의 신장은 거품 경제의 붕괴 후 한계점에 이르렀다.

- 今や対米輸出は頭打ちの状態だ。
  이제 대미 수출은 한계점에 이른 상태다.

007 **あたまきん**[頭金] (선불)계약금, 착수금, 분할지불시 최초로 지불하는 금액 ★

- 新車の頭金は親が出してくれたが、毎月の支払いは自分でするつもりだ。
  새차 구입의 계약금은 부모가 내주었는데, 매월 내는 잔금은 스스로 지불할 생각이다.

- 住宅の購入などで融資を受けようとする場合、通常は頭金が必要となる。
  주택 구입 등에서 융자를 받으려 할 경우, 일반적으로 착수금이 필요하다.

008 **あて**[宛] ~앞, 보낼 곳

- 金曜日の5時以降のご連絡は、私の自宅ファックス宛にお送り頂ければ幸いです。
  금요일 오후 5시 이후의 연락은 저의 자택 앞으로 팩스를 보내 주시면 고맙겠습니다.

- 「親展」と表記された社長宛の郵便物がとどいた。
  사장 앞으로 '친전'이라고 표기된 우편물이 도착했다.

009 **あてさき**[宛先] 수신처, 수신지 ★

- プレゼントの希望者は次の宛て先まで、葉書で申し込んでください。
  선물을 희망하는 사람은 다음의 수신처 앞으로 엽서로 신청해 주세요.

- 発送途中で宛て先を変更したいときは、最寄りの郵便局へ申し出る。
  발송 도중에 수신처를 변경하고 싶을 때는 가장 가까이에 있는 우체국에 신청한다.

010 **あてな** [宛名] 수신자, 수신처, 받는 사람 ★

- 封筒の表には宛名を書いて切手をはります。
  봉투의 겉에는 수신자를 쓰고 우표를 붙입니다.

- この葉書は宛名が違っています。
  이 엽서는 수신처가 틀렸습니다.

011 **あとがき** [後書き] 맺음말, 후기

- 作者は後書きで、自伝を書くに至った心境を述べている。
  작자는 맺음말에서 자서전을 쓰기까지에 이른 심경을 기술했다.

- この著作に後書きを書いてください。
  이 저작에 후기를 써 주십시오.

012 **あとがま** [後釜] 후임, 후임자

- 息子を後釜に据えて社長を引退する。
  아들을 후임자로 앉히고 사장 자리에서 은퇴하다.

- 社長が退陣したら、後釜に座ろうとねらっている人間が少なくとも三人はいる。
  사장이 퇴진하자 후임 자리에 앉기를 벼르고 있는 사람이 적어도 세 사람은 있다.

013 **あなうめ** [穴埋め] 결손이나 부족한 것을 보충(메움) ★

- 業務上横領で逮捕された容疑者は株投資に失敗し、損失が膨らみ穴埋めの持ち出しを繰り返していた。
  업무상 횡령으로 체포된 용의자는 주식 투자에 실패하고, 불거진 손실을 메우기 위해 부정 인출을 반복하고 있었다.

- 雪印は資本金278億円を約98%減資し、リストラで生じた損失を穴埋めした。
  유키지루시(회사명)는 자본금 278억 엔을 약 98% 감자해 구조조정으로 발생한 손실을 메웠다.

경 제

- 書記官は、親類などから融通して着服した金を、処分を受ける前に全額を穴埋めしたという。
  서기관은 친척으로부터 융통하여 착복한 돈을 처벌을 받기 전에 전액 메웠다고 한다.

014 **あまくだり**[天下り] 상급 관청이나 상관의 일방적인 지시, 낙하산 인사 ★★

☞ 주로 고위 관료가 산하 업체의 고위직으로 전직하는 것을 말함.

- 中央政府の高官などが定年後、民間企業などの主要ポストにつくことを「天下り」という。
  중앙정부의 고위관료 등이 정년 후 민간기업 등의 주요 직책에 취임하는 것을 「낙하산 인사」라고 한다.
- 親会社の部長などが子会社の社長に任命されたりすることも、天下りの一種である。
  본사의 부장 등이 자회사의 사장에 임명되는 따위도 낙하산 인사의 일종이다.

015 **あらすじ**[粗筋] 대강의 줄거리, 개요 ★★

- 事件の粗筋をお話いたしましょう。
  사건의 대강의 줄거리를 이야기해 봅시다.
- 計画の粗筋だけは立てたのですが、細かいことはまだ決まっていません。
  계획의 개요를 세웠을 뿐으로, 세부적인 것은 아직 결정되어 있지 않습니다.
- 本を読んだら、書名や著者名、粗筋や感想などをノートやカードに記録しよう。
  책을 읽으면 책이름이나 저자명, 대강의 줄거리나 감상 등을 노트나 카드에 기록하자.

016 **あらりえき**[粗利益] 경비를 제외하지 않고 매상금에서 매입금액을 뺀 대충의 이익 ★

- 粗利益とは、製品、商品などの売上高から原価を差し引いた金額で、ごく大まかな利益を示す。
  「粗利益」란 제품, 상품 등의 매출액에서 매출원가를 뺀 금액으로, 아주 어림잡은 이익을 말한다.

017 **ありかた**[在り方] 본연의 모습(자세), 존재 가치, 바람직한 모습, 방향 ★★

- 民主主義の原点に帰って議会政治の在り方を考える。
  민주주의의 원점으로 돌아와서 의회정치의 기본방향을 생각하다.

- 戦後50年、教育の在り方が見直されようとしている。
  전후 50년, 교육 본연의 자세가 재검토되려 하고 있다.

018 **あんか**[安価] 값이 쌈, 염가 / 값쌈, 싸구려, 저급함 ★

- この製品は、使いやすいうえに安価だと、消費者の評判を呼んでいる。
  이 제품은 사용하기 쉬운데다가 값이 싸다는 소비자의 평판을 불러일으키고 있다.

- 安価な商品がよく売れるとは言えない場合もある。
  저가 상품이 잘 팔린다고 말할 수 없는 경우도 있다.

019 **あんしょうばんごう**[暗証番号] 비밀번호 ★★

☞ 秘密番号라고 하지 않는다.

- キャッシュカードを入れて、暗証番号を押してください。
  캐시카드를 넣고 비밀번호를 눌러 주세요.

- 暗証番号は覚えやすい番号にしないと、忘れて困ることもある。
  비밀번호는 기억하기 쉬운 번호로 하지 않으면 잊어버려서 곤란할 수도 있다.

020 **いたで**[痛手] 심한 타격(손해), 깊은 상처, 치명타 ★

- 企業は有用度が落ちてきている高齢者を抱えていることに痛手を感じるようになった。
  기업은 유용도가 떨어지는 고령자를 고용하고 있는 것에 심한 타격을 느끼게끔 되었다.

- 小麦価格の暴落で、商社は致命的な痛手を被った。
  밀 가격의 폭락으로 상사는 치명적인 타격을 입었다.

- 円高の影響で痛手をこうむって、経営が苦しくなった。
  엔고의 영향으로 심한 손해를 입어 경영이 어려워졌다.

경제

021 **いちにんまえ [一人前]**　1인분, 제 몫, 제 구실, 자활할 만한 기술이나 기능을 가짐, 성인이 됨　★★

- 彼は一人前の働きができるりっぱな男に成長した。
  그는 한 사람 몫의 일을 할 수 있을 정도로 훌륭한 사나이로 성장했다.
- 社会の荒波に揉まれてはじめて一人前の社会人になれるのだ。
  사회의 거센 파도에 시달리고 나서 비로소 제 몫을 하는 사회인이 될 수 있는 것이다.
- お前も一人前の男だから、自分で解決してみなさい。
  자네도 제 구실을 할 수 있는 남자이니 자신이 해결해 보게.

022 **いちもん [一文]**　한 닢, 한 푼, 아주 적은 돈　★★

☞ 에도 시대의 화폐단위. 1円= 100銭, 1銭= 10文

- あの男は好きな女に金を注ぎ込んで、とうとう一文無しになった。
  그 남자는 좋아하는 여자에게 돈을 쏟아 붓고 마침내 무일푼이 되었다.
- 君はなんでそんな一文にもならないことを一生懸命やっているんだね。
  자네는 어째서 한푼 거리도 되지 않는 것을 열심히 하고 있는 건가?
- 人の粗捜しをしたって、一文の得にもならない。
  남의 흠을 들추어 봤자 한 푼의 도움도 되지 않는다.

023 **うきぼり [浮き彫り]**　뚜렷한 묘사, 클로즈업, 돋보임, 뚜렷이 나타남　★★

- その小説には彼の姿が浮き彫りにされている。
  그 소설에는 그의 모습이 도드라지게 묘사되어 있다.
- 相次ぐ航空機の墜落事故によって安全対策の「ずさんさ」が浮き彫りにされてしまった。
  잇따른 항공기의 추락 사고로 인해 안전대책의 허술함이 드러나고 말았다.

024 **うけざら [受け皿]**　받침 접시, 밑바탕 / 뒷받침, 받아들일 곳　★

- 介護保健には賛成だが、現在は財政的にも制度的にも受皿がまったくない。
  재택 환자의 보험에는 찬성이지만, 현재는 재정적으로도 제도적으로도 뒷받침이 전혀 없다.
- 制度としては立派だが、受皿となるべき社会的条件が整っていない。
  제도로서는 훌륭하지만, 밑바탕이 되어야 할 사회적 조건이 정비되어 있지 않다.

025 **うけつけ**[受付] 접수, 접수처, 안내 데스크, 안내대 ★★

☞ 「接受」라고는 하지 않음.

- 受付時間は午前9時から午後5時までです。
  접수 시간은 오전 9시부터 오후 5시까지입니다.

- 受付へ行って面会を申し込んだ。
  접수처에 가서 면회를 신청했다.

- 5時になると、受付の窓口も閉ってしまいました。
  5시가 되자 접수 창구도 닫히고 말았습니다.

026 **うずまき**[渦巻き] 소용돌이 ★

- あの政治家は、金融スキャンダルの渦巻きのなかにいる。
  그 정치가는 금융 스캔들의 소용돌이에 휘말려 있다.

- 軍国主義の傾向が高まり、国内は次第に戦争の渦に巻きこまれて行った。
  군국주의의 경향이 고조되어 국내는 차츰 전쟁의 소용돌이에 휩싸여 갔다.

027 **うちあげしき**[打上げ式] 일을 해낸 것을 기념하는 자축 주연, (속칭) 쫑파티 ★

- 日本の会社では、仕事の目標達成の喜びを祝うために、よく打上げ式と称して酒を飲む。
  일본의 회사에서는 업무 목표달성의 기쁨을 축하하기 위해 자주「쫑파티」라고 일컬어 술을 마신다.

- ひとつの事業をやり遂げて、打上げ式を迎えたときの喜びは、ひとしおだ。
  하나의 사업을 완수하고 쫑파티를 맞이했을 때의 기쁨은 각별하다.

028 **うちあわせ**[打合せ] 타합, 협의, 협상, 상담 ★★

- 明日の会議について、電話で打合わせをしましょう。
  내일 (열릴)회의에 관해서 전화로 협의합시다.

- 打合わせは形式的に済ませて、その後は宴会をやろう。
  협상은 형식적으로 끝내고, 그 후에는 연회를 즐기자.

- 彼は打合わせに遅刻したばかりに、有利な取引を逃してしまった。
  그는 협상에 지각해서 유리한 거래를 놓치고 말았다.

경 제

029 **うって** [打つ手] 취해야 할 수단·방법, 타개책 ★★

- 会社の経営が危うくなったので、次々に打つ手を考えたが、結局だめだった。
  회사의 경영이 위태롭게 되었기 때문에 계속해서 타개책을 생각했지만 결국 소용없었다.

- ああやっても駄目、こうやってもだめで、もう打つ手がない。
  이렇게 해도 안 되고, 저렇게 해도 안 되고 이제 손쓸 방법이 없다.

030 **うなぎのぼり** [鰻登り] 급등함, 치솟음, 벼락 출세 ★★

☞ うなぎ 뱀장어

- 国民の期待に反して、物価は鰻登りに上昇した。
  국민의 기대에 반하여 물가는 천정부지로 상승했다.

- 折からの暑さが手伝って、ビールの売行きは鰻登りだった。
  때마침의 더위가 도와주어서 맥주의 팔림새는 급등했다.

- 彼が書いた本は大変な反響を呼び、彼の人気はうなぎ登りに高まった。
  그가 쓴 책은 대단한 반향을 불러 일으켜, 그의 인기는 하늘로 치솟았다.

031 **うらめ** [裏目] 예상이나 기대의 반대되는 결과, 엉뚱한 결과, 빗나감 ★

- 政府の貿易対策は裏目に出て、経済的な危機を招くことになった。
  정부의 경제정책은 기대에 반하여 경제적인 위기를 초래하게 되었다.

- 僕たちの作戦が裏目に出て、思わぬ大敗を喫してしまった。
  우리들의 작전이 엉뚱한 결과로 나타나 생각지 않은 대패를 맛보고 말았다.

032 **うりあげだか** [売上高] 매출액 ★★

- 売上高の伸びに期待がもてないので、コストの削減にかけるしかない。
  매출액 신장에 기대를 가질 수 없기 때문에 비용 삭감을 시작할 수밖에 없다.

- 各月の売上高の推移をみると、消費の動向が季節的な影響を受けていることがわかる。
  각 달의 매출액 추이를 보면, 소비 동향이 계절적인 영향을 받고 있다는 것을 알 수 있다.

033 **うりかい** [売り買い] 매매, 팔고 사는 상행위 ★

☞ 売買 = ばいばい

- 株の売り買いをする。
  주식 매매를 하다.

- 外国人と秘密に物を売り買いする。
  외국인과 비밀리에 물건을 매매하다.

034 **うりかけ** [売り掛け] 외상판매, 외상으로 팖 ★

- 主人は、売り掛け代金を受取りに出かけました。
  주인은 외상판매 대금을 수취하러 나갔습니다.

- 貸倒れ引当金とは、売掛金の何パーセントかは回収できないものと見做し、計上しておくことを言う。
  대손 충당금이란 외상매출금의 몇 퍼센트 정도는 회수할 수 없다고 간주하고 계상해 두는 것을 말한다.

035 **うりきれ** [売り切れ] 품절, 매진 ★★

- 昨日まであんなに沢山あったのに、今日はもう売り切れです。
  어제까지는 그토록 많았었는데도, 오늘은 벌써 품절입니다.

- 売切れになるといけないから早く買いに行こう。
  매진되면 안 되니 빨리 사러 가자.

036 **うりこみ** [売込み] 적극적인 판매, 판매 공세 ★

- 消費の動向をよく見極めて売込みをかけなくてはならない。
  소비 동향을 잘 지켜보고 적극적 판매를 추진하지 않으면 안 된다.

- 新学期を迎えるころになると学用品の売り込みが盛んになる。
  신학기를 맞이할 때가 되면 학용품의 판매 공세가 맹렬해진다.

037 **うりて** [売り手] 파는 사람, 매도자 ★

- 売り手が多いと、品物は安くなる。
  파는 측이 많으면, 물건은 값이 내린다.

- 売手と買手の駆け引きで値段が決まる。
  가격은 파는 사람과 사는 사람의 흥정으로 정해진다.

038 **うれゆき**[売れ行き] (상품이)팔리는 상태, 팔림새 ★★

- ねらいが外れて、この夏はクーラーの売れ行きがサッパリだった。
  목표가 빗나가 이번 여름은 에어컨의 팔림새가 엉망이었다.

- 今年の冬は、暖冬のため冬物衣料の売行きは、さほど芳しくなかった。
  올 겨울은 따뜻해서 겨울옷값의 판매 추세는 그다지 바람직하지 않았다.

- 当時当社は、新製品の売行き不振に悩んでいました。
  당시 우리 회사는 신제품의 팔림새가 부진하여 고민하고 있었습니다.

039 **うわのせ**[上乗せ] 추가, 덧붙임, 덧씌움 ★

- サービス料として酒代の10パーセントを上乗せする。
  서비스료로 술값의 10퍼센트를 더 얹다.

- 今月の給与には休暇手当が上乗せされる。
  이번 달의 급여에는 휴가 수당이 추가된다.

040 **うわむき**[上向き] (시세 등의)오름세 / 위를 향함, 표면상 ★

- 最近、景気は上向きであるとニュースで言っていた。
  최근, 경기는 오름세라고 뉴스에서 보도하고 있었다.

- 遠くの的を射るためには、弓をやや上向きにする。
  멀리 있는 과녁을 쏘기 위해서는 활을 약간 위쪽으로 한다.

041 **うわやく**[上役] 상사, 상관 ★★

- 彼は上役の前では猫をかぶっているが、意外に喧嘩好きのようだ。
  그는 상사 앞에서는 내숭을 떨고 있지만, 의외로 싸움을 좋아하는 것 같다.

- 僕は上役から睨まれているから出世はできない。
  나는 상사로부터 미움을 받고 있기 때문에 출세는 불가능하다.

- 彼女は勤務中、上役の目を盗んで、恋人に手紙を書く。
  그녀는 근무 중에 상사의 눈을 피해 연인에게 편지를 쓴다.

042 **えしゃく** [会釈] 머리를 끄덕이는 가벼운 인사, 목례, 의례적인 인사 ★★

- 彼女たちは構内食堂で互いに会釈を交わした。
  그녀들은 구내식당에서 서로 고개를 끄덕이며 눈인사를 교환했다.

- 会釈は、腰を曲げる角度が15度ぐらいで、相手のほうへ顔を向ける。
  「목례(会釈)」는 허리를 구부리는 각도를 15도 정도로 하고, 상대방 쪽으로 얼굴을 향한다.

043 **えんだか** [円高] 엔(円)의 시세가 외국통화에 비해 높아지는 것
  反 えんやす(円安) ★★

- 円高により国内の購買力は増大した。
  엔고에 의해 국내의 구매력은 증가했다.

- 急速な円高にも拘らず、輸入物価が下がらないのは、何かおかしい。
  급속한 엔고에도 불구하고 수입물가가 내려가지 않는 것은 뭔가 이상하다.

- 円高対策として、まず考えられたのは海外に生産基地を移転するということであった。
  엔고 대책으로서 우선 생각되어지는 것은 해외로 생산기지를 이전한다는 것이었다.

044 **えんだて** [円建て] 결제 화폐는 円이든 달러든 간에 계산은 円으로 함. ★

☞ 달러 시세의 등락에 관계없이 환차손을 방지하기 위해 일본 자국의 통화인 엔(円)으로 계산해 받는 결제 수단을 말함. 예컨대 えんだてドルばらい(円建てドル払い)는 대금의 계산은 円으로 하되, 지불 수단은 달러로 결제하는 것을 말하며, ドル建てドル払い는 달러를 기준으로 가격을 설정하고, 지불도 달러 화폐로 결제하는 것을 뜻한다.

- 円建てでよろしいですね。
  기준 통화는 엔(円)으로 괜찮겠지요?

- はい、私共のほうとしましては、ドル建てでも円建てでもかまいません。
  예, 저희들로서는 달러 기준이든 엔 기준이든 상관없습니다.

045 **えんやす** [円安] 엔저, 엔화 약세

- 円安とは、円が外貨に比べ相対的に弱くなった状態を言います。
  엔화 약세란 엔이 외국통화에 비해 상대적으로 약해진 상태를 말합니다.

- 例えば、1ドル=100円が1ドル=120円になることを、円安方向に推移すると言います。
  예를 들면, 1달러=100엔이 1달러=120엔 방향으로 되는 것을 엔화약세 방향으로 추이한다고 합니다.

- 円安は円高とは逆に輸出業者が潤い、輸入業者が打撃を受けます。
  엔저는 엔고와는 반대로 수출업자가 득을 보고, 수입업자가 타격을 입습니다.

046 えんりょ [遠慮] 사양, 겸손, 조심함, 삼감, 거리낌 ★★

- 私のものは何でも遠慮なく使ってください。
  제 것은 무엇이든지 사양하지 말고 사용해 주십시오.

- 初めての客は遠慮して何も食べなかった。
  처음 온 손님은 조심스러워서 아무것도 먹지 않았다.

- スクリーンの映像がぼやけたり、火事の心配もありますので、タバコはご遠慮ください。
  스크린의 영상이 뿌옇게 되고, 불이 날 염려도 있사오니 담배는 삼가 주십시오.

047 おうだんまく [横断幕] 플래카드, (옆으로 걸린) 현수막 ★

☞ 위아래로 늘어뜨린 현수막은 たれまく(垂れ幕)라고 한다.

- 大会の開催を知らせる横断幕がすぐ目についた。
  대회 개최를 알리는 플래카드가 곧바로 눈에 띄었다.

- 空港につくと、出迎えの人が横断幕を広げて待っていた。
  공항에 도착했더니 마중 나온 사람이 플래카드를 펼치고 기다리고 있었다.

048 おえらがた [お偉方] 지위나 신분이 높은 사람, (비아냥거림 조로) 귀하신 몸, 어르신네 ★

☞ 「偉方」이라고는 하지 않는다. 언제나 お~의 형태로 사용

- 社員旅行とは、お偉方も、ヒラも全員参加する会社の旅行である。
  사원 여행이란 어르신네도 신출내기도 전원 참가하는 회사의 여행이다.

- お偉方が乗る車は、黒塗の車がほとんどだ。
  귀하신 몸이 타는 차는 검은차가 대부분이다.

049 **おおあたり**[大当たり] 대성공, 대박이 터짐, 크게 히트(함), 크게 적중함 ★

- 今回の企画は大当たりだった。
  이번 기획은 크게 히트했다.

- この芝居は大当りで、連続三ヶ月も興行を行っている。
  이 연극은 대성공으로 연속 3개월의 흥행을 계속하고 있다.

050 **おおうりだし**[大売出し] 대매출, 특별 판매, 바겐세일 ★

- お中元大売出しでは、各デパートとも激しい競争を繰り広げている。
  中元 대목 세일에서는 각 백화점이 모두 치열한 경쟁을 전개하고 있다.

- 赤字出血大売出しのチラシがお客に好評のようだ。
  적자출혈 대매출 전단이 고객에게 호평을 받는 것 같다.

051 **おおがかり**[大掛かり] 대규모, 대대적 ★

- 5年はかかる大掛かりな工事を引き受けた。
  5년은 걸릴 대규모 공사를 맡았다.

- 結婚式は家族と友達だけで行い、大掛かりにはしたくない。
  결혼식은 가족과 친구들만으로 할뿐, 대대적으로는 하고 싶지 않다.

- 映画撮影のため、古代ローマの都市を模して、大掛かりなセットが造られた。
  영화 촬영을 위해 고대 로마 도시를 본떠 대규모의 세트가 만들어졌다.

052 **おおぐち**[大口] 큰 거래처, 거액 / 큰소리, 허풍 ㉘ こぐち(小口) ★★

- 大口の顧客を確保するために一生懸命だ。
  거액 고객을 확보하기 위해 열심이다.

- 大口ばかりたたいている奴は信用されない。
  큰소리만 치는 녀석은 신용을 얻지 못한다.

053 **おおくら**[大蔵] 창고, 재무회계

- 家計を管理するお母さんは、我が家の大蔵大臣です。
  가계를 관리하는 어머니는 우리 집의 재무장관입니다.

- 江戸時代、大阪は天下の大蔵と呼ばれ、日本の経済の中心でした。
  에도시대 오사카는 천하의 주방으로 불려지며, 일본 경제의 중심이었습니다.

054 **おおくらしょう** [大蔵省]　대장성 (우리나라의 재경원에 해당)

☞ 2001년부터 財務省로 명칭 변경.

- 大蔵省は国のお金をとりあつかう役所で、酒やタバコの税金は大蔵省に納める。
  大蔵省은 나라의 돈을 취급하는 관청으로, 술이나 담배의 세금은 大蔵省에 납부한다.

055 **おおごしょ** [大御所]　(은퇴한) 대부, 실력자, 실세　★★

- 黒沢明と言えば、映画界の大御所だった。
  구로사와 아키라(黒沢明)로 말할 것 같으면 영화계의 대부였다.
- 元首相の中曽根さんは政界の大御所を自負している。
  수상을 지낸 나카소네 씨는 정계 실력자를 자부하고 있다.

056 **おおて** [大手]　큰 손, 대형(사), 큰 거래처　★★

- 大手スーパーが近くに進出したので、叔父の洋品店の経営が危ぶまれる。
  대형 슈퍼가 근처에 진출했기 때문에, 숙부의 양품점 경영이 우려된다.
- アメリカの自動車業界の大手メーカーと、販売の契約を結んだ。
  미국 자동차 업계의 대형 제작사와 판매계약을 체결했다.
- 父の勤めているアパレル会社は、日本でも有数の大手企業です。
  아버지가 근무하고 있는 어패럴 회사는 일본 유수의 대기업입니다.

057 **おおばけ** [大化け]　대박을 터뜨림, 크게 히트함, 운동선수의 대활약　★★

☞ 속어「化ける(예상외로 변하다)」의 강조.

- 今までの事業のなかでも、大化けする予感を感じさせたのは若い人が多かった。
  지금까지 사업을 하는 가운데에서도 크게 히트할 예감을 느끼게 한 것은 젊은 사람이 많았다.
- ドットCOM企業の株価が大化けをして、米国ではナスダックが乱高下をしているわけです。
  닷컴 기업의 주가가 대박을 터뜨려 미국에서는 나스닥의 등락이 심했던 것입니다.

058 **おおもの**[大物] 거물, 실력자 (반)こもの(小物) ★
- 今度の金融界の人事には、財界の大物が乗り出した。
  이번 금융계의 인사에서는 재계의 거물이 관여했다.
- 彼はきっと将来のプロ野球界を背負って立つ大物になるだろう。
  그는 반드시 장래 프로야구계를 짊어질 거물이 될 것이다.

059 **おおやすうり**[大安売り] 염가판매, 바겐세일 ★
- あの店では、売れ残りの品物の整理のために大安売りを始めた。
  그 가게는 팔고 남은 물건을 정리하기 위해서 염가 판매를 시작했다.
- スーパーの大安売りのチラシが新聞に入っていた。
  슈퍼의 바겐세일을 알리는 전단이 신문에 끼어 왔다.

060 **おきて**[掟] 지켜야 할 관례, 내규, 규정, 법도
☞ ルール보다 강한 어조.
- 組織の掟を破ると何らかの制裁が加えられる。
  조직의 규정을 어기면 어떤 제재가 가해진다.
- 家庭も会社も国家もそれなりの掟が必要なものだ。
  가정도 회사도 국가도 그 나름대로의 법도가 필요하기 마련이다.

061 **おきゃくさま**[お客様] 고객에 대한 존칭, [손님!]하고 부르는 말
- 305号室のお客様は、お帰りになりました。
  305호실의 손님은 돌아오셨습니다.
- 大勢のお客様で、もう猫の手も借りたいほど忙しいわ。
  많은 손님으로 (고양이 손이라도 빌릴 정도로) 눈코 뜰 사이 없이 바빠요.

☞[さま]는 호텔이나 백화점 등에서 종업원이 고객에 대해 정중하게 호칭하는 표현, 또는 편지의 수신자 이름 뒤에 붙이는 존칭으로 쓰인다. 일반인이 [○○さま]라고 하면 어색하며 회화체로는 [さん]이 일반적이다.

062 **おくゆき**[奥行き] 세로, 깊이, (지식·인품 등의) 깊이 / 안길이(건물·지면 등의) 안쪽에서 뒤끝까지의 거리·길이 ★
- きょうの山田博士の講演は、話が散漫で奥行きがなかった。
  오늘 야마다 박사의 강연은 이야기가 산만하고 깊이가 없었다.

- この冷蔵庫は、高さ：180㎝、幅：120㎝、奥行き：80㎝の大きさです。
  이 냉장고는 높이 180㎝ / 폭 120㎝ / 안길이 80㎝의 크기입니다.

063 **おくりもの**[贈り物]　선물　★

- 友達の結婚のお祝いに、なにか贈り物をしたいと思う。
  친구의 결혼 축하로 무엇인가 선물을 하고 싶다.

- 私は店の人に、「贈り物ですからリボンをかけてください」と言いました。
  나는 점원에게 "선물이니 리본을 달아 주십시오"라고 말했습니다.

- 贈物を相手に差し出すときは、袋や風呂敷から取り出し、相手に正面を向けて差し出す。
  선물을 상대에게 내놓을 때는 봉지나 보자기에서 꺼내 상대방에게 정면을 향해서 내민다.

064 **おごり**[奢り]　한턱 냄 / 사치

- きょうは私の奢りですから、何でも好きなものを注文してください。
  오늘은 내가 한턱낼 테니까 무엇이든지 좋아하는 것을 주문하십시오.

- 社長の奢りで大いに飲んだ。
  사장이 한턱내서 실컷 마셨다.

065 **おしうり**[押し売り]　강매, 억지로 팖, 강매꾼　★★

- 押し売りが玄関に居座って動こうとしない。
  강매 상인이 현관에 눌러앉아서 꼼짝 않고 있다.

- 押売りを追い返すとは、なかなか頼もしい忠犬だ。
  강매 상인을 쫓아 버리다니 아주 믿음직스러운 충견이다.

066 **おじぎ**[お辞儀]　인사, 머리를 숙여 절함, 인사말　★★

☞ 보통 앞에 お를 수반한다. 会釈 보다 정중한 표현.

- お辞儀は頭だけを下げるのではなく、上半身全体を傾けるようにしよう。
  인사는 머리만을 숙일 것이 아니라 상반신 전체를 숙이도록 하자.

- 日本では挨拶をするとき、お辞儀をしますが、ヨーロッパでは握手をします。
  일본에서는 인사를 할 때 머리를 숙여 절을 합니다만, 유럽에서는 악수를 합니다.

- 嬉しかったので、思わず電話にお辞儀をしました。
  기쁜 나머지 엉겁결에 전화에 (대고) 절을 했습니다.

067 **おせじ** [お世辞] 인사치레의 말, 알랑거리는 말, 입에 발린 말 ★★

- 彼は上役に気に入られようとして、心にもないお世辞をあれこれ言っている。
  그는 상사의 눈에 들기 위해, 마음에도 없는 아첨하는 말을 이것저것 말하고 있다.

- そんなに見え透いたお世辞は、ちっとも嬉しくないわ。
  그렇게 속이 훤히 들여다보이는 칭찬은, 들어도 조금도 기쁘지 않아요.

- 強い者にはお世辞を使い、弱い者をいじめるような君たちは品性が下劣だ。
  강한 자에게는 아첨을 하고, 약한 자를 괴롭히려는 너희들은 품성이 야비하다.

068 **おだわらひょうじょう** [小田原評定] 질질 시간만 끌고 결론을 맺지 못하는 회의, 지루한 논의 ★

- 小田原評定とは、実りのない議論、結論が出ずにだらだらした会議、話合いなどをさす。
  「小田原評定」란 성과가 없는 의논, 결론이 나지 않는 지루한 회의나 이야기 등을 가리킨다.

- 朝から会議してて、まだ結論がでないのかね。小田原評定を繰り返しているんだろう。
  아침부터 회의하고 있으면서 아직도 결론이 나지 않았나? 지루한 논의를 되풀이하고 있겠지.

069 **おどりば** [踊り場] 전환점, (일단) 주춤거림, 잠시 멈칫함 ★

- 犯人は非常階段から侵入し、金庫を運び出して、踊り場から投げ落としたらしい。
  범인은 비상계단으로 침입해, 금고를 운반해 내와서 (계단이 바뀌는) 모퉁이에서 던져 떨어뜨린 것 같다.

- 市場では、「米景気は本格的な回復に向かうかどうかの踊り場に差し掛かっている」とみている。
  시장에서는 「미국 경기는 본격 회복으로 향할지 어떨지의 전환점에 임박해 있다」고 보고 있다.

경 제

- IT業界の牽引役だったパソコン需要が踊り場にきている事を改めて浮彫りにした。
  IT(정보기술)업계의 견인차 역할을 해온 PC 수요가 전환점에 이르렀다는 것이 새삼 부각되었다.

070 **おめみえ**[お目見え] 윗사람을 처음으로 뵘, 새로운 것이 처음으로 등장함 ★

☞ 보통 앞에 お를 수반한다.

- 新入社員が社長にお目見えする。
  신입사원이 사장에게 상견례 인사를 하다.

- 新紙幣が今日お目見えする。
  새로운 지폐가 오늘 처음 나온다.

- 俳優が舞台でお目見えする。
  배우가 무대에서 첫 선을 보이다.

071 **おもてにほん**[表日本] 일본열도의 태평양에 면한 지역, 바깥쪽 일본
　　　　　　　　　　　㊥ うらにほん(裏日本)　　　　　　　　　　★

- 日本は、本州の真ん中を縦にはしっている山脈によって、表日本と裏日本に分かれている。
  일본은 혼슈의 한 가운데를 옆으로 가로지르는 산맥에 의해 「表日本」과 「裏日本」으로 나뉘어 있다.

- 表日本は雪は少ないが、夏に雨が多い。
  태평양에 면한 지역은 눈은 적게 내리지만 여름에는 비가 많이 온다.

072 **おやがいしゃ**[親会社] 본사, 지배회사　㊥ こがいしゃ(子会社)　★★

- 親会社の倒産の弾みを食らって、下請会社まで倒産してしまった。
  본사의 도산에 휩쓸려 하청 회사까지 도산해 버렸다.

- 親会社、子会社の関係は、親会社が完全に親分格のところもあれば、まったく対等なところもある。
  본사와 자회사의 관계는 본사가 완전히 상전 격인 데가 있는가 하면, 정말로 대등한 데도 있다.

073 **おろしうり** [卸し売り] 도매, 도매로 팖 ★★

- 消費者物価指数は卸売物価指数に小売業の価格指数を付加したものである。
  소비자 물가지수는 도매 물가지수에 소매업의 가격지수를 부가한 것이다.
- 一般的に卸し売り業者は小売り業者のようにばら売りがしない。
  일반적으로 도매업자는 소매업자처럼 품팔이는 하지 않는다.

074 **おろしや** [卸屋] 도매상 「おろし」라고도 함 ★★

- そうは問屋がおろしません。
  그렇게는 도매상이 팔아 주지 않습니다. -「(자기의) 뜻대로는 잘 되지 않습니다.」의 의미로 사용
- 卸屋へ直接行って少しでも安く買ったほうがいい。
  도매상에 직접 가서 조금이라도 싸게 사는 편이 좋다.

075 **おんしゃ** [御社] 귀사

☞「御」를「ご」라고 발음하지 않고,「おん」으로 발음하는 것에 주의할 것.

- 御社ますますご発展のこととお慶び申し上げます。
  귀사 날로 발전하심을 축하드립니다.
- この度は御社の優れた経営態勢を見学することができ、多くのことを勉強させていただきました。
  이번에 귀사의 훌륭한 경영체제를 엿볼 수 있었고, 덕분에 많은 것을 공부했습니다.

076 **おんぞうし** [御曹司] 명문가의 자식, 상속자 ★

- 汚い格好をしているけど、彼は知る人ぞ知る大財閥の御曹司だよ。
  꾀죄죄한 모습을 하고 있지만, 그는 아는 사람은 다 아는 대재벌의 자제라네.
- 財閥の御曹司と言っても、決して特別扱いはしない。
  재벌의 상속자라고 하더라도 결코 특별 대우는 하지 않겠다.

077 **おんちゅう** [御中] 귀중 ★★

☞「ごちゅう」라고 발음하지 않도록 주의할 것.

- 会社などの団体へ出す手紙には宛名の下に「御中」と書く。
  회사와 같은 단체에 발송하는 편지에는 수신자명 밑에「御中」라고 쓴다.

경 제

- 封筒には、「三星商事株式会社 御中」と書いてありました。
  봉투에는 「三星商事株式会社 御中」라고 쓰여 있었습니다.

☞ 관련어구 おんち(御地) / おんみ(御身)

078 **おんど**[音頭] 선창, 앞장을 섬 ★

☞ 발음에 주의할 것.

- 祝賀会の最後に、社長の音頭で万歳を三唱した。
  축하연의 마지막에 사장의 선창으로 만세삼창을 했다.
- 宴会の際、大切なのは、しかるべき人にタイミング良くあいさつや音頭を依頼することである。
  연회시에 중요한 것은 적합한 사람에게 타이밍 좋게 인사말이나 선창을 의뢰하는 것이다.
- それでは副社長、乾杯の音頭をお願いします。
  그러면, 부사장님께 건배의 선창을 부탁드립니다.

079 **おんれい**[御礼] 감사의 뜻, 예를 표함 ★

☞ 「ごれい」라고 발음하지 않도록 주의할 것. 또한 「お礼」라고 표기하기도 한다.

- ご丁寧に本を送ってくださったこと、深く御礼申し上げます。
  친절히 책을 보내 주셔서 깊이 감사드립니다.
- 取り敢えず、書面にて御礼申し上げます。
  우선 서면으로 감사의 말씀 올립니다.

か

080 **かいかけきん**[買掛金] 외상 매입금, 아직 대금을 지불하지 않은 상태 ★

- 弊社の8月分ならびに9月分買掛金につきまして、本日督促状を頂き、恐縮致しております。
  폐사의 8월분 및 9월분 외상 매입금에 대해서 오늘 독촉장을 받고 죄송하게 생각하고 있습니다.

- 支払手形、買掛金は、商品や原材料などを仕入れて代金をまだ払ってないものを言う。
  지불어음, 외상 매입금은 상품이나 원재료 등을 사들이고 아직 대금을 지불하지 않은 것을 말한다.

081 **かいご**[介護] 병구완, 간병 ★★

- 寝たきり老人の介護問題は国民だれにでも起こり得るリスクである。
  노환으로 누워있는 노인의 간병 문제는 국민 누구에게나 일어날 수 있는 리스크다.
- 介護保険の理念は、高齢者が自らの意思によって質の高い生活を送ることができるように支援することである。
  재택 치료 노인보험의 이념은 고령자가 스스로의 의사에 따라 질 높은 생활을 보낼 수 있도록 지원하는 것이다.

082 **かいだめ**[買い溜め] 사재기, 필요 이상으로 미리 사둠 ★

- セメントの値段が上がると聞いて、買い溜めをした。
  시멘트의 가격이 오른다는 말을 듣고 사재기를 했다.
- ときには誤った噂によって消費者は買溜めに走る。
  때로는 그릇된 소문에 의해, 소비자는 사재기하러 치닫는다.

083 **かいて**[買い手] 사는 쪽, 매수인, 사는 사람 반 うりて(売り手) ★

- そんなものを売ろうたって、だれも買い手がないよ。
  그런 것을 팔려고 해 봤자 아무도 사주는 사람이 없어요.
- 値段は買手と売手の駆引きによって決まる。
  가격은 파는 사람과 사는 사람의 흥정에 의해 결정된다.

084 **かいどく**[買い得] 물건을 사서 득을 봄, 특매품 ★

- このクリームはとてもよく延びるので、値は張りますが、お買い得です。
  이 크림은 아주 잘 펴 발라지기 때문에, 값은 비쌉니다만 사면 이득이 됩니다.
- 「お買い得商品の数々」という宣伝文句がよく使われる。
  「사서 이득이 되는 상품 갖가지!」라는 선전 문구가 자주 사용된다.

경 제

085 **かおぶれ** [顔触れ] 여러 얼굴들, 멤버, (회합 등에) 참석한 사람들의 면면 ★

- きのうのパーティーは素晴らしかったね。あれだけの顔触れが揃うなんて滅多にないことだよ。
  어제 파티는 굉장했다네. 그 정도의 멤버들이 모여들다니 좀처럼 없는 일이지.

- パーティーに集まった人々は、政治家や作家、芸能人など多彩な顔触れであった。
  파티에 모인 사람들은 정치가나 작가, 예능인 등 다채로운 얼굴들이었다.

086 **かかり** [係] 담당 관계, 관련

- 係りのものが外出していますので、代わりの者がお目にかかります。
  담당자가 외출했기 때문에 대신 다른 사람이 뵙겠습니다.

☞「계장」은「かかりちょう(係長)」.「けいちょう(係長)」라고 하지 않는 것에 주의할 것.

087 **かきとめ** [書留] 등기우편(의 준말) ★

☞ 登記郵便이라고 하지 않는다.

- これを書留郵便でお願いします。
  이것을 등기우편으로 부탁합니다.

- 大切な手紙は、書留にしたほうがいい。
  중요한 편지는 등기로 보내는 편이 좋다.

088 **かくやす** [格安] 품질에 비해서 값이 쌈, 다른 제품에 비해 상대적으로 쌈 ★

- 携帯電話を格安な価格で手にいれた。
  휴대폰을 품질에 비해서는 싼 가격으로 입수했다.

- 全商品を格安なお値段でご奉仕させていただきます。
  모든 상품을 싼 가격으로 봉사해 드리겠습니다.

089 **かけがい** [掛け買い] 외상 구매 ★

- 以前はよく掛け買いをして、月末や年末にまとめて支払ったものだ。
  전에는 자주 외상구매를 하고, 월말이나 연말에 한꺼번에 지불하곤 했다.

49

- 信用さえあれば、掛買いが便利だ。
  신용만 있으면 외상으로 사는 것이 편리하다.

090 かけひき [駆け引き] 흥정, 책략, 계략, 술수 ★

- 商売に駆け引きはつきものだから、ばか正直なだけでは駄目さ。
  장사에서 흥정은 으레 따르게 마련이니, 고지식하기만 해서는 안 되네.

- あいつ、駆引きがうまいから、まんまと乗せられて、高いものを買わされたよ。
  그 녀석의 상술이 교묘한 바람에 감쪽같이 속아서 비싼 것을 사고 말았다네.

091 かざむき [風向き] 풍향, 형세, 추세, 심기 ★

- きょうは社長の風向きが悪いようです。
  오늘 사장님의 심기가 나쁜 것 같습니다.

- 彼の突然の出現によって会議の風向きが変わった。
  그의 갑작스런 출현으로 회의의 형세가 바뀌었다.

092 かししぶり [貸し渋り] (은행등 금융기관의) 대출 기피, 대출에 신중을 기함 ★★

- ペイオフ全面解禁が中小企業への貸し渋りの要因にもなっているという不満も強い。
  payoff의 전면 해금이 중소기업에 대한 대출기피의 요인도 되고 있다고 불만이 높다.

- 貸し渋り対策では、中小企業に対する無担保、無保証融資の創設や、保証制度の拡充などを盛り込んだ。
  대출기피에 대한 대책으로는 중소기업에 대한 무담보・무보증 융자의 창설이나 보증제도의 확충 등을 포함시켰다.

- 株価低迷で銀行の体力低下が目立つ中、貸し渋りが原因の倒産が前月比62.5%増の26件発生した。
  주식가격 침체로 은행의 체질저하가 눈에 띄는 가운데 대출기피 원인의 도산이 전월비 62.5% 증가한 26건이 발생했다.

경 제

093 **かしだおれ** [貸し倒れ] 대손, 외상이나 빚돈을 떼임 ★

- 貸倒れ引当金は、商売に貸倒れはつきものという考え方から計上しておく。
  대손 충당금은, 영업에서 대손은 어쩔 수 없이 따르기 마련이라는 생각에서 계상해 둔다.

- 仮に貸倒れが発生しなかった場合には、翌年には取り戻し課税が行われる。
  가령 대손이 발생하지 않은 경우에는, 다음 해에 과세의 반환이 이루어진다.

- 融通してやった金が貸倒れになる。
  융통해 준 돈을 떼이다.

094 **かじょうがき** [箇条書き] 조항별로 세분해서 조목조목 씀, 또는 그 사항 ★

- 話の要点を分かりやすく箇条書きに整理する。
  이야기의 요점을 알기 쉽게 조항별로 써서 정리하다.

- 具体的に実行してもらいたい項目があるときは、箇条書きにするとよい。
  구체적으로 실행해야 할 항목이 있을 때는 「세부사항 기록서」로 만들면 좋다.

- 期日、場所、注意点などは、なるべく箇条書を利用するのがよい。
  기일·장소·주의사항 등은 될 수 있는 대로 항목별 명세를 이용하는 것이 좋다.

095 **ガス** [瓦斯] 가스(Gas), 기체 ★

- 料理を作るときは瓦斯を使います。
  요리를 만들 때는 가스를 사용합니다.

- 瓦斯が漏れないように気を付けなさい。
  가스가 새지 않도록 주의하세요.

096 **かたがき** [肩書] 직위, 계급, 지위 ★★

☞ 명함 따위에서 이름 위의 왼쪽이나 오른쪽(어깨)에 직위를 쓰던 관습에서 유래한 말이다.

- 彼は肩書の割りには腰の低い人だ。
  그는 직위에 비해서는 겸손한 사람이다.

- 彼の名刺には、たくさんの肩書が書いてあります。
  그의 명함에는 많은 직함이 써 있습니다.

- 山田部長は、経営学博士の肩書をもっています。
  야마다 부장은 경영학 박사의 칭호를 갖고 있습니다.

097 **かたたたき** [肩叩き] 어깨를 두드림 ㊗ (명예) 퇴직의 권유 ★

☞ 능력이 쇠퇴한 중장년층의 관리자가 일하고 있는 중에 상사가 뒤로 살짝 다가와서 어깨를 두드리며 (자네 이제 슬슬 후진을 위해 관직에서 물러나 주어도 좋을 때가 아닌가?)라고 속삭이듯 넌지시 퇴직을 권유한 데서 유래한 말이다.

- 周辺で「肩叩き」と聞くと、「明日はわが身か」と思わずにいられない。
  주변에서「명예퇴직 권유」라는 말을 들으면「내일은 내 차례인가!」라고 생각되어 그만 견딜 수가 없다.

- 「肩叩き」のことを思っていたら、急に後ろから誰かに肩を叩かれてびっくりした。
  명퇴 권유에 대해 생각하고 있었는데, 갑자기 뒤에서 누군가가 어깨를 두드려서 깜짝 놀랐다.

098 **かねぐり** [金繰り] 돈 마련, 자금 융통 ㊌ 金策 ★

- 品物が売れず、金繰りがつかない。
  물건이 팔리지 않아서 돈이 변통되지 않는다.

099 **かねまわり** [金回り] 돈의 융통, 경제 형편, 주머니 사정 ★

- 田中さんは近ごろ金回りがいいとみえて、よく我々にご馳走をしてくれる。
  다나카 씨는 요즈음 주머니 사정이 괜찮은 듯 우리들에게 자주 맛있는 음식을 대접한다.

- 土地代金が入って急に金回りがよくなった。
  토지 대금이 들어와서 갑작스럽게 돈의 융통이 좋아졌다.

100 **かねもうけ** [金儲け] 돈벌이 ★

- 受験生を出しにして金儲けを図るなんて、ひどいね。
  수험생을 구실로 해서 돈벌이를 꾀하다니 심하군.

- 何かうまい金儲けの口はないかな。
  뭔가 화끈한 돈벌이 할 데 없을까?

101 **かばんもち** [鞄持ち] 상사의 가방을 들고 수행함, 비서, 상사에게 아첨하며 따라다니는 사람 ★

- 「あいつはダレソレの鞄持ちだ」という言い方には軽蔑と妬みが含まれている。
  「그 녀석은 아무개의 가방을 든 수행자다」라는 말투에는 경멸과 질투가 포함되어 있다.

경 제

- 彼は幹事長のカバン持ちで、現在のところ飛ぶ鳥を落とす勢いなのだそうです。
  그는 간사장의 비서로, 현재 나는 새도 떨어뜨릴 기세라고 합니다.

102 **かぶとちょう**[兜町]　東京의 中央区에 있는 금융의 중심가　★

- 1878年に兜町に東京株式取引所が開設されていたというのは、当時すでに株式会社があったことを意味する。
  1878년 兜町에 도쿄 주식거래소가 개설되었다는 사실은 당시에 이미 주식회사가 있었다는 것을 의미한다.

- 兜町の下馬評だと、○○証券会社の次期社長にはB氏を抜いてA氏が選任されるだろう。
  兜町의 하마평대로라면, ○○증권사의 차기 사장에는 B씨를 앞질러 A씨가 선임될 것이다

103 **かみざ**[上座]　상석, 상좌, 윗자리　反 しもざ(下座) 하석, 아랫자리　★★

- 日本の座敷では、床の間のある方を上座といって、えらい人が座ります。
  일본의 객실에서는 床の間(도코노마)가 있는 쪽을 상석이라 하여 격이 높은 사람이 앉습니다.

☞ 床の間 : 일본식 방의 윗목에 바닥을 한층 높게 만든 곳(벽에 족자를 걸고, 바닥에 꽃과 같은 장식물을 꾸며 놓음)

- 新郎新婦を上座に据えると、パーティーが始まった。
  신랑신부를 상좌에 앉히자 파티가 시작되었다.

104 **ガラス**[硝子]　유리, 글라스　★★

- 投げたボールが当たって窓の硝子が割れてしまいました。
  던진 볼에 맞아 창문의 유리가 깨져 버렸습니다.

- ガラスの花瓶を小包で送ったら割れるだろう。
  유리로 된 꽃병을 소포로 부치면 깨질 것이다.

105 **からてがた**[空手形]　공수표, 거짓말, 지키지 않은 약속　★

- あの会社は危ないから、空手形をつかまされないように、十分注意しよう。
  그 회사는 위험하니까 공수표를 잡지 않도록 신중히 주의합시다.

- あの人の言うことはどうせ空手形だ。
  그 사람이 말하는 것은 어차피 거짓말이다.

106 かわせ [為替]　환(換), 환어음　⑬ かわせ(為替)レート 환율　★★

- 為替相場が猫の目のように変わり、輸入品の販売価格が決めにくくて困る。
  환시세가 고양이 눈 변하듯 이랬다저랬다 바뀌어 수입품의 판매가를 결정하기가 어려워 곤란하다.

- スミソニアン会議で通貨調整が行われ、主要国通貨は変動為替相場制へと移行した。
  스미소니언 회의에서 통화조정이 이루어져, 주요국의 통화는 변동환시세제로 바뀌었다.

☞ 스미소니언 회의 : 고정환율제도를 재건하기로 합의한 국제통화조정협정

- 手形には約束手形と為替手形があるが、国内での取引にはほとんど約束手形が使われている。
  어음에는 약속어음과 환어음이 있지만, 국내 거래에서는 대부분 약속어음이 사용되고 있다.

107 かんこどり [閑古鳥]　(손님이 없어서) 파리를 날림(〜が鳴く의 꼴로), 한적함　★

☞ 원래의 의미는 뻐꾸기.

- 「閑古鳥がなく」とは、静かで寂しいさま、転じて商売などが、はやらないことを意味する。
  「뻐꾸기가 운다」란 조용하고 쓸쓸한 모습인데, 전하여 장사가 활발치 않은 것을 의미한다.

- 不況で料亭などは閑古鳥が鳴いている。
  불황으로 요정 등은 파리를 날리고 있다.

108 かんしょう [冠省]　(편지에서 앞머리의 생략을 양해해 달라는 뜻으로) 제번(除煩), 인사말 생략　★

- 冠省とは、手紙で季節の挨拶などの前文を省くときに、始めに書く言葉を言う。
  「冠省」이란 편지에서 계절 인사 등 앞부분을 생략할 때, 맨 처음에 쓰는 말을 뜻한다.

109 かんじょう [勘定]　계산, 대금을 지불함, 결제, 고려　★★

- 勘定が間違っています。
  계산이 잘못되어 있습니다.

경제

- 何人集まったか、勘定してください。
  몇 사람이 모였는지 헤아려 주십시오.

- その勘定は私のほうへ付けておいてください。
  그 대금은 내 쪽에 달아 놓아주십시오.

110 **きゃくひき** [客引き] 유객, 호객(꾼), 손님을 여관이나 술집으로 끌어들임

- 旅館の客引きはうまいことを言って客を取っている。
  여관의 호객꾼은 달콤한 말로 손님을 끌고 있다.

- 熾烈な客引き合戦が始まった。
  치열한 호객 다툼이 시작되었다.

- 昨夜、東京、有楽町で違法な客引きをしていたエステ店の女性が捕まりました。
  어젯밤, 도쿄·유라쿠쵸에서 위법적으로 호객행위를 하던 에스테틱의 여성이 붙잡혔습니다.

111 **ぎゅうじ** [牛耳] 좌지우지함, 쇠귀

☞ 「牛耳る」라는 동사로 쓰이는 경우가 많다. 例) この町はやくざに牛耳られている。

- この会の牛耳を執っているのは、A社の田中社長だよ。
  이 모임의 주도권을 잡고 있는 사람은 A사의 다나카 사장이야.

112 **ぎゅうほ** [牛歩] 소처럼 느린 걸음걸이, (국회 등에서의) 지연전략

- 牛歩戦術で時を稼ぎ、会期切れ廃案を狙う。
  우보(지연) 전술로 시간을 벌어, 회기가 끝나 안건이 파기 되기를 노리다.

- 野党が牛歩戦術に出る。
  야당이 우보전술로 나오다.

113 **ぎょうぎ** [行儀] 예절, 예의범절, 행실 ★

- お客様の前でそんな座り方をしてはいけません。もっと行儀よくしなさい。
  손님 앞에서 그런 모양으로 앉아서는 안 됩니다. 보다 예절바르게 하세요.

- 電車の中で口をあけて眠っているのは、あまり行儀のいいものではない。
  전철 안에서 입을 벌리고 자는 모습은 그다지 좋은 행실이 아니다.

- 足でテレビのスイッチを押して付けるなんて、行儀が悪いね。
  발가락으로 텔레비전 스위치를 눌러 켜다니 예의가 없군.

114 ぎょうさい [業際] 업종과 업종간의 경계, 다른 산업과의 경계 ★

- 業際とは産業の垣根に相当するもので、「そこを超えると異質と感じられる境界領域のこと」である。
  業際란 산업과 산업의 울타리에 해당하는 것으로「그곳을 넘으면 이질적이라고 느껴지는 경계구역」이다.

- 銀行、証券、保険などの業界で異なる業態への業際化が活発に繰り広げられている。
  은행·증권·보험 등의 업계에서 다른 업무형태에의 융합이 활발히 전개되고 있다.

115 きりふだ [切り札] 숨겨 둔 최후의 수단, 비상 수단, (카드놀이에서) 히든 카드 ★★

- 住民が反対運動を続けていれば、政府は土地収用法という最後の切札を出してくるに違いない。
  주민이 반대운동을 계속하면 정부는 토지수용법이라는 비상수단을 내놓을 것이 틀림없다.

- 大手鉄鋼メーカーが経営多角化の切り札として進出した「半導体事業」の整理が進んでいる。
  대형 철강업체가 경영다각화를 위한 비장의 카드로 진출했던「반도체사업」의 정리가 추진되고 있다.

- 切り札は最後まで使わないで取っておこう。
  비장의 카드는 최후까지 사용하지 말고 남겨두자.

116 きれもの [切れ者] 민완가, 수완이 있는 사람 ★

- あの人はなかなかの切れ者で油断できない人です。
  그 사람은 꽤 수완이 있는 사람이라서 방심할 수 없는 사람입니다.

- 組織の長にとっては有能な切れ者を参謀に据えることが何よりも必要である。
  조직의 장으로서는 유능한 수완가를 참모로 앉히는 것이 무엇보다도 필요하다.

경 제

117 きんさく [金策] 민완가, 수완이 있는 사람 ★

- 3日後の銀行決済をひかえて、金策に走る毎日です。
  3일 후의 은행 결제를 대비해, 돈 마련에 바쁜 매일이었다.

118 きんじょめいわく [近所迷惑] 이웃 또는 옆 사람에게 폐를 끼치는 일, 이웃 공해 ★

☞ 예컨대 TV를 크게 틀어 이웃 사람이 곤란해 하거나, 옆 사람이 심하게 코를 골아 잠을 이룰 수 없는 경우, 또는 아파트의 통로에 물건을 방치해서 이웃에게 불편을 끼치는 따위의 공해를 말한다.

- 夜中にピアノを引いたりすると近所迷惑になります。
  한밤중에 피아노를 치거나 하면 이웃에 폐가 됩니다.

- 呼び鈴を何度も鳴らしたりドンドンと喧しく戸をたたいたりするのは失礼であるし、近所迷惑でもある。
  초인종을 몇 번이고 누르거나 탕탕거리며 빈번하게 문을 두드리는 것은 실례가 되고, 이웃에게도 폐가 된다.

119 くぎり [区切り] 구분, 단락

- 第一に、仕事と家庭の区切りを明確につける強い意志が必要です。
  첫째로, 일과 가정의 구분을 명확히 매듭지을 강한 의지가 필요합니다.

- 30年間の会社勤務に区切りをつけ、53歳で独立開業しました。
  30년 간의 회사 근무에 매듭을 짓고 53세에 독립하여 개업했습니다.

120 くさわけ [草分け] 창시자, 선구자, 개척자 ★

- あの人は、わが国の航空界の草分けの役割を果たした。
  그 사람은 우리나라 항공계의 선구자 역할을 다했습니다.

- 孫社長はIT創業者の草分けで、今年の長者番付では、6億3375万円を納税して全国16位にランクされた。
  손사장은 IT창업자의 개척자로 금년의 부자 서열에서는 6억3375만 엔을 납세하여 전국 16위에 랭크되었다.

57

121 **くじびき** [籤引き] 제비뽑기, 추첨 ★

- こんな損な役を買って出る人もいないと思うから、籤引きで決めることにしよう。
  이런 손해를 보는 역할을 떠맡고 나설 사람도 없을 것이니 제비뽑기로 결정하자.

- 籤引きの結果、最初の対戦相手は優勝候補のA大学という巡り合わせになった。
  제비뽑기의 결과 첫 대전 상대는 우승 후보인 A대학과 마주치는 운명이 되었다.

122 **くじょう** [苦情] 불평, 불만, 클레임, 항의 ★★

- 厳重な品質管理にも拘らず、欠陥品が見つかり、消費者から苦情が出た。
  엄중한 품질관리에도 불구하고 결함품이 발견되어 소비자로부터 클레임이 나왔다.

- 夜、部屋でピアノをひいたら、となりの人から苦情が来た。
  밤에 방에서 피아노를 쳤더니 이웃 사람이 항의해 왔다.

- 間違い電話が多いという苦情が殺到しておりますので、お掛け違いのないようにお願いします。
  잘못 걸린 전화가 많다는 불만이 쇄도하고 있사오니 잘못 걸지 않도록 부탁드립니다.

123 **くずかご** [屑籠] 휴지통, 쓰레기통 ㊥ くずばこ(屑箱) ★

- 空き瓶、空き缶は、屑籠に入れてください。
  빈병, 빈캔은 쓰레기통에 넣어 주십시오.

- 道にゴミを捨てようとした子供を母親はそっとたしなめて、屑籠に捨てさせた。
  길에 쓰레기를 버리려는 아이를, 어머니는 조용히 타이르고 휴지통에 버리게 했다.

- 屑籠の周りもきれいにしておきましょう。
  쓰레기통의 주위도 깨끗이 해 놓읍시다.

124 **くびきり** [首切り] 해고, 면직, 파면 ★

- 賃金カット、首切りなど経営者の理不尽なやり方に対して労働者は団結して戦った。
  임금동결, 해고 등 경영자의 무리한 방법에 대해 노동자들은 단결해서 싸웠다.

경제

- 雇用調整と呼ばれる施策が行われたが、首切りを伴う調整はきわめて少なかった。
  고용조정이라 불리는 시책이 이루어졌지만, 해고를 수반하는 조정은 극히 적었다.

125 くめん [工面] (금융의) 변통, 금전 마련 ★

- 買いたいのは山々だが、金の工面がつかない。
  사고 싶은 것은 산처럼 많은데 돈 마련이 못따른다.

- お金の工面をしてあげたいけど、ない袖は振れないね。
  돈 변통을 해 드리고 싶지만, 없는 소매는 흔들 수 없네요(없으니 어찌할 도리가 없네요).

126 くろじ [黒字] 흑자 ⓑ あかじ(赤字) ★

- 節約して家計を黒字にした。
  절약해서 가계를 흑자로 만들었다.

- 上期の黒字200億円を下期の赤字でほとんど食いつぶした。
  상반기의 흑자 200억 엔을 하반기의 적자로 (인해) 거의 까먹었다.

127 けいぐ [敬具] '삼가 올림'의 뜻으로 편지의 맺음말로 쓰는 말 ★★

- 敬具とは、「謹んで申し上げました」の意味で手紙の終りに書くあいさつの言葉である。
  敬具란 '삼가 말씀 올렸습니다'의 의미로 편지의 맨 끝에 쓰는 인사말이다.

- 手紙文で、「さよなら」「敬具」などの結び言葉は、改行し下げて書くのが普通です。
  편지에서「さよなら」「敬具」등의 맺음말은 행을 바꿔 내려쓰는 것이 보통입니다.

128 げきやす [激安] (손님 눈을 끌기 위해) 파격적으로 싸게 판다는 뜻의 신조어 ★★

- 通りには売出しを知らせる「激安」と書いたのぼりが立っていた。
  거리에는 판매를 알리는「激安」라고 쓴 깃발이 내 걸렸다.

☞ 売出し – 팔기 시작함. 방매, 갑자기 인기가 높아짐의 뜻으로 쓰임.

- 「激安」だの「激辛」などという新造語が宣伝文句として目につくようになった。
  「激安」라든가 「아주 맵다(激辛)」라는 등의 신조어가 선전문구로서 눈에 띄게 되었다.

129 けたちがい [桁違い] (숫자의) 자릿수가 틀림, 현격한 차이 ★★

- 業者に見積りを出させたところ、私共の予想額とは、ひと桁違った。
  업자에게 견적을 내게 했더니 우리들의 예상 금액과 약간 달랐다.

- 従来のものとは、桁違いの威力をもつ爆弾が開発された。
  종래의 것과는 격이 다른 위력을 가진 폭탄이 개발되었다.

130 けんちょう [堅調] 경기・시세가 오를 기미가 있는 것, 견실한 상태
反 なんちょう(軟調) ★

- 日銀の発表によれば、中小企業の設備投資は堅調であるという。
  일본은행의 발표에 의하면 중소기업의 설비투자는 상승세라고 한다.

131 こうていぶあい [公定歩合] 공정금리, 공정이율 ★★

- 公定歩合とは、中央銀行が市中銀行に適用する貸出金利を言う。
  공정금리란 중앙은행이 시중은행에 적용하는 대출금리를 말한다.

- 公定歩合は金融市場の標準的な金利としての機能を果たす。
  공정금리는 금융시장의 표준적인 이율로서의 기능을 다한다.

- 需要刺激策と日銀の公定歩合引下げ政策が相まって、景気もようやく好転し始めた。
  수요자극책과 일본은행의 공정금리 인하정책이 맞물려 경기도 드디어 호전되기 시작했다.

132 ごうべん [合弁] 합작(合作) ★

☞ 일본에서 말하는 (合弁会社)를, 우리나라에서는 (合作会社)라고 한다.

- 日米企業間の合弁事業協力は今後数十年にわたり増加する見通しである。
  미일 기업간의 합작사업 협력은 금후 10년에 걸쳐 증가할 전망이다.

- 親会社は常に合弁子会社に対して技術優位の立場を維持することが重要である。
  모회사는 항상 합작회사에 대해서 기술 우위의 입장을 유지하는 것이 중요하다.

경제

133 こうほう [広報] 홍보, 널리 알림 ★

- 不用意な発言を避けるため、取材はすべて広報担当者を通すことにしたほうがいい。
  부주의한 발언을 피하기 위해, 취재는 모두 홍보 담당자를 통하게 하는 쪽이 좋다.
- 最近では総務部から広報部を独立させている所も多くなってきたようだ。
  최근에는 총무부에서 홍보부를 독립시켜 설치하고 있는 곳도 많아진 것 같다.

134 こがい [子飼い] 어릴 적부터 키움, 새끼 때부터 기름, 심복부하

- 新入社員当時から一定の上司に仕え、引き立てられているような場合、「彼はA氏の子飼いだ」と言われる。
  신입사원 시절부터 일정한 상사를 섬기고, 특별히 보살핌을 받은 경우「그는 A씨의 심복이다」라고 불린다.

135 こがいしゃ [子会社] 자회사 (반) おやがいしゃ(親会社) ★

- 同じ会社の取締役と監査役、子会社の取締役と親会社の監査役は兼任できない。
  같은 회사의 이사와 감사, 자회사의 이사와 모회사의 감사는 겸임할 수 없다.
- 彼は子会社の経営の立て直しをはかるべく出向した。
  그는 자회사의 경영 재정비를 위해 파견되었다.

136 こがた [小型] 소형 (반) おおがた(大型) ★★

- この辺は道が狭いから、大型の自動車よりも小型のを買いたいと思っています。
  이 부근은 길이 좁으니까 대형 자동차보다도 소형을 사려고 합니다.
- 部屋が狭いので小型のテレビを置くことにした。
  방이 좁기 때문에 소형 텔레비전을 놓기로 했다.

137 こぎって [小切手] 수표 (참)「手票」라고는 쓰지 않음. ★

- 小切手で物品代金を支払った。
  수표로 물품대금을 지불했다.

- 小切手は受け取ったらすぐに銀行へ持っていって現金に替えることができる。
  수표는 수취하면 바로 은행에 갖고 가서 현금으로 바꿀 수가 있다.
- 旅行用小切手は、盗難にあっても発行元の銀行に番号を連絡すれば、すぐに無効の手続きがとれる。
  여행자용 수표는 도난 당하더라도 발행한 은행에 번호를 연락하면 곧바로 무효 수속을 할 수 있다.

138 こころえ [心得] 마음가짐, 각오, 주의사항, 수칙, 서리(署理) ★

- 人事部長が新入社員の心得について説明している。
  인사부장이 신입사원의 마음가짐에 대해서 설명하고 있다.
- 世界の情勢に目を向けることが、国際人としての心得の第一条です。
  세계의 정세에 눈 돌리는 것은 국제인으로서의 마음가짐 제1조입니다.
- イザという時に会社全体の利益を考えて行動する心得を知っておきたい。
  일단 유사시(만일의 경우), 회사 전체의 이익을 생각하고 행동할 수칙을 알기 바란다.

139 ごさんけ [御三家] 톱(Top) 3, 빅(Big) 3

☞ 도쿠가와(徳川)家의 3가문(尾張・紀伊・水戸)에서 유래.

- 江戸幕府を開いた徳川家康は、自分の子供たちを尾張、水戸、紀伊に配し、この3家を御三家と呼び、特に大切にした。
  에도막부를 연 도쿠가와 이에야스는 자신의 아들들을 尾張(오와리)・水戸(미토)・紀伊(기이)에 배치하고, 이들 3가문을「御三家」라고 칭하고 특별히 우대했다.
- 日本のパソコン市場は、NEC、富士通、シャープが御三家とされ、それを日立、東芝などが追いかけていた。
  일본의 PC시장은 NEC・후지츠・샤프가 빅3가 되어 있고, 그 뒤를 히타치・토시바 등이 쫓고 있었다.
- 外務省は、大蔵、通産と並ぶ「霞が関の御三家」と呼ばれる官庁だった。
  외무성은 재무성・통산성과 나란히「霞が関(행정부)의 빅3」로 불리는 관청이었다.

경제

140 **こぜに** [小銭] 잔돈, 작은 목돈 ★

- お釣りの小銭はガマグチにいれておくよ。
  거스름돈으로 받은 잔돈은 동전지갑에 넣어 둘게.

- あいにく小銭を切らしてしまい、申し訳ありません。
  공교롭게도 잔돈이 떨어져서 죄송합니다.

141 **コツ** [骨] 요령, 급소, 비결, 해법 ★

☞ 보통 강조하기 위해서 가타카나「コツ」로 표기한다.

- 会社を繁栄させるコツ(骨)は、まず第一にお客を大事にすることだ。
  회사를 번영케 하는 요체는 우선 첫째로 고객을 소중히 하는 것이다.

- あれこれと試して、ホットケーキの焼き方のコツ(骨)がやっとのみこめました。
  이리저리 시도한 끝에 핫케이크를 굽는 요령을 가까스로 터득했습니다.

142 **ごよう** [御用] 시킬 일 또는 볼일의 높임말, 어용 ★

- 何か御用がございましたら、ベルをお押しになってください。
  뭔가 시킬 일이 있으시면 벨을 눌러 주십시오.

- 御用がございましたら、なんなりとお申し付けください。
  용건이 있으시면 무엇이든 분부하여 주십시오.

143 **こんぽう** [梱包] 거적이나 새끼로 짐을 꾸림, 짐짝, 규모가 큰 짐의 포장 ★

- 配送担当者の不慣れと、月末の繁忙期が重なったため、他社への納入品を誤って梱包してしまった。
  배송 담당자의 서투름과 월말의 바쁜 시기가 겹쳐, 타사로 가야 할 납입품을 잘못 포장해 버렸다.

- 梱包された荷物の紐をナイフでぶっつり切る。
  포장된 짐의 끈을 나이프로 싹둑싹둑 자르다.

144 **さきどり** [先取り] 선취, 남보다 먼저 행함, 미리 받음

- これからのビジネスマンには時代を先取りする感覚が必要だ。
  앞으로의 비즈니스맨에게는 시대를 예측하는 감각이 필요하다.

- 「後追い」ではなく、常に「先取り」をすること。これこそ経営者にとっての永遠の経営課題である。
  「뒤를 쫓는 것」이 아니라, 항상「미리 기회를 포착」하는 것. 이것이야말로 경영자로서의 영원한 경영과제다.

- 病気の父親を見舞うため古里に帰ろうと、有給休暇の先取りを申し出ました。
  병을 앓고 있는 부친을 간병하기 위해 고향에 가려고 유급휴가를 미리 받도록 신청했다.

145 **さきゆき** [先行き] 전도, 장래, 경기·시세 등에서 앞으로의 동향, 앞으로의 추세 ★

- ニューヨーク株式市場で再び景気先行き懸念が台頭してきた。
  뉴욕 주식시장에서 다시 앞으로의 경기 동향을 우려하는 목소리가 대두되었다.

- 日本経済は厳しい景気状況を抜けきれず、先行きに対して極めて見通しの立てにくい状況にある。
  일본경제는 심각한 경기상황을 빠져나오지 못해, 앞으로의 추세에 대해서 전망을 세우기 어려운 상황이다.

- 昨今のように経済の先行きが不透明な時代に1年先の人員計画を立てるというのは、非常に難しいです。
  요즘과 같이 앞으로의 경제 추세가 불투명한 시대에 1년 앞의 인원계획을 세운다는 것은 대단히 어렵습니다.

146 **さつたば** [札束] 돈 뭉치, 돈 다발 ★

- 強盗はいきなり札束をつかんで逃げ出した。
  강도는 갑자기 돈 다발을 움켜쥐고 도망치기 시작했다.

- あの男は札束を見せびらかしながら、数えている。
  그 사나이는 돈 다발을 자랑스럽게 보여주면서 돈을 세고 있다.

- チラッと見たら、彼のカバンには札束がいっぱい詰まっていたよ。
  언뜻 보니 그의 가방에는 지폐 다발이 꽉 채워져 있었다네.

147 **さんかく**[参画] (계획에) 참여 ★

- 会社の「持ち株会」に参加すれば、経営に対する参画意識が生まれる。
  회사의 「지주회」에 참가하면, 경영에 대한 참여의식이 생긴다.

- 女性が周辺労働だけでなく中核労働にどれほど参画できるようになるかが、今後の課題である。
  여성이 주변 노동뿐만 아니라, 중핵노동에 어느 정도 참여하게 될 것인지가 금후의 과제다.

148 **さんじょう**[参上] 찾아 뵘, 뵈러 감 ★

- いずれ参上して、ご意見をお伺いしたいと思います。
  머지않아 찾아뵙고 고견을 여쭙고자 합니다.

- 近いうちにご挨拶に参上させていただく所存でございます。
  조만간 인사를 드리려고 찾아뵈올 생각입니다.

149 **ざんだか**[残高] 잔고, 잔액

- 残高不足でカードの決済ができなかった。
  잔고부족으로 카드 결제를 할 수 없었다.

- 収支の残高と、現金がピッタリと合った。
  수지의 잔액과 현금이 딱 들어맞았다.

150 **さんにゅう**[参入] 참여, 들어감, 참가

- IT産業への参入は急成長を続けるIT市場を狙って事業展開を図ろうというケースが多い。
  IT산업에 대한 참여는 급성장을 계속하는 IT시장을 겨냥하여 사업 전개를 꾀하려는 케이스가 많다.

- 女性の労働市場への参入は、いわゆるM字型雇用をとっている。
  여성의 노동시장에 대한 참여는 이른바 M자형 고용을 취하고 있다.

- 海外企業の参入を困難にしている現在の日本の流通機構はどのようなものでしょうか。
  해외기업의 참여를 곤란케 하고 있는 현재의 일본의 유통기구는 어떤 것인지요?

151　さんもんばん [三文判]　막도장, 싸구려 도장　★

- ビジネスマンが決まり切った書類に押すときに使う印鑑は、たいてい三文判で押す。
  비즈니스맨이 상투적인 서류에 날인할 때 사용하는 인감은 대체로 막도장으로 찍는다.

- あまり重要でない印鑑なら、三文判で十分だ。
  그다지 중요하지 않은 인감이라면 막도장으로 충분하다.

152　しいれ [仕入れ]　매입, 구매　★

- そろそろ品が手薄になってきたから、明日にでも仕入れの準備をしなければ……。
  이제 남은 물건이 얼마 안 되니 내일이라도 사들일 준비를 하지 않고서는…….

- 彼は仕入れや経理など専攻とは全く異なる経験を積み、課長、部長、取締役の道を歩んだ。
  그는 구매나 경리 등 전공과는 전혀 다른 경험을 쌓고, 과장·부장·이사의 길을 걸었다.

153　しききん [敷金]　(월세 등의) 보증금, 거래 보증금　★

- 敷金は普通三ヶ月分です。
  보증금은 보통 3개월분입니다.

- 敷金はふつう契約が終わったとき、つまり部屋を出るときに全額返還される。
  보증금은 계약이 끝났을 때, 즉 방을 비워 줄 때에 전액 반환된다.

- 日本では家を借りる場合、契約時に家賃の外に礼金と敷金を払わなければならない。
  일본에서는 집을 빌리는 경우, 계약시에 집세 외에도 사례금과 보증금을 지불하지 않으면 안 된다.

경 제

154 **しきち** [敷地] 부지, 대지 ★

- この研究所の敷地は、5千坪です。
  이 연구소의 대지는 5천 평입니다.

- 彼の家は広い敷地にどっしりした構えで堂々と建っている。
  그의 집은 넓은 부지에 듬직한 구조로 당당하게 서 있다.

155 **しくみ** [仕組み] 구조, 장치, 시스템 / 원리, 방법 ★

- 財閥、学閥、派閥などの「閥」は、日本社会の重要な仕組みである。
  재벌, 학벌, 파벌 등의 「閥(벌)」은 일본사회의 중요한 시스템이다.

- 先生の説明を聞いて、国会の仕組みはだいたいわかった。
  선생님의 설명을 듣고 국회의 기구는 대체로 이해했다.

- 君も新聞を読むなどして、もう少し社会の仕組みに目を向けてごらん。
  자네도 신문을 읽든가 해서 사회의 구조에 좀 더 눈을 돌려보게나.

156 **したうけ** [下請け] 하청 ★

- ふだんから下請先の立場を考え、円満な人間関係を作っておこう。
  평소에 하청 거래처의 입장을 생각하고, 원만한 인간관계를 만들어 놓자.

- 二重構造とは、大企業が中小企業を下請として取引上優位に立つことをいう。
  이중구조란 대기업이 중소기업을 하청으로 하여 거래상 우위에 서는 것을 말한다.

157 **したしらべ** [下調べ] 사전 조사, 예비 조사 / 예습

- あそこを工事するについては、よく下調をしておかなければならない。
  그곳을 공사함에 있어서는 사전 조사를 잘 해 놓지 않으면 안 된다.

- キチンと下調をしてからでないと、仕事に取り掛かれない。
  말끔히 사전 조사를 해 놓지 않으면 일을 착수할 수 없다.

158 **したそうだん** [下相談] 예비 상담, 미리 의견을 조율함 ★

- 遠足の下相談に学年の先生が集まった。
  소풍을 가기 위한 사전 상의에 (각) 학년의 선생님이 모였다.

67

- 会議の議題について関係者と下相談する。
  회의의 의제에 관해서 관계자와 예비 상담을 하다.

159 したび [下火] (유행이) 쇠퇴해 짐, 시들해 짐, 기세가 약해짐

- この冬大流行したインフルエンザも、そろそろ下火になって来た。
  이번 겨울에 크게 유행한 인플루엔자(유행성독감)도 슬슬 시들해졌다.

- あれほど騒がれたおもちゃの人気も、今ではすっかり下火になってしまった。
  그토록 떠들썩했던 장난감의 인기도 지금은 완전히 한물 가 버렸다.

160 じだん [示談] 합의, 싸움을 화해에 붙임, 예컨대 교통사고와 같이 분쟁을 당사자끼리 해결하는 것 ★

☞ 합의금은 じだんきん(示談金)이라고 한다.

- 法律上、「示談」とは紛争を裁判によらず、当事者間で解決することである。
  법률상 「示談」이란 분쟁을 재판에 의하지 않고 당사자간에 해결하는 것이다.

- 加害者側は示談金を示すことによって和解を結び、責任の所在を有耶無耶にしようとしているようだ。
  가해자측은 합의금을 제시하는 것으로 화해를 맺고, 책임소재를 유야무야 하려는 것 같다.

161 しっそく [失速] (갑자기) 속도가 떨어짐 ★

- その飛行機は宙返りのとちゅう、失速して墜落した。
  그 비행기는 공중회전 도중에 속도가 떨어져 추락했다.

- 政治の世界はそう甘くはない。外相更迭以来、政権の失速は急だ。
  정치의 세계는 그렇게 만만치 않다. 외상 경질 이래 정권의 실추는 가파르다.

- リストラに合わせ失業率が悪化し、消費も失速する恐れがある。
  구조조정과 맞물려 실업률이 악화되고, 소비도 떨어질 염려가 있다.

- 今回の景気後退は生産や設備投資など企業部門の失速が主役だ。
  이번의 경기후퇴는 생산이나 설비투자 등 기업부문의 둔화가 주역이다.

경 제

162 **じてん**[事典] 사전, 여러 가지 사항을 모아 그 하나 하나에 해설을 한 책, 백과사전(百科事典) ★

- この事典は写真が豊富にのっていて、理解の手助けになります。
  이 사전은 사진이 풍부하게 실려 있어 이해를 도와줍니다.

  ☞ じてん(辞典)과 じてん(字典)으로 발음이 같기 때문에 혼동을 피하기 위해「ことてん(事典)」이라고 하기도 한다.

163 **じばさんぎょう**[地場産業] 지방의 특산품 ★★

☞ 예컨대 안동 삼베처럼 어떤 제품이 그 지역의 특성을 살린 특산품으로 정착한 전통적인 산업.

- 日本の中小企業は地場産業の担い手として地方経済の振興に資するなど、役割は極めて大きい。
  일본의 중소기업은 지역 특산품 육성의 역군으로서 지방경제의 진흥에 기여한 역할은 지대하다.

- 地場産業を育成して豊かな地域作りをしようという動きが各地で起きている。
  지방의 특산품을 육성하여 풍요로운 지역을 만들려는 움직임이 각지에서 일어나고 있다.

164 **しめきり**[締切] 마감, 마감일, 늘 닫혀 있음 ★

- 雑誌の締切りの日は、明日だ。とうとう尻に火がついた。
  잡지 마감일은 내일이다. 마침내 발등에 불이 떨어졌다.

- 締切の時間が近づいてきた。気ばかり急いて考えがまとまらない。
  마감 시간이 가까워졌다. 마음만 급하고 생각이 정리되지 않는다.

165 **しもざ**[下座] 아랫자리, 말석 ★

- 出入口から遠いところほど上座で、出入口に一番近い席が下座の末席である。
  출입구에서 먼 곳일수록 상석이고, 출입구에서 가장 가까운 자리가 하석인 말석이다.

- 自分がどの席に座ったらいいのか迷ったら、とにかく下座に座ることだ。
  자신이 어느 자리에 앉으면 좋은지 헷갈리면 어쨌든 하석에 앉는 것이다.

166 **しゃくりょう**[酌量] 참작 ★

- 情状酌量の余地がない犯罪だ。
  정상 참작의 여지가 없는 범죄다.

- 懲戒退職相当であっても、会社は情状酌量で諭旨解雇にすることが多い。
  징계 퇴직에 해당더라도, 회사는 정상을 참작해서 권고 해고시키는 경우가 많다.

167 しゃそう [社葬] 회사장(会社葬)

- 会社が主催して行う葬儀を「社葬」という。
  회사가 주최하여 행하는 장례식을「회사장」이라고 한다.

- 社葬とするかは、緊急取締役会を開いたうえでの決定による。
  회사장으로 할 것인가는 긴급 이사회를 개최한 후 그 결정에 의한다.

- 社葬は故人の死亡から一週間か十日ぐらいの期間をおいて行われる。
  회사장은 고인이 사망하고 나서 1주일이나 10일 정도의 기간을 두고 이루어진다.

168 しゃようぞく [社用族] 업무를 빙자하여 회사 경비로 유흥하는 사람 ★★

- 「社用族」とは、会社の経費で飲み食いできる特権社員のことである。
  「社用族」이란 회사의 경비로 먹고 마실 수 있는 특권 사원을 말한다.

- ここ4~5年は、社用族が減ったことで、銀座の高級クラブは閑古鳥が鳴いてます。
  최근 4~5년은 회사돈으로 유흥비를 쓰는 사람이 줄어서 긴자의 고급 클럽은 파리를 날리고 있습니다.

169 しゅうゆうけん [周遊券] 일본의 JR에서 여행자를 위해 발행하는 열차의 할인 승차권

- 特定された範囲と期間内なら、運賃が割引になる周遊券を買って旅行したほうがいい。
  특정한 범위와 시간 동안이라면 운임이 할인되는 승차권을 사서 여행하는 편이 좋다.

170 しゅっこう [出向] 파견, (회사나 관청에서) 상부의 명령에 따라 다른 곳에서 근무함 ★

☞ 예컨대 자회사 파견 근무 등.

- 彼は子会社の経営の建て直しをはかるべく出向させられた。
  그는 자회사 경영의 재정비를 꾀하기 위해 파견되었다.

경 제

- 時には定年数年前に出向させ、第二の人生を歩ませる場合もある。
  때로는 정년 수년 전에 파견시켜 제2의 인생을 걷게 하는 경우도 있다.

- 出向は雇用調整の目的もあるが、新日鉄のように経営の多角化を目的とするところもある。
  파견은 고용조정의 목적도 있지만, 신닛테츠처럼 경영의 다각화를 목적으로 하는 곳도 있다.

171 しゅっせき [出席] 참석, 출석 ★

- サミットには国の代表として首相が出席する。
  주요선진국수뇌회의(summit)에는 나라의 대표로서 수상이 참석한다.

- 同窓会に出席してもしなくても、いずれにせよ返事はしなければならない。
  동창회에 참석하든 않든 간에, 어쨌든 대답을 해주지 않으면 안 된다.

☞ 일본어에는 우리말의 「참석(參席)」이라는 한자 어휘는 없으며, 대응하는 어휘는 「出席」이다.

172 しゅんとう [春闘] 노동조합이 임금인상을 요구하기 위해 매년 봄에 벌이는 행사, 춘계투쟁의 준말 ★

- 春闘は大企業の組合が中心となって行われるので、中小企業の労働組合はその恩恵に十分にあずかれない。
  춘투는 대기업의 조합이 중심이 되어 하기 때문에 중소기업의 노동조합은 그 혜택을 충분히 받지 못한다.

- 組合が春闘を「相場づくり」としてベースアップについて交渉することはよく知られている。
  조합이 춘투를 「시세 조성」으로 하여 임금인상에 관해 교섭한다는 것은 잘 알려져 있다.

173 しょうしか [小子化] 출산 감소, 출산율 저하 ★★

- 少子化とは人口の再生産に必要な水準を下回って出生率が低下することを言う。
  小子化란 인구의 재생산에 필요한 수준을 밑돌아 출산율이 저하하는 것을 말한다.

- 少子化現象は高齢化を早めるとともに長期的には人口減少をもたらす。
  출산감소 현상은 고령화를 앞당겨 장기적으로는 인구의 감소를 초래한다.

- 田辺市の生徒数は少子化などの影響で近年、減少の一途をたどっている。
  다나베 시의 학생수는 출산율 저하 등의 영향으로 근년들어 감소의 일로를 걷고 있다.

174 **しょうてんがい**[商店街] 상가

☞ 일본에서는 (商店街)라고 하는 데에 비해, 우리나라에서는 「상가(商街)」라고 한다.

- 大型スーパーの進出計画は、地元商店街の激しい抵抗にあって難航している。
  대형 슈퍼의 진출 계획은 그 지역 상가의 격렬한 저항을 만나 난항을 겪고 있다.

175 **しょうばい**[商売] 장사, 상업, 업 ★

- 彼は父の商売をついで商人になるのがいやで、大学も理科系を選んだ。
  그는 아버지의 상업을 이어 장사꾼이 되는 것이 싫어서 대학도 이과계를 택했다.

- こんな寂しい通りでは、店を開いても商売は成り立たないだろう。
  이런 삭막한 거리에서는 가게를 내도 장사는 유지되지 않을 것이다.

- 銀行は信用を売る商売ですから、お客様の信頼を第一としています。
  은행은 신용을 파는 장사라서 고객의 신뢰를 최우선으로 하고 있습니다.

176 **しょうばいあがったり**[商売上がったり] 장사가 말이 아님, 손을 듦

- 「ここ数年、着物の売行きが渋ってきて商売上がったりですよ」と、呉服屋が嘆いていた。
  「최근 수년, 기모노의 팔림새가 신통치 않아 말이 아니지요」라고 포목전 주인이 탄식하고 있었다.

- 大型スーパーの進出で既存の小売店はスッカリ商売上がったりだ。
  대형 슈퍼의 진출로 기존의 소매점은 손들 수밖에 없다.

177 **しょちゅう**[書中] 서면(書面), 편지

- まずは略儀ながら、書中をもちまして、ご祝詞申し上げます。
  우선 간략하게나마 서면으로 축하의 말씀을 올립니다.

- 取り合えず、書中をもちましてご挨拶申し上げます。
  (다른 일을 제쳐두고) 먼저 서면으로 인사 올립니다.

178 **しろくろ**[白黒] 흑백, 진부, 시비 ★

☞ 우리나라에서는 (흑백(黒白))이라고 하는데, 일본에서는 순서를 거꾸로 하여 (白黒)이라고 말한다.

- 白黒フィルムで写真を撮る。
  흑백 필름으로 사진을 찍다.

- カラーテレビの普及により、白黒テレビの需要は急激に減りました。
  컬러TV의 보급에 의해 흑백TV의 수요는 급격히 줄었습니다.

179 しんまい [新米] 신출내기, 신참(자), 햅쌀 ㊛ しんまえ(新前) ★

- 難しい事件を立て続けに担当し、新米の弁護士はすっかり疲労こんぱいしてしまった。
  어려운 사건을 연거푸 담당하여 신출내기 변호사는 완전히 지칠 대로 지쳐 버렸다.

- 向こうはベテランで、こちらはまだ新米という場合、緊張するのは仕方がない。
  저쪽은 베테랑이고, 이쪽은 아직 신참인 경우 긴장하는 것은 어쩔 수가 없다.

180 ぜいこみ [税込み] 세금 포함(액)

- この本の本体の価格は1,000円だが、税込みの価格は1,050円である。
  이 책의 본체 가격은 1,000엔이지만, 세금 포함 가격은 1,050엔이다.

- 給料は、税込みでは33万円だが、あれこれ差引かれて、手取り29万円になる。
  급료는 세금 포함해서 33만 엔이지만, 이것저것 떼이고 실수령액은 29만 엔이 된다.

181 せかいいち [世界一] 세계제일, 세계최고 ★

- 高さで世界一の山はエベレスト山だそうです。
  높이에서 세계 제일인 산은 에베레스트산이라고 합니다.

- 日本はスウェーデンやアイルランドを抜き、世界一の長寿国になりました。
  일본은 스웨덴이나 아일랜드를 누르고 세계 제일의 장수국이 되었습니다.

182 せきがはら [関ケ原] 승패나 운명이 결정되는 중대한 싸움, 결전, 고비 ★

- 1600年9月15日、岐阜県関ケ原で、徳川家康らの東軍が石田三成らの西軍を破った戦い。俗に「天下分け目の戦い」という。
  1600년 9월 15일, 기후 현 결전에서 도쿠가와 이에야스의 동군이 이시다 미츠나리의 서군을 처부순 싸움. 흔히 「천하를 잡느냐 못 잡느냐를 판가름 하는 싸움」이라고 한다.

- 今度の新製品売込み合戦は、わが社の運命を決める関ケ原の戦いだ。
  이번의 신제품 판매촉진 싸움은 우리 회사의 운명을 결정하는 중대한 고비 싸움이다.

183 せきじ [席次] 자리의 순서, 서열 ㉌ せきじゅん(席順) ★

- 「席次」とは、どの席に誰が座るかという座席の順序である。
  「席次」란 어느 자리에 누가 앉는가 하는 좌석의 순서를 말한다.
- 地位、年齢や役割などによって席次がある。
  지위·연령이나 역할 등에 의해 자리의 서열이 있다.
- 会議での席次は、その会議場の間取りや机のレイアウトなどによって変わる。
  회의에서의 자리 순서는 그 회의장의 배치나 책상의 레이아웃 등에 따라서 변한다.

184 せっけん [石鹸] 비누 ㉌ シャボン ★

- この石鹸はよく泡が立つ。
  이 비누는 거품이 잘 일어난다.
- 外から帰ったら手を石鹸で洗って、いつも清潔にしておきましょう。
  밖에서 돌아오면 손을 비누로 잘 씻어 언제나 청결히 합시다.

185 せりうり [競売り] 경매

☞ 「競売」는 「きょうばい」 또는 「けいばい」라고 읽는다.

- 骨董品の市場では許可証をもった業者たちが集まって品物を競売りする。
  골동품 시장에서는 허가증을 가진 업자들이 모여 물건을 경매한다.
- 競売りでは一番高値をつけた人に品物を売る。
  경매에서는 가장 높은 가격을 써낸 사람에게 물건을 판다.

186 せんたん [先端] 첨단, 뾰족한 끝 ★★

- このロボットには、時代の先端をいく技術が駆使されています。
  이 로봇에는 시대의 첨단을 가는 기술이 갖추어져 있습니다.
- 彼女の服装はいつも流行の先端をいっている。
  그녀의 복장은 언제나 유행의 첨단을 걷고 있다.

- ご来場の上、通信技術の先端商品をぜひご体験くださいませ。
  왕림하시어 통신기술의 첨단 상품을 꼭 체험해 주십시오.

187 そうかいや [総会屋] 총회꾼 ★★

- 株主総会は総会屋の介入で騒然とした。
  주주총회는 총회꾼의 개입으로 어수선했다.

- 総会屋との事前の取引で、株主総会はただの形式的なものに終わった。
  총회꾼과의 사전 거래로 주주총회는 오로지 형식적으로 끝났다.

188 そうごう [総合] 종합 ★

- 個人でメダルをとった人は少なかったが、男子は総合優勝した。
  개인적으로 메달을 딴 사람은 적었지만, 남자는 종합우승을 했다.

- この大学は五つの単科大学が統合されて総合大学となったものです。
  이 대학은 5개의 전문대학이 통합되어 종합대학으로 된 것입니다.

189 そうば [相場] 시세, 시가 ★★★

- 部屋を借りたいのですが、いまワンルームは幾らぐらいが相場ですか。
  방을 빌리고 싶은데요, 지금 원룸은 시세가 얼마 정도입니까?

- 友人の披露宴に招待されたときのお祝い金は、一万円というのがこれまでの相場だった。
  친구의 피로연에 초대받았을 때의 축의금은 만엔 선이 이제까지의 시세였다.

- 相場商品とは投機の対象として市場で扱われる商品のことで、貴金属、穀物などがある。
  시가 상품이란 투기대상으로서 시장에서 조작되는 상품으로 귀금속·곡물 등이 있다.

190 ぞくしん [続伸] (주가 등의) 속등, 계속 오름

- あの会社は増資が噂されているので株価が続伸している。
  그 회사는 증자한다는 소문이 있기 때문에 주가가 계속해서 오르고 있다.

- このところガソリン代が続伸中である。
  요즈음 휘발유 가격이 계속해서 오르고 있다.

191 そこいれ [底入れ] 경기가 바닥까지 떨어진 상태, 앞으로는 상승기라는 뜻을 내포함 ㊥底打ち

- 低迷し続けた景気はいよいよ底入れ状態だ。
  침체가 계속된 경기는 마침내 밑바닥 상태다.

- 株価は底入れした。
  주가는 더 이상 떨어질 수 없는 지경에 이르렀다.

192 そろばん [算盤] 주판, 수판, 셈, 이해 타산 ★

- 昔、社会生活のたしなみは「読み」「書き」「算盤」だった。
  예전 사회생활의 준비는 「읽기」「쓰기」「셈」이었다.

- どう算盤を弾いても、その仕事は割に合わない。
  아무리 주판알을 튀겨도 그 일은 타산이 맞지 않는다.

193 だいこくばしら [大黒柱] 대들보, 집안·단체의 중심 인물 ★

- 一家の大黒柱であった父親を失った少年は、進学を諦めるより仕方がなかった。
  일가의 대들보였던 부친을 여읜 소년은, 진학을 단념할 수밖에 없었다.

- 昨年発売を始めた新製品がいまや当社の大黒柱だ。
  작년에 판매를 시작한 신제품이 지금은 이미 우리 회사의 대들보다.

194 たいこばん [太鼓判] 확실한 보증, 큰 도장 ★

- これは最高級品だと店の主人が太鼓判を押した。
  이것은 최고급품이라고 가게 주인이 절대 틀림이 없음을 보장했다.

- 父は彼の人柄を見て大丈夫だと太鼓判を押しました。
  아버지는 그의 인품을 보아 염려 없다고 확실한 보증을 섰습니다.

경제

195 だいしきゅう [大至急]　아주 급함, 화급한 일

- 急ぎの場合は文書の初めに、「大至急」などと書く。
  급한 경우에는 문서의 머리에 「大至急」이라고 쓴다.

- 添付資料の製品に関し、大至急お見積りください。
  첨부한 자료의 제품에 관해서 초급급으로 견적을 주십시오.

196 たいしゃ [退社]　퇴근, 퇴사 ★

☞ 일본어의 退社는 (퇴근)과 (퇴직)의 두 가지 뜻이 있다. 앞뒤 문장을 살펴서 해석하도록 주의를 요함.

- 退社時間になったので仕事を終えて、帰り支度をした。
  퇴근 시간이 되었기 때문에 일을 끝내고 돌아갈 준비를 했다.

- 先に退社する人には、「お疲れ様でした」と相手を思いやる挨拶をする。
  먼저 퇴근하는 사람에게는「수고하셨습니다」라고 상대방을 배려하는 인사를 한다.

197 たいせいほうかん [大政奉還]　도쿠가와 막부가 정권을 천황에게 반납한 일, (비유해서) 원래의 주인에게 반환함 ★

- 大政奉還によって、徳川三百年の歴史に終止符が打たれた。
  大政봉환에 의해 徳川(도쿠가와) 300년의 역사에 종지부가 찍혔다.

- 今回の社長人事において正幸会長の「松下家への大政奉還」は、かなり濃厚に見える。
  이번 사장 인사에서 마사유키 회장의 「마츠시타 가문에 대한 경영권 반납」은 꽤 농후하게 보인다.

198 たかね [高値]　값이 비쌈, 비싼 값 ★

- 株を安値で買って、高値で売る。
  주식을 싼 값으로 사서 비싼 값으로 팔다.

- 目覚ましい需要の伸びのため、最高の高値を呼んでいる。
  눈부신 수요 증가로 인해 최고로 비싼 값을 호가하고 있다.

199 たくはいびん [宅配便]　자택까지의 배달편, 택배편

- 宅配便で田舎から荷物が送られてきた。
  택배편으로 시골에서 짐이 배달되어 왔다.

77

- 旅行先で買ったおみやげを宅配便で自宅まで送った。
  여행처에서 산 선물을 택배편으로 집까지 보냈다.

200 だしいれ[出し入れ] 출납, 특히 금전·물품의 출납
⊕ でいれ(出入れ), ではいり(出入り)

- 普通預金通帳はお金の出し入れが忙しい。
  보통예금통장은 돈의 출납이 잦다.

- この財布は金の出し入れに不便だ。
  이 지갑은 돈을 넣고 꺼내는 데에 불편하다.

201 たたきあげ[叩き上げ] 밑바닥부터 단계를 밟아 실력으로 출세함

- 「叩き上げ」とは、下積みから苦労して上の地位につくこと、またそんな人のことをいう。
  「叩き上げ」란 밑바닥에서부터 고생해서 위의 지위에 오르는 것, 또는 그런 사람을 말한다.

- さすがに叩き上げの人だけあって、たいていの難事には全く動じない。
  역시 밑바닥부터 올라온 사람인 만큼, 웬만한 어려운 일에는 전혀 동요하지 않는다.

- ウチの社長は小さな町工場の職人からの叩き上げで、大会社の社長にまでなった。
  우리 회사의 사장은 작은 공장의 공원에서부터 잔뼈가 굵어 큰회사의 사장까지 되었다.

202 たっきゅうびん[宅急便] (운송 전문회사가 맡아서 해주는) 긴급 배달

- 宅急便のお陰で迅速な物資の輸送が可能になった。
  긴급배달 덕분에 물자의 신속한 수송이 가능해졌다.

- 宅急便を利用すれば、北海道の生きたタラバガニも電話一本で食べられる。
  빠른 택배를 이용하면 홋카이도산 무당게도 전화 한통으로 먹을 수 있다.

203 たてかえ[立替え] 대납(代納), 남을 대신하여 일시적으로 금품을 대신 냄 ★

☞ 동사는 「立替える」

- 昨日立替えたラーメン代を返してください。
  어제 대신 낸 라면 값을 돌려주십시오.

경제

- 返す見込みがないなら立替えはごめんだ。
  갚을 가망이 없다면 대납은 사양한다.

- 君の留守中に僕が新聞代を立替えておいたよ。
  자네가 없을 때 신문대금을 내가 대신 지불해 뒀어.

204 たてね [建値] 생산자의 도매가격, (환시세에서) 은행이 공표하는 표준시세 ★

- 建値は円でよろしいでしょうか。
  (통화화폐의) 가격은 엔(円)을 기준으로 해도 괜찮습니까?

- 銀行が公表する為替相場の標準値段を建値という。
  은행이 공표하는 환시세의 표준가격을 「建値」라고 한다.

205 たなあげ [棚上げ] 보류, 뒤로 미룸 ★

- この問題は一時棚上げにして、次の議題を審議しよう。
  이 문제는 일시 뒤로 미루고, 다음 의제를 심의하자.

- 棚上げになった案件は事情の変化で復活することもあるが、握りつぶされた案件は絶望的だ。
  보류된 안건은 사정의 변화로 부활하는 수도 있지만, 묵살한 안건은 절망적이다.

- 自分のことを棚に上げ、人のことをよくぬけぬけと言うねえ。
  자신의 일은 제쳐놓고, 남의 일은 뻔뻔스럽게 잘도 말하는군요.

206 たなおろし [棚卸] 재고 조사 / (남을) 헐뜯음, 허물을 들춤 ★

- 夏物の棚卸をする。
  여름 상품의 재고조사를 하다.

- 男が暇潰しでする最大の話題は、女の子の棚卸であろう。
  남자가 심심풀이로 하는 최대의 화제는 여자의 허물을 들추는 것이리라.

- 古参選手が集まって、新入部員の棚卸しをする。
  고참 선수가 모여 신입 부원을 헐뜯다.

207 たなこ [店子] 집을 빌려 쓰는 사람, 세입자

- 店子が家賃を払わないので困る。
  세든 사람이 집세를 내지 않아서 곤란하다.

- 人情の厚い家主だと、店子としてはありがたい。
  인정이 후한 집주인이라면 세입자로서는 고마운 일이다.

208 だめおし [駄目押し] 확인하기 위해서 다시 다짐함(→ 바둑의 빈집 채우기에서 유래), 이긴 경기의 추가 득점 ★

☞ 駄目を押す라고도 쓴다

- 彼には今日の会にかならず出席するようにと、きのう駄目を押しておいた。
  그에게는 오늘 모임에 꼭 참석하도록 어제 다짐을 해 두었다.

- 駄目押ししておけば、間際になって手違いの起こる恐れは少なくなる。
  미리 확인해 놓으면 예정에 임박해서 차질이 일어날 염려는 적어진다.

- 「お金を払ったから、完全にぼくの物だぞ。わかったな。」と駄目を押した。
  「돈을 냈으니 완전히 내 물건이란 말이야, 알았지?」라고 다짐을 했다.

209 たれまく [垂れ幕] 현수막, 플래카드 ★

☞ おうだんまく(横断幕) 옆으로 거는 플래카드

- 「農産物開放反対！」の垂れ幕が農協の本部にかかっていた。
  「농산물 개방 반대！」라는 현수막이 농협의 본부에 걸려 있었다.

- デパートには、色とりどりの垂幕が下がり、歳末気分を盛りあげている。
  백화점에는 갖가지 색깔의 현수막이 걸려 연말 기분을 자아내고 있다.

210 だんかい [団塊] 덩어리 ★

- 日本では、戦後すぐにベビーブームがあり、その時期に生まれた人々を「団塊の世代」という。
  일본에서는 전후 곧바로 베이비 붐이 있어, 그 시기에 태어난 사람들을 「団塊の世代」라고 한다.

- 安定成長期に入り、会社の社員構成も団塊の世代を中心にポスト不足に陥った。
  안정성장기에 들자 회사의 사원 구성도 전후 출생세대를 중심으로 자리(포스트) 부족에 빠져들었다.

211 ちゅうせん [抽選]　추첨(抽籤), 제비 뽑기　★

- 分譲マンションの抽選に当たったので、今そこに住んでいます。
  분양 맨션의 추첨에 당첨되었기 때문에 지금 그곳에서 살고 있습니다.

- 応募者が多いときは抽選にする。
  응모자가 많을 때는 추첨으로 한다.

- 抽選で5名様をハワイ旅行にご招待いたします。
  추첨으로 다섯 분을 하와이 여행에 초대합니다.

212 ちょうけし [帳消し]　거래에서 대차관계의 소멸, 서로 상쇄하여 이득도 손해도 없음

- エラーを帳消しにする逆転本塁打が出た。
  에러를 만회하는 역전 홈런이 나왔다.

- 去年の成功も今年の失敗で全部帳消しだ。
  작년의 성공도 금년의 실패로 모두 상쇄되어 이득도 손해도 없다.

213 ちょうじゃ [長者]　부자, 부호 연장자 / 나이든 사람　★

☞ ちょうじゃばんづけ(長者番付)　부호 서열.

- あの男は村一番の豪農で、いかにも長者らしく太った立派な男だ。
  그 남자는 마을 제일의 부농으로 과연 부자답게 풍채가 있는 근사한 남자다.

- 「神様、どうか私たちに子供をお恵みください」と、長者夫婦は必死に祈った。
  「하느님 제발 저희들에게 자식 복을 주사이다」라고 부자 부부는 필사적으로 빌었다.

214 ちょうじり [帳尻]　기재된 장부의 끝부분, 잔액, 계산

- 何度も計算し直して、やっと帳尻が合った。
  몇 번이나 계산을 다시 해서 가까스로 장부가 맞았다.

- 損した分をどこかで取り戻さないと、帳尻が合わなくなる。
  손해본 만큼을 어딘가에서 되찾지 않으면 잔액이 맞지 않게 된다.

215 **ちょうめん** [帳面] 장부, 노트, 회계부

- これは宿題の帳面です。
  이것은 숙제장입니다.

- いくら帳面づらを合わせておいても不正を隠しきれるものではない。
  아무리 장부상의 숫자를 맞추어 놓아도 부정을 끝까지 감출 수는 없다.

216 **ちんあげ** [賃上げ] 임금 인상 ★

- 労働組合は賃上げ闘争を今年もやる。
  노동조합은 금년에도 임금 인상 투쟁을 한다.

- 経営者側はついに組合側の要求をのんで、大幅な賃上げを認めることになった。
  경영자측은 마침내 조합측의 요구를 받아들여 대폭적인 임금 인상을 인정하기에 이르렀다.

217 **つきぎめ** [月極め] 한달 단위의 계약, 월정금액(구독료・주차료 등) ★

- 電話やFAXは月極で借りることもできます。
  전화나 팩스는 월 단위 계약으로 빌릴 수도 있습니다.

- 最近は駅周辺に月極めの駐車場が急速に増えています。
  최근에는 역 주변에 월 단위로 계약하는 주차장이 급속히 늘고 있습니다.

- 日本では通常、家賃は月極で契約します。
  일본에서는 통상적으로 집세는 월 단위로 계약합니다.

218 **つめばら** [詰め腹] 억지로 사직을 당함, 하기 싫은 일을 강요당함

☞ 원래의 의미는 본인의 의사와는 상관없이 책임을 지고 억지로 할복을 강요당하는 것에서 유래한 말이다.

- 課長に詰め腹を切らせて、事件を収める。
  과장이 강제 사직을 당하고 사건을 수습하다.

- 身代わりの詰腹ではかわいそうだ。
  남을 대신하여 사직을 강요당하는 것은 불쌍하다.

경 제

219 **つよごし** [強腰] 강경 자세, 고자세, 허릿심이 셈 ★

- 交渉に臨んでは強腰の態度を崩さないようにする。
  교섭에 임해서는 강경한 태도를 흐트러뜨리지 않는다.

- アメリカ側の交渉態度はいつも強腰だ。
  미국측의 교섭태도는 언제나 강경하다.

220 **てあて** [手当て] 준비, 대비 / 급여, 수당 / 사례금, 팁 / 치료, 간호 ★

- 給料のほかに家族手当てが出ますし、夜働けばまた別に夜勤手当てがつきます。
  급료 외에 가족수당이 나오고, 밤에 일하면 또 별도로 야근 수당이 나옵니다.

- けが人がいたら、すぐ簡単な手当をしてから病院に運ぼう。
  상처가 있으면 바로 간단한 치료를 하고 나서 병원으로 옮기자.

- 子供が学校に入るので、その手当をしなければならない。
  아이가 학교에 들어가기 때문에 그 준비를 하지 않으면 안 된다.

221 **ていばんしょうひん** [定番商品] (유행에 관계없이 매년 일정한 수요가 확보되는) 기본형 상품

- 私の考える定番商品とは、いつの時代も売れ続けているもの、つまりコングセラーのスタンダードです。
  내가 생각하는 기본형 상품이란, 어느 시대에도 계속해서 팔리는 것, 즉 롱 셀러의 기준입니다.

- いつもお客さまから確実な支持をいただいている、自信の定番商品を取りそろえました。
  언제나 고객으로부터 확실한 지지를 받고 있는 자신 있는 기본형 상품을 골고루 갖추었습니다.

222 **ていめい** [低迷] 나쁜 상태에서 헤어나지 못함, (경기 등의) 침체 상태 ★

- 低迷するこの国の経済には、まったく復活の兆しは見られない。
  침체한 이 나라의 경제는 전혀 부활의 징조가 보이지 않는다.

- 貧窮のどん底に低迷している。
  빈곤의 구렁텅이에서 헤어나지 못하고 있다.

- コーチは低迷しているチームの現状を打破するには、練習時間を長くするしかないと結論した。
  코치는 침체되어 있는 팀의 현상을 타파하기 위해서는 연습시간을 길게 할 수밖에 없다고 결론을 내렸다.

223 でかせぎ [出稼ぎ] 외지에 나가서 돈벌이를 함 ★

- 出稼ぎに行った父は、長い間家族と別れて都会で独り暮らしをしなければならない。
  돈벌이를 나간 아버지는 오랜 기간 가족과 떨어져 도시에서 혼자 생활하지 않으면 안 된다.
- この地方の農家は出稼ぎで家計を補っている。
  이 지방의 농가는 (농한기에) 돈벌이를 나가서 가계를 보충하고 있다.
- 出稼ぎに東京へ行った父は、家族からの便りが何よりの楽しみだそうです。
  돈벌이하러 도쿄에 간 아버지는 가족한테서 오는 편지가 무엇보다도 큰 즐거움이라고 합니다.

224 てがた [手形] 어음, 증서 ★

- 不渡り手形を出し、ついにこの会社も命運が尽きた。
  부도어음을 발행해서 마침내 이 회사도 수명이 다했다.
- 手形には、約束手形と為替手形がある。
  어음에는 약속어음과 환어음이 있다.
- 三人組のヤクザに手形をパクリとやられたよ。
  3인조의 야쿠자에게 어음을 덥석 빼앗기고 말았네.

225 できだか [出来高] 완성된 총량, 수확량 / 매매 거래가 성립된 총액 ★

- アルバイトの造花作りなどは、たいてい出来高払いである。
  아르바이트로 조화를 만드는 일 등은 대개 성과급으로 지불한다.
- 東京証券取引所、第1部の今日の出来高は7億株でした。
  도쿄 증권거래소, 제 1부의 오늘 매매거래량은 7억주였습니다.

경 제

226 **てこいれ**[梃入れ] 인위적으로 간섭함, 정책적으로 개입함, 지원 조치를 함 ★

- 政府が梃入れをして景気の回復を図る。
  정부가 (정책적으로) 개입해서 경기 회복을 도모하다.

- 人事部では人材をつぎ込んで営業部の梃入れをしている。
  인사부에서는 인재를 충원하여 영업부를 지원하고 있다.

☞ てこ(梃)는 지레를 뜻하며, 「てこいれ」는 지레를 들이밀어 바퀴를 억지로 움직이게 하는 것을 비유한 말이다. 보통 テコ入れ로 표기함.

227 **てじゅん**[手順] 차례, 순서, 절차 ★

- 仕事の手順が悪かったので能率が上がらなかった。
  업무의 순서가 나빴기 때문에 능률이 오르지 않았다.

- 司会者が手順よく進めたので、パーティーは順調に終わった。
  사회자가 순서를 잘 진행했기 때문에 파티는 순조롭게 끝났다.

- 手順を踏んで議員選挙に立候補する。
  절차를 밟아 의원 선거에 입후보하다.

228 **てつけ**[手付け] 계약을 맺음, 계약금, 계약 보증금, 착수금

- いい部屋が見つかったので、一応手付けを打ってきた。
  좋은 방이 발견되어 일단 계약 보증금을 걸고 왔다.

- 売買契約締結の保証として手付金を払う。
  매매계약 체결의 보증으로 계약금을 지불하다.

229 **てつづき**[手続き] 수속, 절차 ★

- 子供が生れたので区役所へ行って手続きをしました。
  아이가 태어났기 때문에 시청에 가서 (출생)수속을 밟았습니다.

- お役所相手の仕事は手続きがやや面倒なのが難点だ。
  관청을 상대로 하는 일은 절차가 약간 번거로운 것이 난점이다.

- 日本は輸入手続きが複雑で時間がかかる。
  일본은 수입 절차가 복잡해서 시간이 걸린다.

230 **てどり** [手取り] 실수령액, 실수입, 세금 등을 공제하고 실제로 받는 금액 ★

- 月給から税金などいろいろ差引かれると、手取りは少なくなってしまいます。
  월급에서 세금 등 여러 가지를 떼이고 나면 실수령액은 적어지고 맙니다.

- 給料はいくらぐらいですか。総額は22万円ですが、手取で18万円ぐらいです。
  「급료는 얼마쯤입니까?」「총액은 22만 엔이지만, 실수입은 18만 엔 정도입니다.」

231 **てびき** [手引き] 인도함, 안내함, 입문, 첫걸음, 입문서, 안내서 ★

- 僕に英語の手引きをしてくれたのは兄だった。
  내게 영어의 길잡이가 되어준 사람은 형이었다.

- あの方に会ってお願いしたいことがあるのですが、手引してくださいませんか。
  그 분을 만나서 부탁할 일이 있습니다만, 소개해 주시지 않겠습니까?

- ヨーロッパ旅行の手引き書。
  유럽 여행의 안내서.

232 **でまえ** [出前] 주문 요리, 주문요리의 배달 ㊥店屋物 음식점에서 시켜 오는 음식 ★

- 駅前のソバ屋の看板には、「出前迅速、安くてうまい」と書いてある。
  역 앞의 메밀국수집 간판에는「신속배달, 싸고 맛있음!」이라고 쓰여 있다.

- 「出前が遅い!」と電話で文句を言ったら、あわてて持ってきた。
  「배달이 늦다!」고 전화로 잔소리를 했더니 서둘러서 갖고 왔다.

233 **でむかえ** [出迎え] 마중, 출영, 영접 ★

- だれか出迎えに来ているはずだ。
  누군가가 마중 나와 있을 게다.

- アメリカからいとこが来るので、出迎えに行って来ます。
  미국에서 사촌이 오니까, 마중하러 다녀오겠습니다.

경제

234 **てもち**[手持ち] 현재 수중에 가지고 있음, 무료함을 달램,
손에 듦(hand-Carry) ★

- 手持ちの金が足りないと困ることがある。
  수중에 가진 돈이 부족하면 곤란할 때가 있다.

- 手持ち無沙汰で時間を持て余す。
  할 일이 없이 따분해서 시간을 주체 못하다.

235 **でんのう**[電脳] (중국어로)컴퓨터 ★

- 電脳とは、中国語でコンピュータのことで、最近では日本語としても用いられている。
  「電脳」란 중국어로 컴퓨터를 말하는데, 최근에는 일본어로도 쓰이고 있다.

- 電脳を使ってあなたの研究分野を深めましょう！
  컴퓨터를 사용하여 당신의 연구분야를 깊게 합시다.

236 **てんびき**[天引き] 급여에서 세금·대출금을 미리 공제하는 것, 원천징수 ★

- 会社では一人一人の社員の給与の見込み額を試算して、税金分を毎月の給与から天引きする。
  회사에서는 각 사원의 급여 예상액을 시산하여, 세금 분을 매월 급여에서 미리 공제한다.

- 所得税は、勤務先が税務署に代わって徴収する。これは天引きと呼ばれる。
  소득세는 근무처에서 세무서를 대신하여 징수한다. 이것은 원천징수라고 불린다.

237 **といあわせ**[問い合わせ] 조회, 문의 ★

- 飛行機の出発時刻を会社に問い合わせてください。
  비행기의 출발 시각을 회사에 조회해 주십시오.

- 問い合わせの手紙を出したのに、うんともすんとも言って来ない。
  문의하는 편지를 보냈는데도 가타부타 말이 없다.

- その人がどんな人かは、前の会社に問合わせをしてみれば分かるでしょう。
  그 사람이 어떤 사람인지는 전에 근무한 회사에 조회해 보면 알 수 있겠지요.

238 とうどり [頭取]　은행장, 조합장 / 우두머리

☞ 중앙은행인「일본은행」의 경우에는「そうさい(総裁)」라고 한다.

- 日本では、銀行の代表者を頭取という。
  일본에서는 은행의 대표자를「頭取」라고 한다.

- 銀行では、会社の社長に当たる人を「頭取」と呼ぶ。
  은행에서는 회사의 사장에 해당하는 사람을 은행장이라고 한다.

239 とくいさき [得意先]　단골집, 단골 거래처, 단골 손님 ★

- 部長に呼ばれ席を外している間に、得意先から電話があったそうだ。
  부장에게 호출받아 자리를 뜬 사이에 단골 거래처로부터 전화가 왔다고 한다.

- 彼が店を開いて三年、それなりに得意先もできて生活も安定したようだ。
  그가 점포를 연지 3년, 나름대로 단골도 생겨 생활도 안정된 것 같다.

240 どげざ [土下座]　땅에 머리를 조아리고 절을 함 ★

☞ 상대방에 대해 존경・굴복・감사 등의 뜻으로, 땅에 엎드려 극진하게 인사하는 절.

- 無理な頼みとわかっていながら土下座してお願いした。
  무리한 부탁인줄 알면서도 머리를 조아려 부탁했다.

- 土下座をして謝る。
  이마가 땅에 닿도록 머리를 조아려 사과하다.

241 とち [土地]　그 지방, 고장 / 토지

- この土地の寒さにだんだん慣れてきました。
  이 고장의 추위에는 점점 익숙해졌습니다.

- お城にはどう行ったらいいのか、土地の人に聞いてみました。
  성에는 어떻게 가면 좋은지 그 지방 사람에게 물어 보았습니다.

- 大学時代を過ごしたこの土地は、僕にとって第二の故郷と言えます。
  대학 시절을 보낸 이 지역은 나에게 있어서 제2의 고향이라고 말할 수 있습니다.

242 とのさましょうばい [殿様商売]　배짱 장사, 귀족 장사

- 悠揚に構え利益にこだわらない商売のやり方を軽べつして殿様商売という。
  태연자약하고, 이익에 얽매이지 않는 영업 태도를 멸시해「殿様商売(귀족 장사)」라고 한다.

경 제

- 殿様商売はどうせ長続きはしない。
  고자세로 하는 장사는 결국 오래 지속되지 않는다.
- 伝統にあぐらをかき「見せてやる」式の殿様商売をしてきた大相撲の人気が急速に冷え込んでいる。
  전통에 안주하여「보여 준다」식의 배짱장사를 해 온 大相撲(전국스모대회)의 인기가 급속히 싸늘해지고 있다.

243 **ともかせぎ**[共稼ぎ] 맞벌이(부부) ★

- 結婚しても、当分共稼ぎするつもりです。
  결혼해도 당분간 맞벌이를 할 생각입니다.

244 **ともだおれ**[共倒れ] 공멸, 같이 망함 ★

- 安売り合戦で共倒れになる。
  염가 판매 경쟁으로 모두 망하다.
- 危機に陥った人を助けようとするとき自分に力がないと、共倒れになる危険がある。
  위기에 빠진 사람을 도우려고 할 때 자신에게 힘이 없으면 공멸할 위험성이 있다.

245 **ともばたらき**[共働き] 맞벌이(부부) ★

☞ ともかせぎ(共稼ぎ)의 다른 말씨.

- 姉夫婦は共働きなので、しばらくは子供を作らないとのことです。
  언니 부부는 맞벌이라서 얼마 동안은 아이를 갖지 않겠다는 것입니다.
- 共働きの家庭では子供の養育上に困難なことが少なくない。
  맞벌이 가정에서는 아이의 양육상 곤란한 일이 적지 않다.

246 **とらのこ**[虎の子] 비장의 금품, 늘 소중히 하며 곁에 두고 있는 것

- 虎の子のお金を落としてしまった。
  소중히 챙겨두었던 돈을 잃어버리고 말았다.
- 参ったなあ、虎の子の純金のネクタイピンをなくしたよ。
  아뿔싸, 소중히 간직하고 있던 순금 넥타이핀을 잃어버렸어.

247 とりくみ [取り組み] 대책, 대응방안 / 대전, 대진, 호적수 ★

☞ 대진(표)를 뜻하는 경우에는 「取組」로 표기한다.

- 当局の公害防止に対する取り組みは手ぬるい。
  당국의 공해 방지에 대한 대책은 미온적이다.
- 新内閣は行政改革への取組みの姿勢を明確に打ち出している。
  새 내각은 행정 개혁에 대한 대응 자세를 명확히 내세우고 있다.
- 大相撲名古屋場所八日目の結びの一番は本日一番の好取り組みだ。
  프로스모의 나고야 대회 8일째의 마지막 한판은 오늘의 제일 좋아하는 대전이다.

248 とりしまりやく [取締役] 이사, 임원 ★★

☞ 우리나라의「대표이사」에 해당하는 말은「代表取締役」이라고 하며, 일본어에도「りじ(理事)」라는 말이 있는데, 이는「협회·조합·공사」등 조직단체의 임원을 뜻한다.

- 株式会社は三人以上の取締役が必要で、正式には株主総会の時に選任される。
  주식회사는 3인 이상의 이사가 필요하고, 정식으로는 주주총회 때에 선임된다.
- 取締役になると一応会社の従業員ではなくなり、労働法などの保護下から外れる。
  이사가 되면 일단 회사의 종업원으로는 인정되지 않고, 노동법 등의 보호 하에서 제외된다.
- 取締役は株主総会であっさり首を切られることもある。
  이사는 주주총회 등에서 간단히 해고되는 수도 있다.

249 とりつぎ [取り次ぎ] 중개, 중개인, 연결 / 양자 사이에서 전함 ★

- あの本屋は外国の本の取り次ぎもしている。
  그 책방은 외국 책의 중개도 하고 있다.
- 電話の取次ぎに要する時間は30秒以内にしたい。
  전화 연결할 때 걸리는 시간은 30초 이내로 해주기 바란다.

250 とりひき [取引] 거래, 흥정 ★★

- この会社は国内ばかりでなく外国とも広く取引きをしています。
  이 회사는 국내뿐만이 아니라 외국과도 널리 거래를 하고 있습니다.

경제

- 公正な取引が行われないようなら、それは商業とは言えない。
  공정한 거래가 이루어지지 않을 양이라면 그것은 상업이라고 말할 수 없다.

- 与党と野党の間で取引が行われた。
  여당과 야당 사이에 타협이 이루어졌다.

251 **とりひきさき**[取引先] 거래처, 거래선

- 大切な取引先の客だから、盛大に歓迎するように。
  중요한 거래처의 손님이니 성대하게 환영하도록.

- 取引先も不景気らしく、支払いを渋って困ります。
  거래처도 불경기인 듯, 지불을 원활히 하지 않아 힘듭니다.

- 取引先との煩わしい交渉は課長が全部一人でやってきた。
  거래선과의 까다로운 교섭은 전부 과장이 혼자서 해 왔다.

252 **とんや**[問屋] 도매상 ㉿ といや(問屋)

- 小売店は問屋から物を買ってきて売る。
  소매점은 도매상으로부터 물건을 사다가 판다.

- 神田にある問屋から新しい品物を仕入れてきたところだ。
  간다에 있는 도매상에서 새로운 물건을 막 들여온 참이다.

- 下町の問屋街に行ったら、安くていい品が豊富なのに驚いた。
  저잣거리의 도매상가에 갔더니 싸고 좋은 물건이 풍부한 것에 놀랐다.

253 **なかがい**[仲買] 중매, 거간, 중개인, 브로커

- 株の仲買をして生活する。
  주식의 브로커를 해서 생활하다.

- 魚や水産物は仲買人を通して、小売店に回る。
  생선이나 수산물은 중개인을 통해 소매점으로 돈다.

254 **なりきん** [成金] 벼락부자, 졸부 (참) 일본의 장기(将棋)에서 온 말 ★

- 急に大金持ちになることを成金という。
  갑자기 큰 부자가 된 것을 벼락부자라고 한다.

- あの家は土地成金で、金がうなるほどある。
  그 집은 땅으로 벼락부자가 되어, 돈이 넘쳐날 정도로 많다.

- 中村氏は戦後のどさくさで急に大儲けした成金です。
  나카무라 씨는 전후 북새통에 갑자기 떼돈을 번 벼락부자입니다.

255 **なりゆき** [成り行き] 되어 가는 형세, 동향, 경과 ★★

- 事の成り行きがこうなるのは、まったく自然だ。
  일의 추세가 이렇게 되는 것은 아주 자연스럽다.

- 彼には今後の成行を前もって見通すことのできる判断力がある。
  그에게는 앞으로의 형세를 미리 내다볼 수 있는 판단력이 있다.

- それは成行き次第にかかっている。
  그것은 되어 가는 형편에 달려 있다.

256 **なわばり** [縄張り] 줄을 쳐서 경계를 정함 / 세력권, 세력 범위 ★

- この辺りの飲み屋は俺の縄張りだから、任せておけ。
  이 주변의 술집은 나의 활동무대이니 맡겨 두게.

- ヤクザの連中が縄張争いをしている。
  야쿠자 일당이 세력권 다툼을 하고 있다.

- 三井系列23社の社長が毎月第2木曜日に会食して、系列内における新規事業の縄張の調整を行う。
  미츠이 계열 23사의 사장이 매월 두 번째 목요일에 회식을 하고, 계열 내에서 신규사업의 범위를 조정한다.

257 **なんちょう** [軟調] 시세의 하락 경향 / 명암이 약함 ★

- 金融株は軒並み軟調を示した。
  금융 주는 한결같이 하락세를 보이고 있다.

- 写真の写りが軟調で鮮明でない。
  사진의 상태가 명암이 약해서 선명하지 않다.

경 제

258 **にじかい**[二次会]　(술자리의) 2차　★

- 二次会、三次会のバーやクラブも、すべて相手の好みに合わせなければ意味がない。
  2차나 3차로 가는 바나 클럽도 모두 상대방의 기호에 맞추지 않으면 의미가 없다.

- 二次会、三次会、四次会と、昨日ははしご酒だった。
  2차, 3차, 4차로 어제는 몇 차를 했다.

259 **にせさつ**[偽札]　위조지폐　★

- 発見された偽札は実に巧妙に作られてあった。
  발견된 위조지폐는 참으로 교묘하게 만들어져 있었다.

260 **にちぎん**[日銀]　(일본은행)의 준말　★

- 日銀の発表によれば、中小企業の設備投資は堅調であるという。
  일본은행의 발표에 의하면 중소기업의 설비투자는 견실한 상태라고 한다.

- ドル不足になると、中央銀行である日銀が市中銀行に適用する貸出金利を引き上げる。
  달러가 부족하게 되면 중앙은행인 일본은행이 시중은행에 적용하는 대출금리를 인상한다.

261 **にほんいち**[日本一]　일본 최고, 일본 제일　★★

- 富士山は日本一の山だ。
  후지산은 일본에서 제일 높은 산이다.

- 日本一の歓楽街と言われる新宿区歌舞伎町で起きた雑居ビル火災は、44人の命を奪う大惨事だった。
  일본최고의 환락가로 불리는 신주쿠구 가부키쵸에서 일어난 복합빌딩 화재는 44명의 목숨을 앗아가는 대참사였다.

- 「日本一とは世界一」。そんな思いを込めて、開発コードは「NI=Nippon Ichiban」と名付けました。
  「일본최고는 세계최고」. 그런 마음을 담아서 개발 코드는 「NI=Nippon Ichiban」이라고 이름을 붙였다.

93

262 **ねあがり** [値上がり] 값이 오름 (반)ねさがり(値下がり) ★

- あのとき土地を買っておけば幾らに値上がりしたなどと言うのは、死んだ子の年を数えるようなものだ。
  그 때 땅을 사 놓았더라면 얼마나 올랐을까 라고 말하는 것은 죽은 자식의 나이를 세어 보는 것과 같은 짓이다.

- 台風の直接の被害はなかったが、野菜が値上がりするなど、間接的に多少の影響が出た。
  태풍의 직접적인 피해는 없었지만 야채가 오르는 등 간접적인 영향이 다소 발생했다.

- 戦争が起ったために、石油が値上がりした。
  전쟁이 일어났기 때문에 석유 값이 올랐다.

263 **ねあげ** [値上げ] (가격) 인상 ★

- ガス代の値上げは市民の生活に直接ひびく。
  가스 요금의 인상은 시민 생활에 직접 영향을 미친다.

- 公共料金の値上げがインフレにいっそう拍車をかけることになった。
  공공요금의 인상은 인플레에 한층 박차를 가하게 되었다.

- 授業料の値上げに反対して、大勢の学生たちが校庭に集まって騒いでいる。
  수업료의 인상에 반대하여 많은 학생들이 교정에 모여 아우성치고 있다.

264 **ねうち** [値打ち] 값어치, 가치, 품위 ★

- 人の値打ちは地位や金では計れない。
  사람의 가치는 지위나 돈으로는 가늠할 수 없다.

- この小説は発表後50年たって、ようやく値打が世間に認められた。
  이 소설은 발표 후, 50년이 지나서야 마침내 세상에 가치를 인정받았다.

- これはどのくらいの値打のものですか。
  이것은 어느 정도의 값어치가 있는 물건입니까?

265 **ねさげ** [値下げ] (가격이나 요금의) 인하 ★

- 夏の終りには、夏物は値下げして安く売る。
  여름의 끝 무렵이 되면 여름용 계절 상품은 가격을 인하해서 싸게 판다.

경제

- 大家と交渉して、やっと部屋代値下げの話がまとまった。
  집주인과 교섭해서 가까스로 방 값을 인하하는 것으로 이야기가 매듭지어졌다.

266 **ねだん** [値段]　값, 가격　★

- 値段はもう下げられませんが、これをサービスしておきましょう。
  값은 더 이상 깎아 드릴 수 없습니다만, 이것을 서비스해 드리지요.

- 値段の安いものは、その分、質が下がるのは仕方がない。
  값이 싼 만큼 품질이 떨어지는 것은 어쩔 수 없다.

267 **ねびき** [値引き]　값을 깎음, 에누리, 할인　★

- これ以上、値引きはできません。
  더 이상 에누리는 할 수 없습니다.

- 在庫処分ということで、商品は大幅に値引きされた。
  재고 처분이라는 이유로 상품은 대폭적으로 할인되었다.

- 夕方スーパーへ行くと、野菜は値引して売っている。
  저녁 때 슈퍼에 가면 야채는 할인해서 팔고 있다.

268 **ねまわし** [根回し]　사전 교섭, 회의나 교섭이 잘되도록 미리 관계자들에게 의논하여 분위기를 조성하는 것　★

- この件は次回の会議で審議されるだろうから、それまでに根回しをしておく必要がある。
  이 건은 다음 번 회의에서 심의될 터이니 그 때까지 사전 교섭을 해 둘 필요가 있다.

- 稟議書が回される前に根回しを十分にしておくことが大切である。
  품의서가 돌기 전에 사전 교섭을 충분히 해 놓는 것이 중요하다.

- 社内の各部署に知り合いが増えれば、新企画の根回しなどに大いに役立つ。
  사내의 각 부서에 아는 사람이 늘어나면 새로운 기획의 사전 교섭 등에 크게 도움이 된다.

269 **ねらい** [狙い]　겨냥, 겨눔 / 목적, 노리는 바, 의도　★

- この論文は狙いがハッキリしない。
  이 논문은 의도가 뚜렷하지 않다.

- 君がこの問題を研究する狙いは何か。
  자네가 이 문제를 연구하는 목적은 무엇인가?

- この映画は女性客に狙いを絞ったそうだが、それがうまく当たったと言える。
  이 영화는 여성고객을 겨냥했다고 하는데, 그것이 딱 들어맞았다고 할 수 있다.

270 ねんしょ [念書] 각서, 다짐장, 증서 ★

- 念書とは、あとの証拠のために書いて相手に渡す書付けをいう。
  念書란 나중에 증거로 하기 위해 글로 써서 상대방에게 건네는 문서를 말한다.

- 簡単な契約書の形として念書というものもある。
  간단한 계약서의 형태로서「각서」라는 것도 있다.

- 契約書を取り交わすほどでない場合も、後日のトラブルを防ぐため、念書を差し入れておくとよい。
  계약서를 교환할 정도의 것이 아닌 경우에도 후일의 말썽을 방지하기 위해 각서를 끼워 넣으면 좋다.

271 はいけい [拝啓] 편지의 첫머리에 쓰는 인사말, '삼가 아룁니다'
  ⊕ きんけい(謹啓) ★

- 拝啓とは、「謹んで申し上げる」という意味で、手紙の初めに書く言葉である。
  拝啓란「삼가 아룁니다」라는 의미로 편지의 첫머리에 쓰는 말이다.

- 手紙の挨拶は、拝啓で始まって敬具で終わる。
  편지에서의 인사는 拝啓에서 시작되어 敬具로 끝난다.

272 はいけん [拝見] 잘 봤다는 뜻의 겸손한 말, '삼가 받아 보았습니다' ★

- 目上の人と話す場合、「見る」という言葉は、「拝見する」と言い替えたほうがいい。
  손윗사람과 이야기할 경우「보다」라는 말은「뵙다」라고 바꿔 말하는 편이 좋다.

- 「ご面倒様ですが、乗車券を拝見いたします」と車掌が回ってきた。
  「귀찮으시겠습니다만, 삼가 승차권을 보겠습니다」라고 차장이 자리를 돌며 다가왔다.

- では、失礼して、お部屋を拝見させていただきます。
  그럼, 실례하고 방을 둘러보겠습니다.

273 はいしゃく [拝借] (돈이나 물건 등을) 빌려 씀의 겸손한 말

- 知らぬが仏とばかり、お姉さんの大事にしている香水をちょっと拝借した。
  모르는 게 약이라고 언니가 애지중지하는 향수를 조금 (몰래) 빌려 썼다.

- 電気のことですから、専門のあなたにちょっとお知恵を拝借したいのですが……。
  전기에 관계된 일이라서 전문가인 당신에게 잠시 지혜를 빌리고 싶습니다만…….

274 はいじゅ [拝受] 받았다는 뜻의 겸손한 말 ★

- 五月五日付けの貴信、確かに拝受いたしました。
  5월 5일부로 귀하께서 보내신 통신은 틀림없이 수취했습니다.

275 はえぬき [生え抜き] 본토박이, 신입사원으로 입사해서 줄곧 근무하는 사원
ひきぬき(引き抜き) ★

- 企業間人事異動は極めてまれであり、部門の長はその部門の生抜きで占められることが通常である。
  기업간 인사이동은 극히 드물고, 부문의 장은 그 부문의 토박이로 채워지는 것이 통상적이다.

- 彼は当社生え抜きの経理マンだ。
  그는 우리회사의 토박이 경리맨이다.

276 はけぐち [捌け口] 배수구, 배출구, 판로(販路)

☞ 京阪神은 京都大阪, 神戸를 京浜은 東京, 横浜을 말함.

- この村で生産される工芸品の捌け口は、主に京阪神方面です。
  이 마을에서 생산되는 공예품의 판로는 주로 교토, 오사카, 고베 방면입니다.

- 青少年の非行は抑圧された感情の捌け口であることも考えられる。
  청소년의 비행은 억압된 감정의 배출구라고도 생각되어진다.

- 若者は、有り余る若さの捌け口をラグビーに求めていた。
  젊은이는 넘치는 젊음의 배출구를 럭비에서 찾고 있었다.

277 はしがき [端書き]　머리말, 서문, 편지의 추신

- 手紙の端書は形式的な言葉が多い。
  편지의 머리말에는 형식적인 말이 많다.

- 論文や書籍の端書きには、内容の要約が短くまとめられている。
  논문이나 서적의 서문에는 내용의 요약이 짧게 정리되어 있다.

278 はたあげ [旗揚げ]　군사를 일으킴, 새로 일을 시작함

- 革命の旗揚げをする時が来た。
  혁명을 일으킬 때가 왔다.

- 彼は、戦後出版業で旗揚げした。
  그는 전후 출판업으로 새로 일을 시작했습니다.

- 新しい工場の旗揚げ式が大々的に挙行された。
  새로운 공장의 출범식이 대대적으로 거행되었다.

279 はだかいっかん [裸一貫]　맨몸, 맨주먹, 적수공권

- 彼は裸一貫から身を起こして、いまの会社の社長にまでなった人物です。
  그는 맨손으로 시작하여 지금의 회사 사장까지 된 인물입니다.

- 裸一貫苦労して築き上げた財産も豪遊して使い果たし、すべて元の木阿弥となった。
  빈주먹으로 고생해서 쌓아올린 재산도 흥청망청 다 써 버리고 전부 원래대로 도로 아미타불이 되었다.

280 はたけちがい [畑違い]　전문 분야가 다름, 비전문　★

- 妹は大学で古典を学んだが、まるで畑違いのコンピュータ会社に就職した。
  여동생은 대학에서 고전을 공부했지만, 전혀 분야가 다른 컴퓨터 회사에 취직했다.

- 畑違いの人との話も面白い。
  전문 분야가 다른 사람과의 이야기도 재미있다.

경 제

281 **はたらきざかり** [働き盛り] 한창 때, 한창 일할 나이 ★★

- 過労死とは、働き盛りの「企業戦士」が職業上のストレスが誘因となって突然死することをいう。
  과로사란 한창 일할 나이의 「기업전사」가 직무상의 스트레스가 원인이 되어 갑자기 죽는 것을 말한다.

- 四十代、五十代は働き盛りだ。
  40대·50대는 한창 일할 나이이다.

- あなたは今が働き盛りです。どんどんいい仕事をしてください。
  당신은 지금이 한창 때입니다. 계속해서 훌륭한 일을 하십시오.

282 **はどめ** [歯止め] 바퀴의 회전을 제어하는 장치, 제동, 브레이크, 억지로 개입하여 억제한다는 뉘앙스 ★

☞ 신문의 타이틀로 자주 등장한다. 예) 株価下落「月内には歯止め」「円高歯止め狙い市場介入」

- 18日の東京外国為替市場は円高傾向に歯止めがかかり、円は1ドル＝117円台まで下落した。
  18일 도쿄 외국환 시장은 엔고 경향에 제동이 걸려 円(엔)은 1달러에 117엔대까지 하락했다.

- あれも欲しい、これも欲しいという子供のわがままには歯止めをかける必要がある。
  이것도 갖고 싶고, 저것도 갖고 싶다는 아이의 방자함에는 제동을 걸 필요가 있다.

- 物価の高騰に政府が歯止めをかける方針だという。
  물가의 앙등에 정부가 (개입하여) 제동을 걸 방침이라고 한다.

- 酒好きの彼は、いったん飲み出すと歯止めが効かなくなる。
  술을 좋아하는 그는, 한번 마시기 시작하면 제동이 듣지 않게 된다.

283 **はらげい** [腹芸] 배짱이나 경험으로 일을 처리함

- 外国人との交渉では腹芸が通じない。
  외국인과의 교섭에서는 배짱이 통하지 않는다.

- 腹芸とは、二人の間の交渉で直接言葉に出さずに問題を解決してしまう技術を言う。
  腹芸이란 두 사람 사이의 교섭에서 직접 말로 표출하지 않고 문제를 해결하는 기술을 말한다.

284 **はん** [判] 도장, 인장 ★

- 書留を受け取るときには、受取人の判が必要です。
  서류를 수취할 때에는 수취인의 도장이 필요합니다.

- 履歴書に名前を書いて判を押す。
  이력서에 이름을 쓰고 도장을 찍다.

- うかうか契約書に判を押してしまって後悔している。
  얼떨결에 계약서에 도장을 찍고 말아 후회하고 있다.

285 **はんこ** [判子] 도장 ★

- この書類に判子を押して、事務所に提出してください。
  이 서류에 도장을 날인하고 사무소로 제출해 주십시오.

- 受取りの印として、ここに判子をついてください。
  수취한 증거로 여기에 도장을 눌러 주십시오.

- では、今月の給料を渡しますから判子を持って会計まで来てください。
  그러면 이번 달의 급료를 지불할 테니 도장을 가지고 회계담당에게 오십시오.

286 **ひかえしつ** [控え室] 대기실 ★

- お客様は式が始まるまで控え室でお待ちください。
  손님들께서는 식이 시작될 때까지 대기실에서 기다려 주십시오.

- タイトルマッチ前の両選手の控え室は、まるで嵐の前の静けさだった。
  타이틀매치 전의 양 선수 대기실은, 마치 폭풍 전야의 고요함과 같았다.

287 **ひがえり** [日帰り] 당일치기 ★

- その日のうちに行って帰ることを日帰り旅行という。
  하루 동안에 갔다 오는 것을 당일치기 여행이라고 한다.

- 交通機関の発達により、東京から大阪まで日帰りをすることも可能になった。
  교통기관의 발달에 의해 도쿄에서 오사카까지 당일치기를 하는 것도 가능해졌다.

288 ひきあげ [引き上げ] 인상 (反)ひきさげ(引き下げ) ★

- 物価の引き上げに反対してデモが行われた。
  물가 인상에 반대하여 데모가 일어났다.

- ベースアップとは、基本給部分の引上げをさす。
  「베이스 업(Base Up)」이란 기본급 부분의 인상을 가리킨다.

289 ひきあてきん [引当金] 저당금, 담보금, 충당금

- 退職給与引当金は、現在いる社員の退職金をあらかじめ計算して、退職時まで預っておく金額をいう。
  퇴직급여 충당금은 현재 재직하고 있는 사원의 퇴직금을 미리 계산해서 퇴직시까지 예치해 두는 금액을 말한다.

- 法人税には、引当金や特別償却制度がある。例えば、貸倒れ引当金は法人税に定められている。
  법인세에는 충당금이나 특별상각제도가 있다. 예를 들면 대손충당금은 법인세에서 정해져 있다.

290 ひきしめ [引締め] 긴축, 억제 ★

- 公定歩合を上げて金融の引き締めを行った結果、再び不況となった。
  공정이율을 올려 금융 긴축을 실시한 결과, 재차 불황에 빠졌다.

- 国際収支が赤字になれば、金融引締め政策を通じて輸入の抑制を図る政策が柱となる。
  국제수지가 적자로 돌아서면, 금융 긴축정책을 통해서 수입억제를 꾀하는 정책이 기조를 이룬다.

291 ひきぬき [引き抜き] 빼냄, 스카우트 (참)はえぬき(生え抜き) ★

- 人気のある選手の引き抜きが盛んだ。
  인기 있는 선수의 빼돌리기가 성행하다.

- 優秀な人材の引抜きが行われる。
  우수한 인재의 스카우트가 행해지다.

292 **ひづけ** [日付] (서류 등에) 적는 그 날의 날짜, 날짜 표기 ★

- 日付がないと無効だ。
  날짜 표기가 없으면 무효다.

- 領収証の日付は3月3日になっていた。
  영수증의 날짜는 3월3일로 되어 있었다.

293 **ひとじち** [人質] 볼모, 인질 ★

☞ 발음에 주의할 것.

- 犯人は通行人を人質にとって人家に立てこもった。
  범인은 지나가는 사람을 인질로 잡고 인가에서 농성하고 있다.

- 人質は無事解放された。
  인질은 무사히 풀려났다.

294 **ひとで** [人手] 타인, 일손, 남의 도움 ★

- 今月中に工事を完成させるには、今の倍以上の人手が必要です。
  이번 달 중에 공사를 완성시키기에는 지금의 배 이상의 일손이 필요합니다.

- 人手の不足を機械の自動化で補うのです。
  일손 부족을 기계의 자동화로 보완하는 것입니다.

- 警察では彼の死を自殺と見ているが、私には人手にかかったものと思えてならない。つまり他殺の線が強い。
  경찰에서는 그의 죽음을 자살로 보고 있지만, 나로서는 타인의 손에 살해되었다고밖에 생각되지 않는다. 결국 타살일 가능성이 높다.

295 **ひともうけ** [一儲け] 한 몫 범, 한 번에 범, 한밑천 잡음 ★

- 商売で一儲けしてからというもの、彼の暮らしは奢っている。
  장사로 한밑천 잡았다고는 해도 그의 생활은 사치스럽다.

- おじさんは、一儲けしようと競馬に有り金をかけました。
  아저씨는 한밑천 잡으려고 경마에 가진 돈을 몽땅 걸었습니다.

경제

296 **ひのくるま** [火の車] 궁핍, 궁색, 살림이 매우 쪼들림 ★

- 経済状態が非常に苦しいことを「火の車のようだ」という。
  경제 상태가 아주 어려운 것을 「불난 수레 같다」고 한다.

- 最近、物価高で台所は火の車だ。
  최근의 물가고로 부엌 경제는 몹시 쪼들리고 있는 상태다.

- あの会社の商売は盛んなようだが、その実、経営内容は火の車だそうだ。
  그 회사의 영업은 번창하는 듯하지만, 실제의 경영 내용은 아주 궁색하다고 한다.

297 **ひやめし** [冷飯] 찬밥, 냉대, 푸대접 ★

- あまり重要でない部署や地位に置かれていて、昇進も遅れているような人を「冷や飯食い」という。
  그다지 중요하지 않은 부서나 지위에 배치되어 승진도 늦어지는 듯한 사람을 「찬밥을 먹는다」고 말한다.

- 彼の下で、この5年間ずっと冷や飯を食わされてきた。
  그의 밑에서 지금까지 5년간 푸대접을 당해 왔다.

298 **ひょうけい** [表敬] 경의를 표함, 인사차 방문 ★

- 新任の役職員が、取引先に挨拶回りするのを表敬訪問という。
  새로 온 임직원이 거래처에 인사를 하러 돌아다니는 것을 「표경」 방문이라고 한다.

- 外国の選手団が知事に表敬訪問をした。
  외국의 선수단이 지사에게 인사차 방문을 했다.

299 **ひらき** [開き] 차이, 격차, 간격 / 연회가 끝나는 것 / 금지된 것을 해제함

- 値段ではそんなに大きな開きはない。
  가격에서는 그토록 큰 차이는 없습니다.

- 同じ百点でも、努力の成果とまぐれとでは、天地の開きがあります。
  같은 100점이라도 노력의 성과와 요행과는 하늘과 땅의 차이가 있습니다.

- パーティーは何時頃お開きになりますか。
  파티는 몇 시쯤 끝납니까?

☞ お開き = 終り

300 **ひるあんどん** [昼行灯]　쓸모 없는 사람, 있으나마나 한 사람　★

☞ 낮에 등불을 켜 놓은 것처럼 멍청하고 존재 가치가 없는 것을 비유한 말이다.

- 彼はボウッとしてつかみ所がなく、みんなから昼行灯と悪口を言われている。
  그 사람은 멍하고 종잡을 수가 없어, 모두에게서 쓸모 없는 사람이라고 욕을 먹고 있다.

- 自分の正体を隠すためにわざと昼行灯をしている。
  자신의 정체를 감추기 위해서 일부러 멍청이 짓을 하고 있다.

---

301 **ぶあい** [歩合]　비율 / 수수료

- 利息とは、貸したり預けたりしている元金に対して、一定の歩合で増えていく増加分の金銭をいう。
  이자란 빌려주거나 맡긴 원금에 대해서, 일정 비율로 늘어나는 증가분의 금전을 말한다.

- 私の給料は、完全歩合制です。
  내 급여는 완전히 비율제 입니다.

---

302 **ふくはい** [復配]　배당을 부활시킴

- 経営状況が好転して今年から復配することとなった。
  경영 상황이 호전되어 금년부터 배당을 부활시키게 되었다.

- 引き続き経営は悪化しているので、復配の見通しは立っていない。
  계속해서 경영이 악화되고 있기 때문에 배당 부활의 전망은 보이지 않는다.

---

303 **ふくびき** [福引]　복첨, 경품이 딸린 제비뽑기

- 福引大売出し！
  경품부 대매출！

- 福引で一等を当てて、デジタルカメラをもらった。
  복첨에서 일등으로 당첨되어 디지털 카메라를 받았다.

---

304 **ぶしつけ** [不躾]　무례, 버릇없음 / 거리낌없음, 노골적임

- 不躾にお尋ねしますが…。
  실례를 무릅쓰고 묻겠습니다만….

- 不躾な質問に、私はなんと答えていいのかわからず、返事に困ってしまいました。
  거침없는 질문에 나는 뭐라고 답해야 좋을지 몰라 대답이 곤혹스러웠습니다.

305 ふたけた [二桁] 두 자리(수) ★★

- ことしは景気上昇が続き、年率10.8%という二桁成長を記録した。
  금년에는 경기 상승이 이어져 연율 10.8%라는 두 자릿수 성장을 기록했다.

- 勝ち星を10勝という二桁台に伸ばした。
  승수를 10승이라는 두 자리수대로 늘렸다.

- 小学校の三年生になると二桁の掛け算を習います。
  초등학교 3학년이 되면 두 자리수의 곱셈을 배웁니다.

306 ふたご [双子] 쌍둥이 (참)みつご(三つ子) 세쌍둥이 ★

- 私には妹が二人います。ちなみに二人は双子です。
  나에게는 여동생이 둘 있습니다. 게다가 둘은 쌍둥이입니다.

- G7はアメリカの双子の赤字(財政赤字・国際収支の赤字)を解決すべく開催された。
  G7은 미국의 쌍둥이 적자(재정 적자・국제수지 적자)를 해결코자 개최되었다.

307 ふところがたな [懐刀] 품에 지니는 비수(匕首), 심복 부하, 지혜를 가진 참모 ★

- 懐刀を取り出す。
  품속의 비수를 꺼내다.

- 山田部長は佐藤専務の懐刀だ。
  야마다 부장은 사토 전무의 심복이다.

308 ぶどまり [歩留まり] 공정상 불량품을 제외하고 정품이 생산되는 비율, 수율(収率) ★

- 歩留まりとは、使われた原材料が減損することなく完成品となる割合をいう。
  「歩留まり」란 사용된 원재료가 감손되는 일이 없이 완성품이 생산되는 비율을 말한다.

- 半導体産業の成敗は歩留まりによって左右される。
  반도체 산업의 성패는 수율에 의해 좌우된다.

309 ふりかえ [振替] 뒤바꿈, 대체 ★

☞ 일본에서는 국경일이 일요일과 겹치면, 그 대신 월요일에 쉰다.

- 今年は勤労感謝の日と、日曜日が重なって月曜日が振替休日になった。
  금년에는 「근로감사의 날」과 일요일이 겹쳐 월요일이 대체휴일로 되었다.

- 代金の送金は郵便振替でお願いします。
  대금의 송금은 우편 대체(계좌)로 부탁합니다.

310 ふりこみ [振り込み] 불입, 입금 ★

- 最近の給料は銀行振込が当り前になってきて、手にするのは明細書だけのところが多い。
  최근에는 급료의 은행입금이 당연한 것으로 여겨져 손에 쥐는 것은 명세서뿐인 곳이 많다.

- 銀行の窓口へ行かなくても、機械で自動的に振り込みができる。
  은행 창구에 가지 않더라도 기계로 자동적으로 입금할 수 있다.

311 ぶれいこう [無礼講] 지위의 상하를 깨고 즐기는 술자리, 야자 타임 ★

- 身分や年齢の区別をしないで、礼儀を抜きにしてする宴会を無礼講という。
  신분이나 연령을 구별하지 않고 예의를 생략하고 벌이는 연회를 "無礼講"라고 한다.

- 無礼講の際は、酒席で多少失礼なことがあっても大目に見ようということである。
  야자 타임 때는 다소 실례가 있더라도 너그럽게 봐준다는 것이다.

- 今日は無礼講で行こうと幹事が言った。
  오늘은 직위를 떼고 마시자고 간사가 말했다.

312 ページ [頁] 페이지, 쪽 ★

- その本の10頁にその絵が出ている。
  그 책의 10페이지에 그 그림이 나와 있다.

- この本は難しくて一日に3頁ぐらいしか読めない。
  이 책은 어려워서 하루에 3페이지 정도밖에 읽을 수 없다.

경제

313 **べんかい** [弁解] 변명 ★

- 彼は自分の不正をごまかそうと、懸命に弁解した。
  그는 자신의 부정을 얼버무리려고 열심히 변명했다.

- そんないい加減な弁解は通らないよ。
  그런 적당한 변명은 통하지 않아요.

- 怒る父に対して嘘の弁解をしたことが、火に油を注ぐ結果となった。
  화난 아버지에게 거짓 변명을 한 것이 불에 기름을 부은 격이 되고 말았다.

314 **へんきゃく** [返却] 반환, 되돌려 줌 ★

- 返却期限を過ぎて図書を返却した場合には、以下のとおり、貸出が受けられなくなります。
  반환 기한을 지나서 도서를 반납한 경우에는 아래와 같이 대출을 받을 수 없게 됩니다.

- コーラやビールを購入した消費者は、その容器を返却することによって容器代を返してもらえる。
  콜라나 맥주를 구입한 소비자는 그 용기를 반환함으로써 용기 값을 돌려 받을 수 있다.

- 食券機のおつりは、つり銭返却レバーを回さなければ返ってきません。
  식권기의 거스름돈은 잔돈 반환 레버를 돌리지 않으면 나오지 않습니다.

315 **べんきょうかい** [勉強会] 연구 모임, 스터디 그룹 ★

- 英会話の勉強会を開きたいということを話すと、彼らは即座に同意してくれた。
  영어 회화 스터디 클럽을 만들고 싶다는 이야기를 하자, 그들은 그 자리에서 동의해 주었다.

- 勉強会は自己開発する場だということをハッキリ認識しよう。
  연구 모임은 자기 계발을 하는 장(場)이라는 것을 확실히 인식하자.

316 **ほうき** [放棄] 포기, 유기 ★

- 日本国憲法は、「戦争の放棄」という永久の平和をうたった平和憲法である。
  일본국 헌법은「전쟁의 포기」라는 영구적인 평화를 구가한 평화 헌법이다.

- 応援も空しくその選手は途中で試合を放棄してしまった。
  응원도 헛되이 그 선수는 도중에 시합을 포기해 버렸다.

- 川の中にゴミを放棄するな。
  강물 속에 쓰레기를 유기하지 마라.

317 ほうだい [放題] (동사 ます 또는 조동사 たい에 붙여) 마음껏, 마음대로, 실컷 ★★

- 一度、したい放題の生活がしてみたい。
  한번 하고 싶은 대로의 생활을 실컷 해보고 싶다.

- バイキング料理というのは、食べ放題の料理のことです。
  바이킹 요리라는 것은, 먹고 싶은 대로 실컷 먹는 뷔페요리를 말합니다.

- あいつは言いたい放題のことを言う。
  그 녀석은 말하고 싶은 대로 마음껏 말한다.

318 ほしじるし [星印] 별표(☆) ★

- 重要だと思われる案件については、星印をつけてそれと示した。
  중요하다고 생각되는 안건에 대해서는, 별표를 달아 그것을 표시했다.

319 ほんごし [本腰] 진지하게 임함, 본격적인 자세, 정색

- 本腰を入れて勉強しないと、司法試験には受からないよ。
  본격적으로 공부를 하지 않으면 사법시험에 합격하지 못해.

- 日本の半導体メーカーは、急速に拡大してきているヨーロッパ市場の確保に本腰を入れようとしている。
  일본의 반도체 메이커는 급속히 확대된 유럽 시장의 확보에 본격적으로 나서려 하고 있다.

320 ほんじつ [本日] 오늘, 금일(문어적 표현) ★

- 店には、「本日休業」の札が出ている。
  상점에는 「금일 휴업」이라는 팻말이 나붙어 있다.

- 皆様、本日も日本航空をご利用頂きまして、まことにありがとうございます。
  여러분 오늘도 저희 일본항공을 이용해 주셔서 정말로 감사합니다.

경 제

321 **ほんね**[本音] 본심, 속뜻, 실리, 속셈 본심에서 우러나온 말 ★★
反 たてまえ(建前)

- 酔わせたら、とうとう本音を吐いた。
  (술에) 취하게 했더니 마침내 본심을 토로했다.

- あの人はなかなか本音を言わない。
  그 사람은 좀처럼 속마음을 말하지 않는다.

- 本音と建前は違うことが多いので、人の言葉や顔色から本心を探るのは難しいことだ。
  실리와 명분은 다른 경우가 많기 때문에, 사람의 말이나 안색으로 본심을 살피는 것은 어렵다.

- 二人ともお互いに腹の探り合いばかりしないで、ハッキリと本音を言ったらどうだ。
  두 사람 모두 서로간에 눈치만 보지말고 화끈하게 속뜻을 말하는 게 어떠냐?

322 **ほんば**[本場] 본고장, 본산지 ★★

- ソバなら、信州が本場だ。
  메밀국수라면 시나노가 본고장이다.

☞ 信州는 현재의 長野県을 말한다.

- この町は江戸時代の昔から織物の本場として有名です。
  이 마을은 에도시대인 옛적부터 직물의 본산지로 유명합니다.

- 長い間ロンドンで暮らしていたという人から、本場仕込みの英語を習いました。
  오랜 기간 런던에서 생활했다는 사람으로부터 본고장에서 익힌 영어를 배웠습니다.

323 **ほんもの**[本物] 진짜, 실물 反 にせもの(偽物) ★

- あの細工士は本物と偽物を見分ける力がある。
  그 세공사는 진짜와 가짜를 구별하는 능력이 있다.

- 一見したところ、その紙幣は本物のようであった。
  언뜻 보았더니 그 지폐는 진짜 같았다.

109

324 **まえがり** [前借り] 급료·품삯 따위를 앞당겨 씀

- どうしてもお金が要るので、お小遣いの前借りを母に頼んだ。
  아무래도 돈이 필요해서 용돈을 미리 달라고 어머니에게 부탁했다.

- 彼はいつも給料を前借りして使う。
  그는 언제나 급료를 (월급날 전에) 가불해 쓴다.

325 **まえむき** [前向き] 발전적, 적극적 / 앞을 향함
うしろむき(後ろ向き) 역행, 퇴행 ★

- いつまでも過去のつまらない過ちに拘っていないで、前向きに生きることが大切だ。
  언제까지나 과거의 하찮은 잘못에 구애받지 말고 미래지향적으로 살아가는 것이 중요하다.

- 最初は無関心だった彼も、次第に前向きの姿勢に変わってきた。
  처음에는 무관심했던 그도, 차츰 적극적인 자세로 바뀌어갔다.

326 **ますます** [益々] 점점, 더욱더 ★

- この町の人口は益々増える一方だ。
  이 마을의 인구는 점점 더 늘어나기만 한다.

- 貴社益々ご発展のことと、お喜び申し上げます。
  귀사 더욱더 발전하심을 기뻐해 마지않습니다.

327 **まどぎわぞく** [窓際族] 직장 등에서 한직으로 내몰린 중장년 층 사원 ★

- 部長とか次長の肩書きを持っていながら、実際にやる仕事のない人達を窓際族と言っている。
  부장이라든가 차장이라는 직위는 갖고 있으면서 실제로 하는 일이 없는 사람을 창가족이라고 한다.

- 定年間際の窓際族が突如取締役に選任された。
  정년 직전의 창가족이 갑자기 이사로 선임되었다.

경 제

328 **まとはずれ** [的外れ]　빗나감, 요점에서 벗어남　★

- マスコミによる的外れな論評に惑わされてはならない。
  매스컴에 의한 빗나간 논평에 현혹되어서는 안 된다.

- 株価変動に対する読みが的外れとなった。
  주가 변동에 대한 예상이 빗나갔다.

- 老婆心から、つい的外れな忠告をしてしまう。
  노파심에서 무심코 엉뚱한 충고를 해버리다.

329 **まんびき** [万引き]　물건을 사는 체하고 훔침　★

- あの子はあんなに後悔し反省しているからもう安心、二度と万引きなどはしないでしょう。
  저 녀석은 저렇게 후회하고 반성을 하고 있으니 이제 안심, 두번 다시 손님을 가장해서 물건을 훔치거나 하는 짓은 않겠죠.

- ウチの子は決して万引きなんかするような子ではない。
  우리 아이는 결코 손님을 가장해서 물건을 훔치는 따위는 하지 않는 아이다.

- コンビニで、逃げた万引犯を追い掛けた店長が、包丁のようなもので刺され、大けがを負った。
  편의점에서 손님을 가장해 물건을 훔쳐 도망친 범인을 쫓아간 점장이 식칼 같은 것에 찔려 중상을 입었다.

330 **みおくり** [見送り]　배웅, 전송 / 보류, 그냥 보냄　★★

- 見送りに空港へかけつけたが、もはや飛行機は飛び立ったあとでした。
  배웅하러 공항으로 달려갔지만 벌써 비행기는 뜨고 난 뒤였습니다.

- 熱がまだ下がらないから、あしたのハイキングは見送りですね。来週にしましょう。
  열이 아직 내리지 않으니 내일 하이킹은 보류로군요. 다음주로 합시다.

- あの打者はいいボールが来ているのに、打たないで見送ってばかりいる。
  그 타자는 좋은 볼이 오고 있는데도 치지 않고 그냥 보내고만 있다.

331 **みかえり** [見返り]　뒤돌아 봄 / 대가 / 담보 또는 보증으로 내놓음　★

- 見返りを期待しての政治献金は賄賂性を帯びている。
  대가를 기대한 정치헌금은 뇌물성을 띠고 있다.

- 何らの見返りを望まないのが本当の奉仕だ。
  아무런 대가를 바라지 않는 것이 진짜 봉사다.

☞ 見返り物資 : 수입품에 대한 보증으로 수출하는 같은 액수의 물자.

332 **みかた** [見方]　견해, 생각 / 보는 방법　★

- 君の意見は分かったが、この問題については別の見方もあると思う。
  자네의 의견은 알았지만, 이 문제에 관해서는 다른 견해도 있다고 생각한다.

- 同じ状態の同じものを見ても人によって見方も違うし、感じることも違います。
  같은 상태에서 같은 것을 봐도 사람에 따라 견해도 다르고 느끼는 것도 다릅니다.

- この表の見方がわかれば、計算しなくてもすぐわかります。
  이 표를 보는 방법을 이해하면 계산을 하지 않아도 바로 알 수 있습니다.

333 **みぎかたあがり** [右肩上がり]　오름세, 향상　★

☞ 그래프 상에서 꺾은 선이나 막대가 오른쪽으로 갈수록 상승하는 추이를 비유한 말. 지속적인 상승.

- 新しいリーディング産業はハッキリ姿を見せるまで、右肩上がりの成長が終わったと言われる。
  새로운 주도 산업이 확실하게 모습을 보일 때까지 오름세의 성장은 끝났다고들 한다.

- 株式は今年に入ってから右肩上がりです。
  주식은 올해 들어서부터 오름세입니다.

334 **みきり** [見切り]　가망이 없다고 단념함, 체념　★

- この仕事にもそろそろ見切りをつけて、なにか新しい仕事を探そう。
  이 일도 가망이 없으니 이제 단념하고, 뭔가 새로운 일을 찾아보자.

- ブッシュ政権がイラク攻撃を検討する中、米国企業はイラク原油に見切りをつけ始めたとの見方が強い。
  부시정권이 이라크 공격을 검토하는 가운데 미국기업은 이라크 원유를 단념하기 시작했다는 견해가 강하다.

- わずか一年前にハイテクの将来を信じた多くの投資家が、今や完全にハイテク株に見切りをつけた。
  겨우 1년 전에 하이테크의 장래를 믿었던 많은 투자가가 지금은 완전히 하이테크 주식에 등을 돌렸다.

335 **みこみ**[見込み] 장래성, 가망, 희망 / 전망, 예상, 예정 ★

- 建設現場で発見された古墳の発掘調査は、一年がかりになる見込みだそうだ。
  건설 현장에서 발견된 고분의 발굴조사는 1년이 걸릴 예정이라고 한다.

- この冬は寒さが厳しいから、もっと冬物衣類が売れると思ったのに見込みが外れた。
  이번 겨울은 추위가 지독해서 겨울 의류가 더욱 팔릴 거라고 생각했는데 예상이 빗나갔다.

- 彼はなかなか見込みのある青年だから、知人の会社へ推薦してやろう。
  그는 상당히 가능성 있는 청년이니 지인의 회사에 추천해 주자.

336 **みずあげ**[水揚げ] 배의 짐을 육지로 올림. 어획량, 매출액

- 乗組員たちは水揚げしたカニを雌と雄、資源保護のために放流する甲羅幅の小さなカニに仕分けた。
  선원들은 뭍으로 올린 게를 암놈과 수놈, 자원보호를 위해 방류할 등딱지가 작은 게로 분류했다.

- 八戸漁港の昨年の水揚げは、数量で約4分の1、金額で3分の1に落ち込んだ。
  하치노에 어항의 작년 어획고는 수량으로는 약 4분의1, 금액으로는 3분의1로 떨어졌다.

337 **みずぎ**[水着] 수영복

- 彼女の水着を見ていたら、「いやらしい目付きで見ないで!」と言われてしまった。
  그녀의 수영복 차림을 보고 있었더니「징그러운 눈초리로 보지 말아요!」라는 말을 듣고 말았다.

- 大胆なデザインの水着に女の子たちは目を奪われていた。
  대담한 디자인의 수영복에 여자들은 넋을 잃고 있었다.

338 **みずしょうばい** [水商売] 접객업 ★★

☞ 그때 그때의 경기 동향이나 손님의 인기에 따라 수입이 크게 좌우되는 불안정한 직업으로, 예컨대 술집·요릿집·택시업·연예인 등 호황과 불황을 많이 타는 업종을 뜻한다.

- 水商売とは、収入が客の人気によって決まる不安定な商売のことで、飲み屋、レストラン、映画、演劇のような業種をいう。
  「水商売」란 수입이 손님의 인기에 의해 결정되는 불안정한 장사로 술집, 레스토랑, 영화, 연극과 같은 업종을 말한다.

- 彼女は、なかなか水商売から足が洗えないようだ。
  그녀는 좀처럼 접객업에서 발을 뺄 수 없는 것 같다.

339 **みずまし** [水増し] 물타기, 부풀리기 ★

- 会社が発表した今月の生産量は、だいぶ水増しがあるらしい。
  회사가 발표한 이번 달의 생산량은 상당히 부풀린 것 같다.

- 被害額を水増しして報告する。
  피해액을 (실제보다) 부풀려서 보고하다.

- 警察は、社長が決算期の直前に大量の架空領収書を作り、経費を水増ししたとみて捜査を進めている。
  경찰은 사장이 결산기 직전에 대량의 가공 영수증을 만들어 경비를 부풀렸다고 보고 수사를 추진하고 있다.

340 **みせさき** [店先] 점두, 가게 앞 ㉺ 店頭 ★

- 開店30分前から店先には早々と長い列ができた。
  개점 30분 전부터 가게 앞에는 일찍부터 긴 행렬이 생겼다.

- 店先に品物を並べる。
  가게 앞에 상품을 늘어놓다.

341 **みだし** [見出し] 표제, 표제어, 목차 ★

- この記事にはどんな見出しを立てたらいいかな。
  이 기사에는 어떤 표제어를 달면 좋을까?

- 雪男がいる証拠が見つかったという見出しと、大きな足跡の写真が新聞に出ていた。
  설인이 있다는 증거가 발견되었다는 표제어와 커다란 발자국 사진이 신문에 실렸다.

- 毎朝忙しいので、朝刊は見出しだけを読む。
  매일 아침 바쁘기 때문에, 아침 신문은 제목만을 읽는다.

342 **みだしなみ**[身嗜み]　몸가짐이나 차림새를 단정히 함, 단정히 하려는 마음가짐 소양을 갖춤　★

- 会社に勤め始めてから、妹は服装や態度、言葉遣いなど身嗜みに気を配るようになった。
  회사에 다니면서부터 여동생은 복장이나 태도, 말씨 등 몸가짐에 신경을 쓰게끔 되었다.

- 車の運転は現代人の身嗜みとさえ言われる。
  자동차 운전은 현대인이 갖추어야 할 소양이라고까지 일컬어진다.

343 **みちじゅん**[道順]　가는 순서, 코스, 절차　★

- そちらへお伺いしたいのですが、道順を教えていただけないでしょうか。
  그쪽으로 찾아뵙고 싶습니다만, 코스를 가르쳐 주실 수 없겠습니까?

- お巡りさんは駅までの道順を、図にかいて説明してくれました。
  경찰관은 역까지 가는 길을 그림을 그려서 설명해 주었습니다.

- まずお父さんと相談してから始めるのが道順ではないかね。
  먼저 아버지와 상의하고 나서 시작하는 것이 순서가 아닐까?

344 **みとおし**[見通し]　조망, 전망, 예측, 통찰, 간파　★

- 事故が起った場所は、見通しがよく利く直線道路だった。
  사고가 일어난 장소는 조망이 좋은 직선 도로였다.

- 官房長官は記者会見で来年度の経済見通しについて政府の考えを示した。
  관방장관은 기자회견에서 내년도의 경제전망에 관해서 정부의 의견을 제시했다.

- 就職先が決まり、やっと将来に対する見通しがもてるようになった。
  취직처가 결정되어 가까스로 장래에 대한 전망을 가질 수 있게 되었다.

345 **みなおし**[見直し]　재검토, 재평가, 개선, 되돌아 봄　★

- 「高齢化社会を考える会」では、定年退職制度の見直しについても企業側から意見が出されたそうだ。
  「고령화사회를 생각하는 모임」에서는 정년퇴직제도의 재검토에 관해서도 기업측으로부터 의견이 나왔다고 한다.

- 車優先の考え方に対する見直しが必要だ。
  자동차 우선의 사고 방식에 대한 재검토가 필요하다.

346 みならい [見習い]　수습, 견습, 인턴　★

- 大企業では正社員の外に嘱託、見習いなど、色々な肩書きを持つ労働者が働いている。
  대기업에서는 정규사원 외에도 촉탁·견습 등 여러 가지 직급을 가진 노동자가 일하고 있다.

- 銀行業務の見習いをする。
  은행업무를 보고 배우다.

347 みのしろきん [身代金]　(인질의) 몸값

- 犯人は身代金を要求する意図をもって誘い出したようです。
  범인은 몸값을 요구할 의도를 갖고 꾀어낸 듯합니다.

- 受話器の向うから身代金を要求する犯人の感情を殺した声が響いてきた。
  수화기의 저쪽에서 인질의 몸값을 요구하는 범인의 감정을 죽인 목소리가 들려 왔다.

348 みまい [見舞い]　문안, 위문　★

- 友達が入院しているので、花をもって見舞いに行った。
  친구가 입원하고 있어 꽃을 들고 문병하러 갔다.

- 叔父は弁護士として多忙な身だが、ほとんど毎日、病気の祖父を見舞いに来る。
  숙부는 변호사로서 바쁜 몸이지만 거의 매일 병환중인 할아버지를 문병하러 온다.

349 みもの [見物]　볼거리, 볼만한 것, 검색　★

- 夏祭りでは、装いをこらした山車の行列が見物だった。
  여름 축제는 장식을 꾸민 수레의 행렬이 볼거리였다.

- この試合は見物だ。
  이번 시합은 볼만하다.

경제

350 **みょうじ** [名字/苗字]　성씨(姓氏), 성 ⊕ な(名) / なまえ(名前) 이름　★

- 名字は中村、名前は二郎と申します。
  성은 나카무라, 이름은 지로라고 합니다.

- 昔、一般の人々には苗字がなかった。
  옛날에 일반 사람들에게는 성이 없었다.

351 **むぎょうしゃ** [無業者]　학교를 졸업하고도 취직도 진학도 부모에 의지해서 생활하는 젊은 세대　★

- 無業者とは、中卒、高卒、大卒時点で、進学するでもない、就職するでもない者であり、所謂フリーターが大半を占める。
  무업자란 중학, 고교, 대학을 졸업한 시점에서 진학하는 것도 아니고 취직하는 것도 아닌 자로 소위 프리터가 대부분을 차지한다.

☞ フリーター 일정한 직업이 없이 돈이 필요하면 일정기간 아르바이트를 하는 것.

- 学卒無業者がここ数年急増しており、無業者比率は高卒で3％、大卒で25％となっている。
  대학 졸업 무업자가 최근 수년 동안 급증하여 무업자 비율은 고졸이 30%, 대졸이 4분의 1이 되고 있다.

- 若い無業者が多すぎるのは個人にとっても家庭にとっても社会にとっても、大きな問題といわねばならない。
  젊은 무업자가 너무 많은 것은 개인이나 가정에 있어서도, 사회에 있어서도 커다란 문제라고 하지 않을 수 없다.

352 **めいがら** [銘柄]　상표, 브랜드 / 거래하는 주식의 명칭　★

- その銘柄のタバコは、もう売り切れてしまいました。
  그 상표의 담배는 벌써 매진되어 버렸습니다.

- 84年末には2か国、10銘柄だった東証外国株は、85年には7か国、21銘柄に増加した。
  84년말에 2개국 10개 브랜드였던 도쿄 증권거래소의 외국주식은, 85년에는 7개국 21개 브랜드로 증가했다.

353 めいし [名刺] 명함 ★

- 「初めまして、山田でございます。どうぞよろしく」と言いながら名刺を差出しました。
  「처음 뵙겠습니다. 야마다 입니다. 잘 부탁드립니다.」라고 말하면서 명함을 내밀었습니다.

- 紹介の名刺をもらって訪ねて行った。
  소개해 주는 명함을 받아 가지고 방문했다.

354 めうえ [目上] 손위(사람), 자기보다 신분이나 지위·나이가 높음
凾 めした (目下) 손아래 ★

- 目上の人には敬語を使って丁寧に話します。
  손윗사람에게는 경어를 써서 정중하게 이야기합니다.

- 近ごろの若者は目上の人に対する礼儀を知らないと言われる。
  요즈음 젊은이는 윗사람에 대한 예의를 모른다고 한다.

355 めかた [目方] 무게, 중량

- 物の目方を量るときは、容器などの風袋を差し引かなければいけない。
  물건의 중량을 달 때는, 용기 등의 포장 중량을 빼지 않으면 안 된다.

- 八百屋さんで、山と積まれたジャガイモを目方で売っていた。
  채소 가게에서 산처럼 쌓인 감자를 무게로 달아서 팔고 있었다.

356 めくらばん [盲判] (내용을 살피지도 않고) 무턱대고 도장을 찍음 ★

☞ 흔히 직장에서 기안서나 품의서에 결재한 후 집행 과정에서 문제가 생겨 책임소재가 거론된 경우에 도장찍은 관계자를 힐난하는 말투로 쓰인다.

- 書類の内容を読まないで機械的に判を押すことを盲判という。
  서류의 내용을 읽지도 않고 기계적으로 도장을 찍는 것을「盲判」이라고 한다.

- では、君。この稟議書に盲判をおしたと言うのかね。
  그러면, 자네. 이 품의서에 내용을 보지도 않고 도장을 찍었단 말인가?

357 めだましょうひん [目玉商品] (손님을 끌기 위한 그 날의) 특매품, 기획상품, 눈에 띄도록 진열한 상품 ★★

- 「目玉商品」とは、客寄せ商品のことである。
  「目玉 상품」이란 손님을 끌어 모으기 위한 상품을 말한다.

경제

- 八百屋さんの今日の目玉商品は、産地直送の美味しいトマトだって。
  채소 가게의 오늘 특선상품은 산지에서 직송해 온 맛있는 토마토래.

- ダイエーの春のセールでは、8,000円の紳士スーツと780円のワイシャツを目玉商品として投入する。
  다이에의 봄 세일에서는 8,000엔의 신사복과 780엔의 와이셔츠를 특별 기획상품으로 내놓는다.

- 正月の目玉商品、福袋の販売は例年になくにぎわった。
  1월의 인기상품인 복주머니 판매는 예년과 달리 흥청거렸다.

- 韓国では距離的に近い九州と、雪祭りという目玉商品を持つ北海道が人気があるという。
  한국에서는 거리적으로 가까운 규슈와, 눈축제라는 특별한 관광상품이 있는 홋카이도가 인기가 있다고 한다.

358 **めど [目処]** 목표, 목적, 전망 ★

☞ カタカナ「メド」を使う場合が多い。

- ようやく資金調達の目処がついた。
  가까스로 자금 조달의 전망이 보였다.

- 来年の5月発行を目処に、僕たちは新しい情報誌の編集に乗り出した。
  내년 5월 발행을 목표로 우리들은 새로운 정보지의 편집에 착수했다.

359 **めやす [目安]** 표준, 기준, 대중, 어림, 목표 ★

- 新しい仕事の目安がつくまでは、しばらく家で休もう。
  새로운 일의 윤곽이 잡힐 때까지 얼마동안 집에서 쉬자.

- 日本とヨーロッパの自然環境を比較する一つの目安として、両者の緯度を調べてみよう。
  일본과 유럽의 자연환경을 비교하는 하나의 기준으로서 양측의 위도를 조사해 보자.

- 太り過ぎかどうかを判断する目安はまず第一に、身長に対する体重の割合です。
  지나치게 살이 쪘는지 어떤지를 판단하는 표준은 우선 먼저 신장에 대한 체중의 비율입니다.

119

360 **もうしあわせ[申し合わせ]** 합의, 약정

- テレビ局各社は、教育上よくない番組は自粛しようとの申し合わせをした。
  TV방송국 각사는 교육상 좋지 않은 프로그램은 자숙하자는 합의를 했다.

- 共同生活ではみんなで行った申し合わせに従わなければなりません。
  공동생활에서는 모두들 사이에 이루어진 약정에 따르지 않으면 안 된다.

- 契約書には、部屋を借りるときの申し合わせ事項が明記されていた。
  계약서에는 방을 빌릴 때의 약정 사항이 명기되어 있었다.

361 **もうしいれ[申し入れ]** 신청, 제의, 요구 ★

- 今回の襲撃事件に対して、外務省は大使館に抗議の申し入れを行った。
  이번 습격사건에 대해서 외무성은 대사관에 항의 신청을 했다.

- 飛行機の騒音がすごいので、付近の住民たちは当局に申し入れをすることにした。
  비행기 소음이 심해서 부근의 주민들은 당국에 제의하기로 했다.

- 組合は会社側の申し入れを不服とし、交渉は決裂した。
  조합은 회사측의 제의를 따르지 않기로 해서 교섭은 결렬되었다.

362 **もうしこみ[申込み]** 신청, 제의 ★

- 申し込み順に30名まで入会を許可する。
  신청 순서에 따라 30명까지 입회를 허가한다.

- 一年の交際のあと、僕は彼女に結婚の申し込みをした。
  1년간 교제한 후, 나는 그녀에게 청혼을 했다.

- 司会者の暴言に対して、視聴者から抗議の申し込みが殺到しました。
  사회자의 폭언에 대해서 시청자로부터 항의 신청이 쇄도했습니다.

- 会に入りたい人は、「申込書」に必要なことを書いて出してください。
  회에 가입하고 싶은 사람은「신청서」에 필요한 것을 써서 제출해 주십시오.

363 **もうしで[申し出]** (의견・희망 따위를) 자청해서 말함, 제의, 신청

- 父は土地を買いたいという業者の申し出をきっぱりと断った。
  아버지는 토지를 사고 싶다는 업자의 제의를 딱 잘라서 거절했다.

- ある奇特な事業家から老人ホームへ援助の申し出があった。
  어느 기특한 사업가로부터 노인 홈을 지원하겠다는 제의가 있었다.

364 もじどおり [文字通り] 문자 그대로, 그야말로, 정말로 ★

- 文字通りに解釈すれば、これは断りの手紙だ。
  문자 그대로 해석한다면 이것은 거절한다는 편지다.

- 但し、終身雇用制と言っても、文字通り終身雇用される訳ではない。
  단, 종신고용제라고 해도, 문자 그대로 종신고용되는 것은 아니다.

365 もちあい [持ち合い] 상호 출자, 서로 협력하여 유지함

- 株式持ち合いとは、企業同士が相互に相手の株を所有することです。
  주식 상호출자란 기업끼리 서로 상대방의 주식을 소유하는 것입니다.

- BISが日本の銀行と生命保険の間の資本の持ち合いが危機の連鎖リスクを増大させていると警告を発した。
  BIS가, 일본의 은행과 생명보험 사이에 자본의 상호소유가 위기의 연쇄적인 리스크를 증대시키고 있다고 경고를 했다.

- バブルによって株式持ち合いが更に深化し、株式市場の監視、介入機能の弱点がさらに弱まった。
  거품 경제에 의해 주식 상호출자가 더욱 심화되어 주식시장의 감시・개입 기능의 약점이 더욱 약해졌다.

366 もてなし [持て成し] 접대, 환대 ★★

- ご丁重なお持て成しをいただきまして、ありがとうございます。
  정중한 접대를 베풀어주시어 고맙습니다.

- 何のお持て成しもできず、大変失礼いたしました。
  아무런 대접도 못하고 대단히 실례했습니다.

- 接待では、仕事の話は出さないで、あくまでも持て成しの心に徹するのがマナーである。
  접대에서는 일 이야기는 꺼내지 말고 어디까지나 대접하는 마음으로 일관하는 것이 매너이다.

367 **もと [元]** 처음, 기원, 근본 / 이전, 원래, 전직 ★

☞ 「前」은 바로 직전을 의미하고, 「元」은 그 이전을 의미한다.

- 源氏の元は清和天皇から始まっている。
  겐지(源氏)의 기원은 清和(세이와) 천황에서 시작되었다.

- 風邪が元で結核が再発した。
  감기가 원인이 되어 결핵이 재발했다.

- 聞いた話を元にして小説を書いた。
  들은 이야기를 바탕으로 소설을 썼다.

- 元がとれない。
  본전이 빠지지 않는다.

- 元軍人の中にはまだ右翼的な人がいる。
  예전의 군인 중에는 아직 우익적인 사람이 있다.

- このゴムは伸びてしまって元に戻らない。
  이 고무는 펴져버려서 원래대로 되돌아가지 않는다.

368 **もとで [元手]** 밑천, 자본

- 兄は会社を辞めると、わずかな元手で事業を始めました。
  형은 회사를 그만두자 얼마 안 되는 밑천으로 사업을 하기 시작했습니다.

- 競馬で一万円を元手にしてだいぶ儲ました。
  경마에서 만엔을 밑천으로 꽤 벌었습니다.

- プロ選手は体が元手の商売だから、とにかく丈夫でなきゃ…。
  프로 선수는 몸이 밑천인 장사이니 어쨌든 튼튼하지 않고서는…….

369 **もんく [文句]** 불평, 불만, 투정 / 문구 ★

- 陰でこそこそ言わないで、文句があるならあるとハッキリ言いなさい。
  뒷전에서 소곤소곤 말하지 말고 불만이 있으면 있다고 솔직히 말하시오.

- スミスさんは事ごとに文句を言う。
  스미스 씨는 사사건건 불평을 한다.

- これは昔の小説の中にある文句です。
  이것은 옛날 소설 속에 나오는 문구입니다.

경 제

370 **もんぜんばらい** [門前払い] 문전박대, 문전 축객, 만나 주지 않고 문간에서 내쫓음 ★

- 大臣に面会を申し込んだが、多忙を理由に門前払いを食ってしまった。
  장관에게 면회를 신청했는데 바쁘다는 이유로 문전박대를 당하고 말았다.

- 「迷惑メール」と混同され、門前払いされることもしばしばです。
  「스팸 메일」로 혼동되어서 열기도 전에 삭제되기 일쑤입니다.

- いくら君でも門前払いされるのが落ちだよ。
  아무리 자네라도 문전박대 당하는 게 고작이야.

371 **やくいん** [役員] 중역, 임원 ★

☞ 일본어에는 한국어의 「임원(任員)」이라는 용어는 없다.

- 彼にはおそらく役員の地位が約束されている。
  그에게는 필시 임원의 지위가 약속되어 있다.

- 会社の株主総会で役員を選出した。
  회사의 주주총회에서 임원을 선출했다.

- 役員会で新製品の開発を中止するという結論が下された。
  중역회의에서 신제품 개발을 중지한다는 결론이 내려졌다.

372 **やくしょく** [役職] (특히) 관리직, 중요한 지위 / 지위와 그 임무 ★

- 会社組織では、役職にある人には常務、部長とその職名だけで呼ぶのが普通だ。
  회사 조직에서는 관리직에 있는 사람에게는 상무·부장이라고 직명만을 호칭하는 것이 보통이다.

- 父は長年会社で重要な役職にあったが、いよいよ今年限りで退くという。
  아버지는 오랜 세월 회사에서 중요한 지위에 있었는데, 마침내 올해를 끝으로 물러난다고 한다.

373 やくづき[役付き] 책임 있는 직책·지위 / 중역

- 役付き手当とか家族手当とは、いわゆる慣習的手当と呼ばれる。
  직책 수당이라든가 가족 수당이란, 소위 습관적 수당이라고 불려지고 있다.

- 役付き社員。
  특별한 직책을 맡은 사원.

374 やくとく[役得] 맡은 직책에서 얻어지는 편의나 이익 / 부수입, 국물(떡고물) ★

- 役得とはポストに伴う余禄で、本来の職務上の報酬ではない。
  「직무상 이익」이란 지위에 수반하는 부수입으로 본래 직무상의 보수는 아니다.

- 総務係の役得で取引のある会社から、車を安く買った。
  총무를 담당한 직무상의 혜택을 입어 거래가 있는 회사에서 차를 싸게 샀다.

375 やじるし[矢印] 화살표(→) ★★

- 「→トイレ」のように書いてあれば、矢印の方向にトイレがあるということである。
  「→화장실」라고 쓰여 있으면, 화살표 방향으로 화장실이 있다는 말이다.

- 広い展示場では矢印にしたがって会場を回る。
  넓은 전시장에서는 화살표를 따라 회장을 돌다.

376 やすあがり[安上がり] 값이 싸게 먹힘, 싼값으로 할 수 있음
  ㋖ 安く上がる

- ちょっと一杯やるところは、たいてい安上がりの飲み屋である。
  잠깐 한잔하는 곳은 대개 싸게 먹히는 술집이다.

- 汽車で行くのが安上がりだ。
  기차로 가는 것이 요금이 싸게 든다.

377 やすうり[安売り] 싸게 팖, 선뜻 줌 ★

- 安売りの店の前では、人々が行列を作って開店を待っていた。
  염가 판매점 앞에는 사람들이 행렬을 이루고 개점을 기다리고 있었다.

경제

- 去年の冬は特別寒かったので、暖房器具を安売りしてバッチリ儲けた。
  지난해 겨울은 특별히 추웠기 때문에, 난방기구를 싸게 팔아서 짭짤하게 벌었다.

378 やすね [安値] 헐값, 염가 ㉾ あんか

- 法外な安値で売る。
  터무니없는 헐값으로 팔다.

- 驚くほどの安値で買いました。
  놀랄 정도의 염가로 샀습니다.

379 やすもの [安物] 싸구려, 값싼 물건 ★

- 安物をりっぱに見せかけて売る悪い商人がいる。
  싸구려를 근사하게 꾸며서 파는 악덕상인이 있다.

- 二、三回しか使わないのに、もうダメになってしまった。やっぱり安物買の銭失いだった。
  두세 번 밖에 사용하지 않았는데도 벌써 쓸모없게 되어버렸다. 역시「싼 게 비지떡」이었다.

- 特別バーゲンだと言うので行ってみたが、安物はやはり悪い。
  특별 바겐이라 해서 가 봤지만, 싸구려는 역시 싸구려다.

380 やまば [山場] 절정, 고비 ★

- 労使双方の首脳同士が会談に入り、賃上げ交渉は山場を迎えた。
  노사 쌍방의 수뇌끼리 회담에 들어가 임금 교섭의 절정을 맞이했다.

- 半導体交渉は、日米間で最大の懸案だったが、ようやく山場を越した。
  도체 교섭은 미일간에 최대의 현안 문제였지만 마침내 고비를 넘겼다.

381 やみとりひき [闇取引き] 뒷거래, 부정 거래 ★

- 闇取引を取り締まる。
  부정 거래를 단속하다.

- あの議員は、政界の闇取引を暴露した。
  그 의원은 정계의 뒷거래를 폭로했다.

382 やりくり [遣り繰り] 변통, 둘러댐, 융통

- インフレで家計の遣り繰りがつかない。
  인플레로 가계를 꾸려 나갈 수 없다.

- 仕事の遣り繰りがつかないので、今度の旅行は遠慮したいと思います。
  일을 대체할(둘러댈) 수가 없어 이번 여행은 사양하겠습니다.

- こんなに物価が上がっては、台所を預る主婦としては、遣り繰りが大変です。
  이렇게 물가가 올라서는 부엌 살림을 맡고 있는 주부로서는 살림을 꾸려 나가기가 힘듭니다.

383 ようめい [用命] 분부, 하명, 주문 ★

☞ 보통 앞에 ご를 수반한다.

- お客様のご用命は何なりと承ります。
  고객의 주문은 무엇이든지 삼가 받들어 모시겠습니다.

- 引き続きご用命を賜りますようお願い申し上げます。
  계속해서 주문을 받을 수 있도록 부탁드립니다.

384 よこどり [横取り] 횡령, 가로챔, 새치기 ★

- 上司に「手柄を横取りされる」と思うようなことがあっても、長い目で見てじっと我慢した。
  상사에게「공로를 가로채기 당했다」라고 생각되는 일이 있어도 긴 안목으로 봐서 꾹 참았다.

- あの会社ね。昔同業者のパテントを横取りして一流にのし上がったんだよ。
  그 회사 말이야, 옛날 동업자의 상표를 가로채서 일류로 껑충 뛰어오른 것이라네.

385 よこながし [横流し] 유출, 옆으로 흘림 ★

- 会社の製品を横流しして私腹を肥やす。
  회사의 제품을 부정 유출해서 자기 배를 채우다.

- 飢えた子供たちのために援助された食糧を横流しするなんて、その罪は絶対に許すことはできない。
  굶주린 어린이들을 위해 원조된 식량을 유출하다니, 그 죄는 절대로 용서할 수 없다.

386 **よこならび** [横並び] 남이 하는 대로 함, 덩달아 함, 똑같이 함, 독창성 없는 모방, 옆으로 늘어섬 ★

- 企業間での明暗がはっきり分かれ、業界横並びの春闘は過去のものになった。
  기업간의 명암이 확실하게 엇갈려 업계가 똑같은 방식의 춘계투쟁(노동쟁의)은 과거의 것이 되었다.

- 各省庁はそれぞれ独自の役割をもっており、省庁の業績を横並びに比較することはできない。
  각 성청은 제각기 독자적인 역할을 갖고 있어, 성청의 업적을 똑같은 방식으로 비교할 수는 없다.

- もはや既存のすべての業種が横並びに繁栄することはない。
  벌써 기존의 모든 업종이 덩달아 같이 번영하는 것은 아니다.

- 地球を太陽の中に横並びに並べると、だいたい110個入ります。
  지구를 태양 속에 옆으로 늘어놓으면 대체로 110개 들어갑니다.

387 **よこばい** [横這] 옆으로 김, 게걸음, 시세 등이 변동 없이 같은 상태를 지속함, 보합세 ★

- 最近は株価が横這いを続けている。
  최근에는 주가가 게걸음을 계속 하고 있다.

- 今回の選挙で、野党はわずかながら支持率を増やしたが、社会党だけに横這の結果だった。
  이번 선거에서 야당은 근소하지만 지지율을 늘렸는데, 사회당만큼은 보합세의 결과였다.

388 **らんこうげ** [乱高下] 증권・외환 등의 시세가 단기간에 심하게 오르내리는 현상 ★

- 株式市場は、企業の不正会計に嫌気した売りと、好決算銘柄への買いだ交錯し乱高下した。
  주식시장은, 기업의 부정회계에 싫증 난 판매와, 호결산종목에의 구매가 교차해 시세가 단기간에 심하게 오르내렸다.

- 市場関係者は「米株価に明確な底打ち感が出るまでドルの乱高下は続く」としている。
  시장관계자는 「미국주가에 명확한 감이 나올 때까지 달러의 변동폭은 계속된다」고 하고 있다.
- テロ事件による国際政治情勢の不透明化で為替相場の乱高下や株価の暴落が起きる可能性がある。
  테러사건에 의한 국제정치 정세의 불투명화로 환시세의 변동폭이나 주가의 폭락이 일어날 가능성이 있다.

389 りそく [利息]　이자, 금리

- 利息は、金銭を他人に預けて使用させたときに与えられる報酬である。
  이자는 금전을 타인에게 위탁하고 사용하게 했을 때에 할당되는 보수다.
- 金利は元金に対する利息の割合のことで、利息と同じ意味で使われることもある。
  금리는 원금에 대한 이자의 비율을 말하는 것으로 이자와 같은 의미로 사용되는 수도 있다.

390 りまわり [利回り]　이율

- 利回りのいい株に乗り換たほうがいい。
  이율이 좋은 주식으로 바꾸는 편이 좋다.
- A信託銀行の新しい金融商品は5年後の利回りが10％にもなる。
  A신탁은행의 새 금융상품은 5년 후의 이율이 10％나 된다.

391 りゃくぎ [略儀]　약식(略式), 간략함

- まずは、略儀ながら書中をもちましてご挨拶申し上げます。
  우선 간략하게나마 서면으로 인사를 올립니다.

392 りょうかい [了解/諒解]　양해, 이해, 납득　★

- 会社と組合の話合いの結果、その問題について了解がついた。
  회사와 조합이 교섭한 결과, 그 문제에 관해서 양해가 구해졌다.
- 約束の時間に遅れそうなので、電話で了解を得た。
  약속 시간에 늦을 것 같아서 전화로 양해를 얻었다.

경 제

- 「全員玄関に集合してください。」「了解。」
  「전원 현관으로 집합해 주십시오.」「알았다!」

393 りょうがえ [両替] 환전, 돈을 바꿈 ★★

- 千円札を百円玉に両替してもらった。
  천 엔짜리 지폐를 100엔짜리 동전으로 바꿨다.

- 海外旅行のために銀行へ行って、円をドルに両替しておいた。
  해외여행을 위해 은행에 가서 엔을 달러로 환전해 놓았다.

- あちらの千円札の両替機が故障しているんですが……。
  저쪽에 있는 천 엔권 화폐 교환기가 고장이 나 있습니다만…….

394 りょうしょう [了承/諒承] 양해, 승낙, 납득 ★★

- お話の件は、了承しました。
  말씀하신 건은 잘 알았습니다.

- 入場料以外は各自の負担となりますので、ご了承ください。
  입장료 이외에는 각자 부담이오니 양해해 주십시오.

- この案は了承しますか。
  이 안은 승낙하시겠습니까?

395 りんぎ [稟議] 품의, (상사에게) 말이나 글로 여쭈어 의논하는 것

- 稟議とは、日本独特のボトムアップのシステムで、元は、役所で行われていたものである。
  품의란 일본의 독특한 하의상달(下意上達) 제도로, 원래는 관공서에서 행해지고 있던 것이다.

- 官僚制度の弊害は、業務を知らない天下り組が仕事に関与するために導入した稟議制度だ。
  관료제도의 폐해는 업무를 모르는 외부에서 낙하산 인사로 들어온 그룹이 업무에 관여하기 위해 도입한 품의제도다.

- 日本の大会社がクレームを迅速に処理できないのは稟議制度のためである。
  일본의 큰 회사가 클레임을 신속하게 처리할 수 없는 것은 품의제도 때문이다.

- 何か先方が要望をすると、それを会社に持ち帰って稟議を起こし、それから回答をする。
  뭔가 상대방이 요청을 하며, 그것을 회사에 갖고 들어와서 품의를 하고 그리고 나서 회답을 한다.

396 **るすばん**[留守番] 빈집을 지키는 사람, (빈 곳의) 당번 ★

- 用件があったら、留守番でんわに録音しといて。
  용건이 있으면 자동응답 전화에 녹음해 둬.

- 済みませんが、留守番をちょっと頼みたいんですが。
  미안합니다만, 잠시 자리를 지켜 주셨으면 합니다만.

- こんないい天気なのに、留守番でどこにも行けないなんて残念だね。
  이렇게 날씨가 좋은데도, 당번이라서 아무데도 갈 수 없다니 안됐구나.

397 **れいぎさほう**[礼儀作法] 예의범절 ★★

- 彼は礼儀作法にやかましい人です。
  그는 예의범절에 까다로운 사람입니다.

- 彼女は若いのに、礼儀作法をよくわきまえている。
  그녀는 젊은데도 예의범절을 잘 분간하고 있다.

398 **れんちゅう**[連中] 그자들, 일당, 동료들 ★

- 昨夜、会社の連中と飲み屋へ立ち寄った。
  어젯밤 회사의 동료들과 술집에 들렀다.

- あんな連中とつきあう君の気持ちがわからないよ。
  그런 패거리들과 사귀는 자네의 심정을 알 수가 없네.

- 弟と親しい新聞記者連中がやってきて、徹夜で麻雀をしている。
  동생과 친한 신문기자 일당이 몰려와서 밤을 새며 마작을 하고 있다.

399 **ろうにん**[浪人] 재수생, 실업자 / 무가시대의 주인 없는 무사 ★★

- 浪人とは、封建時代に何らかの理由で仕官していない侍をさして言う。
  낭인은 봉건시대에 어떤 이유로 벼슬하지 못한 무사를 말한다.

경제

- 四年制がダメならせめて東京の短大へ進ませてやるべきか、浪人させるべきか。
  4년제가 안 되면 적어도 도쿄에 있는 단기대학에라도 진학시켜 주어야 할지, 재수를 시켜야만 할지.

- あの学生は、三浪して念願の東大に合格した。
  그 학생은, 삼수를 해서 염원하던 도쿄대학에 합격했다.

400 **わいろ**[収賄] 뇌물 ★

- 有力な政治家の力を借りようと、賄賂を贈った会社の社長が検挙されたそうだ。
  유력한 정치가의 힘을 빌리려고 뇌물을 준 회사의 사장이 검거되었다고 한다.

- 賄賂を受け取ったことが明るみに出てから、この政治家の名声も地に落ちた。
  뇌물을 받은 것이 표면화되고 나서 이 정치가의 명성도 땅에 떨어졌다.

401 **わかて**[若手] 젊은 사람, 젊은 축 ★

- 最近、社内で若手の活躍が目立つ。
  최근 사내에서 젊은 사람들의 활약이 두드러진다.

- 今度の課長は、若手でバリバリ仕事をする人だ。
  이번에 온 과장은 젊은 축으로 활기차게 일하는 사람이다.

402 **わかもの**[若者] 청년, 젊은이

- 村の若者たちは、みんなお祭りに行っている。
  마을의 젊은이들은 모두 축제를 하러 가 있다.

- この頃の若者は礼儀を知らないと言われるが、むしろ礼儀正しい若者が増えたと思います。
  요즘 청년은 예의를 모른다고 말들 하지만, 오히려 예의 바른 젊은이가 늘었다고 생각합니다.

- 込んでいる電車の中で老人に席を譲らない若者に、ぼくは怒りを感じた。
  복잡한 전철 안에서 노인에게 자리를 양보하지 않는 젊은이에게 나는 분노를 느꼈다.

403 **わく** [枠] 테두리, 테, 범위, 한계 / 틀 ★

- 枠を作ってその中にコンクリートを流し込みます。
  틀을 만들고 그 안에 콘크리트를 흘려 넣습니다.

- 人が死んだことを知らせる葉書には黒い枠をつける習慣があります。
  사람이 죽었다는 것을 알리는 엽서에는 검은 테두리를 하는 습관이 있습니다.

- 一人15分の枠の中で、意見を発表してください。
  한 사람이 15분의 범위 안에서 의견을 발표해 주십시오.

404 **わくぐみ** [枠組み] 틀을 짬, 대충의 짜임새

- 工場新設計画の枠組みを作った。
  공장 신설계획의 틀을 짰다.

- 予算の枠組みができあがる。
  예산의 대강이 짜여지다.

405 **わこんようさい** [和魂洋才] 일본의 정신과 서양의 재능 ★

- 和魂洋才とは、日本人固有の精神で、西洋伝来の学問や技術を取捨、活用することを意味する。
  화혼양재란 일본인 고유의 정신으로, 서양에서 전래한 학문이나 기술을 선택적으로 받아들이고 활용하는 것을 의미한다.

406 **わせいえいご** [和製英語] 일제 영어, 일본에서 만든 일본식 영어 ★

- OLとは、女性会社員を意味する和製英語で、Office Ladyの略である。
  OL은 여자 회사원을 의미하는 일본에서 만든 영어 약자로 Office Lady의 약어이다.

- アパートは和製英語であって、本来の英語では、Apartmentという。
  아파트는 일본식 영어이고, 본래의 영어로는 「Apartment」라고 한다.

경제

407 わたりどり [渡り鳥] 철새 / 뜨내기 ★

- 毎年この時期になると、湖にはシベリアから渡り鳥がやってきます。
  매년 이 시기가 되면 호수에는 시베리아로부터 철새가 몰려옵니다.

- 私は若いとき、所定まらぬ渡り鳥のような生活をした。
  나는 젊었을 적에 정처 없는 뜨내기 같은 생활을 했다.

408 わりあい [割合] 비율 / ~치고는, ~에 비해 / 비교적, 예상보다는

- この大学の男子学生と女子学生の割合は6対1です。
  이 대학의 남자 학생과 여자 학생의 비율은 6대1입니다.

- 銀行にお金を預けておけば、一定の割合で利子がついてきます。
  은행에 돈을 예치해 두면 일정한 비율로 이자가 붙습니다.

- 東京ではこの辺りが割合に静かだ。
  도쿄에서는 이 부근이 비교적 조용하다.

409 わりかん [割り勘] 각출, 각자 부담 ★★

- 私が奢るときもありますが、普通は割り勘にしています。
  내가 한턱 낼 때도 있습니다만, 대개는 각자 부담으로 하고 있습니다.

- いつも割勘が良いとは言っても、お祝い事があったときには気持ちよく奢る。
  언제나 각출이 좋다고는 해도 축하할 일이 있을 때는 기분 좋게 한턱 낸다.

- 正直言って、こちらも割勘にしてもらったほうが気が楽なんですが。
  솔직히 말해서 저희 쪽도 각자 부담으로 하는 편이 마음 편합니다만.

410 わりまし [割増] 할증, 더 얹음 ★

- 残業手当は、基準賃金より20％以上の割増だが、それでも若い人は残業よりは働かないほうを選ぶ。
  잔업 수당은 기준임금보다 20%이상 할증이 되지만, 그래도 젊은 사람은 잔업보다는 일을 하지 않는 쪽을 택한다.

- タクシーは夜12時をすぎると割増し料金になる。
  택시는 밤12시가 넘으면 할증요금이 된다.

411 **われもの** [割れ物] 깨진 물건, 깨지기 쉬운 물건 ★

- 割れ物を包装する時は、箱の中にクッション材を入れるとよい。
  깨지기 쉬운 물건을 포장할 때는 상자 안에 완충재를 넣으면 좋다.

- 割れ物、壊れ物には「割れ物注意」と赤いマジックで記入してください。
  깨지기 쉬운 것, 부서지기 쉬운 것에는 「깨지기 쉬우니 주의」라고 빨간 매직으로 기입해 주세요.

001 **あいことば**[合言葉]　슬로건, 주의, 표어, 표방　★★

- 民主主義を合言葉にしてきた戦後政治も、最近は一つの転換期に差しかかってきたようだ。
  민주주의를 표방해 온 전후 정치도 최근에는 하나의 전환기를 맞이한 것 같다.

- 核実験禁止は、全世界の人々の合言葉である。
  핵실험 금지는 전세계인의 슬로건이다.

- 石油ショックのため、省資源、省エネルギーというのが、官民あげての合言葉であった。
  석유 쇼크 때문에 에너지 절약이라는 말이 관청과 민간 모두의 슬로건이었다.

002 **あいさつ**[挨拶]　인사　★★

- 受付の人に挨拶をして事務所へ入った。
  안내 데스크의 담당자에게 인사를 하고 사무실로 들어갔다.

- これをもちまして、わたくしの挨拶とさせていただきます。
  이것으로 저의 인사를 마치겠습니다.

- 帰国の挨拶のため、これまでお世話になった人々に手紙を出した。
  귀국 인사를 위해 그 동안에 신세진 사람들에게 편지를 보냈다.

- なんの挨拶もせずに引越ししてしまった。
  아무런 인사도 없이 이사해 버렸다.

003 **あいず**[合図]　신호, 사인(sign)　★★

- タクシーに手をあげて「止まれ」と、合図をした。
  택시에게 손을 들어 「스톱」하고 신호를 보냈다.

- 合図と同時に選手たちはスタートしました。
  신호와 동시에 선수들은 스타트했습니다.

- 母が帰ってきたのを合図のようにして、友達はそそくさと帰っていった。
  어머니가 돌아오신 것을 신호라도 하듯 친구들은 황급히 돌아갔다.

사 회

004 **あいそ(う)** [愛想]　붙임성, 애교, 인사성, 정(情) / 대접, 계산　★

- 店員があまりにも愛想が悪いので、何も買わずに店を出てしまった。
  점원이 너무도 무뚝뚝하고 붙임성이 없어서 아무것도 사지 않고 가게를 나와 버렸다.

- 分からず屋のあの子には、もう愛想が尽きた。
  철부지인 그 녀석에게는 이제 정나미가 떨어졌다.

- なんのお愛想もできませんで、失礼いたしました。
  아무 대접도 못해서 실례했습니다.

- どうもごちそうさま、お愛想してください。
  아주 맛있게 먹었습니다, 계산해 주세요.

005 **あいだがら** [間柄]　사이, 관계

- 両家が不和の間柄だったために、若い二人の交際は、親によって断ち切られてしまったのです。
  양쪽 집안이 불화 관계였기 때문에 젊은 두 사람의 교제는 부모에 의해 끊기고 말았던 것입니다.

- 名前と顔が一致する程度で、彼とはそんなに近い間柄ではない。
  이름과 얼굴을 알고 있을 정도이고, 그와는 그다지 가까운 사이는 아니다.

- 夫が出席できない場合、妻が代理で出席しても構わないが、親しい間柄の時に限ったほうがいい。
  남편이 참석할 수 없는 경우, 부인이 대리로 참석해도 괜찮지만 친한 사이인 경우로 국한하는 것이 좋다.

006 **あいづち** [相槌]　맞장구

- 相槌を打ちながら、熱心に話に聞き入る。
  맞장구를 치면서 열심히 이야기를 귀담아 듣다.

- 頃合を見て、相手から相槌や意見を引出すような話し方をするべきである。
  기회를 보아 상대방으로부터 맞장구 또는 의견을 이끌어 내는 말씨를 구사해야 한다.

- ただ何にでも相槌を打っていては、話は単調になる。
  그저 아무 것이나 맞장구를 치기만 하면 이야기는 단조로워 진다.

007 **あいて** [相手]　상대, 파트너, 동료, 짝패, 적수　★★

- あの人は真面目な人だから、仕事の相手には適当だ。
  그 사람은 성실한 사람이라서 일의 파트너로는 적당하다.

- 子供を相手にして、ケンカするなんて、バカだね。
  어린 아이를 상대로 싸움을 하다니 바보로구나.

- 外国人を相手に商売をしている。
  외국인을 상대로 장사를 하고 있다.

008 **あいてかた** [相手方]　상대방　★

- 勢いよくボールを打ち込むと、相手方の選手は、それを巧みに受けた。
  힘차게 볼을 던져 넣으면 상대방 선수는 그것을 절묘하게 받았다.

- 相手方が四人、こちらは二人、ケンカは完全に僕たちの負けだった。
  상대방은 네 사람, 이쪽은 두 사람, 싸움은 완전히 우리들의 패배였다.

- 交渉時の相手方の態度からいって、この契約の成立はあまり期待できない。
  교섭시에 상대방의 태도로 보건대, 이 계약의 성립은 그다지 기대할 수 없다.

009 **あいのこ** [合の子]　튀기, 혼혈, 잡종　참「間の子」라고도 쓴다.

- ライガーとは、ライオンとタイガーの合の子である。
  「라이거」란 사자와 호랑이의 잡종이다.

- 混血児のことを合の子といっていたが、この頃はハーフということばをよく使う。
  혼혈아를 예전에는 튀기라고 말했지만, 요즘에는 하프(half)라는 말을 곧잘 사용한다.

010 **あいま** [合間]　틈, 짬, 사이, 여가　★

- 仕事の合間を縫って、二ヶ月ぶりに床屋に行ってきた。
  업무 중에 틈을 내서 2개월만에 이발소에 갔다 왔다.

- 国会議員は仕事の合間をみて、出身校の卒業式に臨んだ。
  국회의원은 업무의 짬을 내서 출신교의 졸업식에 참석했다.

사회

011 **あおにさい** [青二才]　풋내기, 애송이

- 青二才のくせに生意気なことを言うな。
  젖비린내 나는 주제에 건방진 말을 하지 마라!

- あんな奴は先生にくらべれば、まだ青二才にすぎない。
  저 따위 녀석은 선생님에 비하면 아직 풋내기에 지나지 않습니다.

012 **あかご** [赤子]　갓난아이

- 今日の試合は、相手が弱すぎて赤子の手を捻るようなものだった。
  오늘 시합은 상대가 너무 약해서 갓난아이의 손을 비틀듯 쉬웠다.

013 **あかんぼう** [赤ん坊]　어린아이, 유치함　★

- 体ばかり大きくてもまだ赤ん坊なんだね。
  몸집만 커다랄 뿐 아직 어린아이로군.

- 年寄りを赤ん坊あつかいにする。
  노인을 어린아이 취급하다.

014 **あきす** [空き巣]　빈집, 빈집 털이, (새의) 빈 둥우리　★

- 村の人々は軒並み空巣ねらいにやられているので、早く犯人を挙げてもらいたいと願っている。
  마을 사람들은 집집마다 빈집털이 대상이 되자, 빨리 범인을 검거해 달라고 탄원을 하고 있다.

- 団地に空き巣が入ったらしいが、幸いウチには何の被害もなかった。
  단지 내에 빈집털이가 잠입한 것 같은데, 다행히 우리 집에는 아무런 피해도 없었다.

015 **あきち** [空き地]　공터, 빈터, 공한지

- 天から降ったか地から湧いたか、朝起きてみたら、となりの空き地に小屋がたてられていた。
  하늘에서 내려왔는지 땅에서 솟았는지, 아침에 일어나 보니 근처 공터에 작은 집이 세워져 있었다.

- この空き地は、去年まで子供たちの遊び場だった。
  이 공한지는 작년까지 어린이들의 놀이터였다.

016 **あく** [灰汁] 　고집, 대가 센 것, 집요함, 개성이 강함

☞ 원래의 의미는 잿물

- ウチの社長は、灰汁の強いワンマン社長だ。
  우리 사장은 고집이 센 독불장군 사장이다.

- 今年の新人賞を取った小説は、灰汁が強い文章だが、なかなか迫力のある作品だ。
  금년에 신인상을 받은 소설은 개성이 강한 문장이지만 상당히 박력이 있는 작품이다.

- あの人は管理職になったら、上と下から揉まれたためか、灰汁が抜けてきた。
  그 사람은 관리직이 되고 나더니 위아래로부터 시달렸기 때문인지 당찬 맛이 없어졌다.

017 **あくじ** [悪事] 　나쁜 짓, 비행

- あの男は悪事を働いて日本中を逃げ回っている。
  그 남자는 나쁜 짓을 하며 일본 전국을 도망 다니고 있다.

- どんなに隠していても、悪事はいつかばれるものだ。
  아무리 숨어 있어도 나쁜 짓은 언젠가는 밖으로 드러나기 마련이다.

018 **あげあし** [揚げ足] 　실언, 잘못한 말 　★

- あいつは人の言葉尻をとらえて、揚げ足ばかり取っている。
  그 녀석은 남의 말꼬리를 붙잡고 실언만을 따지고 있다.

- よく調べてないことをしゃべったので、揚げ足をとられて弱った。
  잘 알아보지도 않고 말을 지껄였기 때문에 말꼬리를 잡혀 난처했다.

019 **あげく** [揚げ句] 　종말, 끝, 결국, 마침내 　★

- 些細なことから口論となり、揚げ句の果ては殴り合いのケンカになった。
  사소한 것에서 말다툼으로 번져 결국은 서로 구타하는 싸움이 되고 말았다.

- いろいろ考えた揚げ句、会社を辞めることにした。
  여러 가지로 생각한 끝에 회사를 그만두기로 했다.

- 銀行と証券会社の両方の入社試験に合格した息子は、いく日も考えた揚げ句、銀行を選んだ。
  은행과 증권회사 양쪽의 입사시험에 합격한 아들은 며칠이나 생각한 끝에 은행을 선택했다.

사 회

020 **あご**[顎]　턱, 턱주가리

- 余りのおかしさに、顎を外しそうになった。
  너무 재미있어서 턱이 빠질것 같다.

- おいしくて顎が落ちそうになった。
  너무 맛있어서 턱이 빠질것 같다.(둘이 먹다 하나 죽어도 모르겠다)

021 **あさねぼう**[朝寝坊]　잠꾸러기, 늦잠을 잠

- 夜遅くまで起きている人はたいてい朝寝坊だ。
  밤늦게까지 자지 않는 사람은 대체로 늦잠꾸러기다.

- 朝寝坊をしたおかげで電車に乗り遅れてしまった。
  늦잠을 잔 탓으로 전철을 놓치고 말았다.

022 **あしおと**[足音]　발소리

- 足音がしたので、二人は思わず声をひそめました。
  발소리가 났기 때문에, 두 사람은 자기도 모르게 목소리를 낮추었습니다.

- 男の足音が消えるまで、彼女はロッカーの陰に息を殺して隠れていた。
  사나이의 발소리가 사라질 때까지 그녀는 로커 뒤에서 숨을 죽이고 숨어 있었다.

023 **あしどめ**[足止め]　금족, 외출 금지　★

- 危険だからホテルから出てはいけないと、足止めを食っている。
  위험하니 호텔에서 나와서는 안 된다고 금족령을 받고 있다.

- 土崩壊れによる道路の閉鎖で、三日ほど足止めを食らった。
  토사붕괴로 인해 도로가 폐쇄되어 3일 정도 발이 묶였다.

024 **あしどり**[足取り]　도피 경로, (주가・환율 등) 시세의 동향, 발걸음, 보조　★

- 警察は、銀行強盗の犯人の身元や足取りを必死になって洗った。
  경찰은 은행강도 범인의 신원이라든가 도피 경로를 필사적으로 조사했다.

- 株価の足取りを調べる。
  주가의 시세 동향을 조사하다.

☞ あしどりひょう(足取り表) : 주식 등의 시세 변동표.

025 **あしなみ**[足並み]　보조, 호흡, 공동 보조

- たくさんの選手が足並みを揃えて入場してきた。
  많은 선수들이 보조를 맞추어 입장했다.

- 各グループがめずらしく足並みをそろえて反対運動を始めた。
  각 그룹이 이상하게도 공동 보조를 맞춰 반대운동을 시작했다.

- 皆がそれぞれの考えを譲らなければ、なかなか仕事の足並みが揃わない。
  모든 사람이 각자의 생각을 양보하지 않으면 좀처럼 일의 호흡이 맞지 않는다.

026 **あしば**[足場]　발판, 토대, 터전　★

- 大きなビルの工事でも始まるのか、ヘルメット姿の作業員たちが足場を組んでいる。
  커다란 빌딩 공사라도 시작되는지 헬멧 차림의 작업원들이 발판을 짜고 있다.

- 国内大会で敗れ、世界大会進出への足場を失ってしまった。
  국내대회에서 패함으로서 세계대회 진출의 발판을 상실해 버렸다.

027 **あしもと**[足元]　발 밑, 발끝, 발언저리　★

- 暗いから足元に気をつけてください。
  어두우니까 발 밑을 조심하세요.

- 経営不振で足元に火がついてるのに海外旅行だなんて、ずいぶんのんきな社長だ。
  경영 부진으로 발등에 불었고 있는데도 해외여행이라니 상당히 태평한 사장이다.

- 一流大学へ進学するそうで、私など、あなたの足元にも及びません。
  일류 대학에 진학한다니 나 같은 것은 당신의 발 밑에도 미치지 못합니다.

028 **あだ**[仇]　원수, 적

- 恩を仇で返すような、そんな情け知らずな人とは思わなかった。
  은혜를 원수로 갚는 그런 인정머리 없는 사람이라고는 생각하지 않았다.

- 仇討を果たせずに反対にやられることを「返り討ちに遭う」という。
  복수의 뜻을 이루지 못하고 반대로 당하는 것을 「되치기 당하다」라고 말한다.

029 **あたりまえ**[当たり前]　당연, 보통　★

- 人間として当たり前のことをしただけで、褒められるのは恥ずかしい。
  인간으로서 당연히 할 일을 한 것뿐으로 칭찬 받는 것은 부끄럽다.

- そんな悪口を言われたら、怒るのは当り前よ。
  그런 욕을 들었으니 화를 내는 것도 당연하지요.

- 若いうちはニキビができるのも当り前、そんなに気にすることはないよ。
  젊었을 때는 여드름이 나는 것도 당연하니 그렇게 신경 쓸 것은 없어요.

030 **あとあじ**[後味]　뒷맛, 일이 지난 다음의 느낌 (나쁜 경우에 쓰임)　★

- 途中で座が白けて、後味が悪い会になった。
  도중에 좌흥이 깨져 뒷맛이 씁쓸한 모임이 되었다.

- 脂っこい物を食べた後、このお茶を飲むと後味がさっぱりする。
  기름기가 많은 음식을 먹은 후, 이 차를 마시면 뒷맛이 개운해 진다.

031 **あとかた**[跡形]　흔적, 자취

- 幼いころの家は火事で焼けて、いまは跡形もない。
  어릴 적의 집은 불에 타서 지금은 흔적도 없다.

- 日中の暖かい日差しで、雪だるまは跡かたもなく消え去った。
  낮 동안의 따뜻한 햇살에 눈사람은 자취도 없이 사라졌다.

032 **あとかたづけ**[後片付け]　뒤처리, 뒷마무리, 뒷수습　★

- 後片付けもしないで、このまま帰ることはできません。
  뒷마무리도 하지 않고 그대로 돌아가서는 안 됩니다.

- 友達が帰った後で、食事の後片付けをする。
  친구가 돌아간 후 식사의 뒤처리를 하다.

- 近所の子供たちが遊びに来るが、感心にもいつもキチンと後片付けをしていく。
  이웃의 어린이가 놀러 오곤 하는데, 기특하게도 언제나 말끔히 뒷마무리를 하고 간다.

033 **あとさき**[後先] 앞뒤, 전후, 순서

- 後先を考えて仕事をしよう。
  앞뒤를 생각하고 일을 하자.

- 逃げ道をうしなった泥棒は後先の考えもなく木によじのぼった。
  도망갈 길을 잃은 도둑은 앞뒤를 생각할 겨를도 없이 나무에 기어올랐다.

- 話が後先になったが、来月から半年ほどアメリカに出張しなければならない。
  이야기의 전후가 바뀌었지만, 다음 달부터 반년 정도 미국에 출장가지 않으면 안 된다.

034 **あとしまつ**[後始末] 뒤처리, 뒷마무리 ★

- 仕事の後始末を済ませてから家へ帰ります。
  일의 뒷마무리를 하고 나서 집으로 돌아갑니다.

- 食べ物の後始末ぐらいは自分でしなさい。
  식사 후 설거지 정도는 자기 스스로 하시오.

035 **あとまわし**[後回し] 뒤로 미룸, 뒤로 돌림 ★

- 難しい問題は後回しにして、簡単なものから片付けよう。
  어려운 문제는 뒤로 돌리고 간단한 것부터 해치우자.

- 時間もないので、回りくどい説明は後回しにして、結論を先に言います。
  시간도 없기 때문에 번거로운 설명은 뒤로 하고 결론을 먼저 말하겠습니다.

036 **あなば**[穴場] 행락지나 음식점 등이 널리 알려지지 않은 좋은 곳 ★

- 自家用車が普及する前は、東海岸方面は観光の穴場だらけだった。
  자가용차가 보급되기 전에는 동해안 방면은 관광의 숨은 명소였다.

- ソウル近郊にもまだ人に知られていない釣りの穴場がある。
  서울 근교에도 아직 사람들에게 알려져 있지 않은 좋은 낚시터가 있다.

037 **あまのがわ**[天の川] 은하수

- 七夕祭りは、一年に一度、彦星と織り姫が天の川で会うという伝説に基づいた行事です。
  칠석제는 1년에 한번 견우와 직녀가 은하수에서 만난다는 전설에서 유래된 행사.

사 회

038 **あめあがり** [雨上がり]   비가 갬

- 雨上がりの道をバイクが泥を飛ばしながら走っていった。
  비가 갠 길을 오토바이가 흙탕물을 튀기면서 달려갔다.

- 雨上がりの空にきれいな虹がかかり、明日は晴れそうだ。
  비가 갠 후 하늘에 아름다운 무지개가 걸려 있으니 내일은 맑을 것 같다.

039 **あらけずり** [粗削り/荒削り]   거칠음

- 新人賞を選んでいく中で、粗削りな文章ではあるが、捨てがたい魅力をもった作品が二点残された。
  신인상을 고르는 가운데, 문장은 거칠었지만 버리기 아까운 매력을 가진 작품이 2점 남았다.

- 山男というと粗削りな性格の持ち主が多いと思いがちだが、実際はその逆の場合がほとんどだと言う。
  산 사나이라고 하면 거친 성격의 소유자가 많다고 생각하기 쉽지만 실제로는 그 반대의 경우가 대부분이라고 한다.

- まだ粗削りで野放図だが、彼の絵は本物だよ。
  아직 거칠고 방자하지만 그의 그림은 진짜배기라네.

040 **あらさがし** [粗探し]   (남의) 흠을 들추어 냄, 탈을 잡아 욕함   ★

- 人の粗探しをしたって、一文の得にもならない。
  남을 헐뜯어 봤자 한푼도 득이 되지 않는다.

- 他人の粗捜しをするのはよくない。
  타인의 결점을 들추어내는 것은 좋지 않다.

041 **あらし** [嵐]   태풍

- 昨日の嵐で家が壊れました。
  어제의 태풍으로 집이 무너졌습니다.

- 桜の花はゆうべの嵐で全部散ってしまった。
  벚꽃은 어제 저녁의 태풍으로 모두 시들어 버렸다.

- 明け方近くになって、我が軍は嵐のように敵陣に殺到した。
  동이 틀 무렵 아군은 태풍처럼 적진에 쇄도했다.

042 **あらもの** [荒物]　(부엌에서 쓰는) 허드레 물건

- 昔は、ザルやたわしなどの台所用品は荒物屋で購入したが、この頃はスーパーでも買える。
  옛날에는, 소쿠리나 수세미 등의 부엌용품은 철물점에서 구입했지만, 요즘은 슈퍼에서도 살 수 있다.

043 **ありがね** [有り金]　가진 돈, 시재 돈, 수중의 돈

- 有金は差し上げますから、どうぞ、命ばかりはお助けを…。
  가진 돈을 (모두) 드릴 테니 아무쪼록 목숨만은 살려주시길….

- お酒を飲むと、つい気が大きくなって、有り金全部使ってしまったりする。
  술을 마시면 그만 간이 커져 수중의 돈을 모두 써 버리곤 한다.

044 **ありきたり** [在り来り]　원래 있었음, 흔히 있음, 진부함, 평범함, 흔해빠진 것

- どこの観光地へ行っても、土産物には在り来りの物が多い。
  어느 관광지에 가 봐도 토산품으로는 흔해 빠진 것이 많다.

- 在り来りの言葉では慰めようもない不幸がある。
  평범한 말로는 위로하기 어려운 불행이 있다.

- 在り来りの品物を贈っても喜ばれない。
  평범한 물건을 선물해서는 환영받을 수 없다.

045 **ありさま** [有(り)様]　실상, 참모습, 형편　★

- 新聞記者は、見てきた戦争の有り様を詳しく話した。
  신문기자는 보고 온 전쟁의 실상을 자세히 이야기했다.

- 洪水のあとは目も当てられない有様でした。
  홍수가 난 뒤의 흔적은 차마 눈뜨고는 볼 수 없는 참상이었다.

- お前という人間を信用して会社を任せたのに、この有様はなんだ。
  자네라는 인간을 믿고 회사를 맡겼는데, 이게 뭐냐?

046 **あれち** [荒れ地]　황무지

- 大油田地帯であるテキサスも、石油がわくとわかるまでは、ただの荒れ地であった。
  대유전 지대인 텍사스도 석유가 분출된다는 것이 알려질 때까지는 단순한 황무지였다.

- 荒れ地に水を引いてきて、緑地に変えようとする計画が始まった。
  황무지에 물을 끌어들여 녹지로 바꾸려는 계획이 시작되었다.

047 **あんがい** [案外]　뜻밖에　★

- あの人は案外と線が細く、管理職には向いていないようだ。
  그 사람은 생각 외로 선이 가늘어 관리직에는 어울리지 않는 것 같다.

- 案外と寒くないので安心しました。
  뜻밖에도 춥지 않아서 안심했습니다.

- 試験は難しいと聞いていたのに、案外やさしかった。
  시험은 어렵다고 들었는데도 뜻밖에 쉬웠다.

048 **あんのじょう** [案の定]　예상했던 대로, 아니나 다를까　★

- 新幹線は案の定込んでいて、岡山まで座れなかった。
  신칸센은 예상했던 대로 붐벼서 오카야마까지 앉아 갈 수 없었다.

- 大きなスーパーができてから、案の定ウチの店の客足が落ちてきた。
  대형 슈퍼가 생기고 나니, 아니나 다를까 우리 가게는 손님의 발길이 떨어졌다.

049 **いいつけ** [言付け]　분부, 명령　★

- 先生の言付けを守らなくてはいけませんよ。
  선생님의 말씀을 지키지 않으면 안돼요.

- 部長の言い付けに従います。
  부장님의 지시대로 따르겠습니다.

050 **いいぶん** [言(い)分]　주장, 할말, 불평, 이의　★★

- 社長は組合側の言い分も聞かず、頭から週休二日制の導入を拒否した。
  사장은 조합측의 주장을 듣지도 않고 처음부터 주휴 2일제의 도입을 거부했다.

- こちら側だけでなく、向こう側の言分も聞いてみなければならない。
  이쪽뿐만 아니라 저쪽의 주장도 들어보지 않으면 안 된다.

051 **いいまわし** [言(い)回し]　말주변, 말솜씨, 말재주　★

- 彼の話は、言い回しがうまいので、わかりやすいうえに面白い。
  그의 이야기는 말주변이 좋기 때문에 알아듣기 쉬울 뿐만 아니라 재미가 있다.

- 言回しがまずいと、相手が思い違いをする。
  말솜씨가 서투르면 상대방이 오해를 한다.

052 **いいわけ** [言(い)訳]　변명, 핑계, 사죄, 사과　★

- 相手はこちらの言い訳を聞いてくれなかった。
  상대방은 이쪽의 변명을 들어주지 않았다.

- そんな言い訳は聞きたくありません。
  그런 핑계는 듣고 싶지 않습니다.

- 夜遅くまで勉強していたから遅刻したなんて、言訳にすぎないよ。
  밤늦게까지 공부했기 때문에 지각했다는 것은 핑계에 지나지 않아요.

053 **いかく** [威嚇]　위협

- 警官は犯人に向って、威嚇射撃をした。
  경찰관은 범인을 향해 위협사격을 했다.

- 大国の威嚇的な態度に、小国はおびえて自由に発言することもできない。
  강대국의 위협적인 태도에 약소국은 눌려서 자유롭게 발언할 수도 없다.

054 **いがた** [鋳型]　틀, 판, 주형

- 鋳型にはめたように、同じあいさつを繰り返すのはつまらない。
  판에 박은 듯이 똑같은 인사말을 되풀이하는 것은 재미가 없다.

- 一つの鋳型から同じ規格の製品が大量につくられる。
  한 개의 틀에서 같은 규격의 제품이 대량으로 만들어진다.

사 회

055 **いきがい** [生き甲斐]　사는 보람, 삶의 보람, 산 보람　★

- 孫ができて老後の生き甲斐をみいだしたよ。
  손자가 태어나 노후에 삶의 보람을 찾았다.

- 彼女は子育てに生き甲斐を感じると言い、懸命に五人の子を育てている。
  그녀는 자식 양육에 삶의 보람을 느낀다고 말하며, 열심히 5명의 자식을 키우고 있다.

- 教師の私たちには、若い芽を育むという生き甲斐があります。
  교사인 우리들에게는 젊은 새싹을 키워 내는 삶의 보람이 있습니다.

056 **いきき** [行き来]　왕래, 오고 감

- 彼が引越ししてからは、しぜんに行き来も途絶えてしまった。
  그가 이사가고 나서는 자연히 왕래도 두절되어 버렸다.

- 今日では交通機関の発達によって、人々の行き来できる範囲もずいぶん広がっています。
  오늘날에는 교통기관의 발달에 의해 사람들이 왕래할 수 있는 범위도 상당히 넓어졌습니다

- 昼間は人の行き来が頻繁なこの通りも、十時すぎにはだれも通らなくなる。
  낮에는 사람들의 왕래가 빈번한 이 거리도 10시가 지나면 아무도 다니지 않게 된다.

057 **いくじ** [意気地]　기개, 의지, 패기　★

- 甘やかされて育ったので、意気地がなくて困る。
  응석받이로 자랐기 때문에 패기가 없어서 곤란하다.

- まるで女みたいに、意気地がない人ですね。
  마치 여자처럼 패기가 없는 사람이군요.

058 **いこう** [以降]　이후　★

- 三月は忙しいから、四月以降にお会いしたいと思います。
  3월에는 바쁘기 때문에 4월 이후에 만나 뵙고 싶습니다.

- 19世紀以降の自然科学の進歩は実に素晴らしい。
  19세기 이후 자연과학의 진보는 실로 훌륭하다.

059 **いごこち [居心地]**　(자리에 대한) 느낌 / 기분　★

- この家は、居心地がいい。
  이 집은 마음이 편안하다.

- 社長としての居心地はどうですか。
  사장으로서의 (사장 자리에 대한) 느낌은 어떻습니까?

- 彼はいま居心地のいい環境にどっぷり浸って、それで良としている。
  그는 지금 마음이 편안한 좋은 환경에 푹 빠져 그것으로 만족하고 있다.

060 **いさい [委細]**　자세한 사정(내용), 모두, 만사

- 委細はお会いしたうえで、ご報告いたします。
  자세한 사정은 뵙고 나서 보고 드리겠습니다.

- 委細承知した。
  (자세한 것까지) 모두 잘 알았다.

- 今度の仕事に関しては委細心得たつもりだったが、とんだ失敗をしてしまった。
  이번 일에 관해서는 세세히 알고 있다고 생각했는데 엉뚱하게도 실패하고 말았다.

061 **いじ [意地]**　고집, 오기, 물욕, 심술, 심보　★

- このごろの若い者には意地がない。
  요즈음 젊은이는 오기가 없다.

- あんまり意地を張ると、人から嫌われますよ。
  너무 고집을 피우면 남들에게 미움받아요.

- そんな意地の悪いことを言わないで、彼女の電話番号を教えてくれよ。
  그렇게 심술궂게 말하지 말고, 그녀의 전화번호 좀 가르쳐 줘.

062 **いじわる [意地悪]**　심술, 심술궂음　★

- 自分達より目立つ新人に対して、意地悪をする先輩もいることを心得ておこう。
  자신들보다도 튀는 신인에 대해서 심술을 피우는 선배도 있다는 것을 유념해 두자.

- 意地悪がすぎると、それがいじめになる。
  심술이 지나치면 그 자체가 괴롭힘이 된다.

사 회

063 **いぜん** [依然]   여전히, 변함없음 ★

- 八回を終わって、両軍依然得点がありません。
  8회를 마치고 양팀 여전히 득점이 없습니다.

- 医者の忠告を無視して、彼は依然として酒をのみ続けている。
  의사의 충고를 무시하고 그는 여전히 술을 계속해서 마시고 있다.

- 依然として大企業と中小企業の賃金格差が存在している。
  여전히 대기업과 중소기업의 임금격차가 존재하고 있다.

064 **いたずら** [悪戯]   (짓궂은, 못된) 장난 ★

- 真夜中の悪戯電話はまったく頭にくる。
  한밤중에 걸려 오는 장난전화는 정말로 화가 치민다.

- 親と子が、敵味方に別れて戦うのも運命の悪戯だろうか。
  부모와 자식이 적군과 아군으로 갈려 싸우는 것도 운명의 장난일지.

- 悪戯半分に始めた茶道も、今では人に教えるまでになった。
  반은 장난으로 시작한 다도도 이제는 남을 가르치기에 이르렀다.

065 **いちげんこじ** [一言居士]   무엇에나 (나서서) 말참견하는 사람, 잔소리꾼 ★

- 彼は一言居士だから、我々だけで決めたことに黙って賛成するはずがない。
  그는 말참견하기를 좋아하는 사람이라서 우리들만으로 결정한 것에 잠자코 찬성할 리가 없다.

- 今日の彼の発言は、一言居士の面目躍如というところだったな。
  오늘 그의 발언은 잔소리꾼의 면모를 여실히 보여준 셈이었어.

066 **いちばん** [一番]   첫째, 가장, 제일

☞ [한 번]이라는 뜻이 아니다.

- では、これから始めます。一番目はどなたですか。
  그럼, 지금부터 시작하겠습니다. 첫 번째는 누굽니까?

- 日本で一番高い山は富士山です。
  일본에서 가장 높은 산은 후지산입니다.

- かぜには、このクスリが一番です。
  감기에는 이 약이 최고입니다.

067 **いちぶしじゅう** [一部始終]　자초지종, 전말　★

- 両親に問われるままに、彼は事の一部始終を打ち明けた。
  양친이 묻는 대로 그는 일의 자초지종을 고백했다.
- 新聞は、いっせいに今度の事件の一部始終を報じている。
  신문은 일제히 이번 사건의 자초지종을 보도하고 있다.

068 **いちみ** [一味]　일당, 한 패거리, 한가지의 맛　★

- 空港に網を張って、麻薬取引の一味を一網打尽にする。
  공항에 망을 치고 마약 거래 일당을 일망타진하다.
- 一味は大勢の人の目を暗まし、まんまとダイヤモンドを持ち出したのである。
  일당은 많은 사람의 눈을 속이고 감쪽같이 다이아몬드를 꺼내 갔던 것이다.
- 「一味」と書かれた薬味の容器には唐辛子だけが入っていた。
  「一味」라고 쓰여진 양념 용기에는 고춧가루만 들어 있었다.

☞ 唐辛子には「一味」と「七味」がある。

069 **いちよう** [一様]　똑같음, 한결 같음 / 보통, 평범　★★

- みんな一様に黒い礼服を着ていた。
  모두가 한결같이 검은 예복을 입고 있었다.
- 泥棒と聞くと、一郎も三郎も一様に興奮した目の色をした。
  도둑이라는 말을 듣자 이치로도 사부로도 똑같이 흥분한 눈빛을 띄었다.

070 **いっきうち** [一騎打ち]　(말탄 사람끼리) 1대 1로 겨룸　★

- 今度の市長選挙は、保守と革新の一騎打ちになりそうだ。
  이번 시장 선거는 보수와 혁신의 맞겨루기가 될 것 같다.
- 鉄砲が伝来する前までは一騎打ちが戦いの典型的な形態だった。
  총이 전래되기 전까지는 1대1로 대결하는 것이 전투의 전형적인 형태였다.

071 **いっけん** [一軒]　한 집(집의 단위), 한 채　★

- この辺は住宅地で、商店は一軒もない。
  이 근처는 주택지로서 상점은 한 집도 없다.

- 田舎道を一時間ぐらい走ると、レストランの看板を掲げた店が一軒あった。
  시골길을 차로 1시간 가량 달렸더니 레스토랑의 간판을 건 가게가 한 집 있었다.

072 **いっすい[一睡]** 한 잠

- 何かよくないことが起るような胸騒ぎがして、夕べは一睡もできなかった。
  뭔가 좋지 않은 일이 일어날 것 같은 두근거림으로 엊저녁에는 한 잠도 못 잤다.

073 **いっぷう[一風]** 하나의 특색, 색다른 격식

- 新発売された車は、一風変わった形をしている。
  새로 판매되기 시작한 차는 색다른 모양을 하고 있다.

- 彼の作品は一風変わった作風で知られている。
  그의 작품은 어딘가 남다른 작풍으로 알려져 있다.

- 今度のパーティーは一風変わった趣向を凝らしたい。
  이번 파티에는 약간 색다른 취향을 가미하고 싶다.

074 **いっぽんぎ[一本気]** 외골수, 대쪽같음

- 一本気な祖父は、体裁を言うのも、言われるのも大嫌いだ。
  외골수인 할아버지는 빈말을 하는 것도, 듣는 것도 딱 질색이다.

- 一本気なのもいいが、あまり融通がきかないのでは困る。
  외골수도 좋지만 너무 융통성이 없어서는 곤란하다.

075 **いっぽんちょうし[一本調子]** 한결같음, 천편일률, 단조로움 ★

- 生活もあまり一本調子では、面白味がない。
  생활도 너무 단조로워서는 재미가 없다.

- 僕は音楽の才能に乏しいのか、歌をうたっても一本調子で節にならないのだ。
  나는 음악의 재능이 부족해서인지 노래를 불러도 단조롭고 가락이 맞지 않는다.

- 声に抑揚がないと、話が一本調子に聞こえる。
  목소리에 억양이 없으면 이야기가 단조롭게 들린다.

076 **いっぽんやり** [一本槍]　일변도, 한 가지 수로 밀고 나가는 것　★

- 要求一本槍で、義務は果たさない。
  오로지 요구만 하고 의무는 다하지 않는다.

- 年をとるにつれ、速球一本槍から変化球をあやつる技巧派のピッチングに変わっていった。
  나이를 먹음에 따라, 속구 일변도에서 변화구를 구사하는 기교적인 피칭으로 바뀌어 갔다.

- 受験を間近にひかえて、彼女は勉強一本槍の生活を送っている。
  수험을 가까이 앞두고 그녀는 공부 일변도의 생활을 하고 있다.

077 **いとぐち** [糸口]　실마리, 단서　★

- 解決の手掛かりを暗中模索する日々が続いたが、やっと糸口が見つかり、ほっとした。
  해결의 실마리를 암중모색하는 나날이 계속되었는데, 가까스로 단서가 발견되어 한시름 놓았다.

- 汚染の被害は広がるばかりで、解決の糸口すら見いだせずにいる。
  오염의 피해는 확산될 뿐으로, 해결의 실마리조차 보이지 않고 있다.

078 **いどころ** [居所]　있는 곳, 사는 곳

- 刑事はとうとう犯人の居所を突き止めた。
  형사는 마침내 범인이 있는 곳을 찾아냈다.

- 彼は失踪したまま、いまだに居所がつかめません。
  실종된 채로 아직까지도 그가 있는 곳이 파악되지 않습니다.

079 **いなさく** [稲作]　벼농사

- 品種の改良が進んだ結果、寒冷地の北海道もとうとう稲作の盛んな地域となった。
  품종개량이 추진된 결과, 한랭지인 홋카이도도 마침내 벼농사가 번창한 지역이 되었다.

- この村では、稲作の豊かな実を祈って、毎年盛大な祭りを行っている。
  이 마을에서는 벼농사의 풍족한 결실을 기원하여 매년 성대한 제사를 지내고 있다.

사 회

080 **いなびかり** [稲光]　번개(불)

- ピカッと稲光がしたかと思うと、天を引き裂くような雷鳴がとどろいた。
  번쩍하고 번갯불이 이는가 싶더니 하늘을 찢는 듯한 천둥이 울렸다.

- 稲光と音の間隔が短くなると、落雷がだんだんと近づいていることがわかる。
  번개와 소리의 간격이 짧아지면 낙뢰가 점점 다가오고 있다는 것을 알 수 있다.

081 **いねむり** [居眠り]　앉아서 졺, 말뚝잠, 깜박 졺　★

- 会議中、居眠りをしていたが、部長に名前を呼ばれて、ハッと目が覚めた。
  회의 중에 깜박 졸고 있었는데 부장이 이름을 부르는 바람에 퍼뜩 눈을 떴다.

- 事故を起こした運転手は居眠りをしていたと、自分に過失があったことを認めた。
  사고를 낸 운전사는 깜박 졸았다고, 자신에게 과실이 있었음을 인정했다.

082 **いのちがけ** [命懸け]　결사적, 목숨을 걺

- 火事の時、火の中から人を助けるのは命懸けの仕事だ。
  불이 났을 때, 불 속에서 사람을 구해 내는 것은 목숨을 건 일이다.

- もし戦争になれば、兵士たちは命懸けで戦わなければならない。
  만약 전쟁이 벌어지면 병사들은 결사적으로 싸우지 않으면 안 된다.

083 **いぶき** [息吹]　숨, 숨결

- 郊外に出て、一日でも早く春の息吹に触れてみたいものだ。
  교외로 나가서 하루빨리 봄의 숨결을 느껴보고 싶은 것이다.

- 校歌を合唱しているうちに、三十年前の青春の息吹がよみがえってきた。
  교가를 합창하는 동안에 30년 전 청춘의 숨결이 되살아났다.

084 **いやけ** [嫌気]　싫은 마음, 싫증

- 僕もそろそろこの仕事に嫌気がさしてきた。
  나도 슬슬 이 일에 싫증이 났다.

- 彼の自慢話は、嫌気がさすほど聞かされた。
  그의 자기자랑 이야기는 싫증이 날 정도로 지겹게 들어왔다.

- 彼女が彼に嫌気を起こしたのは、彼のだらしなさが原因らしい。
  그녀가 그에게 싫증을 낸 것은 그의 칠칠치 못함이 원인인 것 같다.

085 **いやみ** [嫌味 / 厭味]　불쾌한 느낌, 짓궂음, 빈정거림

- 何が気に入らなかったのか、さきほどから奥さんは嫌味を並べている。
  무엇이 마음에 들지 않았는지 아까부터 부인은 빈정거리고 있다.
- 名刺上の肩書が大きすぎるのは嫌味である。
  명함 위에 직함이 지나치게 크게 쓰여 있는 것은 불쾌하다.
- 言葉の頭にむやみに「お」をつけるのは嫌味に聞こえるから避けるべきだ。
  말머리에 지나치게 「お」를 붙이는 것은 언짢게 들리니까 삼가해야 한다.

086 **いよう** [異様]　이상함, 야릇함, 괴이함, 심상치 않음

- 地下室に足を踏み入れると、そこには何とも異様な空気が漂っていた。
  지하실에 발을 들여놓자, 거기에는 아무래도 심상치 않은 공기가 감돌고 있었다.
- そろそろ閉店時間だというのに、お店は異様に活気づいて、混雑していた。
  이제 곧 폐점 시간인데도 가게는 이상하게 활기차고 혼잡했다.

087 **いろけ** [色気]　이성을 앎, 성적인 매력, 재미 / 흥미 / 색조

- まったく色気のない話だ。
  아주 재미없는 이야기다.
- 俺はそんな企画には色気を感じるな。
  나는 그러한 기획에는 흥미를 느낀다.

088 **いろじろ** [色白]　살결이 흼

- 色白の丸顔に、ほんのり赤みのさした頬がなんとも愛らしい。
  흰 살결에 동그란 얼굴에 은은하게 홍조를 띤 볼이 아주 귀엽다.
- 弟の婚約者は、色白できれいな顔をしている。
  동생의 약혼자는 흰 살결에 예쁜 얼굴을 하고 있다.

사 회

089 **うきめ [憂き目]**　괴로움, 쓰라린 체험

- 強力な対立候補の出現で、落選の憂き目を見ることになった。
  강력한 대립 후보의 출현으로 낙선의 쓰라림을 맛보게 되었다.

- 勉強もしないで遊んでばかりいると、後でとんだ憂き目をみることになりますよ。
  공부도 하지 않고 놀기만 하면 나중에 돌이킬 수 없는 괴로움을 겪게 된다.

090 **うけみ [受け身]**　수세(守勢), 피동　★

- 私は受け身でいただけで、積極的にやった覚えがない。
  나는 피동적으로 있었을 뿐, 적극적으로 나섰던 기억은 없다.

- 柔道では、しっかり受け身をしないとけがをする。
  유도에서는 낙법을 제대로 하지 않으면 상처를 입는다.

- 受身で表わされた文を、受身でない言い方に改めなさい。
  수동으로 표현된 문장을 수동이 아닌 (능동의) 말로 고치세요.

091 **うけもち [受持ち]**　담당(자), 담임, 맡음

- このクラスの受け持ちは山田先生だ。
  이 클래스의 담임은 야마다 선생님이다.

- その子はわたしの受持ちだ。
  그 아이는 내 담당이다.

092 **うちき [内気]**　내성적 기질, 새침함, 소심함

- 同じ姉妹でも、妹のほうは明るくて活発だが、姉のほうは大人しくて内気な性格だ。
  같은 자매라도 동생 쪽은 밝고 활발한데, 언니는 점잖고 내성적인 성격이다.

- ふだんは活発な彼が時によって内気になるのは、どうしてだろうか。
  보통 때는 활발한 그가 때에 따라서 소심해지는 것은 어째서일까?

093 **うちけし [打ち消し]**　취소, 부정　★

- 次の肯定文を打消しの文になおしなさい。
  다음의 긍정문을 부정문으로 고치시오.

・政府は新聞のニュースを打消す反駁の論評文を出した。
정부는 신문 뉴스를 부정하는 반박 논평을 냈다.

094 **うつわ**[器]　그릇, 재능, 기량

・料理はきれいな器にいれてあると、おいしそうに見える。
요리는 예쁜 그릇에 담겨 있으면 맛있게 보인다.

・あの人はそんな些細なことで怒ったりはしないよ。人間の器が大きいから。
그 사람은 그런 사소한 일에 화를 내거나 하지 않지요. 그릇이 크니까요.

・私は人のうえに立てるような器ではありません。
저는 남 위에 설 수 있는 그런 그릇은 아닙니다.

095 **うでぐみ**[腕組]　팔짱

・部長は腕組みをしたまま、さっきからしきりに考え込んでいる。
부장은 팔짱을 낀 채로 아까부터 계속해서 생각에 잠겨 있다.

096 **うでまえ**[腕前]　솜씨, 기량, 수완　★

・私の料理の腕前を見せてあげるから、一度食事に来てください。
저의 요리 솜씨를 보여 드리겠사오니, 한번 시식하러 오십시오.

・たいした腕前だ。大人でもこんなに上手には書けないだろう。
대단한 솜씨다. 어른이라도 이렇게 능숙하게는 쓸 수 없을 것이다.

097 **うぬぼれ**[自惚れ]　자만, 지나친 자부심, 자기 도취

・あの男は自惚れが強すぎるため、みんなから敬遠され遠ざけられている。
그 남자는 자기 자랑이 지나치기 때문에 모두에게 경원시 되어 소외당하고 있다.

・自惚れはやがて、自分の品性を損なうことに通じる。
지나친 자부심은 결국, 자신의 품성을 망가뜨리는 것으로 통한다.

098 **うのみ**[鵜呑み]　그대로 받아들임, 통째로 삼킴, 무조건 외움　★

☞ 鵜　가마우지

사 회

- 彼のような嘘つきの言うことを鵜呑みにするから、とんでもないことになるのだ。
  그 사람과 같은 거짓말쟁이의 말을 그대로 받아들이기 때문에 당치도 않은 일이 되고 만다.
- 多数意見だからといって鵜呑みにせず、よく判断する必要がある。
  다수 의견이라 해도 그대로 받아들이지 말고 잘 판단할 필요가 있다.

099 **うまれつき**[生まれ付き]　천성, 타고남, 태어날 때부터, 선천적

- あの人は生まれつき不精な人だ。
  그 사람은 선천적으로 게으른 사람이다.
- 父方の遺伝で、ぼくは生まれつきの縮れっ毛である。
  아버지 쪽의 유전으로 나는 타고난 곱슬머리다.

100 **うらおもて**[裏表]　안팎, 겉과 속, 표리, 뒤집음　★

- 彼は裏表がない人間だから、却って人にだまされやすい。
  그는 겉과 속이 없는 인간이라서 오히려 남에게 속기 쉽다.
- 彼女は裏表の激しい二重人格者でした。
  그녀는 표리의 변화가 심한 이중 인격자였습니다.

101 **うらぎり**[裏切り]　배반, 배신, 적과의 내통　★★

- 親友の裏切りを知ったときは、こみ上げてくる怒りを抑えることができなかった。
  친구의 배신을 알았을 때는 복받치는 분노를 억제할 수 없었다.
- 同僚の行為を裏切りと非難するよりも、自分の軽率さを反省しよう。
  동료의 행위를 배반이라고 비난하기보다도 자신의 경솔함을 반성하자.
- 裏切者の汚名をそそぐためには、密告者を見つけなければならない。
  배신자라는 오명을 씻기 위해서는 밀고자를 찾아내지 않으면 안 된다.

102 **うらぐち**[裏口]　뒷문, 부정한 수단

- 裏口入学が明るみに出て、大学の面目がつぶれた。
  부정 입학이 표면에 드러나 대학의 체면이 손상되었다.

- 裏口営業をやっているところが多い。
  뒷거래 영업을 하고 있는 곳이 많다.

103 **うらづけ** [裏付け]　뒷받침, 보증, 확실한 증거　★

- 資金の裏付けを得られなければ、この計画も絵に描いた餅だ。
  자금의 보증을 얻지 못하면 이 계획도 그림의 떡이다.

- 容疑者の供述に基づいての裏付捜査が始まった。
  용의자의 진술에 의거한 뒷받침 수사가 시작되었다.

104 **うらばなし** [裏話]　뒷이야기, 비화(秘話)

- 彼は芸能界の消息に通じていて、時々スターの裏話をしてくれる。
  그는 예능계의 소식에 정통하여 때때로 스타의 뒷이야기를 들려준다.

- 裏話には、この世の真実を強く物語る何かが隠されているものだ。
  비화는 이 세상의 진실을 강하게 시사하는 무엇인가가 숨겨져 있기 마련이다.

105 **うらはら** [裏腹]　속과 겉, 상반됨, 모순됨, 정반대임　★★

- 少年は普段のおとなしい態度とは裏腹に、攻撃的な態度を見せた。
  소년은 평소의 점잖은 태도와는 정반대로 공격적인 태도를 보였다.

- 彼は聖職者の立場とは裏腹に、富や名誉に人一倍、執着心がある。
  그는 성직자의 입장과는 상반되게, 부나 명예에 남다른 집착이 있다.

- 善良そうな物腰とは裏腹に、彼は大きな犯罪組織を操る男だ。
  선량한 것 같은 언동과는 반대로 그는 커다란 범죄조직을 조종하는 사나이다.

106 **うわて** [上手]　남보다 나은 것, 한수 위 고자세, 위압적 / 스모에서 상대방이 내민 팔 위로 잡는 것　★★

- 上手とは、技能や学力が相手より優れていること、または優越的な態度をとることを言う。
  「上手」란 기능이나 학력이 상대보다 뛰어난 것, 또는 우월적인 태도를 취하는 것을 말한다.

- 碁では僕のほうが一枚上手だ。
  바둑에서는 내 쪽이 한수 위이다.

사 회

- 手ごわい相手だと聞いたので、機先を制しようと初めから上手にでたら、思ったより交渉がうまくいった。
  벅찬 상대라고 들어서 기선을 제압하려고 처음부터 고자세로 나갔더니 의외로 교섭이 잘 진행되었다.

107 **うわのそら** [上の空]　건성, 딴전

- 上の空で聞いていたので、記憶に残らなかった。
  건성으로 듣고 있었기 때문에 기억에 남지 않았다.

- いくら言って聞かせても、彼には上の空だ。
  아무리 말해 주어도 그에게는 쇠귀에 경 읽기다.

108 **うわべ** [上辺]　표면, 겉, 외면

- 「猫を被る」というのは、本性を隠して上辺はおとなしく見せることだ。
  「내숭을 떤다」는 말은 본성을 감추고 표면을 점잖게 보이는 것이다.

- 形式主義を排し、上辺だけの礼儀はやめようという「虚礼廃止」が盛んに言われている。
  형식주의를 배제하고 겉모양뿐인 예의는 버리자는 「허례 폐지」가 맹렬하게 회자되고 있다.

109 **うんでい** [雲泥]　천양지차, 엄청난 차이 / (원래의 뜻은) 구름과 진흙

- 田中さんと村田さんとの英会話力は雲泥の差がある。
  다나카 씨와 무라타 씨의 영어회화 실력에는 엄청난 차이가 있다.

- 部長という肩書があっても、取締役の三文字がついているのといないのとでは雲泥の差がある。
  「부장」이라는 직함이 있어도, 「取締役」라는 세 글자가 달려있는 것과 그렇지 않은 것에는 엄청난 차이가 있다.

- 本物と偽物とでは値段に雲泥の差がある。
  진짜와 가짜는 가격에서 엄청난 차이가 있다.

110 **えたい** [得体]　정체, 본체, 본성

- 得体の知れぬ魚が釣れた。
  정체를 알 수 없는 물고기가 잡혔다.

- あの人は得体が知れない男だなあ。
  그 사람은 정체를 알 수 없는 사람이로구나.

111 えて [得手]　재주가 능란함, 장기(長技)

- 得手な技で、相手を負かした。
  가장 능한 기술로 상대를 눕혔다.

- 人にはおのおの得手、不得手というものがある。
  사람에게는 각각「잘하는 것」과「못하는 것」이 있다.

112 えとく [会得]　터득, 납득　★★

- 新型のコンピュータの使い方を会得した。
  신형 컴퓨터의 사용 방법을 터득했다.

- 高度な技術を会得するには時間がかかる。
  고도의 기술을 터득하기에는 시간이 걸린다.

113 えもの [獲物]　전리품, 포획물　★

- 戦争に勝って、その国の宝を獲物にして帰ってきた。
  전쟁에서 승리해서, 그 나라의 보물을 전리품으로 하여 돌아왔다.

- 獲物を狙うライオンのような顔で、敵を待っていた。
  사냥감을 노리는 사자와 같은 얼굴로 적을 기다리고 있었다.

- 何の獲物もなしに、むざむざ引き返すわけにはいかない。
  아무런 전리품도 없이, 아낌없이 돌려줄 수는 없다.

114 えんそく [遠足]　소풍, 피크닉

- 遠足のときは四組に分かれてバスに乗りました。
  소풍 때는 네 그룹으로 나뉘어서 버스를 탔습니다.

- あす雨が降れば、遠足は中止になります。
  내일 비가 내리면 소풍은 취소됩니다.

115 **えんぽう**[遠方] 　먼 곳, 멀리서

- その店には遠方から評判を聞いてやってきた客たちも、何人かいた。
  그 가게에는 멀리서 소문을 듣고 찾아온 손님들도 몇사람 있었다.

- 遠方からはるばると、ようこそお出でくださいました。
  멀리서 참 잘 오셨습니다.

116 **おいたち**[生い立ち]　 생장, 성장 과정, 자란 내력

- 卒業文集には、各人の生い立ち、学校生活の思い出、未来への夢などが載せられた。
  졸업 문집에는 각자의 성장과정, 학교생활의 추억, 미래에 대한 꿈 등이 실려 있었다.

- 彼女は自分の不幸な生立ちをしみじみ話した。
  그녀는 자신의 불행한 생장과정을 차분하게 이야기했다.

117 **おうちゃく**[横着]　 뻔뻔스러움, 교활함, 태만함　★★

- みんな順番に並んでいる中へ割り込むとは横着なやつだ。
  모두 순서대로 줄서 있는 가운데로 끼어들다니 뻔뻔스러운 놈이다.

- みんなが働いているのに横着をきめこんで涼しい顔をしている。
  모두가 일하고 있는데도 뻔들거리며 태연한 얼굴로 있다.

118 **おうへい**[横柄] 　건방짐, 거만함　★★

- 駅員の横柄な態度に、客もいささか気を悪くしたようだった。
  역무원의 거만한 태도에 손님도 약간 기분이 상한 듯했다.

- 子供だと思ってバカにしたのか、店の人の態度がガラリと変わり、横柄になった。
  어린이라고 생각해 깔보았는지, 점원의 태도가 홱 변해서 거만해졌다.

119 **おうよう**[鷹揚] 　의젓함, 대범함

- 祖父はいつも鷹揚な態度で孫に接してくれた。
  할아버지는 언제나 대범한 태도로 손자를 대해 주었다.

- いつもは鷹揚にふるまっている彼も、こんどばかりは厳しい態度を見せた。
  여느 때는 대범하게 행동하던 그도 이번만은 엄한 태도를 보였다.

120 **おおげさ**[大袈裟]　과장됨, 허풍을 떪, 어마어마함, 야단스러움　★★

- 彼女はちょっとした切傷でも、「痛い痛い」と大袈裟に騒ぐ人だ。
  그녀는 대수롭지 않게 베인 상처에도 「아파 아파」하고 호들갑을 떠는 사람이다.

- あいつの話はいつも大袈裟だから、話半分に聞いておいたほうがいいよ。
  그 녀석의 말은 언제나 허풍이니까 이야기의 반은 접어두고 듣는 것이 좋을 걸세.

- 外国人が大袈裟な身ぶり手振りでお巡りさんに何か聞いている。
  외국인이 과장된 몸짓 손짓으로 경찰관에게 무엇인가 묻고 있다.

121 **おおさわぎ**[大騒ぎ]　큰 소동, 큰 소란　★

- 二次会は、友達の馴染みの店に行ったので、飲めや歌えやの大騒ぎだった。
  2차는 친구의 단골집에 갔던 탓으로 마셔라 불러라 하며 큰 소란을 피웠다.

- 日ごろは無口な彼だが、酒が入るとまるで別人のように大騒ぎする。
  평소에는 말수가 없는 그가 술이 들어가면 마치 다른 사람이 된 것처럼 야단법석이다.

122 **おおすじ**[大筋]　대강의 줄거리, 요점　★

- 話し合いは大筋では合意に達したが、まだ附属するいくつかの問題が残っている。
  이야기는 대략적인 면에서는 합의에 이르렀지만, 아직 부속되는 몇 가지 문제가 남아 있다.

- 話の大筋はつかめたが、細かいところは分からない。
  이야기의 대강은 줄거리가 잡혔지만, 자세한 것은 알 수 없다.

123 **おおぜい**[大勢]　여러 사람, 많은 사람

- こんなに大勢もの党員が、党の分裂は、願っていないことを、執行部は知るべきだ。
  이렇게 많은 당원이 당의 분열은 바라지 않는 다는 것을 집행부는 알아야만 한다.

124 **おおはやり**[大流行り]　대유행　㊛ だいりゅうこう(大流行)　★

- テレビドラマの主題歌が子供たちの間で大流行だった。
  텔레비전 드라마의 주제가가 어린이들 사이에 대유행이었다.

- 主演女優の髪型が大流行となった。
  주연 여배우의 헤어 스타일이 크게 유행하게 되었다.

사 회

125 **おおまちがい**[大間違い]　크게 다름, 큰 착각, 큰 잘못　★

- あなたの考えは、大間違いですよ。
  당신의 생각은 큰 착각이에요.

- 学校を卒業すれば、勉強も同時に卒業だと思ったら大間違いだ。
  학교를 졸업하면, 동시에 공부도 졸업이라고 생각했다면 큰 착각이다.

126 **おかどちがい**[お門違い]　집을 잘못 찾음, 사람을 잘못 알아 봄, 헛다리를 짚음　★

- さんざん陰で悪口を言っておきながら、私にものを頼むなんて、お門違いも甚だしい。
  실컷 뒤에서 욕을 해 놓고 나서 내게 부탁을 하다니, 잘못 짚어도 이만저만이 아니다.

- 八百屋に魚を買いに行くなんてまるきりお門違いだ。
  야채 가게에 생선을 사러 가다니 아주 잘못 짚었다.

127 **おかめはちもく**[岡目八目]　당사자보다도 옆에 있는 제3자가 더 분별력이 있음, 훈수꾼　★

- 岡目八目かもしれないけど、あなたの今度の計画はちょっと危ないと思うわ。
  훈수 두는 격인지도 모르지만, 당신의 이번 계획은 약간 위험하다고 생각해요.

- 人のやることにはああだこうだと口を出すが、岡目八目自分じゃできない。
  남이 하는 일에 이러쿵저러쿵 말참견을 하지만, 훈수꾼 스스로는 못한다.

128 **おく**[奥]　깊숙한 곳, 속, 안, 안채, 안방, 남의 부인의 높임말

- すみませんが、もう少し奥へ詰めていただけませんか。
  미안합니다만 조금 더 안쪽으로 채워 주시지 않겠습니까?

- 奥さん、今日はサンマが安いですよ。
  사모님, 오늘은 꽁치가 쌉니다.

129 **おくば**[奥歯]　어금니

- 食べ物は、前歯でかみきり、奥歯でよく噛み潰して食べる。
  음식물은 앞니로 물어 끊고, 어금니로 잘 씹어 으깨서 먹는다.

- そんなに奥歯にものが挟まったような言い方はやめて、もっとはっきりと言ってください。
  그렇게 어금니에 뭔가가 끼인 듯한 말투는 집어치우고 좀 더 확실하게 말해 주십시오.

130 **おくびょう**[臆病]　겁이 많음, 겁쟁이　★

- 力は強いのだが、臆病なために負けるのだ。
  힘은 세지만 겁쟁이라서 지는 것이다.

- 一度失敗すると、どうしても臆病になるものだ。
  한번 실패하면 아무래도 겁쟁이가 되기 마련이다.

- 慎重すぎて臆病な人は、「彼は石橋を叩いても渡らない」と冷笑される。
  지나치게 신중해 겁이 많은 사람은,「그는 돌다리를 두드리고도 건너지 않는다」며 조롱당한다.

131 **おしえご**[教え子]　제자

- 「二十四の瞳」は、先生と教え子たちの感動的な心の交流を描いた作品だ。
  「24개의 눈동자」는 선생님과 제자들의 감동적인 마음의 교감을 그린 작품이다.

- 小さくて弱々しかった教え子に久しぶりに会ったら、見上げるような大男に成長していた。
  작고 약하디 약했던 제자를 오랜만에 만났더니 올려다 볼 정도로 건장한 사나이로 성장해 있었다.

132 **おしきせ**[お仕着せ]　주어진 대로의 것, 정해진 것, 주인에 의해 정해진 제복

- お仕着せでさせられる仕事では意慾がわかない。
  수동적으로 부여되는 일에서는 의욕이 솟지 않는다.

- お仕着せの勉強ではなかなか身につかない。
  일방적인 공부로는 좀처럼 몸에 배이지 않는다.

133 **おしゃれ**[お洒落]　멋을 냄, 멋을 부림, 멋쟁이　★

- あの人って、お洒落ね。毎日、洋服を替えて来るのよ。
  그 사람 말이야, 멋쟁이라네. 매일 양복을 바꿔 입고 온다고.

- お洒落して、どこへ行くんですか。
  멋을 내고 어디로 가시는 길입니까?

- 田村さんは頭のてっぺんからつま先までシッカリお洒落をしている。
  다무라 씨는 머리끝에서부터 발끝까지 온통 멋을 부리고 있다.

134 **おじょうず**[お上手]　아첨, 입에 발린 말　★

☞ 항상 앞에 お를 수반한다.

- そんなにお上手をおっしゃったって、私はだまされませんからね。
  그렇게 발림 말을 하셔 봤자 저는 속지 않을 테니까요.

- 心にもないお上手を言うな。
  마음에도 없는 아첨을 떨지 말라.

- これだけほめられたら、あなたの頼みを断るわけにはいかないわ。本当にお上手な方ね。
  이 정도로 칭찬을 들었으니 당신의 부탁을 거절할 수가 없겠네요. 정말로 말씀이 번지르르한 분이군요.

135 **おすみつき**[お墨付き]　권위자의 보증(서)

☞ 무가의 장군이나 제후가 그 가신에게 인증서를 준 것에서 유래한 말이다.

- 彼は社長からお墨付きをもらったそうだ。
  그는 사장으로부터 보증을 받았다고 한다.

- 彼の語学力は一級だというお墨付きがある。
  그의 어학실력은 일급이라는 보증이 있다.

136 **おせっかい**[お節介]　쓸데없는 참견, 공연한 참견　★

- 君には関係のないことだからお節介をやかないでくれ。
  자네에게는 관계가 없는 일이니 쓸데없는 참견은 하지 말게.

- 親切も度が過ぎると、時としてお節介になります。
  친절도 도가 지나치면 때로는 공연한 참견이 됩니다.

- 余計なお節介かも知れないが、計画は中止したほうがいいと思う。
  쓸데없는 참견일지도 모르겠지만, 계획은 중지하는 것이 좋을 거라고 생각한다.

137 **おちつき** [落ち着き]   침착한 태도, 안정성, 차분함

- 人々の様子が穏やかでなく、落ち着きがない。
  사람들의 모습이 평온하지 못하고 안정감이 없다.

- 彼はまったく落着きのない忙しい性格の男だ。
  그는 전혀 차분하지 못하고 부산한 성격의 남자다.

- 持ち前の華やかさに落着きが加わって、この役者はいまが盛だ。
  타고난 화사함에 침착함이 겹쳐, 이 배우는 지금 인기 절정이다.

138 **おっくう** [億劫]   귀찮음, 마음이 내키지 않음

- 手紙を書くのが億劫なので、電話で用を足した。
  편지 쓰는 것이 귀찮아서 전화로 일을 끝냈다.

- 体の具合が悪いせいか、動くのがどうも億劫だ。
  몸의 상태가 나쁜 탓인지 움직이는 것이 귀찮다.

- その日は朝から体の調子が悪く、会社へ行くのが億劫だった。
  그 날은 아침부터 컨디션이 나빠 회사에 가는 것이 귀찮았다.

139 **おてあげ** [お手上げ]   손듦, 항복, 속수무책

- また失敗すればもうお手上げだ。
  또 다시 실패하면 이제 끝장이다.

- 相手に泣かれてしまってはお手上げだ。
  상대가 울어 버리면 속수무책이다.

140 **おとさた** [音沙汰]   소식, 연락, 편지

- 山田さんは二年前にアメリカに渡ったきり、その後なんの音沙汰もない。
  야마다 씨는 2년 전에 미국에 건너간 뒤로, 그 후 아무런 소식도 없다.

- サッパリ音沙汰がないが、便りのないのはいい便りで、元気にやっているんだろう。
  전혀 연락이 없지만, 무소식이 희소식이라고 건강하게 잘 있겠지.

사 회

141 **おとしあな** [落とし穴]　함정, 계략, 모략　★

- 今日の試験には落とし穴があったのに気が付かず、大失敗だった。
  오늘 시험에서는 함정이 있었던 것을 알아차리지 못해 크게 실패했다.

- こっちへ来たらあいつが、うまく落とし穴に落ちるように細工をしておこう。
  이 쪽에 오면 그 녀석이 보기 좋게 함정에 빠지도록 계략을 꾸며 놓자.

142 **おとな** [大人]　어른, 성인 / 어른스러움, 온순함

- 大人でなければ、酒やタバコを飲んではいけない。
  어른이 아니면 술을 마시거나 담배를 피워서는 안 된다.

- 鉄道の運賃は、子供は大人の半分です。
  철도 요금은, 어린이의 경우에는 어른의 반액입니다.

- もともと子供は大人の真似をするものだ。
  원래 어린이는 어른의 흉내를 내기 마련이다.

143 **おね** [尾根]　산봉우리, 산등성이　★

- 登山隊11人は、吹雪のなか、尾根を伝って進んでいったのです。
  등반대원 11명은 눈보라 속에서 산등성이를 타고 나아갔던 것입니다.

- 切り立った尾根は一人一人歩くのがやっとだった。
  깎아지른 듯한 산등성이는 한사람 한사람 일렬로 걷는 것이 고작이었다.

144 **おもいあたり** [思い当たり]　짚이는 점, 짐작이 감　★

- 今度の事件の原因について、幾つかの思い当たりがある。
  이번 사건의 원인에 대해서 몇 가지 짚이는 데가 있다.

145 **おもいつき** [思い付き]　착상, 발상　★

- あの人に相談してみようとは、いい思い付きだ。
  그 사람과 상담해 보자는 것은 좋은 착상이다.

- 思い付きはいいが、実行しないし、実行しても長く続かないんだ。
  발상은 좋은데, 실행하지 않거나 실행에 옮겨도 오래 가지 않는다.

146 **おもなが**[面長]　얼굴이 갸름함

- 顔が長いことを面長という。
  얼굴이 길쭉한 사람을 일컬어 갸름한 사람이라고 말한다.

- 彼女は少し面長の美人だ。
  그녀는 약간 갸름한 얼굴의 미인이다.

147 **おもむき**[趣]　뜻, 취지, 요지 / 취향, 풍취, 멋

- 彼の翻訳は、原文の趣をよく伝えている。
  그의 번역은 원문의 멋을 잘 전해 주고 있다.

- だいぶ都市化したが、それでもこの辺りにはまだ田園の趣がある。
  꽤 도시화되었지만, 그래도 이 근처는 아직 전원의 풍취가 있다.

- 「恵まれない人々のために寄付を」というお話の趣きは、よくわかりました。
  「혜택받지 못하는 사람을 위해 기부를」이라는 이야기의 취지는 잘 알았습니다.

148 **おももち**[面持ち]　얼굴빛, 안색, 표정

- 医者の診断の結果を父は悲痛な面持ちで聞いていました。
  의사의 진단 결과를 아버지는 비통한 안색으로 듣고 있었습니다.

- 得意そうな面持ちで語る。
  자랑스러운 표정으로 이야기하다.

149 **おもわく**[思惑]　생각, 의도 / 평판, 소문, 시세변동을 예측함　★★

- なにか思惑があって親切にしているのだ。
  뭔가 의도가 있어서 친절히 하고 있는 것이다.

- 人の思惑ばかり気にしていないで、言うべきことは言いなさいよ。
  다른 사람의 생각만을 신경 쓰지 말고, 말할 것은 말하세요.

- 両校の統合については、父兄の思惑が絡み、結論が出なかった。
  양교의 통합에 관해서는 학부형의 생각이 얽혀 결론이 나오지 않았다.

150 **おやぶん**[親分]　두목, 친부모처럼 의지하는 사람　反 こぶん(子分)　★★

- 子分がケチなことをやると、親分の俺の顔をつぶすことになるんだぜ。
  부하가 비열한 짓을 하면 두목인 내 체면이 손상된단 말야.

사 회

- 親分は、悪いことはみな子分にやらせて、自分の手を汚すことはしなかった。
  두목은 나쁜 짓은 모두 부하에게 시키고, 자신의 손을 더럽히는 짓은 하지 않았다.

151 **おやゆび** [親指]　엄지 손가락　★

- 右手の親指に怪我をして、字が書けません。
  오른손 엄지손가락에 상처를 입어 글씨를 쓸 수 없습니다.

- 親指のことをお父さんの指と言います。
  엄지손가락을 어버이 손가락이라고 말합니다.

152 **おりあい** [折り合い]　관계, 사이, 절충, 타협

- 早く売ってしまいたいのですが、値段の点で折合いがつかない。
  빨리 팔아 치우고 싶지만 가격 면에서 타협이 이루어지지 않는다.

- 父親と折合いの悪かった娘は、ついに家を出る決心をしたのだった。
  부친과 사이가 나빴던 딸은 마침내 집을 나갈 결심을 했던 것이었다.

- 彼は上役との折合が悪いため、すっかり仕事を干されてしまった。
  그는 상사와의 관계가 나빴기 때문에 완전히 업무에서 소외되었다.

153 **おりかえし** [折り返し]　즉시, 곧, 되받아서 / 반환점

- 日本選手は折り返し地点を過ぎたところで、集団から脱落してしまった。
  일본 선수는 반환점을 지난 곳에서 선두 집단으로부터 탈락해 버렸습니다.

- この手紙が着き次第折り返しのお返事ください。
  이 편지가 도착하는 대로 즉시 회답을 주십시오.

- こちらからの手紙に折り返し返事が来たが、答えはノーであった。
  이쪽으로부터의 편지에 바로 회답이 왔는데 답은 노(NO)였다.

154 **おりがみ** [折り紙]　증명, 보증 / 종이 접기(놀이)

- 彼がまじめなことは私が折り紙をつけます。
  그가 성실하다는 것은 제가 보증하겠습니다.

- 折紙付きと言っても本物かどうか疑わしい。
  보증서가 붙었다 해도 진짜인지 어쩐지 의심스럽다.

155 **おりめ**[折り目] 예법, 절도, 일의 매듭 / (바지 등의) 주름

- あの人はだれに対しても折り目正しく対応する。
  그 사람은 누구에게나 예절 바르게 응대한다.

- ズボンにアイロンをかけて、ピシッと折目をつけた。
  바지에 다림질을 하여 주름을 빳빳하게 잡았다.

156 **おんがえし**[恩返し] 보은, 은혜를 갚음, 보답 ★★

- 助けられた鶴は、美しい女の姿を借りて、恩返しをしました。
  구출된 학은 아름다운 여인의 모습을 빌어 은혜를 갚았습니다.

- 苦労をかけた両親になにかの形で恩返しをしたい。
  고생을 끼친 양친에게 어떤 형태로든간에 보답을 하고 싶다.

- 恩を受けた人には、恩返しをしなければならない。
  은혜를 입은 사람에게는 보답을 하지 않으면 안 된다.

157 **かい**[甲斐] 보람, 효과 ★

- 1年間骨折った甲斐があって、入学試験に合格した。
  1년간 진력한 보람이 있어 입학 시험에 합격했다.

- 努力の甲斐もなく、試験に落ちた。
  노력한 보람도 없이 시험에 떨어졌다.

- 苦労の甲斐あって、目指す会社になんとか就職することができた。
  고생한 보람이 있어 목표로 하는 회사에 그럭저럭 취직할 수가 있었다.

☞ [かい(甲斐)]는 야마나시(山梨)県의 옛 지명이기도 하다.

158 **かいまみ**[垣間見] 틈으로 내다 봄, 엿 보기

☞ 동사는 垣間見る

- 隙間からの垣間見で、よくわからなかった。
  틈새로 엿보아서 잘 알 수 없었다.

- わずかな垣間見だけではよくわからない。
  잠깐 동안의 엿보기만으로는 잘 알 수 없다.

159 **かいむ** [皆無]　전무(全無), 아무것도 없음 ★

- 事故は皆無に等しかった。
  사고는 전혀 없는 것이나 다름없었다.

- 半導体素子製造業では、社員が200人以下の事業所は皆無であった。
  반도체 소자 제조업에서는 사원이 20명 이하인 사업장은 전혀 없었다.

160 **かいもく** [皆目]　전혀, 도무지

☞ 대개 뒤에 [～ない][～ません] 등의 부정을 수반한다.

- あの人がどこへ行ったか、皆目見当もつかない。
  그 사람이 어디에 갔는지 전혀 짐작도 가지 않는다.

- 船に乗っていると、自分が今どの辺にいるのか皆目わからない。
  배를 타고 있으면 자신이 지금 어디쯤에 있는지 전혀 알 수 없다.

161 **かいもの** [買物]　쇼핑, 물건을 삼, 장보기 ★

- デパートで買い物をして、映画を見て、コーヒーを飲んで帰りました。
  백화점에서 쇼핑을 하고, 영화를 보고, 커피를 마시고 돌아왔습니다.

- お母さんが婦人物売り場で買物をしている間、子供たちは玩具売り場で遊んでいた。
  어머니가 여성복 매장에서 쇼핑을 하고 있는 동안, 어린이들은 장난감 매장에서 놀고 있었다.

162 **かいわい** [界隈]　부근, 근처, 일대

- この界隈は軒並みどろぼうに入られたそうなので、気をつけなくては。
  이 일대는 어느 집 할 것 없이 도둑이 들어왔다니 주의하지 않으면 (안 된다).

- 神田、お茶の水、界隈は昔から学生の街として発展してきた。
  神田(간다) お茶の水(오차노미즈) 부근은 예로부터 학생의 거리로 발전해 왔다.

163 **かえだま** [替え玉]　(진짜로 꾸민)가짜, 남을 대신함, 대리　★

- JBCは、替え玉工作の疑いがあるとみて関係者から事情を聴き、全容解明を急いでいる。
  JBC(일본복싱협회)는 대리 출전 공작의 혐의가 있다고 보고, 관계자로부터 사정을 듣고 진상 해명을 서두르고 있다.

- あの大学の入試替え玉事件で、国会議員秘書が受験生を仲介していた疑いが強まっている。
  그 대학의 입시생 대체 (부정)사건에서 국회의원 비서가 수험생을 중개했다는 혐의가 높아지고 있다.

- 捜査本部は、容疑者が保険契約に必要な健康診断を「替え玉」に受けさせた疑いもあるとみている。
  수사본부는, 용의자가 보험계약에 필요한 건강진단을 「대리자」에게 받게 한 혐의가 있다고 보고 있다.

164 **かおだち** [顔立ち]　용모, 얼굴 모습

- アメリカ人にしては随分日本的な顔立ちをしていると思ったら、彼女のお母さんは日本人なのだそうです。
  미국인치고는 꽤 일본적인 얼굴이라고 생각했더니 그녀의 어머니는 일본인이라고 합니다.

- 映画俳優のように人目をひく顔立ちだ。
  영화 배우처럼 남의 눈을 끄는 용모다.

165 **かおつき** [顔付き]　표정, 안색, 얼굴 생김새

- 顔付きがお父さんそっくりだ。
  얼굴 생김새가 아버지 그대로다.

- 彼女は不愉快そうな顔付きをした。
  그녀는 불쾌한 듯한 표정을 했다.

166 **かきとり** [書き取り]　받아쓰기

- 書取りをするから本を閉じて用意してください。
  받아쓰기를 할 테니까 책을 덮고 준비해 주십시오.

- 語学には書き取り練習も重要だ。
  어학에서는 받아쓰기 연습도 중요하다.

사 회

167　かきね [垣根]　울타리, 담장　★

- 自動車が垣根に突き当たって、垣根を壊してしまった。
  자동차가 울타리에 부딪쳐서 담장을 부숴버렸다.

- ベテランと新人との垣根を取るのが先決だ。
  베테랑과 신인의 장벽을 허무는 것이 선결과제이다.

168　かくしご [隠し子]　숨겨 놓은 자식, 사생아

- 聖人君子のように見えた林君に隠し子があったなんて、人間は誰でも叩けばホコリがでるものだね。
  성인 군자처럼 보인 하야시 군에게 숨겨놓은 자식이 있었다니, 인간은 누구나 털면 먼지가 나게 마련이군.

169　かくづけ [格付け]　(평가) 등급의 부여, 평가기관에서 등급을 매기는 것 ★★

- ムーディーズは、日本国債の格付けについて、上から4番目から2段階格下げし、「A2」にすると発表した。
  무디스는 일본국채의 평가등급에 관해서 위로부터 4번째에서 2단계 격하해서「A2」로 한다고 발표했다.

- 市教委が市立高教員3,829人を指導力から4段階に「格付け」した結果、'優秀な先生'が2割を占めた。
  시교육위원회가 시립고교 교원 3,829명을 지도력에서 4단계로「등급」을 매긴 결과 '우수한 선생'이 20%를 차지했다.

- 新たな人事制度では、職員を勤続年数によって格付けした「級別定数」を廃止し、「能力等級」に切り替える。
  새로운 인사제도에서는 직원의 근속연수에 따라서 등급을 부여한「급별정수」를 폐지하고「능력등급」으로 전환했다.

170　かけあし [駆け足]　구보, 달음질　★

- 寒いときには駆け足をすると、暖かくなります。
  추울 때는 구보를 하면 따뜻해집니다.

- 時間が足りなかったので、説明を駆足で済ませました。
  시간이 부족했기 때문에 설명을 일사천리로 끝냈습니다.

- 駆け足で坂道をくだると、弾みがついて止まらなくなることがある。
  달음질로 비탈길을 내려오면 탄력이 붙어 멈출 수 없는 경우가 있다.

171 かげぐち [陰口]　험담, 헐뜯음, 욕설

- あの男は陰口を叩かれているとも知らずに、得意になって自慢話をしている。
  그 사나이는 험담을 듣는 줄도 모르고 우쭐대며 자기자랑을 늘어놓고 있다.

- 陰口ばかりたたかないで、不満があるのなら二人で率直に話し合えばいいじゃないか。
  헐뜯지만 말고 불만이 있으면 두 사람이 솔직히 서로 이야기하는 것이 좋지 않는가?

172 かけごえ [掛け声]　여럿이 외치는 구호, 기합 소리　★

☞ 예컨대 응원할 때 [힘내라!] 등의 구호나 단체 작업시 여럿이서 [영차 영차] 등 힘을 부추길 때 내는 소리.

- 重いものを持ち上げるときには、「よいしょ」と掛け声をかけます。
  무거운 것을 들어올릴 때는 「영차!」하고 기합 소리를 냅니다.

- 試合を見ている観衆は、「しっかり」とか「がんばれ」とかいう掛声を盛んにかけました。
  시합을 보고 있는 관중은 「정신차려!」나 「힘내라!」라는 등 열렬히 함성을 질렀습니다.

173 かけだし [駆(け)出し]　신참, 신출내기, 새내기　★

- わたくしは、駆け出しの新聞記者です。
  저는 신출내기 신문기자입니다.

- 駆出しの役者にとっては、役がつくだけでもありがたいよ。
  신참 배우로서는 배역이 주어지는 것만으로도 고맙지요.

174 かけはし [懸け橋]　가교　★

- 彼女の出した一通の手紙が、一組の男女の愛の架け橋となった。
  그녀가 보낸 한 통의 편지가 한 쌍의 남녀에게 사랑의 가교가 되었다.

- 歴史に残された様々な記録は、過去、現在、未来を結ぶ掛橋と言えます。
  역사에 남겨진 갖가지 기록은 과거·현재·미래를 맺어 주는 가교라고 말할 수 있습니다.

사 회

175　かげん [加減]　정도, 상태, 컨디션, 조절, 알맞음, 적당 / 덧셈과 뺄셈　★

- このつまみで、ラジオの音量を自由に加減することができます。
  이 손잡이로 라디오의 음량을 자유롭게 조절할 수가 있습니다.

- 村上さんは、からだの加減が悪いので三日ばかり休んでいます。
  무라카미 씨는 컨디션이 좋지 않아 3일 정도 쉬고 있습니다.

- 「お風呂の加減を見てください。」「丁度いい加減です。」
  「목욕물의 (따뜻한) 정도를 보세요.」「딱 좋은 상태입니다.」

- いい加減な返事をしないで、まじめに答えてください。
  적당히 대답하지 말고 진지하게 대답해 주십시오.

- 「冗談もいい加減にしなさい」と、ついに友達が怒り出した。
  「농담도 정도껏 하게」라고 마침내 친구는 화를 내기 시작했다.

176　かし [河岸]　강가, 강변, (먹거나 노는) 장소

- せっかく会ったんだから、河岸を変えてもっと飲もうや。
  모처럼 만났으니 장소를 옮겨 더 마시자꾸나.

- 河岸には渡し船を待つ人々が集まっていた。
  강가에는 나룻배를 기다리는 사람들이 모여 있었다.

177　かじ [火事]　불, 화재　★★

- わが国にとってもエネルギー危機は対岸の火事だとは言っていられない問題だ。
  우리나라로서도 에너지 위기는 강 건너 불이라고 말할 수만은 없는 문제다.

- 火事の原因はアイロンのつけっぱなしだった。
  화재의 원인은 다리미를 켜 놓은 채 방치했던 것이었다.

178　かたおもい [片思い]　짝사랑

- 彼の恋は片思いだ。
  그의 연애는 짝사랑이다.

- 彼女は片思いで悩んでいる。
  그녀는 짝사랑으로 고민하고 있다.

179　**かたおや** [片親]　한쪽만 살아 있는 부모, 편부모, 양친중의 어느 한쪽

・片親しかない子供はかわいそうだが、両親のない人はもっと気の毒だ。
한쪽 부모밖에 없는 어린이는 불쌍하지만 양친이 없는 어린이는 더욱 안쓰럽다.

・片親の家族でも懸命に生きている。
편부모 가족이지만 열심히 살고 있다.

180　**かたがわり** [肩代わり]　(부채 등을) 대신해서 인수함, 떠맡음　★

☞ 원래는 가마를 교대해서 멘다는 뜻.

・子供の借金などを親が肩代りしたときも、贈与と見做される。
자식이 차용한 돈을 부모가 인수했을 때도 증여로 간주된다.

・兄が借金の肩代りをしてくれた。
형이 빚을 대신 떠맡아 주었다.

181　**かたこと** [片言]　서투른 말씨, 몇 마디의 말　★

・外国へ行ったら片言でもいいから、その国の言葉で話してほしい。
외국에 가면 서투른 말이라도 좋으니 그 나라의 말로 말하기 바란다.

・片言の日本語でもけっこう役に立つ。
몇 마디의 일본어라도 제법 도움이 된다.

182　**かたず** [固唾]　마른 침, 조마조마한 상태

・固唾を呑んで横綱同士の対決を見守る。
마른 침을 삼키면서 横綱(요코즈나)끼리의 대결을 지켜보다.

・大男同士のケンカを止めることもできずに、人々はただ固唾をのんで見守るばかりだ。
거구 끼리의 싸움을 말릴 수도 없어, 사람들은 그냥 조마조마하며 지켜볼 뿐이었다.

183　**かたすみ** [片隅]　한쪽 구석, 한구석

・男は、大都会の片隅で人目を避けるようにして暮していた。
사내는 대도시의 한구석에서 남의 눈을 피하듯 하며 지내고 있었다.

・部屋の片隅にはきれいな花が生けてあります。
방의 한쪽 구석에는 예쁜 꽃이 꽂혀 있습니다.

184 **かたはし**[片端]　한쪽 끝　★

・掃除をしますから、テーブルの片端を持ち上げてください。
청소를 하겠으니 테이블의 한쪽 끝을 들어 올려 주세요.

・道の片端によって、トラックを避けた。
도로의 한쪽 끝으로 비켜서 트럭을 피했다.

185 **かたほう**[片方]　둘 중의 한쪽, 한쪽 면

・靴下を履こうとしたら、片方が見つからなかった。
양말을 신으려고 했더니 한짝밖에 보이지 않았다.

・この机は片方が重すぎますから、運びにくいです。
이 책상은 한쪽이 너무 무거워서 운반하기 어렵습니다.

186 **かたぼう**[片棒]　거듦, 맞잡이, 가마를 메는 교자꾼의 한 사람

・「片棒を担ぐ」とは、一般に悪事に参加した場合などに使われることが多い。
「한쪽을 메다」란 일반적으로 나쁜 짓에 참가한 경우 등에 쓰이는 수가 많다.

・男は、泥棒の片棒を担いで、見張番を引き受けた。
사내는 도둑을 거들어 망보기를 맡았다.

187 **かたまり**[塊]　덩어리, 뭉치 / 집단 / 어떤 경향이 극단적으로 강한 사람(화신)

・軍人だったころの彼は、鉄の塊のように非情だった。
군인이었던 때의 그는 철 덩어리처럼 비정했다.

・事故でもあったのか、道に人が塊になって群がっていた。
사고라도 있었는지 길에 사람이 무더기로 무리지어 있었다.

・あの男は、ケチで金儲けにしか興味がない欲の塊のような人間だった。
그 남자는 인색하고 돈벌이밖에는 흥미가 없는 욕심의 화신과 같은 인간이었다.

188 **かたみ**[肩身]　체면, 면목　★

・寄付金を出していないので、どうも肩身が狭い。
기부금을 내지 않아 아무래도 체면이 서지 않는다.

- パーティーに出席したら、皆ぼくよりセンスのいいものを着ていて肩身が狭かった。
  파티에 참석했더니, 모두가 나보다 세련된 옷을 입고 있어 창피했다.

189 かため[片目]　한쪽 눈, 애꾸눈 / 지다가 처음으로 이김

- 意味ありげに、彼女は片目をつぶって見せた。
  의미가 있는 듯이 그녀는 한쪽 눈을 윙크해 보였다.
- 開幕後十日目にして、やっと片目が明いた。
  개막 후 10일째가 되서야 겨우 처음으로 이겼다.

190 かっこう[格好/恰好]　모양, 볼품 / 알맞음, 걸맞음 / 비교적 값이 쌈　★

- 歩く格好がお父さんにそっくりですよ。
  걷는 모양이 아버지를 쏙 빼 닮았군요.
- ユニホームを着て、とにかく格好だけはついた。
  유니폼을 입어 어쨌든 모양만큼은 갖추었다.
- 値段も大きさも私にはそれが格好だと思います。
  가격도 크기도 내게는 그것이 알맞다고 생각합니다.

191 がてん / がってん[合点]　수긍, 납득

- 窓を割ったのは僕ではないのに、なぜ僕が叱られなければならなかったのか、合点がいかなかった。
  창을 깨뜨린 것은 내가 아닌데도, 왜 내가 꾸중을 들어야 하는지 수긍이 가지 않았다.
- 合点がいくまでとことん話し合おう。
  납득이 갈 때까지 철저하게 이야기를 나누자.

192 かどで[門出]　출발, (여행・행사・출진 등의) 출동, 집을 나섬　★

- 本日、新入社員として入社した君たちは、今、新しい人生の門出に立っているのです。
  오늘 신입사원으로 입사한 자네들은 지금 새로운 인생의 출발점에 서 있는 것입니다.
- 成人の日は、二十歳になった青年男女が人生の門出を祝う日です。
  성인의 날은 20세가 된 청춘 남녀가 인생의 출발을 축하하는 날입니다.

사 회

- 結婚式には、新郎新婦の幸せな門出を祝って、大勢の人が集まりました。
  결혼식에는 신랑 신부의 행복한 출발을 축하하여 많은 사람이 모였습니다.

193 **かなぐ** [金具]　쇠붙이 장식, (손잡이 등) 금속제 부속품　★

- このドアの金具は、雨が当たるので、腐ったのだと言われました。
  이 도어의 금속제 손잡이는 비를 직접 맞았기 때문에 녹슬었다고 들었습니다.

- 戦時中にはタンスの金具まで供出させられた。
  전시 중에는 장롱의 쇠장식까지 공출 당했다.

194 **かなめ** [要]　핵심, 요점, 급소　★

- 彼の言うことは、問題の要をついている。
  그가 하는 말은 문제의 핵심을 찌르고 있다.

- ぼくは草野球のチームで守備の要となるショートを受け持っています。
  나는 동네(아마추어) 야구팀에서 수비의 핵인 유격수를 맡고 있습니다.

☞ 야구에서 1루, 2루, 3루를 フアースト、セカンド、サード 유격수를 ショート라고 한다.

195 **かねめ** [金目]　값진 것, 값나감　★

- 泥棒は宝石など金目のものを根こそぎ持っていった。
  도둑은 보석 등 값나가는 것은 송두리째 갖고 갔다.

- 金目のものは全て盗まれた。
  값진 것은 모조리 도둑 맞았다.

196 **かねもち** [金持ち]　부자, 재산가, 부호　★

- 金持ちの生活を見ていると羨ましくなる。
  부호가 생활하는 것을 보고 있노라면 부러워진다.

- 金持ちほどケチで金を惜しむものらしい。
  부자일수록 인색하고, 돈을 아까워하는 것 같다.

- 商売がうまくいって、金持ちになった。
  장사가 잘 돼서 부자가 되었다.

181

197 **がまん** [我慢]　인내, 참음, 견딤 / 고집을 부림　★

- 遊びたいのを我慢して勉強した。
  놀고 싶은 것을 참고 공부했다.

- やせ我慢しないで、痛いなら痛いと言いなさい。
  억지로 참지 말고 아프면 아프다고 말하세요.

- 自分のしたことを少しは反省しているようだから、今度だけは我慢してやろう。
  자기가 한 일을 조금은 반성하는 듯하니 이번만은 참아 주자.

198 **かみそり** [剃刀]　면도칼, 재기 발랄하고 예리한 성격

- 前は安全剃刀でヒゲを剃ったが、今は電気剃刀を使っています。
  전에는 일회용면도기로 수염 깎았지만, 지금은 전기면도기를 쓰고 있습니다.

- 剃刀のように頭の切れる人。
  면도날처럼 머리가 예리한 사람.

199 **かみひとえ** [紙一重]　종이 한 겹, 근소한 차이, 종이 한 장의 차이

- 天才と気ちがいは紙一重です。
  천재와 미치광이는 종이한장 차이다.

- 惜しくも紙一重の差で、首位を逃した。
  아깝게도 종이 한 장의 차이로 수위를 놓쳤다.

200 **がら** [柄]　몸집, 품위, 신분, 분수, 처지, (옷의) 무늬

- 協会の会長に推薦されましたが、とても私の柄ではありません。
  협회 회장으로 추천되었지만 아무래도 나의 분수에 맞지 않습니다.

- 学校に母がハデな柄の着物を着て来たので、私は少し恥ずかしかった。
  어머니가 학교에 화려한 무늬의 기모노를 입고 왔기 때문에 나는 약간 부끄러웠다.

201 **かわいそう** [可哀想]　가엾음, 불쌍함　★

- なんて可哀想な子なんだろう。両親を一度に亡くすなんて。
  어쩜 불쌍한 아이로군! 양친을 한꺼번에 잃다니…….

- 可哀想な話を聞いたので、涙が出てきました。
  가엾은 이야기를 듣고나니 눈물이 나왔습니다.

- 酒浸りの生活で、家族に逃げられたとは、可哀想な奴だ。
  술독에 빠진 생활로 가족이 도망쳐 버림을 받다니 불쌍한 놈이다.

202 かわきり [皮切り]　　최초, 시작

- サッカーを皮切りに、体育祭の火蓋が切られた。
  축구를 시작으로 체전의 성화에 불이 붙었다.

- 1971年、西ドイツを皮切りに各国は次々と変動相場制に移行した。
  1971년 서독을 시작으로 각국은 잇달아 변동시가제로 이행했다.

- この映画は東京のロードショーを皮切りに全国各地で公開されます。
  이 영화는 도쿄의 로드쇼를 시작으로 전국 각지에서 공개됩니다.

203 かわりめ [変り目]　　바뀔 때, 분기점 ★

- 学校の先生が一番忙しいときは、学期の変り目です。
  학교 선생님이 가장 바쁜 때는 학기가 바뀔 때입니다.

- 祖母はリューマチを患っているが、季節の変わり目は、とくに痛むようだ。
  할머니는 류마티스를 앓고 있는데 계절이 바뀔 때는 특별히 더 아픈 것 같다.

204 かん [勘]　　감, 느낌, 육감, 직감력

- 家内は勘がするどく、黙っていても、「何か悪いことしたでしょ」と直ぐ当てる。
  마누라는 육감이 뛰어나 잠자코 있어도 「뭔가 나쁜 짓을 했죠?」라고 바로 알아맞힌다.

- 子供が隠し事をしていても、母親には勘で分かるものだ。
  아이가 숨기고 있는 일이 있어도 어머니는 느낌으로 알기 마련이다.

205 かんがえかた [考え方]　　생각, 사고방식

- 話をしているうちに、二人の間の考え方のずれが小さくなった。
  이야기를 하고 있는 동안에 두 사람 사이에 생각의 차이가 좁혀졌다.

- 僕は、経済優先の考え方に疑問を感じます。
  나는 경제우선의 사고방식에 의문을 느낍니다.

206 **かんしん** [感心]　감동, 감탄, 탄복, 기특함　★★

- この子の頭のいいのには、いつも感心させられる。
  이 아이의 영리함에는 언제나 탄복하게 되고 만다.

- いつも人への心配りを忘れない彼女の優しさには、ほとほと感心する。
  언제나 다른 사람에 대한 배려를 잊지 않는 그녀의 상냥함에는 정말로 감탄한다.

- 親の助けを受けないで生活するとは感心だ。
  부모의 도움을 받지 않고 생활하다니 기특하다.

207 **かんじん** [肝心]　중요, 긴요함　★

- 「石の上にも三年」というじゃないか。何事も辛抱が肝心だよ。
  「돌 위에서도 3년(은 견뎌라!)」라고 하지 않는가, 무슨 일이나 참는 것이 중요하다네.

- しまった。肝心なことを忘れていた。
  아뿔싸, 중요한 것을 잊고 있었다.

- 肝心な点になると、煙幕を張ってごまかしてしまう。
  중요한 점에 이르러서는 연막을 치고 어물어물 넘겨 버린다.

208 **かんちがい** [勘違い]　잘못 생각함, 착각, 오해

- 相手が約束の日を勘違いしていて、待ち惚けを食ってしまった。
  상대방이 약속 일자를 착각하는 바람에 기다리다가 바람맞고 말았다.

- あした休みだと言ったのは私の勘違いで、明後日です。
  내일 휴일이라고 말했던 것은 저의 착각으로 사실은 모레입니다.

- 時間を勘違いして、楽しみにしていたテレビ番組を見損なってしまった。
  시간을 잘못 생각해서 즐기고 있는 텔레비전 프로를 놓쳐 버렸다.

209 **かんづめ** [缶詰]　통조림, (강제로) 어떤 장소에 가두어 둠

- 缶詰やハム、ソーセージなどの加工食品は、現代生活には欠かせません。
  통조림이나 햄 소세지 등의 가공식품은 현대 생활에서는 빼놓을 수 없습니다.

- 会社のストライキで、社長は部屋に缶詰にされました。
  회사의 스트라이크(파업)로 사장은 방에 갇혀 버렸습니다.

사 회

210 **かんどころ**[勘所]　요소, 급소, 요체, 중요한 점

- どんな料理でも味の決め手となる勘所がある。
  어떤 요리라도 맛을 결정하는 요체가 있다.

- 勘所をきちんと押えてこそしっかりした仕事ができるものだ。
  중요한 핵심을 정확히 파악함으로써 확실하게 일을 할 수 있는 거다.

211 **かんにん**[堪忍]　참음, 인내, 분노를 누르고 용서함

- 今度ばかりは堪忍してください。
  이번만큼은 용서해 주십시오.

- 酔っ払いに口汚くののしられて、ついに堪忍袋の緒が切れた。
  주정뱅이에게 입에 담지 못할 욕설을 듣고 마침내 폭발했다.

212 **かんねん**[観念]　각오, 단념, 체념

- もう観念して降参しろ!
  이젠 체념하고 항복하라!

- 行方不明の人たちは、死んだものと観念するしかない。
  행방불명된 사람들은 죽은 것으로 단념할 수밖에 없다.

213 **かんべん**[勘弁]　용서함, 애써 참음　★

- こんなにバカにされては、もう勘弁できない。
  이렇게 바보 취급당해서는 이제 참을 수 없다.

- 人の前でのスピーチは苦手ですから、勘弁してください。
  남들 앞에서의 스피치는 질색이오니 용서해 주십시오.

214 **かんよう**[肝要]　아주 중요함, 긴요함　★

- 試合があるときは、落ち着いていることが肝要だ。
  시합이 있을 때는 안정하는 것이 중요하다.

- 仕事の順序を決めておくことが肝要だ。
  일의 순서를 결정해 두는 것이 중요하다.

215 **きおくれ** [気後れ] 기가 죽음, 주눅이 듦

- 試験場に一杯詰めかけた志願者を見て、急に気後れがした。
  수험장에 가득 들어찬 지원자를 보고 갑자기 주눅이 들었다.

- 彼はふだんはとてもおしゃべりだが、大勢の人の前では気後れするのか大人しくなってしまう。
  그는 보통 때는 대단한 떠버리인데 많은 사람 앞에서는 기가 죽는지 점잖아져 버린다.

216 **きがかり** [気掛かり] 마음에 걸림, 근심, 걱정 ★

- 病気の子供をウチにおいて来たことが気掛かりだ。
  앓고 있는 아이를 집에 두고 온 것이 마음에 걸린다.

- 何がそんなに気掛かりなのですか。
  무엇이 그렇게 걱정이십니까?

- 僕はいまにも父に秘密がばれるのではないかと、内心気掛かりでならなかった。
  나는 지금이라도 아버지에게 비밀이 탄로 나지 않을까 하고 내심 마음에 걸려 견딜 수 없었다.

217 **きがる** [気軽] 가벼운 마음, 선뜻

- ぼくは彼の頼みを気軽に引き受けたが、やってみると大変難しい。
  나는 그의 부탁을 가벼운 마음으로 받아들였지만, 막상 해보니 대단히 어렵다.

- うちの近くにいらっしゃったときには、どうぞお気軽にお寄りください。
  집 근처에 오셨을 때는, 그저 부담없이 들러주십시오.

- 旅行先で読むとしたら、気軽に読める推理小説なんかいいですね。
  여행 중에 읽을 것이라면 가볍게 읽을 수 있는 추리소설 따위가 좋겠지요.

218 **ききて** [聞き手] 듣는 쪽, 청자

- 聞き手に十分理解させたり、相手を説得したりするために、有らん限りの言葉を使って言った。
  듣는 사람을 충분히 이해시키거나 상대방을 설득하기 위해서 있는 말 없는 말을 동원해서 말했다.

사 회

- 話すときは、視線を聞き手に向け、落ち着いて話すことです。
  말할 때는 시선을 듣는 사람에게 향하고, 침착하게 이야기하는 것입니다.

219 **ききめ**[利き目/効き目]　효력, 효험, 효과, 보람　★

- クスリを飲みましたが、ちっとも効き目がありません。
  약을 먹었습니다만 조금도 효험이 없습니다.

- 叱った効き目があって、子供はこの頃はよくなりました。
  야단친 효과가 있어 아이는 요즈음 좋아졌습니다.

220 **きくばり**[気配り]　배려, 여러모로 마음을 씀　★★

- あれやこれやと、細かいことにまで気配りをしてくださいましてありがとうございます。
  이것저것 자질구레한 것까지 마음을 써 주셔서 고맙습니다.

- 気配りとは言っても、余計なところまで気を回しすぎると相手に失礼だ。
  배려라고 하더라도, 쓸데없는 것까지 지나치게 신경을 쓰면 상대방에게 실례다.

221 **きげん**[機嫌]　(남의) 안부, 문안, 기분, (흔히 ご를 붙여서) 기분이 좋음 ★★

- 彼は息子が試験に合格したので、とても機嫌がいい。
  그는 아들이 시험에 합격해서 기분이 아주 좋다.

- 冗談を言ったつもりだったんだが、すっかり彼の機嫌を損ねてしまった。
  농담으로 한 말이었는데 완전히 그의 기분을 상하게 하고 말았다.

- いつも上役の機嫌を取ることばかり考えている、いやな社員もいる。
  언제나 윗사람의 기분만 살피고 있는 꼴불견 사원도 있다.

222 **きごころ**[気心]　속마음, 본심, 속셈

- あの人はなにを考えているんだか、気心の知れない人だ。
  그 사람은 무엇을 생각하고 있는지 본심을 알 수 없는 사람이다.

- 気心の通じた相手なら、一言で、つうかあなんだけど……。
  속마음이 통하는 상대라면 한 마디만 해도 척 알아들을 터인데….

☞ つうかあはつうと言えばかあの 생략.

223 **きざし** [兆し] 징조, 조짐, 전조, 징후

- ここ数年、不景気が続いていたが、どうやら景気が回復する兆しが見え始めた。
  최근 수년 불경기가 계속되고 있는데 가까스로 경기가 회복될 징조가 보이기 시작했다.

- 降り積もった雪も溶けて、ようやく春の兆しが見えてきた。
  쌓인 눈도 사라지고 드디어 봄의 징후가 보이고 있다.

- 低迷するこの国の経済には、まったく復活の兆しが見られない。
  침체된 이 나라의 경제는 전혀 부활의 조짐이 보이지 않는다.

224 **きしょう** [気性] 성격, 기질, 천성

- 弟は気性の激しい兄と違っておとなしい青年であった。
  동생은 기질이 사나운 형과 달리 점잖은 청년이었다.

- 彼のまっすぐな気性が社会の不正を許せなかったのだ。
  그의 대쪽같은 성격이 사회의 부정을 용납할 수 없었던 것이다.

- 体こそ小さかったが、気性はなかなか激しい男であった。
  몸집은 비록 작았지만 기질은 꽤 과격한 남자였다.

225 **きちがい** [気違い] 미침, 미치광이

- 気違いでなければ、そんな悪いことはしないだろう。
  미치광이가 아니면 그런 나쁜 짓은 하지 않겠지.

- 今の若い人たちは、みな、ある程度映画気違いと言える。
  오늘날의 젊은 사람들은 모두가 어느 정도 영화광이라고 말할 수 있다.

- 酒は百薬の長というが、また同時に気違いの水ともいう。
  술은 백약 중에서도 으뜸이라고 하지만, 또한 동시에 미치광이 물이라고도 한다.

226 **きちょうめん** [几帳面] 고지식함, 꼼꼼함, 착실함 ★

- 彼は几帳面だけれど、仕事が遅いのが難点だ。
  그는 꼼꼼하지만 일이 더딘 것이 결점이다.

- 几帳面なぼくの上司は、仕事に関してはいい加減な妥協は許さない。
  꼼꼼한 나의 상사는, 업무에 관해서는 적당한 타협은 용납하지 않는다.

사 회

- 几帳面で神経質な人には礼儀正しくふるまうことが第一だ。
  고지식하고 신경질적인 사람에게는 예의바르게 대하는 것이 제일이다.

227 **きづかい**[気遣い]　염려, 걱정, 마음을 씀

- 余計な気遣いをするな。
  쓸데없는 염려를 하지 말라.

- いろいろお気遣いありがとうございます。
  여러 가지로 신경을 써 주셔서 고맙습니다.

228 **きっかけ**[切っ掛け]　계기, 실마리, 시작　★★

- 今度の事件が切っ掛けとなって、我々はより一層団結を固めました。
  이번 사건이 계기가 되어 우리들은 보다 더욱 단결을 다졌습니다.

- 父は胃を悪くして入院したのを切っ掛けにタバコを吸わなくなった。
  아버지는 위가 나빠 입원한 것을 계기로 담배를 끊게 되었다.

- バルカン半島で起ったこの事件が第一次世界大戦を引き起こす切っ掛けとなった。
  발칸반도에서 일어난 이 사건이 제1차세계대전을 일으키는 실마리가 되었다.

229 **きって**[切手]　우표, 상품권　★

- 切手を貼らないで手紙を出してはいけない。
  우표를 붙이지 않고 편지를 부쳐서는 안 된다.

- この手紙はいくらの切手をはればいいですか。
  이 편지에는 얼마 짜리 우표를 붙이면 좋습니까?

230 **きっぷ**[切符]　표 (승차권・입장권・인환권 등)　★

- この切符は指定席だから早く行かなくてもすわれます。
  이 표는 지정석이니까 빨리 가지 않아도 앉을 수 있습니다.

- 今度の試合は人気があるので、切符はもう売り切れてしまった。
  이번 시합은 인기가 있기 때문에 입장권은 벌써 매진되어 버렸다.

- この切符は途中下車すると、そこから先は無効になってしまいます。
  이 승차권은 도중에 하차하면, 거기서부터는 무효가 되어 버립니다.

231 **きてん** [機転 / 気転]   재치, 기지, 임기응변   ★

- 彼はとっさの場合に機転が利く人です。
  그는 여차한 경우에 순간적으로 눈치가 빠르고 재치가 있는 사람입니다.
- 彼女の機転をきかした判断が効をそうして、その場で銀行強盗は逮捕された。
  그녀의 재치 있는 판단이 효력을 발휘해서 은행강도는 그 자리에서 체포되었다.

232 **きどり** [気取り]   젠체함, 거드름피움 / 자처함, ~연함

- 山岡さんは気取り屋だから、あまりみんなに好かれません。
  야마오카 씨는 거드름피우는 사람이라서 모두로부터 그다지 호감을 받지 못합니다.
- 少し、手柄をたてたからといって英雄気取りでいい気になり過ぎている。
  조금, 공을 세웠다고 영웅인체 하며 너무 우쭐해 있다.

233 **きなが** [気長]   느긋한 모양, 조급하게 굴지 않는 모양

- あの病気は栄養を十分にとり、気長に養生すれば治る。
  그 병은 영양을 충분히 취하고 느긋하게 양생하면 낫는다.
- 日曜日は、この通りは交通量が多く渋滞するからイライラしないで気長に待つしかない。
  일요일에는 이 길은 교통량이 많아 정체되기 때문에 안달하지 말고 느긋하게 기다릴 수밖에 없다.

234 **きばらし** [気晴らし]   기분 전환   ★

- 精神的に疲れたので、気晴らしに旅行に行ってきた。
  정신적으로 피곤해서 기분전환으로 여행을 하고 왔다.
- 勉強もいいが、たまには気晴しをして生活を楽しむことだよ。
  공부도 좋지만 가끔은 기분전환을 하고 생활을 즐기는 거라네.

235 **きまえ** [気前]   화끈한 기질, 씀씀이가 쩨쩨하지 않음

- 母は気前がいいから、買ったものをどんどん人に上げてしまう。
  어머니는 활수가 좋아서 산 것을 사람들에게 척척 줘 버린다.

사 회

- 働いて儲けたお金を、気前よく寄付する。
  일을 해서 번 돈을 선선히 기부하다.

- 彼は金銭には淡泊だから、いつも僕たちに気前よく奢ってくれる。
  그는 금전에는 담백하기 때문에 언제나 우리들에게 화끈하게 한턱낸다.

236 きまり [決まり]   규칙, 습관, 결말 / 쑥스러움

- 学生は学校の決まりを守らなければなりません。
  학생은 학교의 규칙을 지키지 않으면 안 된다.

- 商談は何時間続けてもなかなか決りがつかなかった。
  상담은 몇 시간을 계속해도 좀처럼 결말이 나지 않았다.

- 大勢の前で挨拶するのは、決まりが悪い。
  여러 사람 앞에서 인사하는 것은 쑥스럽다.

237 きまりもんく [決まり文句]   틀에 박힌 듯 언제나 똑같은 말, 상투적인 말 ★

- 「若い時は二度とないぞ!」というのが、僕たちを励ます時の先生の決まり文句だった。
  「젊은 시절은 두번 다시 없고말고!」라고 말하는 것이 우리들을 격려할 때 선생님의 상투적인 말씀이었다.

- 「さよなら。さよなら。さようなら。」と繰り返すのが彼の決まり文句だ。
  「안녕, 안녕, 안녕」이라고 되풀이하는 것이 그의 판에 박힌 말이다.

238 きみ [気味]   기미, 기색, 낌새, 기분, 느낌

- このところ毎年少しずつ食料品の値段が上がり気味です。
  요즈음 매년 조금씩 식료품 가격이 오르는 느낌입니다.

- いつも偉そうなことを言っていたから、人前で恥をかかされたとはいい気味だ。
  언제나 잘난 척 말했었는데 여러 사람 앞에서 창피를 당했다니 고소하다.

239 きめ [木目]   나뭇결, 살결

- こういう木目の細かい仕事は君には向かないようだ。
  이런 꼼꼼한 일은 자네에게는 맞지 않는 것 같다.

- 熟練しないとなかなか木目の細かい仕事はできない。
  숙련되지 않으면 좀처럼 꼼꼼한 일을 할 수 없다.

240 きも [肝]　간, 간담, 담력, 배짱, 정신

- 子供が突然車道に走り出して来たので、胆を冷やした。
  어린이가 갑자기 차도로 달려나와서 간이 철렁했다.

- 多くの修羅場を越えて来ただけあってなかなか肝が座っている。
  많은 수라장을 넘어온 만큼 상당히 배짱이 세진다.

241 きもち [気持ち]　기분, 감정, 생각

- きのう雨があがって、きょうは気持ちのいい天気だ。
  어제 비가 개어서 오늘은 기분좋은 날씨다.

- 彼はわたしの気持ちを考えないで、反対ばかりする。
  그는 나의 기분은 생각지 않고 반대만 한다.

- 彼は、気持ちよく仕事を引き受けてくれた。
  그는 기분 좋게 일을 맡아 주었다.

242 きゅうくつ [窮屈]　답답함, 거북함, 비좁음, 구차스러움, 융통성이 없음 ★

- 太ったので、洋服が窮屈になりました。
  뚱뚱해져서 양복이 좁아졌습니다.

- あまり窮屈に考えないで引き受けてくださいよ。
  너무 거북하게 생각지 마시고 맡아 주셔요.

- 物価は上がるばかりで、生活はますます窮屈になってきた。
  물가는 오르기만 하고 생활은 더더욱 구차스러워졌다.

243 きゅうよう [急用]　급한 용무, 급한 볼일 ★

- 下田さんは急用で田舎へ帰ったそうです。
  시모다 씨는 급한 용무로 시골에 갔습니다.

- 急用ですから、すぐこの手紙を速達で出してください。
  급한 일이오니 곧바로 이 편지를 속달로 보내 주십시오.

사 회

- 急用ができましたので、お先に失礼します。
  급한 일이 생겨서 먼저 실례합니다.

244 きよう [器用] 손재주가 좋음, 일을 훌륭히 해냄, 요령이 있음, 약삭빠름 ★

- 手先が器用なので、きれいなテーブルクロスを作りました。
  손재주가 좋아서 예쁜 테이블보를 만들었습니다.

- アメリカから来日して僅か半年だが、彼は箸を器用に使います。
  미국에서 일본에 온 지 겨우 반년이 지났지만, 그는 젓가락을 솜씨있게 사용합니다.

245 きょうい [脅威] 위협 ★

☞ 한국한자로는 순서가 반대인 威脅으로 씀.

- 味方の投手の速球は、敵の打者に脅威を感じさせた。
  우리편 투수의 속구는 적군 타자에게 위협을 느끼게 했다.

- 隣国の軍備拡張は、わが国にとって脅威となりつつある。
  인접국의 군비확장은 우리나라에 있어서 계속해서 위협이 되고 있다.

246 きょうしゅく [恐縮] 황송, 죄송, 송구스러움 ★

- 年賀状を出し忘れたのに、先生のほうから頂いて恐縮した。
  연하장을 보내는 것을 잊고 있었는데 선생님으로부터 먼저 받고 죄송했다.

- 会議の席上で資料の誤りを指摘され、大いに恐縮した。
  회의 석상에서 자료의 오류를 지적 받고 매우 송구스럽게 여겼다.

247 きょうじゅつ [供述] 신문(訊問)에 응하여 진술함

- 自分に不利な供述を強要されたら答えなくてもいいです。
  자신에게 불리한 진술을 강요받으면 대답하지 않아도 좋습니다.

- 取調べが始まると、彼はあっさりと供述を始めた。
  취조가 시작되자 그는 순순히 진술하기 시작했다.

248 きらく [気楽] 속 편함, 홀가분함

- 井上さんは一人暮らしの気楽さを楽しんでいる。
  이노우에 씨는 독신생활의 홀가분함을 즐기고 있다.

- もらうお金は少なくても気楽な仕事のほうがいい。
  받는 돈은 적더라도 속 편하게 일하는 쪽이 좋다.

249 **きれはし** [切れ端]　잘라 낸 토막, 물건의 끄트머리, 쪼가리　⑲ きれっぱし

- 彼女は紙の切れ端に書かれたメモを見ながら電話をかけている。
  그녀는 잘라 낸 종이 쪽지에 쓴 메모를 보면서 전화를 걸고 있다.

- 古新聞の切れ端を使って焚付けに火をつける。
  묵은 신문 쪼가리를 사용해서 불쏘시개에 불을 붙이다.

250 **きれめ** [切れ目]　단락, 틈새, 끊어질 때, 끝

- 演奏の切れ目にせきばらいをする人が多い。
  연주가 잠깐 끊길때 헛기침을 하는 사람이 많다.

- 「金の切れ目が縁の切れ目」と言われる。
  「돈이 떨어지면 인연도 끝장」이라고들 한다.

251 **きんじょ** [近所]　근처, 부근, 이웃

- 24時間営業を看板にしたスーパーが近所にできた。
  24시간 영업을 간판으로 내건 슈퍼가 근처에 생겼다.

- 近所迷惑になりますから、犬のふんは飼い主が処理しましょう。
  이웃에 폐가 되니까 개똥은 키우는 주인이 처리합시다.

- この近所に郵便局がありますか。
  이 근방에 우체국이 있습니까?

252 **ぐあい** [具合]　상태, 형편, 모양, 볼품　★

- この時計はどうも具合がよくないから、時計屋へ持っていこう。
  이 시계는 아무래도 상태가 좋지 않으니 시계방에 갖고 가자.

- フォークは、こんな具合に持って使えばいいのです。
  포크는 이런 모양으로 잡고 사용하면 좋습니다.

- 明日は、午前中は具合が悪いんですが、午後なら暇です。
  내일은 오전 중에는 형편이 좋지 않지만 오후라면 시간이 있습니다.

253 **くいちがい**[食い違い]　엇갈림, 어긋남

- 父と僕の間に起った意見の食い違いは、狭まるどころかドンドン大きくなって行きました。
  아버지와 나 사이에 일어난 의견의 엇갈림은 좁혀지기는커녕 점점 크게 벌어져 갔습니다.

- 意見の食い違いを取り沙汰するより、共通する点を探してみよう。
  의견이 어긋난 것을 갖고 수군거리기보다는 공통점을 찾아보자.

254 **ぐず**[愚図]　동작이 둔하고 꾸물거림, 굼벵이

- 不器用で仕事の遅いその男は、みんなから愚図と言われていた。
  일 처리가 서투르고 느린 그 남자는 모두에게서 굼벵이라는 말을 듣고 있었다.

- まだ支度ができないのかい、ほんとうに愚図だね。
  아직도 준비가 안 되었는가, 정말로 굼벵이로군.

255 **くせもの**[曲者]　수상함, 만만치 않음, 보통내기가 아님

- あいつはなかなかの曲者だから気をつけろ。
  그 녀석은 아주 만만치 않은 놈이니 주의해라.

- 「曲者だ！ 出合え！ 出合え！」〈時代劇에서〉
  「수상한 놈이다！ 나가서 맞서라！ 상대하라！」

256 **くそ**[糞]　똥, 대변, 찌꺼기, 때

☞ 어떤 말의 위아래에 붙어서 멸시·조소·저주의 뜻을 나타내는 경우가 많다.

- 「糞っ！ あの課長め。」などと気炎をはいて、憂さ晴らしに飲むこともあった。
  「제기랄！ 그 따위 과장！」 등으로 푸념하며 스트레스 해소를 위해 마신 적도 있었다.

257 **くだりざか**[下り坂]　내리막 길, 쇠퇴기, 사양길

- 昔から、暑さ寒さも彼岸までと言って、秋分をすぎると暑さも下り坂になります。
  옛부터 더위나 추위도 잠깐이라고 해서 추분이 지나면 더위도 한풀 꺾입니다.

- 下り坂でのスピードの出し過ぎに注意してください。
  내리막길에서 스피드를 너무 내지 않도록 주의해 주십시오.

258 ぐち [愚痴]　푸념, 넋두리, 어리석음　★

・実家に帰って母親に愚痴をこぼす。
　친정에 돌아와서 친정어머니에게 푸념을 늘어놓다.

・何をやってもうまくいかない父は、いつも愚痴をこぼしている。
　무엇을 해도 잘되지 않는 아버지는 언제나 넋두리를 늘어놓는다.

・年を取ると、人間は愚痴が多くなります。
　나이를 먹으면 인간은 푸념이 많아집니다.

259 くちかず [口数]　말수, 인원수

・彼女は口数の少ない、どちらかというと、話し下手な人です。
　그녀는 말수가 적다. 어느 편인가 하면 말솜씨가 서투른 사람입니다.

・口数が多すぎると、人に嫌われる。
　말수가 지나치게 많으면 사람들이 싫어한다.

260 くちぐせ [口癖]　입버릇　★

・彼は夏になると、「暑い暑い」と口癖のように言う。
　그는 여름이 되면 「덥다 더워!」라고 입버릇처럼 말한다.

・伯母は、「無駄に年は取っていないよ」というのが、口癖になっている。
　큰어머니는 「헛되이 나이를 먹고 있지는 않네.」라고 말하는 것이 입버릇이 되었다.

261 くちぐるま [口車]　감언이설, 사탕발림의 말투　★

・相手の口車に乗せられて、金をだまし取られた。
　상대방의 감언이설에 놀아나 속임수에 걸려 돈을 빼앗겼다.

・セールスマンの口車にまんまと乗せられて、つまらないものを買ってしまった。
　세일즈맨의 사탕발림 말에 어이없이 속아서 보잘것없는 것을 사고 말았다.

262 くちさき [口先]　입에 발린 말, 말뿐, 구두(口頭)　★

・あの人は口先で調子がいいことを言っているだけで、何一つ実行したことはない。
　그 사람은 말로만 듣기 좋게 말할 뿐으로 무엇 한가지 실행한 것은 없다.

- あの人は口先だけで、腹が黒いから気をつけたほうがいい。
  그는 입에 발린 말뿐으로 속이 검은 사람이니 주의하는 편이 좋다.

- あんな口先だけの男を信用したとは、君もずいぶん人を見る目がないね。
  그런 말뿐인 남자를 신용했다니, 자네도 꽤나 사람을 보는 눈이 없네.

263 くちぞえ [口添え]   말을 거듦, 조언

- 新しい企画を提出するのですが、課長からも宜しくお口添えをお願いします。
  새로운 기획을 제출하려 하는데, 과장님께서도 지원사격 해주시도록 잘 부탁합니다.

- 有力者の口添えが効力を発揮した。
  유력자가 말을 거들어 주어서 효력을 발휘했다.

264 くちだし [口出し]   말참견

- うるさいぞ、他人のことにツベコベ口出しするな。
  시끄럽다! 남 일에 이러니저러니 말참견하지 마라.

- 止せ、よせ、変に口出ししたら、余計とばっちりを食うだけだよ。
  아서라, 아서, 엉뚱하게 말참견을 하다가는 쓸데없는 핀잔만 듣게 되지.

265 くちょう [口調]   어조, 말투 ★

- 彼は激しい口調で相手に反論したり、抗議したりしている。
  그는 격렬한 어조로 상대방에게 반론을 펴거나 항의를 하고 있다.

- 彼は熱気を帯びた口調でエネルギー問題を論じ続けた。
  그는 열기를 띤 말투로 에너지 문제를 계속해서 논했다.

- 突然改まった口調になるから、何事かと思ってびっくりしたよ。
  갑자기 말투가 달라지니까 무슨 일인가 하고 깜짝 놀랐었네.

266 くふう [工夫]   연구, 고안, 궁리, 아이디어 ★★

- 漢字を覚えるのに何かいい工夫はありませんか。
  한자를 외우는 데에 뭔가 좋은 아이디어는 없습니까?

- 自分の意見が聞き手によく分かるように話し方を工夫してみよう。
  자신의 의견이 듣는 사람에게 잘 이해되도록 이야기하는 방법을 궁리해 보자.

- タイトルで読者を引付けようという作者の工夫は、見事な成功をおさめた。
  타이틀로 독자를 매혹하려는 작자의 연구는 보기 좋게 성공을 거두었다.

267 くみあわせ [組み合わせ]　짜 맞추기, 세트, 경기 팀의 편성
　　　　　　　　　㊂ くみあい(組合)조합

- 小学校入学のお祝いにノートと鉛筆の組合わせを贈りました。
  초등학교 입학 축하로 노트와 연필 세트를 선물했습니다.

- 黒と黄色の組合わせはよく目立つので、道路標識に使われる。
  흑색과 황색의 조합은 눈에 잘 띄기 때문에 도로 표식에 사용된다.

268 くみたて [組立て]　구조, 조직, 조립

- 必要な内容を落とさないように組立てを考えてから文章を書こう。
  필요한 내용을 빠뜨리지 않도록 구조를 생각하고 나서 문장을 쓰자.

- パソコンの組立ては誰にでも出来ることですが、基本を守らないと簡単に壊れます。
  PC의 조립은 누구라도 가능합니다만, 기본을 지키지 않으면 쉽게 망가집니다.

269 くりかえし [繰り返し]　반복, 되풀이　★

- 早稲田の校歌の最後のところは、「わせだ」という言葉の繰返しです。
  와세다의 교가 맨 끝에는 「와세다」라는 말이 반복됩니다.

- 外国語の学習は、先生のまねをして繰返し練習するのがよい。
  외국어 학습은 선생님의 흉내를 내서 되풀이 연습하는 것이 좋다.

- 偉大な発明や発見の陰には、数え切れない失敗の繰返しがある。
  위대한 발명이나 발견의 뒤에는 헤아릴 수 없는 실패의 반복이 있다.

270 くろう [苦労]　고생, 수고, 노고, 애씀 / 근심, 걱정

☞ [ごくろうさま(御苦労様)]는 수고했다는 인사말.

- 若いうちに苦労をさせることは、本人にとっていい薬になる。
  젊었을 때 고생을 시키는 것은, 본인에게 있어서 좋은 약이 된다.

- ここで諦めては、今までの苦労が水の泡になってしまう。
  여기서 단념해서는 지금까지의 노고가 수포로 돌아가 버린다.

사 회

- 親に苦労ばかりかけて、いつになったら親孝行するんだろうね。
  부모님께 고생만 끼치고, 언제쯤이나 효도를 할까.

271 くろうと [玄人] 전문가, 숙련자, 프로 ★

- 玄人の目から見たら、つまらない作品だ。
  전문가의 눈으로 보면 보잘것없는 작품이다.

- 素人なのに、玄人も顔負けするほど熟達している。
  아마추어인데도, 프로도 놀랄 정도로 숙달해 있다.

272 けいろ [毛色] 성질, 종류, 모양, 털빛

- 彼は作家としては、ちょっと毛色の変わった人だ。
  그는 작가로서는 조금은 색다른 사람이다.

- どんな毛色の人でも受け入れる自由な雰囲気がある。
  어떤 부류의 사람이라도 받아들이는 자유스런 분위기가 있다.

273 けが [怪我] 상처, 부상, 과실, 실수

- 相手チームの主力選手が怪我で退場したおかげで、勝ちを拾うことができた。
  상대팀의 주력 선수가 부상으로 퇴장한 덕분에 승리를 얻을 수가 있었다.

- 怪我人はついに意識を回復しなかった。
  부상자는 마침내 의식을 회복하지 못했다.

- 子供が怪我をしたので、一応の手当をしてすぐ病院へ連れていった。
  아이가 상처를 입었기 때문에 일단 응급 치료를 하고 병원으로 데리고 갔다.

274 けしき [景色] 경치

- 景色のいいところで、写真を撮りましょう。
  경치가 좋은 곳에서 사진을 찍읍시다.

- これをのぞくと、山の下の景色が手に取るようにハッキリ見える。
  이것을 들여다보면 산 아래의 경치가 손바닥을 들여다보듯 확실하게 보인다.

275 けっこう [結構] 충분함, 과분함, 훌륭함, 꽤, 제법, 상당히 ★★

- 結構なお土産ありがとうございます。
  좋은 선물(을 주셔서) 고맙습니다.

- こちらはいつでも結構ですから、そちらのご都合で決めてください。
  이쪽은 언제라도 괜찮으니, 그쪽의 형편에 맞추어 결정해 주십시오.

- この酒は結構いけますね。
  이 술은 상당히 맛이 좋군요.

276 けっそう [血相] 낯빛, (특히 노여움이나 놀란) 안색

- 子供のケンカに親が血相を変えて飛び出してきた。
  아이의 싸움에 어머니가 안색이 변해서 뛰쳐나왔다.

- ものすごい爆音がしたので、人々が血相を変えて家から飛出して来た。
  굉장한 폭음이 났기 때문에 사람들이 안색이 변해서 뛰어나왔다.

277 けなみ [毛並み] 성질, 종류, 혈통, 가문, 털의 결

- 皇族の血をひいている人だそうだから、我々とは毛並みが違うよ。
  황족의 피를 이어 받고 있는 사람이라 하니 우리들과는 혈통이 달라요.

- 祖父はどうの、父はどうのと、毛並のいいことをひけらかして、イヤな人だ。
  할아버지는 어떻고, 아버지는 어떻다는 둥 가문이 좋다는 것을 과시하다니 불쾌한 사람이다.

278 けねん [懸念] 근심, 걱정, 염려 ★★

- 娘は試験の結果を懸念していた。
  딸아이는 시험 결과를 염려하고 있었다.

- しかし、一方では懸念がないわけではなかった。
  그러나 한편으로는 걱정이 안 되는 것은 아니었다.

- しかしながら、その懸念は杞憂に終わった。
  그러나 그 염려는 기우로 끝났다.

사 회

279　けはい [気配]　기척, 기미, 낌새

- 口では言えない悩みを隠しているような、そんな気配が彼女にはあった。
  입으로는 말할 수 없는 고민을 감추고 있는 듯한 그런 기미가 그녀에겐 있었다.

- 背後に人の気配を感じて思わず振返ったが、誰もいなかった。
  배후에 인기척을 느끼고 불현듯 뒤돌아 봤지만 아무도 없었다.

- 各地で暴動が相次ぎ、戦争が起こる気配が濃厚だ。
  각지에서 폭동이 잇달아 전쟁이 일어날 낌새가 농후하다.

280　げひん [下品]　품위가 없음, 천함　反 じょうひん(上品)

- 「あんた」とは、人を呼びかける時の下品な言い方だ。
  「あんた」란 사람을 호칭할 때에 쓰는 천한 말씨다.

- 下品なことばかり言っていると、人格が疑われるよ。
  상스러운 말만 하고 있으면 인격을 의심받아요.

281　げんき [元気]　건강하고 기력이 왕성함, 기운참

- 家族はみんな元気で暮らしています。
  가족 모두가 건강하게 지내고 있습니다.

- ビールをぐいっと飲んで元気をつけた。
  맥주를 마시고 기운을 북돋웠다.

- 東京の生活にもやっと慣れ、毎日元気に励んでおります。
  도쿄에서의 생활도 겨우 익숙해져, 매일 활발하게 일하고 있습니다.

282　げんこつ [拳骨]　주먹

- 男は脅かすように拳骨をぼくの前に突きつけた。
  사나이는 위협하듯 주먹을 내 앞으로 쑥 들이댔다.

- 妹を泣かせた僕の頭に、父の大きな拳骨が飛んできた。
  여동생을 울린 내 머리에 아버지의 커다란 주먹이 날아왔다.

283　けんとう [見当]　예상, 짐작, 가늠 / 가량, 정도　★★

- 大体この方角だろうと見当をつけて歩き出した。
  대강 이 방향일 거라고 짐작하고 걷기 시작했다.

- 故障の原因は何なのか、全く見当がつかない。
  고장의 원인은 무엇인지 전혀 짐작이 가지 않는다.

- まだ子供だから、お土産は千円見当の品を探してみよう。
  아직 어린아이니까 선물은 천엔 가량의 물건을 찾아보자.

284 けんぶつ [見物]　구경　(참)みもの(見物) 볼거리　★★

- いくらあちこち見物したいからって、そんな欲張った旅行のスケジュールは無理だよ。
  아무리 여기저기 구경하고 싶다 해도 그렇게 욕심을 부린 스케줄은 무리일세.

- 日本では野球を見物する人が多い。
  일본에서는 야구를 구경하는 사람이 많다.

285 けんめい [懸命]　열심, 목숨을 걺, 힘껏 함　★★

- 懸命に働いても、一家の暮らしは楽にならなかった。
  열심히 일해도 일가의 생활은 쉽지 않았다.

- 長期にわたる懸命な努力にも拘わらず、メダル獲得の夢は果たせなかった。
  장기간에 걸친 피나는 노력에도 불구하고 메달 획득의 꿈은 이룰 수 없었다.

286 ごういん [強引]　억지, 강제, 막무가내, 고압적　★

- 彼の強引なやり方は、時として人々の反感を買った。
  그의 억지스런 태도는 때로는 사람들의 반감을 샀다.

- あのセールスマンの売込み方は、しつこくて実に強引だ。
  그 세일즈맨의 파고드는 판매방법은 끈질겨 정말로 막무가내다.

- 列の中に後ろから強引に割込んできた人がいる。
  행렬 안으로 뒤에서부터 막무가내로 끼어들어 온 사람이 있다.

287 こうさん [降参]　항복, 굴복, 손을 듦

- この暑さには降参した。
  이 더위에는 손을 들었다.

- 白旗を掲げて降参する。
  백기를 들고 항복하다.

288 **ごうじょう**[強情]   고집이 셈, 완강함   ★

- そんなに強情を張っていないで、早く謝りなさい。
  그렇게 고집을 피우지 말고 빨리 사과하세요.

- お前みたいな強情な奴は見たことがない。
  너같이 고집이 센 녀석은 본 적이 없다.

- 弟の強情な性格は父親ゆずりだ。
  동생의 고집스런 성격은 부친의 대물림이다.

289 **こうじん**[幸甚]   매우 고맙게 여김   ★

- 下記の点について差し支えのない範囲で、ご回答頂けましたら幸甚に存じます。
  아래 사항에 관해서 지장이 없는 범위에서 회답을 받을 수 있으면 고맙겠습니다.

- 別送の品は粗品ではございますが、お歳暮のしるしとしてご笑納下されば幸甚に存じます。
  따로 발송한 물건은 보잘 것 없습니다만, 연말 기념으로 웃으면서 받아주시면 고맙겠습니다.

290 **こうばい**[勾配]   경사, 비탈, 기울기

- この坂は勾配が緩いので、自転車に乗ったままでも登れる。
  이 언덕은 경사가 완만하기 때문에 자전거를 탄 채로 올라갈 수 있다.

291 **こうまん**[高慢]   거만함, 뽐내어 건방짐

- あの人はいつも高慢な顔をしている。
  그 사람은 언제나 거만한 얼굴을 하고 있다.

- 彼女の高慢な態度が彼を怒らせた。
  그녀의 거만한 태도가 그를 화나게 했다.

292 **こうら**[甲羅]   연공(年功), 경험이 풍부함 / 등

- あの人のような甲羅を経た人には、我々などとても太刀打ちできない。
  그 사람처럼 경험이 풍부한 사람에게는 우리들 따위는 도저히 대적할 수 없다.

- しばらく泳いだ後、プールサイドにうつ伏せになって甲羅干しをした。
  잠시 수영한 후 풀 사이드에서 엎드려서 등을 말렸다.

293 **こうろん**[口論]　입씨름, 말다툼　★

- 口論のすえ、殴り合ってケガをした。
  말다툼 끝에 서로 치고 받아 상처를 입었다.
- 友達同士の口論にそばから口を出して、かえって二人から集中攻撃を浴びた。
  친구끼리의 말다툼에 옆에서 말참견을 해서, 오히려 두 사람으로부터 집중공격을 받았다.
- 生産部の中田部長と営業部の山本部長が、唾を飛ばして口論しています。
  생산부의 나카타 부장과 영업부의 야마모토 부장이 침을 튀기며 입씨름을 하고 있습니다.

294 **こかげ**[木陰]　나무 그늘

- 友人と一緒に木陰で憩いの一時を過ごした。
  친구와 함께 나무 그늘에서 한 때를 휴식하며 보냈다.
- 一行は大きなヤシの木陰に入って、暑さをしのぎました。
  일행은 커다란 야자수 그늘에 들어가서 더위를 피했습니다.

295 **こきざみ**[小刻み]　잘게 나눔, 조금씩 함 / 종종걸음

- スケジュールが小刻みに詰まっている。
  스케줄이 세부적으로 꽉 짜여 있다.
- 週末の道路は車がいっぱいで小刻みにしか進めない。
  주말의 도로는 자동차가 꽉 차서 조금씩밖에 나갈 수 없다.

296 **こきみ**[小気味]　(속 시원한) 기분, 후련한 기분

- あの男が責任をとって辞めさせられたとは小気味いい話だ。
  그 사나이가 책임을 지고 해고를 당했다니 기분 좋은 이야기다.
- 悪党めが捕えられて小気味がよい。
  악당 놈이 잡혀서 고소하다.

297 **ここち**[心地]　기분, 느낌

- 合格の知らせを受けたときは、本当に夢のような心地だった。
  합격 통보를 받았을 때는 정말로 꿈같은 기분이었다.

사 회

- この自動車は揺れがないし、椅子も柔らかくて乗り心地は満点だが、値段が高すぎます。
  이 자동차는 흔들림이 없고 의자도 부드러워서 승차감이 만점이지만 값이 너무 비쌉니다.

- お風呂からあがって一杯飲んだ父は、いい心地になったらしくニコニコしている。
  목욕을 끝내고 한잔 드신 아버지는 기분이 좋은 듯 싱글벙글하고 계시다.

298 こごと [小言]   불평, 투덜댐 / 잔소리, 꾸지람   ★

- 小言ばかり言って、ほんとうにうるさい老人だ。
  잔소리만 하시고 정말로 까다로운 노인이다.

- お母さんに小言を言われると妹は不満そうに唇をとがらせた。
  어머니에게 꾸지람을 들었다고 여동생은 불만스러운 듯이 입술을 삐쭉 내밀었다.

- 「あんたは損ばかりして、本当に商売が下手なんだから」と母が父に小言を言っていた。
  「당신은 손해만 보니, 정말로 장사수완이 서툴러!」라고 어머니가 아버지에게 투덜댔다.

299 こころあて [心当て]   짐작, 추측 / 은근한 기대, 믿음

- 心当てに適当に言う。
  짐작으로 적당히 말하다.

- 心当てにしていた人の協力が得られなかった。
  기대했던 사람의 협력을 얻을 수 없었다.

300 こころがけ [心掛け]   마음의 준비, 마음씨, 마음가짐   ★

- 毎月月給の1割を貯金しているとは、なかなかいい心掛けだ。
  매월 월급의 1할을 저축하고 있다니, 꽤나 바람직한 마음가짐이다.

- やろうとする心掛けだけはあるんだが、なかなか実行できなくてね。
  하려고 하는 마음의 준비만큼은 있지만, 좀처럼 실행할 수 없으니 말야.

- 君が誰からも助けてもらえないのは、普段の心掛けが悪いからだ。
  자네가 누구한테서도 도움받을 수 없는 것은 평소의 마음가짐이 나쁘기 때문이다.

301 こころがまえ [心構え]   마음의 준비, 각오, 마음가짐   ★

- 一人一人がしっかりした心構えをもつことが大切だと、コーチは選手に指示した。
  한 사람 한 사람이 확고한 마음가짐을 갖는 것이 중요하다고 코치는 선수에게 지시했다.

- 災難にあっても慌てないように、心構えをしておきましょう。
  재난을 만나더라도 당황하지 않도록 마음의 준비를 해 둡시다.

- 何事にも普段の心構えが大切で、「泥縄式」ではいけない。
  어떤 일에도 평소의 마음가짐이 중요해서, 「소 잃고 외양간 고치기식」이어서는 안 된다.

302 こころくばり [心配り]   배려, 신경을 씀   ★

- 心のこもった言葉に接すると、話し手の温かな心配りを感じます。
  마음의 정성이 담긴 말을 대하면, 이야기하는 사람의 따뜻한 배려를 느낍니다.

- いつも人への心配りを忘れない彼女の優しさにはホトホト感心する。
  언제나 남에 대한 배려를 잊지 않는 그녀의 고운 마음씨에는 정말로 감탄한다.

303 こころづかい [心遣い]   배려, 마음을 씀, 걱정을 해줌   ★

- ちょっとした心遣いが相手に親切な行為として受け取られ、思いがけず感謝されることがある。
  조그만 배려가 상대방에게 친절한 행위로 받아들여져, 뜻하지 않게 감사의 말을 듣는 경우가 있다.

- 耳の遠いお年寄に話をするときには、ゆっくりと大きな声で言ってあげる心遣いがほしい。
  귀가 어두운 노인에게 이야기할 때는 천천히 큰 소리로 말씀드리는 배려가 필요하다.

304 こころもち [心持ち]   기분, 심정, 느낌

- 夕べは久しぶりに酒を飲んで、いい心持ちになりました。
  엊저녁에는 오랜만에 술을 마시고 기분이 좋았습니다.

- 私ども老人には、この頃の若い人の心持が分かりません。
  저희들 노인들로서는 요즈음 젊은 사람의 속을 알 수 없습니다.

사 회

305 こさめ[小雨]　보슬비, 가랑비

- 少し降る雨を小雨という。
  조금 내리는 비를 가랑비라고 한다.

- 次に、明日の関東地方のお天気です。南部では夕方すこし小雨がふるでしょう。
  다음으로 내일 간토 지방의 날씨입니다. 남부지방에서는 저녁때 약간 가랑비가 내리겠습니다.

306 こじき[乞食]　거지, 걸인, 구걸　★

- 昔は金持ちで立派な格好をしていた友達が、乞食のような姿をして訪ねてきた。
  옛날에는 부자로 훌륭한 차림을 하고 다니던 친구가 거지같은 모습을 하고 찾아왔다.

- あなたは日本に乞食はいないと言うけれど、私はいると思いますよ。現に東京駅で見たんだから。
  당신은 일본에 거지는 없다고 말하지만, 나는 있다고 생각해요. 실제로 도쿄역에서 봤으니까.

307 こだから[子宝]　자식복, (부모의 입장에서) 보배로운 자식

- 昔から子宝というように、子供はどの親にとっても、掛替えのない宝です。
  예로부터 자식복이라고 말하는 것처럼 자식은 어느 부모에게도 더할 나위 없는 보물입니다.

- 子宝に恵まれないので、先祖代々栄えたこの家の血筋もこれで絶えてしまう。
  자식복이 없어서 선조 대대로 번성했던 이 집의 핏줄도 이로써 끊겨 버리다.

308 こだち[木立]　나무숲

- 木立に遮られて、向こうの海の景色が見えない。
  나무숲에 가려져서 건너편의 바다 경치가 보이지 않는다.

- 木立を抜ける風が木の葉の香りを運んでくれて心地よい。
  숲을 빠져 나온 바람이 나뭇잎의 향기를 날라다 주어 기분이 좋다.

309 ことがら[事柄]　사항, 사정, 상황, 일의 형편

- お金を出すか出さないかは事柄次第です。
  돈을 낼 것인지 안낼 것인지는 일의 형편 나름입니다.

- ニュースを見ただけでは、重要な事柄はハッキリしませんでした。
  뉴스를 본 것만으로는 중요한 사항은 확실하지 않았습니다.

- 弁護士は難しい事柄を平易に説明してくれました。
  변호사는 어려운 상황을 평이하게 설명해 주었습니다.

310 **ことづけ**[言付け]　전언, 전갈 / 구실, 핑계

- 社長は外出中ですが、何かお言付けがございましたら、お伺い致します。
  사장은 외출중입니다만 뭔가 전할 말씀이 있으시면 여쭙겠습니다.

- 留守中に言付けがなかったか確認するのが習慣になっている。
  부재중에 전언이 없었는지 확인하는 것이 습관이 되어 있다.

311 **ことば**[言葉]　말, 언어, 단어, 낱말

- 私の言葉が過ぎたのでしたら、お許し下さい。
  저의 말이 지나쳤다면 용서해 주십시오.

- お言葉にあまえて、先に帰ります。
  말씀을 고맙게 받아들여 먼저 돌아가겠습니다.

- 他人の前では言葉遣いに注意しなければなりません。
  다른 사람 앞에서는 언어 구사에 주의하지 않으면 안 됩니다.

312 **ことばじり**[言葉尻]　말꼬리, 실언

- 人の言葉尻を捕えて言い掛かりをつけるのは、彼の悪い癖だ。
  남의 말꼬리를 잡아 시비를 거는 것은 그의 나쁜 버릇이다.

- あいつは人の言葉尻をとらえて、揚げ足ばかりとっている。
  그 녀석은 남의 실언을 문제삼아 꼬투리만 붙잡고 늘어지고 있다.

313 **このは**[木の葉]　나뭇잎, 보잘것없는 것

- この虫は木の葉を食ってしまいますから、見つけたらすぐ殺してください。
  이 벌레는 나뭇잎을 전부 갉아먹어 버리니 발견하면 즉시 죽여주세요.

- 秋になると木の葉が赤くなるので、山はきれいだ。
  가을이 되면 나뭇잎이 빨갛게 되기 때문에 산은 아름답다.

사 회

314 **このみ**[木の実]　나무 열매

- 大昔、人間は魚を採ったり、木の実を食べたりして生活しました。
  아득한 옛날, 인간은 물고기를 잡거나 나무 열매를 먹으면서 생활했습니다.

315 **ごぶごぶ**[五分五分]　어슷비슷함, 반반임

- 投手力は五分五分だが、打撃においては相手チームのほうが勝っている。
  투수력은 비슷비슷한데 타격에 있어서는 상대팀 쪽이 앞서고 있다.

- 3勝3敗1引分けで、実力は五分五分だ。
  3승 3패 1무승부로 실력은 우열을 가릴 수 없다.

316 **ごぶさた**[御無沙汰]　오랫동안 격조함을 사과하는 말, 무소식의 공손한 말 ★

- しばらく訪ねなかったので、「御無沙汰しました」という挨拶をしました。
  얼마 동안 방문하지 않았기 때문에『격조하였습니다』라는 인사를 했습니다.

- お久しぶりです。平素の御無沙汰をお許しください。
  오랜만입니다. 평소의 무심함을 용서해 주십시오.

317 **こぶね**[小船]　작은 배

- 乗っていた人たちが片側へ寄ったため、小船はひっくり返った。
  승선해 있던 사람들이 한쪽으로 쏠렸기 때문에 작은 배가 휙 뒤집혔다.

318 **こぶん**[子分]　부하, 졸개　(반) おやぶん(親分) 두목　★★

- 子分がケチなことをやると、親分の俺の顔をつぶすことになるんだぜ。
  부하가 비열한 짓을 하면 두목인 내 얼굴에 먹칠하는 꼴이 된단 말야.

- ヤクザの親分は子分たちを太い声で怒鳴りちらしている。
  야쿠자의 두목은 부하들에게 굵은 목소리로 거칠게 호통치고 있다.

- 日本の企業内での人間関係は、親分子分の結び付きが強い。
  일본에서 기업내의 인간관계는 보스와 부하의 연결 고리가 강하다.

319 **ごま**[胡麻]　참깨　(참) ごますり(胡麻摺り) 아첨, 아부

- 私なんかに胡麻をすっても無駄だよ。
  나 같은 것한테 아부를 해 봤자 헛수고라네.

- 彼は早く出世したいために、いつも上役に胡麻をすっている。
  그는 빨리 출세하기 위해서 언제나 상사에게 아첨하고 있다.

320 こみみ [小耳] 귀, 언뜻 들음

- こんな話を小耳に挟んだのですが、ご存じですか。
  이런 이야기를 언뜻 들었습니다만, 알고 계십니까?

- 近所に住むお姉さんがお嫁に行くという噂を小耳に挟んだ。
  근처에 살고 있는 언니가 시집간다는 소문을 귓결에 들었다.

321 ごめん [御免] 용서를 비는 인사말 (미안·실례 등), 싫은 마음, 허가의 높임말 ★

- あら、御免なさい。誰もいないと思って開けてしまって。
  앗! 죄송해요. 아무도 없는 줄로 알고 문을 열었는데…….

- 御免、御免。すっかり遅くなってしまった。
  미안해요, 미안해. 너무 늦어 버렸네.

- 玄関で、「御免ください」と何度も呼んでみたが、返事がなかった。
  현관에서「실례합니다」라고 몇 번이나 불러 봤지만 대답이 없었다.

- 戦争はもう御免だ。
  전쟁은 더 이상 싫다.

322 ごらん [御覧] 남이 보는 것의 높임말, 보심 / 보렴, 봐요

- 本当のダイヤですよ。手にとって見て御覧なさい。
  진짜 다이아몬드예요. 손에 들고 보세요.

- 御覧のとおり、この町には蚊やハエがいません。
  보시는 바와 같이 이 마을에는 모기나 파리가 없습니다.

- このリンゴはとても美味しいですから、食べて御覧なさい。
  이 사과는 아주 맛이 있으니 먹어 보시죠.

323 ごろ [語呂] 어조, 말의 가락, 말장난

- この文章は語呂が悪い。
  이 문장은 어감이 안 좋다.

사 회

324 **ごんげ** [権化]　화신(化身) ★

- 彼は悪魔の権化である。
  그는 악마의 화신이다.

- クマは山の神の権化と考えられている。
  곰은 산신(山神)의 화신으로 여겨지고 있다.

325 **さいく** [細工]　세공(품), 책략, 잔꾀, 농간

- こっちへ来たら、あいつがうまく落とし穴に落ちるよう細工をしておこう。
  그 녀석이 이쪽으로 오면 보기 좋게 함정에 빠지도록 공작을 해 놓자.

- 名人と言われる人の作品にしては、この辺の細工がバカに粗いと思いませんか。
  명인으로 불리는 사람의 작품으로서는 이 언저리의 세공이 너무 거칠다고 생각하지 않습니까?

- 相手は本物の刑事だ。下手な細工をしてもすぐに見破られるぜ。
  상대방은 진짜 형사다. 서투른 잔꾀를 부려 봤자 바로 간파 당할 걸세.

326 **さいご** [最期]　임종, 죽음 직전, 최후 ★

- 別々に暮していた息子たちが集まり、母親の最期を見届けた。
  따로따로 살고 있던 자식들이 모여 모친의 임종을 끝까지 지켜보았다.

- 昔の侍は、自分の腹を切って最期を遂げるということがあったそうだ。
  옛날에 무사는 자신의 배를 갈라 최후를 마치는 경우가 있었다고 한다.

- 海外に出掛けていたので、父の最期を看取ることはできなかった。
  해외에 나가 있었기 때문에 아버지의 마지막을 간병할 수 없었다.

327 **さいさき** [幸先]　(좋은 일이 있을) 조짐, 좋은 징조 ★★

- 試合が始まってすぐに得点できたとは幸先がいいんじゃないか。
  시합이 시작되어 곧바로 득점을 올렸으니 징조가 좋지 않은가?

211

- 初版本は瞬く間に売り切れて、幸先のいいスタートとなった。
  초판본은 순식간에 매진되어 조짐이 좋은 출발이 되었다.

328 **さいそく** [催促] 재촉, 독촉 ★

- 貸した金を返すように、手紙でやかましく催促したがダメだった。
  빌려준 돈을 갚도록 편지로 성가시게 독촉했지만 소용없었다.

- クリーニング屋がまだシャツを持ってこないから、電話で催促した。
  세탁소에서 아직도 셔츠를 갖고 오지 않아서 전화로 재촉을 했다.

329 **さいだい** [細大] 잔 것과 큰 것

- あの人のことは細大漏らさず調べてある。
  그 사람에 대해서는 샅샅이 조사해 놓았다.

- わたしの知っていることは細大漏らさず、すべてお話致します。
  제가 알고 있는 것은 어떠한 작은 것도 빼놓지 않고 모두 말씀드리겠습니다.

330 **さいちゅう** [最中] (동작이나 상태가) 한창인 때, 절정, 절정기 ★

☞ [さなか]라고도 발음한다.

- きのうは忙しい最中にお客に来られて困った。
  어제는 한창 바쁜 때에 손님이 와서 곤란했다.

- 話合いの最中、自分の意見が通らないので、彼は席を蹴って会議室から出ていった。
  이야기가 한창일 때에 자신의 의견이 통하지 않자 그는 자리를 박차고 회의실에서 나갔다.

- 1988年、世界は設備投資を中心とする「同時景気」の最中であった。
  1988년, 세계는 설비투자를 중심으로 하는 「동시 경기」의 정점에 있었다.

331 **さいど** [再度] 재차, 두 번

- 諸般の事情をご賢察のうえ、再度のお見積りをお願い申し上げます。
  제반 사정을 삼가 헤아리신 후에 다시 견적을 부탁드립니다.

- 初回は失敗したが、再度試みて見事に成功した。
  첫 번째에는 실패했지만 재차 시도하여 보기 좋게 성공했다.

사 회

332 **さいはい** [采配]　　지휘, 명령 / 총채, 먼지떨이

- 新監督が采配を振るうようになってから、チームはまだ負け知らずです。
  새로운 감독이 지휘하게 되고 나서 팀은 아직 패배를 모릅니다.

- 父は元気で店でまだ采配を振るっています。
  아버지는 건강하셔서 가게에서 아직도 지휘하고 있습니다.

333 **さかいめ** [境目]　　경계선, 갈림길

- 満州はシベリアと境目を接していたので、終戦時は混乱の場所となった。
  만주는 시베리아와 경계선을 접하고 있었기 때문에 종전 당시에는 혼란한 장소가 되었다.

- となりの敷地との境目にブロック塀を立てた。
  이웃 집 대지와의 경계선에 블록 담을 세웠다.

334 **さかだち** [逆立ち]　　거꾸로 섬, 물구나무서기, 곤두섬

- 逆立をしても、君にはそれはできない。
  아무리 발버둥을 쳐도 자네는 그것을 할 수 없다.

- 逆立をしながら水を飲むなんて、そんな器用な芸当はとてもできない。
  물구나무를 서서 물을 마시다니, 그런 솜씨 좋은 곡예는 도저히 할 수 없다.

335 **さかみち** [坂道]　　비탈길, 언덕길

- 急な坂道をのぼると、すぐ頂上でした。
  급한 비탈길을 올라갔더니 바로 정상이었습니다.

- ここは山のふもとの町なので、坂道が多い。
  여기는 산기슭에 있는 마을이라서 언덕길이 많다.

- 自動車は坂道にかかると、急に鈍くなった。
  자동차는 언덕길에 이르자 갑자기 느려졌다.

336 **さしえ** [挿絵]　　삽화

- 写真や挿絵が本の内容の理解を助けてくれることがある。
  사진이나 삽화가 책의 내용 이해를 도와주는 경우가 있다.

- 挿絵を入れたり、写真を添えたりして文集の体裁を整えた。
  삽화를 넣기도 하고 사진을 붙이기도 해서 문집의 체제를 갖추었다.

337 さしず [指図]　지시, 지휘, 지정　★★

- 学生たちは先生の指図で、各々の教室に別れて入った。
  학생들은 선생님의 지휘로 각각의 교실로 나뉘어 들어왔다.

- いちいち課長の指図を受けなくても、そんなことぐらい自分でできるよ。
  일일이 과장의 지시를 받지 않더라도 그런 정도는 스스로 할 수 있어.

- いくら兄貴だからって、やたらに指図するのはやめてくれよ。
  아무리 형이라 해도 멋대로 지시하지 말아요.

338 さしだしにん [差出人]　발신인, 발송인　★

- ある日、差出人のない小包がぼくの家に届いた。
  어느 날 발송인이 없는 소포가 우리 집에 배달되었다.

- 差出人不明の手紙の主がわかったわ。クラスのAさんよ。
  발신인을 알 수 없는 편지의 주인공을 알았어. 클래스의 A씨야.

339 さしつかえ [差し支え]　지장, 장애, 상관

- 一度お目にかかりたいんですが、差支えのない日はいつでしょうか。
  한번 찾아뵙고 싶습니다만, 지장이 없는 날은 언제입니까?

- 申込用紙は、ボールペン、鉛筆のどちらで書いても差し支えはありません。
  신청용지는 볼펜, 연필 어느 쪽으로 쓰더라도 상관은 없습니다.

340 さた [沙汰]　소식, 소문, 통지, 평판, 행위, 분부, 판가름　★

- 金の力で世の中はどうにでもなるという例えが、「地獄の沙汰も金次第」だ。
  돈의 힘으로 세상은 어떻게든 해결된다는 비유가 「지옥의 재판도 돈 나름」이다.

- 自分達で決められないことは、お上のお沙汰を仰ぐしかない。
  자신들끼리 결정할 수 없는 것은, 윗사람의 지시를 받는 수밖에 없다.

- 傷害事件を起こすなんて、彼は正気の沙汰ではない。
  상해 사건을 일으키다니, 그는 제정신이 아니다.

341 さっち [察知]　헤아려 앎, 살펴서 앎

- 彼は相手の見かけの言動に迷わされず、本心を察知した。
  그는 상대방의 겉치레 언동에 현혹되지 않고, 본심을 알아차렸다.

사 회

- 犬は足裏の感触で、その場の危機と安全を察知するのです。
  개는 발바닥의 감촉으로 그 자리의 위기와 안전을 감지합니다.

342 **ざっとう**[雑踏] 혼잡, 붐빔

- 祭りの雑踏の中で友だちと、はぐれてしまった。
  축제 행사(마츠리)의 혼잡 속에서 친구를 놓쳐 버리고 말았다.

- 駅の雑踏で老人にぶつかったら、ふていのやから呼ばわりをされて不愉快だった。
  역내의 혼잡 속에서 노인과 부딪쳤더니 불량배로 몰려 불쾌했다.

343 **ざつよう**[雑用] 자질구레한 용무, 잡무

- 自分には能力があるのに、雑用ばかりで、やりたい仕事をちっともやらせてもらえない。
  자신에게는 능력이 있는데도 잡무뿐으로, 하고 싶은 일을 조금도 맡겨 주지 않는다.

- 雑用を手際よくできる人は、仕事ができる人でもある。
  잡무를 솜씨 있게 처리하는 사람은 업무를 잘할 수 있는 사람이기도 하다.

344 **さて**[扨] 그런데, 각설하고, 그래서 / (다음 행동으로 옮기기 전에 주저하는 마음을 나타내는) 자, 그러면 ★

- 扨、一方、日本の夏はどうかと申しますと……。
  그런데, 한편 일본의 여름은 어떤지 말씀드리자면…….

- さて、そろそろ帰ろうか。
  자, 이제 슬슬 돌아갈까나.

☞ さておき(扨置き) 잠시 제쳐 둠, 일단 그대로 둠

345 **さらしもの**[晒し者] 대중 앞에서 창피를 당하는 사람, 남의 구경거리, 놀림감

- みんなの前で晒者になるのはいやだ。
  여러 사람 앞에서 놀림감이 되는 것은 싫다.

- むかしは公衆の前に晒者にされることも一つの刑罰だった。
  옛날에는 대중 앞에서 창피를 당하게 하는 것도 하나의 형벌이었다.

215

346 ざんねん [残念]　유감, 아쉬움, 아까움, 분한 것　★

- 先日はお会いできず残念でした。
  지난번에는 만나지 못해 아쉬웠습니다.

- 残念ながら、ほかに約束がありますので、出席できません。
  유감스럽지만 다른 약속이 있기 때문에 참석할 수 없습니다.

- 結婚や出産のために退職する女性がいるのは残念だ。
  결혼이나 출산 때문에 퇴직하는 여성이 있는 것은 아쉽다.

347 さんぼんばしら [三本柱]　어떤 것이 중요한 것 세 가지로 되어 있는 것, 세 가지 핵심체　★★

- 占領軍の経済政策は、財閥解体、農地改革、労働組合育成を三本柱としていた。
  점령군의 경제정책은 재벌해체, 농지개혁, 노동조합육성을 세 가지 핵심으로 하고 있었다.

- 社長、専務、常務は会社を支える三本柱だと言っても過言ではない。
  사장·전무·상무는 회사를 지탱하는 3인방이라 해도 과언은 아니다.

348 しあげ [仕上げ]　끝손질, 마무리, 완성함, 완성한 결과　★

- 十分に念を入れて、最後の仕上げをする。
  부족함이 없을 정도로 세심한 주의를 기울여 최후의 마무리를 하다.

- 苦労しただけあって、仕上げは実に見事だ。
  고생했던 만큼 완성한 결과는 참으로 훌륭하다.

- 長い間、完成を待たされていた公民館も最後の仕上げを残すだけとなった。
  오랜 기간 완성이 기다려지던 공민관도 최후의 끝손질만을 남기게 되었다.

349 しあん [思案]　궁리, 생각, 근심　★

- ここが思案のしどころです。
  이 부분이 잘 생각해야 하는 부분입니다.

- いっこうによい考えは浮かばず、その日一日は思案に暮れた。
  전혀 좋은 생각은 떠오르지 않고, 그 날 하루는 어떻게 할까 하고 생각에 빠졌다.

- ぼくは思案の末、もう一度彼女に電話をしてみることにした。
  나는 생각 끝에 다시 한번 그녀에게 전화해 보기로 했다.

사 회

350 しうち [仕打ち]　(남에 대한 좋지 못한) 소행, 처사

- 君。僕の秘密をみんなにしゃべるなんて、あまりの仕打だよ。
  자네, 내 비밀을 모두에게 지껄이다니 너무 심한 짓이네.

- あの人からこんな仕打を受けようとは思わなかった。
  그 사람으로부터 이런 처사를 당하리라고는 생각하지 않았다.

- あんなひどい仕打をするなんて、きっと良心が麻痺していたんだ。
  그런 심한 짓을 하다니 틀림없이 양심이 마비되어 있던 게다.

351 しおどき [潮時]　가장 좋은 시기, 적기(適期), 호기, (원래는) 만조와 간조의 시각 ★

- 潮時を見てそろそろ帰ろう。
  적당한 시기를 보아 슬슬 돌아가자.

- もう少し飲めるかな、というあたりが潮時である。
  조금 더 마실 수 있는데 라고 생각되는 시점이 (그만 마셔야 할) 적당한 때다.

352 しかえし [仕返し]　복수, 앙갚음, 보복

- もう、頭にきた! 絶対仕返ししてやる。
  정말 열 받았어! 반드시 복수해 주겠어.

- 敵に仕返しをする機会を狙う。
  적에게 보복할 기회를 노리다.

353 しかけ [仕掛け]　장치, 제도, 조작, 공작, 속임수, 손을 씀 / 일의 시작

- 仕掛けの仕事を済ませてから行きます。
  시작한 일을 끝내고 나서 가겠습니다.

- この実験には特別の仕掛けが必要です。
  이 실험에는 특별한 장치가 필요합니다.

- おかしいぞ。これは何か特別の仕掛けがあるに違いない。
  이상하지? 이것은 뭔가 특별한 조작이 있음에 틀림없다.

354 しかた[仕方]　방법, 수단 / 처사, 하는 짓　★★

・勉強の仕方が間違っているから、よくわからないのだ。
공부하는 방법이 틀렸기 때문에 잘 모르는 거다.

・もう済んだことを今になって悔やんでも仕方があるまい。
벌써 끝난 것을 이제 와서 후회해도 어쩔 도리가 없을 것이다.

・この成績で大学にはいるのは無理だ。仕方がないから諦めてウチの商売を手伝おう。
이 성적으로 대학에 들어가는 것은 무리다. 어쩔 수 없으니 단념하고 집안 장사를 거들어라.

355 じがね[地金]　본바탕, 근성, 도금 속의 바탕 금속

・何かと知ったかぶりをしていたが、今日はとうとう地金が出た。
모르면서도 뭔가 아는 체하고 있었는데, 오늘은 마침내 본성이 드러났다.

・人間もその地金が悪ければ、結局はろくな者にはならない。
인간도 그 본바탕이 나쁘면 결국 변변치 못한 사람이 된다.

356 じきょう[自供]　자백　★

・刑事は動かぬ証拠を示し、言葉鋭く男に自供を迫った。
형사는 꼼짝못할 증거를 제시하고 예리한 말투로 사내에게 자백할 것을 다그쳤다.

・観念した犯人は自供を始めた。
체념한 범인은 자백하기 시작했다.

357 しぐさ[仕草 / 仕種]　하는 짓, 태도, 몸짓, 동작

・何だか変な仕草をする。
어쩐지 이상한 몸짓을 하다.

・その男の服装や様子、仕種がどんなだったか、警官に詳しく聞かれた。
그 남자의 복장이나 모습, 하는 짓이 어떠했는지 경찰관에게 자세히 들었다.

・彼女は首からネックレスを外すと、無造作な仕種でテーブルの上に投げ出した。
그녀는 목에서 목걸이를 풀자 아무렇지도 않은 태도로 테이블 위에 내팽개쳤다.

358 しごと [仕事] 일, 업무, 작업 ★★

- 失礼ですが、あなたのお仕事は何ですか。
  실례입니다만, 당신의 직업은 무엇입니까?

- 新しい課長と馬が合わず、仕事がやりにくい。
  새로 부임한 과장과 서로 마음이 맞지 않아 일을 하기가 어렵다.

- 仕事に追われ、職場の仲間と膝を交えて話し合う機会がない。
  일에 쫓겨 직장 동료와 무릎을 맞대고 서로 이야기할 기회가 없다.

359 しこみ [仕込み] 훈련시킴, 익힘, 빚음 / 물건을 사들임

- 仕込を誤って損をした。
  재료 구입을 잘못해서 손해를 봤다.

- 3年仕込みの味噌が人気がある。
  3년 묵힌 된장이 인기가 있다.

- フランス本場仕込みの料理士が腕を振るう。
  프랑스의 본바닥에서 훈련받은 요리사가 솜씨를 발휘하다.

360 したうち [舌打ち] 혀를 참, 입맛을 다심

- ちっ!と舌打すると、足早に立ち去った。
  쳇! 하고 혀를 차자 재빨리 가 버렸다.

- 本場のソバを舌打しながら食べる。
  본고장의 소바를 입맛을 다시면서 먹다.

361 したがき [下書き] 초고, 초안, 초안을 잡은 글

- 下書を書いてから、清書するつもりです。
  초고를 쓰고 나서 정서할 생각입니다.

- これは下書です。後でもっとちゃんと書き直してきます。
  이것은 초안입니다. 나중에 더욱 단정하게 고쳐 써 오겠습니다.

362 したく [支度] 준비, 채비, 치장 ★★

- 食事の支度ができましたから、席についてください。
  식사 준비가 되었으니 자리에 앉아 주십시오.

- いま支度していますから、ちょっと待ってください。
  지금 준비하고 있으니 잠깐 기다려 주십시오.
- 外出するときは、女のほうが男より支度が長いようだ。
  외출할 때는 여자 쪽이 남자보다 채비가 긴 것 같다.

363 したごころ[下心]   속마음, 본심, 저의, 흑심

- 彼の下心を見抜いた。
  그의 본심을 간파했다.
- 他人に何かを貢ごうとする背景には、それぞれ何らかの下心があるものだ。
  남에게 뭔가를 바치려는 배경에는 각기 어떤 저의가 있기 마련이다.

364 したじ[下地]   준비, 기초, 토대 / 본성, 소질 / 양념간장

- 研究の下地はできている。
  연구의 토대는 마련 되어 있다.
- 君は下地がよいから、上達が早い。
  자네는 기초가 잘 잡혀 있어 숙달이 빨라.

365 したづみ[下積み]   남의 밑에서만 일하고 출세를 못함

- この俳優も長い下積み生活が報われて、やっと人気が出てきた。
  이 배우도 긴 밑바닥 생활을 보상받아 가까스로 인기를 끌게 되었다.
- 彼女が歌手として世に出るまでには、長い間苦しい下積みの時代があったという。
  그녀가 가수로서 세상에 나오기까지는 오랜 기간 괴로운 무명시절이 있었다고 한다.

366 しっそ[質素]   검소, 검약   ★

- 質素をけちん坊と同じに考えてはいけない。
  검약을 구두쇠와 마찬가지로 생각해서는 안 된다.
- あの学者は非常に質素な生活をしています。
  그 학자는 아주 검소한 생활을 하고 있습니다.
- 地味で質素な身なりをしていますが、どことなく品のあるお嬢さんです。
  수수하고 검소한 몸차림을 하고 있습니다만, 더할 나위 없이 기품 있는 따님입니다.

사 회

367 しっぽ[尻尾]　꼬리, 꼴찌

- 魚は尻尾のほうより、頭のほうがおいしい。
  생선은 꼬리 쪽보다 머리 쪽이 맛있다.

- 尾行を続けて、犯人の尻尾をつかむ。
  미행을 계속해서 범인의 꼬리를 잡다.

- 上役に尻尾を振って、実力もないのに課長に昇進する。
  윗사람에게 꼬리를 흔들어 실력도 없는 데 과장으로 승진하다.

368 しなもの[品物]　물건, 물품, 상품

- 品物さえ良ければ値段が高くても買います。
  물건만 좋으면 값이 비싸도 삽니다.

- そんな品物を一万円で売る気かい。君も欲が深いね。
  그런 물건을 만엔에 팔 생각인가? 자네도 욕심이 끝이 없구먼.

- 予算にあわせて品物を選ばなければならない。
  예산에 맞추어 물건을 고르지 않으면 안 된다.

369 じならし[地均し]　땅을 편편하게 고름, 예비 공작, 사전 준비

- 道路工事の人が、地均ししている。
  도로공사를 하는 인부가 땅을 편편하게 고르고 있다.

- 相手との交渉は、私が地均しをしておきますから、正式にはあなたがやってください。
  상대방과의 교섭은 제가 길을 닦아 놓을 테니까 정식으로는 당신이 해주십시오.

370 しのぎ[鎬]　칼날과 칼등 사이의 볼록한 부분

- 横綱同士が鎬をけずって優勝を争う。
  요코즈나끼리 (서로 칼을 비벼대듯) 격전을 벌이며 우승을 다투다.

- 各国の放ったスパイたちが、情報をめぐって鎬を削っています。
  각국에서 보낸 스파이들이 정보를 둘러싸고 맹렬히 싸우고 있습니다.

371 **しばふ** [芝生]　잔디밭 ★

- 芝生の中じゃ野球をしちゃいけませんよ。
  잔디밭 안에서는 야구를 하면 안돼요!

- 幼児は四階のベランダから墜落したが、芝生の上に落ちて奇跡的に助かった。
  유아는 4층 베란다에서 추락했지만, 잔디밭 위로 떨어져서 기적적으로 구출되었다.

372 **じばら** [自腹]　자기 돈, 자신의 호주머니, 자기 배 ★

- 「自腹を切る」とは、自分の小遣いから支払うことをいう。
  「자신의 배를 가르다」란 자신의 용돈에서 지불하는 것을 말한다.

- 先生が自腹を切って、学生用の図書を買う。
  선생님이 자신의 주머닛 돈으로 학생용 도서를 사다.

- ときには自腹を切ってタクシーを使うくらいの機転も必要だ。
  때로는 자신의 돈으로 택시를 탈 정도의 기지도 필요하다.

373 **じびき** [字引き]　옥편, 자전(字典), 사전, 사서

- この言葉の意味を字引で調べました。
  이 말의 의미를 옥편에서 조사했습니다.

374 **じぶん** [自分]　자기, 자신 / (대명사적으로) 나, 저

- それぐらいのことは、人の手を借りないで自分でやりなさい。
  그 정도의 일은 남의 손을 빌리지 말고 자기 스스로 하세요.

- あの人は自分勝手な人だから、みんなに嫌われる。
  그 사람은 제멋대로 하는 사람이라서 모두가 싫어한다.

375 **しまい** [仕舞い]　끝, 마지막, 최후 / 품절, 매진 / 끝냄, 중지 ★

- きょうの勉強はこれでお仕舞いです。
  오늘의 공부는 이것으로 마칩니다.

- 酒を飲み始めた時はおとなしかったが、仕舞には踊り出した。
  술을 마시기 시작했을 때는 점잖았지만, 끝내는 춤추기 시작했다.

- 酒の肴は全部お仕舞いになりました。
  술안주는 전부 동이 났습니다.

376 しまつ [始末]　일의 결과, 나쁜 형편, 꼴 / 끝맺음, 처리, 마무리 지음　★

- 今やってる仕事の始末を付けたら、四、五日休暇を取って旅行に出るつもりでいる。
  지금 하고 있는 일을 매듭지으면, 4·5일 휴가를 받아서 여행갈 생각으로 있다.

- まったく情けない始末になってしまった。
  참으로 한심스런 결과가 되어 버렸다.

- 彼は始末屋だからこんな高い物は買わないだろう。
  그는 절약가라서 이런 비싼 물건은 사지 않을 것이다.

377 じまん [自慢]　자랑　★

- あの奥さんに会うと、いつも子供の自慢をします。
  그 부인을 만나면 언제나 자식 자랑을 합니다.

- 私の母は、40歳過ぎてもちっとも太らないことを自慢しています。
  저의 어머니는 40세를 넘겨도 조금도 뚱뚱해지지 않는 것을 자랑하고 있습니다.

378 じみ [地味]　수수함, 검소함　★

- 会社をやめたら、田舎で地味に暮らすつもりだ。
  회사를 그만두면 시골에서 검소하게 지낼 생각이다.

- あなたには明るい色の着物よりも、むしろ地味な色のほうが似合うかも知れませんね。
  당신에게는 밝은 색 옷보다도, 오히려 수수한 색이 어울릴지도 모르겠군요.

- 高校時代の細川さんは、どちらかと言えば地味で目立たない生徒でした。
  고교 시절의 호소카와 씨는, 어느 쪽이냐 할 것 같으면 수수해서 눈에 띄지 않는 학생이었습니다.

379 じみち [地道]　착실함, 견실함　★

- 地道な聞込み捜査で犯人の足がついた。
  착실한 탐문수사로 범인의 행방이 드러났다.

・偉大な発見は単なる幸運や偶然ではなく、地道な研究の積み重ねの結果です。
위대한 발견은 단순한 행운이나 우연이 아니라 견실한 연구가 거듭된 결과입니다.

・地道な努力の結果、彼の商売は順調に伸びていった。
착실하게 노력한 결과 그의 장사는 순조롭게 신장해 갔다.

380 しむけ [仕向け]　대우, 처우 / 발송, 발송지, 발송처

・主人の仕向が良いので、使用人が長続きする。
주인의 대우가 좋기 때문에 사용인이 장기 근속을 한다.

・この品の仕向先はどこですか。
이 물건의 발송지는 어디입니까?

381 しめい [氏名]　성명　★

・左に氏名を記された者は直ちに学生課に出頭すること。
왼쪽에 성명이 기재된 자는 즉시 학생과로 출두할 것.

・申込書にはローマ字で氏名を書いてください。
신청서에는 로마자로 성명을 써 주십시오.

382 しゃくし [杓子]　국자, 주걱

・近ごろは猫も杓子も大学へ行きたがる。
최근에는 아무다 다 대학에 가고 싶어한다.

・この神様はご利益があるというので、猫も杓子もお参りに来ます。
이 신(神)은 영험이 있다 해서 어중이 떠중이 다 참배하러 옵니다.

・近頃は猫も杓子もジョギングだが、本当に効果があるのかな。
요즈음에는 아무나 다 조깅을 하는데 진짜로 효과가 있을까?

383 しゃくしじょうぎ [杓子定規]　(한 가지 방법을 무엇에나 적용시키려는) 융통성 없는 것, 획일적임

・彼は杓子定規な考え方しかできない人だ。
그는 획일적인 생각밖에 할 수 없는 사람이다.

사 회

- 形式を重んじる礼儀作法のさまざまなルール、それは決して杓子定規なものではない。
  형식을 중시하는 예의범절의 갖가지 룰, 그것은 결코 획일적인 것은 아니다.

384 じゃぐち [蛇口]　수도꼭지

- 水道の蛇口からは、ポタッポタッと水が滴っている。
  수도꼭지에서는 퐁퐁하고 물이 떨어지고 있다.

- 寒冷地では、水道の蛇口のまわりを布でくるんで凍結を防ぐ。
  한랭지에서는 수도 꼭지의 주위를 천으로 휘감아서 동결을 방지한다.

385 じゃすい [邪推]　그릇된 의심(추측), 억측, 억탁　★

- 邪推する人に良友はできない。
  그릇된 의심을 하는 사람에게 좋은 친구는 생기지 않는다.

- 人の親切を邪推するのはよくない。
  남의 친절에 그릇된 의심을 품는 것은 좋지 않다.

386 じゃばら [蛇腹]　(사진기의) 주름상자, 주름 호스

- アコーディオンの鞴は蛇腹になっている。
  아코디언의 풀무는 주름상자로 되어 있다.

- ドラム缶から灯油を吸出すポンプには蛇腹のホースがよく使われる。
  드럼통에서 등유를 뽑아내는 펌프로는 주름 호스가 자주 사용된다.

387 じゃま [邪魔]　장애, 방해, 방문, (방문으로 인한) 실례　★★

- ラジオの音が邪魔で本が読めない。
  라디오 소리가 방해가 되어 책을 읽을 수 없다.

- せっかくうまくいっているんだ。二人の仲を邪魔しないでくれ。
  모처럼 잘 나가고 있다네. 두 사람 사이를 방해하지 말아 주게.

- 午後ちょっとお邪魔したいのですが、いかがでしょうか。
  오후에 잠시 방문 드리고(실례하고) 싶은데 어떠신지요?

388 じゃまもの[邪魔者]　방해가 되는 물건(사람)

- いくら山本君が下手くそだからって、邪魔物扱いするのはひどいんじゃないか。
  아무리 야마모토 군이 서투르다 해도 거추장스러운 존재로 취급하는 것은 심하지 않은가?

- あの人は会社でみんなに邪魔物あつかいにされている。
  그 사람은 회사에서 모두에게서 귀찮은 사람 취급을 받고 있다.

389 しゃれ[洒落]　익살, 신소리, 유머

- あの人は洒落がうまい。
  그 사람은 유머가 뛰어나다.

- 君の下手な洒落はもう聞き厭きたよ。
  자네의 서투른 익살은 이젠 듣기에 진력이 났네.

- 時と場所をわきまえた巧みな「洒落」は、人の心を和やかにする。
  때와 장소를 가린 절묘한 유머는 사람의 마음을 부드럽게 한다.

390 しゅうし[終始]　내내, 줄곧, 처음부터 끝까지

- 我がチームは終始善戦したが、惜しくも一回戦で破れ去った。
  우리팀은 내내 선전했지만 아깝게도 1회전에서 패해 탈락했다.

- 住民は発電所建設には始終反対してきた。
  주민은 발전소 건설에는 줄곧 반대해 왔다.

- 両国首脳の初めての会談は、始終なごやかな雰囲気のうちに展開されました。
  양국 수뇌의 첫 회담은 시종일관 부드러운 분위기 속에서 전개되었습니다.

391 じゅうたい[渋滞]　정체, 체증, 밀림　★★

- ひどい交通渋滞にあって、だいぶ時間を食ってしまった。
  심한 교통체증을 만나 상당한 시간을 까먹어 버렸다.

- 朝夕の渋滞時は、バスに乗るよりむしろ歩いたほうが早い。
  아침저녁의 정체 시에는 버스를 타는 것보다도 오히려 걷는 쪽이 빠르다.

- 交通が渋滞するとは聞いていたが、これほどとは思わなかった。
  교통이 정체된다고는 들었지만 이 정도라고는 생각지 않았다.

사 회

392 しゅうもく [衆目]　뭇사람의 시선

- 彼の正しいことは衆目の一致するところである。
  그가 옳다는 것은 뭇사람의 눈이 일치하는 바이다.

- 彼の秀でた演技力はいつも衆目を引き付ける。
  그의 빼어난 연기력은 언제나 뭇사람의 시선을 끈다.

393 しゅつじ [出自]　출신, 태생

- 彼は決して自分の出自を明かそうとはしなかった。
  그는 결코 자신의 출신을 밝히려 하지 않았다.

- 彼女の出自が知られてから興味深い事実がわかるようになった。
  그녀의 출신이 알려지고 나서 아주 흥미로운 사실을 알 수 있게 되었다.

394 しよう [仕様]　방법, 수단 규정　★

- 問題の解決には、もう少し仕様がありそうなものだ。
  문제의 해결에는 좀 더 방법이 있을 것 같다.

- 何とかほかに仕様がないものか。
  어떻게 달리 방법이 없을까?

- 借金ばかりでどうにもこうにも仕様がない。
  빚더미 뿐이라 이러지도 저러지도 못하고 어찌할 도리가 없다.

☞「しょうがない」라고도 말함.

395 じょうしゅび [上首尾]　잘되어 감, 성공적임, 결과가 만족스러움, 좋은 결과　@ ふしゅび(不首尾)　@ 首尾は上々

- 今度の会議は上首尾に終わった
  이번 회의는 만족스럽게 끝났다.

- 万事が上首尾に運ぶ。
  만사가 잘되어 간다

396 じょうず [上手]　하는 일이 능숙함, 잘함　@ へた(下手) 서투름　★

- 10年目のベテランでも、上手の手から水がもれることもある。
  10년경력의 베테랑이라도, 나무에서 떨어질 때가 있다.

- 木村さんは大学で英語とフランス語を勉強しましたが、両方ともたいへん上手です。
  기무라 씨는 대학에서 영어와 프랑스어를 공부했는데 양쪽 모두 잘합니다.

397 じょうたつ[上達]　학문·기술 따위가 향상됨, 숙달

- 日本の新聞の記事が読めるほど日本語が上達した。
  일본신문의 기사를 읽을 수 있을 정도로 일본어가 향상되었다.

- コーチが熱心な指導をしてくれたので、だんだんサッカーが上達してきた。
  코치가 열심히 지도해 주었기 때문에 점점 축구가 능숙해졌다.

- もう少し運転の腕が上達したら、みんなでドライブに行こうよ。
  좀 더 운전 솜씨가 숙달되면 여럿이서 드라이브를 가자꾸나.

398 じょうだん[冗談]　농담, 장난으로 하는 일 ★

- あの人は冗談がうまくて、人をよく笑わせる。
  그 사람은 농담을 잘해서 사람들을 잘 웃긴다.

- 冗談にも程がありますよ。
  농담도 정도가 있다구요!

- 彼の明るい冗談は、いつもみんなの笑いを誘っている。
  그의 밝은 농담은 언제나 모두의 웃음을 자아내고 있다.

399 しょうち[承知]　(들어서) 알고 있음 / 승낙, 승인 / 용서함 ★

- あなたもご承知のことと思います。
  당신도 알고 계신다고 생각합니다.

- あの人と結婚することを父が承知してくれないので、困っています。
  그 사람과 결혼하는 것을 아버지가 승낙해 주지 않아서 곤란해하고 있습니다.

- みんなが承知しても、私は承知しませんよ。
  모두가 인정해도, 나는 인정하지 않겠어요.

400 じょうひん[上品]　품위가 있음, 고상함, 귀티가 남, 상품　반 げひん(下品) ★

- 田村さんの奥様は上品で優しく、人当たりのいい人だ。
  다무라 씨의 부인은 품위가 있고 우아해서 인상이 좋은 사람이다.

- 電話の様子から相手はかなり上品なご婦人であることがわかった。
  전화 받는 태도에서 상대방은 상당히 기품 있는 귀부인이라는 것을 알았다.

401 しょうぶん[性分]　천성, 성품

- 年を取って父の怒りやすい性分は、いよいよひどくなってきた。
  나이가 들면서 아버지의 화 잘내는 성품은 더욱 더 심해졌다.

- のんびりした田舎暮しが、ぼくの性分にあっているかも知れません。
  느긋한 시골생활이 나의 천성에 맞을지도 모릅니다.

- 俺の短気は持って生まれた性分だから、仕方がないだろう。
  나의 급한 성격은 타고난 천성이라서 어쩔 도리가 없을 것이다.

402 しようまっせつ[枝葉末節]　지엽말절, 아주 하찮은 것

- 枝葉末節にとらわれないで、問題の核心を考えてください。
  지엽적인 것에 얽매이지 말고 문제의 핵심을 생각해 주십시오.

- 枝葉末節にこだわって、本筋を見失う。
  지엽적인 것에 얽매여 본론을 놓치다.

403 しょうわ[唱和]　구호의 제창, 합창

- 会社によっては、毎朝の仕事始めに従業員が社訓や信条を唱和するところもある。
  회사에 따라서는, 매일 아침 업무개시 때 종업원이 사훈이나 신조를 제창하는 곳도 있다.

- 日本人の一団が空港ロビーで、「万歳」と唱和していた。
  일단의 일본인이 공항에서「반자이」라고 만세를 제창하고 있었다.

404 しょくあたり[食中り]　배탈, 식중독　㊗ しょくちゅうどく(食中毒)

- 食中りで三日間学校を休んだ。
  식중독으로 3일간 학교를 쉬었다.

405 しょぞん [所存] 생각, 소견 ★

- どちらも「考え」を表すが、一般に「意向」は相手側の考えなのに対して、「所存」は自分側の考えをさす。
  어느 쪽도 '생각'을 뜻하지만, 일반적으로 「意向」은 상대측의 생각인데 비해, 「所存」은 자기 측의 생각을 가리킨다.

- 誠意ある対応なき場合には、法的手段に訴える所存でございます。
  성의 있는 대응이 없는 경우에는 법적 수단에 호소할 생각입니다.

- 契約書の内容については、相手側の意向を充分に反映させたい。
  계약서의 내용에 관해서는 상대의 의향을 충분히 반영시키고 싶다.

406 しょたい [所帯] 가구, 세대(世帯), 생계, 살림

- 所帯を持つと何かと出費がかさみ、好きな酒も思うように飲めなくなる。
  가정을 가지면 이것저것 지출이 늘어서, 좋아하는 술도 생각처럼 마실 수 없게 된다.

- 我々所帯持ちとは違って、君のような独り者は身が軽くていい。
  우리들 가정을 갖고 있는 사람과 달리, 자네 같은 독신자는 홀가분해서 좋다.

407 しょちゅう [暑中] 여름의 한창 더운 때, 혹서 기간중

- 暑中お見舞い申し上げます。
  한창 더운 때에 안녕하신지 문안드립니다.

408 しょもつ [書物] 책, 서적, 도서

- 学習や研究、調査などの参考となる書物を参考書という。
  학습이나 연구, 조사 등의 참고가 되는 서적을 참고서라고 한다.

- 読書は書物との対話であり、また作者との対話でもある。
  독서는 책과의 대화이고, 또한 작자와의 대화이기도 하다.

409 しらせ [知らせ] 알림, 안내, 공고 ★

- 入学試験はよくできたと思うが、正式な知らせが来るまでは安心できない。
  입학시험은 잘 봤다고 생각하지만, 정식 통지가 올 때까지는 안심할 수 없다.

- 「お知らせ」と書いた紙が掲示板にはってある。
  「알림」이라고 쓴 종이가 게시판에 붙어 있었다.

사 회

- これで、運動会についてのお知らせを終わります。
  이것으로 운동회에 관한 안내를 마칩니다.

410 しらんかお [知らん顔]　모른 체함, 시치미를 뗌

- わたしが挨拶をしたのに、あの人は知らん顔をしていた。
  내가 인사를 했는데도 그 사람은 모른 체하고 있었다.

- かれは仲間に罪を着せて、まったく知らん顔をしていた。
  그는 동료에게 죄를 뒤집어씌우고 완전히 시치미를 떼고 있었다.

411 しりあい [知り合い]　서로 앎, 지인, 친지　★

- 知り合いは多いほどいい。
  지인은 많을수록 좋다.

- 夏休みに海へ行ったときは、旅館が一杯で知合いの家に一晩泊めてもらいました。
  여름 휴가로 바다에 갔을 때는, 여관이 꽉 차서 친지의 집에서 하룻밤을 신세졌습니다.

412 しりうま [尻馬]　두 사람이 말을 탈 때 뒤에 타는 것, 편승, 부화뇌동　★

- 彼は人の尻馬に乗って騒いでるだけで、本当の反対派じゃないよ。
  그는 남이 하는 대로 부화뇌동하여 떠들고 있을 뿐으로 진짜로 반대파는 아니다.

- 兄の尻馬に乗ってさわいで母にしかられた。
  형을 따라 덩달아 떠들다가 어머니에게 꾸중을 들었다.

413 しりめ [尻目]　곁눈질 / 무시, 멸시

- 皆の反対を尻目に彼は旅立って行った。
  모든 사람의 반대를 무시하고 그는 여행을 떠나 버렸다.

- 汚職事件のそしりを尻目にどっかり長官の地位に居座っている。
  독직의 비난을 들은 체 만 체 장관의 지위에 머물러 있다.

414 しるし [印]　표시, 징표, 마크 / 상징, 심볼 / 증거　★★

- 病院には赤十字の印が書いてある。
  병원에는 빨간 십자 마크가 붙어 있다.

231

- このクラブに出入りする人達は、みんな会員である印に、胸にバッチをつけていた。
  이 클럽에 출입하는 사람들은 모두 회원이라는 상징으로 가슴에 배지를 달고 있었다.
- 愛情の印として、この指輪をあなたに贈る。
  애정의 징표로 이 반지를 당신에게 선물한다.

415 **しろうと** [素人]　초심자, 아마추어, 풋내기　🔄 くろうと(玄人)　★★
- ぼくは自動車の運転はまだ素人です。
  나는 자동차 운전은 아직 초보입니다.
- フグは毒に当たると命を落とすので、素人が調理するのは危険です。
  복어는 독에 중독되면 목숨을 잃기 때문에 아마추어가 조리하는 것은 위험합니다.

416 **しろめ** [白目]　차가운 눈길, 백안시
- みんなが僕を犯人だと疑って、白目で見る。
  모두가 나를 범인이라고 의심하고 냉랭한 눈길로 본다.
- 白目を出してにらむ。
  흰자위를 치뜨고 흘겨보다.

417 **しわざ** [仕業]　소행, 행위, 짓　★
- こんな悪いことをするのは、あいつの仕業に違いない。
  이런 나쁜 짓을 하는 것은 그 녀석의 소행임에 틀림없다.
- どうも臭うぞ、さっきのイタズラは君の仕業だな。
  아무리 해도 냄새가 나는데. 아까 장난은 자네 짓이지?

418 **しんけん** [真剣]　진지함, 진정, 진실함, 진짜 검(목검이 아닌)　★
- この立ち会いは木刀ではなく、真剣を用いた勝負だった。
  이번 대결은 목도가 아니라 진짜 검을 사용한 승부였다.
- 何をするにも真剣な彼の態度は、みんなの手本だ。
  무엇을 함에 있어서도 진지한 그의 태도는 모두의 본보기다.
- 受験生は真剣な顔をして面接室に入って来ました。
  수험생은 면접실로 진지한 얼굴을 하고 들어왔습니다.

사 회

419 しんだい [身代]　가산(家産), 전 재산

- 生まれつきの遊び好きだったその男は、親から受け継いだ身代を保つことができなかった。
  천성적으로 놀기 좋아했던 그 사나이는 부모로부터 물려받은 가산을 지킬 수가 없었다.

- 取引の失敗は、店の身代が揺らぎかねないほど大きかった。
  거래의 실패는 점포의 전 재산이 흔들릴지도 모를 정도로 컸다.

420 しんちょう [新調]　새로 만듦, 새로 장만함, 신곡, 새로운 가락

- 新調のスーツを着てバカにめかし込んだ弟は、いそいそと出掛けて行った。
  새로 맞춘 양복을 입고 한껏 멋을 부린 동생은 서둘러 나들이를 갔다.

- 新調したばかりのスーツにコーヒーをこぼしてしまった。
  새로 갓 장만한 정장에 커피를 엎질러 버렸다.

421 しんぱい [心配]　근심, 걱정, 염려, 배려　★

- あしたの天気が心配だ。
  내일의 날씨가 걱정이다.

- 母は心配そうな顔をして僕を見ていた。
  어머니는 근심스런 얼굴로 나를 쳐다보고 있었다.

- いろいろご心配をかけて申し訳ありません。
  여러 가지로 염려를 끼쳐드려 죄송했습니다.

422 しんぼう [辛抱]　인내, 오래 견딤, 참음　★

- 母は苦しい生活の中で、辛抱に辛抱を重ねて子供を育てた。
  어머니는 어려운 생활 속에서도 인내에 인내를 거듭하여 아이들을 키웠다.

- 彼の歌を最後まで聞くには、相当の辛抱が要るね。
  그의 노래를 끝까지 듣기에는 상당한 인내가 필요하지요

- 彼は苦労して来たので、自然に辛抱強い性格になったと言っている。
  그는 고생해 왔기 때문에 자연히 인내심이 강한 성격이 되었다고 말하고 있다.

423 **しんみ** [親身]　육친, 육친처럼 친절하게 대함　★

- 担任の先生は、親身になってわたしの相談にのってくれた。
  담임 선생님은 가족같이 친절하게 나의 상담에 응해 주었다.
- 皆様方のご要望に親身になってお答えするつもりです。
  여러분의 요망에 가족친지처럼 친절하게 응대할 생각입니다.

424 **すあし** [素足]　맨발

- その少年は、靴下なしの素足に運動靴を履いていた。
  그 소년은 양말을 신지 않고 맨발에 운동화를 신고 있었다.
- 久しぶりに砂浜を素足で歩いてみたら、さらさらした砂がとても気持よかった。
  오랜만에 모래사장을 맨발로 걸어 봤더니 보송보송한 모래가 아주 기분이 좋았다.

425 **ずいいち** [随一]　제일, 첫째, 으뜸

- 食糧問題の研究に関しては、日本では浅野博士が随一だ。
  식량문제의 연구에 관해서는, 일본에서는 아사노 박사가 제일이다.
- 平家物語は数多い軍記物語の中で随一の傑作と言えるでしょう。
  헤이케 이야기는 수많은 전쟁소설 중에서 최고의 걸작이라고 말할 수 있겠지요.

426 **すいさつ** [推察]　추측, 짐작

- 私の推察では、これは大した事件ではない。
  나의 짐작으로는 이것은 큰 사건은 아니다.
- 推察の通りだったことがわかった。
  추측했던 대로였다는 것을 알았다.

427 **すうき** [数奇]　기구함, 불우함

- 数奇な一生を送った女流画家の遺展が行われている。
  기구한 일생을 보낸 여류화가의 유작전이 열리고 있다.
- 彼女の数奇な身の上話を聞いてしんみりしてしまった。
  그녀의 불우한 신상 이야기를 듣고 숙연해져 버렸다.

사 회

428 **すがお** [素顔]   화장하지 않은 얼굴, 순수한 모습, 참 모습   ★

- 太田さんは、お化粧をしないままの素顔がとても美しい人だ。
  오오타 씨는 화장하지 않은 상태의 순수한 얼굴이 참으로 아름다운 사람이다.

- あの人はやはり、写真より素顔のほうがいい。
  그 사람은 역시 사진보다 실물 쪽이 낫다.

- 日本を理解してもらうために、日本の素顔を世界の人々にもっと紹介すべきだ。
  일본을 이해시키기 위해서는 일본의 참 모습을 세계 사람들에게 더욱 소개해야만 한다.

429 **すききらい** [好き嫌い]   좋아하고 싫어함, 좋고 싫은 것을 가림   ★

- 食べ物の好き嫌いなどは十人十色だから、人に無理強いするのはよくない。
  음식에 대해서는 좋아하고 싫어함이 각양각색이니 남에게 강요하는 것은 좋지 않다.

- ぼくは肉でも野菜でも好き嫌いはなく、何でも食べられる。
  나는 고기든 야채든 좋고 싫음이 없이 무엇이든지 먹을 수 있다.

430 **すきま** [隙間]   빈틈, 틈새, 짬, 겨를

- 戸の隙間から中を覗いてみたが、よく見えなかった。
  문 틈새로 안을 들여다보았지만 잘 보이지 않았다.

- 警察が透き間なく張り巡らした非常線を破って、犯人はまんまと姿をくらましました。
  경찰이 빈틈없이 둘러친 비상선을 뚫고 범인은 감쪽같이 모습을 감췄다.

- 座席に少しでも隙間があると、割り込んで腰をかける人がいる。
  좌석에 조금이라도 빈틈이 있으면 끼여들어 앉는 사람이 있다.

431 **ずさん** [杜撰]   조잡함, 엉터리, 날림

- 君が立てた杜撰な計画では、成功は覚束ないだろう。
  자네가 세운 조잡한 계획으로는, 성공은 장담할 수 없을 것이다.

- 土木業者の杜撰な工事に市民の非難が集まった。
  토목업자의 날림 공사에 시민의 비난이 집중되었다.

- この本は、あちこちに誤字があって、あまりの杜撰な編集ぶりに呆れてしまった。
  이 책은 여기저기에 오자가 있고, 너무도 조잡한 편집 상태에 기가 찼다.

432 **すじ** [筋]   힘줄, 근육, 줄기 / 줄거리 / ~통, 어느 분야의 전문가 / 혈통, 핏줄 / 이치, 조리

- この肉は筋が多くて堅い。
  이 고기는 힘줄이 많아서 질기다.

- 彼の話は筋が通っているから、だれでもその通りだと思う。
  그의 이야기는 조리에 맞기 때문에, 누구나 그 말대로라고 생각한다.

- あの外国映画は簡単な筋だから、言葉がわからなくてもどんな話か大体わかります。
  그 외화는 간단한 줄거리라서, 말을 몰라도 어떤 이야기인지 대강 알 수 있습니다.

- このニュースは政府の信用できる筋から聞いたのだから、間違いないと思う。
  이 뉴스는 정부의 믿을 수 있는 소식통한테 들었기 때문에 틀림없다고 생각한다.

- あの家は天才の筋で、お祖父さんもお父さんも彼も大学者である。
  그 집안은 천재의 혈통으로 할아버지도 아버지도 그도 대학자다.

433 **すじがき** [筋書き]   대강의 줄거리, 개요

- 事業を筋書き通りに運ぶ。
  사업을 미리 짠 계획대로 진척시키다.

- 映画の筋書きをプログラムに印刷する。
  영화의 대강의 줄거리를 프로그램에 인쇄하다.

434 **すじだて** [筋立て]   줄거리를 세움, 대강의 줄거리

- この小説は、波乱万丈の筋立てが読み手の興味を誘う。
  이 소설은 파란만장한 줄거리가 읽는 사람의 흥미를 자아낸다.

- 筋立ての分かりにくい演劇は見ていると疲れる。
  줄거리를 이해하기 어려운 연극은 보고 있노라면 피곤하다.

435 **すしづめ** [寿司詰め]   빽빽함(가득 담은 초밥처럼), 꽉참, 초만원, 콩나물 시루

- 寿司詰めの電車で学校に通う。
  콩나물 시루 같은 만원 전철로 학교에 다니다.

- 通勤列車には、乗客が寿司詰め状態にされているのに誰も文句を言わない。
  통근열차에는 승객이 콩나물 시루처럼 꽉 채워져 있는데도 아무도 불평을 하지 않는다.

436 **すじみち** [筋道]   조리, 이치에 닿음, 도리 / 순서, 절차

- 聞く人によくわかるように、筋道を立てて話す練習をしましょう。
  듣는 사람이 잘 이해하도록 조리에 맞게 이야기하는 연습을 합시다.

- 事前に許可を得てから実行する。それが物事の筋道というものだ。
  사전에 허가를 얻고나서 실행한다. 그것이 세상사의 도리라는 것이다.

- 向こうは気難しい人だから、きさんと筋道を踏んでお願いしなさい。
  저쪽은 까다로운 사람이니 정확하게 절차를 밟아서 부탁하시오.

437 **すその** [裾野]   산 밑에 있는 들, 산기슭의 경사가 느린 곳

- そこの牧場では、山の裾野で牛を放し飼いにしています。
  그곳 목장에서는 산기슭의 들판에 소를 방목해서 사육하고 있습니다.

- 富士山の裾野に点在する五つの湖のことを富士五湖という。
  후지산의 산기슭에 흩어져 있는 다섯 개의 호수를「富士5湖」라고 한다.

438 **すで** [素手]   맨손, 빈손, 맨주먹

- ウナギを掴もうとしても、ぬるぬるしているので素手ではつかめません。
  뱀장어를 붙잡으려 해도 미끈미끈하기 때문에 맨손으로는 움켜쥘 수 없습니다.

- 画面には素手で触れないでください。
  화면은 맨손으로 만지지 말아 주십시오.

439 **すなお** [素直]   순박함, 순진함, 솔직함, 진솔함

- 強がりを言っていないで、素直に頭を下げたらどうだ。
  허세로 큰소리치지 말고 솔직하게 머리를 숙이는 게 어떠냐?

- 彼女は素直で朗らかな性格の持ち主です。
  그녀는 순진하고 명랑한 성격의 소유자입니다.

- 彼は幼いとき両親を失い苦労したにも拘わらず、性格が歪むこともなく素直に成長した。
  그는 어릴 때 양친을 여의고 고생했는데도 불구하고, 성격이 비뚤어짐도 없이 순박하게 성장했다.

440 **すはだ**[素肌]　맨살

- 若いうちはあまり厚化粧をしないで、素肌の美しさを大切にしたい。
  젊을 때는 지나치게 두꺼운 화장을 하지말고 맨살의 아름다움을 소중히 하면 좋겠다.

- 小麦色に焼けた健康的な素肌が夏によく似合う。
  연한 갈색으로 그을린 건강미 넘치는 맨살이 여름에 잘 어울린다.

- ブラウスやセーターは素肌にじかに着るよりも、下に何か着たほうが暖かいのです。
  블라우스나 스웨터는 맨살에 바로 입기보다는 밑에 뭔가를 받쳐 입는 쪽이 따뜻합니다.

441 **ずぼし**[図星]　핵심, 요점, 급소, 족집게 / 과녁의 한가운데 있는 점　★★

- 「図星」とは空に輝く星のことではない。的の中心にある黒い点のことなのである。
  「図星」란 하늘에서 빛나는 별이 아니다. 과녁의 중심에 있는 검은 점인 것이다.

- 相手が隠していることを見抜いて、言い当ててしまうことを「図星を指す」という。
  상대가 감추고 있는 것을 간파하고 알아맞히는 것을 「정곡을 찌르다」라고 한다.

- 「あなた、何でそれを知ってるの〜?! まさに図星だね。」
  당신, 그것을 어떻게 알았지〜?! 참으로 족집게로구먼.

442 **すみ**[済み]　끝난 것, 완료, 필(畢)

- その問題はもう検討済だ。
  그 문제는 이미 검토가 끝났다.

- お客様のご注文の品は、発送済ですから間もなく着くことと思います。
  손님이 주문하신 물건은 발송을 끝냈기 때문에 머지않아 도착할 걸로 생각합니다.

사 회

443 **すんぜん**[寸前]　직전, 바로 전

- ホームの階段を息を切らして駆け上がり、電車のドアの閉まる寸前、飛び乗った。
  플랫폼의 계단을 숨이 끊어질듯 헐떡이며 뛰어올라가, 전철문이 닫히기 직전에 올라탔다.

- 医師は重態の病人に外科手術をし、ほとんど死の寸前にあったのをよみがえらせた。
  의사는 중태인 환자에게 외과 수술을 하여, 거의 죽기 일보 직전에 살려냈다.

- 欲張って二塁に走ったが、寸前でタッチアウトになった。
  욕심을 내서 2루로 달렸으나 닿기 직전에 터치 아웃되었다.

444 **すんぶん**[寸分]　조금, 약간 / 조금도, 전혀

- 実物と寸分違わない。
  실물과 조금도 다르지 않다.

- 彼の振る舞いには寸分の隙もない。
  그의 행동에는 조금도 허술함이 없다.

445 **せいいっぱい**[精一杯]　힘껏, 한껏, 고작　★★

- 結果を気にせずに精一杯がんばってください。
  결과를 신경 쓰지 말고 한껏 힘내세요.

- 毎日朝から夜まで精一杯働いているのに、いつになっても貧乏だ。
  매일 아침부터 밤까지 힘껏 노력하고 있는데도 언제나 가난하다.

- 当時の科学技術の水準では、ここまでやるのが精一杯だったようだ。
  당시의 과학기술 수준으로는 이 정도까지가 한계였던 것 같다.

446 **せいこん**[精根]　끈기, 정력

- この仕事に取組んで十ヶ月になるが、もう精根を使い果たしてしまった。
  이 일에 착수한 지 10개월이 되는데, 벌써 기진맥진해 버렸다.

447 **せいこん**[精魂]　심혈

- さすがにこの刀には名人の精魂がこもっている。
  과연 이 칼에는 명인의 심혈이 깃들어 있다.

- 新しい理論を打ち立てようと、私は精魂を傾けて研究に取組んだ。
  새로운 이론을 확립하고자 나는 심혈을 기울여 연구에 임했다.

448 **せいしょう** [清祥]　건승(健勝)

☞ 서간문에서 상대가 무고하게 지냄을 경하하거나 축원하는 말. 清勝이라고도 쓴다.

- 清祥という言葉は手紙の挨拶文に使う言葉だ。
  「清祥」라는 말은 편지의 인사말로 사용하는 말이다.

- 秋冷の候、ますますご清勝のこととお喜び申し上げます。
  싸늘한 가을철이온데, 더욱더욱 건승하심을 기뻐해 마지않습니다.

449 **ぜいたく** [贅沢]　사치, 호사　★

- 贅沢は敵だ。質素な生活を心掛けなさい。
  사치는 적이다. 검소한 생활을 명심하세요.

- 食うには困りませんが、贅沢はできません。
  먹고사는 것은 어렵지 않습니다만, 호사는 할 수 없습니다.

- 今の君の実力からして、これ以上の成績を望むのは贅沢だよ。
  지금의 자네 실력으로 봐서 이 이상의 성적을 기대하는 것은 사치스럽지.

450 **せけん** [世間]　세상, 사회 체면, 세상의 소문　★

- 今さら弁解したところで、世間の失笑を買うだけだ。
  이제 와서 변명해 봤자 세상의 웃음거리가 될 뿐이다.

- 君のお父さんとウチの親父が幼友達だなんて、世間は広いようで狭いものだ。
  자네의 아버지와 우리 아버지가 어릴 때의 친구라니 세상은 넓고도 좁구나.

- あの人は確かに学はありそうだが、世間知らずのお坊っちゃんだね。
  그 사람은 확실히 배움은 있는 것 같은데 세상 물정 모르는 철부지 도련님이로군.

451 **せけんてい** [世間体]　세상에 대한 체면, 남 볼상, 세인의 이목　★

- 世間体をはばかる母は、妹の家出を近所にも内緒にしていた。
  세인의 이목을 꺼리는 어머니는, 여동생의 가출을 이웃에게도 비밀로 하고 있었다.

- 常識や世間体にとらわれず、思いのまま自由奔放に生きてゆく彼女が羨ましい。
  상식이나 세상이목에 신경 쓰지 않고 생각하는 대로 자유분방하게 살아가는 그녀가 부럽다.

452 **せすじ**[背筋]　등골, 등줄기

- 世界中に環境破壊が広がっているが、地球の未来を考えると背筋が寒くなる思いがする。
  전세계에서 환경 파괴가 확산되고 있는데, 지구의 미래를 생각하면 등골이 오싹해지는 느낌이다.

- もっと背筋をしゃんと伸ばして歩きなさい。
  좀 더 등을 꼿꼿이 펴고 걸으세요.

453 **せたけ**[背丈]　신장, 키, 옷기장

- しばらく見ない間にその子はすっかり背丈が伸びていた。
  얼마 동안 보지 않은 동안에 그 아이는 아주 키가 커졌다.

- 子供の背丈が伸びて親と変わらなくなった。
  자식의 키가 커져서 부모와 다를 바 없이 되었다.

454 **ぜっく**[絶句]　4구로 된 한시(漢詩)의 한 체, 도중에 말이 막힘

- 組合長に立候補した僕が演説会で絶句すると、すかさず野次が飛んできた。
  조합장에 입후보한 내가 연설회에서 도중에 말이 막히자마자 즉각 야유가 날아왔다.

- 彼は初日の公演で三回も絶句した。
  그는 첫날 공연에서 세 번씩이나 대사를 잊어버렸다.

455 **せっぷん**[接吻]　입맞춤, 키스

☞ くち(口)づけ 라고도 말한다.

- 西洋のKISSのことを接吻と言います。
  서양의 KISS를 接吻이라고 합니다.

- 接吻という言葉は幕末に作られた新造語です。
  입맞춤이라는 말은 막부 말기에 만들어진 신조어입니다.

- 母親が愛児に接吻をする。
  어머니가 사랑하는 자식에게 입을 맞추다.

456 **せとぎわ**[瀬戸際]　(승패・운명의) 갈림길, 막바지, 고비 ★

- いまが勝つか負けるかの瀬戸際だ。
  지금이 이기느냐 지느냐의 막바지 고비다.

- 欧州中央銀行(ECB)は、国際通貨としてのユーロの信用を守れるかどうかの瀬戸際に立たされている。
  유럽 중앙은행(ECB)은 국제통화로서 유로화의 신용을 지킬 수 있을지 어떨지 운명의 기로에 놓여 있다.

- 次から次へと表面化する不祥事、一部政治家との不透明な関係で、外務省が瀬戸際に来ている。
  잇달아 표면화되는 불상사, 일부 정치가와의 불투명한 관계로 외무성이 중대한 고비에 와 있다.

457 **せなか**[背中]　등, 뒤

- 風呂で父に背中を洗ってもらった。
  목욕탕에서 아버지가 등을 밀어 주셨다.

- 山に登るときは荷物を手に持たず、背中に背負う。
  산에 오를 때는 짐을 손에 들지 않고 등에 짊어진다.

- 彼は僕にくるりと背中を向けると、そのまま立ち去った。
  그는 나에게 홱하니 등을 보이고는 그대로 떠났다.

458 **せのび**[背伸び]　발돋움, 안간힘을 씀

- 棚が高いから背伸びをしないと、上の荷物がおろせません。
  선반이 높아서 발돋움을 하지 않고서는 위의 물건을 내려놓을 수 없습니다.

- 展覧会は大変な込みようで、背伸びをしても作品がよく見えなかった。
  전람회는 아주 붐벼서 발돋움을 해도 작품이 잘 보이지 않았다.

- 背伸びしないで、自分のできることだけをチャンとやりなさい。
  안간힘을 쓰지 말고 자기가 가능한 것만 확실하게 하세요.

사 회

459 **せりふ** [台詞]　　각본, 대사 / 말버릇, 말투, 상투적인 말

- 台本を伏せて、台詞をおぼえる。
  대본을 덮고 대사를 외우다.

- これが同情をひくときに使う君のお得意の台詞なのかい。
  이것이 동정을 끌 때 써먹는 자네의 단골 각본인가?

- 今日は疲れているせいか、どうも台詞が覚えられないと役者はこぼしていた。
  오늘은 피곤한 탓인지 아무래도 대사가 외워지지 않는다고 배우는 푸념하고 있었다.

460 **せわ** [世話]　　도와줌, 보살핌 수고, 폐, 신세 / 알선, 소개　　★

- 私財を投げ出して障害児の世話に打ち込んでいる彼女の姿には頭が下がる。
  사재를 아낌없이 내놓고 장애아 돕기에 전념하는 그녀의 모습에는 머리가 숙여진다.

- おとなしくて世話の焼けない子だ。
  점잖아서 성가시지 않는 아이다.

- 弟の就職のことで君にすっかり世話をかけてしまったね。
  동생의 취직 건으로 자네에게 완전히 신세지고 말았네.

- 私は田中さんのお世話でこの会社に勤めることになりました。
  나는 다나카 씨의 소개로 이 회사에 근무하게 되었습니다.

461 **せわやく** [世話役]　　돌보아 주는 사람, 간사, 총무

- 映画が大好きな姉は、映画ファンの会に入って世話役を努めている。
  영화를 무척이나 좋아하는 언니는 영화팬 모임에 들어가서 총무를 맡고 있다.

- 彼は自ら世話役を買って出た。
  그는 스스로 간사 역할을 떠맡고 나섰다.

462 **せんさく** [詮索]　　탐색, 파고듦, 따짐

- あの事件はもう過ぎたことなので、あれこれ詮索するのはやめましょう。
  그 사건은 이미 지난 일이니 이러쿵저러쿵 따지는 일은 그만 둡시다.

- あのオバサンは苦手だよ、何しろ、詮索好きなんだから。
  그 아줌마는 질색이에요, 어쨌든 따지기 좋아하니까.

- 他人のことをむやみに詮索していると、嫌われますよ。
  남의 일을 함부로 파헤치면 사람들이 싫어해요.

463 せんだつ [先達]　　그 방면의 선두주자, 선도자, 안내자

- 教授は専門知識による学問の先達である。
  교수는 전문지식을 바탕으로 한 학문의 안내자이다.

- 使徒パウロのような人は信仰の先達として第一人者だ。
  사도 바울과 같은 사람은 신앙의 선도자로서는 제1인자다.

- それぞれの道にはその道の先達というべき人がいるもんだ。
  각각의 길에는 그 방면의 선두주자라고 해야 할 인물이 있기 마련이다.

464 せんぱん [先般]　　전번, 지난번, 요전 ★

- 先般お出でいただいた折りには、不在で失礼いたしました。
  지난번 집에 찾아오셨을 때는 부재중이어서 대단히 실례했습니다.

- 先般は美味しい日本酒を送って頂いたのに何らご返事を出さず申し訳ありませんでした。
  지난번에 맛있는 일본술을 보내주셨는데 아무런 회답도 보내지 못해 죄송했습니다.

- 先般は大変ご迷惑をおかけしました。
  지난번에는 대단히 많은 폐를 끼쳤습니다.

465 せんぽう [先方]　　상대편, 저쪽 ★

- あなたの気持ちはきっと先方に伝えます。
  당신의 기분은 반드시 상대편에게 전달하겠습니다.

- 先方の名前がよく聞こえないとき、問い返すのは失礼でしょうか。
  상대방의 이름이 잘 들리지 않을 때, 되물어 보는 것은 실례인지요?

- 訪問の際、早めに着くのは先方を慌てさせるので、却って失礼になる。
  방문할 때 너무 빨리 도착하는 것은 저쪽을 당황케 하기 때문에 도리어 실례가 된다.

466 ぞうきん [雑巾]　　걸레

- 床を掃いてから、雑巾で拭いてください。
  마루를 쓸고 나서, 걸레로 닦아주십시오.

사 회

467 **そうけい** [早計]　경솔한 판단, 성급한 생각

- 内容を抜きにして、仕事が早くできればいいという考えは早計だと思う。
  내용을 생략하고 일을 빨리 할 수 있으면 좋다는 사고방식은 경솔한 판단이라고 생각한다.

- この程度で計画を諦めるのは、早計すぎるよ。
  이 정도에서 계획을 단념하는 것은 지나치게 성급한 판단이에요.

468 **ぞうさ** [造作/雑作]　수고, 손이 감, 번거로움 / 대접, 접대

- 息子の就職にさいしまして、とんだご造作をおかけいたしました。
  아들의 취직에 즈음하여 생각지도 않은 수고를 끼쳐 드렸습니다.

- トラクターがあれば畑を起こすことなど造作なくできる。
  트랙터가 있으면 밭을 가는 정도는 손쉽게 할 수 있다.

- たいへんご雑作にあずかり、ありがとうございました。
  너무 융숭히 대접해 주셔서 고마웠습니다.

469 **そうで** [総出]　총출동　★

- 収穫期には家族総出で作業に当たらなくてはならない。
  수확기에는 가족이 총출동하여 작업에 임하지 않으면 안 된다.

- お祭りのときは村中が総出となる。
  축제 행사 때는 온 마을 사람들이 총출동하게 된다.

470 **そうみ** [総身]　전신, 온몸

- 「フルハウス」を読みながら、幾度も総身の震えるような感動を覚えた。
  「풀 하우스」를 읽으면서 몇 번이나 온몸이 떨리는 듯한 감동을 느꼈다.

- 大きいからといって「総身に知恵が回らない」などということはない。
  덩치가 크다고 해서 「온몸에 지혜가 골고루 돌지 않는다」고는 말할 수 없다.

471 **そこなし** [底無し]　바닥(끝)이 없음, 늪, 무한량

- 野球部全員、底無しに食うので合宿のときの食費はすごいものになる。
  야구부 전원이 무한량 먹기 때문에 합숙 때의 식비는 엄청나게 된다.

- あの人は底無しの酒飲みだ。
  그 사람은 밑 빠진 독과 같은 술꾼이다.

472 そしな [粗品]　　변변치 않은 물품, 선물을 겸손하게 일컫는 말

- 母は、「粗品ですが、お納めください。」と、お中元を渡した。
  어머니는 「변변치 않은 것입니다만 거두어 주십시오」라고 백중날선물을 건넸다.

- スーパーでもらった10周年記念の粗品はタオルだった。
  슈퍼에서 받은 10주년 기념 사은품은 타월이었다.

473 そせん [祖先]　　선조, 조상

- 今日の文明社会は、我々の祖先が失敗を繰り返しながら築き上げたものだ。
  오늘날의 문명사회는 우리들의 선조가 실패를 거듭하면서 쌓아올린 것이다.

- 古典には我々の遠い祖先の生き方や考え方がいろいろな形で反映している。
  고전에는 우리들의 옛 선조의 삶이나 사고 방식이 여러 가지 형태로 반영되어 있다.

474 そとまわり [外回り]　　원의 바깥쪽을 돎, 외근

- ここからだと山手線の外回りに乗って行くのが一番近いでしょう。
  여기서부터라면 바깥쪽으로 도는 야마노테선을 타고 가는 것이 가장 빠르겠지요.

- 保険会社に勤めると、はじめは誰でも外回りをさせられる。
  보험회사에 근무하면, 처음에는 누구라도 외근을 시킨다.

475 そぶり [素振り]　　거동, 기미, 기색

- 本当はガタガタ震えていたのだが、落ち着いた素振りで壇上に立った。
  사실은 부들부들 떨고 있었지만, 차분한 기색으로 단상에 올랐다.

- となりの家の前を素振りの怪しい男が行ったり来たりしている。
  이웃 집 앞을 거동이 수상한 사나이가 왔다 갔다 하고 있다.

476 そまつ [粗末]　　품질이 낮음, 조잡함, 허술함, 소홀히 함

- 粗末な身なりをしているからといって、外見だけで人を判断してはいけません。
  허름한 몸차림을 하고 있다 해서, 외견만으로 사람을 판단해서는 안 됩니다.

- 粗末なものですが、どうぞ召し上がってください。
  변변치 못한 것입니다만, 아무쪼록 드셔 주세요.

- 米を粗末にしてはいけません。
  쌀을 소홀히 해서는 안 됩니다.

477 そらに [空似]   혈연이 아닌데도 어딘지 얼굴이나 모습이 닮음

- あの人はお隣のお姉さんとよく似ているけれど、ご親戚のかたかしら、それとも他人の空似かしら。
  저 사람은 이웃 언니와 꼭 닮았는데, 친척 분인지, 아니면 남남끼리 우연히 닮은 것일까?

478 そらめ [空目]   잘못 봄, 착각해서 봄

- 顔を合わせたくないので、空目を使って通りすぎた。
  얼굴을 마주치고 싶지 않아서 못 본 체하고 지나쳤다.

- 見えているはずなのに、それでいて空目をする。
  보일 터인데도 그대로 있으면서 못 본 체하다.

479 ぞんがい [存外]   의외, 뜻밖

- 高いかも知れないと心配していたが、存外安かった。
  비쌀지도 모른다고 염려하고 있었는데 의외로 값이 쌌다.

- 彼には難しい大学だが、勉強すれば存外受かるかも知れないよ。
  그에게는 어려운 대학이지만, 공부하면 뜻밖에도 합격할지도 몰라요.

- もっと早くできると思っていたが、存外時間がかかった。
  좀 더 빨리 될 거라고 생각했는데 의외로 시간이 걸렸다.

480 ぞんぶん [存分]   실컷, 마음껏, 뜻대로, 충분히   ★

- この前と違って今度は存分に練習してきたので、ちょっとは自信もあります。
  요전과는 달리 이번에는 충분히 연습해 왔기 때문에 조금은 자신도 있습니다.

- そんなに山に行きたいなら存分になさい。わたしはもう知らないわ。
  그렇게 산에 가고 싶으면 뜻대로 하세요. 나는 이제 몰라요.

- 明日は仕事も休みなので、思う存分テニスを楽しむつもりです。
  내일은 일도 쉬게 되니 실컷 테니스를 즐길 생각입니다.

- 思う存分戦ったのだから、勝ち負けはどうでもいいのです。
  마음껏 싸웠기 때문에(최선을 다했기 때문에), 이기고 지는 것은 어찌돼도 좋습니다.

481 **たいあたり** [体当たり]   몸으로 상대방에게 부딪힘, 몸을 내던져 일을 함, 기를 씀   ★

- 彼女はこの映画で体当たりの演技を見せ、一躍スターになった。
  그녀는 이 영화에서 혼신의 연기를 보여 일약 스타가 되었다.

- 大きな相撲取りに体当たりをしたって、逆に跳ね返されるに決まってるよ。
  거구의 씨름꾼에게 몸으로 부딪쳐 봤자 거꾸로 도로 튕겨 나오기 마련이에요.

- 戦争に行った叔父は、小さな戦闘機に乗ったまま、敵の戦艦に体当たりしていったという。
  전쟁에 나간 숙부는 작은 전투기를 탄 채로 적의 전함에 몸을 내던졌다고 한다.

482 **たいがん** [対岸]   건너편 강가, 피안

- 「T社が円高のあおりで倒産したな。」「ウチも輸出が主流、対岸の火事とは言っていられないよ。」
  「T사가 엔고의 여파로 도산했군.」「우리도 수출이 주류, 강 건너 불이라고 말하고 있을 수는 없네.」

- わが国にとってもエネルギー危機は対岸の火事だとは言っていられない問題だ。
  우리나라에 있어서도 에너지 위기는 강 건너 불이라고 말할 수 없는 문제다.

483 **たいこう** [対向]   맞은 편, 반대쪽 편   ★

- 対向車線にはみ出した乗用車がそのまま金網を突き破って、4メートル下の住宅に突っ込んだ。
  맞은 편 차선에서 삐져나온 승용차가 그대로 철망을 뚫고 4미터 아래의 주택으로 돌진했다.

- 乗用車と対向して走ってきたトラックが正面衝突した。
  승용차와 맞은 편 차선에서 달려 온 트럭이 정면 충돌했다.

- どちらの車が対向車線にはみ出したのか原因を調べている。
  어느쪽 차가 반대 편 차선으로 뛰어들었는지 원인을 조사하고 있다.

사 회

484 **だいじ**[大事]   소중함, 중요함, 큰일, 중대사   ★

- 大事なところには、赤いボールペンで線を引いておきなさい。
  중요한 곳에는 빨간 볼펜으로 선을 그어 놓으세요.

- 薬剤師は患者に薬を渡すと、「お大事に」と言った。
  약제사는 환자에게 약을 건네주며 「몸조심하세요」라고 말했다.

- 大事にならない前に、何とかうまく収めなければならない。
  큰일이 벌어지기 전에 어떻게든 잘 수습하지 않으면 안 된다.

485 **たいせつ**[大切]   귀중함, 소중함

- 彼女は、私にとっては最も大切な人でした。
  그녀는 내게 있어서 가장 소중한 사람이었습니다.

- これは大切な手紙ですから、忘れずに渡してください。
  이것은 귀중한 편지이오니 잊지 말고 전해 주십시오.

- 壊れ物が入っていますから、大切に取り扱ってください。
  깨지는 물건이 들어 있으니까 소중하게 취급해 주십시오.

486 **たいちょう**[体調]   몸의 상태, 컨디션   ★

- 当日の体調が悪かったので心配だったが、弟は筆記試験を無事通過した。
  당일 몸 상태가 안 좋아 걱정이었지만, 동생은 필기시험을 무사히 통과했다.

- 旅行にでかけるのは、体調が整ってからにしたほうがよい。
  여행을 떠나는 것은 몸의 컨디션을 가다듬고 나서 가는 것이 좋다.

- 今度こそ体調を万全にして、悔いのない試合をしたい。
  이번에야말로 몸의 상태에 만전을 기해 후회없는 시합을 하고 싶다.

487 **だいなし**[台無し]   엉망이 됨, 못쓰게 됨, 형편없어짐

- 外出のとちゅう雨に降られて、新しい服が台無しになった。
  외출 도중에 비를 맞아 새 양복이 엉망이 되었다.

- あのいやな男が来るのでは、せっかくの楽しい会も台無しかも知れない。
  그 불쾌한 남자가 오면 모처럼의 즐거운 모임도 망가질지도 모른다.

249

- 思わぬ邪魔がはいって、私たちの計画は台無しになった。
  뜻하지 않은 방해물이 끼어들어 우리들의 계획은 엉망이 되었다.

488 たかとび [高飛び]　줄행랑침, 멀리 도망감

- 外国へ高飛びする寸前のところで犯人を捕まえた。
  외국으로 줄행랑치기 직전에 범인을 붙잡았다.

- 借金をふみたおして高飛びする。
  빚을 떼어먹고 멀리 도망치다.

489 たかね [高嶺]　높은 산봉우리

☞ 「〜の花」의 꼴로 '그림의 떡(높은 산봉우리의 꽃)'의 비유로 씀.

- 「専務のお嬢さん美人だね。付き合えそうかな。」「だめだめ、俺たちには高嶺の花だよ。」
  「전무님의 따님은 미인이라네. 사귈 수 있을까?」「안 되지, 안 돼, 우리들에게는 그림의 떡이야.」

- この家一億円だって。庶民にはとうてい届かぬ高嶺の花だね。
  이 집이 1억 엔 이라고? 서민은 도저히 쳐다볼 수 없는 그림의 떡이군.

490 たかびしゃ [高飛車]　위압적인 태도, 고자세 ★

☞ 飛車는 일본식 장기짝 중 하나.

- ああいう図々しいヤツには少し高飛車に出たほうがいい。
  그런 뻔뻔한 녀석에게는 약간 고자세로 나가는 편이 좋다.

- あまり高飛車に構えられると、ついこちらでも反発したくなる。
  지나치게 고자세로 나오면, 그만 이쪽에서도 반발하고 싶어진다.

491 たきび [焚き火]　모닥불, 화톳불

- リーダーの命令に従って、みんな焚き火が完全に消えているかどうか確認した。
  리더의 명령에 따라 모닥불이 완전히 꺼져 있는지 어떤지 확인했다.

- 海から上がった男たちは、焚火に当たって、冷えた体を暖めました。
  바다에서 올라온 사내들은 모닥불을 쬐며 차가운 몸을 녹였습니다.

사 회

492 **たしざん**[足し算]　덧셈 ⓐ ひきざん(引き算)　★
- こんなに易しい足し算、引き算は暗算でできる。
  이렇게 쉬운 덧셈·뺄셈은 암산으로 가능하다.

493 **だしぬけ**[出し抜け]　느닷없음, 허를 찌름
- 学生の出し抜けの質問に、先生はまごついてしまった。
  학생의 느닷없는 질문에 선생님은 어리둥절해 버렸다.
- 敵の出抜けの攻撃に味方はかなりの被害を受けた。
  적의 허를 찌르는 공격에 아군은 상당한 피해를 입었다.

494 **たたり**[崇り]　재앙, 신불의 노여움, 응보, 뒤탈
- その池には身を投げた人の霊が残っていて、近づくと祟りがあるという。
  그 연못에는 몸을 던진 사람의 영혼이 남아 있어 가까이 다가가면 재앙이 있다고 한다.
- 一般にタブーを犯すと、何らかの祟りがあると信じられている。
  일반적으로 터부를 범하면 어떤 형태든 재앙이 있다고 믿어지고 있다.

495 **たちうち**[太刀打ち]　맞대결, 대적, 경쟁, (원래의 의미는) 칼싸움　★
- 彼の弁舌にはとても太刀打ちができない。
  그의 언변에는 도저히 맞설 수 없다.
- 資本力や技術力のない後発会社が、日立、松下などとまともに太刀打ちできる筈がない。
  자본력이나 기술력이 없는 후발 회사가, 히타치·마츠시타 등과 정면으로 맞대결이 가능할 리가 없다.
- 相手は海千山千の強者で、とても私なんかには太刀打ちできない。
  상대방은 산전수전을 겪은 실력자라서, 도저히 나 같은 것은 대적할 수 없다.

496 **たちおうじょう**[立往生]　선 채로 움직이지 못함, 오도 가도 못함, 정체 상태, 꼼짝못함　★★
- 列車が立往生したまま、外が暗くなり始めると乗客らの不安と焦りは募るばかりだった。
  열차가 오도 가도 못하는 채로, 밖이 어두워지기 시작하자 승객들의 불안과 초조는 더해질 뿐이었다.

251

- 順調に行っていた作業も厄介な問題に出くわし、立往生してしまった。
  순조롭게 진행되고 있던 작업도 골치아픈 문제에 맞닥뜨려 이러지도 저러지도 못하게 되었다.

- 質問攻めにあい、あとが言えなくなって立ち往生した。
  질문공세에 뒷말을 잇지 못하고 멍하니 서 있었다.

497 たちのき [立退き]   거처를 옮김, 퇴거함

- 高速道路建設に反対して半数以上の人々が立ち退きを拒否した。
  고속도로 건설에 반대하여 반수 이상의 사람들이 떠나기를 거부했다.

- 「家を出て行け!」、「立退料は出さない」なんて、そんな条件はとてものむことはできない。
  「집을 나가라」,「퇴거료는 내놓지 않겠다」하니 그런 조건은 도저히 받아들일 수 없다.

498 たちより [立ち寄り]   (도중에) 들름, 가까이 감, 의지함 ★

- むさ苦しい家ですが、おついでの折りにはどうぞお立ち寄りください。
  누추한 집입니다만, 나오실 기회가 있으면 부디 들려주십시오.

- なおまた、近くへお出での節はどうぞお立ち寄りくださいませ。
  또한 가까이에 오시는 계제에는 아무쪼록 들려주시기 바랍니다.

499 たっしゃ [達者]   달인, 능숙함, 숙달함, 건강함 ★

- あの年寄は目が達者なので眼鏡をかけずに新聞を読んでいる。
  그 노인은 건강한 눈을 갖고 있기 때문에 안경을 쓰지 않고 신문을 읽고 있다.

- 花子さんは英語が達者なので、今ガイドになっている。
  하나코 씨는 영어가 능숙해서 지금 가이드가 되어 있다.

- 口の達者な妹とケンカすると、僕はかならず言い負かされてしまう。
  말재간이 좋은 여동생과 싸우면 나는 반드시 말에 눌리고 만다.

500 だっと [脱兎]   (토끼가 달아나듯) 번개같음, 쏜살같음

- 空き巣ねらいは見つかると、身を翻して脱兎のごとく逃げ出した。
  빈집털이는 발각되자 몸을 날려 쏜살같이 도망치기 시작했다.

- 彼はいつも終業のベルが鳴ると、脱兎のごとく会社を飛び出す。
  그는 언제나 업무 종료의 벨이 울리자마자 잽싸게 회사를 뛰쳐나간다.

501 **たづな** [手綱]　고삐, 말고삐

- 手綱を取って馬を走らせるのは実に爽快だ。
  말고삐를 잡고 말을 달리는 것은 참으로 상쾌하다.

- お前はちょっと手綱を緩めると遊び呆けるんだから、仕様がない子だ。
  너는 조금 고삐를 늦추어 주면 노는 데에만 정신이 팔리니 어쩔 수 없는 녀석이다.

502 **たつまき** [竜巻]　회오리바람, 선풍(旋風) ★

- 大平原に突如として竜巻が起こった。
  대평원에 별안간 회오리바람이 일어났다.

- 竜巻の破壊力によって村のほとんどの家は崩壊したという。
  회오리바람의 파괴력에 의해 마을의 집은 대부분이 파괴되었다고 한다.

503 **たにぞこ** [谷底]　골짜기의 밑바닥

- こんな谷底に転落したら、間違いなく命を失うことになる。
  이런 골짜기의 밑으로 떨어지면 틀림없이 목숨을 잃게 된다.

504 **たにま** [谷間]　골짜기, 골짜기 사이

- ここはビルの谷間なので、日が当たらない。
  이곳은 빌딩의 골짜기 사이라서 해가 들지 않는다.

- 林立するビルの谷間の小さな公園は、都会のオアシスと言えよう。
  숲을 이룬 빌딩 골짜기의 작은 공원은 도시의 오아시스라고 말할 수 있겠다.

505 **たね** [種]　씨앗, 혈통, 자식, 원인, 재료, 거리 ★

- スイカに種がたくさんありますから、食べるときはお出しください。
  수박에 씨가 많이 있으니 먹을 때는 빼내세요.

- 親にとって子供の入学試験は悩みの種です。
  부모에게 있어서 자식의 입학시험은 고민거리입니다.

- となりの人に会いましたが、話の種がなくて困りました。
  이웃 사람을 만났는데, 이야깃거리가 없어서 난처했습니다.

506 たびづかれ [旅疲れ]   여독(旅毒), 여행의 피로 ★

- 旅疲れのためすぐには仕事が始められそうにもない。
  여독이 남아 있어서 곧바로는 일을 시작할 수 없을 것 같다.

- 彼は旅の疲れも見せず、精力的に仕事を始めた。
  그는 여행의 피로도 내색하지 않고 정력적으로 일을 시작했다.

507 たびびと [旅人]   여행자, 나그네, 길손

- ある国では旅人を厚くもてなす風習がいまも残っている。
  어떤 나라에서는 여행자를 후하게 대접하는 풍습이 지금도 남아 있다.

- 人間は誰もが、人生という旅程を歩く旅人である。
  인간은 누구나가 인생이라는 여정을 걸어가는 길손이다.

508 たましい [魂]   영혼, 넋, 얼, 정신, 기백

- 肉体は死んでも、心は魂となって天にのぼると信じます。
  육체는 죽더라도 마음은 영혼이 되어 하늘로 오른다고 믿습니다.

- 父が魂をこめて作り上げた作品は、人々に認められ持て囃された。
  아버지가 혼을 불어넣어 만들어낸 작품은, 사람들에게 인정을 받아 인기를 모았다.

- 「三つ子の魂、百まで」といって小さいとき身につけたことは、一生消えないものだ。
  「3살 때 버릇, 여든 살까지」라는 말처럼 어릴 때에 몸에 배인 것은 평생 없어지지 않기 마련이다.

509 たまむしいろ [玉虫色]   비단벌레처럼 색깔이 자주 변함

- 政治家の答弁は、玉虫色的で賛成したのか、反対したのかサッパリわからないことが多い。
  정치가의 답변은 색깔이 자주 변하는 비단벌레 같아서 찬성한 것인지 반대한 것인지 도무지 알 수 없는 경우가 많다.

사 회

- いつも、のらりくらりと玉虫色の曖昧な態度しか取れない。
  언제나 이리저리 핑계를 대며 비단벌레처럼 애매한 태도밖에 취하지 않는다.

510 **ためいき** [溜め息]   한숨, 탄식

- 父は何年も続く事業の不振を溜息まじりに嘆いていた。
  아버지는 몇 년째 계속되는 사업부진에 한숨이 섞인 탄식을 하고 있었다.

- せがれの出来の悪さには、まったく溜息が出ます。
  자식놈의 됨됨이가 나쁜 데는 정말로 한숨이 나옵니다.

- 毎日いやなことだらけで、出るのは溜め息ばかりだ。
  매일 좋지않은 일뿐이라서, 나오는 것은 한숨뿐이다.

511 **たんい** [単位]   학습 단위, 학점, 기준   ★

  ☞ 우리나라의 대학에서 말하는 학점(學點)을 일본에서는 「単位」라고 한다.

- 卒業までに、あと5単位取らなければならない。
  졸업까지 앞으로 5학점을 따지 않으면 안 된다.

512 **だんがい** [断崖]   절벽, 벼랑

- 追っ手のせまった二人は、せっぱ詰まってとうとう断崖から飛び降りた。
  추적자에게 몰린 두 사람은 다급해지자 마침내 벼랑에서 뛰어내렸다.

- 断崖からまっ逆さまに落ちる。
  낭떠러지에서 거꾸로 떨어지다.

513 **たんき** [短気]   성급함, 조급함   ★

- あまり結論を急ぐから「短気は損気」で、まとまりかけた話が壊れてしまった。
  너무 결론을 서두르니까, 「성미가 급하면 손해」라는 말처럼 정리되기 시작한 이야기가 깨져버렸다.

- あの人は頭もいいし、よく気もつくが、短気なのが玉に瑕だ。
  그 사람은 머리도 좋고, 눈치도 있지만 성급한 것이 옥의 티다.

- 若いころの父は短気で、口より手が早く、失敗も多かったという。
  젊었을 때의 아버지는 조급하고 말보다도 손이 빨라 실패도 많았다고 한다.

514 **だんこ** [断固]　단호히, 단연코　★

- 委員長はその演説の中で、最後まで断固戦うべきだと主張した。
  위원장은 그의 연설 중에서 최후까지 단연코 싸워야만 한다고 주장했다.

- 悪質なイタズラに対して、断固たる処置を取るように望みます。
  악질적인 장난에 대해서 단호한 조치를 취하길 바랍니다.

515 **たんしょ** [短所]　단점, 결점　빤ちょうしょ(長所) 장점　★

- ひとは、誰でも長所と短所があるものだ。
  사람은 누구나 장점과 단점이 있기 마련이다.

- 年功序列制の長所と短所を述べなさい。
  「연공서열제」의 장점과 결점을 설명하시오.

516 **たんねん** [丹念]　정성을 들임, 성실하게 꼼꼼히 함

- あの洋服屋さんは安くて仕立てが丹念だという評判だ。
  그 양복점은 값이 싸고 바느질이 꼼꼼하다는 평판이다.

- この調査は、彼が丹念に調べた結果なので信頼できる。
  이번 조사는 그가 공을 들여 조사한 결과이기 때문에 신뢰할 수 있다.

517 **たんのう** [堪能]　뛰어남, 능란함, 숙달된 모양 / 만족한 모양

☞ 원래의 발음은 「かんのう」였으나 관용적으로 「たんのう」로 정착했다.

- 彼は算盤に堪能な人である。
  그는 주판에 능란한 사람이다.

- 彼女はてっきり日本人だと思っていたら、日本語に堪能な中国人だった。
  그녀는 틀림없이 일본인이라고 생각하고 있었는데 일본어에 능숙한 중국인이었다.

- 今夜は久しぶりにコンサートに出掛け、よい音楽を堪能して来ました。
  오늘 밤에는 오랜만에 콘서트에 가서 좋은 음악을 만끽하고 왔습니다.

518 **たんもの** [反物]　(한 필씩으로 된) 피륙, 옷감

- 呉服屋の店先には、色さまざまな反物が飾られていた。
  포목전의 가게 앞에는 여러 가지 색깔의 옷감이 진열되어 있었다.

사 회

- 娘の晴れ着をあつらえるために反物を選ぶ。
  딸의 나들이옷을 맞추기 위해서 옷감을 고르다.

519 **ちかみち**[近道] 지름길, 가까운 길, 쉬운 방법, 첩경, 빠른 길 ★

- 先生のいうとおりに勉強するのが、日本語の上達になる一番の近道になる。
  선생님이 이야기하는 대로 공부하는 것이 일본어를 숙달하는 가장 빠른길이다.

- 実はこの通りは、細いけれど空港への近道になっているんですよ。
  사실은 이 도로는 좁지만 공항으로 가는 지름길이 되어 있지요.

520 **ちくじ**[逐次] 순차적으로, 차례 차례로, 순서를 따라 ★

- 社外との交渉については、逐次上司に報告を入れること。
  사외 거래선과의 교섭에 관해서는 순차적으로 상사에게 보고를 할 것.

- 済んだ人から逐次帰ってよろしい。
  끝난 사람부터 차례로 돌아가도 좋다.

521 **ちしお**[血潮] (흘러나오는) 피, 열정, 혈기

- 夏の甲子園には青春の血潮がみなぎっている。
  하계 甲子園대회에는 청춘의 혈기가 넘쳐흐른다.

- 探検家の記録を読むと若い血潮が騒ぎ立つ。
  탐험가의 기록을 읽노라면 젊은 열정이 끓어오른다.

522 **ちすじ**[血筋] 핏줄, 혈통, 혈연, 친척 ★

- 子宝に恵まれないので、先祖代々栄えたこの家の血筋もこれで絶えてしまう。
  자식복이 없어서 선조 대대로 번성했던 이 집의 혈통도 이로써 대가 끊겨 버리다.

- A氏は血筋はよいかも知れませんが、人間的にはあまり優れた人物ではない。
  A 씨는 혈통은 좋은지 모르겠습니다만, 인간적으로는 그다지 뛰어난 인물은 아니다.

- 両親の優れた血筋を引いているのか、その子は数学に関しては素晴らしい才能を持っていた。
  양친의 뛰어난 핏줄을 이어받았는지, 그 아이는 수학에 관해서는 기막힌 재능을 갖고 있었다.

523 **ちまなこ** [血眼]　혈안, 핏발선 눈

- 天然杉は、材木商が血眼で探すほど値打ちがあるものです。
  천연 삼나무는 목재상이 혈안이 되어 찾을 정도로 값어치가 있는 것입니다.
- 行方知らずの人の捜索のため関係者は血眼になっている。
  행방을 모르는 사람의 수색을 위해서 관계자는 혈안이 되어 있다.

524 **ちゃくもく** [着目]　착안, 눈여겨 봄 ★

- 事件の結果だけでなく、原因にも着目すべきだ。
  사건의 결과뿐만 아니라 원인도 눈여겨 보아야 한다.
- わたしはこの事実に着目して、さらに研究を続けたのです。
  저는 이 사실에 착안하여 다시금 연구를 계속했던 것입니다.
- 着目はよかったのだが、分析が不十分なレポートだね。
  착안은 좋았는데, 분석이 불충분한 리포트로군.

525 **ちゅうがえり** [宙返り]　공중회전, 공중돌기

- ダイビングの選手は一回二回ときれいに宙返りをしてプールに飛込んだ。
  다이빙 선수는 한번 두번 멋지게 공중회전을 하고 풀에 뛰어들었다.
- ブランコ乗が宙返りをしながら飛び移ると、満場の観客は割れるような拍手をおくった。
  그네타는 사람이 공중돌기를 하며 곡예를 하자 꽉 찬 관객은 떠나갈 듯한 박수를 보냈다.

526 **ちゅうとはんぱ** [中途半端]　중간에서 흐지부지 그만둠, 용두사미, 유야무야 ★

- この子は気が多くて、何をやっても中途半端に終わってしまう。
  이 아이는 산만해서 무엇을 하더라도 도중에 흐지부지 끝나 버린다.
- 君の中途半端な態度には、みんなイライラしているんだよ。
  자네의 어중간한 태도에는 모두가 답답해 하고 있다네.

527 **ちょうし** [調子]　상태, 컨디션 / 형편, 방법, 요령 / 가락, 곡조 ★

- 怒ったような調子で話す。
  화가 난 듯한 투로 이야기하다.

사 회

- この問題については、どの新聞の社説もみな同じ調子だ。
  이 문제에 관해서는 어느 신문의 사설도 모두가 같은 논조다.

- この車は、とても調子がいいですね。
  이 승용차는 아주 상태가 좋군요.

- 久しぶりのクラス会で、つい調子に乗って飲み過ぎてしまった。
  오랜만의 동창회에서 자기도 모르게 우쭐해져서 과음하고 말았다.

528 **ちょうしょ**[長所]　장점　반 たんしょ(短所) 단점　★

- 常にベストを尽くすところが彼のいちばんの長所です。
  항상 최선을 다하는 점이 그의 가장 큰 장점입니다.

- 人にはみな長所と短所があるからこそ、付き合っていて面白いのだ。
  사람은 모두가 장점과 단점이 있기 마련이어서 서로 사귀면 재미가 있는 것이다.

- 従来のものに比べて、新製品には熱に強いという長所がある。
  종래의 제품에 비해서 신제품은 열에 강한 장점이 있다.

529 **ちょうだい**[頂戴]　'받다'의 겸손한 말, 문말에 붙여 명령어의 겸사말(~해 주세요), '먹다'의 겸사말　★★

- ここにサインを頂戴したいのですが。
  여기에 서명을 해주셨으면 합니다만.

- 「どうぞ、たくさん召し上がってください。」「もうたくさん頂戴いたしました。」
  「아무쪼록 많이 드시지요.」 「벌써 많이 먹었습니다.」

- 「太郎ちゃん。台所から茶碗を持ってきて頂戴。」とお母さんが言いました。
  「타로야, 부엌에 가서 찻잔을 갖고 오렴!」하고 어머니가 말했습니다.

- 急ぐなら、私に構わないで先に行って頂戴。
  급하면 저는 상관말고 먼저 가세요.

530 **ちょうほう**[重宝]　소중한 보물, 보배 / 편리함, 쓸모가 있음　★

- 技術の発達とともに、次々と重宝な道具が考え出されています。
  기술의 발달과 함께 잇달아 편리한 도구가 고안되어 나오고 있습니다.

- 気がよく回る彼女は、学校ではもちろんバイト先でも重宝がられている。
  재치가 있는 그녀는 학교에서는 물론 아르바이트하는 곳에서도 보배처럼 여겨지고 있다.

259

- 長椅子とベッドを兼ねたソファーベッドは狭い部屋にはとても重宝だ。
  긴 의자와 침대를 겸한 소파 베드는 좁은 방에서는 매우 쓸모가 있다.

531 **つい** [対]   두 개로 한 벌이 되는 것, 짝, 쌍, 벌

- 小さな子供とお母さんが対の服を着ている。
  어린 아이와 어머니가 커플룩을 입고 있다.

- 結婚したばかりの二人は一対の茶碗をもらった。
  갓 결혼한 두 사람은 한 쌍의 부부 찻잔을 받았다.

532 **ついきゅう** [追及]   추궁, 뒤쫓음 ★

- 刑事は黙秘を続ける犯人に対して、厳しい追及を行いました。
  형사는 계속해서 묵비권을 주장하고 있는 범인에 대해서 엄중한 추궁을 했습니다.

- 住民は団結して公害を起こした会社の責任を追及している。
  주민들은 단결하여 공해를 일으킨 회사의 책임을 추궁하고 있다.

533 **つかのま** [束の間]   잠깐 사이, 순간 ★

- 思いもしなかった大敗で、優勝の望みも束の間に消え去った。
  생각지 않았던 대패로 우승의 희망도 순식간에 사라져 갔다.

- 東京に引っ越してからも、あなたのことは束の間も忘れたことがない。
  도쿄로 이사하고 나서도 당신을 한순간도 잊은 적이 없다.

- 病気の娘と戦争へいく青年との出会いは、束の間の夢であった。
  병을 앓고 있는 딸과 전쟁터로 가는 청년의 만남은 한 순간의 꿈이었다.

534 **つきあたり** [突き当たり]   맞닥뜨림, 마주침, 막다른 곳 ★

- 廊下の突き当たりに階段があります。
  복도의 막다른 곳에 계단이 있습니다.

- 駅はこの通りの突き当たりです。
  역은 이 거리가 맞닥뜨리는 곳입니다.

- ここをまっすぐ行くと、突当たりにカバン売り場があります。
  이곳을 똑바로 가면 막다른 곳에 가방 매장이 있습니다.

사 회

535 つきなみ [月並み]　평범함, 흔해빠진, 진부함 / 매월, 달마다　★

- 今の気持ちを表すのに、月並みな言葉しか浮かんで来ないのが残念です。
  지금의 기분을 표현하기에 평범한 말밖에 떠오르지 않는 것이 유감입니다.

- 彼の機嫌を損ねないように、月並なお世辞を言って引き上げてきたよ。
  그의 기분을 상하지 않도록 흔해빠진 겉치레 말을 하고 물러나와 버렸지요.

- こう言ってはなんだが、この絵は月並みだ。
  이렇게 말하면 뭣하지만, 이 그림은 평범하다.

536 つげぐち [告げ口]　고자질, 일러바침

- 告げ口をしたのは田中さんだ。
  고자질을 한 사람은 다나카 씨다.

- 告げ口ばかりする子はみんなに嫌われる。
  일러바치기만 하는 아이는 모두에게서 따돌림당한다.

537 つけどとけ [付け届け]　선사함, 금품을 보냄 / 뇌물

- 彼は上役の歓心を買うために、盆暮れの付け届けを怠らないそうだ。
  그는 상사의 환심을 사기 위해 추석과 연말에 선물 보내기를 게을리하지 않는다고 한다.

- 学校の先生に金品を付け届けする習慣は、日本では一般的ではない。
  학교 선생님에게 금품을 보내는 습관은 일본에서는 일반적이 아니다.

538 つごう [都合]　형편, 사정 / 합계, 총계　★

- 家庭の都合で会社をやめました。
  가정 사정으로 회사를 그만두었습니다.

- どうしても都合がつかないので、引越しを延ばしました。
  아무래도 형편이 닿지 않아서 이사를 연기했습니다.

- 大人8人、子供5人、都合13人です。
  어른 8명, 아이 5명, 모두 13명입니다.

539 つじつま [辻褄]　조리, 이치, 사리

- よく聞いてみると、彼の言うことは辻褄が合っていないことに気がついた。
  자세히 들어봤더니 그가 말하는 것은 이치에 맞지 않는다는 것을 알게 되었다.

- そのとき雨が降っていたなんて、それでは話の辻褄が合っていないじゃないか。
  그때 비가 내리고 있었다니, 그래서는 이야기의 이치가 맞지 않는 게 아닌가.

540 つど [都度]　　그때마다, 매번　★

- その後、進展があれば、その都度連絡してください。
  그 후에 진전이 있으면 그때마다 연락을 주십시오.

- 母は息子にテレビの見すぎをその都度戒めた。
  어머니는 자식에게 TV를 지나치게 보지 말도록 그 때마다 타일렀다.

541 つとめぐち [勤め口]　　근무처

- 知り合いを頼って、勤め口をさがす。
  지인에게 부탁해서 취직 자리를 물색하다.

- 何か資格を取っておけば、勤め口を探すのに有利だ。
  뭔가 자격증을 따 놓으면 일자리를 찾는 데에 유리하다.

542 つなみ [津波]　　(지진의 여파로 일어나는) 해일　★

- 地震のあとの津波で家が流された。
  지진 뒤에 일어난 해일로 집이 떠내려갔다.

- 地震の発生した時刻がちょうど引潮と重なったので、津波による被害はなかった。
  지진이 발생한 시각이 마침 간조와 겹쳤기 때문에 해일에 의한 피해는 거의 없었다.

543 つば [唾]　　침, 타액

- 悪口を言われ、そのうえ唾まで引っかけられた。
  욕설을 듣고, 게다가 침 세례까지 받았다.

- 営業部の田中部長と生産部の中村課長が、唾を飛ばして口論しています。
  영업부의 다나카 부장과 생산부의 나카무라 과장이 침을 튀기며 말다툼하고 있습니다.

- ところ構わず、むやみやたらに唾を吐くやつが多い。
  아무데나 가리지 않고 함부로 침을 뱉는 놈이 많다.

사 회

544 **つばさ** [翼]   날개

- どの飛行機の翼にも、国や所属する会社のマークが入っていた。
  어느 비행기의 날개에도 국가나 소속회사의 마크가 그려져 있었다.
- 自由に想像の翼を広げ、心に浮かぶイメージを詩に書いてみよう。
  자유롭게 상상의 날개를 펴고 마음에 떠오르는 이미지를 시로 써 보자.

545 **つぶより** [粒選り]   우수한 것을 고름, 선발   ★

- あのオーケストラは粒選りの演奏者を集めているから素晴らしいのだ。
  그 오케스트라는 고르고 고른 연주자들이 모여 있기 때문에 매우 훌륭한 것이다.
- ナショナルチームには、さすがに粒選りの選手が集まっている。
  내셔널 팀에는 역시 선발된 알짜배기 선수가 모여 있다.

546 **つまさき** [爪先]   발끝, 발가락 끝

- 中村さんは頭の先から爪先までしっかりお洒落をしている。
  나카무라 씨는 머리끝에서 발끝까지 말쑥하게 멋을 내고 있다.
- 人垣で前が見えないときは、爪先で立つ。
  많은 사람이 울타리를 이루고 있어 보이지 않을 때는 발돋움을 한다.

547 **つゆ** [梅雨]   장마, 장마철   ★

- 梅雨のころは毎日雨が降り続くので、じめじめした気候である。
  장마철에는 매일 비가 계속되기 때문에 구중중한 기후다.
- 日本では普通6月半ばから梅雨になる。
  일본에서는 보통 6월 중순부터 장마철이 시작된다.
- 梅雨は梅の実が熟すころ降る雨だ。
  장마 비는 매화 열매가 무르익을 때 내리는 비다.

548 **つよき** [強気]   강경함, 굳셈, 기세, 강세   よわき(弱気)   ★

- みんなが賛成してくれたので、僕はますます強気になりました。
  모두가 찬성해 주었기 때문에 나는 더욱 적극적으로 나갔습니다.

- 強気な彼が以外に弱音を吐いたので、僕はかえって気持ちにいくらかの余裕ができた。
  당찬 그가 의외로 나약한 소리를 내는 바람에 나는 오히려 마음에 어느 정도의 여유가 생겼다.

- 「落ち込みは一時的で、今年後半は再び高い成長が見込める」と強気の見通しを示している。
  「경기 퇴조는 일시적인 것으로, 금년 후반에는 다시 성장을 기대할 수 있다」고 강세 전망을 내놓고 있다.

549 つらがまえ [面構え]   낯짝, 면상

- 取り押さえられた犯人は、ふてぶてしい面構えをしていました。
  체포된 범인은 뻔뻔스러운 낯짝을 하고 있었습니다.

- 面構えからして並の心臓の持ち主ではない。
  면상으로 보건대 보통의 심장을 가진 자는 아니다.

550 つりあい [釣り合い]   걸맞음, 균형, 조화

- 釣り合いを考えて、君はもう少し右寄りに座って。
  균형을 생각해서 자네는 조금 더 오른쪽으로 치우쳐 앉게.

- 部屋のじゅうたんとカーテンは、よく釣合が取れていますね。
  방의 양탄자와 커튼이 잘 조화되어 있군요.

- 両国の力の釣り合いが失われたら、世界情勢は大きく変わっていくだろう。
  양국의 힘의 균형이 깨어지면 세계정세는 크게 바뀌어 갈 것이다.

551 つりかわ [吊り革]   (전철 등의) 가죽 손잡이

- 混んでいる電車に乗ったとき、転ばないように吊革に捕まっていた。
  붐비는 전철을 탔을 때, 넘어지지 않도록 가죽 손잡이를 붙잡고 있었다.

- 通勤電車の吊革に捕まったまま新聞や雑誌を読んでいる人が多い。
  통근전철의 가죽 손잡이를 잡은 채로 신문이나 잡지를 읽고 있는 사람이 많다.

552 つりばし [吊り橋]   구름다리, 필요에 따라 떼었다 달았다 하는 다리

- あの釣り橋はまことに危なげに見えるので、渡るのをためらった。
  그 구름다리는 정말로 위험하게 보여서 건너기를 망설였다.

사　회

- 長大な瀬戸大橋も一部は構造的に見ると釣橋である。
  장대한 세토대교도 구조적으로 보면 일부는 구름다리이다.

553　てあい [手合い]　패(거리), 종류, 승부를 겨룸, (바둑 / 장기의) 대국

- 民主主義の「み」の字も分からない手合いを相手に話合いは無理だ。
  민주주의의 「민」자도 모르는 패거리를 상대로 이야기하는 것은 무리다.

- 一局お手合い願います。
  한번 대국하기를 원합니다.

- あんなろくでもない手合いとつきあってはいけない。
  그런 시시한 녀석들과 사귀어서는 안 된다.

554　であい [出会い]　만남, 해후, 마주침　★

- 思いがけない人との出会いが、旅の楽しみの一つだと言ってもいいでしょう。
  뜻하지 않은 사람과의 해후가 여행하는 즐거움의 하나라고 말해도 좋겠지요.

- 一冊の本との出会いが、その人の人生を大きく変えることがあります。
  한 권의 책과의 만남이 그 사람의 인생을 크게 바꿔 놓을 수가 있습니다.

- だれにも一生を左右するような人との出会いがあるものだ。
  누구에게나 일생을 좌우할 만한 사람과의 만남이 있기 마련이다.

555　てあたりしだい [手当り次第]　닥치는 대로

- 好きな本を手当たり次第に読む。
  좋아하는 책을 닥치는 대로 읽다.

- ドロボウは金目のものを手当り次第に持って行った。
  도둑은 값나가는 물건을 닥치는 대로 갖고 갔다.

556　ていさい [体裁]　외관, 겉모양, 체재, 체면, 모양새

- お洒落な妹は体裁を気にして、流行おくれの服は決して着なかった。
  멋쟁이인 여동생은 겉모양에 신경을 써 유행에 뒤지는 옷은 결코 입지 않았다.

- 大勢の前で転んだので体裁が悪かった。
  많은 사람 앞에서 넘어지는 바람에 체면이 말이 아니었다.

- お体裁を言うのは止しなさい。
  빈말일랑 그만두세요.

557 ていねい [丁寧]　　정중함, 친절함, 공손함, 소중히 다룸　★

- 日本では丁寧に頭を下げてお辞儀をします。
  일본에서는 정중하게 머리를 숙여 인사를 합니다.

- 字はもっと丁寧に書かなければなりません。
  글씨는 더욱 공손하게 쓰지 않으면 안 됩니다.

558 ていれ [手入れ]　　손질함, 손봄 / 경관이 현장을 덮침

- 機械は手入れが悪いと、故障しやすくなる。
  기계는 손질을 소홀히 하면 쉽게 고장이 난다.

- 使ったあとはよく手入れをして、錆を落としておこう。
  사용한 다음에는 잘 손질을 해서 녹을 떨어내 두자.

- 昨晩、酒を密造している村に手入れがあったそうだ。
  어젯밤에 비밀리에 술을 제조하고 있는 마을에 현장 수색이 있었다고 한다.

559 ておくれ [手遅れ]　　때늦음, 한 발 늦음

- 手遅れになるといけないから、すぐ入院しなさい。
  때를 놓치면 안 되니 바로 입원하세요.

- 試験まであと十日しかない。今から勉強を始めても手遅れだ。
  시험 날까지는 앞으로 10일 밖에 없다. 지금부터 공부를 시작해도 늦다.

- 今回警察が暴走族にとった措置は、いささか手遅れという感がある。
  이번에 경찰이 폭주족에게 취한 조치에는, 다소 때늦은 아쉬움이 있다.

560 ておち [手落ち]　　실수, 잘못, 부주의

- 契約書を作るとき、手落ちがないかどうか確かめなければならない。
  계약서를 작성할 때, 실수가 없는지 어떤지를 확인하지 않으면 안 된다.

- 彼女はずいぶん怒っているようだが、こちらに手落ちがあったのなら謝ろう。
  그녀는 꽤 화가 나 있는 것 같은데, 이쪽에 잘못이 있다면 사과하자.

- 警備の手落ちから、その店は泥棒に入られてしまった。
  경비를 잘못해서 그 가게는 도둑에게 털리고 말았다.

561 てがかり [手掛かり] 단서, 실마리 ★

- 作家について書かれた文章は、その作者の作品を読み取るための手掛かりになります。
  작자에 관해 쓰여진 문장은 그 작자의 작품을 이해하기 위한 실마리가 됩니다.
- 現場から犯人の遺留品が見つかり、重要な手掛りをつかむことができた。
  현장에서 범인의 유류품이 발견되어 중요한 단서를 잡을 수가 있었다.
- これだけ考えても、この問題を解く手掛りは見つからない。
  이토록 생각했는데도 이 문제를 풀 실마리는 발견되지 않는다.

562 てかげん [手加減] 요령, 적당히 조절함 / 손대중, 손어림

- 自動車のドアも、どの程度の力を加えたらうまく閉まるか、その手加減が難しい。
  자동차의 도어도 어느 정도의 힘을 가해야 잘 닫힐지 그 어림잡기가 어렵다.
- 教師になってから10年とはいえ、女子高は初めてなので手加減がわからない。
  교사가 된지 10년이 되었다고는 하지만 여자 학교는 처음이라서 요령을 알 수 없다.
- 小さな子が三人いる我が家では、カレーは辛さを手加減している。
  어린 아이가 셋 있는 우리 집에서는 카레는 매운 맛을 적당히 조절하고 있다.

563 てかせあしかせ [手枷足枷] 수갑과 족쇄, 행동을 속박함

- 公共料金の値上げ、税負担の増大が手枷足枷となって国民の経済活動を圧迫している。
  공공요금의 인상, 조세부담의 증가가 족쇄가 되어 국민의 경제활동을 압박하고 있다.
- 貧困と人口の急増が手枷足枷となって近代化が進まない国もある。
  빈곤과 인구의 급증에 발목을 잡혀 근대화가 진전되지 않는 국가도 있다.

564 **でかた** [出方]   나오는 상태, 대하는 태도

- 我が県民の目は中央の出方に注がれている。
  우리 현민(県民)의 눈은 중앙정부에서 대하는 태도에 쏠려 있다.

- 相手の出方をみて、それから対策を練ることにしよう。
  상대방에서 나오는 태도를 보고, 그리고 나서 대책을 세우기로 하자.

565 **てがみ** [手紙]   편지, 서간

- 友達からもらった手紙の返事をまだ書いてない。
  친구에게서 받은 편지의 답장을 아직 쓰지 않았다.

- どんなときでも人の手紙の封を切るのはよくない。
  어떤 경우에도 남의 편지를 열어 보는 것은 좋지 않다.

- 定期を拾って送ってくれた親切な人に、心からのお礼の手紙を書いた。
  습득한 정기권을 보내준 친절한 사람에게 진심어린 감사의 편지를 썼다.

566 **てがら** [手柄]   공훈, 공적, 공로

- あの記者は今度の事件で大きな手柄を立てた。
  그 기자는 이번 사건에서 큰 공을 세웠다.

- 公園のなかには、その戦争で手柄を立てた将軍の銅像が建っていました。
  공원 안에는 그 전쟁에서 공적을 세운 장군의 동상이 서 있었습니다.

567 **てがる** [手軽]   손쉬움, 간단함, 간편함

- 今の世の中で、いちばん手軽な伝達手段は、電話ではないでしょうか。
  지금 세상에서 가장 손쉬운 전달 수단은 전화가 아닐까요?

- 朝は、トースト、牛乳、卵など、手軽な食事で済ませる。
  아침은 토스트 · 우유 · 계란 등 간단한 식사로 끝낸다.

- 結婚式はできるだけ手軽に済ませたいと思っている。
  결혼식은 가능한 한 간소하게 마치려고 생각하고 있다.

568 **でき** [出来]   만들어짐, 완성된 상태, 성적, 성과, 수확 / 매매, 거래

- あの学生は勉強の出来は悪いが、性格はいい。
  그 학생은 성적은 나쁘지만 성격은 좋다.

- ウチの子は親に似ず、出来がいい。
  우리 아이는 부모를 닮지 않아 됨됨이가 좋다.

569 てきかく [的確]　정확하고 확실함, 틀림없음

☞ 的確와 適確 : 원래는 진실・확실・분명하다는 의미로「的確」라고 쓰였는데, 뒤에 딱 들어맞는다는 의미를 강조하기 위해「適確」라는 말이 파생되어 일반화되었다.

- 自分の考えを述べるときは、根拠を明らかにし的確な言葉を用いることが大切だ。
  자신의 생각을 말할 때는 근거를 분명히 하고 정확한 말을 쓰는 것이 중요하다.

- 案内所に電話をすれば、旅行に関する的確な情報を教えてくれます。
  안내소에 전화를 걸면 여행에 관한 정확한 정보를 가르쳐 줍니다.

570 できごと [出来事]　사건, 뜻밖에 일어난 일　★

- これはいつ頃の出来事ですか。
  이것은 언제쯤에 있었던 사건입니까?

- あまりにも突然の出来事にひどく驚きあわてる。
  너무나도 갑작스러운 사고에 심히 놀라고 당황하다.

- 勝利を目前にして信じられない出来事が起こった。
  승리를 눈앞에 두고 믿을 수 없는 사건이 일어났다.

571 できそこない [出来損ない]　잘되지 못한 것, 불량품

- こんな出来損ないのオムレツをお客様に出すわけにはいかない。
  이런 형편없는 오믈렛을 손님에게 내서는 안 된다.

- この出来損ないめ、だまれ。
  이 팔푼이, 입 닥쳐!

572 できばえ [出来栄え]　썩 잘된 것, 만듦새, 만듦새가 훌륭함

- 印刷所から届けられたポスターは、上々の出来栄えであった。
  인쇄소로부터 도착된 포스터는 최상의 상태였다.

- 三日間しか練習できなかったことを考えれば、彼女の演技は申し分ない出来栄えだった。
  3일동안 밖에 연습할 수 없었던 것을 생각하면, 그녀의 연기는 나무랄 데 없이 훌륭했다.

573 できもの [出来物] 종기, 부스럼, 뾰루지 ㉰ おでき(お出来), はれもの(腫物)

- 顔に出来物ができた。
  얼굴에 부스럼이 생겼다.

- 尻に出来物ができると痛くて座れない。
  엉덩이에 뾰루지가 생기면 아파서 앉을 수 없다.

574 てぎわ [手際] 솜씨, 수완, 기량 ★

- 与えられた仕事を、彼は手際よく進めていった。
  주어진 일을 그는 솜씨있게 추진해 나갔다.

- あの刑事さんは手際よく事件を解決した。
  그 형사는 수완좋게 사건을 해결했다.

575 でぎわ [出際] 나가려는 참

- 出際に電話がかかってきた。
  나가려는 참에 전화가 걸려 왔다.

- 出際に外の用事を思い出した。
  나가려는데 딴 볼일이 생각났다.

576 てくせ [手癖] 손버릇, 특히 훔치는 버릇

☞ てぐせ라고도 한다.

- 手癖の悪いあの子、きのうも万引きしたみたいだ。
  손버릇 나쁜 그 아이는 어제도 훔친 것 같다.

- 手癖、足癖、無くて七癖。
  손버릇, 걸음새, 누구나 적어도 일곱가지 버릇은 가지고 있다.

577 てぐち [手口]   범죄 따위의 수법

- 彼のずるい手口はわかっているから、「その手には乗らないよ」と言ってやった。
  그의 교활한 수법은 알고 있었기 때문에 「그런 수에는 속지 않아요」라고 말해 주었다.

- 犯人のあまりに卑劣な手口に、だれもが激しい怒りを感じていた。
  범인의 너무나도 비열한 수법에 누구나가 심한 분노를 느끼고 있었다.

- そんな古い手口に誰がひっかかるものか。
  그런 낡은 수법에 누가 걸려들겠느냐?

578 てくび [手首]   손목

- 医者はわたしの手首をとって脈を見た。
  의사는 나의 손목을 잡고 맥을 짚어 봤다.

- 発車寸前の地下鉄のドアに手首が挟まれそうになった。
  발차 직전에 지하철 문에 손목이 끼일 뻔했다.

579 てごころ [手心]   짐작, 어림 상황에 따라 적절히 조치함, 조절, 재량
○ てかげん (手加減)

- 初犯の者の扱いには手心を加えるべきだ。
  초범자의 취급에는 형편을 감안하여 관대하게 조치하는 것이 마땅하다.

- 彼は若いので手心を加えてやった。
  그는 젊기 때문에 사정을 봐 주었다.

580 てごたえ [手応え]   느낌, 반응

- あの子は、何度叱っても手応えがない。
  그 녀석은 몇 번을 혼내 주어도 반응이 없다.

- 持ってみると意外と重く、ずっしりと手応えがあった。
  손에 들어보니 의외로 묵직한 느낌이 들었다.

- ホームランを打ったときの手応はなんとも言えない。
  홈런을 쳤을 때의 느낌은 뭐라 말할 수 없을 정도로 좋다.

581　でこぼこ / おうとつ [凹凸]　요철, 오목함과 볼록함, 불균형

- この道は凸凹がひどく、自転車のハンドルを取られて危ない。
  이 도로는 요철이 심해서 자전거의 핸들을 놓쳐 위험하다.

- レンズには凸レンズと凹レンズがある。
  렌즈에는 오목렌즈와 볼록렌즈가 있다.

582　てごろ [手頃]　조건에 걸맞음, 적당함, (크기나 굵기가) 알맞음

- 手頃な値段の中古車があったら買いたいんだが…。
  적당한 가격의 중고차가 있으면 사고 싶은데 …….

- 誰にもできる手頃なスポーツとしては、まずバドミントンが挙げられる。
  누구나 할 수 있는 적당한 스포츠로는 우선 배드민턴을 들 수 있다.

- 駅から徒歩三分の便利なところに手頃なアパートが見つかったよ。
  역에서 도보로 3분 걸리는 편리한 곳에 조건에 맞는 아파트를 찾았네.

583　てごわい [手強い]　버거움, 힘에 겨움, 벅참, 상대하기에 만만치 않음

- 今日のテニスの相手は手強いぞ。
  오늘의 테니스 상대는 만만치 않을 걸세.

- 一回戦は何度も優勝している手強い相手と対戦することになった。
  1회전에는 몇 번이나 우승한 바 있는 벅찬 상대와 대전하게 되었다.

- 相手は、一筋縄ではいかない手強い人物だから、用心してかかったほうがよい。
  상대방은 여느 방법으로는 통하지 않는 버거운 인물이니 조심해서 대하는 편이 좋다.

584　てさき [手先]　끄나풀, 앞잡이, 부하, 손끝

- 細工士はアクセサリーなどの細かい工芸品を手先の技術で作り上げる。
  세공사는 악세사리 등 자잘한 공예품을 손끝의 기술로 만들어 낸다.

- 彼は相手チームの手先となって、僕らの練習方法をスパイしていたようだ。
  그는 상대팀의 끄나풀이 되어 우리들의 연습방법을 몰래 탐색했던 것 같다.

- 家出をした少年たちを手先に使って盗みをしていた大人が捕まった。
  가출한 소년들을 앞잡이로 이용해 도둑질을 하던 어른이 붙잡혔다.

585 **でさき** [出先]　행선지, 출장지

- 出先を告げないで行った。
  행선지를 알리지 않고 갔다.

- 出先から会社や家庭に帰ったときは、「ただ今」と挨拶をする。
  외출 나갔다가 회사나 가정에 돌아왔을 때는「다녀왔습니다」라고 인사를 한다.

- 会社や出先にあちこち電話をしてみたが、まだ父とは連絡がつかない。
  회사나 외근할 만한 곳으로 여기저기 전화를 해보았지만 아직 아버지와는 연락이 닿지 않는다.

586 **てさぐり** [手探り]　손끝으로 더듬음, 암중모색

- 街灯のない暗い田舎道を文字どおり手探りで進んで行った。
  가로등이 없어 어두운 시골길을 문자 그대로 손끝으로 더듬으면서 나아갔다.

- 新しく始めた事業はまだ手探りの状態で、しばらく様子を見ないと何とも言えない。
  새로 시작한 사업은 아직 암중모색의 상태로, 당분간 상황을 지켜보지 않으면 뭐라고 말할 수 없다.

587 **てざわり** [手触り]　손에 닿는 감촉, 느낌

- この漆器には手作りの良さが手触りを通じて感じられる。
  이 칠기에서는 수제품의 장점이 손에 닿는 감촉을 통해서 느껴진다.

- 洋服を買うときは目で見るだけでなく、手にとって手触りを確かめるといい。
  양복을 살 때는 눈으로 보기만 할 것이 아니라 손에 쥐고 촉감을 확인하는 것이 좋다.

- 同じように見える着物でも、絹に比べると化学繊維は手触りが粗い。
  똑같이 보이는 옷이라도 실크에 비해 화학섬유는 감촉이 거칠다.

588 **てしお** [手塩]　손수 공들여 키움, 손공

- 手塩にかけて育てた我が子に背かれる。
  손수 공들여 키운 내 자식에게 배반당하다.

- 小さいころから手塩にかけて育てた娘が、きょう無事成人式を迎えた。
  어릴 때부터 공들여 키운 딸이 오늘 무사히 성인식을 맞았다.

589 **てだすけ** [手助け]　거들어 줌, 조력

- 学校を出てから親の商売の手助けをしていました。
  학교를 졸업하고 나서 부모님의 장사를 거들고 있었습니다.

- 農家では子供は親の手助けをするのが、かつては当たり前のことだった。
  농가에서는 자식은 부모의 일손을 거드는 것이 옛날에는 당연한 것이었다.

590 **てだて** [手立て]　일을 성사시키는 순서, 수단, 방법

- もう、あんたを引き止める手立てはなくなってしまった。
  이제는 당신을 말릴 방도가 없어지고 말았다.

- どうしたら交通事故を防止できるか、みんなで手立てを考えてみよう。
  어떻게 하면 교통사고를 방지할 수 있을지 모두가 방법을 생각해 보자.

- 目的を達成するためには、どんな手立を取ればよいのだろうか。
  목적을 달성하기 위해서는 어떤 수단을 취하는 것이 좋을는지?

591 **てぢか** [手近]　바로 가까이에 있음, 비근함

- 手近な材料でおいしい料理をつくる。
  가까이에 있는 재료로 맛있는 요리를 만들다.

- 先生は文化祭や体育祭などの手近な例を挙げ、協力することの大切さを話した。
  선생님은 문화축제나 체육축제 등 비근한 예를 들어 협력하는 것의 소중함을 이야기했다.

592 **てちがい** [手違い]　차질, 착오, 실수, 차례가 뒤바뀜

- 手違いが起こりましたら、出発はあしたに延ばします。
  차질이 생기면 출발은 내일로 연기하겠습니다.

- こちらの手違いで皆さんを長くお待たせしてすみませんでした。
  저희 쪽의 착오로 여러분을 오랫동안 기다리시게 해서 미안했습니다.

- 小さな手違いから全体の計画がスッカリ狂ってしまった。
  사소한 실수로 인해 전체의 계획이 완전히 어긋나 버렸다.

593 **てつだい** [手伝い]　거들어 줌, 심부름

- お手伝いしましょうか。
  도와 드릴까요?

- あの社長は自宅に運転手とお手伝いさんを三人も抱えている。
  그 사장은 자택에 운전사와 가정부를 세 사람이나 거느리고 있다.

- 母の手伝いをしていたが、約束時間が近づいたので妹に後を任せて家を出た。
  어머니를 돕고 있었는데 약속 시간이 다가와서 동생에게 뒤를 맡기고 집을 나섰다.

594 **てっぺん** [天辺]　꼭대기, 정상　★

- 山の天辺に着いたら、そこで弁当を食べましょう。
  산의 정상에 도착하면, 거기에서 도시락을 먹읍시다.

- 頭の天辺からつま先まで、ジロジロと見られるのはいい気持ちではない。
  머리 꼭대기에서 발끝까지 남에게 빤히 훑어지는 것은 좋은 기분이 아니다.

- 船のマストの天辺に日の丸の旗がはためいている。
  배의 돛대 꼭대기에 일장기가 펄럭이고 있다.

595 **てっぽうだま** [鉄砲玉]　한번 가면 다시 오지 않음, 함흥차사, 총알

- 鉄砲玉が飛んでくる。
  총알이 날아 오다.

- あいつは鉄砲玉だ。出たら帰ってこない。
  그 녀석은 함흥차사다. 한번 나가면 돌아오지 않는다.

596 **てづる** [手蔓]　연줄, 연고 / 단서, 실마리

- 事件の手蔓をつかむ。
  사건의 실마리를 잡다.

- 手蔓を頼らなくても就職の機会はいくらでもある。
  연줄을 찾지 않아도 취직 기회는 얼마든지 있다.

597 **てとりあしとり** [手取り足取り]　친절히 가르치고 이끌어 주는 모양

- 先輩が手取り足取り指導してくれた。
  선배가 하나하나 자상하게 지도해 주었다.

598 てなおし [手直し]　불완전한 곳을 고침, 손을 봄　★

- 作文は提出前にもう一度読み返し、気に入らない部分に手直しを加えるといい。
  작문은 제출하기 전에 다시 한번 읽고 마음에 들지 않는 부분에 수정을 가하는 것이 좋다.

- この計画は、安全に対する備えが甘すぎるから、手直しする必要がある。
  이 계획은 안전에 대한 대비가 너무 허술하니 손을 볼 필요가 있다.

599 てぬき [手抜き]　필요한 절차를 생략함, 부실함, 날림

- 仕事は手抜きをせずにキチンとやれ。
  일은 꾀를 부리지 말고 빈틈없이 해라.

- 総合庁舎が手抜き工事だったことは、新聞記者の手により明らかにされた。
  종합청사가 날림 공사였다는 것은 신문기자의 손에 의해 명백히 밝혀졌다.

- 行政の手抜きの結果が様々な形で国民の生活を脅かしている。
  행정을 졸속으로 처리한 결과 갖가지 형태로 국민의 생활을 위협하고 있다.

600 てのうち [手の内]　손바닥, 솜씨, 마음속, 속셈, 세력의 범위

- 本心を探ろうとしてもなかなか手の内を見せない。
  본심을 살피려 해도 좀처럼 마음속을 보여주지 않는다.

- 交渉を有利に運ぶためには、簡単にこちらの手の内を見せるべきではない。
  교섭을 유리하게 추진하기 위해서는 쉽게 이쪽의 속셈을 보여서는 안 된다.

601 てのひら [手の平 / 掌]　손바닥　㊒ てのうら(手の裏)

- 手の平を返すように態度が変わってしまった。
  손바닥을 뒤집듯이 태도가 변해 버렸다.

- せっかく釣った魚だったけど、掌より小さいので海に戻すことにした。
  애써 낚은 물고기였지만 손바닥보다도 작아서 바다로 돌려보내기로 했다.

602 てばなし [手放し]　손을 뗌, 방임 / 노골적임, 무조건, 덮어놓고

- 子供は手放しにしておいても立派に育つ。
  어린이는 내버려두어도 훌륭하게 자란다.

사 회

- 就職が決まったからといって、手放しで喜んでいる訳にはいかない。
  취직이 결정되었다고 해서 무조건 기뻐하고 있을 수만은 없다.

603 **てぶり**[手振り]   손짓, 손놀림, 맨손, 거래소에서 손을 흔들어 매매를 거래하는 일

- 手振りで駄目と知らせる。
  손짓으로 안 된다고 알려주다.

- 投手と捕手は言葉でなく身ぶりや手振りでサインを交わします。
  투수와 포수는 말이 아니라 몸짓이나 손짓으로 신호를 교환합니다.

604 **てほん**[手本]   모범, 본보기, 표준 양식, 예   ★

- お手本のとおりに丁寧に書きなさい。
  글씨본대로 정성껏 쓰세요.

- 奈良の町は、中国の長安という町を手本にして造られました。
  奈良(나라)의 시가지는 중국의 長安(장안)을 본보기로 해서 조성되었습니다.

- 学生時代に怠けた者はいい地位にはつけない。彼がいい手本だ。
  학창 시절에 게으른 자는 좋은 지위에 오르지 못한다. 그가 좋은 예다.

605 **てま**[手間]   (일을 하는 데 드는) 품・시간・노력・수고, 품삯   ★

- お手間は取らせませんので、少し話を聞かせてください。
  번거롭게는 하지 않겠사오니 잠시 이야기를 들려주십시오.

- 番地をたどりながら家を探すのは、案外手間取るものです。
  번지를 수소문하면서 집을 찾는 것은 의외로 시간이 걸리기 마련입니다.

- 家事の手間を省くため、買い物は週一回、まとめてするようにしています。
  가사 노동을 절약하기 위해 쇼핑은 주 1회 일괄구매 하도록 하고 있습니다.

606 **てまえ**[手前]   자기에게 가까운 쪽 / 체면 / 솜씨   ★

- その家は郵便局の先ですか、手前ですか。
  그 집은 우체국을 지나서입니까? 그 전입니까?

- つい間違えて一つ手前の駅で降りた。
  그만 착각해서, 내릴 역의 바로 하나 전에서 내렸다.

277

- 世間の手前もあり、あまりひどいことも出来ない。
  세상의 체면도 있으니, 너무 심한 짓도 할 수 없다.

607 **てまちん**[手間賃]　품삯, 노임

- このカーテンを取りつけてもらうのに手間賃がいくらかかりましたか。
  이 커튼을 다는 데에 품삯은 얼마나 들었습니까?

- こんな安い手間賃で、あれこれ注文が多いのではたまったものではない。
  이런 싸구려 품삯으로 이것저것 주문이 많아서야 참을 수 없다.

608 **てまねき**[手招き]　손짓으로 부름

- 「いらっしゃい。いらっしゃい。」と手招きをしている。
  「어서 오세요, 어서 오세요」라고 손짓으로 부르고 있다.

- 遠くから手招きをする。
  멀리서 손짓하여 부르다.

609 **てまわし**[手回し]　준비, 채비, 수배 / 돈의 변통, 융통

- 現地の人々の手回しがよかったお陰で、順調に発掘調査を進めることができた。
  현지 사람들의 준비가 철저했던 덕분에 발굴조사를 순조롭게 진행할 수 있었다.

- あらかじめ手回しをよくしておけば、仕事は順調に片付く。
  미리 준비를 잘 해 놓으면 일은 순조롭게 정리된다.

- 手回しが悪くなる。
  돈의 융통이 어려워지다.

610 **てまわり**[手回り]　신변, 신변의 소지품

- 手回りの荷物をまとめる。
  신변의 물건을 정리하다.

- 電車やバスから降りるときは、手回り品に気をつけなければならない。
  전철이나 버스에서 내릴 때는 신변의 소지품에 주의하지 않으면 안 된다.

사 회

611 てみじか [手短]　간단함, 이야기나 문장이 간략함

- 手短に申せば、次のようになります。
  간단히 말씀드리자면 다음과 같습니다.

- 時間がないので、手短に話すようにしてください。
  시간이 없으니 간략하게 이야기해 주십시오.

- 彼は手短にゲームのやり方を説明した後、実際にやって見せた。
  그는 게임하는 방법을 간략하게 설명한 후 실제로 해 보였다.

612 てみやげ [手土産]　인사차 들고가는 간단한 선물　★

- 初めての訪問なら、手土産をきっかけにその場の雰囲気が和むこともある。
  첫 방문이라면 들고 간 선물을 계기로 그 자리의 분위기가 부드러워지기도 한다.

- 取引先を訪問するとき、手土産を持っていくと喜ばれることがある。
  거래처를 방문할 때 간단한 선물을 가지고 가면 상대방을 기쁘게 하는 수가 있다.

- 手土産は簡単なようで意外と難しい。必ずしも高価なものや、派手なものがよいとは限らない。
  선물은 간단한 것 같지만 의외로 어렵다. 반드시 고가품이나 화려한 것이 좋다고만 할 수도 없다.

613 てむかい [手向かい]　반항, 대항, 저항

- 手向かいするな。
  대항하지 말라.

- 弱者が強者に手向かいしても無駄だ。
  약자가 강자에게 반항해봤자 헛수고다.

614 てわけ [手分け]　(일을) 분담함

- この仕事は一人ではできないから、みんなで手分けしてやりましょう。
  이 일은 혼자서는 할 수 없으니 모두가 나누어서 합시다.

- 展覧会に向けて、いま共同作品をクラス全員で手分けして作っている。
  전람회를 앞두고 지금 공동작품을 클래스 전원이 분담해서 만들고 있다.

615 **てんき** [天気]　일기, 날씨, 맑은 날씨 ㊂ 기분 ★

- 明日はお天気かしら。
  내일은 날씨가 좋을까?

- 天気予報によれば台風が近づき、午後には強風と雨が降るらしいです。
  일기 예보에 의하면 태풍이 가까워져 오후에는 강풍과 비가 내릴 것 같습니다.

- 今日は社長のお天気が悪そうよ。
  오늘은 사장님의 기분이 좋지 않은 것 같네.

616 **でんたく** [電卓]　전자식 (탁상) 계산기

- 年配の人は電卓よりも算盤が使いやすいという。
  나이가 많은 사람은 전자계산기보다도 주판을 사용하기가 쉽다고 한다.

- 電卓のお陰で暗算ができなくなった。
  전자계산기 때문에 암산을 할 수 없게 되었다.

617 **てんてき** [点滴]　물방울 / 링거주사의 준말 ★

- 点滴のチューブが外れていることに家族が気付いて医師に連絡したが、時すでに遅く死亡が確認された。
  링거주사의 튜브가 벗겨져 있는 것을 가족이 알아차리고 의사에게 연락했지만 이미 때는 늦어 사망이 확인되었다.

- 辻元氏が、過労のため東京都内の病院で、点滴投与などの治療を受けていることを明らかにした。
  츠지모토 씨는 과로 때문에 도쿄 도내의 병원에서 링거주사 투여 등의 치료를 받고 있음이 드러났다.

618 **どあい** [度合い]　정도

- この料理は加熱度合いが難しいので、注意してくださいね。
  이 요리는 가열 정도를 맞추는게 어려우니 주의하셔야 해요.

- 試験の平均点は、難易の度合によって上下します。
  시험의 평균점은 난이도에 따라 오르내립니다.

- 入学試験が近くなって息子の緊張の度合はどんどん高まっていった。
  입학시험이 가까워지자 아들의 긴장도는 점점 높아져 갔다.

사 회

619 **とい**[問い]　질문, 문제, 설문

- 難しい問いで先生を困らせる。
  어려운 질문으로 선생님을 곤란케 하다.

- 問い1と問い2はできたが、問い3はできなかった。
  질문1과 질문2는 풀었는데 질문3은 풀 수 없었다.

620 **とうげ**[峠]　고개 / 고비, 절정기　★

- 峠の上には有名な詩人の詩を刻んだ碑が立っていた。
  고개 위에는 유명한 시인의 시를 새긴 비석이 서 있었다.

- 熱が下がり、症状もどうやら峠を越したようだ。
  열이 내려 증상도 가까스로 고비를 넘긴 것 같다.

- この冬の寒さも今が峠だ。
  이번 겨울의 추위도 지금이 고비다.

621 **とうしょ**[投書]　투고, 투서　★

☞ 우리말에서의 투서는 드러나지 않은 사실이나 남의 비행을 적어서 비밀리에 감찰기관에 호소하는 것이 주된 의미로 쓰이지만, 일본어에서는 신문의 독자란에 투고하는 것 등을 [投書]라고 한다.

- 新聞をざっと見ていき、ある高校生の投書に目が留まった。
  신문을 대강 훑어보다가 어느 고교생의 독자투고에 시선이 멈췄다.

- わたしの投書が今日の新聞に載りますから、ぜひ読んでください。
  제 투고가 오늘 신문에 실리니 꼭 읽어 주십시오.

622 **どうぜん**[同然]　마찬가지, 다름없는 모양　★★

- 9回の表を終わって6対1なら、勝ったのも同然だ。
  9회초를 끝내고 6 : 1이라면 이긴 것이나 마찬가지다.

- 孤児のわたしにとって、先生は親同然の存在だった。
  고아인 나에게 있어서 선생님은 부모와 다름없는 존재였다.

- 建物の中に逃げ込んだ犯人は袋の中のネズミ同然だ。
  건물 안으로 도망쳐 들어간 범인은 독안에 든 쥐나 마찬가지다.

623 とうぶん [当分]　당분간, 얼마 동안

- ビルの建替のため、当分の間は、仮店舗で営業いたします。
  빌딩 개축으로 당분간은 임시점포에서 영업합니다.

- マイカーが故障したので、当分電車で通勤することになった。
  자가용이 고장이라서 얼마 동안은 전철로 출근하게 되었다.

- 君に借りた金、当分待ってくれないか。
  자네한테 빌린 돈, 당분간 기다려 주지 않을래?

624 どうよう [同様]　같음, 마찬가지, 다를 바 없음

- 昨年と同様によろしくお願い致します。
  작년과 마찬가지로 금년에도 잘 부탁드립니다.

- 三番目に演説した人も、最初の人と同様な意見を述べました。
  세 번째로 연설한 사람도 맨처음 사람과 다를 바 없는 의견을 말했습니다.

- 日本では、80年代後半、株価と同様に土地の価格が急騰した。
  일본에서는 80년대 후반, 주가와 마찬가지로 토지 가격이 급등했다.

625 とおりま [通り魔]　통행인을 급습하여 이유없이 해를 가하고 도주하는 자

- 捜査本部は、交友関係をめぐるトラブルが浮かび上がらないことから通り魔の犯行だとほぼ断定した。
  수사본부는 교우관계를 둘러싼 트러블이 떠오르지 않는 것으로 보아, 행인 습격자의 소행이라고 거의 단정했다.

- 現場近くでは、刃物を持って歩く男を中学生が目撃、通り魔殺人の可能性が指摘される。
  현장 부근에서는 칼을 들고 걷는 남자를 중학생이 목격, 행인 습격자에 의한 살인 가능성이 지적되고 있다.

- 通り魔はなぜ見ず知らずの通行人を殴るのか、疑問です。
  지나가는 행인을 습격하는 자는 왜 면식도 없는 통행인을 때리는지 의문입니다.

626 どぎも [度肝]　간, 간담

- 大型出版を企画して、他社の度肝を抜く。
  대형 출판을 기획하여 타사의 간담을 서늘하게 하다.

사 회

- 彼女はときどき度肝を抜くような派手な服装をして来る。
  그녀는 때때로 간 떨어질 정도로 야한 복장을 하고 온다.

627 とくい [得意]   뜻대로 되어 만족함, 뽐냄, 으스댐 / 가장 자신이 있는 것, 장기 / 단골 손님, 고객 ★★

- 田中さんは、子供が学校で一番なのが得意です。
  다나카 씨는 아이가 학교에서 일등이라는 것에 흐뭇해하고 있습니다.

- 外国語があまり得意じゃないのが、あの人のただ一つの弱みだ。
  외국어에 그다지 자신이 없는 것이 그 사람의 단 한 가지 약점이다.

- 計算問題は得意だが、応用問題は苦手です。
  계산 문제는 자신 있지만 응용문제는 질색입니다.

- 松本さんはウチの店のお得意さんです。
  마츠모토 씨는 우리 가게의 단골손님입니다.

628 どくしんきぞく [独身貴族]   결혼하지 않고 혼자 자유롭게 생활하면서 경제적으로 여유있게 사는 사람, 웰빙족 ★

☞ 이 말은 전문직에 종사하며 경제적으로 능력이 있는 소위 캐리어우먼 사이에 유행하고 있으며, 가정에 얽매이기를 싫어하는 현대인의 의식 구조를 비유한 신조어다.

- 独身貴族に別れを告げ、このほど結婚の決意を固めました。
  웰빙족 생활에 이별을 고하고 이번에 결혼할 결심을 굳혔습니다.

- 僕は40過ぎて未だ結婚していない、いわゆる独身貴族という奴だ。
  나는 마흔을 넘겼지만 아직 결혼하지 않은 소위 독신귀족이라는 놈이다.

629 とぐち [戸口]   집의 출입구, 문간 / 출발점

- 戸口に立って私たちに手を振っていた。
  문간에 서서 우리들에게 손을 흔들고 있었다.

- 戸口に物を置くと、つまずいて転ぶ心配があるから気をつけてください。
  출입구에 물건을 놓으면 발에 차여 넘어질 염려가 있으니 조심하세요.

630 とげ [刺]   가시, 가시 돋친 말의 비유

- 泥棒が入らないように、ウチの回りに刺のある針金を張った。
  도둑이 들지 않도록 집 주위에 가시가 있는 철사를 둘러쳤다.

- 手のひらに刺さった刺を抜いてください。
  손바닥에 찔린 가시를 빼 주십시오.

- 刺のある言い方はしないほうがいい。
  가시돋친 말은 하지 않는 게 좋다.

631 とっぴ [突飛]　엉뚱함, 기발함, 별남 ★

- 彼は仮装行列のような突飛な服装をして現れた。
  그는 가장행렬과 같은 기발한 복장을 하고 나타났다.

- テレビのコマーシャルには、突飛な発想で人々に印象づけようとしたものがよくあります。
  TV의 광고에는 엉뚱한 발상으로 사람들에게 인상을 심어주려는 것이 흔히 있습니다.

- 彼の行動は突飛すぎて、常識の枠をはみ出してしまうことも多い。
  그의 행동은 지나치게 기발해서 상식의 범위를 벗어나 버리는 경우도 많다.

632 とっぴょうし [突拍子]　엉뚱함, 기발함, 괴상함

- そんな突拍子もないことを言い出すなんて…。気は確かだろうか。
  그런 얼토당토않은 것을 입에 올리다니… 제 정신인거야?

- なにか突拍子もないことをしでかしたに違いない。
  뭔가 엉뚱한 일을 저질렀음에 틀림없다.

633 どて [土手]　제방, 둑

- この川の土手が改修されてからは一度も反乱したことがない。
  이 강의 둑이 개수되고 나서는 한번도 범람한 적이 없다.

- 土手の上に三々五々ピクニックを楽しむ家族連れがいる。
  제방 위에 삼삼오오, 피크닉을 즐기는 가족 일행이 있다.

634 とびいし [飛び石]　징검다리. 징검다리처럼 하루 이틀씩 걸러 휴일이 계속되는 연휴 ★

- 日本では、4月29日の緑の日から5月5日のこどもの日までは飛び石連休が続く。
  일본에서는 4월 29일 녹색의 날부터 5월 5일 어린이날까지는 징검다리 연휴가 계속된다.

사 회

635 **とほう**[途方]　수단, 방법, 방도 / 사물의 도리, 이치 / 방향　★

- たいした絵だとは思わないが、その絵につけられた値段は途方もなかった。
  대단한 그림이라고 생각되지는 않는데, 그 그림에 붙여진 가격은 터무니없었다.

- 年末だというのに金策がつかず、途方に暮れている。
  연말인데도 돈이 융통되지 않아 어찌할 바를 모르고 있다.

- 途方もない計画を立てる。
  얼토당토않은 계획을 세우다.

636 **とまどい**[戸惑い]　당황함, (방향을 몰라서) 쩔쩔맴, (방도를 몰라) 망설임

- 前触れもなく訪ねていったので、相手は戸惑いを隠せなかった。
  예고도 없이 찾아갔기 때문에 상대방은 당황하는 기색이 역력했다.

637 **とりいれ**[取り入れ]　도입, 채용 / 수확

- 新技術の取り入れを急ぐ。
  신기술의 도입을 서두르다.

- 取入れの時期に雨が降るのは困る。
  수확기에 비가 오면 곤란하다.

638 **とりえ**[取柄 / 取得]　장점, 좋은 점, 쓸모　★

- どんな人でも、何かしら取柄を持っているものです。
  어느 누구라도 뭔가 장점을 갖고 있기 마련입니다.

- 「あなたは健康だけが唯一の取柄ね！」と母に言われました。
  「너는, 건강만이 유일한 장점이구나！」라고 어머니가 말씀하셨습니다.

- 特にこれといった取り柄はない平凡な人間ですが、一生懸命に働いてきました。
  특별히 이렇다 할 장점이 없는 평범한 인간입니다만, 열심히 일해 왔습니다.

639 **とりかえ**[取り替え]　교환, 교체, 대체　★

- 畳は古くなったら表だけのお取り替えができます。
  다다미는 오래써서 낡으면 겉만 교체가 가능합니다.

- 一度お買いになった品物の取替は、いたしません。
  한번 사신 물건의 교환은 해 드리지 않습니다.

640 とりざた [取り沙汰]   세상의 소문, 평판, 풍문

- この付近一帯の再開発話を近所で取り沙汰している。
  이 부근 일대의 재개발 이야기를 이웃에서 쑥덕거리고 있다.

- 彼は引退が取沙汰されている。
  그는 은퇴한다는 소문이 돌고 있다.

641 とりしまり [取締まり]   단속, 감독 ★

- 年の暮れだから、警察の取り締まりが厳しい。
  연말이라서 경찰의 단속이 심하다.

- 交通規則を守らない人の取締は緩めてはいけません。
  교통규칙을 지키지 않는 사람에 대한 단속은 완화해서는 안 됩니다.

- 今週はスピード違反の一斉取締まりが行われている。
  이번 주에는 속도 위반의 일제 단속이 이루어지고 있다.

642 とりたて [取り立て]   (강제로) 징수함, 심한 빚 독촉 ★★

☞ 옛날에는 등용 / 발탁이라는 뜻으로도 썼으나 지금은 쓰지 않음.

- 債権者の苛酷な取り立てで、自殺や夜逃げをする債務者も少なくありません。
  채권자의 가혹한 빚 독촉으로 자살이나 야반 도주를 하는 채무자도 적지 않습니다.

- 中小企業が長引く不況にあえぐ中、「商工ローン」の厳しい取り立ての問題が表面化してきた。
  중소기업이 오랜 불황으로 신음하는 가운데「상공 론(loan)」의 심한 강제 징수 문제가 표면화되어 왔다.

- 毎日取り立ての電話がかかってきます。家に取り立てに来ることもあります。
  매일 빚 독촉 전화가 걸려 옵니다. 집으로 빚을 받으러 오는 적도 있습니다.

643 **とりなし** [執り成し / 取り成] 　중재, 조정, 알선, 무마

- 課長の執り成しがなければ、今ごろ係長の首はつながっていなかっただろう。
  과장의 중재가 없었더라면 지금쯤 계장의 목은 붙어있지 못했을 것이다.

- よろしく執成しをお願いします。
  아무쪼록 주선해 주실 것을 부탁합니다.

644 **とりはだ** [鳥肌] 　소름, 닭살

- 朝夕めっきり寒くなったので、着替えようと裸になると鳥肌が立つほどです。
  아침저녁으로는 부쩍 추워져서 옷을 갈아입으려고 맨살을 드러내면 닭살이 돋을 정도입니다.

- 嫌なものや気味の悪いものを見ると、鳥肌が立つ。
  싫어하는 것이나 기분나쁜 것을 보면 소름이 끼친다.

645 **どろ** [泥] 　진흙(탕) / 도둑(泥棒)의 준말

- 親の顔に泥を塗るような真似だけはするな。
  부모의 얼굴에 먹칠을 하는 행동만은 하지마.

- 自転車泥がいるから、必ず鍵をかけてください。
  자전거 도둑이 있으니 반드시 자물쇠를 채워 주십시오.

646 **とろう** [徒労] 　헛수고

- 僕たちが今までやってきたことは、結局なんの役にも立たない徒労だったのだろうか。
  우리들이 지금까지 해 온 것은 결국 아무런 도움도 되지 않는 헛수고였을까!

- あらゆる試みをしたが、それらはことごとく徒労に帰した。
  모든 시도를 다 해봤지만 그것들은 깡그리 헛수고로 돌아갔다.

647 **どろぬま** [泥沼] 　수렁, 늪, 나쁜 구렁

- 遺産の相続争いは、ますます泥沼の様相を呈してきた。
  유산을 둘러싼 상속 싸움은 점점 수렁의 양상을 띠었다.

- 借金地獄の泥沼にはまらないうちに、なんとか経営を立て直さなければならない。
  빚 지옥의 늪에 빠져들기 전에 어떻게든 경영을 재정비하지 않으면 안 된다.

648 **どろぼう**[泥棒]　도둑, 도둑질　★

- 巡査が泥棒を捕まえた。
  경찰이 도둑을 붙잡았다.

- ぼくのウチでは泥棒の用心に犬を飼っている。
  우리 집에서는 도둑을 경계하기 위해 개를 사육하고 있다.

- 泥棒は警察で明らかな証拠をつきつけられても、なかなか白状しなかったそうだ。
  도둑은 경찰에서 분명한 증거를 들이대도 좀처럼 자백하지 않았다고 한다.

649 **とりまき**[取り巻き]　추종자, 빌붙어 득을 보려는 자

- 取り巻きの甘言に乗せられるようでは指導者失格だ。
  추종자의 감언이설에 놀아나게 되면 지도자로서는 실격이다.

- 大統領は悪い取巻きのおかげで悲惨な最期をとげた。
  대통령은 나쁜 측근 때문에 비참한 최후를 마쳤다.

- 本人はともかく、取り巻きの連中がよくない。
  본인은 어찌됐든, 빌붙는 패거리가 좋지 않다.

650 **どろみず**[泥水]　흙탕물

- 自動車に泥水をはねられて、ズボンが汚れてしまった。
  자동차로부터 흙탕물 세례를 받아 바지가 더러워져 버렸다.

- 真っ白だった運動靴が泥水を被って泥んこになってしまった。
  새하얗던 운동화가 흙탕물을 뒤집어써서 진흙투성이가 되어 버렸다.

사 회

651 **ないしょ** [内緒 / 内所 / 内証]　비밀, 내밀, 은밀 ㉿ 秘密　★

☞「ないしょう(内証)」가 변화한 것

・これは内緒ですから、だれにも話さないでください。
　이것은 비밀이오니 누구한테도 이야기하지 말아 주십시오.

・会社には内緒にしておいてやるけど、こんな事はもうしてはだめだよ。
　회사에는 비밀로 해 두겠지만, 이런 일은 입 밖에 내서는 안돼요.

652 **なかたがい** [仲違い]　불화, 사이가 나빠짐(틀어짐)　★

・今まで仲違いしていたのは、君と僕の間にお互いに誤解があったせいだ。
　지금까지 사이가 나빴던 것은 자네와 나 사이에 서로 오해가 있었던 탓이다.

・ちょっとしたことで感情がもつれ、とうとう二人は仲違いしてしまった。
　사소한 일로 감정이 얽혀 마침내 두 사람은 사이가 틀어지고 말았다.

653 **なかなおり** [仲直り]　화해　

・今までの喧嘩は、きれいサッパリ水に流して、もう仲直りをしなさい。
　지금까지의 싸움은 깨끗이 싹 물에 흘려 보내고, 그만 화해를 하세요.

・すぐ仲直りをしたほうがいいという彼の意見に従って田中さんの所へ謝りに行った。
　바로 화해하는 편이 좋다고 말하는 그의 의견을 따라 다나카 씨에게 사과하러 갔다.

・仲直りはしたが、どうも、まだ痼が残っている。
　화해는 했지만 아무래도 응어리가 남아있다.

654 **なかみ** [中身]　알맹이, 내용(물)　★★

・中身を入れたまま運ぶと危ないですよ。
　내용물을 넣은 채로 운반하면 위험해요.

・箱だけは立派だったが、中身はつまらない物だった。
　상자만큼은 훌륭했지만 속에 든 것은 시시한 것이었다.

- あなたの話の中身は良く分かりました。
  당신이 말하는 이야기의 내용은 잘 알았습니다.

655 **なごり** [名残]　흔적, 형적, 미련, 추억, 여운 / 이별의 섭섭한 정(情)　★

- 春とはいえ山の色や川の流れには、冬の名残が感じられる。
  봄이라고는 하지만 산의 색깔이나 강의 물줄기에는 겨울의 여운이 느껴진다.
- この行事は、昔の名残をとどめるものとして注目されている。
  이 행사는 옛날의 추억을 머무르게 하는 것으로 주목받고 있다.
- 名残惜しいですが、ここでお別れします。
  헤어지기 섭섭합니다만, 여기서 작별하겠습니다.

656 **なじみ** [馴染み]　낯익음, 친숙함, 단골이 됨

- ギャング映画でお馴染の「アル・カポネ」は、決して伝説上の人物ではありません。
  갱 영화로 친숙한 알·카포네는 결코 전설상의 인물이 아닙니다.
- 二次会は友達の馴染みの店に行ったので、どんちゃん騒ぎだった。
  2차는 친구의 단골집에 갔기 때문에 마셔라 불러라 하며 큰소란을 피웠다.

657 **なぞ** [謎]　수수께끼, 의문 / 시늉 / 암시　★★

- ぼくが謎かけをするから、あなたはその謎を解いてご覧なさい。
  내가 수수께끼를 낼 테니까 당신은 그 수수께끼를 풀어 보세요.
- この事件は謎だらけだ。
  이 사건은 의문투성이다.
- 「ああ、暑い。暑い。」と謎をかけたのに、ビールどころか水も飲ませてくれないんだ。
  「아이고 더워, 더워!」라고 암시를 했는데도 맥주는커녕 물도 내놓지 않는다.

658 **なだれ** [雪崩]　눈사태, 사태

- 汽車は雪崩れによって脱線してしまった。
  기차는 눈사태에 의해 탈선하고 말았다.

- 待ちかねた客は、開店と同時に雪崩れを打って売り場に殺到した。
  기다리고 기다렸던 손님은 개점과 동시에 우르르 매장으로 쇄도했다.

659 なにごと [何事] 무슨 일, 어떤 일 / 웬일, 별일

- 何事があろうと、あくまでもやり抜くつもりだ。
  어떤 일이 있어도 끝까지 해낼 작정이다.

- 家の外で爆音がしたので何事かと思って飛び出した。
  집 밖에서 폭음이 나서 무슨 일인가 하고 뛰쳐나갔다.

660 なまはんか [生半可] 어설픔, 서툼, 미숙함 ★

- 調べ方が生半可だ。
  조사 방법이 어설프다.

- 生半可な知識をひけらかしていると、みんなから軽い人間だと思われるよ。
  어설픈 지식을 과시하면 모두에게 가벼운 사람이라는 인상을 받게 되지요.

- そんな生半可な勉強では、一流大学は無理だよ。
  그런 어중간한 공부로 일류대학은 무리야.

661 なまびょうほう [生兵法] 미숙한 병법이나 검술, 섣부른 시술, 어설픈 지식, 선무당

- 生兵法は大怪我のもとだから、なまじ手をつけない方がいい。
  섣부른 시술은 큰 상처의 화근이니, 섣불리 손을 대지 않는 편이 좋다.

- 「あいつ、財テクで大損をしたらしいよ。」「生兵法は大怪我のもとさ。安全第一でいこうぜ。」
  「그 녀석 재테크로 큰 손해를 본 것 같더군.」「선무당이 사람 잡는다고 하지 않은가? 안전제일로 가세.」

662 なみき [並木] 가로수

- いちょう並木の葉が落ちたら、銀杏取りが忙しい。
  은행나무 가로수의 잎이 떨어지면, 은행따기 바쁘다.

- この古い並木は住民の共通の財産として、大切に守っていこう。
  이 오래된 가로수는 주민의 공동재산으로서 소중히 지켜 나가자.

- 専門家は並木が枯れたのは、車の排気ガスが原因と見ている。
  전문가는 가로수가 시든 것은 자동차의 배기가스가 원인이라고 보고 있다.

663 **なんぎ**[難儀]　곤란함, 어려움, 힘듦, 고생, 번거로움, 폐　★

- 最近は難儀な仕事が重なっている。
  최근에는 곤란한 일이 겹쳐 있다.

- 山というものは、本当は登るよりも下りるほうがずっと難儀なのです。
  산이란, 사실 오르는 것보다도 내려가는 쪽이 훨씬 힘든 것입니다.

- 旅先で階段から転げ落ち、同行者に難儀をかけてしまった。
  여행지에서 계단에서 굴러 떨어져 동행자에게 폐를 끼치고 말았다.

664 **なんじゅう**[難渋]　난삽, 거북함, 고생함

- 交渉が難渋を極めている。
  교섭이 극도로 난항을 겪고 있다.

- 道が悪くて難渋しました。
  길이 안 좋아 고생했습니다.

665 **にがおえ**[似顔絵]　어떤 사람의 얼굴을 닮게 그린 그림, (광의의 뜻으로) 초상화　참 しょうぞうが(肖像画)

- 先生の似顔絵を描いてあげる。
  선생님의 초상화를 그려 드리다.

- この似顔絵はだれがかいたのか本人そっくりだ。
  이 인물화는 누가 그렸는지 본인과 꼭 닮았다.

666 **にがて**[苦手]　다루기 벅찬 상대, 싫은 상대 / 질색, 서투름　★★

- あいつはどうも苦手だ。
  저 녀석은 아무래도 대하기가 벅차다.

- 彼は話すことは上手だが、書くことは苦手らしい。
  그는 이야기하는 것은 능숙하지만, 쓰는 것은 서툰 것 같다.

- 僕は乗り物に乗ると、気持ちが悪くなる。特に飛行機が苦手だ。
  나는 탈 것에 타기만 하면 기분이 나빠진다. 특히 비행기가 질색이다.

667 にくづけ [肉付け]　살을 붙임, 손질, 보완, 첨삭

- 計画の基本構想がまとまったので、あとは細部に肉付けをするだけだ。
  계획의 기본구상이 정리되었으니 나머지는 세부적으로 손질하는 것만 남았다.

- 骨組みが出来たので、あとは肉付けをするだけだ。
  뼈대가 이루어졌으니, 이제는 살만 붙이면 된다.

668 にげごし [逃げ腰]　도망치려는 자세, 회피하려는 태도

- PTAの役割については立派なことを言いながら、役員選出の段になると、みな逃げ腰になる。
  PTA의 역할에 관해서는 근사한 말들을 하면서도 임원선출의 단계에 이르면 모두가 꼬리를 뺀다.

- 困難な問題にも逃げ腰にならず、前向きに対処していく姿勢が大切です。
  곤란한 문제에서도 회피하려 들지 않고, 적극적으로 대처해 가는 자세가 중요합니다.

669 にせ [偽]　가짜, 위조, 모조

- 偽の印鑑を作って、金を盗む。
  가짜 도장을 만들어 돈을 훔치다.

- あれは偽の刑事だったそうだ。
  그 사람은 가짜 형사였다고 한다.

670 にせもの [偽物]　위조품, 가짜 물건　⊕ 本物　★

- この絵は偽物ですが、あの人は本物だと思い込んでいます。
  이 그림은 가짜입니다만, 저 사람은 진짜라고 굳게 믿고 있습니다.

- 「本物ですよ。」という嘘にだまされて、偽物を買わされてしまった。
  「진품이고 말고요!」라는 거짓말에 속아 가짜를 사고 말았다.

671 にないて [担い手]　떠맡은 사람, 역군, 중심인물　★

- 半導体産業は現代の産業社会の担い手として、新イノベーション時代の牽引役を果たしている。
  반도체 산업은 현대 산업사회의 역군으로서 새로운 기술혁신의 견인차 역할을 다하고 있다.

- わたしは21世紀の担い手である君たちに大いに期待しているよ。
  나는 21세기의 중심인물인 자네들에게 크게 기대하고 있네.

672 にのあし [二の足]　주저, 관망, 망설임　★

- 友達に安いアパートを紹介してもらったが、駅から遠すぎるので二の足を踏んでいる。
  친구가 값싼 아파트를 소개해 주었지만, 역에서 너무 멀어서 망설이고 있다.
- 思いがけない悪天候に、妹は出発を前に二の足を踏んでいる様子です。
  생각지 않은 악천후로 동생은 출발을 앞두고 주저하고 있는 모양입니다.

673 にのく [二の句]　다음에 할 말, 다음 구　★

- 文句は二の句にして、まず仕事を片付けてくれ。
  불평은 나중에 하고 우선 일을 끝내 주게.
- 皆でやっと借金を返してやったのに、また競輪場に出入りしているって呆れて二の句が継げないよ。
  여럿이서 겨우 빚을 갚아 주었는데도 또 경륜장에 출입하고 있다니 기가 막혀 다음 말이 나오질 않네.

674 にのつぎ [二の次]　둘째 번, 뒤로 미룸　★

- 食事は二の次にして相談を決めよう。
  식사는 뒤로 미루고 상담을 매듭짓자.
- 今日は仕事の話は二の次にして、まず一杯やろう。
  오늘은 업무 이야기는 나중에 하고, 우선 한잔 마시자.
- 勉強は二の次にして、遊び回る。
  공부는 뒷전으로 미뤄 놓고 놀러 다닌다.

675 にのまい [二の舞]　남의 전철을 밟음 / (원 뜻은) 흉내내는 춤　★

- 兄の失敗の二の舞を演ずる。
  형이 저지른 실패의 전철을 밟다.
- 一度失敗したら、同じ二の舞を踏んではならない。
  한번 실패했으면 똑같은 전철을 되풀이해서는 안 된다.

676 にばんせんじ [二番煎じ]   재탕, 앞의 것을 되풀이함   ★

- 今度創刊した◇◇マガジンは、大ヒットした□□の二番煎じだよ。
  이번에 창간한 「◇◇매거진」은 크게 히트한 □□의 재탕일세.

- 新番組のドラマは前作の二番煎じで、少しも面白くない。
  새로운 드라마는 전작품의 재탕으로 조금도 재미가 없다.

677 にゅうよう [入用]   소용됨, 필요함, 필요한 비용
㊖ 入り用 당장 필요한 돈

- 野球に入用な品はみな揃っている。
  야구에 필요한 물건은 모두 갖추고 있다.

- 一体、入用はいくらなのか。
  도대체 필요한 비용은 얼마냐?

678 ぬきさし [抜き差し]   빼고 박음, 몸을 움직임

- 両者の対立が深まり、抜き差しならぬ状態になった。
  양자의 대립이 깊어져 빼도 박도 못하는 상태가 되었다.

- シャープペンは芯の抜き差しが自由にできる。
  샤프 펜은 심을 자유로이 뺐다 넣었다 할 수 있다.

- あの男は妻子がある身でありながら、Aという女と抜差しならない関係になっているらしい。
  그 사나이는 처자가 있는 몸인데도 A라는 여자와 빼도 박도 못할 관계에 있는 것 같다.

679 ぬけめ [抜け目]   빈틈, 결함 / 방심, 실책

- シェークスピアの「ベニスの商人」には、抜け目のない商人のシャイロックが登場する。
  셰익스피어의 「베니스의 상인」에서는 빈틈없는 상인 샤일록이 등장한다.

- 万事に抜け目のない彼のことだから、今度の事業もきっと成功するに違いない。
  만사에 빈틈없는 그 사람이니 이번 사업도 꼭 성공할 것에 틀림없다.

- そりゃあ私は商売人ですから、金に関して抜目がないのは当たり前です。
  그야 저는 장사꾼인 만큼 돈에 관해서 방심할 수 없는 것은 당연합니다.

680 **ぬすびと** [盗人]　도둑놈

☞ 「ぬすっと」라고도 한다.

- 盗人にカギを預ける。
  도둑에게 열쇠를 맡기다.

- 自分の悪事を棚に上げ偉そうなことをいう奴を、「盗人猛々しい」と言う。
  자신의 나쁜 짓은 젖혀놓고 잘난 체하는 놈을 「도둑놈이 큰소리 친다」고 한다.

- 「盗人の昼寝」とは、何の意味がなさそうな行動が、実はほかの目的があることを言う。
  「도둑의 낮잠」이란 아무 의미도 없어 보이는 행위가 사실은 다른 목적을 갖고 있는 것을 말한다.

681 **ねいろ** [音色]　음색

- 彼のギターは素晴らしい音色だ。
  그의 기타는 멋진 음색이다.

682 **ねがえり** [寝返り]　배반, 변절, 적과 내통함 / 자다가 몸을 뒤척임　★

- 信頼していた部下に寝返りを打たれた。
  믿고 있던 부하에게 배반당했다.

- 真夏の夜は暑苦しくて、何度も寝返りを打つ。
  한여름의 밤은 몹시 무더워서, 자면서 몇 번이나 몸을 뒤척거린다.

683 **ねこのひたい** [猫の額]　아주 좁은 장소(땅)　★

- 郷里には猫の額ほどですが、親譲りの土地があります。
  고향에는 아주 좁지만 부모로부터 물려받은 땅이 있습니다.

- 山間部では猫の額のような土地にも作物を栽培しています。
  산간부에서는 손바닥만한 땅에도 작물을 재배하고 있습니다.

684 **ねじ** [螺子]　나사, 나사못

- 螺子がバカになってしまらないから、新しいのと交換してください。
  나사가 못쓰게 되어 조여지지 않으니 새 것으로 교환해 주십시오.

- お前は忘れ物をしたり、学校に遅れたり、この頃すこし螺子が緩んでいますよ。
  너는 물건을 잊기도 하고 학교에 지각하기도 하고 요즘 약간 나사가 풀려 있구나.

685 **ねだやし** [根絶やし]　　송두리째 뽑음, 근절　㊌ 根絶

- この世から犯罪を根絶やしにするのは無理というものだろう。
  이 세상에서 범죄를 근절하는 것은 무리라고 말해야 할 것이다.

- 害虫を根絶やしするほどの強力な殺虫剤が開発された。
  해충을 근절할 정도의 강력한 살충제가 개발되었다.

686 **ねみみ** [寝耳]　　잠귀, 잠결에 들음

- 彼の死の知らせは寝耳に水で、すぐには信じられなかった。
  그의 사망 통지는 아닌 밤중에 홍두깨 격으로 처음에는 믿어지지 않았다.

☞「〜に水」의 꼴로「아닌 밤중에 홍두깨」의 의미로 쓰인다.

- なにっ！ 突然幹部更迭だって。そんな話、寝耳に水だな。
  뭐라고! 갑자기 간부 경질이라니? 그런 얘기는 청천벽력이로구나.

687 **ねむけ** [眠気]　　졸음, 졸음기

- 眠気ざましにブラックコーヒーを飲んだが、効果がない。
  졸음을 물리치려고 블랙커피를 마셨는데 효과가 없다.

- 眠気を催すような映画は、三流映画だ。
  졸음이 몰려오는 영화는 3류 영화다.

- 眠気を感じたら、路肩に車を止め、すこし休んで下さい。
  졸리면 갓길에 차를 세우고 조금 쉬도록 하세요.

688 **ねわざし** [寝業師]　　뒷거래(이면공작)를 하는 사람, 막후 조정자, 모사꾼

- 舞台裏の駆け引きに長けた人を寝業師という。
  무대 뒤에서 흥정에 능한 사람을 모사꾼이라고 한다.

- あの人は政界の寝業師だ。
  그 사람은 정계의 막후 모사꾼이다.

689 ねんいり [念入り]　정성들임, 공들여 함, 꼼꼼함

- 妹は念入りにお化粧をして、デートに出掛けました。
  여동생은 정성들여 화장을 하고 데이트하러 나갔습니다.

- 念入りに調べたけれど、故障の箇所が分からなかった。
  꼼꼼하게 조사했지만 고장난 부위는 알 수 없었다.

- 引越しの時、念入りに注意して運んでもらったのに、ピアノに傷がついていた。
  이사할 때 정성을 들여 주의해서 운반하도록 했는데도 피아노에 흠집이 나 있었다.

690 ねんのため [念の為]　더욱 다짐하기 위해, 혹시 잊을까 염려해서, 확실히 하기 위해서 ★

- 念の為、言っておきますが、明日の工場見学には洋服姿で来てはいけません。
  혹시나 해서 말해 둡니다만, 내일 공장견학에는 양복차림으로 와서는 안 됩니다.

- なお念の為、請求書の写しを同封いたします。
  또한 확실히 하기 위해서 청구서의 복사본을 동봉합니다.

- 念の為、一応調べてみてください。
  혹시(모르니) 일단 조사해 봐 주십시오.

691 のけもの [除け者]　외톨이, 따돌림받는 사람

- 彼は自分勝手なことばかりするので、そのグループから除け者にされた。
  그는 제멋대로만 하기 때문에 그 그룹으로부터 외톨이가 되었다.

- 社会の除け者になるな。
  사회에서 소외자는 되지 말라.

692 のぞき [覗き]　들여다 봄, 엿봄　㊥ のぞきめがね(覗眼鏡) 요지경

- 覗きをして捕まった男は、女たちから袋叩きにあった。
  엿보기를 하다가 붙잡힌 사나이는 여자들에게 뭇매질을 당했다.

- 覗き魔が出没するという情報が入ったので、警察が取締を始めた。
  남의 사생활을 엿보는 자가 출몰한다는 정보가 들어와서 경찰이 단속을 시작했다.

693 のばなし [野放し]　방목, 방임, 아이들을 제멋대로 하게 함　★

- 野犬を野放しにして、かまれたらどうするんですか。
  들개를 그냥 내버려 두었다가 물리면 어떻게 할 겁니까?
- 物価の値上がりを野放しにしておけない。
  물가의 상승을 내버려 둘 수 없다.
- 犯罪が野放しされている状態では、安心して暮らせない。
  범죄가 방치되어 있는 상태에서는 안심하고 지낼 수가 없다.

694 のべ [延べ]　연, 합계, 총계

- この仕事は、5人で3日かかったから、延べで15日かかったことになる。
  이 일은 5명이서 3일 걸렸으니 총 15일 걸린 셈이다.
- 海水浴場の人出は一週間で延べ10万人を越えた。
  해수욕장의 인파는 일주일동안 모두 10만 명을 넘었다.

695 のほうず [野放図]　오만, 방자 / 절도가 없음

- 自分勝手なことばかりして、あんな野放図なヤツ見たことがない。
  자기 좋을 대로만 하고, 그런 오만 방자한 놈을 본 적이 없다.
- まだ粗削りで野放図だが、彼の絵は本物だよ。
  아직 세련되지 않고 제멋대로이지만 그의 그림은 진짜배기라네.

696 のりかえ [乗り換え]　갈아탐, 환승　★

- 地下鉄で行くと、乗り換えはひとつで済む。
  지하철로 가면 한 번만 갈아타면 된다.
- 上野方面は次の駅で乗り換えます。
  우에노 방면은 다음 역에서 갈아탑니다.

697 **ばかず** [場数] (시합・출전 등) 경험의 회수

- 試合の場数を多く踏んでいるので有利だ。
  시합 경험을 많이 쌓았기 때문에 유리하다.

- さすがに場数を踏んでいるだけあって、部長の態度には少しも慌てたところが見えなかった。
  과연 경험을 쌓은 만큼 부장의 태도에서는 조금도 당황스런 면이 보이지 않았다.

698 **はきけ** [吐気] 구역질, 욕지기

- 吐気がしたが、横になったら、だいぶ気分がよくなってきた。
  구역질이 났지만 누워 있었더니 기분이 상당히 좋아졌다.

- カゼにかかると頭痛や目まいがして、ひどいときには吐き気がすることもあります。
  감기에 걸리면 두통이나 현기증이 나고 심할 때는 구역질을 하는 수도 있습니다.

699 **はぎれ** [歯切れ] 태도가 시원시원하고 분명함, 발음이나 말씨가 또렷또렷함

- いつもながら君の文章は趣旨が明快で歯切れがいいね。
  언제나 그렇지만 자네의 문장은 취지가 명쾌하고 시원시원하다.

- 議会での質問に答える市長の答弁は歯切れが悪かった。
  의회에서의 질문에 답하는 시장의 답변은 말투가 분명치 않았다.

- 彼の話はいつも単刀直入で、歯切れがよくて気持ちがよい。
  그의 이야기는 언제나 단도직입적이고 또렷또렷해서 기분이 좋다.

700 **はくじょう** [白状] 자백, 고백

- あの人が好きなんでしょう。もう白状したら。
  그 사람을 좋아하죠? 이제 고백하는 게 어때요?

- 刑事の厳しい取り調べに、ついに男は犯行のすべてを白状した。
  형사의 혹독한 취조에 사나이는 마침내 범행의 전모를 자백했다.

- 嘘を白状して謝ったら、すっかり気が楽になった。
  거짓말을 고백하고 사죄했더니 마음이 완전히 편해졌다.

701 **はくらいひん**[舶来品]　외래품, 외제　⟺ こくさんひん(国産品)

- あの人は舶来品なら何でも喜ぶ。
  그 사람은 외제라면 무엇이나 좋아한다.

- 日本の製品が国際的に認められるようになって舶来品の価値は下がった。
  일본의 제품이 국제적으로 인정을 받게 되자 외래품의 가치는 떨어졌다.

702 **はぐるま**[歯車]　톱니바퀴

- 会社が倒産したことで、彼の人生の歯車は狂ってしまった。
  회사가 도산함으로써 그의 인생의 톱니바퀴는 틀어졌다.

- 生産と販売という二つの歯車が噛み合わなくなって、会社はうまく行かなくなってしまった。
  생산과 판매라는 두개의 톱니바퀴가 서로 맞물리지 않게 되자 회사는 잘 돌아가지 않게 되었다.

- この会社では、僕は巨大な歯車の一つの歯のような存在に過ぎない。
  이 회사에서 나는 거대한 톱니바퀴에서 하나의 톱니와 같은 존재에 지나지 않는다.

703 **はごたえ**[歯応え]　씹는 맛(기분) / 반응, 보람

- 柔か過ぎて歯応えがない。
  너무 연해서 씹히는 맛이 없다.

- たくあんなどは歯応が悪いと、美味しく感じられない。
  단무지 등은 씹히는 맛이 나쁘면 맛있게 느껴지지 않는다.

- このクラスは歯応えのある学生が多く、講義するのも張り合いがある。
  이 클래스는 반응이 있는 학생이 많아서, 강의하기에도 보람이 있다.

704 **はさみうち**[挟み撃ち]　협공, 협격

- 敵を挟み撃ちにする。
  적을 협공하다.

- 泥棒は右から来た巡査と左からきた巡査との挟み撃ちにあって捕まってしまった。
  도둑은 오른쪽에서 온 경찰과 왼쪽에서 나온 경찰의 협공을 받아 붙잡히고 말았다.

705 はたいろ [旗色]　형세, 전황 / 태도, 입장

- 父は、母と口論をして旗色が悪くなると、いつも逃げ出してしまうのでした。
  아버지는 어머니와 말다툼을 하다가 형세가 불리해지면 언제나 자리를 피해버리는 것이었습니다.

- 旗色を明らかにしろ。
  태도를 분명히 하라.

- 環境問題に関する市民団体側の鋭い追及に、政府側の答弁の旗色は悪かった。
  환경문제에 관한 시민단체의 예리한 추궁에 정부측의 답변 태도는 좋지 않았다.

706 はだざわり [肌触り]　촉감, 대했을 때의 인상

- この布地は肌触りがやわらかい。
  이 옷감은 감촉이 부드럽다.

- 田村さんの奥様は上品で優しく、肌触りのいい人だ。
  다무라 씨의 부인은 품위가 있고 우아하며 인상이 좋은 사람이다.

- 下着は肌触りのいいものでないと着心地が悪い。
  속옷은 촉감이 좋은 것이 아니면 착용감이 좋지 않다.

707 はだし [裸足]　맨발 / 당하지 못함, 발벗고도 못 따라감

- びっくりして裸足でそとに飛び出した。
  깜짝 놀라서 밖으로 뛰어나갔다.

- 専門家裸足の優れた技術を持っている。
  전문가 뺨치는 뛰어난 기술을 갖고 있다.

사 회

708 はたしあい [果たし合い]　결투

- 果たし合いの当日、若者は大胆にも一人で姿を現した。
  결투 당일 젊은이는 대담하게도 혼자서 모습을 나타냈다.

- 果し合いとは命をかけた真剣勝負だ。
  결투란 목숨을 건 (진짜 칼로 하는) 진검 승부다.

709 はたじるし [旗印]　행동 목표, 기치, 표방하는 것

- この国は工業化を旗印にして、工場建設や技術者養成が進められている。
  이 나라는 공업화를 표방하여 공장 건설이나 기술자 양성이 추진되고 있다.

- 彼らは反戦の旗印の下に結集した。
  그들은 반전의 기치 아래 결집했다.

- 正義と公平の二文字を旗印に選挙に打って出る。
  정의와 공평이라는 두 문자를 기치로 선거에 진출하다.

710 はで [派手]　화려함, 사치스러움, 야한 모양 / 남의 눈에 잘 띄게 하는 행동 ★

- こういう派手な柄は初めのうちはいいが、そのうちに飽きがくると思う。
  이런 화려한 무늬는 처음 얼마 동안은 좋지만, 그 사이 실증이 날 걸로 생각한다.

- 毎晩、飲み屋へ行って派手にお金を使っている。
  매일 밤 술집에 가서 호기있게 돈을 쓰고 있다.

- 僕はその晩、派手にふるまい、心の悩みを気付かれぬように努力しました。
  나는 그날 밤, 야단스럽게 행동하여 마음의 고민을 눈치채지 못하도록 노력했습니다.

711 はなもち [鼻持ち]　악취를 참음, 하는 짓이 역겨움

- 若いくせに横柄で人を見下した彼の態度は鼻持ちならない。
  젊은 주제에 거만하게 사람을 내려다 본 그의 태도는 역겨워서 참을 수가 없다.

- 知識をひけらかすようなヤツは鼻持ちならない。
  지식을 과시하려는 녀석은 보기에 불쾌하기 짝이 없다.

712 はね [羽根]　깃, 깃털, 날개

- この鳥は病気になったのだろうか、羽根がすっかり抜けている。
  이 새는 병을 앓고 있는지 깃털이 완전히 빠져 있다.

- 共同募金のとき、お金を箱にいれると、赤い羽根を胸につけてくれます。
  공동 모금을 할 때 돈을 상자에 넣으면 붉은 깃털을 가슴에 달아 줍니다.

- 羽根が生えたようにたった1時間で売りつくした。
  날개가 돋친 듯이 단 1시간만에 매진되었다.

713 **はぶり** [羽振り]   세력, 위세, 인망, 새의 날개 모양

- 同期生の中では彼が一番羽振りのいい生活をしている。
  동기생 중에서는 그가 가장 위세 당당한 생활을 하고 있다.

- 彼は財界ではもちろん政界でも羽振りをきかせる実力者だ。
  그는 재계는 물론 정계에서도 세력을 떨치는 실력자다.

714 **はめ** [羽目]   곤경, 궁지, 곤란한 처지 / 판자벽   ★

- みんな酔ってしまったものだから、勘定を引き受ける羽目になった。
  모두가 취해 버렸기 때문에 계산을 떠맡는 곤경에 빠졌다.

- 友達に代わって、僕が彼の恋人と映画に行くという妙な羽目になった。
  친구를 대신해서 내가 그의 연인과 영화를 보러 가는 묘한 처지가 되었다.

- 酒を飲んだ勢いで、羽目を外して騒いでいる。
  술을 마신 취기로 흥에 겨워 지나치게 떠들고 있다.

715 **はやがてん** [早合点]   지레 짐작, 속단

☞ 「はやがってん」이라고도 한다

- 先生の質問を早合点して見当違いのことを答えた。
  선생님의 질문을 지레 짐작하여 엉뚱한 것을 대답했다.

- 約束事はよく確認すること。早合点したり、うっかり忘れたりという可能性もある。
  약속한 일은 잘 확인할 것. 속단하거나 깜빡 잊을 가능성도 있다.

716 **はやくち** [早口]   빠른 말, 말을 빨리 함

- あの先生は早口だから、よく分からない。
  저 선생님은 말이 빨라서 잘 알아들을 수 없다.

사 회

- きのう来た転入生は訛りが強くて、そのうえ早口ときているからわからないことがある。
  어제 온 전입생은 사투리가 심하고 게다가 말이 빨라서 이해할 수 없는 경우가 있다.

717 **はやめ**[早目]   정한 시각보다 좀 빠른 것

- 試験なので早目に登校した。
  시험이라서 좀 빨리 등교했다.

- 回覧板は早目に次の課に回してください。
  회람판은 빨리 다음 과(課)로 돌려주십시오.

718 **はらのむし**[腹の虫]   울화(통), 부아, 감정

- 「すみません」の一言もないんじゃ、こっちの腹の虫が収まらない。
  「미안합니다」라는 말 한마디도 없다면 이쪽의 울화가 가라앉지 않는다.

- そんなことを言われて黙って引き下がるなんて、それで腹の虫がおさまるのかい。
  그런 말을 듣고 잠자코 물러나다니, 그것으로 울화가 가라앉는단 말이냐?

719 **はりあい**[張り合い]   대립, 경쟁 / 보람, 일할 마음, 의욕

- 張合いのある仕事をまかされ、やる気まんまんだ。
  보람있는 일을 맡게되어 의욕이 샘솟는다.

- 重い責任を持つのは気が重いが、張り合いがある。
  무거운 책임을 지는 것은 마음이 무겁지만 보람이 있다.

- クラス会はいつも出席者が少なく、幹事としてまったく張合いがない。
  동창회에는 언제나 참석자가 적어서 간사로서 전혀 의욕이 없다.

720 **はりがね**[針金]   철사, 쇠줄

- この針金には電気が通っているから、注意してください。
  이 철사에는 전기가 통하고 있으니 주의해 주십시오.

- 泥棒が入らないように、家の回りに刺のある針金を張った。
  도둑이 들지 못하도록 집 둘레에 가시가 있는 철사를 둘러쳤다.

721 **はれもの**[腫れ物]　종기, 부스럼　㋙ おでき(お出来)

- 耳の中に腫れ物ができたので、薬を塗った綿をつめた。
  귓 속에 종기가 생겨서 약을 바른 솜을 들이 밀었다.

- 腫物にでも触るかのように用心深く話しかける。
  부스럼을 만지기라도 하듯 조심스럽게 이야기를 걸다.

722 **はんぶん**[半分]　반, 반은 그런 기분으로

- 果物を半分に切って半分ずつ食べた。
  과일을 반으로 잘라서 반씩 먹었다.

- 冗談半分に悪口を言ったら、ほんとうに怒ってしまった。
  농담 반으로 욕을 했더니 진짜로 화를 내고 말았다.

- 遊び半分でやってきた仕事が、そろそろ何らかのケジメをつけねばならぬ時期になってきた。
  반 장난으로 해 온 일이지만, 이제 어떤 형태로든 결말을 짓지 않으면 안될 시기에 이르렀다.

723 **ひあたり**[日当たり]　양지, 양지바름, 볕이 잘 듦

- この部屋は南に向いているので日当たりがいい。
  이 방은 남향이라서 양지바르다.

- 回りに家ができて日当たりが悪くなってしまった。
  주위에 집이 생겨서 볕이 잘 들지 않게 되어 버렸다.

- 日当たり、環境、交通機関、便利さなどが住まい選びの条件です。
  일조, 환경, 교통기관, 편리함 등이 주거 선택의 조건입니다.

724 **ひいき**[贔屓]　편애, 편들기, 역성을 듦, 두둔함 / 후원자

- サッカーの試合で贔屓のチームが負けて、観客が騒ぎを起こしたらしい。
  축구 시합에서 응원한 팀이 져서 관중이 소란을 일으킨 것 같다.

- 贔屓の球団が優勝すると、父はまるで子供のように喜んだ。
  응원하는 구단이 우승하자 아버지는 마치 어린아이처럼 기뻐했다.

- このでき具合いは、どう贔屓目に見ても上手だとは言えない。
  이런 만듬새는 아무리 너그러운 눈으로 봐도 잘했다고는 말할 수 없다.

725 **ひかえめ** [控え目]　(사양하듯) 조심스러움, 소극적임 / 적은 듯하게 함, 줄여서 함

- 控え目な彼女には、自分の才能をひけらかすようなところが少しもない。
  조심성이 있는 그녀에게는 자신의 재능을 과시하려는 듯한 점이 조금도 없다.
- 控え目で気品のある彼女のゆかしい人柄に心引かれます。
  겸양있고 기품이 있는 그녀의 그윽한 인격에 마음이 끌립니다.
- 彼の言うことは多少控目に聞いたほうがよい。
  그의 말은 다소 에누리해서 듣는 편이 좋다.

726 **ひかげ** [日陰]　응달, 그늘, 음지

- 家の前に高いビルがたち、庭が日陰になった。
  집 앞에 높은 빌딩이 들어서서 정원이 그늘졌다.
- 彼は人殺しをしたために、一生日陰の生活をおくった。
  그는 사람을 죽였기 때문에 일생 동안 음지 생활을 보냈다.

727 **ひきあげ** [引き揚げ]　귀환, 철수, 갔던 곳에서 되돌아 옴 / 끌어올림　★

- 海中に沈んだ遺体の引揚げは風雨のため、なかなか進まなかった。
  바다 속에 가라앉은 유체의 인양은 비바람 때문에 좀처럼 진척되지 않았다.
- 戦争のため、その国にいた日本人の引き揚げが決定された。
  전쟁 때문에 그 나라에서 살고 있던 일본인의 귀환이 결정되었다.

728 **ひきがね** [引き金]　방아쇠, 빌미, 원인　★

- 敵を追い詰めた兵士は、何の躊躇もなく銃の引き金を引いた。
  적을 막다른 곳에 몰아넣은 병사는 아무런 망설임도 없이 총의 방아쇠를 당겼다.
- 公共料金の値上げが引金になって、日用品が何もかも値上がりしてしまった。
  공공요금의 인상이 빌미가 되어 일용품 가격이 모조리 올라 버렸다.
- 汚職事件が国会解散の引金になった。
  독직사건이 국회해산의 원인이 되었다.

729 **ひきたて**[引立て]　이끌어 줌, 편을 듦, 후원함, 애호

- 毎度格別のお引立てにあずかり、厚く御礼申し上げます。
  언제나 각별히 돌봐 주셔서 진심으로 감사드립니다.
- 今後とも何卒よろしくお引き立てのほど宜しくお願い申し上げます。
  앞으로도 아무쪼록 잘 이끌어 주시기를 부탁드립니다.

730 **ひきにげ**[轢き逃げ]　뺑소니(차) ★

- 轢き逃げをして免許取消しの鉄槌が下された。
  뺑소니를 하여 면허 취소라는 철퇴가 내려졌다.
- 轢逃げ事故を目の当たりにした人々は、怒りにふるえていた。
  뺑소니 사고를 목격한 사람들은 분노에 떨고 있었다.
- 警察では轢逃げした犯人が自分から名乗り出てくるのを待っているだけだった。
  경찰에서는 뺑소니친 범인이 스스로 이름을 밝히고 나오기를 기다리고 있을 뿐이었다.

731 **ひけめ**[引け目]　열등감, 주눅, 약점

- 君と違って、僕はあの人に対する引け目など何もない。
  자네와 달리 나는 그 사람에 대한 열등감 같은건 하나도 없다.
- 大金持ちの家に育ったことが、高田さんの引け目になったとは知らなかった。
  대부호의 집에서 자란 것이 다카다 씨의 약점이 되었다는 것은 몰랐다.
- 僕は今度の事件を起こした張本人として、みんなに引け目を感じていました。
  나는 이번 사건을 일으킨 장본인으로서 모두에게 열등감을 느끼고 있었습니다.

732 **ひざし**[日差し]　햇살, 볕

- 春の日差しは暖かいです。
  봄의 햇살은 따뜻합니다.
- ギラギラと照りつける日差しはプールの水面に跳ね返り、とてもまぶしい。
  쨍쨍 내리쬐는 볕은 풀장의 수면으로 튀어 올라 아주 눈부시다.

733 **ひざもと** [膝元]　슬하, 자기 곁 / 권력자가 있는 곳

- 親の膝元を離れて大阪へ行った。
  부모의 슬하를 떠나 오사카로 갔다.

- 自分の膝元の人に出し抜かれることがある。
  (방심하다가) 자기 곁에 있는 사람에게 추월 당하는 경우도 있다.

734 **ひだね** [火種]　불씨, 예추

- お祖母さんは火鉢の火種を絶やさないように、絶えず炭を継ぎ足しています。
  할머니는 화로의 불씨가 꺼지지 않도록 끊임없이 목탄을 계속 넣고 있습니다.

- 今度の事件の火種はまだ残っています。
  이번 사건의 불씨는 아직 남아 있습니다.

735 **ひでり** [日照り]　가뭄, 한발

- 日照りのために野菜が不足している。
  가뭄 때문에 야채가 부족한 상태다.

- 日照りが続くと水不足になって困るから、何とか解決策を見つけてほしい。
  가뭄이 계속되면 물이 부족해서 곤란해지니 뭔가 해결책을 찾아보았으면 좋겠다.

736 **ひとあたり** [人当たり]　붙임성, 사람을 응대하는 모양새

- 彼は人当たりが大変柔らかい。
  그는 대인 관계가 아주 부드럽다.

- 人当りのいい人は、人に好かれる。
  붙임성이 좋은 사람은 남에게 인기가 있다.

737 **ひとあんしん** [一安心]　한 시름 놓음, 우선 마음이 놓임

- 外国から来るお客様の受け入れ態勢がどうやら整って、母は一安心しています。
  외국에서 오는 손님을 수용할 태세가 가까스로 갖추어져서 어머니는 일단 안심하고 있습니다.

- 子供たちもみな家庭を持ったし、これで私も一安心ですよ。
  애들도 모두 가정을 갖게 되었고, 이제 나도 한시름 놓고 있지요.

738 **ひといき**[一息] 　잠깐 쉼 / 한숨(에), 단숨(에) 　⑨ 一気に

- ほっと一息つくと、記者は次の事件現場に向かった。
  휴 하고 한숨을 쉬고, 기자는 다음 사건현장으로 향했다.

- 会社に帰って一息つく間もなく、彼は部長に呼ばれた。
  회사에 돌아와 한숨 쉴 사이도 없이 그는 부장에게 불려 갔다.

- 冷蔵庫から缶ジュースを取り出すと、一息に飲み干した。
  냉장고에서 캔 주스를 꺼내자마자 단숨에 다 마셨다.

739 **ひといちばい**[人一倍] 　남보다 배나 유별나게, 남보다 더한층 　★

- 病気でレッスンを休んだ間の空白を埋めるため、人一倍練習に励みました。
  병으로 레슨을 빼먹은 동안의 공백을 메우기 위해 남보다 갑절로 연습에 힘썼습니다.

- 人一倍あかるい彼女だが病弱な子をかかえ、ふと弱音を漏らすこともあった。
  남보다 유달리 밝고 명랑한 그녀지만, 병약한 자식을 두고 있어 문득 나약한 소리를 하는 경우도 있었다.

740 **ひとがき**[人垣] 　많은 사람이 울타리처럼 둘러쌈

- 街頭のテレビの前には、まるで地からわいたかのように黒山の人垣が築かれていた。
  가두의 TV 앞에는 마치 땅에서 솟은 듯이 새까맣게 모여든 인간 바리케이트가 둘러싸고 있었다.

- 迷子になった我が子ではないかと、母は必死に人垣をかき分けて前に出た。
  미아가 된 내 자식 아닐는지 하며 어머니는 필사적으로 인파를 헤치고 앞으로 나갔다.

741 **ひとかげ**[人影] 　사람의 그림자(모습)

- カーテンに映った人影は、若い女の人だった。
  커튼에 비친 사람의 그림자는 젊은 여자였다.

- 窓の外に人影が見えると、男はとっさに銃を構えた。
  창밖에 사람의 그림자가 보이자 사나이는 순간적으로 총을 감아쥐었다.

사 회

- 人影の消えたスタジアムでは、新聞紙が風に舞っていた。
  사람의 모습이 사라진 스타디움에는 신문지가 바람에 날리고 있었다.

742 **ひとがら** [人柄]　인격, 인품, 품위가 있음　★

- 名前はよくお聞きするのですが、どんな人柄の方ですか。
  이름은 자주 듣고 있습니다만, 어떤 인격을 가지신 분입니까?

- 彼女は明るくて穏やかな人柄で、だれからも好かれている。
  그녀는 밝고 온화한 인품으로 누구한테나 사랑 받고 있다.

743 **ひときわ** [一際]　한층, 눈에 띄게, 유달리

- 彼女のハデな装いはパーティーの客のなかでも一際人目を引いた。
  그녀의 화려한 옷차림은 파티에 온 손님 중에서도 유달리 사람의 눈을 끌었다.

- 小学生のころから細川君は一際目立つ存在でした。
  초등학생 시절부터 호소카와 군은 유달리 눈에 띄는 존재였습니다.

- バスケット選手の中でも、一際大きいのが町田さんです。
  농구 선수 중에서도 유달리 키가 큰 사람이 마치다 씨입니다.

744 **ひとくち** [一口]　한마디 / 한몫 / 한입

- その事業に僕も一口乗せてください。
  그 사업에 나도 한몫 끼워 주십시오.

- こんな難しい機械の仕組みを一口で説明することはできない。
  이렇게 어려운 기계의 구조를 한마디로 설명할 수는 없다.

745 **ひとけ** [人気]　인기척, 인적

- 人気がない夜の街角に、絹を裂くような女の悲鳴が響いた。
  인적이 없는 밤거리의 모퉁이에서 비단을 찢는 듯한 여자의 비명이 울렸다.

- 人気がないので留守かと思ったが、ベルを押すとやや暫くして小さい子が出てきた。
  인기척이 없기 때문에 비어 있는 거라고 생각했는데, 벨을 누르자 잠시 후 조그만 아이가 나왔다.

746 **ひとごこち**[人心地] 살아 있는 것 같은 기분, 제정신

- 吹雪の中をたどり着き、温かいうどんに、冷えきった体もやっと人心地がついた。
  눈보라 속을 더듬어 도착해서, 따끈한 우동 한그릇에 얼어붙은 몸도 겨우 제정신이 들었다.

- 仕事に忙殺されそうだったが、久し振りの休暇で人心地がついた。
  일에 쫓겨 미칠 뻔했었는데, 오랜만의 휴가로 사는 맛이 났다.

747 **ひとこと**[一言] 한마디 말, 짧은 말 ★

- 彼は初めから終りまで一言も喋らなかった。
  그는 처음부터 끝까지 한마디도 하지 않았다.

- 和尚の一言一言が身にしみた。
  스님의 한마디 한마디가 몸에 사무쳤다.

- 一言ご挨拶申し上げます。
  한마디 인사 말씀을 올리겠습니다.

748 **ひとごみ**[人込み] 사람이 붐빔, 북적댐

- 年末最後の日曜日とあってアメ横は、たいへんな人込みだった。
  연말 마지막 일요일이기도 해서 아메요코는 매우 혼잡했다.

- 人込みで、もみ合っているうちにボタンが二つも取れてしまった。
  붐비는 사람들 틈에서 밀치락달치락 하는 가운데 단추가 두개나 떨어져 나가 버렸다.

749 **ひとさしゆび**[人差し指] 집게손가락, 인지

- 父は人指し指を立てて、「酒をもう一本」と言った。
  아버지는 집게손가락을 세워「술 한병 더!」라고 말했다.

- 人指し指を何度も曲げて、こっちへ来いという合図をした。
  집게손가락을 몇 번이나 굽히며 이쪽으로 오라는 신호를 했다.

750 **ひとすじ**[一筋] 한결같음, 외길, 외곬 / 한 줄기

- 「初心忘るべからず!」を座右の銘として、今日まで教育一筋に打ち込んできた。
  「초심을 잊지 말 것!」을 좌우명으로 하여 오늘날까지 교육에 한결같이 전념해 왔다.

사 회

- 彼のことを一筋に思い詰めていた彼女も、今ではすっかり忘れたように振る舞っています。
  그만을 한결같이 생각하고 있었던 그녀도, 이제는 말끔히 잊은 듯이 행동하고 있습니다.

- あの男は一筋縄ではいかないから、用心してかかったほうがいいぞ。
  그 사람은 보통 방법으로는 다룰 수 없으니 조심해서 상대하는 것이 좋을 게다.

- 彼の前途に、一筋の希望の光が見えてきた。
  그의 전도에 한줄기 희망의 빛이 보였다.

751 **ひとちがい** [人違い]　사람을 잘못 알아봄, 다른 사람을 그 사람으로 착각함

- あなたは山田さんではありませんか。もし人違いだったらごめんなさい。
  당신은 야마다 씨가 아니신지요? 만약 착각이었다면 용서해 주십시오.

- てっきり彼女だと思って声をかけたら人違いで、赤面してしまった。
  영락없이 그녀라고 생각해서 말을 걸었는데, 사람을 잘못 알아 봐 얼굴이 달아올랐다.

752 **ひとづかい** [人使い]　사람을 부림, 사람을 다루는 방법

- ウチの社長は人使いが上手だ。
  우리 사장님은 사람 다루는 방법이 능란하다.

- 「聞いて極楽、見て地獄」で、あの店は外見は華やかだが、アルバイト料は安く人使いは荒いそうだ。
  「들으면 극락, (실제로) 보면 지옥」이라더니, 그 가게는 외견은 화려하지만 아르바이트비는 싸고 사람을 거칠게 부린다고 한다.

753 **ひとづま** [人妻]　유부녀, 남의 아내　★

- 彼は人妻との恋に落ちて不倫の道を走った。
  그는 유부녀와의 사랑에 빠져 불륜의 길로 질주했다.

- 「きれいな人だねえ。」「あの人は人妻だ。変な考えを越しちゃダメだよ。」
  「미인이네요!」「그 사람은 유부녀야. 이상한 생각 하면 안돼.」

754 **ひとで** [人出]　나들이 인파

- クリスマスイブの町はずいぶんの人出であった。
  크리스마스 이브의 거리는 대단한 인파였다.

- 祭日のためか、きょうはどこのデパートも人出がものすごい。
  축제일이기 때문인지 오늘은 어느 백화점이나 인파가 굉장하다.

755 ひととおり [一通り]　　대강, 대충, 한차례 / 보통, 예사 / 한 가지 방법

- 一通りのことは知っていますが、詳しいことまでは知りません。
  대충은 알고 있습니다만, 상세한 것까지는 모르겠습니다.

- スキーの道具を一通り揃えるには、幾らぐらいかかるだろうか。
  스키 도구를 한 벌 갖추려면 얼마 정도의 돈이 들까?

- やり方は一通りだけじゃない。三通も四通りもある。
  방법은 한 가지뿐이 아니다. 세 가지도 네 가지도 있다.

756 ひとどおり [人通り]　　사람의 왕래, 통행

- 人通りの多い道でボール投げをしてはいけません。
  통행이 많은 길에서 공 던지기를 해서는 안 됩니다.

- さすがの銀座も午後10時を過ぎると、人通りが切れて静けさを取り戻す。
  그토록 변화한 긴자도 오후 10시를 넘기면 사람의 왕래가 끊겨 조용함을 되찾는다.

757 ひとなみ [人並み]　　보통 사람과 같은 모양, 남들과 마찬가지

- 兄の成績は抜群だが、弟のほうは人並みだ。
  형의 성적은 뛰어난데 동생의 성적은 보통이다.

- 金持ちではなくても、人並みの生活が送れれば、それで満足です。
  부자는 아니더라도 보통 수준의 생활을 보낼 수 있으면 그것으로 만족합니다.

- たいていのスポーツは人並みにできますが、水泳だけは苦手です。
  대부분의 스포츠는 남들만큼 합니다만, 수영만큼은 질색입니다.

758 ひとばしら [人柱]　　희생, 제물

☞ 중요한 공사를 할 때, 우리나라의 에밀레종처럼 사람을 제물로 삼던 데서 유래한 말이다.

- 彼等は世界平和のために尊い人柱になった。
  그들은 세계평화를 위해 고귀한 희생양이 되었다.

- 会社の利益のために、誰かを人柱に立てるなんてとんでもない話だ。
  회사의 이익을 위해 누군가를 제물로 바치다니 있을 수 없는 이야기다.

759 ひとはた [一旗]　새로운 사업을 일으켜 성공함

- 「りっぱに一旗あげるまで、決して故郷には帰るまい。」と心に誓った。
  「훌륭하게 사업을 일으켜 성공할 때까지 결코 고향에는 돌아가지 않겠다」라고 마음속으로 맹세했다.

- 僕の叔父はブラジルに移民して苦労の末、とうとう一旗揚げた。
  나의 숙부는 브라질에 이민 가서 고생한 끝에 마침내 사업을 일으켜 성공했다.

760 ひとはだ [一肌]　힘껏 도와줌

- 彼は後輩の就職のために、一肌脱いで大阪まで行ってきたということだ。
  그는 후배의 취직을 위해 손발을 걷어붙이고 오사카까지 갔다 왔다더라.

- 「その件については私が一肌脱ぎましょう。」と、組合長は快く引き受けてくれた。
  「그 건에 관해서는 제가 힘껏 도와 드리지요」라고 조합장은 흔쾌히 떠맡아 주었다.

761 ひとばん [一晩]　하룻밤, 밤 동안 / 어느 날 밤

- せっかく、はるばる京都まで、来たんだからもう一晩ここに泊まりましょう。
  모처럼 멀리 교토까지 왔으니, 하룻밤 더 이곳에서 숙박합시다.

- 一晩でこの本を読んでしまった。
  하룻밤 동안에 이 책을 읽어 버렸다.

762 ひとまわり [一回り]　한 바퀴 돎, 일순 / 한 수, 한층, 한 단계

- ピッタリの服より一回り大きめのサイズのほうが着やすい。
  꼭 끼는 옷보다는 한 치수 큰 사이즈 쪽이 입기 편하다.

- 相撲取りは普通の人よりも一回りも二回りも大きい。
  스모 선수는 보통 사람보다도 한 배 또는 두 배나 크다.

763 ひとめ [一目]　한번 봄, 일별, 첫눈 / 한눈에 전부 볼 수 있음

- 文章で見るよりも、表で見れば一目でわかる。
  문장으로 보는 것보다도 표로 보면 한눈에 알 수 있다.

- 一目見ただけでその家が気に入りました。
  한 번 얼핏 본 것만으로 그 집이 마음에 들었습니다.

- 噂だと、兄は田村さんに一目ぼれしたそうだ。
  소문대로라면 형은 다무라 씨에게 첫눈에 반했다고 한다.

764 **ひとめ**[人目]　남의 이목(눈), 남이 보고 있음

- 派手な化粧をすると、隣近所の人目がうるさい。
  화려한 화장을 하면 이웃의 눈총이 따갑다.

- 人生に失敗した惨めな姿を人目にさらしたくない。
  인생에 실패한 초라한 모습을 남에게 보이고 싶지 않다.

- ここは人目が多いので、ちょっとあっちへ行って話をしないか。
  이곳은 보는 눈이 많으니 잠깐 저쪽에 가서 이야기하지 않을래?

765 **ひとりごと**[独り言]　혼잣말, 독백

- 直接あの人に面と向かって言えないから、独り言のように言った。
  직접 그 사람의 면전에서 말할 수 없어서 독백처럼 말했다.

- 何をぶつぶつ独言を言っているの。
  뭘 중얼중얼 혼잣말을 하고 있는 거야?

766 **ひとりじめ**[独り占め]　독차지, 독점

- 利益を独り占めにする。
  이익을 독점하다.

- 今まで恋人を独り占めにしていた僕の前にライバルが現れた。
  지금까지 연인을 독차지하고 있던 내 앞에 라이벌이 나타났다.

767 **ひとりだち**[独り立ち]　자립, 독립

- 息子は学校を出てから5年目、やっと独り立ちできるようになった。
  아들은 학교를 졸업한 지 5년째에 겨우 독립할 수 있게 되었다.

- 人間は独り立ちするまでにずいぶん時間がかかる。
  인간은 자립할 때까지 상당히 시간이 걸린다.

768 **ひとりっこ** [一人っ子]   독자, 외아들

- 一人っ子はわがままに育てられるのでよくない。
  외아들은 버릇없이 키워지기 때문에 좋지 않다.

- 僕は一人っ子なので兄弟がたくさんいる友達が羨ましくてしようがなかった。
  나는 독자라서 형제가 많이 있는 친구들이 부러워서 견딜 수 없었다.

769 **ひとりまえ** [一人前]   1인당, 1인분, 한 몫을 하는 사람

- 会食代は一人前いくらですか。
  회식비는 1인당 얼마입니까?

- すき焼き用の牛肉は一人前1,500円ぐらいします。
  불고기용 소고기는 1인분에 천오백 엔 정도 합니다.

770 **ひとりもの** [独り者]   독신, 홀몸, 단신

- われわれ所帯持ちと違って、君のような独り者は身が軽くていい。
  우리들 가정을 가진 사람과 달리, 자네 같은 독신자는 몸이 가벼워서 좋다.

- 独り者は気楽でいい。
  홀몸은 마음 편해서 좋다.

771 **ひとりよがり** [独り善がり]   독선적, 자기만이 옳다고 뽐냄

- 自分だけで深く考えても、学問を広く学ぶことをしなければ独り善がりに陥って危険である。
  자기 혼자서 깊이 연구해도 학문을 넓게 공부하지 않으면 독선에 빠져 위험하다.

- 文書にこじつけや独り善がりな書き方をした部分はないか、チェックしよう。
  문서에 억지 논리나 독선적인 문체를 쓴 부분은 없는지 체크하자.

772 **ひなた** [日向]   양지, 양달

☞ 발음에 주의할 것. 같은 한자라도 ひゅうが(日向)로 발음하면 큐슈(九州)의 동남쪽에 있는 지명, 또는 인명을 뜻하는 고유명사가 된다.

- 日本ではよく日向に布団を干します。
  일본에서는 양지에서 자주 이불을 말립니다.

- 夏、帽子をかぶらないで日向に長い時間いるのは、体のために良くない。
  여름에 모자를 쓰지 않고 양달에서 오랜 시간 있는 것은 몸에 좋지 않다.

773 **ひにく** [皮肉]　빈정거림, 비꼼, 풍자, 야유 / 짓궂음, 얄궂음　★★

- 皮肉で言ったのに、彼は真に受けて、てれくさがっている。
  비꼬아서 말했는데도 그는 진짜로 받아들이고 겸연쩍어 했다.

- 自分で定めた法律に自分が裁かれたとは、なんと皮肉な運命だろう。
  자신이 정한 법률에 자신이 심판을 받았다니 얼마나 얄궂은 운명인가.

- あの有名な歌手が、学校では音楽の成績が一番悪かったとは皮肉なことだ。
  그 유명한 가수가 학교에서는 음악 성적이 가장 나빴다는 것은 아이러니컬하다.

774 **ひのいり** [日の入り]　일몰, 해가 짐

- 天気予報で日の出、日の入りの時刻を確認した。
  일기예보에서 일출, 일몰 시각을 확인했다.

- 夏になると、日の入りの時刻が遅くなります。
  여름이 되면 일몰 시각이 늦어집니다.

775 **ひのきぶたい** [桧舞台]　능력(기량)을 발휘할 영광스러운 자리　★

- あの展覧会は無名画家にとって桧舞台だそうだ。
  그 전람회는 무명 화가에게는 능력을 발휘할 절호의 무대라고 한다.

- ソウルオリンピックは僕の桧舞台だった。
  서울 올림픽은 내 생애의 영광스러운 무대였다.

776 **ひばな** [火花]　불꽃, 불똥

- 戸に頭をぶつけたら、目から火花が出たような感じがした。
  문에 머리를 부딪쳤더니 눈에서 불똥이 튀는 듯한 느낌이었다.

- その問題について火花を散らす論戦が展開された。
  그 문제에 관해서 불꽃 튀기는 논쟁이 전개되었다.

- 四角のリングの上で、二人の選手は火花を散らして戦った。
  사각의 링 위에서 두 선수는 불꽃을 튀기며 싸웠다.

777 **ひやあせ** [冷や汗]　진땀, 식은땀

- 大先生の前で得々として自説を述べたのは、いま考えるとまったく冷や汗ものだった。
  대스승 앞에서 의기양양하게 자신의 의견을 말한 것은, 지금 생각하면 참으로 진땀나는 일이었다.

- 接待のあとで高い料金を請求されたりして冷や汗をかくことがあった。
  접대한 후에 비싼 요금을 청구 받기도 해서 식은땀을 흘린 적이 있었다.

778 **ひやけ** [日焼]　햇볕에 그을음, 햇볕에 탐

- 女の人は日焼けすることを嫌って、日焼け止めクリームを塗って海や山へ行く。
  여자들은 햇볕에 타는 것을 싫어해, 자외선 차단 크림 등을 바르고 산이나 바다로 간다.

- 冬はスキーに行って日焼けし、夏は海水浴に行って日焼けする。
  겨울에는 스키를 타러 가서 그을리고, 여름에는 해수욕을 가서 그을린다.

779 **びょうき** [病気]　병, 질병, 나쁜 버릇

- 母が病気なので、国へ帰ります。
  어머니가 병환 중이라서 고향으로 돌아갑니다.

- 山本さんは長い間の病気で、青白い顔をして寝ていた。
  야마모토 씨는 오랫동안 병을 앓아 창백한 얼굴을 하고 누워 있었다.

- パチンコがあの男の病気だ。
  파친코가 그 남자의 고질병이다.

780 **ひょうし** [拍子]　장단, 가락 / 기회, 순간

- 石につまずいて転んだ拍子に、足の爪がはがれてしまった。
  돌에 걸려 넘어지는 바람에 발톱이 벗겨졌다.

- 妹の縁談はとんとん拍子に運び、来月にも結納ということになった。
  여동생의 혼담은 척척 진행되어 다음 달에는 예물을 교환하기로 했다.

- 社長の信頼を得て、彼はとんとん拍子で出世して行った。
  사장의 신뢰를 얻어 그는 순풍에 돛을 단 듯 출세가도를 달렸다.

781 **ひより** [日和]　쾌청한 날씨, 일기, 형세, 형편

- 久し振りにいい日和なので、散歩でもしようかと思った。
  오랜만에 쾌청한 날씨라서 산보라도 갈까 하고 생각했다.

- 今日は天気も良く風もさわやかで、遠足には絶好の日和になった。
  오늘은 날씨도 좋고 바람도 상쾌해서 소풍에는 절호의 날씨가 되었다.

782 **びんぼう** [貧乏]　가난, 빈곤

- ああ、貧乏暇なしって言うけど、本当に近ごろは忙しいわりにちっとも儲からない。
  아아, 가난뱅이가 바쁘기만 하다고는 하지만 정말로 요즘은 바쁜 것에 비해 조금도 벌이가 안 된다.

- 早く貧乏とおさらばしたい。宝くじでも当たらないかな。
  빨리 가난과 작별하고 싶다. 복권이라도 당첨되지 않으려나.

783 **ぶあいそう** [無愛想]　애교가 없음, 퉁명스러움, 붙임성이 없음

- 店の人が無愛想なので、お客があまり来ない。
  점원이 붙임성이 없기 때문에 손님이 그다지 오지 않는다.

- 無愛想でも、実は優しい人ということもある。
  애교가 없더라도 사실은 부드러운 사람도 있다.

784 **ふあんない** [不案内]　지리·정황·사정에 밝지(익숙하지) 못함

- 僕はこの辺の地理に不案内だ。
  나는 이 주변의 지리를 잘 모른다.

- 兄は、インターネットにはまるで不案内だ。
  형은 인터넷에는 전혀 문외한이다.

785 **ふい** [不意]　돌연, 느닷없음 / 뜻밖, 의외

- 不意にお客が来たので、あわててしまった。
  갑자기 손님이 와서 당황하고 말았다.

- 不意に質問されて、うまく答えられませんでした。
  느닷없이 질문을 받아 대답을 제대로 할 수 없었습니다.

사 회

- 犯人(はんにん)は護送警官(ごそうけいかん)の不意(ふい)を突(つ)いて逃(に)げ出(だ)した。
  범인은 호송 경찰관의 허를 찌르고 달아났다.

786 **ふいちょう** [吹聴]　말을 퍼뜨림, 나발을 붊

- 人(ひと)の秘密(ひみつ)を吹聴(ふいちょう)して歩(ある)くなんて許(ゆる)せない。
  남의 비밀을 퍼뜨리고 다니다니 용서할 수 없다.

- ささいな出来事(できごと)を大袈裟(おおげさ)に吹聴(ふいちょう)する。
  사소한 일을 과장해서 퍼뜨리다.

787 **ふうとう** [封筒]　봉투

- 封筒(ふうとう)の表(おもて)には宛名(あてな)を書(か)いて、切手(きって)を貼(は)ります。
  봉투의 앞면에는 받을 사람의 주소 성명을 쓰고 우표를 붙입니다.

- 古(ふる)い封筒(ふうとう)から切手(きって)をはがすのは、なかなか大変(たいへん)な作業(さぎょう)でした。
  오래된 봉투에서 우표를 떼어 내는 것은 상당히 힘든 작업이었습니다.

788 **ふうらいぼう** [風来坊]　방랑인, 떠돌이, 뜨내기 / 변덕쟁이

- 彼(かれ)は風来坊(ふうらいぼう)で、まとまった仕事(しごと)は少(すこ)しもできない。
  그는 떠돌이라서 일관된 일은 조금도 할 수 없다.

- 風来坊(ふうらいぼう)はひと所(ところ)に長(なが)く定着(ていちゃく)することはない。
  방랑자는 한 장소에서 오래 정착하는 경우가 없다.

789 **ふきげん** [不機嫌]　심기가 불편함, 기분이 언짢음

- 社長(しゃちょう)は今月(こんげつ)の売上(うりあ)げ達成率(たっせいりつ)をみて、ますます不機嫌(ふきげん)になった。
  사장은 이번 달 판매 달성률을 보고, 더욱 심기가 불편해졌다.

- 人(ひと)に不機嫌(ふきげん)な顔(かお)を見(み)せないように気(き)をつけるべきだ。
  남에게 언짢은 얼굴을 보이지 않도록 조심해야만 한다.

790 **ぶきみ** [不気味 / 無気味]　어쩐지 불안함(무서움), 섬뜩함

- テレビから不気味(ぶきみ)な笑(わら)い声(ごえ)が聞(き)こえてくると、僕(ぼく)の好(す)きなミステリードラマの始(はじ)まりだ。
  TV에서 섬뜩한 웃음소리가 들려오면 내가 좋아하는 미스터리 드라마의 시작이다.

- ドアを開けると部屋は空っぽなのに、不気味にも話し声が聞こえるのだ。
  문을 열자 방은 텅 비었는데도 으스스하게 이야기 소리가 들리는 것이다.

791 **ふくどく** [服毒]   음독   ★

- 戦犯の容疑者で元首相の近衛は逮捕直前に服毒自殺した。
  전범 용의자이자 전 수상이었던 고노에는 체포 직전에 음독 자살을 했다.

- 殺人事件かと見られたが、検死の結果、服毒自殺である可能性が高まった。
  살인사건인 것처럼 보였는데 검시 결과 음독자살일 가능성이 높아졌다.

792 **ふくろだたき** [袋叩き]   뭇매, 몰매   ★

☞ 죄지은 자에게 자루를 덮어씌우고 여러 사람이 뭇매를 가하던 풍습에서 나온 말이다.

- 執行部がだらけているといって、組合大会で幹部が袋叩きにあった。
  집행부가 게으름 피우고 있다고, 조합대회에서 간부가 집중공격을 받았다.

- 閣僚の巨額な脱税の事実が明らかにされて世論の袋叩きにあった。
  각료의 거액 탈세 사실이 명백해지자 여론의 뭇매를 맞았다.

793 **ふこころえ** [不心得]   심보가 나쁨, 분별이 없음

- 不心得なことをするな。
  분별없는 짓을 하지 말라.

- 老人は若者たちの傍若無人なふるまいに腹を立てて、その不心得を責めた。
  노인은 젊은이들의 방약무인한 행동에 화를 내고, 그 무분별함을 나무랐다.

794 **ぶさほう** [不作法]   버릇없음, 예의에 어긋남   ★

- 音を立てて食べるのは不作法です。しかし、うどんやそばやラーメンは列外です。
  소리를 내면서 먹는 것은 예의에 어긋난 짓입니다. 그러나, 우동과 소바와 라면은 예외입니다.

- 道にツバを吐くとは不作法極まりない。
  길에 침을 뱉다니 아주 몰상식하기 짝이 없다.

사 회

795 **ふしあな** [節穴]　통찰력이 없음을 욕하는 말, 널빤지의 옹이 구멍

- これがわからないとは、君の目は節穴か。
  이것을 모른다니, 자네 눈은 옹이 구멍이냐?

- こんな粉飾決算を見抜けないなんて節穴同然だ。
  이런 분식 결산을 파악하지 못하다니 옹이 구멍이나 다름없다.

796 **ふしぎ** [不思議]　불가사의, 이상함, 상상도 하지 못할 일　★★

- どうしてあんなヤツに夢中だったのか、いま思うと不思議だわ。
  어째서 그런 녀석에게 푹 빠졌었는지 지금 생각하면 불가사의해요.

- 岩田さんがいなくなったことに、誰も気がつかなかったのは本当に不思議だ。
  이와타 씨가 없어진 것을 아무도 눈치채지 못한 것은 정말로 불가사의하다.

- 田舎へ行ったら子供たちが外国人を不思議そうに見ていました。
  시골에 갔더니 어린이들이 외국인을 이상한 듯이 쳐다보고 있었습니다.

797 **ふしまつ** [不始末]　칠칠치 못함, 뒷처리가 허술함, 부주의 / 불미스런 일, 부정

- その火事は、タバコの火の不始末が原因だと言われている。
  그 화재는 담뱃불 부주의가 원인이라고 일컬어지고 있다.

- 子供の不始末で、親の顔がつぶれる。
  아이의 불미스런 일로 부모의 체면이 구겨지다.

798 **ふしめ** [節目]　고비, 구분, 매듭, 단락을 짓는 시점

- 長い人生の中にも、大きな節目がいくつかあるものだ。
  긴 인생 가운데에서도 큰 고비가 몇 번인가 있기 마련이다.

- 近年は大きな節目の記念日に、社史を出版するのが流行になっている。
  최근에는 큰 전기를 맞이하는 기념일에 사사(社史)를 출판하는 것이 유행이다.

- 成人式は人間が大人の仲間入りをする節目の儀式といってよい。
  성인식은 인간이 어른 사회에 진입하는 단락을 짓는 의식이라 해도 좋다.

323

799 **ふしゅび** [不首尾]   결과가 나쁨, 평판이 좋지 않음

- 調停が不首尾に終わる。
  조정이 실패로 끝나다.

- 彼は上役に不首尾だ。
  그는 상사에게 평판이 좋지 않다.

800 **ぶしょう** [不精/無精]   (몸을 아껴) 게으름을 피움, 귀찮아함

- 返事がこのように遅くなり、申し訳ありません。私の筆不精をお許し下さい。
  답장이 이처럼 늦어져 면목없습니다. 저의 편지쓰기 귀찮아함을 용서해주세요.

- 彼は横のものを縦にもしない不精者だ。
  그는 가로로 놓인 것을 세로로 세우는 것조차 하지 않는 게으름뱅이다.

801 **ふしん** [不審]   확실치 않음, 미심쩍음, 의심스러움   ★

- 怪しい男がうろうろしていたので、不審に思い後をつけてみた。
  수상한 사람이 어슬렁어슬렁하고 있었기 때문에 미심쩍게 여기고 뒤를 밟아 봤다.

- 渡された請求書には不審なところがあったので、問い合わせてみました。
  건네 받은 청구서에는 확실치 않은 곳이 있었기 때문에 조회해 봤습니다.

- 委員長の曖昧な答弁に、委員が不審の念を抱いたのも無理はない。
  위원장의 애매한 답변에 위원이 의심스런 마음을 품은 것도 무리는 아니다.

802 **ふだ** [札]   표, 팻말, 차표, 입장권, 부적, (화투 등의) 패

- 大勢で旅行をするときには、荷物に自分の名前を書いた札をつけておくほうがよい。
  많은 사람이 여행할 때는 짐에 자신의 이름을 쓴 표찰을 달아 두는 편이 좋다.

- お店に行ってみると、臨時休業の札が下がっていた。
  가게에 가 보니 임시휴업 팻말이 걸려 있었다.

- トランプをして遊びましょう。札をみんなに4枚ずつ配ってください。
  트럼프 놀이를 합시다. 모두에게 패를 4장씩 나누어 주십시오.

사 회

803 **ふだつき** [札付き]　쪽지가 붙음, 악명, 악평이 나 있음

- 彼のような札付きの悪党にかかっては、君などとても太刀打ちできない。
  그 사람처럼 꼬리표 붙은 악당한테 걸려들어서는 자네 따위 도저히 대적할 수 없을 것이다.

- あの男は札付きの不良だという評判だ。
  그 사나이는 불량하다는 악평이 나 있다.

804 **ふたとおり** [二通り]　두 가지의 방법, 두 종류

- 「ここではきものを脱ぎなさい」という文は、点を打つ場所によって、二通りの解釈ができる。
  「ここではきものを脱ぎなさい」라는 문장은 점을 찍기에 따라, 두 종류의 해석이 가능하다.

- 日本から韓国へ来るには、船と飛行機という二通りの方法がある。
  일본에서 한국으로 오는 데에는 배와 비행기의 두 가지 방법이 있습니다.

805 **ふたまた** [二股]　두 갈래, 양다리, 양다리 걸침(지조가 없음)

- 国立と私立の二股をかけて受験する。
  국립과 사립에 양다리를 걸치고 시험을 보다.

  ☞ しりつ에는 市立와 私立가 있는데 市立와 私立로 구별한다.

- ちょっと行くと、道路は二股に分かれていた。
  좀 더 갔더니 도로는 두 갈래로 나뉘어져 있었다.

806 **ふだん** [普段]　항상, 평상시, 보통, 평소　★★

- 普段から勉強しておけば、試験の前に特別に勉強しなくても大丈夫だ。
  평소에 공부해 놓으면 시험 전에 특별히 공부하지 않아도 걱정 없다.

- 普段無口な彼も酔うと口数が多くなる。
  보통 때 말이 없는 그도 술에 취하면 말이 많아진다.

- 普段は横柄な態度の政治家も、いざ選挙となると急に腰が低くなる。
  평상시에 거만한 태도의 정치가도 막상 선거 때가 되면 갑자기 자세가 낮아진다.

807 ぶっそう [物騒]　세상이 뒤숭숭하고 시끄러움, 위험한 상태　★

- お父さんがお前ぐらいのころは、ちょうど戦争直後の物騒な時代だったんだ。
  아버지가 너만 했을 때는, 마침 전쟁 직후의 뒤숭숭한 시대였단다.

- 保険金殺人とか誘拐とか、物騒な世の中になりましたね。
  보험금을 노린 살인이라든가 유괴라든가 위험한 세상이 되었지요.

808 ふでぶしょう [筆無精]　편지 쓰기를 싫어함, 글 쓰기를 귀찮아함

- 彼は筆無精で故郷の両親になかなか手紙を書かない。
  그는 편지 쓰기를 싫어하여 고향의 양친에게도 좀처럼 편지를 쓰지 않는다.

- 僕は文を書くのが得意ではないので、ついつい筆無精になってしまう。
  나는 글을 쓰는 것이 능숙하지 않아서, 그만 편지를 잘 쓰지 않게 돼 버리고 만다.

809 ふところ [懐]　호주머니, 가슴속, 속셈

- 懐と相談して買おう。
  주머니 사정을 생각하고 사자.

- 今日はボーナスが入って懐が暖かいから、何か買ってあげよう。
  오늘은 보너스가 들어와서 호주머니가 두둑하니 뭔가를 사주자.

810 ふなれ [不慣れ]　익숙하지 않음, 서투름

- 不慣れな仕事なので、非常に疲れる。
  익숙하지 않은 일이라서 몹시 지치다.

- 初めての外国生活は不慣れなことばかりで、戸惑うことが多い。
  첫 외국 생활은 익숙하지 않은 일 뿐이라서 당황하는 일이 많다.

811 ふぶき [吹雪]　눈보라

- 関が原付近で列車が激しい吹雪のため、立ち往生しています。
  세키가하라 부근에서 열차가 심한 눈보라 때문에 꼼짝못하고 서 있습니다.

- ダムの建設作業は吹雪を冒して続けられている。
  댐 건설 작업은 눈보라를 무릅쓰고 계속되고 있다.

사 회

812 **ふほんい** [不本意]　본의가 아님, 바라는 바가 아님　(반)ほんい(本意)

- 不本意ながら、その決議には賛成という立場を取らざるを得なかった。
  본의 아니게 그 결의에는 찬성하는 입장을 취하지 않을 수 없었다.

- 今大会は不本意な成績に終わった。
  이번 대회는 기대에 어긋난 성적으로 끝났다.

813 **ふみきり** [踏み切り]　건널목　★

- 踏み切りで一旦止まって、左右をよく見て渡りなさい。
  건널목에서 일단 멈추고 좌우를 잘 살피고 건너세요.

- あの踏切では度々事故が起るので、魔の踏切と呼ばれている。
  그 건널목에서는 번번이 사고가 일어나기 때문에, 마의 건널목이라 불리고 있다.

814 **ふみだい** [踏み台]　발판, 도약대

- 今度の経験を踏み台として、大きく伸びて行ってほしい。
  이번 경험을 발판 삼아 크게 뻗어 나가고 싶다.

- いくつもの辛い経験を踏台にして、今の地位を手にいれたのです。
  몇 번의 쓰라린 경험을 발판으로 해서 지금의 지위를 손에 넣었던 것입니다.

815 **ふようい** [不用意]　부주의, 조심성이 없음, 준비가 되어있지 않음

- 彼女の不用意な発言が、今回の混乱を招いたと言っていい。
  그녀의 조심성 없는 발언이 이번 혼란을 초래했다고 해도 좋다.

- 僕の不用意な発言が女子社員の批判の対象となってしまった。
  나의 부주의한 발언이 여사원의 비판 대상이 되고 말았다.

816 **ふるまい** [振る舞い]　행동, 거동, 행동 거지 / 대접, 향응　★

- 暴力団の目に余る振る舞いに、住民は一致団結して立ち上がった。
  폭력단의 묵과할 수 없는 행동에 주민은 일치단결하여 일어섰다.

- あの子はなぜか最近、乱暴な振舞いをしたり、乱暴な言葉を使うようになった。
  그 아이는 왠지 최근에 난폭한 행동을 한다거나 난폭한 말을 하게 되었다.

817 **ふれあい** [触合] 만남, 접촉, 사귐, 마음이 통함 ★

- この作品は、旅の学生と踊り子の間に交わされる心の触れ合いを描いたものだ。
  이 작품은 여행 온 학생과 춤추는 소녀 사이에 교차하는 마음의 교류를 그린 것이다.

- 人と人との触合い、とりわけ男性と女性との愛情のテーマは昔から多くの歌に歌われてきた。
  사람과 사람과의 만남, 특히 남성과 여성과의 애정 테마는 예로부터 많은 노래로 불려져 왔다.

818 **へいき** [平気] 태연함, 침착함, 개의치 않음, 예사로움, 끄떡없음 ★

- 人に悪口を言われても平気な顔をしている。
  남에게 욕을 먹어도 아무렇지도 않은 얼굴을 하고 있다.

- 平気で一時間も遅れて来るとは、面の皮が厚い奴だ。
  태연하게 1시간이나 늦게 오다니, 낯가죽이 두꺼운 놈이다.

- 一日20キロぐらい平気で歩ける。
  하루에 20㎞ 정도는 끄떡없이 걸을 수 있다.

819 **へいこう** [閉口] 질림, 손듦, 난처함 / 입을 다물고 말하지 않음 ★

- いくら夏が好きだと言っても、この三日間の暑さには閉口だ。
  아무리 여름을 좋아한다고 해도 이번 3일간의 더위에는 질렸다.

- 他人の迷惑を考えない君の行動には、まったく閉口だよ。
  타인의 불쾌함을 생각지 않는 자네의 행동에는 완전히 손을 들었네.

- 外国人にいきなり道を聞かれて、閉口してしまった。
  외국인이 느닷없이 길을 물어 와서 난처했다.

820 **へいぜい** [平生] 평소, 항상

- 桜のシーズンになると入園者の数は平生の三倍以上にもなる。
  벚꽃 시즌이 되면 입장자 수는 평소의 3배 이상이나 된다.

- 平生はバスに乗るわたしも、足腰を鍛えようとその日は歩いてみた。
  평소 같으면 버스를 타는 나도 하반신을 단련하려고 그날은 걸어 보았다.

821 **へいぜん** [平然]　태연함, 예사로움

- あの人は何が起っても、対岸の火事のごとく平然と構えている。
  저 사람은 무슨 일이 일어나더라도 강 건너 불처럼 태연한 태도를 취한다.

- あんなに叱られても平然と同じ過ちを繰り返す。
  그토록 혼나고도 태연하게 같은 잘못을 되풀이한다.

822 **へいばん** [平板]　단조로움, 재미가 없음

- この小説は平板で劇的な盛り上がりに欠けている。
  이 소설은 단조로워서 극적인 클라이맥스가 결여되어 있다.

- 平板な文章は読んでいて面白くない。
  단조로운 문장은 읽노라면 재미가 없다.

823 **へそまがり** [臍曲がり]　비뚤어진 심사, 심술쟁이

- 彼女はいつも臍曲がりなことばかり言っている。
  그녀는 언제나 심술궂은 말만 하고 있다.

- 右と言えば左と言う。あんなへそ曲がりな人は見たことない。
  오른쪽하면 왼쪽이라 말한다. 그런 비뚤어진 사람은 본 적이 없다.

824 **へた** [下手]　(솜씨가) 서투름, 서툰 사람 / 어중간함, 어설픔, 자칫하면

- 「下手の横好き」とは、素人が下手なくせに、やたらにその芸能をしたがることです。
  「下手の横好き」란 비전문가가 서투른 주제에 그 예능을 하고 싶어하는 것이다.

- 兄はピンポンは上手だが、テニスは下手だ。
  형은 탁구는 잘하지만, 테니스는 서툴다.

- 事件のショックで下手をすると彼女は自殺しかねない。
  사건의 쇼크로 자칫하면 그녀는 자살할지도 모른다.

- こういう重大なことには下手に手を出さないほうがいい。
  이런 중대한 것에는 어설프게 손을 대지 않는 편이 좋다.

825 べんきょう [勉強]　공부, 학습, 노력 / 에누리, 할인

・大学入試を一ヶ月後に控え、勉強にラストスパートをかけなければならない。
　대학 입시를 1개월 앞두고, 학습에 라스트 스퍼트를 가하지 않으면 안 된다.

・山田君は勉強の虫で、休み時間も教科書とのにらめっこが続く。
　야마다 군은 공부벌레로 쉬는 시간에도 교과서와의 눈싸움이 계속된다.

・勉強して900円にしておきます。
　에누리해서 900엔에 드리겠습니다.

826 へんじ [返事]　대답, 답장, 응답, 답변　★

・名前を呼んだら返事をしなさい。
　이름을 부르면 대답을 하세요.

・予想もしない質問をうけて、僕は返事に困ってしまいました。
　예상하지 못한 질문을 받고 나는 답변하기에 곤란해져 버렸습니다.

・もう一週間も前に手紙を出したのに、まだ返事が来ない。
　벌써 일주일이나 전에 편지를 보냈는데도 아직 응답이 없다.

827 へんじょう [返上]　반려, 반납, 반환　★

・休みを返上して働いた。
　휴일을 반납하고 일했다.

・慶応三年、15代将軍徳川慶喜が朝廷に政権を返上し、ここに江戸幕府は崩壊した。
　게이오 3년 15대 쇼군 도쿠가와 요시노부가 조정에 정권을 반납함으로서 에도막부는 붕괴했다.

・彼は怠け者の汚名返上とばかりに、猛烈に働き始めた。
　그는 게으름뱅이의 오명을 반납할세라 맹렬히 일하기 시작했다.

828 へんじん [変人]　별난 사람, 괴짜　★

・思うに、変人というのは、「普通の人とは違った人間」のことです。
　생각하건대, 変人이라 함은「보통사람과는 다른 인간」을 뜻합니다.

사회

- 小泉首相は「変人」と言うより、どうやら偏狭な人のような感じがしてきました。
  고이즈미 수상은 「괴짜」라기보다는 어쩐지 편협한 사람이라는 느낌이 들기 시작했습니다.

- 個性もないくせに変人ぶりたがる人が多すぎるんじゃないでしょうか。
  개성도 없는 주제에 괴짜인 척하려는 사람이 너무 많은 것은 아닐까요?

829 **へんてつ**[変哲] 이상함, 보통과 다름, 별다름

- 何の変哲もない男に見えて、実は大した知恵者なんだ。
  별볼일 없는 사나이로 보이지만 사실은 아주 지혜가 많은 사람이다.

- 何の変哲もないただの石が高い値段で売れた。
  별다른 것도 없는 평범한 돌이 고가에 팔렸다.

- 有名な温泉地だと言うので行って見たが、外観は何の変哲もない街だった。
  유명한 온천지라고 해서 가 봤는데, 겉모습은 그리 내세울 만한 것이 없는 마을이었다.

830 **へんとう**[返答] 대답, 회답, 응답

- どう言ったら相手の心を傷つけずに済むだろうかと思うと、返答に迷ってしまった。
  어떻게 말하면 상대방의 마음을 상하게 하지 않고 끝낼 것인가를 생각하니 대답이 망설여졌다.

- そう急かされても即座に返答はできないよ。
  그렇게 재촉 당해도 즉석에서 대답은 할 수 없어요.

831 **べんろん**[弁論] 변론 / 웅변 ★

☞ 우리말의 「웅변대회」를 일본어로는 「弁論大会」라고 한다.

- 清水君は、明日の弁論大会に学校の代表として出るということだ。
  시미즈 군은 내일 웅변대회에 학교 대표로 나간다고 한다.

- 古代ローマでは弁論を上手にすることが必要な教養とされた。
  고대 로마에서는 변론을 능숙하게 하는 것이 필요한 교양으로 여겨졌다.

832 **ほうがい**[法外] 도리에 벗어남, 불합리 / 터무니없음, 도가 지나침, 과도함

- 法外に安いものもありました。
  엄청나게 싼 것도 있었습니다.

- 私達が外国人だとわかると、法外な値段を吹っかけてきた。
  우리들이 외국인이라는 것을 알자 터무니 없는 값을 불렀다.
- 上限はもちろん切りはないが、法外な香典は先方の負担になる。
  상한액은 물론 한도가 없지만 터무니없는 부의(賻儀)는 상대방에게 부담이 된다.

833 ほうがく [方角]　방향 / 수단, 방법

- 新宿は、こちらとは方角が違う。
  신주쿠는 이쪽과는 방향이 다르다.
- 南の方角から暖かい風が吹いてきます。
  남쪽 방향에서 따뜻한 바람이 불어옵니다.
- 占い師によると、今年は南の方角が悪いそうだ。
  점쟁이의 말에 따르면 금년은 남쪽 방향이 나쁘다고 한다.

834 ほうず [方図]　끝, 한도

- 方図のない飲み方を続けていると体を壊すはめになるぞ。
  한도 끝도 없이 술을 마시는 습관을 계속하면 몸을 망치는 신세가 되고 말게다.
- 上を見れば方図がない。この程度の暮らしができれば充分だ。
  위를 쳐다보면 끝이 없다. 이 정도의 생활이 가능하면 족하다.

835 ほうび [褒美]　포상, 상, 칭찬하며 주는 금품

- 学校の成績が良かったので、褒美をもらった。
  학교 성적이 좋았기 때문에 상을 받았다.
- 一等をとった人にはどんな褒美が出ますか。
  일등을 차지한 사람에게는 어떤 포상이 나옵니까?
- はい、これは大人しくしていたご褒美!
  자아! 이것은 점잖게 있어서 주는 상이다!

836 ぼくとつ [朴訥]　꾸밈이 없고 말수가 적음, 말재주가 없음

- 彼は無口で大人しい朴訥な性格の持ち主です。
  그는 말이 없고 점잖은 말재주가 없는 성격의 소유자입니다.

- 若者の朴訥な人柄は、都会の生活に疲れた僕にとって、かけがえのないものに思えました。
  젊은이의 소박하고 과묵한 인품은 도회지 생활에 지친 나로서는 더할 나위 없이 소중한 것으로 생각되었습니다.

837 **ほご** [反故/反古]　쓸모가 없는 것, 무용지물 / 휴지

- あの国は中立条約を反故にした。
  그 나라는 중립조약을 파기했다.

- 取引先だった会社の倒産で、販売契約はすべて反古になった。
  거래처였던 회사의 도산으로, 판매계약은 모두 쓸모없게 되었다.

838 **ほねおり** [骨折り]　노력, 수고, 고생　★

- 会長の骨折りでこの会ができた。
  회장의 노력으로 이 회가 성립되었다.

- 「骨折り損のくたびれもうけ」ということわざを知っていますか。
  「도로 아미타불」이란 속담을 알고 있습니까?

839 **ほねぐみ** [骨組み]　골격, 기본 구조, 조직, 뼈대　★

- 昔の建物は、骨組みがしっかりしていたので、今の建物よりむしろ地震に強かったような気がします。
  옛날 건물은 골조가 단단했기 때문에 지금의 건물보다도 오히려 지진에 강했던 것 같은 생각이 듭니다.

- あらかじめ文書の骨組みを作っておいて、それに従って書いて行くようにするとよい。
  미리 문서의 기본 구조를 만들어 놓고 그에 따라 써 가도록 하면 좋다.

- 文の骨組みを成すのは主語と述語と修飾語です。
  문장의 기본 골격을 이루는 것이 주어와 술어, 그리고 수식어입니다.

840 **ほねみ** [骨身]　뼈와 살, 전신, 온몸

- 今年の寒さは特別で、年寄りの私には骨身にこたえます。
  금년 추위는 유별나서 노인인 나에게는 온몸에 스며듭니다.

- こんど雇った青年は骨身を惜しまず働いてくれるので助かります。
  이번에 고용한 청년은 몸을 아끼지 않고 일해 주기 때문에 도움이 됩니다.

- いくら骨身をけずって働いても、さっぱりお金は貯まりません。
  아무리 고생하여 일해도 도무지 돈은 모이지 않습니다.

841 **ほほえみ** [微笑み]　미소

- 二人は顔を見合わせて、思わず微笑みを漏らした。
  두 사람은 얼굴을 마주보며 무의식중에 미소를 띠었다.

- 私の妻は子供たちに対するとき、いつも微笑みを絶やさない。
  나의 아내는 어린이를 대할 때는 언제나 미소를 잃지 않는다.

842 **ほらあな** [洞穴]　동굴

- 村へ帰る途中雪崩れにあい、ぼくたちは洞穴に閉じ込められてしまった。
  마을로 돌아오는 도중에 눈사태를 만나 우리들은 동굴 속에 갇혀 버렸습니다.

- 夕方になると洞穴からコウモリがいっせいに飛び出していく。
  저녁이 되면 동굴에서 박쥐가 일제히 날아간다.

843 **ぼろ** [襤褸]　넝마, 걸레, 누더기 / 숨기고 있는 결점

- ぼろ家に住んで、おんぼろの車に乗って、ぼろ会社で働いています。
  낡은 집에 살며, 고물 자동차를 타고, 금방 쓰러질 듯한 회사에서 일하고 있습니다.

- 小細工を弄して、かえって襤褸を出してしまった。
  잔꾀를 부리다가 도리어 약점을 드러내고 말았다.

844 **ほんき** [本気]　본심, 진심, 농이 아닌 진지한 마음　★

- 冗談でしたことを本気にしないでください。
  농담으로 말한 것을 곧이듣지 마십시오.

- そんな、遊び半分じゃダメだ。本気を出して、真剣にがんばるんだ。
  그렇게 반 장난으로 하면 안 된다. 진심을 보이고 진지하게 노력해야지.

- 本気で怒っても、この男にはどことなく滑稽なところがある。
  진짜로 화를 내도 그 남자에게는 어딘지 모르게 우스꽝스러운 면이 있다.

사 회

845 ほんとう [本当]　정말, 진짜, 사실　★

☞ 「ほんと」로 읽기도 한다.

- へえ、その話は本当ですか。
  허참! 그 이야기는 사실입니까?

- 本当にありがとうございました。
  정말로 고마웠습니다.

- 本当の時間はいま何時ですか。
  정확한 시간은 지금 몇 시입니까?

- 本当ならそこへは僕が行くべきだった。
  제대로라면 거기에는 내가 갔어야 했다.

846 まあい [間合い]　사이, 간격 / (알맞은) 때, 기회, 타이밍

- 両手を広げても隣の人にぶつからないよう、十分間合いをはかって位置を決めなさい。
  양손을 벌려서 옆 사람과 부딪지 않도록 충분히 간격을 헤아려서 위치를 정하세요.

- そのことについては、適当な間合いを見て彼に話しておこう。
  그 건에 관해서는 적당한 기회를 보아 그에게 이야기를 해 놓자.

847 まえおき [前置き]　서론, 머리말, 서두

- 前置きはこのぐらいにしておいて、そろそろ本題に入ります。
  서론은 이 정도로 하고 이제 본론에 들어가겠습니다.

- 三段論法は前置きにあたる序論、本題にあたる本論、結びの結論の三段階で構成される。
  3단 논법은 머리말에 해당하는 서론, 본제인 본론, 맺음말인 결론의 3단계로 구성된다.

848 まえがき [前書き]　머리말, 서언　반 あとがき(後書き)

- 手紙の前書きは、ふつう季節の挨拶などを書く。
  편지의 머리말은 보통 계절에 관한 인사말을 쓴다.

335

- この本の内容は前書きを読めばわかります。
  이 책의 내용은 머리말을 읽으면 알 수 있습니다.

849 **まえぶれ**[前触れ]　전조, 조짐 / 예고

- 何の前触れもなく突然田舎から母が訪ねてきた。
  아무런 예고도 없이 시골에서 갑자기 어머니가 찾아 오셨다.

- 前触れの地震もなく、今度の噴火はまったく「寝耳に水」だった。
  지진의 전조도 없었던 이번 분화는 완전히「아닌 밤중의 홍두깨」격이었다.

850 **まがりかど**[曲がり角]　모퉁이, 전환점, 갈림길

- 路地の曲がり角で、走ってきた子供同士が出会い頭にぶつかった。
  골목의 모퉁이에서 달려온 어린이들끼리 갑자기 마주쳐 머리를 부딪쳤다.

- 日本の産業は高度経済成長時代から低成長時代を迎え大きな曲がり角に差し掛かったと言える。
  일본의 산업은 고도경제성장 시대에서 저성장 시대를 맞아 커다란 전환점에 접어들었다고 할 수 있다.

851 **まぎわ**[間際]　직전, 임박한 때, 어떤 일이 행해지려는 순간　★

- 死ぬ間際まで子供のことを心配していた。
  죽기 직전까지 자식의 일을 걱정하고 있었다.

- 公演の始まる間際になっても肝心の主役の姿が見えない。
  공연이 시작될 직전이 되었는데도 중요한 주역의 모습이 보이지 않는다.

- 出掛ける間際に電話のベルが鳴ったが、そのままにして家を出た。
  나가려는 참에 전화 벨이 울렸지만 그대로 집을 나섰다.

852 **まけぎらい**[負け嫌い]　유달리 지기 싫어하는 성질(또는 그런 사람)
　　　　　　　　　　　㊇ まけずぎらい（負けず嫌い）

- 兄と弟、二人とも負けず嫌いな激しい性質で、常々互いに相手をしのごうと競り合っていた。
  형과 동생, 두 사람 모두 지기 싫어하는 격렬한 성질로, 항상 서로 상대방을 이기려 다투고 있었다.

사 회

853 **まじめ**[真面目] 진지함, 성실함, 착실함 / 진심 ★

- 私が真面目になって言っても、彼は信じない。
  내가 진지하게 말해도 그는 믿지 않는다.

- あの人はとても真面目な人です。
  그 사람은 아주 착실한 사람입니다.

- 彼は真面目さが認められて、組合長に推薦された。
  그는 성실성을 인정받아 조합장에 추천되었다.

854 **まぢか**[間近] (시간이나 거리가) 아주 가까움, 임박함

- さあ、元気を出そう。頂上はもう間近だよ。
  자아, 힘을 내자. 정상은 이제 금방이야.

- 結婚を間近に控えた姉のもとに、今日も嫁入り道具が届けられた。
  결혼을 코 앞에 둔 언니 앞으로 오늘도 혼수품이 배달되었다.

855 **まちがい**[間違い] 틀림, 잘못됨 / 실수, 사고

- あなたの日本語は間違いがほとんどありません。
  당신의 일본어는 틀린 것이 거의 없습니다.

- では、間違いなくお渡ししましたよ。
  그럼, 틀림없이 건네 드렸습니다.

- 彼は酒を飲んで間違いを起こした。
  그는 술을 마시고 불상사를 일으켰다.

856 **まちかど**[街角 / 町角] 거리 모퉁이, 길목 / 길거리, 가두 ★

- 街角で出会った友人は挨拶もそこそこに、人込みの中に消えていった。
  길거리에서 마주친 친구는 인사도 하는 둥 마는 둥하고 인파 속으로 사라져 갔다.

- パリの町角では、人目もはばからず、抱き合っている恋人たちの姿をよく見かけます。
  파리의 거리 모퉁이에서는 남 앞에서도 거리낌없이 서로 포옹하고 있는 연인들의 모습을 자주 봅니다.

337

857 **まと** [的]   과녁, 표적 / 요점, 핵심 / 대상, 목표

- あの人はときどき的の外れた質問をするので答えるのに困ります。
  그 사람은 때때로 요점을 벗어난 질문을 해서 대답하기에 곤란합니다.

- 首相の就任記者会見では、次々に的を射た質問が出された。
  수상의 취임 기자회견에서는 잇달아 핵심을 찌르는 질문이 나왔다.

- プロ野球選手は子供たちの憧れの的だ。
  프로야구 선수는 어린이들의 동경의 대상이다.

858 **まぬけ** [間抜け]   멍청이, 얼간이 짓을 함 / 긴장이 풀림

- あの人はときどき間抜けなことをやる。
  저 사람은 가끔 얼간이 짓을 한다.

- あまり遅いので間が抜けしてしまった。
  너무 늦어서 긴장이 풀리고 말았다.

859 **まね** [真似]   흉내, 시늉 / 짓, 행동   ★

- ふざけた真似をすると、承知しないぞ。
  돼 먹지 않은 짓을 하면 용납하지 않을 테다.

- 親分である俺の目の黒いうちは、お前たちに勝手な真似はさせないぞ。
  두목인 내가 살아 있는 동안에는 너희들에게 방자한 행동은 가만 놔두지 않을 테다.

- 危ない真似は止したほうがいい。
  위험한 흉내는 그만두는 편이 좋다.

860 **ままこ** [継子]   의붓자식, 따돌림을 받음

- よそ者を継子扱いにする。
  외지에서 온 사람을 의붓자식 취급하다.

- 新入社員を継子にしてはいけない。
  신입사원을 따돌리면 안 된다.

861 **まもの** [魔物]   요괴, 요물, 악마   ★

- 昔からなぜか、「女は魔物である」と言われる。
  예로부터 왠지 「여자는 요물」이라고 일컬어진다.

- 金は魔物だ。
  돈은 요물이다.

862 **まるあんき** [丸暗記]　통째로 외움, 마구잡이로 외는 것　★

- 丸暗記だけの勉強では創造力を育てられない。
  통째로 외우는 공부로는 창조력을 키울 수 없다.

- 記憶力が良ければ教科書の丸暗記も可能だ。
  기억력이 좋으면 교과서를 통째로 외우는 것도 가능하다.

863 **まるごし** [丸腰]　비무장. 몸에 무기를 지니지 않음. 무사가 허리에 칼을 차지 않은 데서 유래

- 海賊に一番狙われるのが、丸腰で抵抗しないうえ、経済的に豊かな日本船と韓国船です。
  해적에게 가장 표적이 되는 것은 비무장으로 저항하지 않는 데다가, 경제적으로 풍부한 일본선과 한국선입니다.

- 包丁を持った男に丸腰で向かっていくのはあまりにも無謀でした。
  식칼을 가진 남자에게 맨손으로 맞선 것은 너무도 무모했습니다.

- パソコンを使うと使わないとでは、戦争に行くのに銃を持つか丸腰で行くかというのと同じぐらいの違いがあります。
  컴퓨터를 사용하는 것과 사용하지 않는 것은 전쟁에 나갈 때 총을 가졌는지 비무장으로 가는지 하는 것과 마찬가지의 차이가 있습니다.

864 **まるた** [丸太]　통나무

- 途中で見かけた家は、粗削りしたままの丸太でできていて、周囲の景色と調和していた。
  도중에 언뜻 본 집은, 거칠게 깎은 그대로의 통나무로 되어 있는데, 주위의 경치와 조화를 이루고 있었다.

- 溝に丸太をわたして、即席の橋をつくった。
  웅덩이에 통나무를 걸쳐 즉석 다리를 만들었다.

865 まるのみ [丸呑み]
씹지 않고 삼킴, 의미를 모르고 외움, 요구 등을 무조건 받아들임 ★

- 本に書いてあることを丸呑みにする。
  책에 써 있는 것을 무턱대고 외우다.

- 丸呑みせず、理解しなさい。
  덮어놓고 외우지 말고 이해하세요.

- 相手の要求を丸呑みにする。
  상대방의 요구를 무조건 받아들이다.

866 まるはだか [丸裸]
빈털터리, 무일푼 / 전라, 알몸

- 彼は株で大損をして丸裸になってしまった。
  그는 주식에서 크게 손해를 보고 빈털터리가 되어버렸다.

- 開発の名のもとに山が丸裸にされてしまった。
  개발이라는 이름 아래 벌거숭이산이 되어버렸다.

867 まんざら [満更]
[다음에 부정이 와서] 반드시(전혀) ~인 것만은 아니다, 꼭 ~이라고만 할 수 없다 ★

- 口ではイヤだと言っているが、その顔は満更いやでもなさそうだ。
  말로는 싫다고 말하고 있지만, 그 얼굴은 꼭 그렇지만은 않은 것 같다.

- 若い者にまじって完走したのだから、私も満更捨てたものでもない。
  젊은이와 섞여 완주했으니, 나도 꼭 한물 간 것만도 아니다.

- お世辞だとわかっていたが、ほめられたら満更悪い気持ちはしない。
  아부라는 건 알고 있었지만 칭찬을 받고 보니 그렇게 나쁜 기분만도 아니다.

868 みうごき [身動き]
몸을 움직임, 운신

- 東京のラッシュアワー時の山の手線は身動きもできないほど込んでいる。
  도쿄의 출퇴근 시간대의 전철은 꼼짝달싹도 할 수 없을 정도로 붐빈다.

- 借金で身動きがとれない。
  빚 때문에 옴짝달싹못하다.

사 회

869 **みえ** [見栄]　외관, 외양, 볼품 / 겉치레, 허세　★

- 金もないのに見栄を張って、高い料理をご馳走する。
  돈도 없는데 허세를 부려 비싼 요리를 대접하다.

- 妹はときどき見栄で高い買い物をすることがあります。
  여동생은 때때로 허영으로 비싼 쇼핑을 하는 때가 있습니다.

870 **みおとし** [見落とし]　빠뜨리고 봄, 놓침

- 試験のとき、不注意で問題の見落としをして、15点損した。
  시험 때 부주의로 문제를 빠뜨려서 15점을 손해봤다.

- 見落としがないか、点検する。
  못보고 빠뜨린 것이 없나 점검하다.

871 **みおぼえ** [見覚え]　(전에) 본 기억, 전부터 알고 있음, 낯익음

- 道で挨拶をした人は確かに見覚えのある顔だが、どうしても誰だったか思い出せません。
  길에서 인사한 사람은 확실히 낯익은 얼굴인데 아무리 생각해도 누구였는지 기억나지 않습니다.

- この写真の犯人の顔に見覚えのある人は、すぐ警察に届けてください。
  이 사진에 있는 범인의 얼굴을 본 적이 있는 사람은 바로 경찰에 신고해 주십시오.

872 **みかけ** [見掛け]　겉보기, 외관, 외견　★

- あの人は大きな体をして強そうだが、見掛けによらず気が小さいのです。
  그 사람은 커다란 몸집을 갖고 있어 강한 듯하지만 외관에 걸맞지 않게 마음이 좁습니다.

- 形は小さいが持ってみたら見掛けより重かった。
  모양은 작지만 들어보았더니 겉보기보다는 무거웠다.

- あの刀は見掛けは立派だが、実は全然切れないなまくら刀だ。
  저 칼은 겉보기에는 훌륭한데 사실은 전혀 들지 않는 무딘 칼이다.

873 **みかけだおし** [見掛け倒し]　외화내빈, 겉모양만 화려하고 속은 허술한 것 ★

- この子は体は大きいが見掛け倒しで、実は病気ばかりしている。
  이 녀석은 덩치는 큰데 외화내빈 격으로 사실은 병만 앓고 있다.

- 見掛け倒しで役に立たない。
  허울만 그럴듯하고 쓸모가 없다.

874 **みがって**[身勝手]　자기중심적인 모양, 제멋대로 하는 것

- 彼女は自分には甘く、他人には厳しい身勝手な人です。
  그녀는 자신에게는 관대하고 타인에게는 엄격한 자기중심적인 사람입니다.

- この頃、彼には身勝手なふるまいが目立つので、忠告したほうが良さそうだ。
  요즈음 그가 제멋대로 행동하는 것이 눈에 띄는데, 충고하는 것이 좋을 것 같다.

- 君の身勝手な要求には、応じることはできない。
  자네의 자기중심적인 요구에는 응할 수가 없다.

875 **みがる**[身軽]　경쾌한 모양, 간단한 모양 / 홀가분함, 거든함 / 몸이 가뿐함

- 彼の身軽な身のこなしからは、とても四十歳には見えない。
  그의 가뿐한 몸놀림으로 보아서는 도저히 마흔으로는 보이지 않는다.

- 彼女は身軽な独身なので、もう何回も海外旅行を楽しんでいる。
  그녀는 홀가분한 독신이라서 벌써 몇 번이나 해외여행을 즐기고 있다.

876 **みがわり**[身代わり]　대역, 희생, 대신하여 역할을 함　★

- この墓地には主人の身代わりになって死んだ忠犬の墓がある。
  이 묘지에는 주인을 대신해서 죽은 충견의 묘가 있다.

- 警官が人質の身代わりとなる。
  경찰관이 인질을 대신하게 되다.

- この事件は僕が身代わりになって、一人泥をかぶった形でおさめた。
  이 사건은 내가 희생을 해서 혼자서 허물을 뒤집어쓰는 형태로 수습했다.

877 **みぎきき**[右利き]　오른손잡이　⑪ ひだりきき(左利き)

- 野球のピッチャーなど右利きの選手は、左より右の腕が長くなることがある。
  야구의 투수 등 오른손잡이 선수는 왼쪽보다 오른쪽 팔이 길어지는 수가 있다.

사 회

878 **みごと** [見事]　훌륭함, 멋짐 / [반어적으로] 완전히, 보기 좋게　★

- あの人は運動をしているので、見事な体をしています。
  저 사람은 운동을 하고 있기 때문에 뛰어난 몸을 갖고 있습니다.

- 難しい質問に、見事に答える。
  어려운 질문에 멋지게 답하다.

- この選挙区では新人候補が現職を破り、見事に凱歌をあげた。
  이 선거구에서는 신인 후보가 현직을 무찌르고 보기 좋게 개가를 올렸다.

879 **みずぎわ** [水際]　물가, 갯가, 어귀　★

☞ 「~立つ」의 꼴로 「눈에 띄다(뛰어나다)」

- さすが世界選手権保持者だけあって、水際だった演技を見せた。
  과연 세계선수권 보유자인만큼 한수 위의 연기를 보여주었다.

- さすがドラフト一位だけはあるなあ。こんなに水際だったいいプレーはめったに見られるもんじゃない。
  역시 드래프트 1위로군! 이렇게 월등하게 좋은 플레이는 좀처럼 볼 수 있는 게 아니다.

- 税関は、外国と日本との国境である港や空港、いわゆる水際で密輸取締りに全力を挙げています。
  세관은 외국과 일본과의 국경인 항구나 공항, 소위 전초기지에서 밀수 단속에 전력을 다하고 있습니다.

- ふと、水際で草を摘んでいる女性二人に目がとまった。
  문득 물가에서 풀을 뜯고 있는 여성 두 사람에게 눈길이 머물렀다.

880 **みせかけ** [見せ掛け]　겉보기, 겉치레, 외관

- この建物は、見せ掛けだけは立派だが、中は粗末なものだ。
  이 건물은 외관만큼은 근사하지만 안은 허술하다.

- 見せ掛けだけの親切はやめてくれ。
  겉치레뿐인 친절은 집어치워라.

881 **みせもの** [見せ物]　구경거리, 구경감, 돈을 받고 곡예・요술 등을 보여주는 흥행 검색

- 他人の不幸を見せ物にする俗悪週刊誌が氾濫しているのは嘆かわしい風潮だ。
  타인의 불행을 볼거리로 하는 저속 주간지가 범람하고 있는 것은 한심스러운 풍조다.

- 世間の見せ物になる。
  세상 사람들의 구경거리가 되다.

882 **みちあんない** [道案内]　이정표, 도로 표지판, 길라잡이　⊕ みちじるべ（道標）　★

- 高速道路の分岐点に立ててある道案内を読みながら車を運転した。
  고속도로의 분기점에 세워져 있는 이정표를 보면서 차를 운전했다.

883 **みぢか** [身近]　신변, 몸 가까이, 비근함, 자기와 관계가 깊음

- まず我々としては身近な問題を取り上げ、解決していくのが先決だと思う。
  우선 우리들로서는 비근한 문제를 채택하여 해결해 가는 것이 선결 과제라고 생각한다.

- 先生は身近な話題から入って、人間の生き方について語った。
  선생님은 신변의 화제로 들어가서 인생 살아가는 방법에 관해 이야기했다.

884 **みちくさ** [道草]　딴전, 도중에서 딴 짓으로 시간을 허비함 / 길가의 풀

- どこかへ行くとき、途中でほかのことに時間をつぶすことを「道草を食う」という。
  어딘가에 갈 때 도중에 다른 일에 시간을 허비하는 것을「道草を食う」라고 말한다.

- 在学中、演劇に夢中になって二年ほど道草を食った。
  재학 중, 연극에 미쳐서 2년 정도 옆길로 빠져 시간을 낭비했다.

885 **みちばた** [道端]　길가, 도로변

- 道端に置かれたロープが足に絡んで転びそうになった。
  길가에 설치된 로프에 발이 걸려 넘어질 뻔했다.

- 男たちは道端に台を置くと、その上に品物を並べ始めた。
  사나이들은 길가에 받침대를 설치하더니 그 위에 물건을 늘어놓기 시작했다.

886 **みどころ**[見所]　볼만한 장면 / 장래성, 싹수

- 彼は若いが、なかなか見所がある青年だ。
  그는 젊지만 상당히 장래성이 있는 청년이다.

- 芝居の見所を前もって祖母に教えてもらったので、いっそう興味が深まった。
  연극의 볼만한 장면을 미리 할머니가 가르쳐 주셨기 때문에 한층 흥미가 깊어졌다.

887 **みなごろし**[皆殺し]　몰살

- 一家が皆殺しになる。
  한 가족이 몰살당하다.

- 織田信長は城を攻め落としてから敵を一人残らず皆殺しにした。
  오다 노부나가는 성을 함락시키고 나서 적을 한 사람도 남김없이 몰살했다.

888 **みのうえ**[身の上]　일신상의 처지(환경), 신세 / 운명

- 親も兄弟もいない。まったく一人ぼっちの身の上です。
  부모도 형제도 없다. 완전히 외톨이 신세입니다.

- 身の上語を聞かされ、目頭が熱くなった。
  신상 이야기를 듣고 눈시울이 뜨거워 졌다.

889 **みのがし**[見逃し]　간과함, 보고 놓침, 빠뜨림 / 눈감아 줌

☞ 기본형은 「見逃す」

- 四番打者なのに見逃しの三振を食った。
  4번 타자임에도 (공을) 놓치고 삼진을 먹었다.

- たちの悪いイタズラだから、見逃すことはできない。
  질이 나쁜 장난이므로 눈감아 줄 수 없다.

890 **みのほど**[身の程]　분수

- 二、三度勝っただけで今度はチャンピオンに挑戦しようとは、身の程を知らないのも甚だしい。
  겨우 두세 번 이겼다 해서 이번에는 챔피언에 도전하려고 하면 분수를 몰라도 너무 모른다.

- 妹は身の程知らずで理想が高いために、なかなか結婚できないでいる。
  여동생은 분수를 모르고 이상이 높기 때문에 좀처럼 결혼을 못하고 있다.

891 **みはらし**[見晴らし]　전망, 조망

- 展望台は岬の先端の見晴らしのいい所にあった。
  전망대는 곶의 끄트머리로 조망이 좋은 곳에 있었다.

- 湖に面したレストランに入り、僕たちは見晴らしのよい席をとった。
  호수에 면한 레스토랑에 들어가서 우리들은 전망이 좋은 자리를 잡았다.

892 **みはり**[見張り]　파수(꾼), 망을 봄, 지킴

- 少しの間、この荷物の見張りをしていてください。
  잠시 동안 이 짐을 지켜 주십시오.

- 見張りが目を光らせているから、見つからないように気をつけろ。
  파수꾼이 눈을 부라리고 있으니 발견되지 않도록 정신차려라!

893 **みまわり**[見回り]　순찰, 순시

- あの人は昼間は大学で勉強し、夜は工場の見回りをしている感心な学生です。
  그 사람은 낮에는 대학에서 공부하고 밤에는 공장에서 순찰을 도는 기특한 학생입니다.

- 見回りの目を盗んで構内に忍び込む。
  순찰자의 눈을 피해 구내로 숨어들다.

894 **みみうち**[耳打ち]　귀엣말, 귓속말

- 彼女は辺りをはばかるように、小声でそっと耳打ちをした。
  그녀는 주위를 꺼리는 듯이 작은 소리로 살짝 귀엣말을 했다.

- 上司が恥をかかないように、あとでそっと耳打ちするのが利口な方法だ。
  상사가 창피를 당하지 않도록 나중에 슬그머니 귓속말을 해주는 것이 현명한 방법이다.

895 **みむき**[見向き]　돌아봄, 거들떠봄

- 弟はあんなにテレビゲームに熱を入れていたのに、この頃は熱が冷めたのか見向きもしない。
  동생은 그토록 TV게임에 열심이더니 요즘은 열이 식었는지 거들떠보지도 않는다.

- 見向きもしないで行ってしまった。
  돌아보지도 않고 가 버렸다.

- 姉は結婚話には見向きもしない。
  언니는 혼담에는 전혀 관심을 보이지 않는다.

896 みより [身寄り]　(의지할 수 있는) 친척, 친족, 연고자

- 身寄りのない私だが、しかし親友という頼もしい味方がいる。
  나는 의지할 수 있는 친척이 없지만 친구라는 믿음직한 아군이 있다.

- 身寄のない老人をふびんに思います。
  연고자가 없는 노인을 측은하게 생각합니다.

897 みわけ [見分け]　분별, 판별, 식별

- この本とあの本は見分けがつかないほど、よく似ています。
  이 책과 저 책은 구별이 안 될 정도로 아주 닮았습니다.

- こっちの指輪は合成ダイヤだそうだが、本物そっくりで見分けがつかない。
  이쪽의 반지는 합성 다이아라고 하지만 진짜와 똑같아서 식별이 안 된다.

898 むいちもん [無一文]　무일푼, 빈털터리

- 無一文から身を起こした父は、手掛けた事業を次々と成功させ、一代で財産を築き上げた。
  무일푼으로 입신한 아버지는 손댄 사업을 잇달아 성공시켜 당대에 재산을 쌓아올렸다.

- 金を使い果たして無一文になった。
  돈을 죄다 써 버려 빈털터리가 되었다.

899 むかしかたぎ [昔気質]　옛날 기질, 보수적인 기질, 완고함

- 大正生れの祖父は、曲がったことの嫌いな昔気質の老人です。
  다이쇼 시대에 태어난 할아버지는 사리에 어긋나는 것을 싫어하는 완고한 노인입니다.

- 昔気質のその職人は、自分の腕をひけらかすようなことは絶対にしない。
  옛날 기질의 그 기술자는 자신의 솜씨를 과시하려는 짓은 절대로 하지 않는다.

900 **むきず** [無傷]　상처가 없음, 하자가 없음, 결백함

- 僕たちのチームは守備の乱れはあったが、投手陣は無傷のまま決勝戦に残った。
  우리 팀은 수비의 혼란은 있었지만, 투수진은 하자가 없는 채로 결승전에 올랐다.
- 彼は今まで法律的には無傷だが、道徳的に悪いことをしなかったわけではない。
  그는 지금까지 법률적으로는 결백하지만 도덕적으로 나쁜 짓을 하지 않았다는 것은 아니다.

901 **むきだし** [剥き出し]　드러냄, 노출 / 공공연함, 노골적임

- 剥き出しのままで失礼ですが、どうぞお受け取り下さい。
  싸지 않은 채로 드려서 실례합니다만, 아무쪼록 받아 주십시오.
- 少しも遠慮しないで、お互いに剥き出しの意見を言い合った。
  조금도 거리낌없이 서로간에 있는 그대로 의견을 이야기했다.

902 **むくち** [無口]　말수가 적음, 입이 무거움

- 彼は無口だから、しぜん友達もなかなかできない。
  그는 과묵하기 때문에 자연히 친구도 좀처럼 생기지 않았다.
- あの先生は無口なので近づきにくい。
  저 선생님은 말수가 적어서 접근하기 어렵다.
- 彼は無口なわりに理屈っぽい青年で、あまり人と交際しない。
  그는 과묵한 데에 비해서는 꼬치꼬치 따지기를 좋아하는 청년으로 그다지 남과 교제하지 않는다.

903 **むざん** [無残]　잔인함, 참혹함, 무참함, 끔찍함

- 事故現場の無残な光景に、男は茫然とたちつくした。
  사고 현장의 참혹한 광경에 사나이는 망연히 잠자코 서 있었다.
- 戦争は、一家の平和な日々の暮らしを無惨に破壊してしまった。
  전쟁은 일가의 평화로운 하루하루의 생활을 무참하게 파괴해 버리고 말았다.

사 회

904 **むじゃき** [無邪気]　천진난만함, 악의가 없고 순진함

- 男は子供たちの無邪気な願いを聞いて、思わず心を動かされました。
  사나이는 어린이들의 천진난만한 소원을 듣고 불현듯 마음이 움직였습니다.

- 先生はわたしの無邪気な答えをおもしろがりました。
  선생님은 나의 순진한 대답을 재미있어 했습니다.

- 長い戦いが続く中で、子供たちの無邪気な笑顔が唯一の救いだった。
  오랜 전쟁이 계속되는 가운데 어린이들의 천진난만한 웃는 얼굴이 유일한 희망이었다.

905 **むしょう** [無性]　공연히, 까닭 없이, 마구, 무턱대고

- 友達の意地悪を思い出すたびに、何日たっても無性に腹が立つ。
  친구의 심술궂음을 생각할 때마다 며칠이 지났는 데도 공연히 화가 치민다.

- なぜか体じゅう無性にかゆくてたまらない。
  왠지 온몸이 마구 가려워서 참을 수 없다.

- ときどき無性に海が見たくなるのは、幼いころから海の近くで育ったせいだろうか。
  때때로 까닭없이 바다가 보고 싶어지는 어릴 때부터 바다 가까이에서 자란 탓일까?

906 **むぞうさ** [無造作]　손쉬운 모양, 어렵잖은 모양 / 아무렇게나 하는 모양, 소탈함

- 無造作に投げ捨てられた道路工事の土砂が、森の木々をすっかり枯らしていた。
  아무렇게나 내버려진 도로 공사의 토사가 숲의 나무들을 죄다 말려 죽이고 있었다.

- 「嵐が来そうだね」というと、男は「うん」と無造作に答えた。
  「태풍이 오겠는데?」라고 말했더니 사나이는 「응」하고 건성으로 대답했다.

- 相手の名刺を無造作に受け取ったり、ろくに名前も見ずにしまい込むのは失礼である。
  상대방의 명함을 함부로 받아 쥐거나, 제대로 이름도 쳐다보지 않고 쑤셔 넣는 것은 실례다.

907 **むちゅう** [夢中]　몰두함, 열중함, 골돌함, 무아지경　★

- 火事だと分かったので夢中で逃げた。
  불이 났다는 것을 알고 정신없이 달아났다.

- 一時はゴルフに夢中だったが、今はすっかり熱が冷めてしまった。
  한 때는 골프에 미쳐 있었는데 지금은 완전히 열이 식어 버리고 말았다.

- 趣味に夢中になるのもいいが、本来の仕事を疎かにするようでは困り者だ。
  취미에 몰두하는 것도 좋지만 본래의 일을 소홀히 하다니 골칫거리다.

908 **むとんちゃく** [無頓着]　무관심함, 무심함, 태연함

- 彼女は、身なりには無頓着な女です。
  그녀는 몸치장에는 무관심한 여자입니다.

- お兄さんはデザイナーだそうだが、田村君自身は服装に無頓着だ。
  형님은 디자이너라고 하던데, 다무라 군 자신은 복장에 무관심하다.

- 父は金などには無頓着だ。
  아버지는 돈 같은 것에는 아랑곳하지 않는다.

909 **むりじい** [無理強い]　억지로 떠맡김, 강요함

- お酒を飲めと、無理強いしてはいけません。
  술을 마시라고 억지를 부려서는 안 됩니다.

- 食べ物の好き嫌いなどは十人十色だから、人に無理強いするのはよくない。
  음식은 좋고 싫음이 10인 10색이니, 남에게 강요하는 것은 좋지 않다.

910 **むろん** [無論]　물론, 말할 것도 없이

- わたしは無論彼がさきに到着しているものと思っていた。
  나는 물론 그가 먼저 도착해 있을 거라고 생각하고 있었다.

- 無論そんなことはあり得ない。
  물론 그런 일은 있을 수 없다.

911 **めあて** [目当て]　목표, 목적 / 어떤 일의 표준 / [お~의 형태로] 관심을 끎

- あの高い煙突を目当てに行くと、すぐわかります。
  그 높은 굴뚝을 목표로 해서 가면, 바로 찾아 갈 수 있습니다.

- 金だけを目当てに働くのはイヤだ。
  돈만을 목표로 일하는 것은 싫다.

사 회

- あいつはよく家に遊びに来るけど、お目当てはどうも僕の妹らしい。
  그 녀석은 집에 자주 놀러 오는 데, 목적은 아무래도 내 여동생인 것 같다.

- 会社がつぶれてしまい、生活の目当てがつきません。
  회사가 도산해 버려 생활의 가늠이 서지 않습니다.

912 **めいわく** [迷惑]　폐, 괴로움, 귀찮음, 성가심　★★

- 他人に迷惑をかけるようなことをしてはいけません。
  타인에게 폐를 끼치는 짓을 해서는 안 된다.

- もし迷惑でなければ、私も一緒に連れて行ってください。
  만약 귀찮지 않으시면 저도 함께 데리고 가 주십시오.

- おしゃべりも迷惑だが、彼のように口が重いのも困る。
  수다쟁이도 성가시지만 그 사람처럼 과묵한 것도 곤란하다.

913 **めくそ** [目糞]　눈곱

- 君が彼を軽蔑するのは、目糞鼻糞を笑うようなもんだ。
  자네가 그를 경멸하는 것은 (눈곱이 코딱지를 비웃는 것처럼) 똥 묻은 개가 겨 묻은 개를 비웃는 격이다.

914 **めさき** [目先]　눈앞, 당장, 현재 / 앞을 내다봄, 선견 / 겉보기, 외관　★

- 目先の利益に惑わされて、判断を誤らないよう注意しなさい。
  눈앞의 이익에 현혹되어 판단을 그르치지 않도록 주의하시오.

- 人間は目先の利益にだけとらわれて、自然を破壊しすぎたようだ。
  인간은 당장의 이익에만 사로잡혀 자연을 지나치게 파괴한 것 같다.

- 修正案もちょっと目先を変えただけで、実質は原案と変わらない。
  수정안도 약간 겉모양만 바꾼 것으로 실질 내용은 원안과 다름없다.

915 **めざめ** [目覚め]　잠이 깸, 눈뜸 / 싹틈, 각성, 자각

- 年をとると朝の目覚めが早くなり、朝刊のくるのが待ち遠しくなる。
  나이를 먹으면 아침에 잠에서 깨는 것이 빨라지고, 조간신문의 배달이 길게 느껴진다.

351

- 理由は様々に考えられるのだろうが、子供たちの性の目覚めは年々早くなってきているようだ。
  이유는 여러 가지로 생각되지만, 어린이들이 성에 눈뜨는 것은 해를 거듭할수록 빨라지고 있는 것 같다.

- 小説「大地」は、中国に題材を求め農民たちの近代化への目覚めを描いた小説です。
  소설「대지」는 중국에서 소재를 찾아 농민들의 근대화에 대한 자각을 그린 소설입니다.

916 めざわり [目障り]   눈에 거슬림 / 방해물   ★

- 用もないのに、うろちょろしてまったく目障りな奴だ。
  볼 일 없는데 눈앞에서 얼쩡거려 정말로 눈에 거슬리는 녀석이다.

- 何をやっても俺より上のあいつは、俺にとって目障りな存在だ。
  무엇을 하더라도 나보다 위인 그 녀석은 나로서는 눈에 거슬리는 존재다.

- 建物が目障りになって、海が見えない。
  건물이 방해물이 되어 바다가 보이지 않는다.

917 めじるし [目印]   (보아서 알기 위한) 표식, 표적, 표시, 목표물

- 田中さんの家へ行くには、お風呂屋を目印にして、その角を曲がってください。
  다나카 씨의 집에 가려면 목욕탕을 표적으로 하여, 그 모퉁이를 돌아가세요.

- 他人の傘と間違えないように、リボンで目印をつけた。
  다른 사람의 우산과 헷갈리지 않도록 리본으로 표식을 달았다.

- 約束どおり、駅の改札口に行くと、胸に目印のブローチをつけた美人が立っていた。
  약속대로 역의 개찰구에 갔더니 표식으로 가슴에 브로치를 단 미인이 서 있었다.

918 めじろおし [目白押し]   많은 사람들이 촘촘히 일렬로 줄지어 늘어섬, 떼지어 있음

- 今年の秋には公共料金の値上げが目白押しに並んでいる。
  금년 가을에는 공공요금의 인상이 줄줄이 늘어서 있다.

- 露店が目白押しに並ぶ。
  노점이 한 곳에 줄지어 늘어서다.

사 회

919 **めだま** [目玉]　눈알, 안구 / [お〜] 꾸중, 야단

- 子供服なのに目玉が飛び出るほど高い。
  아동복인데도 눈알이 튀어나올 정도로 비싸다.

- 目玉が飛び出るほど叱られた。
  눈알이 튀어나올 정도로 꾸중을 들었다.

- いとこたちとあまり騒ぎすぎたので、お母さんからお目玉を食った。
  사촌들과 너무 심하게 떠들어서 어머니에게 야단맞았다.

920 **めつき** [目付き]　눈매, 눈초리

- 彼は何となく目付きが鋭いので、怖がる人もいる。
  그는 어딘지 모르게 눈매가 예리해서 무서워하는 사람도 있다.

- ここに置いてあったお八つがなくなったと、弟は探るような目付きで僕を見つめた。
  여기에 놓아두었던 간식이 없어졌다고 동생은 의심하는 듯한 눈초리로 나를 쳐다보았다.

☞ お八つ 오후의 간식

921 **めっそう** [滅相]　당치 않음, 터무니없음

- 僕が君にウソをついたなんて、滅相もない。誰がそんなことを言ったんだ。
  내가 자네에게 거짓말을 했다니, 당치도 않다. 누가 그런 말을 했더냐?

- わたしが犯人だなんて、滅相な話だ。
  내가 범인이라니, 터무니없는 이야기다.

922 **めばえ** [芽生え]　눈뜸, 싹틈, 움틈, 시초

- この作品には近代感覚の芽生えが見える。
  이 작품에서는 근대 감각의 징조가 보인다.

- 電車で彼女を初めて見かけたとき、ぼくは恋の芽生えを予感した。
  전철에서 그녀를 처음으로 언뜻 봤을 때 나는 사랑이 움트는 것을 예감했다.

923 **めぼし** [目星]　짐작, 목표, 표적, 지목, 어림　★

- 犯人の目星がついた。
  범인의 어림이 잡혔다.

- 彼はスパイとして目星をつけられていた。
  그는 간첩으로 지목되고 있었다.

- 入社時の面接や採用試験段階で、ほぼ目星をつけ、研修中に適性などを考慮して配属を決める。
  입사시의 면접이나 채용시험 단계에서 거의 지목하고 연수 중에 적성 등을 고려하여 배속을 결정한다.

924 **めまい**[目眩/眩暈]　현기증, 어찔함

- 風邪をひくと、頭痛や目眩がして、ひどいときには吐き気がすることもあります。
  감기에 걸리면 두통이나 현기증이 나서 심할 때는 구토를 하는 수도 있습니다.

- 2、3日病気で寝ていたせいか、起き上がると軽い目眩を感じた。
  2·3일 병으로 누워 있은 탓인지 일어나면 가벼운 현기증을 느꼈다.

925 **もうしぶん**[申し分]　할말, 주장, 불평 / [~がない의 꼴로] 더할 나위, 나무랄 데　★

- 先方の申し分を聞く。
  상대방의 주장을 듣다.

- 新郎新婦は東男に京女といった感じで、申し分ないカップルだ。
  신랑신부는 동남서녀(우리나라의 남남북녀) 같은 느낌으로 더할 나위 없는 커플이다.

- 彼はまじめで成績もよく、申し分ない学生だ。
  그는 착실하고 성적도 좋아 나무랄 데 없는 학생이다.

926 **もうしわけ**[申し訳]　변명(言い訳)의 겸사말, 해명 형식뿐임, 명색뿐임　★

- 申し訳をする必要はない。
  변명을 할 필요는 없다.

- 昨日の約束を破った申し訳に、今日の映画は僕がおごるよ。
  어제 약속을 깬 미안함으로 오늘 영화관 입장료는 내가 낼게.

- 患者が多すぎるためか、あの医者は申し訳ばかりの診察しかくれない。
  환자가 너무 많은 탓인지 그 의사는 그저 형식뿐인 진찰밖에 해주지 않는다.

사 회

927 **もくさん**[目算]   어림잡음, 눈대중, 눈짐작 / 예산, 예상, 계획

・一年で完成させようと目算を立てたが、大幅に遅れそうだ。
  1년 동안에 완성시키려고 계획을 세웠는데, 대폭 늦어질 것 같다.

・ところが事態は当初の目算と異なり、輸入品も全く売れなかった。
  그런데 사태는 당초의 예측과 달리 수입품도 전혀 팔리지 않았다.

・輸出企業にとって今の流れは「目算が外れてしまった」というのが率直な意見であるようだ。
  수출기업에 있어서 지금의 흐름은「예상이 빗나가버렸다」라는 것이 솔직한 의견인 것 같다.

928 **もくろみ**[目論見]   계획, 의도, 목적   ★

・大きく期待していたのに目論見が外れてしまった。
  크게 기대했었는데 계획이 빗나가 버렸다.

・現在の動向を見ると、はたして当初の目論見どおり有料会員が集まるか不透明です。
  현재의 동향을 보면 과연 당초에 기도했던 대로 유료회원이 모여들지 불투명합니다.

・最終的にはパッケージ販売よりも、サービス収入の方が大きくなるようにするというのが目論見だ。
  최종적으로는 패키지 판매보다도 서비스 수입 쪽이 크게 되도록 하는 것이 의도하는 바다.

929 **もちきり**[持ち切り]   (같은 상태를) 유지함

・街は、有馬記念の話題で持ち切りです。
  거리는 有馬記念의 이야깃거리로 끝이 없습니다.

☞ 有馬記念: 연말에 열리는 GI클래스 최후의 경마 레이스.

・ニュースは、クリントン大統領が不適切な関係を持ったことを認めたという話で持ち切りだった。
  뉴스에서는 클린턴 대통령이 부적절한 관계를 가진 것을 인정했다는 이야기로 끊임이 없었다.

930 **もちぬし**[持ち主]   소유자(주), 임자   ★

・博士は僕たちと比べ物にならない緻密な頭脳の持ち主です。
  박사는 우리들과 비교도 되지 않는 치밀한 두뇌의 소유자입니다.

- 財布を拾って交番に届けておいたが、無事に元の持ち主に返るといいのだが…。
  지갑을 주워서 파출소에 신고해 놓았는데, 무사히 원래의 임자에게 돌아가면 좋으련만…….

931 **もちろん**[勿論]　물론, 말할 것도 없이　⑨ むろん(無論)

- 「天婦羅はお好きですか。」「勿論ですよ。」
  「뎀뿌라(튀김)를 좋아합니까?」「물론이지요.」

- 英語は勿論、フランス語もできる。
  영어는 물론 프랑스어도 할 수 있다.

932 **もっか**[目下]　현재, 지금　㊟ めした(目下) 손아래

- その事件は目下取り調べ中です。
  그 사건은 현재 조사중입니다.

- 目下のところ、まだ大丈夫だ。
  현재로서는 아직 끄떡없다.

933 **もったい**[勿体]　거드름을 피움, 위엄을 부림

- どんな話か勿体つけないで、早く教えてくれ。
  어떤 얘기인지 뜸들이지 말고 빨리 가르쳐 주게.

- そんなに勿体ぶらないで、僕にも彼女の写真を見せてくれよ。
  그렇게 거드름 피우지 말고 내게도 그녀의 사진을 보여 다오.

934 **もったいない**[勿体ない]　아깝다 / 과분하다, 고맙다　★★

- 時間が勿体ないから、タクシーで行こう。
  시간이 아까우니 택시로 가자.

- 私には勿体ないようなありがたいお話です。
  저에게는 과분한 듯한 고마운 말씀이십니다.

- あの人には勿体ないほど、美しい奥さんだ。
  그 사람에게는 과분할 정도로 아름다운 부인이다.

사 회

935 **もってこい**[持って来い]　안성맞춤, 딱 좋음

- 今日は遠足に持って来いの天気だ。
  오늘은 소풍에 안성맞춤인 날씨다.

- 川のほとりには、大きな柳の木があり、子供の遊び場としては持って来いだった。
  강가에는 커다란 버드나무가 있어, 애들이 노는 장소로서는 안성맞춤이었다.

936 **もってのほか**[以ての外]　의외, 뜻밖 / 당치도 않음, 언어도단, 예문 / 의미 ★

- 中学生が学校をサボって映画を見ているとは、以ての外だ。
  중학생이 학교를 빼먹고 영화를 보다니 당치도 않다.

- ただでさえ危険なのに、酒気をおびて運転するなど、以ての外だ。
  그렇지 않아도 위험한데, 술기운으로 운전하는 등은, 당치도 않다.

937 **ものおと**[物音]　(무슨) 소리, 이상한 소리

- さっき玄関のほうで怪しい物音がしたが、何だろう。
  아까 현관 쪽에서 이상한 소리가 났는데, 무엇일까?

- 物音を立てないように、そっと便所へ行った。
  소리를 내지 않도록 살그머니 변소에 갔다.

- 彼は裏口からの物音が気になって外へ出たとき、銃で撃たれた。
  그는 뒷문에서의 이상한 소리가 신경 쓰여 밖으로 나왔을 때 총을 맞았다.

938 **ものおもい**[物思い]　근심, 수심, 걱정하여 생각에 잠김

- あの人は物思いにしずんでいて、元気がない。
  그 사람은 수심에 잠겨 있어 기운이 없다.

- 物思いにふけっている彼の姿はどこか物悲しさがある。
  근심에 빠진 그의 모습은 어딘가 슬픔이 있다.

939 **ものかげ**[物陰]　그늘

- 物陰に隠れて二人の話をみんな聞いてしまった。
  그늘에 숨어서 두 사람의 이야기를 모두 들어 버렸다.

- 物陰に潜んでいた若い男がいきなり身を乗り出した。
  그늘에 숨어 있던 젊은 사나이가 갑자기 몸을 내밀었다.

940 **ものごし** [物腰]   언동, 말씨나 태도, 몸가짐

- デパートの店員が柔らかい物腰で客と応対している。
  백화점의 점원이 부드러운 언동으로 손님과 응대하고 있다.

- 老人は、由緒正しい家柄の出らしく言葉遣いや物腰にどことなく気品がある。
  노인은 유서 바른 가문의 출신답게 말씨나 태도에 어딘지 모르게 기품이 있다.

- 人はその物腰や話し方でずいぶん印象が違ってきます。
  사람은 그 몸가짐이나 말씨로 인상이 상당히 달라집니다.

941 **ものごと** [物事]   사물, 세상사, 매사

- 物事には順序というものがあります。
  세상사에는 순서라는 것이 있습니다.

- この事件を通じて、公平な目で物事の全体を見ることの大切さを痛感した。
  이 사건을 통해서 공평한 눈으로 세상사 전체를 보는 것이 중요하다는 것을 통감했다.

- 物事に対する見方や考え方は、一人一人、人によって違います。
  세상사에 대한 견해나 사고 방식은 한 사람 한 사람, 사람에 따라 다릅니다.

942 **ものずき** [物好き]   호기심, 색다른 것을 좋아함, 별난 취미

- 町中の物好きが集まって、この外国人にいろいろ質問した。
  온 마을의 호기심 많은 사람이 모여, 이 외국인에게 여러 가지 질문을 했다.

- 私は物好きで他人の世話をしているのではありません。
  나는 남다른 호기심 때문에 다른 사람을 돌봐 주는 것은 아닙니다.

943 **もめごと** [揉め事]   다툼, 분규, 내분, 불화

- 彼は、何か内輪の揉め事でもあるようだ。
  그는 집안에 뭔가 불화라도 있는 것 같다.

- 二人の間の揉め事にも、ようやく決着がついたようですね。
  두 사람 사이의 분쟁도 마침내 결말이 지어진 것 같군요.

사 회

- 党内の揉め事が絶えない。
  당내의 내분이 끊이지 않는다.

944 **やくめ** [役目]   직분, 직무, 역할, 소임, 임무 ★

- 教師は教えるのが役目だ。
  교사는 가르치는 것이 소임이다.

- 彼は外交官としての役目をりっぱに果たした。
  그는 외교관으로서의 역할을 훌륭히 완수했다.

- ここの掃除は君の役目だ。
  이곳 청소는 자네의 소임이다.

945 **やけ** [自棄]   자포자기 ★

- そんな自棄を起こさないで、もう一度じっくりやってみなさい。
  그렇게 자포자기하지 말고 차분하게 다시 한번 해보세요.

- あの男はうまく行かないことがあると、すぐ自棄になって酒ばかり飲んでいる。
  그 사나이는 일이 잘 풀리지 않으면 바로 자포자기가 되어 술만 마시고 있다.

946 **やさき** [矢先]   화살이 날아오는 정면, 화살의 목표 / 마침 그때, 막 ~하려는 참 ★

- 彼は敵の攻撃の矢先に立って奮戦した武士である。
  그는 적의 공격의 정면에 나서서 분전한 무사이다.

- 買い物に出掛けようと玄関にたった矢先に客が来た。
  쇼핑하러 나가려고 현관에 서 있는 참에 손님이 왔다.

- 事業が軌道に乗り、喜んでいた矢先の出来事だった。
  사업이 궤도에 올라 기뻐하던 참에 일어난 사건이었다.

359

947 やじうま [野次馬]　(자기와는 상관없는 일에) 덩달아 떠드는 사람, 구경꾼 ★

- 撮影の現場には、いつも物好きな野次馬が現れて人垣を作るものだ。
  촬영 현장에는 언제나 호기심 많은 구경꾼들이 나타나서 인파의 울타리를 만들기 마련이다.

- 火事場に野次馬がおおぜい集まると、消火の邪魔になります。
  화재 현장에 구경꾼이 많이 모이면 소화에 방해가 됩니다.

- 派手なケンカが始まると、物好きな野次馬が集まってきました。
  요란스러운 싸움이 시작되자 호기심 많은 구경꾼들이 모여들었습니다.

948 やたいぼね [屋台骨]　집안의 기둥이 되는 사람, 지탱해 주는 것 / 가산, 재산 ★

- あの会社は屋台骨がしっかりしていない。
  그 회사는 중심 인물이 탄탄하지 못하다.

- 政権の屋台骨を揺すぶる汚職事件が起こった。
  정권의 뼈대를 뒤흔드는 독직사건이 일어났다.

949 やつあたり [八つ当たり]　엉뚱한 화풀이, 마구잡이 분풀이

- しゃくにさわったからって、小さな妹に八つ当たりすることはないでしょう。
  화가 치민다고 해서, 어린 여동생에게 엉뚱하게 화풀이하는 일은 없겠죠.

- 部長に叱られて家族に八つ当たりする。
  부장에게 야단맞고 가족들에게 화풀이하다.

950 やっかい [厄介]　귀찮음, 성가심 / 신세, 폐 / 보살핌, 돌봄 ★

- 酔っ払いにしつこく絡まれたときは、厄介なことになったと思った。
  술주정꾼에게 끈질기게 트집을 잡혔을 때는 귀찮게 되었다고 생각했다.

- ほとんどの問題は解けたが、厄介なものがもう一つ残っているのだ。
  대부분의 문제는 풀었지만 성가신 문제가 또 하나 남아 있다.

- 学生のころ厄介になった下宿のおばさん。
  학창 시절에 신세를 진 하숙집 아주머니.

- 老人の厄介を見る。
  노인을 보살피다.

사 회

951 やぶへび [薮蛇]   긁어 부스럼, 쓸데없는 말썽 / (원래의 뜻은) 덤불, 대숲

- 部員が怠けていることを言いつけて、部長の僕まで叱られた。まったく薮蛇だった。
  부원이 게으름 피우고 있는 것을 고자질하고, 부장인 나까지 야단맞았다. 화를 자초한 것이었다.

- 「お母さん、台所手伝おうか。」「そりゃいいけど、あんた勉強済んだの。」「おやおや薮蛇だわ。」
  「엄마 부엌 일을 도울까요?」「그건 좋지만 너 공부 끝났어?」「이런, 긁어 부스럼이네.」

952 やぼ [野暮]   세상 물정에 어두움, 답답함, 세련되지 못함

- ぼくは田舎者だから、服装が野暮なのは仕方がないさ。
  나는 시골뜨기라서 복장이 세련되지 못한 것은 어쩔 수가 없는 노릇이다.

- 悪気はないにしろ、友達のデートについて行くなんて、全く野暮な男だ。
  악의는 없다손 치더라도 친구의 데이트에 따라가다니, 정말로 답답한 사나이로군.

953 やまし [山師]   사기꾼, 투기꾼, 광산 업자

- 彼には山師くさいところがある。
  그에게서는 사기꾼 냄새가 나는 점이 있다.

- 山師にだまされた。
  사기꾼에게 속았다.

954 やみうち [闇討ち]   허를 찔러 놀라게 함, 어둠을 타고 불의에 습격함

- 委員会の抜き打ち解散に我々は闇討ちを食わされた感じだ。
  위원회의 느닷없는 해산에 우리들은 허를 찔린 느낌이다.

955 やりがい [遣り甲斐]   보람   ★★

- 私は今の仕事に最高の遣り甲斐と誇りを感じて、日々頑張っております。
  나는 지금의 업무에 최고의 보람과 긍지를 느끼고 나날이 열심히 하고 있습니다.

- 難しい仕事ほど遣り甲斐があります。
  어려운 업무일수록 보람이 있습니다.

- 良い先輩たちに恵まれ、学ぶことも多く、入社後半年経った現在はとても遣り甲斐を感じています。
  좋은 선배들을 만난 덕택으로 배울 것도 많고, 입사 후 반년 지난 현재 아주 보람을 느끼고 있습니다.

956 やりかた [遣り方]   하는 방법(방식), 하는 짓

- あなたの遣り方は能率が悪い、もっと能率をよくする方法を考えなさい。
  당신이 하는 방법은 능률이 오르지 않아요. 더욱 능률을 올리는 방법을 생각하세요.

- 遣り方がわからないので、何もしないでボンヤリと立っていた。
  방법을 몰라서 아무 것도 하지 않고 멍청히 서 있었다.

- 議会では、市長の遣り方を批判する発言が相次いだ。
  의회에서는 시장의 태도를 비판하는 발언이 잇달았다.

957 やるき [遣る気]   하고자 하는 의욕, 할 마음   ★

- 遣る気満々の彼は、何事にも積極的なので、ことのほか社長の覚えがめでたかった。
  하고자 하는 의욕이 넘치는 그는 무슨 일에도 적극적이라서 각별히 사장의 신임이 두텁다.

- イヤなことばかり連続して起こり、一時はすっかり遣る気をなくしてしまった。
  좋지 않은 일만 연속해서 일어나 한때는 완전히 의욕이 없어지고 말았다.

- 僕は頭は悪いが、遣る気だけは誰にも負けない。
  나는 머리는 나쁘지만, 하고자 하는 의욕만큼은 누구에게도 지지 않는다.

958 ゆういぎ [有意義]   의미가 있음, 의의가 있음, 값어치가 있음   ★

- まことに有意義なお話でした。
  참으로 유익한 말씀이었습니다.

- 有意義な生活を送る。
  보람있는 생활을 보내다.

- 取引先との会談が有意義なものになるように充分な準備が必要である。
  거래처와의 상담이 의의가 있도록 충분한 준비가 필요하다.

사 회

959 ゆうがた [夕方]　저녁때, 해질녘

- 僕の家にはテレビが一台しかないので、夕方になると毎日のように、妹とチャンネル争いをする。
  우리 집에는 TV가 한대밖에 없기 때문에 저녁때가 되면 매일처럼 여동생과 채널싸움을 한다.

- 母の勘がピタリと当たり、夕方から雨になった。
  어머니의 예감이 딱 들어맞아 저녁때부터 비가 내렸다.

960 ゆうぐれ [夕暮れ]　황혼, 해질녘

- 日は西のほうに傾き、辺りに夕暮れがせまってきた。
  해는 서편으로 기울고, 주위에 황혼이 다가왔다.

- 夕暮れのアスファルトに木がながながと影を落としている。
  해질녘의 아스팔트에 나무가 길게 그림자를 드리우고 있다.

961 ゆうだち [夕立]　소나기

- 突然ザァーッと激しい夕立が降ってきたので、人々はあわてて走り出した。
  돌연 쏴 하고 세찬 소나기가 내려서 사람들은 황급히 달리기 시작했다.

- どうも夕立がやってきそうな雲行だ。
  아무래도 소나기가 들이닥칠 듯한 구름의 형세다.

962 ゆうひ [夕日]　석양

- 夕日が赤々と西の空を染めながら沈もうとしている。
  석양이 새빨갛게 서쪽 하늘을 물들이면서 잠기려 하고 있다.

- 赤い夕日が西の海にゆっくりと沈んでいく。
  빨간 석양이 서쪽 바다로 천천히 가라앉고 있다.

963 ゆうべ [昨夜]　어젯밤, 엊저녁, 간밤

- 昨夜はとても寒かったが、今朝起きてみたら雪で辺りは真っ白だった。
  어젯밤은 아주 추웠는데 오늘 아침에 일어나 봤더니 주위는 눈으로 새하얗게 변해 있었다.

- この頃はよく火事があるが、昨夜もあった。
  요즈음에는 자주 화재가 발생하는데 간밤에도 있었다.

☞ 「さくや」보다는 「ゆうべ」쪽이 회화적인 표현이다.

964 **ゆうやけ**[夕焼け]   저녁노을

- 夕焼けで空が真っ赤だから、明日はおそらく晴れるだろう。
  저녁노을로 하늘이 새빨간 것을 보니 내일은 틀림없이 맑을 것이다.

965 **ゆきき**[行き来]   왕래, 교제

☞ 「いきき」라고도 발음한다.

- この道は昼間は賑やかだが、夜10時を過ぎると人や車の行き来が絶えてしまう。
  이 길은 낮에는 흥청거리지만, 밤 10시가 지나면 사람이나 자동차의 왕래가 끊기고 만다.
- あの人は自分のことしか考えない人なので、今ではもう行き来していない。
  그 사람은 자신밖에 생각하지 않는 사람이라서 지금은 그만 왕래하지 않고 있다.

966 **ゆきちがい**[行違い]   길이 어긋남 / 오해, 착오

- 駅へ友達を迎えに行ったら、途中で行き違いになったらしい。
  역으로 친구를 마중 나갔더니 도중에서 길이 어긋난 것 같다.
- 急いで手紙を出したのに、行き違いでまた催促の手紙が来た。
  서둘러 편지를 보냈는데 엇갈려서 또다시 재촉하는 편지가 왔다.
- ちょっとした言葉の行違いから喧嘩になった。
  대수롭지 않은 말의 착오로 싸움이 되었다.

967 **ゆきどまり**[行き止まり]   막다름, 막다른 곳 / 마지막, 끝장

- この道は行き止まりで、その先は森になっているので、自動車で行っても駄目だ。
  이 길은 막다른 곳으로 막혀 있고, 그 앞은 숲이라서 자동차로 가봤자 소용없다.
- こんな大きな失敗をするようでは、君の出世も行止まりだ。
  이렇게 중대한 실패를 하다니, 자네의 출세는 끝장이다.

968 **ゆくすえ** [行く末]　장래, 미래

- 夫がこんな怠け者では、私たち家族の行く末が心配だ。
  남편이 이렇게 게으름뱅이여서는 우리 가족의 장래가 걱정이다.
- 田村さんは頭もいいし、勉強もよくしているので、行く末はりっぱな学者になるだろう。
  다무라 씨는 머리도 좋고, 공부도 잘하고 있으니 장래에는 훌륭한 학자가 될 것이다.

969 **ゆげ** [湯気]　김, 수증기

- 湯気で曇った風呂場の窓ガラスに、子供たちが指でいたずら書きをしている。
  김이 서린 목욕탕의 창유리에 아이들이 손가락으로 낙서를 하고 있다.
- 君がウソをついたといって、彼は頭から湯気を立てて怒っていたよ。
  자네가 거짓말을 했다 해서, 그는 머리에서 김을 뿜어 대며 화를 내고 있었다네.

970 **ゆびおり** [指折り]　손꼽음, 손꼽아 헤아림 / 굴지

- 父が帰国する日を、子供たちは指折り数えて待っている。
  아버지가 귀국하는 날을 자식들은 손꼽아 헤아리며 기다리고 있다.
- かれは、その地方でも指折りの大富豪だった。
  그는 그 지방에서도 굴지의 대부호였다.

971 **ゆびさき** [指先]　손가락 끝

- ワインが欲しくなるときは、グラスの縁に右手の指先をあてて合図する。
  와인이 필요할 때는 글라스의 테에 오른손의 손가락 끝을 대서 신호한다.
- 爪は、指先の保護を主な役目としている。
  손톱은 손가락 끝을 보호하는 중요한 역할을 하고 있다.

972 **よいのくち** [宵の口]　초저녁

- 宵の口から寝ている。
  초저녁부터 자고 있다.

- 夏だもの。8時ごろでもまだ宵の口だよ。
  여름이구나, 8시 경인데도 아직 초저녁이구나.

973 **ようい**[用意]   준비, 채비 / 조심, 준비   ★

- パンクなどの時のために、車にはいつも予備のタイヤを用意しておく。
  펑크 등과 같은 때를 위해서 자동차에는 언제나 예비 타이어를 준비해 둔다.

- ぼくらは、「用意ドン」で、一斉に頂上を目指して走った。
  우리들은「준비 땅！」을 신호로 일제히 정상을 향해서 달렸다.

- 災害に対する用意を怠らないようにしましょう。
  재해에 대한 대비를 게을리하지 않도록 합시다.

974 **ようき**[陽気]   명랑함, 쾌활함 / 날씨, 기후, 계절

- いつも無口な彼も、お酒を飲むと陽気になり冗談を言うようになります。
  언제나 말없는 그도 술을 마시면 명랑해지고 농담을 말하게 됩니다.

- 結構な陽気になりましたね。
  좋은 날씨가 되었습니다.

975 **ようじ**[用事]   (주로 사적인) 볼일, 용무, 용건   ★

- 今日は用事がありますから、早く帰らなければなりません。
  오늘은 볼일이 있기 때문에 빨리 돌아가지 않으면 안 됩니다.

- 大切な用事があって遅くなると、鈴木さんから電話があった。
  중요한 용건이 있어 늦어지겠다고, 스즈키 씨로부터 전화가 있었다.

- 緊急な用事ができましたので途中ですが、お先に失礼いたします。
  긴급한 용무가 생긴 바람에 중간에, 먼저 실례하겠습니다.

976 **ようじょう**[養生]   섭생, 병의 조리 / (건축 공사에서) 파손 방지의 손질

- 早く病気が治るように、十分養生してください。
  빨리 병이 치유되도록 충분히 조리해 주십시오.

- あの病気は、栄養を充分にとり、気長に養生すれば治る。
  그 병은 영양을 충분히 섭취하고, 느긋하게 섭생하면 낫는다.

사 회

977 ようじん [用心]　조심, 주의, 경계　★

- 寝る前に火の用心を忘れないでください。
  자기 전에 불조심을 잊지 말아 주십시오.

- あの人は口がうるさいから、だまされないように用心しなさい。
  그 사람은 말솜씨가 좋으니 속지 않도록 주의하시오.

- あの人は用心深い人ですから、いつも引き出しにカギをかけています。
  그 사람은 조심성이 많은 사람이라서 언제나 서랍에 열쇠를 채우고 있습니다.

978 ようす [様子]　모양, 모습, 상황, 형편 / 눈치, 기색, 징조　★★

- 外国へ行っている友達が現地の様子を手紙で知らせてきた。
  외국에 가 있는 친구가 현지의 모습을 편지로 알려 왔다.

- 今はひどい雨だ。もう暫く様子を見てから出かけよう。
  지금은 비가 심하다. 이제 잠시 상황을 보고 나서 출발하자.

- 彼女はもう三十にもなるが、少しも結婚する様子を見せない。
  그녀는 이제 30살이 되는데도 결혼하려는 기색을 조금도 보이지 않는다.

979 ようたし [用足し / 用達し]　볼일을 봄 / 대소변을 봄 / 관납(官納)

- 会社の帰りに銀座へ寄って用足しをしてくる。
  회사로 돌아오는 길에 긴자에 들러서 볼일을 보고 오다.

- 「どちらへお出掛けですか。」「ちょっとそこまで用足しに。」
  「어디 가십니까?」「잠깐 저기 볼일 보러요.」

- お腹が痛くなったので、途中で電車をおりて用足しをしました。
  배가 아파 와서 도중에 전철에서 내려 용변을 봤습니다.

980 よぎない [余儀ない]　부득이함, 어쩔 수 없음, 하는 수 없음　

- 先生は何かの余儀ない事情で、今年いっぱいで退職なさるそうだ。
  선생님은 뭔가 부득이한 사정으로 금년 말에 퇴직하신다고 한다.

- 天候の不順で作物が順調に育たず、農家は大きな赤字を余儀なくされた。
  날씨가 불순해서 작물이 순조롭게 자라지 않아 농가는 큰 적자를 면할 수 없게 되었다.

367

- 急用ができ、集まりには欠席を余儀なくされた。
  급한 일이 생겨서 모임에는 어쩔 수 없이 결석했다.

981 よけい [余計]　쓸데없음, 부질없음 / 더욱 / 남아돎, 여분　★

- つい口がすべって余計なことを言ってしまった。
  무심코 말을 흘려서 쓸데없는 말을 해 버렸다.

- あの人はまじめで、いつも人より余計に働きます。
  그 사람은 착실해서 언제나 남보다 더 많이 일합니다.

- もし足りないと困ると思って、お金を余計にもらってきた。
  만약 부족하면 곤란할 것 같아서 돈을 여유있게 받아 왔다.

982 よこがみやぶり [横紙破り]　억지를 부림, 자기의 뜻을 억지로 관철시키려 함

- 部長の横紙破りに下のものはいつも泣かされる。
  부장의 억지 부림에 아랫사람은 언제나 시달림을 당한다.

- 横紙破りをやって人を困らせる。
  억지를 써서 남을 곤란하게 만들다.

983 よこみち [横道]　옆길, 골목길, 본론에서 벗어난 이야기　★

- 彼が口を挟むから、話が横道に逸れてばかりいた。
  그가 말참견을 하기 때문에 이야기가 옆길로 벗어나고만 있었다.

- 悪友に誘われて横道にはいる。
  나쁜 친구의 꾐에 빠져 그릇된 길로 빠져들다.

984 よこめ [横目]　곁눈, 곁눈질

- お菓子屋の前を横目で見て通りすぎた。
  과자 가게 앞을 곁눈질로 보고 지나쳤다.

- 彼はさっきから横目を使って人の答案を盗み見している。
  그는 아까부터 곁눈질을 해서 남의 답안을 훔쳐보고 있다.

985 **よしあし** [善し悪し]   좋고 나쁨, 옳고 그름

- 品物の良し悪しは使ってみないと分からない。
  물건의 좋고 나쁨은 사용해 보지 않으면 모른다.

- 僕には、絵の良し悪しは全くわからない。
  나는 그림의 좋고 나쁨은 전혀 알 수 없다.

986 **よせあつめ** [寄せ集め]   긁어모은 것, 어중이떠중이, 오합지졸

- この野球チームは寄せ集めですから、弱いかも知れません。
  이 야구팀은 오합지졸이라서 약할지도 모르겠습니다.

- この軍隊は各国からの寄せ集めでつくられている。
  이 군대는 각국에서 끌어모아서 편성되어 있다.

987 **よせがき** [寄せ書き]   여럿이 한 장에 글을 쓰거나 그림을 그림

- 卒業記念の寄せ書きに書いた言葉は、川端康成の小説から抜粋した。
  졸업기념으로 여럿이 필적을 남기는 사인 판에 쓴 말은 가와바타 야스나리의 소설에서 발췌했다.

988 **よそ** [余所/他所]   다른 곳, 딴 곳, 남의 집 / 자기와 상관없는 일, 아랑곳하지 않음   ★

- この店の品物は余所より安い。
  이 가게의 물건은 딴 곳보다 싸다.

- 君は、他所のことに口をださないほうがいい。
  너는 자신과 상관없는 일에 말참견을 하지 않는 편이 좋다.

- 勉強を余所にしてアルバイトばかりに精を出しているのは考えものだ。
  공부를 아랑곳하지 않고 아르바이트에만 힘쓰고 있는 것은 생각해 볼 일이다.

989 **よつかど** [四つ角]   네거리, 십자로, 네 모퉁이

- あの四つ角で、きのう交通事故がありました。
  그 십자로에서 어제 교통사고가 있었습니다.

990 よふけ [夜更け]　심야, 밤이 이슥함

- 夜更けに電話をかけることは迷惑です。
  심야에 전화를 거는 것은 폐가 됩니다.

- 夜更けになると町は静かになり、人通りも少なくなります。
  밤이 이슥해지면 마을은 조용해지고 사람의 통행도 적어집니다.

991 よめいり [嫁入り]　시집감, 출가　★★

- 日が照っているときに降る雨を、よくキツネの嫁入りなどと言います。
  태양이 비치고 있을 때에 오는 비를 흔히 여우가 시집간다는 투로 말합니다.

- 嫁入りの用意が調って、妹は幸せいっぱいだ。
  시집갈 준비가 갖추어져 여동생은 행복감에 가득 차 있다.

992 よりみち [寄り道]　지나는 길에 들름, 다른 곳에 들름

- 会社の帰りに寄り道をして買い物をする。
  회사에서 귀가하는 길에 들러서 쇼핑을 하다.

- 昨日はどこにも寄り道をしないでまっすぐ帰りました。
  어제는 어디에도 들르지 않고 곧바로 돌아왔습니다.

993 よわき [弱気]　무기력함, 나약함　반 つよき(強気)　★

- 勝負に弱気は禁物だ。
  승부에서 약한 마음은 금물이다.

- つい弱気を起こして、部長から活を入れられた。
  그만 마음이 약해져 부장님이 힘을 불어넣어 주셨다.

994 よわたり [世渡り]　처세, 세상살이　★

- 祖父は器用に世渡りして、一代で財産を築いた。
  조부는 약삭빠르게 처세를 해서 당대에 재산을 모았다.

- 世の中には要領よく世を渡る人もいれば、世渡りの下手な人もいる。
  세상에는 요령좋게 세상을 살아가는 사람도 있는가 하면, 처세가 서툰 사람도 있다.

사 회

995 よわね [弱音]　나약한 소리, 우는 소리　★

- 自分で選んだ道なのだから、苦しいときも決して弱音は吐かないつもりです。
  자신이 선택한 길이라서 어려울 때도 결코 나약한 소리를 내지 않을 작정입니다.

- なんだ！ これぐらいの寒さで、弱音を吐くな。
  뭐야！ 이 정도의 추위에 우는 소리 하지마라.

996 よわむし [弱虫]　겁쟁이, 못난이

- 男の子がそんな弱虫では駄目ですよ。
  사나이가 그런 겁쟁이라면 안 되지요.

- ただの弱虫だと思っていたら、なかなか根性のある青年なので見直した。
  그저 겁쟁이라고 생각하고 있었는데, 상당히 근성이 있는 청년이라서 다시 보았다.

997 よわりめ [弱り目]　약해진 때, 곤란한 경우

- 母が危篤だというのに、子供が交通事故で怪我をし、全く弱り目に祟り目だ。
  어머니가 위독한 터에, 아이가 다쳤으니 정말로 엎친 데에 덮친 격이다.

- 道に迷った上にこの雨じゃ、まさに弱り目に祟り目だ。
  길을 잃은 데다가 이렇게 비가 오다니, 정말 설상가상이구나.

998 りくつ [理屈]　이치, 도리, 이론 / 구실, 핑계　★

- あの人は理屈に合わないことばかり言うので、困ります。
  그 사람은 이치에 닿지않는 말만 하기 때문에 곤혹스럽습니다.

- 彼の言い分もそれなりに理屈が通っているのだから、一方的に責める訳にはいかない。
  그의 주장도 나름대로 일리가 있으니 일방적으로 몰아붙일 수만도 없다.

- 何とか理屈をつけて、代金の支払期限を一週間延ばしてもらった。
  이것저것 그럴듯한 구실을 대서 대금의 지불기한을 일주일 연기시켰다.

999 りこう [利口]　영리함, 똑똑함 / 요령이 좋음

- あの人は利口じゃないが、人柄がよい。
  그 사람은 똑똑하지는 않지만 인품이 좋다.

- 利口か馬鹿かは仕事のしかたを見れば分かる。
  영리한지 바보인지는 일하는 방법을 보면 안다.

- あの子は家庭の躾がいいのか、行儀のよい利口な子だ。
  그 아이는 가정 교육이 좋은 탓인지 예의가 바르고 영리한 아이다.

1000 りちぎ [律義]　의리가 두터움, 성실함, 행동을 바로 함

- 彼は今時めずらしいほどの律義な青年だ。
  그는 요즘 세상에 드물 정도로 행동거지가 성실한 청년이다.

- 彼女は貧しいが、律義な青年を近々花婿として迎えることになった。
  그녀는 가난하지만 성실한 청년을 머지않아 신랑으로 맞이하게 되었다.

1001 りふじん [理不尽]　불합리함, 억지를 부림　★

- あいつは理不尽な男だから、どんな手を使ってくるのか、ちっとも想像がつかない。
  그 녀석은 억지를 부리는 사나이라서 어떤 수로 나올지 조금도 상상이 가지 않는다.

- 彼は理不尽な理由をつけて、訳もなく反対をする。
  그는 불합리한 이유를 달아, 뚜렷한 이유도 없이 반대를 한다.

1002 りょうけん [了見/量見]　(좋지 않은) 생각, 의견, 소견 / 용서함

- 楽をして儲けようなどという浅ましい了見は捨てたほうがいい。
  편하게 돈을 벌려는 얕은 생각은 버리는 편이 좋다.

- どういう了見でそんなことをしたのか。
  무슨 생각으로 그런 짓을 했을까?

1003 りんりつ [林立]　숲의 나무처럼 죽 늘어섬

- 林立するビルの谷間の小さな公園は、都会のオアシスと言えよう。
  숲을 이루고 있는 빌딩 계곡의 작은 공원은 도시의 오아시스라고 할 수 있다.

사회

1004 **るつぼ**[坩堝]　도가니

- ニューヨークは多くの異なる民族が入り交じって住むので、民族の坩堝と呼ばれることもある。
  뉴욕은 많은 다른 민족이 섞여 살기 때문에 민족의 도가니라고 불려지기도 한다.

- ワールドカップで、わが国のチームが強敵をくだし、会場は興奮の坩堝と化した。
  월드컵에서 우리 나라 팀이 강적을 격파하여 운동장은 흥분의 도가니가 되었다.

1005 **ろじ**[路地]　골목(길) ★

- 高田さんは、この路地の突き当たりの家です。
  다카다 씨의 집은 이 골목의 막다른 집입니다.

- 自転車で走っていると、路地から急に男の子が飛び出してきたのでハッとした。
  자전거로 달리고 있었는데 골목에서 갑자기 남자아이가 뛰어나와서 깜짝 놀랐다.

1006 **わきみち**[脇道]　옆길, 곁길 / 못된 길

- 話が脇道に逸れてしまったから、元に戻そう。
  이야기가 옆길로 빠졌으니 본래의 이야기로 돌리자.

- あの年ごろの子は、やることが脇道にそれやすくて困る。
  그 나이쯤의 아이는 하는 일이 나쁜 길로 빠지기 쉬워 곤란하다.

1007 **わきめ**[脇目]　한눈 팔기, 곁눈질 / 곁에서 봄, 남의 이목

- 朝から脇目も振らず読書に専念している。
  아침부터 한눈도 팔지 않고 독서에 전념하고 있다.

- 脇目で見るほど簡単ではない。
  옆에서 보는 것처럼 간단하지만은 않다.

1008 **わけまえ**[分け前]　(받을) 몫, 할당, 배당

- 仕事もしないで分け前を主張するなんて、虫のいい男だ。
  일도 하지 않고 받을 몫을 주장하다니, 뻔뻔스런 사나이다.

- みんなのアルバイト代、六千円を三で割ると、一人二千円の分け前だ。
  모두의 아르바이트 대금 6천 엔을 셋으로 나누면 한 사람이 2천 엔의 몫이다.

1009 **わけめ**[分け目]　(승부의) 분기점, 갈림길, 경계　★

- 俺にとっては今こそ天下分け目の関が原だ。
  내게 있어서는 지금이 바로 인생의 갈림길이라고 해야 할 중요한 고비다.

- 七三に分けた髪の分け目が真面目そうな印象を与えている。
  7대3으로 머리칼을 나눈 가리마가 성실한 듯한 인상을 준다.

1010 **わな**[罠]　올가미, 덫 / 술책, 계략, 함정　★

- 気がついたとき、私はもう相手の罠に落ちていました。
  생각이 미쳤을 때, 나는 이미 상대방의 함정에 빠져 있었습니다.

- 彼は巧妙な罠にはまって社長の座を追われた。
  그는 교묘한 술책에 빠져들어 사장 자리에서 쫓겨났다.

- あの男の親切には、罠が隠されていた。
  그 사나이의 친절에는 계략이 숨겨져 있었다.

1011 **わりざん**[割り算]　나눗셈　反 かけざん(掛け算) 곱셈

- 括弧の中の数を先に足してから、割り算をするんだよ。
  괄호 안의 수를 먼저 더하고 나서 나눗셈을 하는 것이다.

1012 **わるぎ**[悪気]　악의, 나쁘게 추측함

- 彼の行為には別に悪気はないようです。
  그의 행위에는 별다른 악의는 없는 듯합니다.

- あの人は何にも飾らず、づけづけ言うけど悪気はないんだ。
  저 사람은 아무런 꾸밈없이 툭툭 말하지만 악의는 없단다.

사 회

1013 わるもの[悪者]   악인, 나쁜 놈 ⊕悪人(あくにん)

- 人を殺すほどの悪者でも、生まれつきの悪者だったわけではない。
  사람을 죽이는 악인이라도 태어날 때부터 악인이었을 리는 없다.

- 自分の立場を良くするために、人を悪者に仕立てるなんて赦せない。
  자신의 입장을 좋게 하기 위해 상대방을 악인으로 만들다니 용서할 수 없다.

문화
종교

Culture

001 **あいしょう**[相性]　궁합, 짝　★

- 結婚の相手は、お互いに相性の合う人を選ぶほうがいい。
  결혼 상대는 서로 궁합이 맞는 사람을 고르는 것이 좋다.

- ワインは料理と相性のいいものを選ばなければならない。
  포도주는 요리와 짝이 맞는 것을 고르지 않으면 안 된다.

- コンピュータ占いで彼女との相性を見てもらったが、あまり望ましくない結果が出た。
  컴퓨터 점으로 그녀와의 궁합을 점쳐 봤더니 그다지 좋지 않은 결과가 나왔다.

002 **あかちょうちん**[赤提灯]　(술집을 표시하는) 붉은 초롱, 초롱불, (값이 싼) 선술집　★★

- 日本式の飲み屋の入口には、それとはっきりわかるように赤提灯がぶら下げてある。
  일본식 술집의 입구에는 술집이라는 것을 확실하게 알 수 있도록 초롱불이 드리워져 있다.

- 日本のサラリーマンは、一日の仕事を終えて家路につく前に、赤提灯へよく寄る。
  일본의 샐러리맨은 하루의 일을 끝내고 귀가 전에 선술집에 자주 들른다.

003 **あきかん**[空き缶]　빈 캔, 깡통　★★

- 試合が中止になると、殺気だった観客がグラウンドに空き缶を投げ始めた。
  시합이 중지되자 살기가 뻗친 관중이 그라운드에 빈 캔을 던지기 시작했다.

- 窓の外へ空き缶を捨てるなんていうことは絶対にしないように!
  차창 밖으로 깡통을 버리는 짓은 제발 그만두자.

004 **あきびん**[空き瓶]　빈 병, 공병　★★

- 空き瓶を花瓶に利用して、花を生けたが、どうも見た目がよくない。
  빈 병을 꽃병으로 이용해서 꽃을 꽂았지만 아무래도 보기에 좋지 않다.

- 空き瓶と空き缶は、くずかごに入れてください。
  빈 병, 빈 캔은 쓰레기통에 넣어 주세요.

005 あつかん [熱燗]　데운 술, 술을 따끈하게 데움　★

☞ 일반적으로 따끈한 술은 겨울에 마시며 차가운 술은 여름에 마시는데 찬술을 「ひや(冷や)」라고 한다.

- 熱燗にしてください。
  (술을) 따끈하게 데워 주세요.

- 父がとっくりをさげて、熱燗の催促に台所へやってきた。
  아버지가 도쿠리(술병)를 들고 데운 술을 재촉하러 부엌으로 들이닥쳤다.

006 あつぎ [厚着]　두꺼운 옷, 두껍게 입음　⑪ うすぎ(薄着)

- 赤ん坊は厚着で育ててはいけません。
  어린이는 옷을 두껍게 입혀서 키워서는 안 됩니다.

- あの人は若いのにずいぶん厚着をしていますね。
  그 사람은 젊은 나이인 데도 상당히 옷을 두껍게 입고 있군요.

007 あてじ [当て字]　(한자의 뜻과 관계없이) 음이나 훈을 빌어 만든 한자어　★

- 漢字のもとの意味にかまわず、音や訓だけを借りて当てたもので、例えば、「素敵、目出度い」などを当て字という。
  한자의 원래 의미와는 관계없이 음(音)이나 훈(訓)만을 따서 붙인 것으로, 예컨대「素敵・目出度い」등을「当て字」라고 한다.

- 当て字はその意味と関係のない漢字を使うので、漢字を見ると滑稽な場合がある。
  当て字는 그 의미와 관계가 없는 한자를 사용하기 때문에, 한자를 보면 우스꽝스러운 경우가 있다.

008 あま [海女]　해녀

☞ 발음에 주의할 것.

- 海女が真珠を採りに、水中に潜った。
  해녀가 진주를 따러 물 속으로 잠수했다.

- この辺りの海女は年をとっても海に潜り、相当量のアワビをとっている。
  이 근처의 해녀는 나이를 먹어도 물 속에 잠수해서 상당량의 전복을 따내고 있다.

009 **あまとう**[甘党]　술을 마시지 못하는 사람, 단것을 아주 좋아하는 사람
　　　　　　　　반) からとう(辛党) 주당, 애주가

- 僕は甘党です。酒はだめだからコーラを飲みます。
  나는 술을 못마십니다. 술이 안 되니까 콜라를 마시겠습니다.

- 彼は典型的な甘党で、羊かんなどは一人で一本ペロリと食べてしまう。
  그는 전형적인 비주당으로 양갱 등은 혼자서 한개 정도를 순식간에 먹어 치운다.

010 **あみど**[網戸]　방충망　참) あまど(雨戸) (비를 막는) 덧문

- 夏は部屋の窓に網戸がないと虫が入ってくる。
  여름에는 방의 창문에 방충망이 없으면 벌레가 들어온다.

011 **ありがためいわく**[有難迷惑]　달갑지 않은 친절, 귀찮은 배려　★

　☞ 예컨대, 장모가 사위 사랑이 지나친 나머지 억지로 밥에 물을 부어 주는 격.

- そんなお節介は、有り難迷惑な気配りだ。
  그런 쓸데없는 참견은 달갑지 않은 배려다.

- 親切も度がすぎると、有り難迷惑になる。
  친절도 도가 지나치면 곤란한 친절이 되기도 한다.

- 本人に無断で推薦するとは有り難迷惑な話だ。
  본인의 양해도 없이 추천하다니 달갑지 않은 이야기다.

012 **いえがら**[家柄]　가문, 명문 집안, 문벌　★

- 立派な人間を作りあげるのには、家柄や身分よりも育てられる環境のほうが大切である。
  훌륭한 인간을 만들어 내는 것은 가문이나 신분보다도 양육되는 환경 쪽이 중요하다.

- 彼は自分の家が源氏の流れをくむ家柄であると、いつも自慢している。
  그는 자신의 가문이 겐지(源氏)의 피를 잇는 명문이라고 항상 자랑하고 있다.

　☞ 源氏(げんじ) 겐지가문, 平家(へいけ) 헤이케가문

문화 | 종교

013 **いえじ** [家路]　귀로, 귀가 길, 퇴근 길　★★

- そのとき、私は家路に向かっていた。
  그때 나는 귀가 길로 향하고 있었다.

- 雨が激しく降るなか、子供たちは家路を急いでいる。
  비가 심하게 내리는 가운데 어린이들은 귀가를 서두르고 있다.

014 **いけばな** [生け花]　꽃꽂이, 꽃꽂이한 꽃　★

- そのクラスの生徒たちは、いま山田先生から生け花を習っています。
  그 클래스의 학생들은 지금 야마다 선생님으로부터 꽃꽂이를 배우고 있습니다.

- 彼女は花嫁修業のひとつに生け花教室に通っている。
  그녀는 신부 수업의 하나로 꽃꽂이 교실에 다니고 있다.

015 **いざかや** [居酒屋]　선술집, 대폿집, 목로 주점　★★

- 居酒屋で一杯ひっかける。
  선술집에서 한 잔 들이키다.

- 会社の仲間とスナックや居酒屋に行って、たまにハシゴをするときもあります。
  회사의 동료들과 스낵이나 선술집에 가서 간혹 술집을 옮겨 다니면서 거푸 마시는 때도 있습니다.

- 常連になった居酒屋が、異なる世界の人々と交わって情報を収集する場だということもある。
  단골집이 된 선술집이 다른 세계의 사람들과 어울려 정보를 수집하는 장이 되는 수도 있다.

016 **いそうろう** [居候]　식객, 더부살이

- そのまま、彼は我が家に居座り、勝手に居候を決め込んでいた。
  그는 우리 집에 그 대로 눌러앉아 제멋대로 식객인 냥 여기고 있었다.

- 叔父の家で居候する。
  숙부 댁에서 얹혀 살다.

017 **いたまえ**[板前]　조리장, 요리사 ★

- 腕のいい板前がみごとな包丁さばきで魚をおろしていた。
  솜씨가 좋은 요리사가 날렵한 칼 솜씨로 생선의 배를 갈랐다.

- さすが年季のはいった板前さんだけあって、やることなすこと手際がいい。
  역시 연륜이 풍부한 요리사인 만큼 하는 일마다 솜씨가 좋다.

018 **いちごいちえ**[一期一会]　일생에 한 번밖에 못 만나는 인연이니 소중히 하라는 말 ★

☞ 茶道에서 나온 말로 후회하지 않도록 정성을 들여 손님에게 잘 대접하라는 교훈적인 숙어.

- 茶道では一期一会の心構えで、悔いの残らないように客をもてなす。
  다도에서는 일생 동안 한번뿐인 기회라는 마음가짐으로 후회가 남지 않도록 손님을 대한다.

- 一期一会というけれど、わたしは、また彼女に会えることを熱望しています。
  한 번의 인연이라고 하지만, 나는 다시 그녀와 만나기를 열망하고 있습니다.

- 人との出会いは常に一期一会だと思って、そのときどきを大切にしたいものである。
  사람과의 만남은 언제나 인연이라 생각하고 그때그때를 소중히 하기 바란다.

019 **いちひめにたろう**[一姫二太郎]　첫 번째는 딸을 낳고 두 번째는 아들을 낳음 ★

- 「一姫二太郎」は、女の子一人に、男の子二人という人数を表すのではなく、順序を表す。
  「一姫二太郎」란 딸 한 명에 아들 두 명이라는 인원수를 뜻하는 것이 아니라 순서를 나타낸다.

- 課長は、最初に生まれた子が女の子で、今度は男の子、一姫二太郎で理想的ですね。
  과장님은 최초로 태어난 아이가 딸인데, 이번에는 아들이니「첫 번째 딸, 두 번째 아들」이라는 말처럼 이상적이군요.

020 **いちやづけ**[一夜漬け]　벼락치기로 하는 공부나 일 ★

☞ 원래의 의미는 (일본식) 김치를 하룻밤 사이에 절여 먹는다는 뜻.

문화 | 종교

- ふだん勉強を怠けていると、試験に当たっては一夜漬けの勉強になってしまう。
  평소 공부를 게을리 하면, 시험 즈음해서는 벼락치기 공부가 되고 만다.

- 一夜漬けでは役に立たないから、前もって準備しなさい。
  벼락치기로는 도움이 안 되니 미리미리 준비를 하세요.

021 **いちりん**[一輪]　꽃 한 송이

- 一輪の花がしずくに濡れて咲いていた。
  한 송이의 꽃이 물방울에 젖어 피어 있었다.

- 水仙の花が一輪ざしに生けてある。
  수선화 한 송이가 작은 꽃병에 꽂혀 있다.

022 **いっき**[一揆]　(지방관 등 지배자의 학정에) 백성들이 일으킨 민란

- 重い年貢にあえぐ農民たちの不平が募り、一揆に発展していった。
  무거운 세금에 허덕이는 농민들의 불만이 쌓여 민란으로 발전해 갔다.

- 日本でも、江戸時代には年貢をめぐって百姓一揆が頻発したという歴史上の事実がある。
  일본에서도 에도시대에는 세금을 둘러싸고 농민의 민란이 빈발했었다는 역사상의 사실이 있다.

023 **いっきのみ**[一気飲み]　단숨에 마심, 한숨에 들이킴, 원샷　★

- ワインの一気飲みは禁物で、味と香りをゆっくり味わうようにしよう。
  와인을 단숨에 마시는 것은 금물이니, 맛과 향기를 천천히 맛보도록 하자.

- 一気飲みをすると、直ぐ酔ってしまう。
  단숨에 들이키면 곧바로 취해 버린다.

024 **いっこだて**[一戸建]　단독주택　★★

- 企業によっては、家族用の一戸建てを提供するところもある。これを「社宅」という。
  기업에 따라서는 가족용의 단독주택을 제공하는 곳도 있다. 이를 「사택」이라 한다.

- サラリーマンには、庭付きの一戸建て住宅は夢の夢になってきた。
  샐러리맨에게는 정원이 딸린 단독주택은 꿈속의 꿈이 되어 버렸다.

025 **いっちょうら[一張羅]**　단벌, 단벌 옷

- 母は、一張羅を身につけて、いそいそと同窓会へ出掛けていった。
  어머니는 단벌 옷을 차려입고 서둘러 동창회에 나갔다.

- 貧しかったので、どこへ行くにもその一張羅ですませた。
  가난했기 때문에, 어디에 가든 그 단벌 옷으로 해결했다.

026 **いっぽん[一本]**　(연필) 한 자루, (담배) 한 대, (술) 한 병 / (유도나 검도의) 한판　★★

- 確かに一本は取られたが、まだまだ勝負は決していないぞ。
  확실히 한판은 빼앗겼지만, 아직 승패는 결판나지 않았어.

- 投げ技をしかけてきた相手の逆を取って、返し技で一本勝ちをした。
  메치기를 걸어온 상대에 역공을 취해, 되치기로 한판승을 했다.

- 僕の速球は、相手に一本のヒットも許さなかった。
  나의 속구는 상대방에게 한 개의 안타도 허용하지 않았다.

☞ 一本二本으로 세는 것.

電車、バス、列車、映画、ドラマ、番組、作品、手紙、電話、安打、ホームラン、シュート、川、乾電池、くじ、スピーカー、注射、はみがき 等.

027 **いど[井戸]**　우물

- この井戸の水は濁っているから、飲まないほうがいい。
  이 우물물은 탁해져 있으니 먹지 않는 편이 좋다.

- 井の中の蛙。
  우물 안 개구리.

028 **いなか[田舎]**　시골, 촌　★

- 定年になったら、田舎に帰って悠々自適の生活がしたい。
  정년이 되면 시골로 돌아가서 유유자적한 생활을 하고 싶다.

- このごろは田舎にも立派なホテルができている。
  요즘에는 시골에도 훌륭한 호텔이 들어서고 있다.

- 田舎者だと思って、バカにしてはいけない。
  시골뜨기라고 생각하고 바보 취급을 해서는 안 된다.

029 **いねかり**[稲刈り]　벼 베기, 추수

- 米を作っている農家は春の田植え、秋の稲刈りが忙しい。
  벼농사를 하는 농가는 봄에는 모내기, 가을에는 벼베기로 바쁘다.

- 農業の機械化によって田植えも稲刈りもずいぶん楽な仕事になった。
  농업 기계화에 의해 모심기도 벼베기도 상당히 쉬운 일이 되었다.

030 **いま**[居間]　거실　★

- 図面をさしながら、「ここが玄関で、ここが居間、ここが台所です」と言いました。
  도면을 가리키면서 「여기가 현관이고, 여기는 거실, 이곳은 부엌입니다」라고 말했습니다.

- 2LDKといえば、部屋二つ、それに居間、食堂と台所を意味します。
  2LDK라고 하면 방이 두 개, 게다가 거실과 식당, 부엌을 뜻합니다.

  ☞ LDK는 Living-room(거실), Dining-room(식당), Kitchen(부엌)의 약자로 도쿄(東京) 등 대도시에서 생활하는 일반 시민의 경우, 보편적으로 2LDK(20坪정도) 또는 3LDK(23坪정도)의 규모가 가장 많다고 한다. 일본에서 평수는 실평수를 말한다.

031 **いるす**[居留守]　집에 있으면서 없는 체함, 따돌림　★★

- 山田さんが来たけれど、会いたくないので、居留守を使って帰ってもらった。
  야마다 씨가 찾아왔지만 만나고 싶지 않아서 없는 체 해 돌아가게 했다.

- 悪いとは思ったけれど、誰にも会いたくなかったので、居留守をつかってしまった。
  나쁜 짓이라고는 생각했지만 아무도 만나고 싶지 않아서 없는 척 해 버렸다.

032 **いれずみ**[入れ墨]　문신

- 男はヤクザの足を洗ったと言うが、背中の入れ墨はまだ生々しい。
  사나이는 야쿠자를 그만두었다고는 하지만, 등의 문신은 아직 생생하다.

033 **いろり** [囲炉裏]　(방바닥을 네모나게 도려내어 불을 지피는 취사용・난방용) 화로

- 団扇であおいでみると、消えたはずの囲炉裏の火がおこった。
  부채로 부쳐 보았더니 꺼져 있어야 할 화로의 불이 타올랐다.

- 誰もいない小屋のなかで、囲炉裏には薪が燃えている。
  아무도 없는 오두막집 안의 화로에서는 장작이 타고 있다.

034 **うえきばち** [植木鉢]　화분

- 植木鉢には、ときどき水を差してやらないと、花が枯れてしまいます。
  화분에는 때때로 물을 주지 않으면 꽃이 시들어 버립니다.

- 植木鉢の花を路地に移植する。
  화분의 꽃을 화단에 이식하다.

035 **うおつり** [魚釣り]　낚시(질), 고기잡이　★

☞ さかなつり 라고도 한다.

- あのおじいさんは魚釣の名人です。
  그 할아버지는 낚시의 명인이다.

- 私は趣味として魚釣をしますが、仕事として魚釣をする人もいます。
  나는 취미로 낚시질을 합니다만, (생)업으로 낚시를 하는 사람도 있습니다.

036 **うそ** [嘘]　거짓말, 틀림　★★

- 「嘘も方便」といって、場合によっては事実を隠して、嘘を言うことがよい時もある。
  「거짓도 방편」이라는 말처럼, 경우에 따라서는 사실을 감추고 거짓말을 하는 편이 좋을 때도 있다.

- この雑誌は嘘ばかり書いている。
  이 잡지는 거짓말만 쓰고 있다.

- 彼のお父さんが釣りの名人だなんて、真っ赤な嘘だ。
  그의 부친이 낚시의 명인이라니! 새빨간 거짓말이다.

문화 | 종교

037 **うたがっせん** [歌合戦]　노래 자랑, 노래 시합 ★

- 紅白歌合戦といえば、大晦日の晩の代表的なテレビ番組だ。
  紅白歌合戦으로 말할 것 같으면, 섣달 그믐날 밤의 대표적인 TV 프로그램이다.

- その日の晩になると、人々はテレビに釘付けになって歌合戦をみる。
  그날 밤이 되면 사람들은 TV 앞에 못박은 듯이 앉아 노래자랑을 본다.

038 **うちいわい** [内祝い]　집안 잔치

- 内祝いとは、自分や家族の身内で祝うことがあったときに、一緒に祝ってもらうことを言う。
  内祝い란, 자신이나 가족 친척에게 축하할 일이 있을 때, 함께 축하하는 것을 말한다.

039 **うちじに** [討ち死に]　전사(戦死)

- 最後まで戦った兵士たちは全員、城でまくらを並べて討ち死にした。
  최후까지 싸운 병사들은 전원 성에서 함께 전사했다.

- 戦いに出た兵士の大半は討ち死にして果てた。
  전쟁에 나간 병사의 대부분은 전사로 (생을) 마감했다.

040 **うちべんけい** [内弁慶]　(밖에서는 쩔쩔매고 집안에서만 큰소리치는) 집안 호랑이　㊀ かげべんけい(陰弁慶)

- 外ではごく大人しくしているあの人も家に帰ると、内弁慶になるそうです。
  밖에서는 아주 얌전빼고 있는 그 사람도 집에 돌아오면 집안 호랑이가 된답니다.

- まあ、また泣いて帰ってきたの。ほんとうに内弁慶ね。弟には威張っているくせに。
  어이구 또 울고 돌아왔구나. 정말 집안 호랑이군! 동생에게는 설치는 주제에…….

041 **うちょうてん** [有頂天]　기쁨의 절정, 기뻐서 어쩔 줄 모름, 희열 ★

- 念願の大学に合格した弟は、有頂天になって毎日遊び回っている。
  염원하던 대학에 합격한 동생은 기쁨이 절정에 달해, 매일 놀러다니고 있다.

- 娘はほしがっていた自転車をもらい、有頂天になって一日中それを乗り回していた。
  딸은 갖고 싶어하던 자전거를 받고, 입이 귀에 걸려 하루종일 타고 돌아다녔다.

- 人間は有頂天になったときに、失敗するものだ。
  인간은 기쁨의 절정에 이르렀을 때에 실패하기 마련이다.

042 **うちわ**[内輪]　　내부(일), 집안(일), 비밀　★★

- 内輪のパーティーだから、あんまりめかさないで、普段着で来てくれよ。
  집안 잔치이니 너무 모양내지 말고 평상복을 입고 와요.

- 内輪揉めはみっともないから、やめなさい。
  집안 싸움은 꼴불견이니 그만둬요.

- 内輪のことを外に漏らすな。
  집안 일을 밖으로 누설하지 말라.

043 **うちわ**[団扇]　　부채　★

- 扇子が主として外出時に使われるのに対して、団扇は自分の家でくつろいだ時に使われる。
  쥘부채는 주로 외출시에 사용되는 것에 비해, 부채는 자신의 집에서 쉴 때 사용된다.

- 赤ちゃんに添い寝して、団扇で風を送っているうちに、母親も眠ってしまった。
  아기 곁에서 자면서 부채로 바람을 부쳐 주는 동안에 어머니도 잠들어 버렸다.

044 **うでどけい**[腕時計]　　손목시계　★

- 婦人用の腕時計を見せてください。
  부인용 손목시계를 보여주세요.

- 昔は腕時計が高価なものだったが、今は安いものも多く出回っている。
  옛날에는 손목시계가 고가품이지만 지금은 값싼 것도 많이 나돌고 있다.

045 **うまのほね**[馬の骨]　　신원을 알 수 없는 사람을 욕하는 말, 어디서 굴러 온 개뼈다귀

- どこの馬の骨ともわからない者の言葉を真に受け、契約を結んだ私が軽率だったのです。
  어디서 굴러 온 개뼈다귀인지도 모르는 자의 말을 진짜로 믿고, 계약을 맺은 제가 경솔했던 것입니다.

- どこの馬の骨ともわからない男に、うちの大事な娘をやれるか!
  어디서 굴러 온 개뼈다귀인지도 모르는 남자에게 내 소중한 딸을 줄 것 같냐!

046 **うめぼし**[梅干し]　매실을 말려 차조기 잎을 넣고 소금에 절인 식품　★★

- 日本では毎朝、朝食に梅干しを食べる人もいる。
  일본에서는 매일 아침 식사에서 우메보시를 먹는 사람도 있다.

- 梅干のような酸っぱいものを見ると、唾液が分泌されることを条件反射という。
  우메보시와 같이 신 것을 보면 타액이 분비되는 것을 조건반사라고 한다.

- 梅の実を塩で漬け、しその葉を入れておけば、梅干ができあがる。
  매실을 소금에 절여 차조기 잎을 넣어 두면 우메보시가 된다.

☞ 일본인들은「우메보시」만 있으면 밥 한 공기를 다 먹는다고 한다. 그리고 쌀밥을 담은 도시락에 붉은 우메보시 하나를 넣으면 보기에 일장기와 흡사하다 하여 [日の丸弁当(ひのまるべんとう)]라고 한다.

047 **うらどおり**[裏通り]　뒷거리, 뒷골목

- ビジネス街の裏通りには、数多くの居酒屋が立ち並んでいる。
  비즈니스 거리의 뒷골목에는 수많은 선술집이 늘어서 있다.

- 母親の心配をよそに、子供らは相変わらず暗くなるまで裏通りで遊んでいる。
  모친의 걱정을 아랑곳하지 않고 아이들은 여전히 어두워질 때까지 뒷골목에서 놀고 있다.

048 **うらないし**[占い師]　점쟁이

- 占い師が近年中に大地震があるだろうという予言をした。
  점쟁이는 최근 몇 해 안에 대지진이 있을 것이라고 예언했다.

- あの占師はわたしの将来の運命をズバリと言い当てた。
  그 점쟁이는 나의 장래 운명을 정통으로 알아 맞추었다.

049 **うらにほん**[裏日本]　우리 나라의 동해 쪽에 면한 일본의 해안
　　　　　　　　　　　🔄 おもてにほん(表日本)　★★

- 裏日本では冬になると、一晩のうちにドカッと大雪の降ることがある。
  裏日本에서는 겨울이 되면 하룻밤 사이에 엄청난 대설이 내리는 때가 있다.

050 **うわき** [浮気]　(남녀의) 바람기, 색정, 들뜬 마음, 변덕스러움　★★

- 夫の浮気で夫婦の仲は目茶苦茶になってしまった。
  남편의 바람기로 부부 사이는 엉망진창이 되어 버렸다.

- 旦那の浮気にやんわりと恨み言を言う。
  주인의 바람기에 살며시 원망의 말을 하다.

051 **うわぎ** [上着]　겉옷, 윗도리, 상의　반 したぎ(下着)　★

- この上着にはどんな色のズボンが似合うかしら。
  이 상의에는 어떤 색의 바지가 어울릴까?

- 父に上着を着せかけると、「要らぬ世話をやくな。」と、父は怒鳴った。
  아버지에게 윗도리를 입혀 드리자, 「쓸데없는 데 신경쓰지 마라」라고 아버지는 버럭 화를 내셨다.

052 **うわきもの** [浮気者]　바람둥이, 난봉꾼, 변덕쟁이　★

- 浮気者にだまされるな。彼は口先だけだ。
  바람둥이에게 속지 말아라. 그는 입에 발린 말뿐이다.

- まじめそうに見えたが、実は浮気者だった。
  착실하게 보였는데, 사실은 바람둥이였다.

053 **うわさ** [噂]　소문, 풍설, 풍문, 항간의 이야기　★★

- 噂によると、あの人がアメリカへ行くそうです。
  소문에 의하면 그 사람이 미국에 간다고 합니다.

- 社長が替わるというのは、根も葉もない噂にすぎなかった。
  「사장이 바뀐다」는 말은, 밑도 끝도 없는 소문에 지나지 않았다.

- まさか、あの噂のことで僕を疑っているのではないだろう。
  설마, 그 소문 때문에 나를 의심하고 있는 것은 아니겠지?

054 **えがお** [笑顔]　웃는 얼굴　★

- 泣き顔や怒った顔より、笑顔のほうがよい。
  우는 얼굴이나 화난 얼굴보다 웃는 얼굴 쪽이 좋다.

- 赤ちゃんの笑顔が可愛い。
  아기의 웃는 얼굴이 귀엽다.

055 えきしゃ [易者]　점쟁이, 역술인 ★

- 嫌なことが続いたので、母は易者のところへ手相を見てもらいに行きました。
  좋지 않은 일이 계속되었기 때문에 어머니는 점쟁이 집에 손금을 보러 갔습니다.

- 街角に易者が座って客待をしている。
  길 모서리에 점쟁이가 앉아서 손님을 기다리고 있다.

056 えどっこ [江戸っ子]　도쿄 토박이 ★

- 江戸っ子というのは、お祖父さんの代から東京で生まれて、東京に住んでいる人だ。
  「江戸っこ」란 조부 때부터 도쿄에서 태어나서 도쿄에서 살고 있는 사람이다.

- 魚屋のおじさんは、「こう見えても根っからの江戸っ子さ」というのが口癖だ。
  생선 가게 할아버지는 「이래 봬도 난 원조 도쿄 토박이지」라고 말하는 것이 입버릇이다.

- 江戸っ子と言えば、ケンカにゃめっぽう強いが人情にゃちょっぴり弱い。
  「江戸っ子」라 하면, 싸움에는 매우 강하나 인정에는 조금 약하다.

☞ にゃ는 には의 회화체

057 えび [海老]　새우 ★

- 少しの元手で大きな利益を上げることを、「海老で鯛を釣る」という。
  적은 밑천으로 큰 이익을 올리는 것을 「새우로 도미를 낚는다」라고 말한다.

- お返しにこんな立派なものをいただいては、海老で鯛をつったようで恐縮です。
  답례품으로 이렇게 훌륭한 것을 받다니, 새우로 도미를 낚은 듯해서 송구스럽습니다.

058 えびす [恵比寿]　상점 번성의 수호신(왼손에 도미를 갖고 있음) ★

- 恵比寿とは、「七福神」でおなじみのニコニコ顔のエビス様で、商売繁盛の神様です。
  에비스란, 「7복신」으로 친숙한 생글생글 웃는 얼굴의 에비스로, 장사 번성의 수호신입니다.

- 恵比寿様は漁業と商業繁盛の神様として庶民に人気があります。恵比須、戎などとも書きます。
  에비스는 어업과 상업번성의 수호신으로 서민에게 인기가 있습니다. 恵比須·戎 등으로도 씁니다.

059 えんがわ [縁側]　툇마루

- 表門から勝手口の横を通って、離れの縁側のほうへ回ってください。
  대문에서 부엌문을 통해서, 떨어진 툇마루 쪽으로 돌아 주세요.

- 暖かい縁側に横になっていたら、ついうとうとして眠ってしまった。
  따뜻한 툇마루에 누워 있었더니 그만 깜빡 잠이 들어 버렸다.

060 えんぎ [縁起]　길흉의 조짐, 재수 사물의 기원(유래)　★★

- 受験番号が13番だなんて、なんだか縁起の悪い番号だな。
  수험 번호가 13번이라니, 어쩐지 재수 없는 번호로구나.

- 縁起物とは言え、熊手がベラボウに高かったんで、驚いてしまった。
  길조를 비는 물건이라고는 하지만, 복갈퀴가 턱없이 비싸서 놀라 버렸다.

061 えんだん [縁談]　혼담　★

- お前はこんなよい縁談を断るなんて、身の程知らずも甚だしい。
  너는 이처럼 좋은 혼담을 거절하다니, 분수를 몰라도 너무 모른다.

- 妹は、この縁談を承知する旨、仲人に返事するという。
  여동생은 이 혼담을 승낙한다는 뜻을 중매쟁이에게 대답하겠다고 한다.

062 えんとつ [煙突]　굴뚝　

- 工場の煙突から黒い煙が出ています。
  공장의 굴뚝에서 검은 연기가 나오고 있습니다.

- 製錬所の煙突は天に向かって煙を吐き、銅の生産は増え続けた。
  제련소의 굴뚝은 하늘을 향해서 연기를 내뿜고, 구리의 생산은 계속해서 늘었다.

문화 | 종교

063 **えんまさま** [閻魔様]　염라대왕

- おばちゃんは、「嘘をつくと、閻魔様に舌を抜かれるよ。」と、いつも言う。
  아줌마는 「거짓말을 하면 염라대왕에게 혀를 뽑혀요」라고 늘 말한다.

- 怖い人を指して閻魔様のような人だと言う。
  무서운 사람을 일컬어 염라대왕 같다고 말한다.

064 **おうせつま** [応接間]　응접실 ★

- お客様が見えたら、応接間にお通しして。
  손님이 보이면 응접실에 간단한 안주를 줘.

- 父の教え子だと名乗る人が、応接間にかしこまって座っていました。
  아버지의 제자라고 자신의 신분을 밝힌 사람이 응접실에서 무릎을 꿇고 앉아 있었습니다.

065 **おおずもう** [大相撲]　프로 스모 ★

- 大相撲とは、アマチュア相撲に対する言葉で、1年間に6回、奇数月に15日間、日本相撲協会によって興行される。
  「大相撲」란 아마추어 스모와 대조되는 말로, 1년간 6회, 홀수 달에 15일간, 일본스모협회에 의해 흥행된다.

066 **おおどおり** [大通り]　대로, 큰 거리 ★★

- 私のうちは大通りのそばにあるので、あまり静かではありません。
  우리 집은 대로 옆에 있기 때문에 그다지 조용하지 않습니다.

- 大通りをはさんで、両側にいろいろな店が並んでいます。
  대로를 끼고 양쪽에 갖가지 상점이 늘어서 있습니다.

- この大通りも日曜日には歩行者天国となり、人波でうまってしまう。
  이 큰 거리도 일요일에는 보행자의 천국이 되어 인파로 메워진다.

067 **おおひろま** [大広間]　(회합 따위를 위한) 아주 넓은 방, 큰 홀

- ダンスのレッスン場は、床を板ではりめぐらした五十畳ばかりの大広間だ。
  댄스 교습소는 바닥을 판자로 둘러친 다다미 50장분의 넓은 방이다.

- 大広間では宴会が盛り上がっていた。
  대연회실에서는 연회가 한창 무르익고 있었다.

393

068 おおぶろしき [大風呂敷]　허풍, 과장해서 말함 / 넓은 보자기　★

- 自信過剰で、やや無責任でおおげさな話に「また大風呂敷を広げている」とからかう。
  자신이 넘쳐 약간 무책임하고 과장된 이야기에 「또 허풍을 떨고 있다」고 조롱한다.

- あることないこと、大風呂敷を広げてふれて回るのが彼の悪いくせだ。
  있는 것 없는 것, 허풍을 떨고 돌아다니는 것이 그의 나쁜 버릇이다.

069 おおみそか [大晦日]　섣달 그믐날　★

- 大晦日の夜は、家族みんなで除夜の鐘を聞きながら、年越しそばを食べます。
  섣달 그믐날 밤은 가족 모두가 제야의 종소리를 들으면서 해 넘기기 국수를 먹습니다.

- 貧乏続きで、これまで一度も、大晦日に金を持って年を越したことがない。
  가난이 계속되어 섣달 그믐날 돈을 가지고 해를 넘긴 적이 이제까지 한번도 없다.

070 おおめだま [大目玉]　호된 꾸중, 심한 야단 / 왕방울 눈　★

- 駐車違反をして、警察から大目玉を食らった。
  주차 위반을 해서 경찰로부터 호된 질책을 들었다.

- ガラスを壊して大目玉を食ったことを覚えています。
  유리를 깨뜨려서 심하게 야단을 맞았던 것을 기억하고 있습니다.

071 おおや [大家]　(셋)집 주인 / 본채, 안채　★★

- 大家から立ち退くように矢の催促を受けているので、近いうちに引っ越すつもりだ。
  집 주인으로부터 퇴거하도록 성화같은 독촉을 받고 있으므로 가까운 시일 내에 이사갈 생각이다.

- 大家さんに電話を借りて、試験の結果を家に報告した。
  주인에게 전화를 빌려서 시험 결과를 집에 보고했다.

072 おかず [御数]　반찬　★

- 今日のお弁当の御数は、タマゴ焼きと焼き魚でした。
  오늘 도시락 반찬은 계란과 생선구이였습니다.

- 兄が魚をたくさん釣ってきたので、当分は御数に不自由しません。
  형이 물고기를 많이 잡아왔기 때문에 당분간은 반찬 걱정 없습니다.

073 **おくさま** [奥様]　　남의 아내의 높임말, 안주인, 마님　　★

- 奥様にどうぞよろしくお伝えください。
  부인께 아무쪼록 안부를 전해 주십시오.

- 奥様のご病気はその後いかがでいらっしゃいますか。
  부인의 병환은 그 동안 어떠하신지요?

074 **おくりがな** [送り仮名]　　한자로 된 말을 분명히 읽기 위해 한자 밑에 붙이는 가나(仮名)의 철자법　　★

- 送り仮名は、漢字の読み方をはっきりさせる大事な役目を果たしている。
  おくりがな(送り仮名)는 한자의 읽는 법을 확실히 하는 중요한 역할을 하고 있다.

- 「催す」と「催おす」、「著い」と「著しい」ではどちらが正しいか、送り仮名に迷う。
  「催す」와「催おす」、「著い」와「著しい」는 어느 것이 맞는지 철자법이 헷갈리는 경우가 있다.

075 **おしいれ** [押し入れ]　　일본식 주택에서 물품을 넣어 두는 벽장, 붙박이 장

- 押し入れから布団を出して敷く。
  붙박이장에서 이불을 꺼내서 깔다.

- 毛布を畳んで押し入れにしまった。
  모포를 개서 벽장에 넣었다.

076 **おしゃか** [お釈迦]　　소용없게 됨, 파치, 불량품, 도로아미타불　　★

- 仕上げの工程を間違えたので、みんなお釈迦になってしまった。
  최후의 공정을 잘못하는 바람에 모두 도로아미타불이 되어 버렸다.

- またお釈迦が出た。
  또 파치가 생겼다.

- メガネを踏まれてお釈迦になった。
  안경이 밟혀서 못쓰게 되었다.

077 **おしょうがつ**[お正月]　새해, 설　★

- お正月に着物を着た家内がきれいなので、見違えた。
  설날 기모노를 차려입은 아내가 너무 예쁜 바람에 몰라보았다.

- お正月の三ヶ日は、休ませていただきす。
  새해 3일간은 쉬도록 하겠습니다.

- これからお正月まで、日程がびっしり詰まっていて空いている日は一日もない。
  지금부터 설날까지 일정이 꽉 차서 비어 있는 날은 하루도 없다.

078 **おしろい**[白粉]　(화장할 때 쓰는) 분

- 顔に白粉を塗る。
  얼굴에 분을 바르다.

- 白粉やら口紅やらで顔をごてごてに化粧していそいそと出かけた。
  분이랑 립스틱으로 얼굴을 덕지덕지 화장하고 서둘러 나갔다.

079 **おせいぼ**[お歳暮]　세모, 연말 / 연말 선물　★★

- 日本では古くから定期的に贈り物をする習慣があります。7月のお中元と12月のお歳暮です。
  일본에서는 예로부터 정기적으로 선물하는 습관이 있습니다. 7월의 中元과 12월의 歳暮입니다.

080 **おだぶつ**[お陀仏]　죽음 / 일이 허사가 됨, 돌이킬 수 없는 상태　★

☞ 앞에 お를 수반한다.

- 山道で自動車がスリップして危うくお陀仏になるところだった。
  산길에서 자동차가 미끄러져 하마터면 죽을 뻔했다.

- 詐欺事件に関係したのだから、あの政治家はもうお陀仏だろう。
  사기 사건에 연루됐으니 그 정치가는 이제 끝장날 것이다.

081 **おつり**[お釣り]　거스름돈,　★

☞ つりせん(釣銭)의 준 말

- 機械にお金を入れると切符が出て、もしお釣りがあれば同時に出ます。
  기계에 돈을 넣으면 표가 나오고, 만약 거스름돈이 있으면 동시에 나옵니다.

- 「お釣りは要らないよ」と威勢よい言葉を後に、その客は店を出ていった。
  「거스름돈은 필요 없소!」라고 위세 좋은 말을 뒤로하고 그 손님은 가게를 나갔다.

- いくら勘定しなおしても、お釣りが足りない。
  아무리 계산을 다시 해보아도 거스름돈이 부족하다.

082 **おてあらい**[お手洗い]　화장실　★

☞ 보통 앞에 お를 수반한다.

- お手洗いはどこでしょうか。
  화장실은 어디인지요?

- お手洗いはこちらです。
  화장실은 이쪽입니다.

083 **おてんきや**[お天気屋]　변덕쟁이, 기분파　★★

- あの人はお天気屋だから、付き合いにくい。
  그 사람은 변덕쟁이라서 사귀기 힘들다.

- 彼はすぐに気分が変わるお天気屋だ。
  그는 곧바로 기분이 바뀌는 기분파다.

- その日の気分で態度を変えるお天気屋さんは嫌われるタイプの代表である。
  그 날의 기분으로 태도를 바꾸는 「변덕쟁이」는 남들에게 욕먹는 대표적인 타입이다.

084 **おてんば**[お転婆]　말괄량이, 왈가닥

- 彼女は、今はおとなしくしているけれど、3日もすれば地が出てお転婆になるよ。
  그녀는 지금은 점잖게 있지만 3일만 있으면 본색이 드러나 말괄량이가 될거요.

- お転婆の妹もよその家へ行くと、借りてきた猫のようにおとなしくしているのでおかしい。
  말괄량이인 여동생도 다른 집에 가면 빌려 온 고양이(꿔다 놓은 보릿자루)처럼 점잖게 있으니 이상하다.

085 **おとしだま**[お年玉]　새해 세뱃돈, 절 값　★

☞ 보통 앞에 お를 수반한다

- 毎年お正月に、両親がお年玉をくれます。
  매년 설날에는 부모님이 세뱃돈을 줍니다.

- お年玉は一万円ぐらいと期待していたが、当てが外れた。
  세뱃돈은 만엔 정도 받을 수 있겠다고 기대하고 있었는데 예측이 빗나갔다.

086 **おとめ**[乙女]　소녀, 처녀

- 30年前の彼女は、まだ16歳の清純な乙女であった。
  30년 전의 그녀는 아직 16살의 청순한 처녀였다.

- 乱暴な言葉が乙女心を傷つけた。
  난폭한 말투가 소녀의 마음에 상처를 냈다.

087 **おふくろ**[お袋]　어머니　★

☞ (성인 남자가) 자기의 어머니를 남에게 말할 때 호칭하는 말로, 앞에 お를 항상 수반하며 대응어는 「おやじ(親父)」.

- お袋の作った料理が食べたいなあ。
  어머니가 만든 요리를 먹고 싶구나.

- お袋は金にはうるさいから、遊びの金など出してくれるもんか。
  어머니는 돈에는 빈틈없이 깐깐한데, 놀러 갈 돈같은 걸 내주겠는가?

088 **おぼうさん**[お坊さん]　스님 / 사내아이를 친밀하게 부르는 말　★

- お坊さんは髪の毛を剃っている。
  스님은 머리를 깎고 있다.

- 有名なお坊さんが説いた教えをまとめた本が出版された。
  유명한 스님이 설파한 가르침을 한데 모은 책이 출판되었다.

089 **おぼん**[お盆]　일본의 추석 명절, 백중맞이　★★

- お盆には人々は自分の家のお墓参りに行く。
  오봉 때는 사람들이 자기 가문의 묘소에 성묘하러 간다.

- お盆休みなので、若い店員たちを故郷に帰しました。
  오봉 휴가라서 젊은 점원들을 고향에 돌려보냈습니다.

  ☞ 원래는 음력 7월 15일에 조상을 제사지내는 盂蘭盆(うらぼん)이라는 불교 행사였으나, 오늘날에는 양력 8월 중순(달력에 휴일로 표시되어 있지는 않지만) 3~5일간은 사실상의 국민적인 연휴 기간으로, 대도시에서 고향으로 성묘를 가는 귀성객이 많아 도회지는 일시적으로 공동화 현상이 나타나며 우리나라의 추석과 비슷하다.

---

090 **おぼん**[お盆]　쟁반

- お盆でものを運ぶときには、水平に持つようにしないと上の物がこぼれますよ。
  쟁반으로 물건을 나를 때는 수평으로 들지 않으면 위에 있는 것이 쏟아집니다.

---

091 **おみや**[お宮]　신을 모신 건물, 신사, 천황의 거처, 궁, 황족의 존칭

- お寺は仏教で、教会はキリスト教のもので、お宮は神道の聖殿です。
  절은 불교, 교회는 크리스트교, 궁(宮)은 신도(神道)의 성전입니다.

- 明治神宮は明治天皇を祭ったお宮です。
  메이지 신궁은 메이지 천황을 신으로 받들어 모신 궁입니다.

---

092 **おみやげ**[御土産]　선물　★

- ご馳走になったうえ、お土産までいただいた。
  음식 대접뿐만 아니라 선물까지 받았다.

- お世話になった人の家を訪ねていくのに、お土産を持たないと、格好が悪くて困る。
  신세졌던 사람의 집을 방문하는 데에 선물을 들고 가지 않으면 모양이 좋지 않아 곤란하다.

---

093 **おもいで**[思い出]　추억, 회상　★

- 今日のことはいい思い出になるでしょう。
  오늘 일은 좋은 추억이 되겠지요.

- 「思い出の名画」と題した懐かしい映画を見た。
  「추억의 명화」라는 제목이 붙은 그리운 영화를 봤다.

- 彼との思い出は、自分の胸の奥にそっとしまっておきたい。
  그와의 추억은 내 가슴속에 몰래 간직하고 싶다.

094 **おもいやり** [思い遣り]　동정, 배려, 남의 처지를 헤아림　★★

- 使う人に思い遣りをもたなければ、よく働いてくれないものだ。
  일하는 사람에게 동정심을 갖지 않으면 힘껏 일해 주지 않는 법이다.

- 彼女はいつも自己中心で、他人に対しては思い遣りがない。
  그녀는 언제나 자기중심적이고 타인에 대한 배려가 없다.

- 練習ではさんざんしぼられたが、ふだんは思い遣りのあるやさしい監督だった。
  연습에서는 호되게 당했지만, 보통 때는 사려 깊고 온화한 감독이었다.

095 **おもかげ** [面影]　(닮은) 모습, 면모

- 彼にはどこか子供のころの面影が残っている。
  그에게는 어딘지 모르게 어릴 때의 면모가 남아 있다.

- 青年の目は、二度と帰らない恋人の面影を追っていた。
  청년의 눈은 두 번 다시 돌아오지 않는 연인의 모습을 쫓고 있었다.

- 娘を見ていると、亡き妻の面影が浮かんでくる。
  딸을 쳐다보고 있노라면 죽은 아내의 모습이 떠오른다.

096 **おもや** [母屋 / 母家]　안채, 본가, 본점　★

- なまじ軍事基地を提供すると、ひさしを貸して母屋を取られるようなことになりかねない。
  섣불리 군사기지를 제공하면 행랑을 빌려주고 안채를 빼앗기는 격이 되기 쉽다.

- 母屋を息子夫婦に譲って、老人夫婦は離れに住む。
  안채를 아들 부부에게 내어 주고 노인 부부는 별채에서 살다.

097 **おや** [親]　어버이, 부모, 조상 / 모체

- 子供はいやがっているのに、無理に進学させたがる親がいます。
  아이는 싫어하는 데도 무리하게 진학시키고 싶어하는 부모가 있습니다.

- 知恵遅れの子供を抱えた親の思いは切実だ。
  지체아를 데리고 있는 부모의 생각은 절실하다.

문화 | 종교

098 **おやこ** [親子]　어버이와 자식, 닭과 계란의 관계와 같은 사이　★

- 選挙では誰に票を入れるかは親子の間でも秘密だ。
  선거에서는 누구에게 표를 찍을 것인가는 부모와 자식간에도 비밀이다.

- お前とは親子の縁を切るから、さっさと出て行きなさい。
  너와는 부모와 자식의 인연을 끊을 테니 냉큼 나가라.

- 親子や兄弟の間も、金銭が絡むとややこしくなってくる。
  부모 자식이나 형제 사이에도 금전이 얽히면 복잡해진다.

☞ 親子丼(あやこどんぶり)　닭고기 계란 덮밥

099 **おやこうこう** [親孝行]　효도, 효행, 어버이를 섬기는 일　★

- 「あの時もっと親孝行していれば」と後悔しても、もう遅い。
  「(옛날) 그때 효도했어야 하는데」라고 후회해도 이미 늦다.

- かれは、今時まれに見る親孝行な青年である。
  그는 요즘 세상에서 보기드문 효행 청년이다.

100 **おやじ** [親父]　부친, 성인 남자가 스스럼없는 자리에서 자기 아버지를 일컫는 말　★

- ウチの親父は、小言が多いが、君の親父はどうだ。
  우리 아버지는 잔소리가 많은데, 너희 아버지는 어떠냐?

101 **おやじ** [親爺]　직장이나 상점에서 윗사람을 친근하게 일컫는 말, 회사 사장/책임자를 일컫기도 함　★

- あの店の親爺は見覚えがある。
  저 가게의 (남자) 주인은 낯이 익다.

か

102 **かいしゃく** [介錯]　할복자살을 할 때 옆에서 목을 쳐주는 일　★

- 西郷隆盛は、腹心の部下に介錯を頼んで切腹をした。
  사이고 다카모리(西郷隆盛)는 심복 부하에게 목을 쳐달라고 부탁하고 할복했다.

- 介錯がないと、切腹だけではなかなか果てることができない。
  옆에서 목을 쳐주지 않으면, 할복만으로는 쉽사리 죽을 수가 없다.

  ☞ 할복할 때는 당사자가 할복을 하자마자 목을 처줌으로서 고통을 덜어 주고, 만약 자살에 실패할 경우 구차스럽게 살아가는 것을 방지하기 위해, 미리 상사나 친한 사람을 옆에 대기시켜 놓고 할복했다.

103 **かいせきりょうり**[懐石料理] 요리를 한꺼번에 내놓지 않고 잇달아 내놓는 일본의 전통 요리

- 懐石料理とは、もともと茶席で出される軽い食事を言う。
  「가이세키(懐石) 요리」란 원래 차를 마시는 모임에서 내놓는 간단한 식사를 말한다.

- 懐石料理は四季折々の材料を、心をこめて料理し、もてなしてくれる亭主の心をいただくものである。
  가이세키 요리는 사계절 그때그때의 재료를 쓰고, 정성을 담아 요리하여 대접해 주는 주인의 마음을 먹는 것이다.

  ☞ 다도문화에서 나온 것으로 원래는 차를 대접하기 전에 내놓는 간단히 요기하는 형식이었는데, 차츰 요리 위주의 전통 요리로 발전했으며 일본식 연회 요리 대부분이 이 형식을 본뜬 것으로 오늘날에는 소위 「일본식 요리의 풀코스」로 일컬어지고 있다.

104 **がきだいしょう**[餓鬼大将] 골목대장, 개구쟁이의 우두머리

- 餓鬼大将があれほど大人しくなったのをみると、お説教が効いたのかな。
  개구쟁이 대장이 그 정도로 점잖아진 것을 보면 잔소리가 먹혔나 보다.

  ☞ がき(餓鬼)는 어린이를 낮추어 이르는 말로 「꼬마(녀석)」를 일컫는다. 예컨대, 「この餓鬼！」라고 하면 「이 녀석！」이라는 뜻.

105 **かくしげい**[隠し芸] 숨은 장기, 남 모르게 배운 솜씨 ★★

- 宴会で隠し芸の手品で喝采を浴びた。
  연회에서 숨은 장기인 마술로 갈채를 받았다.

- 宴会では、人の知らない隠し芸をもっていれば、参席者は感心してしまう。
  회식 자리에서는 남모르는 숨은 장기를 갖고 있으면 모두가 감탄해 버린다.

106 **がくぶち**[額縁] 액자(틀), 현관 ㉺ かけじく(掛け軸) 족자(두루마리) ★

- せっかくの名画も、額縁が貧弱では絵が死んでしまう。
  모처럼의 명화도 액자가 빈약하면 그림이 죽어 버린다.

- 絵を額縁に入れた。
  그림을 액자에 넣었다.

107 かくれんぼう [隠れん坊] 숨바꼭질

- 隠れん坊で、押入れのなかに隠れたけれども、すぐ見つかってしまった。
  숨바꼭질에서 벽장 속에 숨었는데 곧바로 발견되고 말았다.

108 かけじく [掛け軸] 족자, 액자

- これは我が家に先祖代々伝わる家宝の掛け軸です。
  이것은 우리 집에서 선조 대대로 가보로 전해 내려오는 족자입니다.
- 大事なお客さんがあるので、客間の掛軸を上等なものに取り替えました。
  중요한 손님이 있어서 객실의 족자를 상등품으로 교체했습니다.

109 かけもの [掛け物] 족자

- 床の間に掛け物がかけてある。
  도코노마(床の間)에 족자가 걸려 있다.
- 書を表装して掛物にする。
  글씨를 표구하여 족자를 만들다.

110 かずのこ [数の子] 청어알

- お正月が近づくと、魚屋さんの店先にサケや数の子がたくさん並びます。
  설날이 가까워지면 생선 가게의 점두에 연어나 청어알이 많이 진열됩니다.
- ニシンの不漁続きで数の子の値段がとても上がった。
  청어의 어획고 부진이 계속되어 청어알의 값이 껑충 뛰었다.

☞ 일본에서는 설날 아침에 많은 자식을 기원하는 뜻에서 알이 많은 청어알을 먹는 전통적인 관습이 있다.

111 かぜ [風邪] 감기, 고뿔

- このところの気温の急激な変化で、風邪をひく人が多いようです。
  요즈음 기온의 급격한 변화로 감기에 걸리는 사람이 많은 것 같습니다.

- 風邪と睡眠不足が重なって、朝から頭が割れるように痛い。
  감기와 수면부족이 겹쳐 아침부터 머리가 깨질듯이 아프다.

112 かぞえどし [数え年] 낳은 해를 한 살로 쳐서 세는 나이 ★

- 日本では以前には数え年を使っていましたが、今では満で年を数えます。
  일본에서는 전에는 세는 나이를 사용했지만, 지금은 만으로 나이를 셉니다.

113 かぞく [華族] 귀족 (메이지유신 이후 1947년까지 작위를 받은 사람과 그 가족)

- 民主憲法のもとで華族という特権身分の制度はなくなった。
  민주헌법 아래에서는 華族라는 특권신분 제도는 없어졌다.

- うわさによると、彼女は旧華族の血筋だそうです。
  소문에 의하면 그녀는 옛날 귀족의 핏줄이라고 합니다.

114 かたきうち [敵討ち] 복수, 원수를 갚음 ★

- この間の試合の敵討ちをした。
  지난번 시합의 복수를 했다.

- 日本では敵討ちをテーマにした時代劇が多い。
  일본에서는 원수를 갚는 것을 테마로 한 사극이 많다.

115 かたみ [形見] (고인의) 유물, 유품, 기념물, 유복자

- 彼女は食うに困って、大切にしていた母親の形見の指輪を売ってしまったという。
  그녀는 먹고살기가 힘들어서 어머니의 유물인 반지를 팔아 버렸다고 한다.

- 私の形見にこれを上げます。
  저의 기념물로 이것을 드리겠습니다.

116 かっせん [合戦] 싸움, 교전, 시합 ★

- こんな弱い相手との合戦に負けることは、まさかあるまい。
  이렇게 약한 상대와의 싸움에서 지는 일은 설마 없을 것이다.

문화 / 종교

- 昔話のさるかに合戦は蟹の子が栗、蜂、うすなどの助けをかりて猿に仇討ちをするという話だ。
  옛날 이야기인 さるかに合戦은 게의 새끼가 밤, 벌, 절구 등의 도움을 받아 원숭이에게 원수를 갚는 이야기이다.

117 **かって**[勝手]　제멋대로, 일방적 / 형편, 사정 / 생계, 살림살이 / 부엌　★★

- 仮に一歩譲って部下が勝手にやったことだとしても、君が責任をとるべきだ。
  가령 일보 양보해서 부하가 제멋대로 한 것이라 해도, 자네가 책임을 져야만 한다.

- 「勝手にしろ！」と吐き出すように一言いうと、部屋を出ていった。
  「멋대로 해！」라고 내뱉듯이 한마디 말하고 방을 나갔다.

- 海外生活は、色々と勝手が違うことが多く、慣れるまでは神経が疲れる。
  해외생활은 여러 가지로 사정이 다른 것이 많아, 익숙해질 때까지는 신경이 피곤하다.

- となりの家の勝手口は、どこですか。
  이웃집의 부엌 입구는 어디입니까?

118 **かっぱ**[河童]　수영을 잘한다는 상상의 동물, (비유적으로) 헤엄을 잘치는 사람

- 子供たちのなかには、泳ぎのうまい河童のような子もいれば、全くの金づちもいるという具合だった。
  어린이들 중에는 헤엄을 잘치는 河童와 같은 아이가 있는가 하면, 정말로 맥주병도 있는 형편이었다.

  ☞ 金づち　망치

- あの川には、昔から身の丈が幼児ぐらいの河童がいるという伝説が残っています。
  그 강에는 예로부터 몸길이가 유아 정도인 상상의 동물이 있다는 전설이 남아 있습니다.

119 **かっぽう**[割烹]　(일본식의) 조리, (일본식) 요리점, 음식점

- 街には新しい割烹店がたくさんできた。
  거리에는 새로운 토속 음식점이 많이 생겨났다.

- 以前は家庭の主婦がよく割烹着を着ていた。
  옛날의 가정 주부는 요리복을 자주 입었다.

120 **かどまつ** [門松]　(새해를 축하하여) 설날 문 앞에 세우는 소나무 장식　★

- 正月には、門松を立て、しめ飾りをつけて、幸せを家の中に呼ぶのです。
  설날에는 門松을 세우고 금줄을 달아 행운을 집안으로 부릅니다.

121 **かな** [仮名]　한자를 빌어서 그 음훈을 이용하여 만들어 낸 일본의 표음문자　★

- 仮名は、音を示すだけであるのに対して、漢字は意味も表わしています。
  「かな」는 음을 나타낼 뿐인데 대해, 「漢字」는 의미도 나타냅니다.

- あなたのお名前をひら仮名で書いてください。
  당신의 이름을 히라가나로 써 주십시오.

- この漢字に仮名を振ってください。
  이 한자에 가나를 붙여 주십시오.

122 **かない** [家内]　아내, 안사람, 마누라 / 집안　★

- これは私の家内です。
  이 사람은 저의 집사람입니다.

- 家内と買物に行ったら、ばったり昔の恋人に会ってしまったよ。
  아내와 쇼핑을 나갔더니 옛날 연인과 딱 마주쳤지 뭐야!

123 **かなづち** [金鎚]　쇠망치, 헤엄을 칠 줄 모르는 사람

- 金槌が釘の頭にまっすぐにぶつからず、誤って指を打ってしまった。
  망치로 못 대가리를 바로 때리지 못하고 잘못해서 손가락을 때리고 말았다.

124 **かぶと** [兜]　투구　★

- 優勝の喜びにわいていたとき、「勝って兜の緒を締めよ。」と言ったのは監督だった。
  우승의 기쁨으로 들끓고 있을 때 「이기고 나서 투구 끈을 조여 매라」고 말한 것은 감독이었다.

- まいった、まいった。君の強情なのには兜を脱ぐよ。
  졌다, 졌어. 자네의 고집에는 (투구를 벗고) 항복해야 겠군.

문화 종교

125 **かみかぜ[神風]**　신이 불어준다는 바람　★

☞ 비유적으로 목숨을 아끼지 않는 무모한 행동. 神風タクシー 총알 택시

・日本人は、苦しいときの神頼みに「神風が吹いてくれないかな」と思うことがある。
　일본인은 어려울 때 하느님을 찾으며 「신풍이 불어 주지 않으려나?」하고 생각할 때가 있다.

・戦争の敗北で神風神話は崩れさった。
　전쟁의 패배로 가미가제 신화는 무너져 갔다.

126 **かみがた[上方]**　교토(京都) 및 그 부근을 일컬음

・上方は古くは日本の政治の中心だった。
　上方는 옛날에는 일본 정치의 중심지였다.

127 **かみさま[神様]**　신(神)의 높임말　★

・天を仰いで神様に祈りました。
　하늘을 우러러 신에게 기원했습니다.

・「神様は本当にいるのかしら。」と、妹がぼくに聞いた。
　「신은 정말로 있는 걸까?」라고 여동생은 나에게 물었다.

・神様じゃないんだから、ときにはエラーをすることもあるよ。気にするな。
　신이 아니니까 때로는 실수를 할 수도 있지. 염려하지 마라.

128 **かみだな[神棚]**　(방안에) 신도의 신을 모시기 위한 선반　★

・「いつも、ありがとね」と言いながら朝子さんは、神棚の前に真っ赤なリンゴを数個供えた。
　「언제나 고마워요!」라고 말하면서 아사코 씨는 神棚 앞에 새빨간 사과를 몇 개 바쳤다.

・噴火活動が続く三宅島の島民たちは、神棚に清酒を供え、「島よ、安らかに」と祈った。
　분화활동이 계속되는 미야케(三宅) 섬의 섬사람들은 神棚에 청주를 바치고 「섬이여! 평온을」이라고 기원했다.

・神棚は明るくて家の中の最も清らかな場所を選び、目の高さ以上の高い所に設けます。
　神棚는 집안에서 밝고 가장 신성한 장소를 택해, 눈 높이 이상의 높은 곳에 설치합니다.

129 かや [蚊帳]　모기장

- わたしの田舎では、夏の夜には蚊帳をつって寝ます。
  나의 고향에서는 여름밤에는 모기장을 치고 잡니다.

130 からくち [辛口]　짭짤함, 쌉쌀함, 매콤함, 입에 댄 감촉이 독함

- この酒は、昔からの辛口で本格派好みの味なのだそうです。
  이 술은 옛날 그대로의 쌉쌀한 맛으로, 본격파가 즐기는 맛이라고 합니다.

- あの評論家の辛口の批評は、人気がある。
  그 평론가의 혹독한 비평은 인기가 있다.

131 かりいれ [刈り入れ]　수확, 거두어들임

- 刈入れの時には、家族だけでは手が足りない。
  수확 철에는 집안 사람만으로는 일손이 부족하다.

- 道の両側には、刈り入れ前の稲が風になびいている。
  길의 양쪽에는 수확을 앞둔 벼가 바람에 나부끼고 있다.

132 かりぬい [仮縫]　가봉, 임시로 바느질해 놓은 것

- 洋服を作るときは、仮縫いをして体に合うように作る。
  양복을 만들 때는 (임시로) 가봉을 해서 몸에 맞도록 만든다.

- 仮縫から仕上げまでにはそんなに時間はかからない。
  가봉에서 완성까지는 그다지 시간이 걸리지 않는다.

133 がんじつ [元日]　설날, 1월 1일

- 元日の朝は、あちこちの家の門に日の丸の旗が掲げられていました。
  설날 아침은 여기저기 집집의 대문에 일장기가 게양되어 있었습니다.

- 私は毎年元日に一年の計を立てます。
  나는 매년 설날에 1년의 계획을 세웁니다.

134 かんれき [還暦]　환갑

- 祖父は還暦を迎えて、ますます盛んです。
  할아버지는 환갑을 맞아 더욱 건강하십니다.

문화 　종교

- 父の還暦のお祝いに腕時計を贈った。
  아버님의 환갑 축하로 손목시계를 선물했다.

135 **きじ** [生地]　옷감, 재봉하지 않은 원단 / 타고난 성질, 본바탕

- 洋服の生地はこれに決めましょう。
  양복의 옷감은 이걸로 정합시다.

- この色の生地なら季節にかかわらず、いつでも着られそうだ。
  이 색깔의 원단이라면 계절에 관계없이 언제라도 입을 수 있을 것 같다.

- ピザの生地が薄すぎて、まるで紙みたいです。
  피자의 반죽이 너무 얇아서 마치 종이같다.

136 **きすう** [奇数]　홀수　(반) ぐうすう (偶数)　★

- 2で割り切れない数の集合が奇数です。
  2로 나눌 수 없는 수의 집합이 홀수입니다.

- 右のエレベーターは奇数階、左のエレベーターは偶数階に止まります。
  오른쪽 엘리베이터는 홀수 층, 왼쪽 엘리베이터는 짝수 층에 멈춥니다.

137 **きずな** [絆]　고삐, 기반, 끊기 어려운 감정, 유대　★

- 今度の訪韓では、今後の日韓両国の絆の大切さを痛感致しました。
  이번 방한에서는 이후 한일 양국간 유대의 소중함을 통감했습니다.

- 学校を卒業して10年、遠く離れていても二人の友情の絆はしっかり結ばれています。
  학교를 졸업한지 10년, 멀리 떨어져 있어도 두 사람의 우정의 고삐는 단단히 매어져 있습니다.

138 **きっさてん** [喫茶店]　다방

- あの喫茶店は美人のウェイトレスを揃えている。
  그 다방은 미인 웨이트리스를 두루 갖추고 있다.

  ☞ ～には ～がそろっている　～에는 ～가 갖추어져 있다
  　　～は ～を そろえている　～는 ～을 갖추고 있다

- 仕事をサボって喫茶店に入ったら、課長がいたので何となく間が悪かった。
  업무를 빼먹고 다방에 들어갔더니 과장님이 와 있어 왠지 어색했다.

409

139 きのどく [気の毒]　딱함, 가엾음, 미안스러움　★

- あれほど受験勉強して、不合格とは気の毒だ。
  그토록 수험 공부를 하고 불합격하다니 딱하다.

- いろいろお手数をかけて、ほんとうに気の毒でしたね。
  여러 가지로 수고를 끼쳐 정말로 미안하군요.

- お気の毒ですが、回復の望みはほとんどありません。
  안됐습니다만, 회복될 가망은 거의 없습니다.

140 きみ [黄身]　(달걀의) 노른자

- 卵の黄身と白身を分ける。
  달걀의 노른자와 흰자를 나누다.

- 卵の黄身だけを取って、お菓子を作るのに使う。
  달걀의 노른자만을 택해서 과자를 만드는 데에 사용한다.

141 きむすめ [生娘]　숫처녀, 순진한 처녀

- ふたりの子持ちだというのに、生娘のように若々しい。
  두 아이를 가졌다는 데도 숫처녀처럼 젊디젊다.

- まるで生娘のように恥ずかしがる。
  마치 숫처녀처럼 수줍어한다.

142 きもの [着物]　옷, (양복에 대해서 상대적으로) 일본 고유의 옷

- 彼は着物にはあまり興味がないらしい。
  그는 기모노에는 그다지 흥미가 없는 것 같다.

- やはり日本女性には、着物がよくうつります。
  역시 일본 여성에게는 기모노가 잘 어울립니다.

143 きゅうす [急須]　찻주전자, 차를 우려내는 작은 사기 주전자

- 急須でお茶を入れる。
  찻주전자로 차를 끓이다.

144 ぎりのなか [義理の仲]　혈족과 같은 관계

☞ 예컨대 수양아버지·장인·장모·처남·처형·시숙·자형·형부 등의 친인척을 말한다.

- 義理の仲とは、義父母、義兄弟など血族でないが血族のような交際をしなければならない仲をいう。
  「義理の仲」란 의부모, 의형제 등 혈족은 아니지만 혈족처럼 교제를 하지 않으면 안 되는 사이를 말한다.

- 私たちは兄弟とも言っても血縁関係ではないので、いわゆる「義理の仲」だ。
  우리들은 형제라고는 해도 혈연관계는 아니기 때문에, 소위「의형제 사이」이다.

145 きんぎょ [金魚]　금붕어

- 金魚を飼育、観察していて、生活の様子が分かると愛情がわいてきた。
  금붕어를 사육·관찰하면서 생활하는 모습을 알게 되자 애정이 솟아났다.

- 金魚が水槽のなかで口をパクパクさせながら泳いでいる。
  금붕어가 어항 속에서 입을 빼끔빼끔하면서 헤엄치고 있다.

146 きんば [金歯]　금니

- 歯に金をかぶせたものを金歯という。
  이에 금을 입힌 것을 금니라고 한다.

- このごろ金歯はあまり流行らないようだ。
  금니는 요즈음 그다지 유행하지 않는 것 같다.

147 ぐうすう [偶数]　짝수　⊕ きすう (奇数)　★

- サイコロの目が偶数なら、一枚だけ札をめくることができます。
  주사위의 눈이 짝수라면 패를 한 장만 젖힐 수 있습니다.

- 結婚式では縁起をかついで、偶数の金額は贈ってはいけないと言われている。
  결혼식에서는 길흉을 가려, 짝수 금액은 보내서는 안 된다고 일컬어진다.

148 くせ [癖]　버릇, 습관

- 田村さんは何かを考えている時に、ツメをかむ癖があります。
  다무라 씨는 뭔가를 생각하고 있을 때, 손톱을 깨무는 버릇이 있습니다.

411

- 髪の毛に変な癖がついてしまって、どうにもなおりません。
  머리털에 이상하게 구겨진 자국이 생겼는데 아무리 해도 고쳐지지 않습니다.

149 **くだもの** [果物]　과일

- 生の果物のほうが缶詰の果物より栄養がありますよ。
  생과일 쪽이 통조림 과일보다 영양이 있어요.

- あの店で果物を千円以上買うと、勘定が一割安くなる。
  그 가게에서 과일을 천엔 이상 사면, 1할을 싸게 계산해 준다.

150 **くちあたり** [口当たり]　음식을 입에 넣었을 때의 감촉이나 기분, 접대하는 태도 ★

- このお酒は、口当たりがとてもいいですね。
  이 술은 입에 와 닿는 감칠맛이 아주 좋군요.

- 口当たりがいいと、とかく飲み過ぎになる。
  입에 와 닿는 감칠맛이 좋으면 자칫 과음하기 쉽다.

- 彼は口当たりの柔らかい人だ。
  그는 대하기에 부드러운 사람이다.

151 **くちぶえ** [口笛]　휘파람

- 元気よく口笛を吹きながら、少年が通った。
  원기 왕성하게 휘파람을 불면서 소년이 지나갔다.

- 審判のミスに対して、観客たちは口笛を吹いたり、やじったりして抗議をした。
  심판의 착오에 대해서 관중들은 휘파람을 불거나 야유를 보내며 항의했다.

152 **くちぶり** [口振り]　말투

- あの口振りでは、彼女は恐らく今日のデートには来ないだろう。
  그 말투로는, 그녀는 다분히 오늘 데이트에는 오지 않을 것이다.

- 自信がありそうな口振りだったから信用したのに、あいつの答えも間違っていた。
  자신 있는 듯한 말투라서 믿었는데, 그 녀석의 대답도 틀렸다.

153 くちべに [口紅]　입술연지, 립스틱

- あの人の唇は赤くて口紅をつけたようだ。
  그 사람의 입술은 붉어서 입술연지를 바른 듯하다.

- 満員電車から降りると、ワイシャツに口紅がベッタリついていた。
  만원 전철에서 내렸더니, 와이셔츠에 립스틱이 진하게 묻어 있었다.

154 くつした [靴下]　양말

- 男は短い靴下を履きますが、女は長い靴下を履きます。
  남자는 짧은 양말을 신습니다만, 여자는 긴 양말을 신습니다.

- 旅行に行くので、下着や靴下をカバンに入れた。
  여행을 떠나기 때문에 속옷이나 양말을 가방에 넣었다.

155 くったく [屈託]　근심함, 따분함, 싫증남

- 相変わらずの貧乏暮しだよと屈託のない顔で彼は笑った。
  변함없는 가난한 생활이라며, 그는 걱정이 없는 얼굴로 웃었다.

- のびのびと育った若者はさわやかで、屈託のかけらも感じられない。
  구김살 없이 자란 청년은 시원시원해서, 손톱만큼도 따분함이 느껴지지 않는다.

156 くびかざり [首飾り]　목걸이　참 みみかざり(耳飾り) 귀걸이

- 「首飾り」はモーパッサンの有名な短編作品です。
  「목걸이」는 모파상의 유명한 단편 작품입니다.

- この首飾り、本物の真珠なのですか。
  이 목걸이 진짜 진주입니까?

157 くまで [熊手]　갈퀴, 욕심꾸러기, 갈퀴 모양의 무기

- 熊手には、福をかきこむといった意味が込められている。
  갈퀴에는 복을 긁어 들인다는 의미가 포함되어 있다.

158 くもつ [供物]　제물, 신불에 바치는 물건

- 故人の霊を慰めるために果物や菓子を供えることを供物という。
  고인의 영령을 위로하기 위해 과일이나 과자를 바치는 것을「供物라고 한다.

- 法事に招かれた場合、供物は故人の好きだったものを持参する。
  제를 올리는 법회에 초대받은 경우, 제물은 고인이 좋아했던 것을 지참한다.

159 **くよう**[供養]　공양, 죽은 이의 영혼에 물건을 바쳐 명복을 빎

- 山のふもとで、この冬に遭難した山男たちの供養をすることになった。
  산기슭에서 이번 겨울에 조난 당한 산 사나이들의 명복을 빌기로 했다.
- 葬儀は遺族と近親者だけで行われるが、告別式は多数で参列するのが故人への最高の供養となる。
  장례는 유족과 친척만으로 행해지지만, 고별식은 다수가 참석하는 것이 고인에 대한 최고의 공양이다.

160 **くらもと**[蔵元]　술이나 간장의 제조원

- 例えば、酒税を納めるのは蔵元であって、負担するのは消費者である。
  예를 들면, 주세를 납부하는 것은 양조장이고, 부담하는 것은 소비자다.
- 蔵元は税金を消費者に転嫁するように価格を設定している。
  제조원은 세금을 소비자에게 전가하도록 가격을 설정하고 있다.

161 **ぐんて**[軍手]　작업용 무명 장갑, 목 장갑

- 軍手は消耗品なので価格も安い。
  목장갑은 소모품이기 때문에 가격도 싸다.
- 農作業には軍手が欠かせない。
  농사일에는 목장갑을 빼놓을 수 없다.

162 **けいこ**[稽古]　(꽃꽂이・다도・무술 따위를) 배움, 연습함, 수강・레슨, 과외학습　★

- 剣道の稽古で何度も竹刀を打ち込んでいると、汗が吹き出してくる。
  검도 연습에서 몇 번이고 죽도를 내리치고 있으면 땀이 솟구쳐 나온다.
- 風邪をひいて踊りの稽古を休んだ。
  감기에 걸려서 무용 공부를 쉬었다.

문화 | 종교

163 げこ [下戸]　술을 못 마시는 사람　反 じょうご(上戸)　★

- 下戸相手では、酒がうまくない。
  술을 마시지 못하는 사람하고 대작하면 술맛이 없다.

- 実は下戸なんですが、前にひどく酔って失敗したことがあります。
  사실은 술을 마실 줄 모릅니다만, 전에 심하게 취해서 실수한 적이 있습니다.

164 げた [下駄]　나무에 굽을 붙이고 코끈을 단 일본의 전통적 신발, 왜나막신

- 勝負は下駄を履くまで分からないよ。
  승부는 신발을 벗을 때까지는 몰라요.

- 私に下駄を預けるのは困りますよ。自分の伴侶は自分の判断でね。
  나에게 (신발을 맡기듯) 결정을 위임하는 것은 곤란해요. 자신의 반려는 자신의 판단으로 (해요).

165 けびょう [仮病]　꾀병

- お前が仮病を使って学校を休んだことは、先生にばれてるぞ。
  네가 꾀병을 부려 학교에 결석한 것은, 선생님에게 들통났어.

- ベテランの医師にかかっては、仮病もすぐ見抜かれてしまう。
  베테랑 의사에게 걸리면, 꾀병도 바로 들키고 만다.

166 けらい [家来]　가신, 부하　★

- 家来たちはいつか主君の敵を討とうと決意するのだった。
  가신들은 언젠가 주군의 원수를 갚자고 결의하는 것이었다.

- 彼らは彼女に対して決して口答えをせず、はたから見るとまるで従順な家来のようだった。
  그들은 그녀에 대해서 결코 말대답을 하지 않고, 옆에서 보면 마치 고분고분한 부하 같았다

167 げり [下痢]　설사　

- お腹を冷やすと、下痢をする。
  배를 차게 하면 설사를 한다.

- 下痢が止まらないなら医者に相談したほうがいい。
  설사가 멎지 않으면 의사에게 상담하는 편이 좋다.

168 けんか [喧嘩]　싸움, 언쟁, 다툼　㊂ふうふげんか(夫婦喧嘩) 부부싸움　★★

・つまらないことから喧嘩を始めるのは君の悪い癖だ。
하잘것없는 것에서 싸움을 시작하는 것은 자네의 나쁜 버릇이다.

・あまり仲が良すぎて喧嘩するということもある。
너무 사이가 좋은 나머지 싸움하는 수도 있다.

169 げんすんだい [原寸大]　원치수, 실물과 같은 크기의 치수　★

・実物と同じ大きさのことは、「現寸大」ではなく、「原寸大」である。
실물과 같은 크기는 「現寸大」가 아니라 「原寸大」라고 한다.

・原寸大の図面を送ってください。
실물 크기와 똑같은 도면을 보내 주십시오.

170 こうえい [光栄]　영광, 영예　★

・過分なお褒めをいただいて、身に余る光栄です。
과분한 칭찬을 듣게되어, 분에 넘치는 영광입니다.

・おほめにあずかり、この上ない光栄に存じます。
칭찬의 말씀, 더없는 영광으로 생각합니다.

171 こうか [硬貨]　주화, 동전　★

・コップの水を一滴もこぼさないで硬貨を抜き取れるなんて、一体どんな手品を使ったのだろう。
컵의 물을 한 방울도 흘리지 않고 주화를 빼내다니 도대체 어떤 요술을 쓴 것일까?

・オリンピックの記念硬貨が発売された。
올림픽 기념주화가 발매되었다.

172 こうきょ [皇居]　황궁, 궁성, 천황이 거처하는 곳　★

・皇居は東京の中心にある。
황궁은 도쿄의 중심지에 있다.

문화 종교

- 江戸城は540年ほど前に作られ、1868年(明治1年)から皇居になっている。
  에도성은 540년 쯤 전에 세워져, 1868년(明治1년)부터 천황의 거처가 되고 있다.

  ☞ 江戸城은 1457년에 지어짐

173 こうこう [孝行]　효도 ★

- 孝行というのは、親が子供に要求する事ではありません。
  효도란 부모가 자식에게 요구하는 것이 아닙니다.

- 親孝行は儒教の教えの中でも大切なもののひとつだ。
  부모에게 효도하는 것은 유교의 가르침 중에서도 중요한 한가지다.

- 孝行のしたい時分に親はなし。
  효도하고 싶은 때에는 부모가 없다.

174 こうでん [香典]　부의(賻儀), 죽은 사람의 영전에 향(香) 대신 바치는 돈이나 물품

- 「香典は、幾ら包んでいいか分からない」とよく言われる。
  「부의금은 얼마를 넣어야 좋을지 모르겠다」라는 말을 자주 듣는다.

- 「香典は多めに、結婚祝いは無理しない程度に」というのが世間の相場である。
  「부의금은 많은 듯하게, 결혼 축의금은 무리하지 않을 정도로」라는 것이 세간의 시세다.

175 こうばん [交番]　파출소 ★

☞ こうばんしょ(交番所)의 준말.

- この先の四つ角に交番がありますから、そこで聞いてください。
  이 앞의 네거리에 파출소가 있으니 거기에서 물어 보세요.

- 交番のお巡りさんに聞きながら彼の家を捜した。
  파출소의 경찰관에게 물어 보면서 그의 집을 찾았다.

- 道で財布を拾ったので、交番に届けた。
  길에서 지갑을 주워서, 파출소에 신고했다.

176 こけ [虚仮]　바보, 백치, 거짓(말)

- あまり人を虚仮にするな。
  너무 사람을 바보 취급하지 말라.

- そんな虚仮おどしに乗るものか。
  그 따위 속보이는 공갈에 넘어갈까 보냐!

177 **こしょう**[胡椒]　후추(가루)

- 辛子、山葵、胡椒などは辛い。
  겨자・와사비・후추 등은 맵다.

- 砂糖、胡椒、ニンニクなどの調味料は、適当に味覚を刺激して食欲を増す働きがある。
  설탕・후추・마늘 등의 조미료는 적당히 미각을 자극해서 식욕을 돋우는 효과가 있다.

178 **ごぜんさま**[午前様]　술을 마시거나 놀다가 자정이 지나서 귀가하는 사람(남편)

- いわゆる12時を過ぎて帰宅する「午前様」というのではなく、ほんとうに、朝、始発列車で帰ってきた。
  소위 밤 12시를 지나서 귀가하는「午前様(심야 귀가)」가 아니라 정말로 아침 첫출발 열차로 돌아왔다.

- 昨日の宮下先生を囲んだ飲み会で午前様となったので、朝6時半に起きるのは少々きつかった。
  어제 미야시타 선생님을 둘러싸고 마신 회식으로 자정을 넘겨 귀가했기 때문에, 아침 6시 반에 일어나기는 다소 힘들었다.

- 都心から1時間半ほど離れた自宅に帰り着くので、「午前様」になるのも、まったく珍しくなかった。
  도심에서 1시간 반 정도 떨어진 자택에 도착하기 때문에「午前様」가 되는 것도 그리 새삼스럽지 않았다.

179 **こたつ**[炬燵]　화로 틀 위에 담요 등을 씌운 일본의 전통적인 난방기구

- 火燵で本を読んでいて、知らぬ間に眠ってしまったらしい。
  고타츠에서 책을 읽고 있다가 자기도 모르게 잠이 들어 버린 것 같다.

- うちの猫は寒がりで、冬の間はいつも火燵の中で丸くなっています。
  우리 집 고양이는 유난히 추위를 타서 겨울 동안에는 언제나 고타츠 속에서 웅크리고 있습니다.

문화 종교

180 **ごちそう** [御馳走]　(맛)좋은 음식, 융숭한 대접, 한턱냄　★

☞ 「ごちそうさま(御馳走様)」는 잘먹었다는 인사말.

- 今夜は御馳走だから早く帰っていらっしゃい。
  오늘 저녁에는 맛있는 음식을 차려 놓을 테니 빨리 돌아오세요.

- 御馳走になったうえ、お土産までいただいた。
  융숭하게 대접을 받은 데다가 선물까지 받았다.

181 **こづかい** [小遣い]　용돈　★

- あまり無駄にお金を使わないように、小遣いに制限を加えた方がいい。
  돈을 너무 헛되이 쓰지 않도록 용돈에 제한을 가하는 편이 좋다.

- 学生は小遣いや学費を稼ぐため、アルバイトをする。
  학생은 용돈이나 학비를 벌기 위해 아르바이트를 한다.

182 **こづかい** [小使]　사환

- 当時の女学校の寄宿舎といえば、男はお小使さんただ一人、まったく女の城だった。
  당시의 여학교 기숙사로 말할 것 같으면, 남자는 딱 사환 한 사람, 완전히 여자의 성(城)이었다.

183 **こっけい** [滑稽]　익살, 해학, 농담, 웃음거리　★

- 鈴木君の滑稽なしぐさに、みんな腹を抱えて笑いころげた。
  스즈키 군의 익살스런 짓에 모두가 배꼽을 잡고 웃으며 나뒹굴었다.

- 日本語を1年間でマスターするなどという考え方は滑稽です。
  일본어를 1년 동안에 마스터한다는 따위의 생각은 웃음거리만 될 뿐입니다.

- あいつはいつも滑稽な話をして、みんなを笑わせる。
  그 녀석은 언제나 익살스러운 이야기를 해서 모두를 웃긴다.

184 **こども** [子供]　자식, 아이, 어린이

- その映画は子供からお年寄りに至るまで家族みんなで楽しめる映画だ。
  그 영화는 어린이에서 노인에 이르기까지 가족 모두가 즐길 수 있는 영화다.

- 子供(こども)は3人(にん)です。男(おとこ)の子(こ)が一人(ひとり)と女(おんな)の子(こ)が二人(ふたり)です。
  아이는 셋입니다. 남자아이가 하나, 여자아이가 둘입니다.

185 こばん [小判]   (옛날) 금화

- 子供(こども)にそんな高価(こうか)なものを買(か)ってやっても「猫(ねこ)に小判(こばん)」だよ。
  어린이에게 그런 비싼 것을 사줘 봤자「고양이에게 금화(개발에 편자)」지.

- 値打(ねう)ちのあるものでも、その人になんの役(やく)にも立(た)たなければ、猫に小判です。
  값어치가 있는 것이라도 그 사람에게는 아무런 도움도 되지 않으면 돼지 목에 진주 같은 것입니다.

186 ごふく [呉服]   포목, 비단 옷감   ★

- 呉服屋(ごふくや)の店先(みせさき)には、色様々(いろさまざま)な反物(たんもの)が陳列(ちんれつ)されていた。
  포목전의 앞에는 다양한 색깔의 원단이 진열되어 있었다.

- 少年(しょうねん)は家(いえ)の貧(まず)しさから進学(しんがく)を諦(あきら)めて呉服屋に奉公(ほうこう)しなければならなかった。
  소년은 집이 가난해서 진학을 포기하고 포목전에서 고용살이하지 않을 수 없었다.

187 こもりうた [子守歌]   자장가

- いつも子守唄(こもりうた)を歌(うた)って赤(あか)ん坊(ぼう)を寝(ね)かしつける。
  언제나 자장가를 불러서 아기를 재우다.

- 赤(あか)ちゃんはお母(かあ)さんの歌(うた)う子守歌を聞(き)きながら、スヤスヤと眠(ねむ)りました。
  아기는 엄마가 부르는 자장가를 들으면서 새근새근 잠이 들었습니다.

188 こや [小屋]   오두막집, 임시로 세운 작은 건물

- 我々(われわれ)が山(やま)の頂上(ちょうじょう)の小屋(こや)に着(つ)いたのは、夜(よる)9時(じ)ごろであった。
  우리들이 산 정상의 오두막집에 도착한 것은 밤 9시경이었다.

- 富士山(ふじさん)にはりっぱなホテルなどありませんよ。みんな粗末(そまつ)な小屋ばかりです。
  후지산에는 훌륭한 호텔 같은 것은 없어요. 모두 허름한 오두막집뿐입니다.

- 日本人は外国人からウサギ小屋に住む仕事の虫と、非難をこめて揶揄われている。
  일본인은 외국인으로부터 토끼장 같은 작은 집에서 사는 일 벌레라고 비난 섞인 조롱을 받고 있다.

189 **こよみ [暦]** 달력, 책력

- 暦の上では春だけれども、ちっとも暖かくならない。
  달력상으로는 봄인데도 조금도 따뜻해지지 않는다.
- 9月に入って暦の上では秋だと言っても、しばらくは厳しい暑さが残ります。
  9월에 들어서 달력상으로는 가을이라 해도 얼마간은 심한 더위가 이어집니다.

190 **ころもがえ [衣替え]** 계절에 따라 옷을 갈아입음, 외관을 새로 바꿈

☞ 계절이 바뀌어 옷을 갈아입는 경우에는「ころもがえ(衣替え)」, 평상시에 옷을 갈아입는 경우에는「きがえ(着替え)」라고 한다.

- そろそろ夏に向かうので、衣替えの準備をしなくちゃ。
  이제 슬슬 여름으로 향하고 있으니, 옷 갈아입을 준비를 해야지.
- 生徒達がいっせいに衣替えしたので、すっかり夏らしくなった。
  학생들이 일제히 옷을 갈아입음으로써 완전히 여름다워졌다.

191 **こんだて [献立]** 식단, 메뉴 (회의 등의) 준비 참 こんだてひょう(献立表) 메뉴표, 식단표 ★

- 今度の宴会の献立はどうなっていますか。
  이번 연회의 메뉴는 어떻게 되어 있습니까?
- 今週の献立表を見るとおいしそうなおかずばかりだ。
  이번 주 식단표를 보니 맛있어 보이는 반찬이 가득하다.
- 一人一人の好みを考えにいれて、献立を立てます。
  한 사람, 한 사람의 취향을 고려하여 식단을 짭니다.

192 こんやく [婚約]　약혼

☞ 約婚이라고 하지 않음.

- 彼は司法試験に受かり、その上、婚約も決って、両手に花だ。
  그는 사법시험에 합격하고 게다가 약혼도 정해져 양쪽 손에 꽃을 든 셈이다.

- 兄の婚約者は、色白できれいな顔をしている。
  형의 약혼자는 살결이 희고 아름다운 얼굴의 미인이다.

193 さいくん [細君]　마누라, 집사람, 처 / 남의 아내(같은 연배 이하의 경우에 씀)

- あんな口うるさい細君をもって、彼も災難だね。
  그렇게 잔소리가 심한 마누라를 두고 있으니 그도 재난이로군.

- 彼の細君はとてもおおらかで印象のいい人だ。
  그의 마누라는 마음이 아주 너그럽고 인상이 좋은 사람이다.

194 さいころ [賽子]　주사위

☞ 보통 カタカナ로 표기한다.

☞ 丁半ばくち 주사위의 짝수보다 홀수로 승부를 결정하는 도박.

- 賽子で丁か半かをかける。
  주사위에서 짝수냐 홀수냐를 걸다.

- サイコロの六つの面には、それぞれ1から6までの目がついています。
  주사위의 여섯 개의 면에는 각각 1에서 6까지의 홈이 나 있습니다.

- 賽子を振って数の多いほうが先攻だよ。
  주사위를 흔들어 수가 많은 쪽이 선제공격이다.

195 さいじつ [祭日]　축제일, 제삿날　★

☞ 祝日라고도 한다

- あしたは祭日ですから、学校へ来なくていいですよ。
  내일은 축제일이니까 학교에 오지 않아도 좋아요.

- 日本では日曜日と祭日が重なると、月曜日が自動的に休日になります。この日を振替休日と言います。
  일본에서는 일요일과 축제일이 겹치면, 월요일이 자동적으로 휴일이 된다. 이날을 振替休日라고 합니다.

196 さいふ [財布]　돈지갑　★

- あの家は、お姑さんが財布を握っていて、嫁はほしいものも思うように買えないそうだ。
  그 집은 시어머니가 지갑을 쥐고 있어 며느리는 사고 싶은 것도 마음대로 살 수 없다고 한다.

- 電車の中で財布をすりにすられてしまった。
  전철 안에서 지갑을 소매치기에게 도둑맞고 말았다.

- 旅行に出ると解放的な気分になり、つい財布の紐が緩んでしまう。
  여행을 나서면 해방된 기분이 들어, 무심코 지갑 끈이 느슨해져 버린다.

197 さかば [酒場]　술집, 바, 대폿집　★★

☞ 「さけば」라고 발음하지 않도록 주의.

- 「縄のれん」と、「赤ちょうちん」はともに大衆酒場の意味に使われる。
  「늘어뜨린 새끼줄 발」과 「붉은 초롱」은 모두 대중 술집의 의미로 사용된다.

- 夜の酒場にはいろいろな地方の人達が集まり、お国自慢に花が咲きます。
  야간의 술집에는 여러 지방의 사람들이 모여, 출신 고장의 자랑으로 꽃을 피웁니다.

- 弟の帰りがおそいと思ったら、角の酒場で、とぐろを巻いていたらしい。
  동생의 귀가가 늦는다 했더니, 모퉁이 술집에서 눌러 붙어 있었던 것 같다.

198 さかや [酒屋]　양조장, 술장수　★★

☞ 酒屋는 여러 종류의 술을 파는 곳으로 술을 마시는 곳은 아님. 「さけや」라고 발음하지 않도록 주의.

- 酒屋のとなりが肉屋です。
  술집 옆 가게가 정육점입니다.

- わが家は、先祖代々酒屋を営んでおります。
  우리 집은 선조 대대로 양조장을 운영하고 있습니다.

199 さかりば [盛り場]　번화가, 환락가　★★

- 警察では盛り場の風俗を取り締まり始めた。
  경찰에서는 환락가의 풍기를 단속하기 시작했다.

- 弟は会社の帰りに、自然と盛り場に足が向くようだ。
  동생은 회사에서 귀가하는 길에 저절로 번화가로 발길이 향하는 것 같다.

- この間までは、自由に楽しめる盛り場だったのに、暴力団の出現で暗黒街と化してしまった。
  얼마 전까지는 자유롭게 즐길 수 있는 번화가였는데, 폭력단의 출현으로 암흑가로 변해 버렸다.

- 犯罪や少年非行の温床となりやすい盛り場を、安全できれいな街にしよう。
  범죄나 청소년 비행의 온상이 되기 쉬운 환락가를, 안전하고 깨끗한 거리로 가꾸자.

200 さくや [昨夜]　어젯밤, 간밤

- 昨夜も一昨夜も、夜中に電話がかかってきて起こされた。
  어젯밤에도 그제 밤에도 밤중에 전화가 걸려와 잠이 깼다.

- 締切りまでに論文を仕上げようと思って、昨夜は徹夜でがんばった。
  마감일까지 논문을 마무리하고자, 간밤에는 철야를 하면서 분발했다.

201 さけぐせ [酒癖]　주벽, 술버릇

- あの人は酒癖が悪いから、いっしょに飲まないほうがいい。
  그 사람은 술버릇이 나쁘니 같이 마시지 않는 편이 좋다.

- 一家は、酒癖の悪い父のために貧乏を強いられていた。
  일가는 주벽이 나쁜 아버지 때문에 가난을 강요당하고 있었다.

202 さじ [匙]　(약) 숟가락, 약을 조제함

- 台所から匙を一本もってきてください。
  부엌에서 숟가락을 한 개 가져다주세요.

- 「匙を投げる」は、まったく望みがないと見放す意味に用いられる。
  「숟가락을 던지다」란, 전혀 가망이 없다고 간주하는 의미로 쓰인다.

- どんな医者も匙を投げたほどの重い病気だった。
  어떤 의사도 포기했을 정도의 심한 병이었다.

문화 | 종교

203 **ざしき** [座敷]　다다미방, 객실, 잔치 좌석

- 座敷では座布団を外して挨拶するのがマナーである。
  다다미방의 객실에서는 방석을 밀고 인사하는 것이 매너다.

- 今日はお客さんがいらっしゃるので、座敷をとくにきれいに掃除した。
  오늘은 손님이 오시기 때문에 객실을 특별히 깨끗하게 청소했다.

204 **さしみ** [刺身]　생선회

- 日本人は生の魚を刺身で食べる。
  일본인은 날 생선을 회를 쳐서 먹는다.

- 釣った魚をその場で刺身にして食べさせてくれたが、美味しくて頬が落ちそうだった。
  잡은 생선을 그 자리에서 생선회로 대접받았는데, 맛이 너무 좋아 턱이 떨어질 뻔했다.

205 **さとう** [左党]　술꾼, 주당

- 酒飲みのことを左党というが、左手に杯を持つことから来たという説もあるがあやしい。
  주당을 일컬어 「左党」이라고 하는데, 왼손으로 잔을 잡는다는 데서 왔다는 설도 있지만 의심스럽다.

- 左党の代表は１升酒を平気で飲むうちの課長だ。
  주당의 대표는 술 한 되를 끄떡없이 마시는 우리 부장이다.

206 **さとがえり** [里帰り]　귀향, 귀성, 친정 나들이

- 年末は一年おきに里帰りしています。
  연말에는 1년 걸러 귀성길에 오르고 있습니다.

- 子供を連れて里帰りする。
  아이를 데리고 친정에 가다.

207 **さはんじ** [茶飯事]　다반사, 예사로운 일, 흔한 일

- そんなことは、日常茶飯事だ。
  그런 것은 늘상 흔히 있는 일이다.

- 今日の日本では、恐ろしい交通事故も日常茶飯事になってしまった。
  오늘날의 일본에서는 무서운 교통사고도 일상 다반사가 되어 버렸다.

208 **ざぶとん**[座布団]　방석

- 座布団をしかないで座っていると、足が痛くなりますよ。
  방석을 깔지 않고 앉아 있으면 다리가 아파져요.

- 横綱の連敗に怒りだった観衆が土俵目掛けて座布団を投げ始めた。
  요코즈나의 연패에 화가 난 관중이 씨름판을 향해 방석을 던지기 시작했다.

209 **さほう**[作法]　예의범절, 에티켓 ★

☞ 「さくほう」라고 발음하지 않도록 주의할 것.

- 小さいころから祖母に食事の作法を教え込まれました。
  어릴 적부터 할머니께 식사 예절을 철저히 배웠습니다.

- 道ですれ違っても挨拶もしない、まったく作法を知らないヤツだ。
  길에서 스쳐지나가도 인사를 하지 않는, 전혀 예의를 모르는 녀석이다.

- 武道では技を磨くことだけでなく、行儀作法を身につけることも要求されます。
  무도에서는 기예의 연마뿐만 아니라, 예의범절을 익히도록 요구됩니다.

210 **さみだれ**[五月雨]　(음력 5월 경에 내리는) 장맛비

- 五月雨に濡れると、庭の草木の緑がひときわ鮮やかになる。
  장맛비에 젖으면, 정원의 초목이 푸른빛이 한결 선명해진다.

- 五月雨のことを梅雨とも言うが、この雨の時期が終わると本格的な夏がくる。
  장맛비를 梅雨라고도 하지만, 이 시기가 끝나면 본격적인 여름이 온다.

211 **さむらい**[侍]　무사

- 忠臣蔵という芝居は、47人の侍が主人の敵を討った話です。
  忠臣蔵라는 연극은 47명의 무사가 주인의 원수를 갚은 이야기입니다.

- 昔の侍は腰に二本の刀を差して、威張って歩いていたそうだ。
  옛날의 무사는 허리에 두 자루의 칼을 차고 으스대며 걸었다고 한다.

212 さんしゅのじんぎ [三種の神器]　세 가지 보물, 중요한 것 세 가지, 3종의 대표적 필수품　★

☞ 天皇家의 상징인「거울・칼・구슬」에서 유래.

- 「三種の神器」とは、皇位の象徴として歴代の天皇が受け継いできた宝物で、かがみ、つるぎ、まがたまの三種とされている。
  「삼종의 신기」란 황위의 상징으로서 역대 천황이 계승해 온 보물로, 거울・칼・구슬의 세 가지를 말한다.

- 私が子供のころ、家にはテレビ、冷蔵庫、洗濯機といった「三種の神器」がすでに揃っていました。
  내가 어렸을 적, 집에는 텔레비전・냉장고・세탁기 같은 「세 가지 보물」이 이미 갖춰져 있었습니다.

- ノートブックパソコン、カーナビゲーションシステム、携帯電話、これが現代の新「三種の神器」である。
  노트북, 카 네비게이션 시스템, 휴대전화, 이것이 현대의 새로운 「3종의 보물」이다.

213 しおから [塩辛]　젓갈

- 父の好きな酒の肴は、「イカの塩辛」だ。
  아버지가 좋아하는 술안주는 「오징어 젓갈」이다.

- ご飯と塩辛さえあれば、簡単に食事を済ますことができる。
  밥과 젓갈만 있으면 간단히 식사를 끝낼 수가 있다.

214 しおくり [仕送り]　생활비나 학비를 보내 줌

- 毎月のサラリーから両親に仕送りをしているのでは、大変ですね。
  매달 급료에서 양친에게 생활비를 보내드리자니 힘들겠군요.

- 父が大病して、家から仕送りが絶えてしまった。
  아버지가 중병이 나서 집으로부터 학비 송금이 끊겨 버렸다.

215 しおやき [塩焼き]　소금구이　★

- 魚は塩をふりかけてやく塩焼が一番おいしい。
  생선은 소금을 뿌려서 굽는 소금구이가 가장 맛이 있다.

- お正月に鯛の塩焼きを食べた。
  설날에는 도미 소금구이를 먹었다.

216 じかんわり [時間割り]　(수업) 시간표　★

- これが新学期の時間割りです。
  이것이 신학기의 시간표입니다.

- 不規則な生活を改善するために、一日の時間割りを作ってみた。
  불규칙한 생활을 개선하기 위해서 하루의 시간표를 만들어 보았다.

217 しきい [敷居]　문지방, 문턱

- あの失敗以来、どうも先生の家は敷居が高くなった。
  그 때의 실패 이래, 아무래도 선생님 댁은 문지방이 높아졌습니다(가기 어려워졌습니다).

- お前みたいな「ろくでなし」は、二度と家の敷居をまたぐな。
  너 같은 쓸모없는 인간은 두번 다시 이 집의 문턱을 넘지 마라.

218 しきじょうりこん [式場離婚]　결혼식장에서의 이혼　★

☞ 어느 한편이 결혼식장에 나타나지 않아 결혼식도 올리기 전에 이혼한다는 뜻.

- 最近は、式場離婚と言って、女性が仕事か家庭かと悩んだあげく、結婚式の会場に来なくて離婚するケースも多いようだ。
  최근에는 「식장이혼」이라 해서, 여성이 일이냐 가정이냐로 고민한 끝에 결혼식장에 오지 않아 이혼하는 케이스도 많은 것 같다.

219 しきたり [仕来り]　관례, 관습　★

- 会社によっては、毎朝の仕事始めに従業員が唱和する仕来りがある。
  회사에 따라서는 매일 아침 일을 시작하기 전에 종업원이 구호나 노래를 따라 부르는 관습이 있다.

- 冠婚葬祭の仕来たりも、時代により、地方により、様々に変化して来ている。
  관혼상제의 관례도 시대에 따라, 지방에 따라 여러 가지로 변화되고 있다.

220 しきぶとん [敷布団]　요, 깔개 요

- 夜寝るときは、下に敷布団を敷く。
  밤에 잘 때는 밑에 요를 깐다.

문화 종교

- 寝汗を書いた後は、敷布団をよく干さないといけない。
  자면서 식은 땀을 흘리고 난 후에는 요를 잘 말리지 않으면 안 된다.

221 しきもの [敷物]　깔개, 방석　★

- どの部屋も絨毯などの敷物が敷き詰めてあった。
  어느 방이나 양탄자 등의 깔개가 쫙 깔려 있었다.

- お客に敷物を出す。
  손님에게 방석을 내놓다.

222 しきり [仕切り]　칸막이, 구분 / 결산　仕切る　★

- 広い部屋の空間を仕切りで区切って、いくつかに分けてみた。
  넓은 방의 공간을 칸막이로 구분해서 몇 개로 나누어 보았다.

- この机は引出しの中に仕切りがあって、なかなか便利にできている。
  이 책상은 서랍 속에 칸막이가 있어서 상당히 편리하게 되어 있다.

- 月末に仕切りをしてください。
  월말에 결산을 해 주십시오.

223 じしゅまい [自主米]　정부유통미와는 달리 농민이 직접 유통업자와 거래할 수 있는 쌀

- 新たな米政策が導入され、自主米として「市場」への入り口を潜ることとなった。
  새로운 쌀 정책이 도입되어 자주미로서 「시장」의 길목에 들어서게 되었다.

- 自主米は「自主流通米価格形成センター」というところで、その年のお米の出来具合や質によって値段を決めます。
  자주미는 「자주유통미가격센터」라는 곳에서 그 해의 쌀의 작황상태나 질에 의해 가격을 결정합니다.

224 したぎ [下着]　속옷, 내복　★★

- ぼくは毎日下着を着替えます。
  나는 매일 속옷을 갈아입습니다.

- 寒くてたまらないので、下着を何枚も重ね着をして来ました。
  추워서 견딜 수가 없어, 속옷을 몇 개나 껴입고 왔습니다.

- 彼は下着を着ないで、そのままワイシャツを着ている。
  그는 속옷을 입지 않고 그대로 와이셔츠를 입고 있다.

225 **したてや**[仕立屋]　바느질 집, 재봉 집

- あの仕立屋は、ていねいで上手なんだが、仕事のテンポが遅いんだ。
  그 바느질 집은 공손하고 잘하지만 일의 템포가 느리다.

- フランスの名匠ルコント監督の「仕立て屋の恋」という映画、御覧になりましたか。
  프랑스의 거장 르콩트(Leconte)감독의 「재봉사의 사랑」이라는 영화, 보신 적 있으세요?

  ☞ 「재봉사의 사랑」의 원제는 「Monsieu Hire」로 국내에는 「살인협의」란 제목으로 소개됨.

226 **したまち**[下町]　(도시에서) 바다나 강에 가까운 저지대로 상공인이 많이 사는 구역, 달동네, 서민적이고 인정이 넘치는 동네라는 뉘앙스가 있다　(반)山の手　★★

- 下町とは、そもそも江戸の城下町の意味であり、神田や上野近辺の地域を指していた。
  下町는 원래 에도의 城下町(성아래 마을)이란 뜻으로 간다・우에노 근처의 지역을 지칭했다.

- 下町には、山の手と異なり大学がほとんどなく、町工場が多く残り、現在でも住宅と混在している。
  「下町」에는 「山の手」와 달리 대학이 거의 없고, 소규모 공장이 많이 남아 지금도 주택과 혼재되어 있다.

- 銀座が下町のイメージから遠いのは多分、「庶民の町」というイメージとかけ離れているからだろう。
  긴자가 下町의 이미지에서 먼 것은 아마도 「서민의 거리」라는 이미지에서 벗어나 있기 때문이리라.

227 **しちや**[質屋]　전당포　★

- 質屋に利子は払ったが、まだ元金は返していません。
  전당포에 이자는 지불했지만, 아직 원금은 아직 갚지 않았습니다.

문화 | 종교

- 質屋は品物を預かって、それに見合った金を貸す商売です。
  전당포는 물건을 맡아 두고 그에 걸맞는 돈을 빌려주는 장사입니다.

- 明日までにお金を質屋に持っていかないと、カメラが流れてしまう。
  내일까지 전당포에 돈을 갖고 가지 않으면 카메라가 날아가 버린다.

☞ 質流れ(品) 유질품

228 じっか [実家]   친정, 본가, 생가   ★

- お嫁さんの実家は、家から目と鼻の先にあります。
  며느리의 친정 집은 우리 집에서 엎드리면 코 닿을 데에 있습니다.

- 彼女は実家に帰って母親に愚痴をこぼした。
  그녀는 친정에 돌아와서 친정 어머니에게 푸념을 늘어놓았다.

229 しつけ [躾/仕付け]   예의범절을 가르침, 가정 교육   ★

- 親の躾が悪いから、怠け者になってしまった。
  부모의 가정교육이 나빠서 게으름뱅이가 되어 버렸다.

- 電車の中を走り回っている子供をみると、どんな躾をされているかと考えてしまう。
  전철 안에서 뛰고 돌아다니는 아이를 보면, 어떤 가르침을 받았을까 하고 생각하게 된다.

- この店は、従業員の仕付けが足りないらしく、客に対してとても無愛想だ。
  이 가게는 종업원에 대한 예절 교육이 부족한 듯, 고객에 대해서도 무뚝뚝하다.

230 しない [竹刀]   죽도, 대를 쪼개어 만든 연습용 칼

- 祖父は毎朝、「エイッ、ヤッ!」と掛声も勇ましく、竹刀を振っている。
  할아버지는 매일 아침「에잇, 얏!」하고 기합 소리도 힘차게 죽도를 휘두르고 있다.

231 しにせ [老舗]   노포, 전통과 신용 있는 오래된 점포, 가업   ★★

- 時代の流れに押され、江戸時代から続いた老舗もついに暖簾を下ろさざるを得なくなった。
  시대의 흐름에 압도되어 에도시대부터 계속된 노포도 마침내 문을 닫지 않을 수 없게 되었다.

- 混ぜ物を入れて味を落とすようでは、この老舗ののれんを汚すことになる。
  혼합물을 넣어 맛을 떨어뜨리게 되면, 이 오래된 점포의 신용을 더럽히게 된다.

431

232 しゅうし [修士]　석사(碩士) / 카톨릭교의 수도승　★

- 兄は大学で二年勉強して修士の学位を取った。
  형은 대학원에서 2년간 공부하고 석사 학위를 취득했다.

- 大学の修士課程を修了した弟は、マスターの称号を持っています。
  대학의 석사과정을 수료한 동생은 마스터 칭호를 갖고 있습니다.

233 じゅうしょく [住職]　(절의) 주지(住持)

- 寺の和尚を住職という。
  절의 방장 스님을 주지라고 한다.

- あの寺の住職は京都の厳しい寺で精進した徳の篤い人です。
  그 절의 주지는 쿄토의 엄격한 절에서 수행한, 덕이 두터운 사람입니다.

234 じゅく [塾]　기숙사, 사설 학원, 교습소

- 英語の塾に通う。
  영어 학원에 다니다.

- 塾通いで遊ぶ時間がないのはかわいそうだ。
  학원에 다니느라고 놀 시간이 없는 것은 가엾은 일이다.

235 しゅくじつ [祝日]　경축일

- 日本では国民の祝日が一年に15日ある。
  일본에서는 국민의 경축일이 1년에 15일 있다.

- 今度の月曜日は祝日ですから、休みが三日続きます。
  이번 월요일은 경축일이라서 휴일이 3일간 계속됩니다.

236 しゅじん [主人]　남편, 주인, 고용주

- 店の主人に休みをもらって田舎へ帰った。
  가게의 주인에게 휴가를 받아 시골 고향으로 돌아갔다.

- あなたのご主人はどんなお仕事をしていらっしゃいますか。
  당신의 바깥 양반은 어떤 일을 하고 계십니까?

문화 | 종교

- 私の主人は医者です。
  저의 남편은 의사입니다.

237 じゅず [数珠]　염주

- 彼女は数珠を左手にかけて、一つ一つの玉を指先で探りながら、じっと目をつぶっていた。
  그녀는 염주를 왼손에 걸치고, 하나 하나 알을 손끝으로 찾으면서 지긋이 눈을 감고 있었다.

- おばあさんは仏壇の前に座り、数珠をまさぐりながら祈りを続けている。
  할머니는 불단 앞에 앉아서 염주를 만지작거리며 기도를 계속하고 있다.

238 じょうかまち [城下町]　성을 중심으로 형성된 시가지. 현대 일본도시의 근원　참 山の手　★

- 城下町とは、城を中心として発展した町のことである。
  城下町란 성을 중심으로 발전한 시가지다.

- 今やこの町には、城下町だった昔の面影はどこにもない。
  바야흐로 이 마을에서는 城下町였던 옛 모습은 어디에도 없다.

239 じょうぎ [定規]　사물의 표준, 규준, 모범 / 자(선을 그리는 도구)

- 彼女が書いた線はまるで定規を当てたようにまっすぐで、しっかりしている。
  그녀가 그린 선은 마치 자를 대고 그린 것처럼 곧고 똑바르다.

- 算数の授業で三角定規を使う。
  산수 수업에서 삼각자를 사용하다.

240 じょうご [上戸]　술을 잘 마시는 사람, 술고래

- この仲間はみんな上戸だ。
  이 일당은 모두가 술고래다.

- お酒を飲むとよく笑う人を笑い上戸と言い、よく泣く人を泣き上戸と言う。
  술을 마시면 잘 웃는 사람을 笑い上戸라 하고, 잘 우는 사람을 泣き上戸라 한다.

241 しょうじ[障子]　미닫이, 칸막이 문

- 障子の隙間から風が入るので、寒くてたまりません。
  미닫이 문의 틈으로 바람이 들어오기 때문에 추워서 견딜 수가 없습니다.

- 障子に怪しい人影が映っている。
  장지문에 수상쩍은 사람의 그림자가 비치고 있다.

242 しょうねんば[正念場]　가장 중요한 장면(국면), 고비　★★

☞ 歌舞伎에서 유래.

- 今度の売込み作戦こそ、成功するか失敗するかの正念場だ。
  이번 판매촉진 작전이야말로 성공하느냐, 실패하느냐의 중요한 고비이다.

- 今年はインフレを抑えながら改革を進められるか、正念場の年となりそうです。
  금년에는 인플레를 억제하면서 개혁을 추진할 수 있을지, 가장 중요한 국면의 해가 될 것 같습니다.

243 しょうや[庄屋]　에도시대 마을의 사무를 총괄하던 사람으로 지금의 村長에 해당, 이장(里長)

- 庄屋とは、江戸時代に税金の取り立てなど、村や町を治める仕事をした人をいう。
  「庄屋」란 에도시대에 세금을 거두어들이는 등, 마을을 다스리는 일을 한 사람을 말한다.

- 「今日、みんなに集まってもらったのは…」と、庄屋が話の口を切った。
  「오늘, 모두를 모이게 한 것은…」이라고 이장(里長)은 말문을 열었다.

244 しょうゆ[醬油]　간장

- 刺身は醬油をつけて食べる。
  생선회는 간장을 쳐서 먹는다.

- 醬油を入れすぎたのか、少し味が濃いようだ。
  간장을 너무 많이 넣었는지 약간 맛이 짠 것 같다.

| 문화 | 종교 |

245 **じょうれん** [常連]　단골손님, 언제나 함께 어울리는 그룹 ★

- いつもの常連とハイキングに出掛けた。
  언제나 함께 어울리는 그룹과 하이킹을 갔다.

- あの連中は、ぼくの店の常連だ。
  그 일행은 우리 집의 단골손님이다.

246 **しろみ** [白身]　달걀의 흰자위, 고기나 생선의 흰 부분　반 きみ(黃味)

- カレイなどの白身の魚は味が淡白だ。
  가자미 등의 흰살 생선은 맛이 담백하다.

- 寿司は白身の魚ほど味の良し悪しがハッキリわかる。
  생선 초밥은 흰살 생선일수록 맛의 좋고 나쁨을 확실히 알 수 있다.

247 **しわす** [師走]　섣달, 12월 ★

☞ 원래는 음력 12월이었음.

- 師走になると、大みそかのテレビ番組が人々の話題にのぼる。
  섣달이 되면 그믐날의 텔레비전 프로가 사람들의 화제에 오른다.

248 **じんぎ** [神器]　중요한 것 세 가지, 세 가지 보물 ★

- あることにとって必要なものを重要な順に三点とりあげて、これらを「三種の神器」と言ったりする。
  어떤 것에서 필요한 것을 중요한 순서로 세 가지를 들고, 이들을 「3종의 神器」라고 부르기도 한다.

249 **しんきょ** [新居]　새로 지은 집, 새로 이사한 집

- 新居に落ち着いたら、近況をお知らせください。
  새로 이사한 집에서 안정이 되면 근황을 알려 주십시오.

- 新居が完成致しましたので、ぜひ一度お暇を作って遊びにいらしてください。
  새집이 완성되었으니 꼭 한번 시간을 내서 놀러 오십시오.

250 じんじゃ [神社]　신사, 일본 황실의 선조나 신화시대의 신 또는 국가 유공자를 받드는 사당　★

- 神様をお祭りしてある所を神社という。
  신을 모시고 제사지내는 곳을 神社라고 한다.
- 合格を願って出掛ける前に神社に参ってきた。
  합격을 기원하며 떠나기 전에 신사에서 참배하고 왔다.

251 しんじゅう [心中]　정사(情死), 집단 자살　★

- 心中とは、もともと愛し合っている男女が一緒に自殺することを意味する。
  心中란 원래 서로 사랑하고 있는 남녀가 함께 자살하는 것을 의미한다.
- 最近、一家心中という痛ましい事件が続発している。
  최근 가족 동반자살이라는 애처로운 사건이 계속해서 발생하고 있다.

252 しんるい [親類]　친척, 집안, 친족 / 같은 종류의 것, 비슷한 것　★

- あの人は私の遠い親類に当たる。
  그 사람은 나의 먼 친척에 해당한다.
- 遠くの親類より近くの他人のほうがいい。
  멀리 있는 친척보다 가까이 있는 남(이웃 사촌)이 낫다.

253 すいがら [吸い殻]　(담배) 꽁초, 성분을 짜내고 남은 찌꺼기　★

- 警察で調べた結果によると、火事の原因はタバコの吸い殻だそうです。
  경찰이 조사한 결과에 의하면 화재의 원인은 담배꽁초라고 합니다.
- 窓からタバコの吸い殻をポイと捨てる。
  창 너머로 담배꽁초를 홱 버리다.

254 すいしゃ [水車]　물레방아

- 静かな村の昼下がり、コトコトコットンと水車が回る音が絶えず聞こえて来ました。
  한적한 마을의 하오(下午), 덜커덕 덜커덕하고 물레방아 도는 소리가 끊임없이 들려 왔습니다.

255 **すえっこ** [末っ子]　막내(둥이)

- 彼女は末っ子だから、よりいっそう家族から可愛がられている。
  그녀는 막내라서 가족으로부터 한층 더 귀여움을 받고 있다.

- 姉妹三人のうち、末っ子のわたしが一番活発です。
  자매 셋 중에서 막내인 제가 가장 활발합니다.

256 **すけべえ** [助兵衛]　호색가, 바람둥이

☞ 助平(すけべい)라고도 함.

- 助兵衛なことを言うな。
  음란스러운 말을 하지 말라.

- 助兵衛と言われることは甚だ恥ずかしいことだ。
  호색가라는 말을 듣는 것은 심히 부끄러운 일이다.

257 **すし** [寿司]　초밥, 식초를 친 밥에 어육이나 야채 등을 섞은 음식

- この寿司は、ワサビが利いてうまいぞ。
  이 초밥은 와사비의 매운 맛이 나서 맛이 있을 게다.

258 **すんぽう** [寸法]　치수, 길이 / 작정, 계획, 예정, 의도　★

- この冷蔵庫の寸法は、幅90㎝、奥行き80㎝、高さ180㎝です。
  이 냉장고의 치수는 가로 90㎝, 깊이 80㎝, 높이 180㎝입니다.

- 大工さんが、寸法を測る。
  목수가 치수를 재다.

- 後でゆっくり飲もうという寸法だ。
  나중에 느긋하게 마시겠다는 계산이다.

259 **せいざ** [正座]　무릎을 꿇고 바로 앉음, 단정히 앉음

- 正座をすると、足が痺れる。
  정좌를 하고 있으면 발이 저린다.

- 正座をしたほうが背筋が伸びていい。
  정좌를 하는 쪽이 등허리가 반듯해서 좋다.

- 正座がつらくなったので、胡座をかいた。
  바로 앉는 것이 힘들어져서 책상다리하고 앉았다.

260 せいぼ [歳暮]　세모, 연말 / 연말 선물　★★

- 中元や歳暮は、日ごろお世話になっている人へのお礼の気持ちをこめて贈るものをいう。
  中元과 歳暮는 평소 신세진 사람에게 감사의 마음을 담아 선물하는 것을 말한다.

- 歳暮は中元より少し高価なものを贈るのが一般的である。
  연말 선물은 백중 때보다 약간 비싼 것을 선물하는 것이 일반적이다.

261 せきしょ [関所]　관문, 검문소　★

- 昔は箱根などに関所があって通行人を調べた。
  옛날에는 하코네 등에 검문소가 있어 통행인을 조사했다.

- 通行手形がないと関所を通してもらえなかった。
  통행증이 없으면 검문소를 통과시켜 주지 않았다.

262 せきはん [赤飯]　찹쌀 팥밥

☞ 일본에서는 결혼식 등 경사스러운 날에 찹쌀 팥밥을 먹는 풍습이 있다.

- お目出度いことがあると赤飯を炊いて祝う。
  축하할 일이 있으면 팥밥을 지어서 축하한다.

- 入学祝に赤飯を炊く。
  입학 축하로 팥밥을 짓다.

263 せっく [節句]　명절 (단오·칠석 등 다섯 명절)

- 怠け者の節句働き。普通の人が休む節句にわざと忙しそうに働くこと。
  게으른 자의 명절날 일하기. 모두 쉬는 명절에 일부러 바쁜척 하며 일하는 것.

- 3月3日は女の子の節句で、5月5日は男の子の節句です。
  3월3일은 여자아이의 명절이고, 5월5일은 남자아이의 명절입니다.

문화 | 종교

264 **せっぷく** [切腹]　할복(자살), 배를 갈라 자살하는 일　★

- 切腹とは、封建時代に処刑に代わり武士に与えられた名誉ある刑であった。
  「할복」이란 봉건시대에 처형 대신 무사에게 부여되었던 명예로운 형벌이었다.

- 切腹のもとの意味は、自分の腹はきれいなんだということを証明するための行為であった。
  할복의 원래 의미는 자신의 뱃속은 깨끗하다는 것을 증명하기 위한 행위였다.

265 **せつぶん** [節分]　계절이 변하는 때, 입춘 전날

- 春の節分には豆まきをして鬼を追い払い出し、福を呼びます。
  입춘 전날에는 콩을 뿌려 귀신을 쫓아내고 복을 부릅니다.

- 節分には「鬼は外、福は内」と言いながら豆をまきます。
  입춘 전날에는 「귀신은 물러가고, 복은 들어와라」라고 말하면서 콩을 던집니다.

266 **せともの** [瀬戸物]　도자기, 사기 그릇　★

- 茶碗や皿のような瀬戸物はこの箱の中に入れてください。
  찻잔이나 접시 같은 사기그릇은 이 상자 속에 넣어 주십시오.

- 母は梅干しを蓋のついた瀬戸物の容器に入れて保存しています。
  어머니는 뚜껑이 달린 사기 용기에 매실을 넣어서 보존하고 있습니다.

☞ 원래는 도자기로 유명한 あいち(愛知)県의「せと(瀬戸)市」에서 만든 도자기에서 유래한 말이다.

267 **せびろ** [背広]　신사복, 양복　★

☞ スーツ라고도 함. 背広 : 남성　スーツ : 남성・여성

- 僕は背広を三着持っている。
  나는 신사복을 세 벌 갖고 있다.

- この背広なら生地がいいですから、10年はもちますよ。
  이 양복이라면 원단이 좋아서 10년은 입을 수 있지요.

- 男は背広の内ポケットから手帳を出し、相手の住所を確かめた。
  사나이는 양복 안의 호주머니에서 수첩을 꺼내 상대방의 주소를 확인했다.

268 **せんこう** [線香]　선향, 향가루를 반죽하여 가늘고 길게 만들어 향을 피우도록 한 것 ★

- 祖母は毎日お線香を炊いて仏様を拝んでいます。
  할머니는 매일 선향을 피워 놓고 부처님에게 배례하고 있습니다.

- 弔問に行ったら線香の匂いが立ち込めていた。
  조문을 갔더니 향냄새가 자욱이 끼어 있었다.

☞ かとりせんこう(蚊取り線香) 모기향

269 **せんす** [扇子]　접는 부채, 쥘부채 ★

- 扇子は主として外出時や観劇で使われるのに対して、団扇は自分の家でくつろいだ時に使われる。
  쥘부채는 주로 외출할 때나 관람시에 쓰이는 데에 비해, 부채는 집에서 느긋하게 쉴 때 쓰인다.

- 京都の夏は暑い。ほんとうに暑い。扇子は必需品だ。
  교토의 여름은 덥다. 정말 덥다. 부채는 필수품이다.

- 冷房ばかりに頼らず、扇風機や団扇や扇子を使ったらいいよ。
  냉방에만 의존하지 말고, 선풍기나 (넓은)부채나 쥘부채를 사용하는 게 좋아요.

270 **せんとう** [銭湯]　대중 목욕탕 ★

- 手ぬぐいと石鹸をもって、銭湯へ行って汗を流してきます。
  수건과 비누를 갖고 공중목욕탕에 가서 땀을 흘리고 옵니다.

- 以前は家に風呂がなかったので、長い距離を歩いて町の銭湯へ通った。
  옛날에는 집에 목욕탕이 없었기 때문에 먼 거리를 걸어서 마을의 목욕탕에 다녔다.

- 銭湯ではお互いに背中を流し合っている光景をよく目にします。
  대중목욕탕에서는 서로가 등을 밀어 주는 광경을 자주 봅니다.

271 **せんぬき** [栓抜き]　병따개, 마개 뽑기

- ビンの栓を抜く道具を「栓抜き」と言う。
  병마개를 따는 도구를 「栓抜き」라고 한다.

- ナイフ、栓抜きなどの道具は、旅先などでとても便利です。
  칼, 병따개 등의 도구는 여행지 등에서 아주 편리합니다.

272 そうしき [葬式]　장례식　★

- 普通お葬式の時は、みんな黒い着物を着ます。
  일반적으로 장례식 때는 모두 검은 옷을 입습니다.

- あの人は見舞いにはもちろん、葬式にすら来ませんでした。
  그 사람은 문병은 물론 장례식에조차 오지 않았습니다.

273 そとぼり [外堀]　성의 외곽에 판 호(濠)　반 うちぼり(内堀)

- 外堀を埋められれば、城が落ちるのは後は時間の問題だ。
  외곽의 호만 메워지면 성이 함락되는 것은 이제 시간 문제다.

- 外堀を深くして守りを固める。
  외곽의 호를 깊이 파서 수비를 견고히 하다.

274 たいあん [大安]　길일(吉日), 결혼·여행 등에서 길하다는 날
반 仏滅(ぶつめつ)

☞ 「だいあん」라고도 읽는다.

- 大安の休日は式場も満員で、祝電もラッシュ状態となる。
  길일이 겹친 휴일은 예식장도 만원이고, 축전도 밀려드는 상태가 된다.

- きょうは大安吉日で、婚礼が多い。
  오늘은 길일이라서 혼례가 많다.

275 だいく [大工]　목수　★

- 腕前のいい大工だったが、若いうちに死んだ。
  솜씨가 좋은 목수였는데 젊은 나이에 죽었다.

- お父さんの仕事を見習って、息子も大工になった。
  아버지의 일을 보고 배워 아들도 목수가 되었다.

- 家の増築について大工さんに頼んで費用の見積りを出してもらった。
  집의 증축에 관해서 목수 아저씨에게 부탁해 비용의 견적을 뽑아 받았다.

276 **たいくつ** [退屈]   지루함, 무료함, 따분함, 심심함   ★

- いいところに来てくれたね。退屈していたんだよ。
  때마침 잘 와 주었군. 무료했던 참이라네.

- 話がつまらないので、みな退屈そうな顔をしている。
  이야기가 재미없기 때문에 모두가 지루한 듯한 얼굴을 하고 있다.

- わたしは何の取柄もない、退屈でつまらない人間です。
  저는 아무런 재주도 없는 심심하고 재미없는 인간입니다.

277 **たいこ** [太鼓]   북, 맞장구를 침

- テンポが速い太鼓のリズムに合わせて女たちの動きも激しくなった。
  템포가 빠른 북소리의 리듬에 맞춰 여자들의 움직임도 격렬해졌다.

- うちの課長は、我々の意向を無視してすぐに部長の太鼓を持つから困ったものだ。
  우리 과장은 우리들의 의향을 무시하고, 바로 부장의 비위를 맞추기 때문에 곤란한 사람이다.

278 **だいごみ** [醍醐味]   기막힌 맛, 묘미, 더 없는 즐거움   ★

- 結末の意外な、どんでん返しが推理小説の醍醐味だ。
  결말이 의외로 반전되는 것이 추리소설의 묘미이다.

  ☞ どんでん返し 일이 역전됨.

- 野球の醍醐味は何といってもホームランだ。
  야구의 묘미는 뭐니 뭐니 해도 홈런이다.

279 **だいこん** [大根]   무 / 서투른 연기자 / 여자의 굵은 다리의 준말

- そんな腐った大根を売っているようじゃ、八百屋の看板が泣くよ。
  그런 썩은 무를 팔다니! 채소 가게의 간판이 울겠소.

- 農家の庭では、採ったばかりの大根を一本一本きれいに洗っていた。
  농가의 뜰에서는 막 뽑아 낸 무를 하나 하나 깨끗이 닦고 있었다.

- 私の足を大根だなんて、ひどいわ。
  내 다리를 무라고 하다니, 너무 심하네요!

280 だいどころ [台所]　부엌, 주방, 살림　★

- 台所はいつも清潔にしておいてください。
  부엌은 언제나 청결히 해 놓으세요.
- 江戸時代、大阪は天下の台所と呼ばれ、日本の経済の中心でした。
  에도시대의 大阪(오사카)는 천하의 주방이라 불리며, 일본 경제의 중심이었습니다.

281 だいみょう [大名]　에도시대의 영주, 제후　★

- 大名とは、日本の歴史上、特に江戸時代の領主をいう。
  大名(다이묘)란 일본의 역사상, 특히 에도시대의 영주를 말한다.
- 百姓たちは道に膝をついて大名が通るのを待った。
  농민들은 길에 무릎을 꿇고 영주가 지나가기를 기다렸다.
- 外様大名とは、関ヶ原の合戦以後、徳川側についた大名を言う。
  外様大名란 関ヶ原교전 이후 도쿠가와측에 붙은 영주를 말한다.

282 たうえ [田植え]　모심기, 모내기　★

- 今年は田植えの時に雨がたくさん降ったので助かりました。
  금년에는 모심기 철에 비가 많이 내렸기 때문에 도움이 되었습니다.
- 農家では春先で一番の大仕事は田植えだ。
  농가에서는 초봄에 가장 큰 일은 모내기이다.

283 たけのこ [竹の子]　죽순

- 裏には竹が茂っているので、春になると竹の子が生えます。
  뒤쪽에는 대나무가 무성해서 봄이 되면 죽순이 나옵니다.
- 戦後5年間、一般市民の生活は少しずつ家財を売り食いする「竹の子生活」の状態だった。
  전후 5년간 일반 시민의 생활은 집안의 재물을 조금씩 팔아먹고 사는 「죽순으로 하루살이」의 상태였다.

  ☞ 竹の子生活 : 죽순 껍질을 하나 하나 벗겨 내듯, 생활비가 떨어지면 옷가지를 비롯하여 돈이 될 만한 물건을 한 가지씩 팔아 근근이 생활을 이어 갈 정도로 곤궁했던 패전 후의 시민 생활을 비유하여 1947년부터 유행한 말이다.

284 **だし**[山車]　축제 때 끌고 다니는 화려하게 장식한 가마　★

- 日本の祭りには勇壮な山車が繰り出されるものがある。
  일본의 축제에는 웅장하게 꾸민 수레가 떼지어 나오는 수가 있다.

- 祇園祭りの圧巻は何といっても勇壮な山車だ。
  「기온마츠리」의 압권은 뭐니뭐니해도 웅장한 가마다.

☞ 祇園祭 : 교토 入坂(やさか)神社의 제례(현재는 7월 17일부터 약 한 달간 열림)

☞ みこし(神輿)와 だし(山車)는 축제(祭り)에 자주 등장하는 가마인데, 전자는 어깨에 메고 다니는 데에 비해 후자는 바퀴를 달아 끌고 다니는 차이가 있다.

285 **たちいり**[立入り]　출입, 들어 옴　★

- 工事が終わったので、立入り禁止の制限が解かれた。
  공사가 끝나서 출입금지 제한이 해제되었다.

- ちょっと、あなた！ ここは立入禁止ですよ。
  잠깐, 당신！ 이곳은 출입금지예요.

286 **たて**[殺陣]　(영화·연극에서의) 칼싸움 난투 장면, [さつじん]이라고도 발음함

- 軽快なテンポの中に、豪快な殺陣シーンをふんだんに盛り込んであるが、血は見せない。
  경쾌한 템포 속에서 호쾌한 칼싸움 장면을 풍성하게 담아내지만 피는 보이지 않는다.

- 迫力ある殺陣を演じるのも大切なことですが、そこで怪我をしては何にもなりません。
  박력있는 칼싸움 장면을 연기하는 것도 중요하지만, 그 때 상처를 입어서는 아무 것도 안 됩니다.

- 殺陣とは、いわゆる俗に言うチャンバラの事で、時代劇で刀や槍を持って斬り合うことです。
  殺陣란 소위 세간에서 일컫는 난투를 말하며, 시대극에서 칼이나 창을 갖고 칼부림하는 것을 뜻한다.

287 **たてまえ**[建前]　방침, 주의, 명분, 원칙 / 건물의 마룻대(上樑)
　　　　　　　　　　　⑮ ほんね(本音)　★★

- 表面上は、建前を崩さずに本音を満たす方策を見つけることが交渉術である。
  표면상으로는 「명분」을 깨뜨리지 않고 「실리」를 충족시키는 방책을 찾아내는 것이 교섭술이다.

- 建前ではなく、あなたの本音が聞きたいのだ。
  원칙이 아니라 당신의 본심을 듣고 싶은 것이다.

- 本音と建前は違うことが多いので、人の言葉や顔色から本心を探るのは難しいことだ。
  속셈과 명분은 다른 경우가 많기 때문에 남의 말이나 안색으로 본심을 살피는 것은 어려운 일이다.

288 **たな**[棚]   선반, 시렁

- 台所の棚になべを載せておきます。
  부엌의 선반에 냄비를 얹어 둡니다.

- 「棚からぼたもち」とは、思いがけない幸運が偶然ころがりこんでくることです。
  「棚からぼたもち」란 뜻밖의 행운이 우연히 굴러 들어오는 것입니다.

289 **たなばた**[七夕]   칠석

- 五節句のひとつ。七月七日は七夕と言って年に一度、彦星と織女星が出会う日です。
  다섯가지 명절의 하나. 7월7일은 칠석이라고 하며, 1년에 한번, 견우성과 직녀성이 만나는 날입니다.

☞ 七夕まつり 칠석절

290 **たにんぎょうぎ**[他人行儀]   (친한 사이인데도) 남남처럼 서먹서먹하게 대함, 달갑지 않게 대함   ★

- まあ、何だってそんな、他人行儀に呼ぶんだね。昔のように「みっちゃん」でいいんだよ。
  아니, 어쩌면 그렇게 남남처럼 덤덤하게 부르지. 옛날처럼 '밋짱' 이라고 불러 줘요.

- 他人行儀な挨拶は抜きにして、早速相談をしよう。
  남남처럼 서먹서먹한 인사는 빼고 바로 상담을 하자.

291 **たねまき**[種蒔き]   파종, 씨를 뿌림

- この野菜の種蒔きはいつ頃がいいでしょうか。
  이 야채의 파종은 언제쯤이 좋을까요?

292 たはた [田畑]　　논밭, 전답

- モグラや猪はいずれも田畑を荒らす動物である。
  두더지나 멧돼지는 어느 것이나 다 논밭을 황폐하게 만드는 동물이다.

- 開拓された田畑は移住者たちの血と汗と涙の結晶です。
  개척된 전답은 이주자들의 피와 땀과 눈물의 결정입니다.

293 たまもの [賜物]　　하사품 / (좋은)결과, 보람, 덕택, 은혜　★

- あの人の成功は決して偶然ではなく長年の努力の賜物だ。
  그 사람의 성공은 결코 우연이 아니라 오랜 노력의 결과다.

- お百姓さんの労働の賜物なんだから、ご飯は残さないで食べなさい。
  농부님들의 노동의 결실이니 밥은 남기지 말고 먹도록 하세요.

- 水は生活に欠かせない天からの賜物だから一滴もムダにしないようにしよう。
  물은 생활에서 빼놓을 수 없는, 하늘이 내려준 하사품이니 한 방울도 헛되이 하지 않도록 하자.

294 たんざく [短冊]　　글씨를 쓰거나 물건에 매다는 좁고 긴 종이

- 七夕の夜、人々は様々な願い事を書いた短冊を竹につるします。
  칠석날 밤, 사람들은 갖가지 소원을 적은 종이를 대나무에 매답니다.

- 七夕祭りがすむと人々は短冊のついた竹を川に流します。
  칠석 축제가 끝나면 사람들은 소원을 담은 종이가 매달린 대나무를 강에 띄웁니다.

295 たんじょうび [誕生日]　　생일

- お誕生日のお祝いにどんな物を上げたらいいのでしょうか。
  생일 축하(선물)로 어떤 것을 드리면 좋을까요?

- 三人の誕生日は、偶然にも同じ日でした。まさに偶然の一致です。
  세 사람의 생일은 우연히도 같은 날이었습니다. 그야말로 우연의 일치입니다.

296 たんす [箪笥]　　장롱, 옷장

- たんす預金とは、たんすの底などにしまっておく現金のことです。
  장롱예금이란, 장롱 밑바닥 등에 숨겨 놓은 현금을 말합니다.

- 引越しの時、大きい箪笥は寝かして部屋にいれる。
  이사할 때, 커다란 옷장은 눕혀서 방에 넣는다.

297 だんだんばたけ [段々畑]　(산에) 계단식으로 만든 밭

- 山の南側の斜面は、頂上近くまで段々畑が続いている。
  산 남쪽의 경사면에는 정상 근처까지 계단식 밭이 이어지고 있다.

- 山国である日本では段々畑がよく見られる。
  산이 많은 일본에서는 계단식 밭이 자주 눈에 띈다.

298 だんどり [段取り]　마음가짐, 일을 진행하는 순서나 방법을 정함 ★

- 私のほうで段取りをつけてご連絡しますよ。
  제 쪽에서 절차를 미리 정해서 연락해 드리지요.

- 具体的な段取りが決定すると、僕たちはすぐに計画を行動に移しました。
  구체적인 절차가 결정되자, 우리들은 곧바로 계획을 행동으로 옮겼습니다.

- 運動会の段取りを考える。
  운동회의 진행 방법을 궁리하다.

299 だんな [旦那]　남편을 공대하여 일컫는 말/주인, 나리/남자 고객을 부르는 말, 손님 ★

- 旦那の浮気にやんわりと恨み言をいう。
  남편의 바람기에 살며시 원망의 말을 하다.

- 旦那様はお元気でいらっしゃいますか。
  바깥 양반은 안녕하십니까?

- 旦那さん！　お安くしておきますよ。
  손님！ 싸게 해 드릴게요.

300 たんぼ [田圃]　논

- 勝手に田圃をつぶして、そこに家を立てることは許されていない。
  제멋대로 논을 없애고, 그 곳에 집을 짓는 것은 허용되지 않는다.

- 田圃に囲まれた田舎の家は、夜になるとカエルの大合唱が聞こえた。
  논으로 둘러싸인 시골 집은 밤이 되면 개구리의 대합창이 들렸다.

301 **ちくしょう**[畜生]　남을 욕하거나 부러워할 때 쓰는 말, 짐승 같은 녀석! 빌어먹을! 젠장! 등의 욕설

- 「畜生！一杯食わされた。」と嘆いた。
  「젠장! 한방 먹었다」라고 탄식했다.

- 「犬畜生にも劣る奴」と言われたのは、この上ない侮辱だ。
  개만도 못하다는 말을 들은 것은 최악의 모욕이다.

302 **ちゃづけ**[(お)茶漬け]　뜨거운 찻물에 밥을 맒　★

- フランス料理も悪くないが、やっぱりたくあんにお茶漬けが一番だ。
  프랑스 요리도 나쁘지 않지만, 역시 단무지에 오차즈케가 제일이다.

- 酒宴の後の食事にお茶漬けが振る舞われた。
  주연이 끝난 후에 식사로 오차즈케가 대접되었다.

- 夜食はお茶漬で済ませる。
  야식은 오차즈케로 때운다.

303 **ちゃわん**[茶碗]　찻잔, (밥)공기

☞ 찻잔은 ちゃのみぢゃわん, 밥공기는 ごはんぢゃわん으로 구분해서 말한다.

- 「お代わり」というと、お母さんは茶碗にご飯を盛ってくれた。
  「한 공기, 더!」라고 말하자 어머니는 공기에 밥을 수북이 담아 주었다.

- 父と母はもう10年以上も対の茶碗を使っています。
  아버지와 어머니는 벌써 10년 이상이나 한 쌍으로 된 찻잔을 사용하고 있습니다.

- いやだわ。どの茶碗も縁が欠けているじゃないの。
  어머니! 어떤 찻잔이나 모두 테두리에 이가 빠져 있잖아요?

304 **ちゅうげん**[中元]　백중, 백중날에 보내는 선물　★★

☞ 원래는 음력 7월 15일의 백중 날로 조상에게 제사를 올리는 불교의 풍습이었는데, 지금은 양력 7월 중순을 전후로 평소에 신세진 사람에게 인사하기 위해 증정하는 선물을 일컫게 되었다.

- 中元は、一年の上半期の締めくくりとしての挨拶をする時期である。
  中元은 1년의 상반기를 매듭짓는 의미로 인사를 하는 시기이다.

- 社会人ともなれば、中元や歳暮を「虚礼だ」といって避けてはいられない。
  사회인이 되면 백중 선물이나 연말 선물을 「허례허식이다」라며 피하고만 있을 수도 없다.

305 ちょうちん [提灯]　등불, 초롱, 제등

- お祭りなので、町には提灯がたくさんぶら下がっています。
  축제라서 마을에는 제등이 많이 걸려 있습니다.

- あいつは上役の提灯を持つことしか能がないやつだ。
  그 녀석은 상사의 앞잡이 노릇밖에는 능력이 없는 녀석이다.

306 ちょうにん [町人]　에도(江戸)시대의 상인과 공인의 신분계층 ★★

☞ 지배계층인 무사들의 생활 편의를 위해 상인과 공인을 성 아래(城下)의 마을(町)에 집단적으로 거주시키고 상공인촌을 형성했기 때문에 「町人」이라는 호칭이 붙었다.

- 江戸時代になると、文化の中心は町人たちに移って行った。
  에도시대가 되자 문화의 중심은 상공인에게로 옮겨갔다.

- 武士と町人のあいだには厳然たる身分の差別があった。
  무사와 상공인 사이에는 엄연한 신분의 차별이 있었다.

307 ちょこ [猪口]　사기 그릇으로 된 작은 술잔

☞ 「ちょく」라고도 발음한다.

- 猪口に酒を注いで飲む。
  작은 사기 술잔에 술을 따라 마시다.

- 猪口では面倒だからコップに変えてください。
  작은 사기 술잔으로는 번거로우니 컵으로 바꿔 주십시오.

308 ちりがみ [塵紙]　휴지

- 雑誌や新聞を紐でくくり、塵紙交換に出した。
  잡지나 신문을 끈으로 묶어서 휴지와 교환하기 위해 내놓았다.

- 塵紙には再生紙が使われる。
  휴지에는 재생지가 사용된다.

309 **つかいかた** [使い方]　사용법　★

- この機械の使い方を説明してください。
  이 기계의 사용 방법을 설명해 주십시오.

- 精密機械は使い方を間違えると、すぐに故障する。
  정밀기계는 사용법을 틀리면 바로 고장이 난다.

310 **つきあい** [付き合い]　사귐, 교제, 교류　★

- その人とは付合いがないばかりか、名前すら知らないのです。
  그 사람과는 교제가 없을 뿐만 아니라, 이름조차 모릅니다.

- 田村さんはなかなか付き合いの範囲が広い。
  다무라 씨는 교제 범위가 상당히 넓다.

- ぼくが彼との付合いを始めたのは、たしか3年ぐらい前のことだ。
  내가 그와 교류를 시작한 것은 확실히 3년 전쯤의 일이다.

311 **つきだし** [突出し]　주문 요리에 앞서 내놓는 간단한 안주 / 상대방의 가슴을 밀쳐 내는 씨름수 / 처음으로 그 업계에 들어섬

- あの飲み屋はその都度変わった突出しが出るので気に入っている。
  그 술집은 그때 그때마다 바뀐 기본 안주가 나오기 때문에 마음에 든다.

- 突き出しは相撲の決まり手の一つだ。
  밀어내기는 스모 씨름의 결정적인 승부수의 하나다.

- 事業はその突き出しから失敗の連続だった。
  사업의 첫발부터 실패의 연속이었다.

312 **つけもの** [漬物]　채소 절임, 소금이나 된장에 절인 일본식 김치　★

- たくわんは日本の代表的な漬物だ。
  단무지는 일본의 대표적인 절임 김치다.

- このキュウリの漬物はまだよく漬っていないね。
  이 오이절임은 아직 잘 익지 않았네요.

313 **つじ [辻]**   십자로, 네거리 / 길가

- 東西に走る道を行くと、四つ辻に出る。
  동서로 달리는 도로를 지나가면, 십자로가 나온다.

- 次の辻を右に曲がって三軒目がタバコ屋です。
  다음 네거리에서 오른쪽으로 돌아 세 번째 집이 담배가게입니다.

314 **つぼ [坪]**   평(넓이의 단위)

- 以前には広さを測る単位に、「坪」を使いましたが、今では平方メートルを使っています。
  전에는 넓이를 측정하는 단위로 「평(坪)」을 사용했습니다만, 지금은 평방미터를 사용하고 있습니다.

- 坪百万円ぐらいなら未だしも、一千万円もするなんてとても庶民の手には届かないね。
  평당 백만 엔이라면 모르되 천만 엔이라니 서민에게는 어림도 없군.

315 **つまみ [(お)摘まみ]**   손잡이 / 마른안주   ★

☞ 젓가락을 사용하지 않고 손가락으로 집어먹는 마른안주는 「손끝으로 집다」는 뜻의 동사 「つま(摘)む」의 명사형 「つま(摘)み」에 미화어 접두사 お를 붙인 것이다.

- この機械を動かすには、右側の摘みを右にねじればよいのです。
  이 기계를 움직이려면, 오른쪽 손잡이를 오른쪽으로 틀면 됩니다.

- この摘みでラジオの音量を自由に加減することができます。
  이 손잡이로 라디오의 음량을 자유롭게 조절할 수가 있습니다.

- このお摘まみは、なかなかおつな味でいけるね。
  이 마른안주는 꽤 독특한 맛이라서 먹을 만 한데.

- お酒のお摘まみには、甘いものよりも辛いもののほうが合う。
  술의 마른안주로는 단 것보다도 짠 것이 알맞다.

316 **つや [通夜]**   초상집에서의 밤샘, 불당에서의 철야 기원

- 会社の帰りにお通夜に寄ったが、ピンクのブラウスを着ていたので気がひけた。
  회사 퇴근길에 초상집 밤샘하는데 들렀는데, 핑크색 블라우스를 입고 있어서 겸연쩍었다.

- 通夜は読経の始まる前までには到着するように。
  상가집에 갈 때는 독경이 시작되기 전까지는 도착하도록.

317 **つりせん** [釣銭] 거스름돈, 우수리 ★

- 釣り銭の要らないように願います。
  거스름돈이 필요 없도록 부탁합니다.

- 店員が釣銭の間違いに気がつき、追いかけて来た。
  점원이 거스름돈이 틀린 것을 알고 뒤쫓아왔다.

318 **てあか** [手垢] 손때

- 先輩からもらった辞書には、先輩がよく使った証拠に手垢がついていた。
  선배에게서 받은 사전에는 선배가 자주 사용한 증거로 손때가 묻어 있었다.

- 電気のスイッチ部分は意外に手垢で汚れるものだ。
  전기 스위치 부분은 의외로 손때로 더러워지기 마련이다.

319 **ていきゅうび** [定休日] 정기 휴일 ★

☞ 줄여서「ていきゅう(定休)」라고도 한다.

- 今日は水曜日なので、表通りに面した商店は、ほとんどが定休日だった。
  오늘은 수요일이라서 큰 거리에 면한 상점은 거의가 정기 휴일이었다.

- 定休日だと知っていて黙っているなんて、君も人が悪いよ。
  정기 휴일이라는 것을 알고 있으면서도 입을 다물고 있다니 자네도 사람이 나쁘군.

320 **ていしゅ** [亭主] 남편, 가장(家長) / 여관이나 찻집 등의 주인

- あんなに気が強い女は、結婚すると亭主を尻に敷くことになるんだろう。
  저런 기가 센 여자는 결혼하면 남편을 깔아뭉갤 것이다.

- いつも母には弱い父なのに、会社の人が来ると急に亭主関白ぶって、体面を持とうとするのです。
  언제나 어머니에게는 약한 아버지인데, 회사 사람이 집에 오면 갑자기 큰소리를 치며 체면을 지키려 합니다.

☞ 亭主関白 집에서 큰소리치는 남편.

| 문화 | 종교 |

- 亭主の顔に泥を塗る。
  남편의 얼굴에 먹칠을 하다.

321 てすう [手数] 수고스러움, 폐, 노력이나 시간이 걸림 ★

☞ 「てかず(手数)」라고도 발음한다.

- お手数ばかりかけてすみませんが、これを洗ってくださいませんか。
  폐만 끼쳐서 미안합니다만, 이것 좀 빨아 주시지 않겠습니까?
- お忙しいところをお手数ですが、よろしくお願い致します。
  바쁘신 데 수고스럽지만 잘 부탁드립니다.
- かつては人手に頼った米作りだが、今は機械化が進み手数が省けるようになった。
  예전에는 사람 손에 의존했던 벼농사가 지금은 기계화가 추진되어 수고를 덜게 되었다.

322 てづくり [手作り] 손수 만듦, 수제품, 집에서 만든 요리

- これは、どうやって作りましたか。機械ですか。それとも手作りですか。
  이것은 무엇으로 만들었습니까? 기계입니까? 아니면 손으로 만들었습니까?
- この頃は家庭でも手作りの味が失われ、インスタント食品が多くなっている。
  요즈음에는 가정에서도 손맛을 잃고, 인스턴트 식품이 많아지고 있다.

323 でっち [丁稚] 사환, 견습생, 상점이나 공장 등에서 기한을 정하고 견습하는 소년

- 丁稚とは、むかし商売をしている家で働いた少年をいう。
  丁稚란, 옛날에 장사를 하는 집에서 일한 소년을 말한다.
- 松下電器の元会長の松下幸之助さんも丁稚出身であった。
  마츠시타 전기의 원래 회장인 마츠시타 고노스케 씨도 견습생 출신이었다.

324 てぬぐい [手拭] 수건, 타월

- スカートに食べ物をこぼしたので、手拭いを濡らして拭きました。
  스커트에 음식물을 흘렸기 때문에 수건을 적셔 닦았습니다.

- 店の主人から、お土産に店の名を染め抜いた手拭いを一本もらった。
  가게 주인으로부터 선물로 점포 이름을 염색한 수건 한 장을 받았다.

325 てぶくろ [手袋]　장갑

- 手袋をはめると、小さいものがつかめないから困る。
  장갑을 끼면 작은 것을 잡을 수 없어서 곤란하다.

- 春と言っても外はまだ冷たくて、朝や晩は手袋が要るくらいだ。
  봄이라고는 해도 밖은 아직 추위가 매서워서 아침저녁은 장갑이 필요할 정도다.

- 残された凶器と手袋から、何人かの男が容疑者として浮かんできた。
  남아 있는 흉기와 장갑에서 몇 명의 남자가 용의자로 떠올랐다.

326 てもと [手元]　주변, 곁, 자기 주위 / 솜씨 / (목수·미장이 등의) 조수

☞ 우리말에서 속어로 쓰이는 「데모토」는 일본어 「手元」에서 전이되었다고 한다.

- 終りのベルが鳴ったら、先生の手元に答案を提出してください。
  종료 벨이 울리면 선생님 앞으로 답안을 제출해 주십시오.

- 情報を集めるには、いつもメモ用紙を手元に置くこと。
  정보를 수집하기 위해서는 언제나 메모지를 곁에 놓아 둘 것.

- 手元に一文も持っていなかった。
  수중에 한푼도 갖고 있지 않았다.

327 てらこや [寺子屋]　서당(에도시대의 서민 초등 교육기관), 글방

- 江戸時代の寺子屋教育は、「読み、書き、算盤」が主要科目であった。
  에도시대의 서당교육은 「읽기·쓰기·주판」이 주요과목이었다.

328 てんぐ [天狗]　일본고유의 山神의 하나, 얼굴이 붉고 코가 높다는 상상의 요괴 / (코가 높다는 데서) 우쭐해 자랑을 하는 사람을 비유

- むかしは災難にあうと、天狗の仕業と言ったりした。
  옛날에는 재난을 만나면 天狗라는 요괴의 짓이라고 말하기도 했다.

- 天狗とは、白髪に赤い顔、高い鼻の姿で、空も飛べるなど不思議な力を持つ妖怪である。
  天狗란 백발에 붉은 얼굴, 높은 코의 모습으로 하늘도 날 수 있는 불가사의한 힘을 가진 요괴다.

문화 | 종교

329 てんしゅかく [天守閣]　　성(城)의 꼭대기에 만든 망루

- 天守閣に登れば、町全体が一目で見渡せる。
  天守閣에 오르면 시가지 전체가 한눈에 내려다보인다.

- 城跡にはいまも天守閣の一部が残っていて、当時の隆盛を物語っている。
  성터에는 지금도 天守閣의 일부가 남아 있어 당시의 융성함을 말해 주고 있다.

330 てんのうざん [天王山]　　승패의 갈림길, 특히 준결승전에서 이겨 결승에 진출하는 것을 뜻함

☞ 도요토미 히데요시(豊臣秀吉)가 天王山의 승리로 정권을 제패하게 된 것에서 유래.

- ロシアは決勝トーナメント進出の天王山とみる９日の日本戦に気を引き締めて臨んでくるのは間違いない。
  러시아는 결승 토너먼트 진출의 고비로 보는 9일의 일본전에 기를 쓰고 임할 것은 틀림없다.

- 米大統領選で共和、民主両党の候補指名争いは、16州の予備選が集中する３月７日のスーパーチューズデーに天王山を迎える。
  미국 대통령선거에서 공화·민주 양당의 후보지명 경쟁은 16주의 예비선거가 집중되는 3월 7일의 슈퍼 화요일에 고비를 맞는다.

- 「天下分け目の天王山」と言いますが、天王山とは、どんな山だろうと思い、見てきました。
  「천하를 겨루는 天王山」이라고 말하는데, 天王山은 어떤 산일까 궁금해서 보고 왔습니다.

331 てんぷら [天婦羅／天麩羅]　　튀김　㊙ 겉만 그럴듯하게 보이는 것

- 彼はよほど天婦羅が好きと見える。朝も昼も晩も天婦羅を食べている。
  그는 너무도 튀김을 좋아하는 것 같아 보인다. 아침도 점심도 저녁도 튀김을 먹고 있다.

- 寿司や天婦羅が日本料理の代表的なものである。
  초밥이나 튀김이 일본요리의 대표적인 것이다.

332 てんやもの [店屋物]　　음식점에서 시켜 오는 음식, 주문 요리

- 忙しかったので昼食は手っ取り早く店屋物で済ませてしまった。
  바빴기 때문에 점심은 손쉽게 시켜 먹는 것으로 끝내 버렸다.

- お客さんに振る舞うのに店屋物では失礼だ。
  손님을 대접하는 데에 주문요리로 하면 실례다.

333 どかた [土方]　공사장의 막벌이 일꾼, 잡부

☞ 우리말의 속어 「노가다」는 일본어 「どかた(도카타)」에서 전이된 것이라고 한다.

- 土方とは、土木工事で働く労働者をいう。
  土方란 토목공사에서 일하는 노동자를 말한다.

334 どきょう [度胸]　배짱, 담력　★

- 首になることも恐れず社長に進言するとは、度胸の据わった男だ。
  목이 잘리는 것도 두려워하지 않고 사장에게 진언하다니 배짱이 두둑한 남자다.

- 男は度胸、女は愛嬌。
  남자는 배짱, 여자는 애교.

- 先生の目の前で漫画を読むなんて、いい度胸だね。
  선생님 바로 앞에서 만화를 읽다니 배짱이 좋구나.

335 とくり [徳利]　(목이 길고 아가리가 좁은) 술병, 수영을 못하는 사람의 비유

☞ とっくり라고도 발음한다.

- 父が徳利の首をさげて、お燗の催促に台所へやって来た。
  아버지가 술병을 들고, 데운 술을 재촉하러 부엌으로 다가왔다.

- 徳利を傾けて杯に酒をどくどくと注いだ。
  徳利를 기울여 잔에 술을 콸콸 따랐다.

336 とこ [床]　잠자리, 침상

- 夕べは疲れていたので、床に入るとすぐ眠ってしまった。
  엊저녁에는 피곤해서 잠자리에 들자마자 잠들어 버렸다.

- 大臣は病の床にありながら、政治のことばかり考えていた。
  장관은 병석에 있으면서도 정치만을 생각하고 있었다.

337 とこのま [床の間]　안방의 상석 쪽에 바닥을 약간 높여 놓고 꽃병·족자·인형 따위로 장식한 곳

- 床の間には、いつも季節の花が飾ってあります。
  床の間에는 언제나 계절에 알맞은 꽃이 장식되어 있습니다.

문화 | 종교

- 床の間に掛け物がかけてある。
  床の間에는 족자가 걸려 있다.

- 床の間がない部屋では、庭の見えるほうが上座である。
  床の間가 없는 방에서는 정원이 보이는 쪽이 상석이다.

338 **とこや** [床屋]   이발소, 이발사

- 床屋で頭を刈ってもらうのに一時間もかかりました。
  이발소에서 머리를 깎는 데에 한 시간이나 걸렸습니다.

- 床屋ではヒゲを剃る前に、熱く蒸したタオルを顔にあてます。
  이발소에서는 수염을 깎기 전에 뜨겁게 한 타월을 얼굴에 댑니다.

339 **とざま** [外様]   방계, 방계출신, 중도채용 사원 ★

☞ 도쿠가와 이에야스(德川家康)가 정권쟁탈 과정에서 경쟁 진영으로부터 스카우트한 무장을 「外様大名」이라고 일컫은 역사적인 고사에서 유래한 말이다.

- 何年間か他の会社に勤めてから中途入社した者は外様と言われる。
  몇 년을 다른 회사에서 근무하고 나서 중도입사한 자는 外様라고 일컫는다.

- 日本社会では生え抜きでないと、すべて外様と呼ばれる。
  일본사회에서는 직계 토박이가 아니면 모두 방계라고 불린다.

340 **としご** [年子]   연년생 ★

- 彼女は、年子を育てるのに大変苦労したそうです。
  그녀는 연년생을 키우느라 아주 고생했다고 합니다.

341 **とじまり** [戸締まり]   문단속

- 工場の戸締まりを見回ってから帰ります。
  공장의 문단속을 위해 한바퀴 돌아보고 나서 돌아갑니다.

- 外出するときや寝る前には、火の元と戸締りを必ず確かめましょう。
  외출할 때나 자기 전에는 불이 있는 곳과 문이 잘 잠겨 있는지 꼭 확인합시다.

- 戸締りもせずに留守にするとは、ずいぶん用心の悪い家だ。
  문단속도 하지 않고 집을 비우다니 상당히 조심성이 없는 집이다.

342 **としより** [年寄り]　노인 / 은퇴한 스모선수로서 씨름 협회의 임원이 된 사람. ★

- シルバーシートはお年寄や体の不自由な人のためのものです。
  노약자석은 노인이나 몸이 부자유스러운 사람을 위한 자리입니다.

- 数年前に各地に広まったゲートボールは、今ではすっかりお年寄りの間に定着した。
  수년 전에 각지에 보급된 게이트 볼은 지금은 노인들 사이에 완전히 정착되었다.

- 大相撲の貴乃花が、大鵬、北の潮に続いて3人目の一代年寄となった。
  프로 스모의 貴乃花가 大鵬・北の潮에 이어 세 사람 째의 1대 임원이 되었다.

343 **とだな** [戸棚]　선반(찬장・신발장・책장 따위의 총칭)

- コップは戸棚のいちばん上に並べてあります。
  컵은 선반의 맨 위에 가지런히 놓여 있습니다.

- 戸棚の中のケーキがいつの間にやら、影も形もなくなっている。
  선반 속의 케이크가 어느 틈에 흔적도 없이 사라졌다.

344 **とって** [取っ手]　손잡이

- 鍋の取っ手が取れた。
  냄비의 손잡이가 빠졌다.

- ドアの取手が外れてしまって開け閉めがうまくいかない。
  도어의 손잡이가 떨어져 나가버려 열고 닫기가 잘되지 않는다.

345 **とのさま** [殿様]　주군이나 귀인의 높임말, 영주 ★

- あの家は、昔の殿様の屋敷です。
  저 집은 옛날 영주의 저택입니다.

- どんな無理難題でも殿様の命令に逆らえば、首が飛ぶというものだ。
  아무리 무리하고 어려운 문제라도 주군의 명령을 거역하면 목이 날아가는 것이다.

346 **とびら** [扉]　(여닫이) 문짝, 책의 안겉장, 속표지 ★

- 扉には、「許可なく入室を禁ず」と書いた紙が張ってあった。
  문에는 「허가 없이 입실을 금함」이라고 쓴 종이가 붙어 있었다.

문화 | 종교

- この本の扉には、作者自筆によるサインが入っています。
  이 책의 속표지에는 작자의 자필 서명이 들어 있습니다.
- 原子力発電は、新たなエネルギーへの扉を開いたと言えるでしょう。
  원자력 발전은 새로운 에너지로의 문을 열었다고 말할 수 있겠지요.

347 **とらのまき** [虎の巻]　비법서, 비결, 비술(秘術)을 적은 책　㊂ 교과서의 자습서 ★

- 虎の巻とは、兵法、戦術などの大切な教えを書いた兵法書をいう。
  「虎の巻」란 병법·전술 등의 중요한 가르침을 적은 병법서를 말한다.
- 学校ではイザというときに役に立つ参考書を虎の巻という。
  학교에서 만일의 경우에 도움이 되는 참고서를 「虎の巻」라고 한다.
- 数学の教科書の虎の巻を買った。
  수학 교과서의 자습서를 샀다.

348 **とりあわせ** [取り合わせ]　배색, 배합 ★

- この着物と帯の色の取り合わせが美しいですね。
  이 기모노와 오비(띠)의 배색이 아름답군요.
- 色々な果物の缶詰の取合わせを病気のお見舞いにあげた。
  여러 가지 과일로 된 통조림 종합 세트를 문병 선물로 드렸다.

349 **とりい** [鳥居]　신사(神社)의 입구에 세운 두 기둥의 문 ★

- 鳥居とは、神社の入り口の門のことをいう。
  鳥居란 신사의 입구에 세운 문을 말한다.

350 **なあて** [名宛]　(편지 등에서) 지정한 상대편의 이름, 수신인의 이름 ★

- 手紙はあなたの名宛で出します。
  편지는 당신의 이름을 수신인으로 해서 발송하겠습니다.

351 **ながい**[長居] 　방문하여 오래 머무름

- ご好意に甘えて、ずいぶん長居してしまったわ。そろそろ帰らなくちゃ……。
  호의를 고맙게 생각한 나머지 너무 오래 머물고 말았네요. 이제 슬슬 돌아가지 않으면…….

- 病人を見舞うときは、あまり長居しないように気をつけなさい。
  환자를 문병할 때는 너무 오래 머물지 않도록 주의하세요.

- これはこれは！　こんな時間までとんだ長居をいたしました。
  이것 참 이런 시간까지 너무 오래 앉아 있었습니다.

352 **ながいき**[長生き] 　장수(長寿), 장생

- 長生きをしたかったら気楽に暮らすのが第一だ。
  오래 살고 싶으면 마음 편하게 지내는 것이 제일이다.

- 長生きの家系というのがある。
  장수하는 가계 혈통이 따로 있다.

353 **ながでんわ**[長電話] 　통화 시간이 김, 장시간 통화　★

- お客を待たせておいて長電話するとは、いくら何でも失礼でしょう。
  손님을 기다리게 해 놓고 장시간 전화를 하는 것은 어쨌거나 실례이지요.

- 急ぎの人もいるから、不要な長電話はひかえなさい。
  급한 사람도 있으니 불필요한 장시간 통화는 삼가세요.

354 **なかま**[仲間] 　동료, 친구, 멤버, 동아리, 무리　★★

- 仲間の一人が計画を漏らしたために、運動は失敗に終わった。
  동료 한 사람이 계획을 누설했기 때문에 운동은 실패로 끝났다.

- 文学者の仲間の社会を文壇といい、画家たちの社会を画壇という。
  문학자 동아리의 사회를 문단이라 하고, 화가들의 사회를 화단이라고 한다.

- 気があった仲間との旅行は実に楽しい。
  마음이 맞는 동료들과의 여행은 참으로 즐겁다.

355 なかまいり [仲間入り]   동아리(그룹)의 일원이 됨, 축에 낌
반 なかまはずれ(仲間外れ) ★

- 今日から二十歳、いよいよ大人の仲間入りができます。
  오늘부터 스무 살, 마침내 어른 축에 끼일 수 있습니다.

- 金持ちの仲間入りをしようとして、派手な生活をしています。
  부자 축에 끼려고 화려한 생활을 하고 있습니다.

356 なかまはずれ [仲間外れ]   따돌림, 소외(疎外) ★

- 彼は仲間外れにされたのをひがんで、我々の仕事にけちをつけてばかりいる。
  그는 그룹에서 소외된 것을 곡해하여 우리들의 일에 트집만 잡고 있다.

- あの人を仲間外れにして相談をすると、金を集めるとき困るかも知れないよ。
  그 사람을 따돌리고 상담을 하면 돈을 모을 때 곤란할지도 몰라요.

- あの子にもてる僕をみんなが仲間外れにするのはどういうわけだ。
  그 애에게 인기가 있는 나를 모두가 따돌리는 것은 어쩐 이유일까?

357 ながや [長屋]   (일본식) 연립주택, 한 동에 2~6채의 집들이 나란히 달라붙어 있는 집 ★

- 日本の「長屋」は、韓国の「連立住宅」に当たる。
  일본의 「長屋」는 한국의 「연립주택」에 해당한다.

- 長屋の住民はお互いに仲よく暮らしている。
  연립주택의 주민들은 서로 사이좋게 지내고 있다.

358 なかよし [仲良し]   사이가 좋음, 친함

- 彼女とは仲良しなので、つい気を許して秘密を漏らすことがあった。
  그녀와는 사이가 좋기 때문에 무심코 마음을 터놓고 비밀을 누설하는 경우가 있었다.

- 一年生の子供たちはみんな仲良しだ。
  1학년 아이들은 모두 사이가 좋다.

359 なこうど [仲人]　중매쟁이, 중매인　★★

- 仲人とは、結納から挙式、披露宴までの一切を両家の間に立って取りまとめてくれる人をいう。
  중매인이란 예물교환에서 결혼식, 피로연까지의 모든 일을 양가 사이에서 성사시켜 주는 사람을 말한다.

- 仲人の役をつとめるのは山下さん夫妻です。
  중매쟁이 역할을 맡은 사람은 야마시타 씨 부부입니다.

- 仲人を通じて正式に彼女に結婚を申し込んだ。
  중매인을 통해서 정식으로 그녀에게 결혼을 신청했다.

360 なっとう [納豆]　삶은 콩을 발효한 식품, 갓 만든 메주에 간을 쳐서 말린 것

- 納豆とは、蒸した大豆を発酵させた食品をいうが、人によって好き嫌いがあるようだ。
  納豆란 삶은 콩을 발효시킨 식품을 말하는데, 사람에 따라 좋고 싫음이 있는 것 같다.

- 政彦君は納豆をなんの抵抗もなく食べられる人だった。
  마사히코 군은 納豆를 아무런 거부감이 없이 먹을 수 있는 사람이었다.

361 なふだ [名札]　이름표, 명찰　★

- 会場に入場する皆様は、名札をつけてくださるようお願いします。
  회장에 입장하는 여러분은 명찰을 달아 주시길 부탁드립니다.

- 新入生はそれぞれの名札のついている席に座った。
  신입생은 각각 이름표가 붙어있는 자리에 앉았다.

362 なまいき [生意気]　건방짐, 주제넘음　★

- 勤めたばかりなのに、月給が安いなどと生意気な口を利く。
  이제 막 근무하기 시작했는데 월급이 싸다는 등 건방진 말을 지껄인다.

- 金もないのに、生意気に自動車を買ってね。
  돈도 없으면서 주제넘게 자동차를 사고 말이야.

- お前はまだ尻が青いくせに、生意気なことを言うんじゃない！
  너는 아직 젖비린내 나는 주제에, 건방진 말을 하는 게 아니야！

  ☞ 尻が青い　젖비린내 나다.

363 なまえ [名前] 이름, 성명, 명칭 / 성을 뺀 이름 ★

- 実際は何もしなくていいからと、強引に頼まれ副会長として名前を貸すことにした。
  실제로는 아무 것도 하지 않아도 좋다며 억지 부탁을 받아 부회장으로서 이름을 빌려주기로 했다.

- ここにお名前をお願いします。名字だけでなく、お名前のほうもどうぞ。
  여기에 성함을 (쓰도록) 부탁합니다. 성뿐만 아니라 이름도 부탁드립니다.

- 司会者が名前を読み間違えてばかりいて、聴衆の間からは苦笑がもれた。
  사회자가 이름을 계속 잘못 읽어서 청중 사이에서는 쓴웃음이 흘러나왔다.

364 なまけもの [怠け者] 게으름뱅이

- 田中さんは部屋を掃除するどころか、顔も洗わないくらいの怠け者です。
  다나카 씨는 방을 청소하기는커녕 세수도 안할 정도로 게으름뱅이입니다.

- 夫がこんな怠け者では、私たち家族の行く末が心配だ。
  남편이 이렇게 게을러서는 우리 가족의 장래가 걱정이다.

- 親の躾が悪いから、怠け者になってしまった。
  부모의 가정 교육이 부족해 게으름뱅이가 되어 버렸다.

365 なまもの [生物] 날것, 생것

- 生物は特に傷みが早いので、冷凍して保存する必要がある。
  날것은 특히 부패가 빠르니 냉동해서 보존할 필요가 있다.

- 生物は極めて鮮度のいい物を食べるように気をつけている。
  날것은 아주 신선도가 좋은 것을 먹도록 조심하고 있다.

366 なまり [訛り] 사투리, 방언

- アメリカは広い国なので、同じ英語にもその土地その土地で訛りがあります。
  미국은 넓은 나라이기 때문에 같은 영어에도 지역과 지역에 따라 사투리가 있습니다.

- 父は東京に出てから30年以上経つのに、訛が抜けません。
  아버지는 도쿄에 온지 30년 이상 지났는데도 사투리가 없어지지 않습니다.

367 **なりたりこん**[成田離婚]　신혼여행을 다녀오자마자 나리타공항에서 이혼한다는 뜻　★

☞ 式場離婚 : 어느 한편이 결혼식장에 나타나지 않아 결혼식도 올리기 전에 이혼한다는 뜻.

- 成田離婚とは、新婚の二人がハネムーンから成田空港に戻ったとたんに離婚するということですね。
「나리타 이혼」이란 신혼의 두 사람이 허니문(신혼여행)에서 나리타공항에 돌아오자마자 이혼하는 것이지요.

- 慰謝料は成田離婚に至った事情を考慮し、責任のある方(つまり悪い方)が支払うことになります。
위자료는 나리타 이혼에 이르게 된 사정을 고려하여 책임이 있는 쪽(즉 나쁜 쪽)이 지불하게 됩니다.

368 **にいづま**[新妻]　신부, 새색시, 새댁

- 新妻とは、結婚して間もない妻のことをいう。
新妻란 결혼한지 얼마 되지 않은 아내를 말한다.

- 彼は新妻を迎えたことで発奮、社内の専門試験制度に挑戦した。
그는 신부를 맞이한 것에 분발하여 사내의 전문시험제도에 도전했다.

369 **にぎりめし**[握り飯]　주먹밥, 밥에 식초와 소금을 넣어 둥글게 뭉친 밥　★

- 握り飯を作ってもらって、野球場に行った。
주먹밥을 만들어 줘서, 야구장에 갔다.

- 祖母は大きな握り飯と手作りのたくあんを竹の皮に包んでくれた。
할머니는 커다란 주먹밥과 집에서 만든 단무지를 죽순 껍질에 싸서 주셨다.

☞ 이 말을 줄여「(お)にぎ(握)り」라고도 한다.

370 **にくや**[肉屋]　정육점, 고깃간　★

- 犬にやるために肉屋へ行って牛の骨をもらってきた。
개에게 주기 위해 정육점에 가서 소뼈를 얻어 왔다.

- 肉屋に寄ってすき焼き用の牛肉を買った。
정육점에 들러서 전골용 쇠고기를 샀다.

문화 / 종교

371 にごりざけ [濁り酒]　탁주, 막걸리　⊕ どぶろく

- 濁り酒を「どぶろく」とも言う。
  탁주를「どぶろく」라고도 한다.

372 にちようだいく [日曜大工]　일요목수 ★

☞ 샐러리맨 등이 취미 삼아서 일요일에 가족과 함께 간단한 수리나 공작 따위를 손수 하는 것.

- 父の趣味と言えば日曜大工、なかなか腕がいいので助かります。
  아버지의 취미로 말할 것 같으면 일요 아마추어 목수, 대단히 솜씨가 좋아서 도움이 됩니다.

- 父が日曜大工で苦心した手作りの椅子も、あとはニスの処理を施せば完成する。
  아버지가 일요목수를 하면서 고심해서 손수 만든 의자도 이제 니스 처리만 하면 완성된다.

373 にづくり [荷造り]　짐을 꾸림 ★

- 外国へ送る荷物はしっかり荷造りをしないといけない。
  외국으로 보낼 짐은 튼튼하게 짐꾸리기를 하지 않으면 안 된다.

- 栄転祝に品物を贈る場合は、引越しの前、それもなるべく荷造りを始める前に贈りたい。
  영전 축하로 물건을 보내는 경우에는, 이사하기 전 그것도 가능하면 짐을 꾸리기 전에 보내고 싶다.

374 にほんま [日本間]　일본식 방 ★

- 日本間では床の間が席次のポイントで、床の間を背にするのがもっとも上座です。
  일본식 방에서는 도코노마가 좌석 순서의 포인트로, 도코노마를 등지고 앉는 것이 가장 상석이다.

- 日本人には、日本間が一番落ち着いた感じがしていい。
  일본인에게는 일본식 방이 가장 안정된 느낌이 들어 좋다.

375 にまいめ [二枚目]　(연극 프로그램에) 두 번째로 이름이 실린 배우, 미남 배우, 미남자

- 二枚目とは、劇や映画などの美男の役から出た言葉で、美男子をいう。
  二枚目란 극이나 영화의 미남 역에서 나온 말로 미남자를 뜻한다.

- 映画界きっての二枚目であった彼は、若いころはよく浮名を流したものだ。
  영화계 제일의 미남 배우였던 그는, 젊은 시절에는 자주 염문을 뿌렸다.

376 にもの [煮物]　음식물을 끓임, 끓인 음식

- 子供は煮物や焼き魚などの和風の料理よりも、ハンバーガーやスパゲッティ等の洋風の料理を好みます。
  어린이는 끓인 음식이나 생선구이 등 일본식 요리보다도 햄버거나 스파게티 등 서양식 요리를 좋아합니다.

- 煮物の汁が煮詰まってしまったので、水を少し加えました。
  찌개의 국물이 졸아들어서 물을 조금 부었습니다.

377 にょうぼう [女房]　아내, 처, 마누라　★

- いま女房が病気なので、私が子供の世話をしなければなりません。
  지금 아내가 병을 앓고 있어서 제가 애들을 돌보지 않으면 안 됩니다.

- 次郎の奴、あんないい女房をもらって幸せな奴だ。
  지로 녀석, 그런 좋은 아내를 맞이하다니 행복한 놈이다.

378 にんじゃ [忍者]　첩자, 둔갑술을 써서 은밀히 정탐 행위 따위를 하는 사람　★

- 忍者とは、昔スパイの仕事をした者をいう。
  忍者란 옛날에 스파이 노릇을 하던 자를 말한다.

- 男の子は忍者よろしく、高い塀の上を歩き出した。
  그 아이는 닌자처럼 높은 담 위를 걷기 시작했다.

379 ぬのじ [布地]　피륙, 옷감

- この布地は柔らかな肌触りだ。
  이 옷감은 촉감이 부드럽다.

- どうもこの布地は、手触りが粗くて肌に馴染まない。
  아무래도 이 천은 촉감이 거칠어 피부에 착 붙지 않는다.

문화 　 종교

380 **ねこじた** [猫舌]　뜨거운 것을 먹지 못하는 사람　★

- 猫のように熱い食べ物が苦手な人を猫舌といいます。
  고양이처럼 뜨거운 음식이 질색인 사람을 「고양이 혀」라고 합니다.

- ぼくは猫舌なので、お茶もぬるいほうが好きです。
  나는 뜨거운 것을 못 먹기 때문에 차도 미지근한 것을 좋아합니다.

381 **ねごと** [寝言]　잠꼬대, 헛소리, 군말

- 寝言は、いった本人は分からない。
  잠꼬대는 말한 장본인은 모른다.

- つまらない寝言を言うのはやめろ！
  부질없는 헛소리는 집어치워라!

382 **ねぞう** [寝相]　잠자는 모습, 잠버릇

- 寝相が悪くてできた髪のクセがなかなか直らなくて困ってしまった。
  잠버릇이 나빠서 생긴 머리결의 구겨진 자국이 좀처럼 고쳐지지 않아서 곤란했다.

- 姉は寝相がよく、ほとんどシーツにしわ一つ寄せない。
  언니는 잠버릇이 좋아서 시트에 거의 주름 하나 내지 않는다.

383 **ねどこ** [寝床]　잠자리, 침실

- 寝床に入って本を読む。
  잠자리에 들어가서 책을 읽다.

- この頃は、朝、寒いのでなかなか寝床から出られない。
  요즘에는 아침에 추워서 좀처럼 잠자리에서 나올 수 없다.

- 昼の仕事で疲れていたので、寝床にはいるとすぐ深い眠りに落ちた。
  낮의 일로 피곤해서 잠자리에 들자 곧바로 깊은 잠에 빠졌다.

384 **ねぼう** [寝坊]　잠꾸러기, 늦잠을 잠

- 寝坊をしてしまったので、会社へ行くのが遅くなった。
  늦잠을 자 버려서 회사에 가는 것도 늦어졌다.

- 夕べ遅く帰ったので、今朝は寝坊した。
  간밤에 늦게 돌아왔기 때문에 오늘 아침에는 늦잠을 잤다.

385 **ねまき** [寝巻き] 잠옷

- 寝るときは、下着を脱いで寝巻きを着なさい。
  잘 때는 내의를 벗고 잠옷을 입으세요.

- ホテルの廊下を寝巻のままで歩くとは、みっともない。
  호텔 복도를 잠옷 바람으로 걸어다니는 것은 꼴불견이다.

386 **ねんぐ** [年貢] (매년 할당에 의해 바치는) 조세, 소작료 / 끝장

- 江戸時代には、年貢をめぐって百姓一揆が頻発したそうだ。
  에도시대에는 세금을 둘러싸고 농민의 민란이 빈발했었다고 한다.

- 独身生活もいよいよ年貢の納め時だと思って、結婚に踏み切った。
  독신생활도 드디어 끝장을 낼 때라고 생각되어 결혼하기로 결심했다.

387 **のきした** [軒下] 처마 밑

- 軒下に吊された乾しがきは晩秋の農村の風物だ。
  처마 밑에 매달려 있는 곶감은 늦가을 농촌의 풍물이다.

- 雨が降ってきたので、軒下に入って上がるのを待った。
  비가 내렸기 때문에 처마 밑에 들어가서 (비가) 개기를 기다렸다.

388 **のきなみ** [軒並] 집집마다, 처마가 잇대어 늘어서 있음 ★

- この辺は不便なところですから、軒並み一軒の家に自動車が1、2台ある。
  이 근방은 불편한 곳이기 때문에 집집마다 한 집에 자동차가 한두 대 씩 있다.

- この界隈は軒並み泥坊に入られたそうなので、気をつけなくては。
  이 일대는 집집마다 도둑이 들어 왔었다니 주의하지 않으면.

389 **のどじまん** [喉自慢] 노래자랑 ★

- 彼女は友達のおだてに乗って喉自慢大会に出た。
  그녀는 친구에게 떠밀려 노래자랑대회에 나갔다.

- どうですか。社長、この辺でひとつ喉自慢を披露しては……。
  어떻습니까? 사장님, 이쯤에서 한번 노래 솜씨를 보여주시면…….

문화 | 종교

390 のみや [飲み屋]　술집, 주점　★

- まっすぐ家に帰ろうと思って会社を出たが、自然と行きつけの飲み屋のほうに足が向いてしまった。
  막 바로 집에 갈 생각으로 회사를 나왔지만, 자주 가는 술집 쪽으로 나도 모르게 발길이 향하고 말았다.

- 会社からの帰途に飲み屋、パチンコ屋など寄り道をした時には、事故にあっても労災は適用されない。
  회사에서 귀가 도중 술집, 성인오락실 등 다른 곳에 들렀을 때는 사고를 당해도 산재는 적용되지 않는다.

391 のり [海苔]　(먹는) 김　참 のりまき(海苔巻き) 김밥

- 海苔を焼いて食べる。
  김을 구워 먹다.

- 海苔やお茶などの乾物は湿気を嫌うので、缶に入れて保存します。
  김이나 차 등의 건조식품은 습기를 싫어하기 때문에 캔에 넣어 보존합니다.

392 のり [糊]　풀

- 番号を書いた紙を糊で机に張り付ける。
  번호를 쓴 종이를 풀로 책상에 붙이다.

- 糊をつけて壁にビラをピタッと貼りつける。
  풀을 묻혀 벽에 전단을 딱 붙이다.

393 のれん [暖簾]　상호를 써넣고 점포의 처마 밑에 내건 휘장 / 점포의 격식, 신용　★★

- いくら議論を仕掛けても暖簾に腕押しで、彼はまったく応じようとしない。
  아무리 논쟁을 걸어도 휘장에 주먹질하기(계란으로 바위치기)로 그는 전혀 응하려 하지 않는다.

- 寿司屋に15年勤めて、去年暖簾を分けてもらったばかりだ。
  초밥집에서 15년 근무하고, 작년에 막 분점을 차리는 혜택을 받았다.

394 のんべえ [飲兵衛]　술꾼, 술고래

- 息子が飲兵衛で困る。
  자식이 술꾼이라서 곤혹스럽다.

- 酒好きの叔父は、親戚のみんなから底無しの飲兵衛と言われている。
  술을 좋아하는 아저씨는 친척 모두로부터 무한량의 술고래라는 말을 듣고 있다.

395 はいく [俳句]　5·7·5의 17음절로 된 일본 고유의 단시(短詩), 세계에서 가장 짧은 시라고 한다　★

- 俳句は5、7、5の3句、17音で作られている詩です。
  俳句는 5·7·5의 3구, 17음으로 만들어지는 시입니다.

- 俳句では季節を表す季語をかならず詠み込む約束になっている。
  俳句에서는 계절을 나타내는 계절 관련 어구를 반드시 넣기로 약속되어 있다.

- 俳句はわずか十七音しか使えないので、洗練された簡潔な言葉で表現されるのが特徴です。
  俳句는 겨우 17음밖에 쓸 수 없어 세련되고 간결한 말로 표현되는 것이 특징입니다.

　　古池や　　蛙飛び込む　　水の音。
　　잔잔한 연못에 개구리 뛰어드니, 물소리가 고요를 깨뜨리누나.

(松尾芭蕉)

　　雀の子　　そこのけそこのけ　　お馬が通る。
　　참새 새끼들아 비켜라! 말이 지나간다.

(小林一茶)

396 はいざら [灰皿]　재떨이　★

- お客様はタバコをあがりますから、灰皿を用意しておいてください。
  손님은 담배를 피우시니까 재떨이를 준비해 놓아주십시오.

- 船の格好をした灰皿をもらった。
  배 모양을 한 재떨이를 선물 받았다.

☞ あがる : 食べる·飲む·たばこを吸う의 존경어.

문화 / 종교

397 **ばいしゃくにん** [媒酌人]　중매인, 중매쟁이　★

- 媒酌人とは、挙式当日の立会いと介添えの役を努てくれる人をいう。
  媒酌人이란 예식이 있는 당일의 입회와 뒷바라지 역할을 해주는 사람을 말한다.

- 結婚の日取りにあたっては、当人たちだけでなく家族や媒酌人も交えて相談すること。
  결혼 날짜를 잡을 때는 당사자뿐만 아니라 가족이나 중매인도 함께 끼어서 상담할 것.

- 媒酌人は式場では係りの指示に従っていればよいが、披露宴では媒酌人の挨拶という大役がある。
  중매인은 식장에서는 담당자의 지시에 따르기만 하면 되지만, 피로연에서는 중매인의 딘 사라는 큰 역할이 있다.

398 **ばか** [馬鹿]　바보, 어리석음, 어처구니없음, 못쓰게 됨, 정도가 지나침

- 彼の、人を馬鹿にしたような態度には、強い反発を感じる。
  그의 남을 업신여기는 듯한 태도에는 강한 반발을 느낀다.

- 馬鹿をみたのは僕だけだ。
  손해를 본 것은 나뿐이다.

- 馬鹿正直に人の言うことを聞くのではなく、自分で判断するようにしよう。
  너무 고지식하게 남이 말하는 것을 들을 것이 아니라 자기가 판단하도록 하자.

- ネジが馬鹿になって止まらなくなってしまった。
  나사가 못쓰게 되어 정지시킬 수 없게 되었다.

- 毎日のタバコ代も馬鹿にならない。
  날마다 피우는 담배값도 무시할 수 없다.

☞ 馬鹿をみる 손해를 보다. 馬鹿にならない 무시할 수 없다.

399 **はかば** [墓場]　묘지, 무덤

- そんなに浮かれているけど、結婚は人生の墓場などという言葉もあるんですよ。
  그렇게 들떠 있지만 결혼은 인생의 무덤이란 말도 있어요.

- 「揺り籠から墓場まで」というのが、福祉制度の理念だ。
  「요람에서 무덤까지」라는 것이 복지제도의 이념이다.

400 **はかまいり**[墓参り]　성묘　★

- 一日ひまをもらって墓参りをした。
  하루 동안 휴가를 받아 성묘를 했다.

  ☞ ひまをもらう ① 휴가를 얻다 ② 회사를 그만두다

- 祖父の命日に当たる4月30日には、毎年家族そろって墓参りに出掛ける。
  조부의 기일에 해당하는 4월30일에는 매년 전 가족이 모여 성묘를 간다.

401 **はかり**[秤]　저울

- 重さを秤で計る。
  무게를 저울로 달다.

- 二人のボーイフレンドを秤にかけて、どっちを結婚相手とすべきか考える場合もある。
  두 남자 친구를 저울질하여 어느 쪽을 결혼 상대로 해야 할 것인지를 생각하는 경우도 있다.

  ☞ 秤にかける 저울질하다

402 **はきもの**[履物]　신, 신발　★

- お客様方、入り口のマットで履物の泥を落としてからお入りください。
  손님 여러분, 입구의 매트에 신발의 흙을 털고 들어와 주십시오.

- 履物の選択の範囲が狭められるので、足が大きすぎるのも、小さすぎるのも考えものです。
  신발의 선택 범위가 좁아지므로 발이 너무 큰 것도, 너무 작은 것도 걱정할 일입니다.

403 **ばくふ**[幕府]　무가 정권, 무가시대에 将軍(쇼군)이 정무를 집행하던 곳　★

- 江戸時代は、幕府を中心に政治が行われた。
  에도시대는 막부를 중심으로 정치가 이루어졌다.

- 武家政権下では幕府に実権が移り、朝廷の権力は無力化した。
  무가정권하에서는 막부로 실권이 옮겨지고, 조정의 권력은 무력화되었다.

404 **はげあたま**[禿げ頭]　대머리　★

- あそこにいる禿げ頭はだれだろう。
  저기에 있는 대머리는 누구일까?

문화 | 종교

- 禿げ頭という言葉は差別用語だとして避けられている。
  대머리라는 말은 차별 용어라고 해서 기피되고 있다.

405 **ばけもの**[化け物]　도깨비, 요괴, 귀신, 신통한 능력을 가진 사람

- あれだけ飲んで何ともないなんて、ありゃ化け物だ。
  그 정도로 마시고도 아무렇지도 않다니 그건 괴물이다.

  ☞ ありゃ= あれは, そりゃ= それは, こりゃ= これは

- 短時間でこれだけの仕事をこなすなんてまるで化け物だね。
  단시간에 이만큼의 일을 해치우다니 귀신같구만.

- 荒れ果てた屋敷は、人々から化け物屋敷と呼ばれている。
  몹시 황폐한 집은 사람들에게 도깨비가 나오는 집이라고 불리고 있다.

406 **はしご**[梯子]　사다리, 2·3차로 장소를 옮겨 다니며 술을 마심

- 梯子を登って、屋根の上に上がりました。
  사다리를 타고 지붕 위에 올랐습니다.

- 昨夜は、梯子をして2時ごろ家へ帰った。
  어젯밤은 옮겨 다니며 술을 마신 끝에 2시 경에 집에 돌아왔다.

- 救助隊員は、建物の外から三階に梯をかけ、怪我人を助け出した。
  구조대원은 건물 밖에서 3층까지 사다리를 걸치고 부상자를 구출했다.

407 **はしござけ**[梯子酒]　2차·3차로 옮겨가며 마시는 술　★

- 梯子酒とは赤提灯やバーを次々に飲み回ることをいう。
  사다리 술이란 대폿집이나 바를 잇달아 옮겨다니며 술을 마시는 것을 말한다.

- ちょっと一杯のつもりだったが、誘われるままに、つい梯子酒をしてしまった。
  딱 한잔 할 생각이었는데 권하는 대로 하다 보니 어느덧 2차·3차를 하고 말았다.

408 **はだぎ**[肌着]　내의, 내복, 속옷

- 汚れた肌着をいつまでも着ているのは体によくない。
  더러워진 내복을 언제까지나 입고 있는 것은 몸에 좋지 않다.

- 一週間ほど旅行するので、肌着は5枚ぐらい持っていきます。
  1주일 정도 여행하기 때문에 내의는 5벌 정도 가지고 갑니다.

409 はたもと [旗本]　에도(江戸)시대 무사의 한 계급

☞ 에도의 행정・치안・방위를 담당한 녹봉 1만석 이하를 받은 将軍(쇼군)의 직계 부하로 그 규모는 7만~8만 명에 이르렀다고 한다.

- 旗本や御家人といえども、職務上の過失などで役を免じられることもあった。
  旗本나 御家人이라 하더라도 직무상의 과실 등으로 직책을 면직 당하는 경우도 있었다.

- 旗本は御家人とともに将軍の直属の家臣であった。
  旗本는 御家人과 함께 쇼군의 직속 가신이었다.

410 はちうえ [鉢植え]　화분에 화초를 심음

- 面倒でも、鉢植えの花には毎日かならず水を注いでやりましょう。
  성가시지만 화분의 꽃에 매일 꼭 물을 부어 줍시다.

- 床の間に鉢植えが飾られている。
  도코노마에 화분이 장식되어 있다.

411 はちまき [鉢巻き]　머리띠, 머리에 동여매는 수건　★

- 鉢巻きを締めているのは魚屋さんだ。
  머리에 수건을 매고 있는 사람은 생선가게 아저씨다.

- 入学試験が迫り、ねじり鉢巻で勉強をしている。
  입학시험이 다가와서 수건을 싸 매고 공부를 하고 있다.

- 頭に鉢巻をきりりと締めて寿司をにぎる。
  머리에 머리띠를 꽉 조여 매고 초밥을 만들다.

412 はっぴ [法被]　작업복, 유니폼, 깃과 등에 상호・상표 따위를 박은 짧은 겉옷　★

- 襟や背中に名前、屋号やスローガンなどを入れて着る上っ張りを法被という。
  옷깃이나 등에 이름이나 상호, 슬로건 등을 넣어서 입는 겉옷을 「法被」라고 한다.

문화 　종교

- 手ぬぐいを頭に巻いた法被姿の植木屋さんが庭の手入れをしています。
  수건을 머리에 동여매고 작업복을 걸친 정원사 아저씨가 정원을 손질하고 있습니다.

413 はつもうで [初詣で]
새해 들어 처음으로 신사나 절에 참배하여 복을 기원하는 것　㊥ はつまいり(初参り)　★

- 正月に初めてお宮へお参りに行くことを初詣でという。
  정월에 처음 신사(神社)로 참배하러 가는 것을 「初詣で」라고 한다.

- 一家そろって初詣でに行き、家内安全を祈った。
  일가가 전부 모여 신사로 새해 참배를 가 「집안의 안전」을 기원했다.

414 はとば [波止場]　선창, 부두　★

- 船が波止場につく。
  배가 부두에 닿다.

- 波止場には大きな倉庫が並んでいる。
  부두에는 창고가 많이 늘어서 있다.

415 はながた [花形]　그 분야에서 가장 인기 있는 사람(사물), 스타, 각광을 받음

- 息子は素質に恵まれて、バスケットボールの花形選手として活躍している。
  아들은 타고난 소질로 농구 스타로 활약하고 있다.

- 長嶋茂雄、王貞治といえば、外国にも知られた野球花形選手だった。
  나가시마 시게오, 오 사다하루로 말할 것 같으면, 외국에도 알려진 야구 스타 선수였다.

- H社発売の車は今年の花形として絶対の人気を博した。
  H사가 판매하는 차는 금년에 각광을 받아 절대적인 인기를 떨쳤다.

416 はなきん [花金]　황금의 주말

☞ はなのきんようび(花の金曜日)의 준말로 「주휴 2일제」가 도입되면서 금요일 오후로 앞당겨진 주말을 화려하게 일컫는 의미로 생긴 신조어.

- 花金には街に繰り出す人の数が増える。
  황금의 주말인 금요일에는 거리로 몰려 나가는 사람의 수가 늘어난다.

- サラリーマンは花金が待ち遠しい。
  샐러리맨은 「황금의 금요일 오후」가 몹시 기다려진다.

417 はなしはんぶん [話半分]　(과장이나 거짓을 감안해서) 반쯤 들어줌

- 話半分としても気分は悪くない。
  반만 사실일지라도 기분이 나쁘지는 않다.

- あの人の話は、いつも話半分だと思って聞いている。
  그 사람의 이야기는 언제나 반쯤 에누리한다 생각하고 듣는다.

418 はなたば [花束]　꽃다발 ★

- 小田先生に敬意を表し、花束を贈呈いたします。
  오다 선생님께 경의를 표하여 꽃다발을 증정합니다.

- 遭難現場に到着した遺族たちは、海に花束を投げて手を合わせていた。
  조난 현장에 도착한 유족들은 바다에 꽃다발을 던지고 합장하고 있었다.

419 はなび [花火]　불꽃, 화포 ★

- 町が市になったので、花火を揚げてお祝いをした。
  町가 市로 승격했기 때문에 불꽃을 쏘아 올려 축하를 했다.

- そろそろ花火見物に出掛けるとするか。
  이제 불꽃놀이 구경을 하러 나가 볼까.

420 はなふだ [花札]　화투 ★

- 日本の花札も韓国のファトゥ(花闘)も48枚で、絵もほとんど同じだ。
  일본의 화투도 한국의 화투도 모두 48장이고 그림도 거의 같다.

- 成人の娯楽として日本ではマージャンやパチンコが、韓国では花札が人気がある。
  성인 오락으로서 일본에서는 마작이나 파친코가, 한국에서는 화투가 인기가 있다.

421 はなみ [花見]　꽃구경(주로 벚꽃놀이)

- 今年の花見の見物人は去年を上回って12万人ぐらいだ。
  금년에 벚꽃놀이 구경을 온 사람은 작년을 웃돌아 12만명 정도나 된다.

- 桜並木の道は花見客でごった返している。
  벚나무 가로수 길에는 꽃구경하러 온 상춘객으로 들끓고 있다.

  ☞ ごった返す　들끓다, 붐비다

문화 | 종교

422 はなみち [花道] 화려한 등장, 화려한 부분

☞ 가부키에서 배우가 관객의 환호 속에 무대로 출입하는 객석의 좁은 통로를 뜻하나, 비유하여 화려하게 각광을 받으며 등장하는 것을 의미한다.

- 人生の花道にさしかかる。
  인생의 전성기에 접어들다.
- 出世街道を上り詰めて花道を飾るのが男の夢だ。
  출세가도의 꼭대기에 올라 마지막을 장식하는 것이 남자의 꿈이다.

423 はなよめ [花嫁] 신부, 새색시 ★

- 大人になったら、純白の花嫁衣装を着るのがわたしの夢です。
  어른이 되면 순백의 신부의상을 입는 것이 나의 꿈입니다.
- 結婚式の日、花嫁の顔はあふれる喜びに輝いていました。
  결혼식 날 신부의 얼굴은 넘치는 기쁨으로 빛나고 있었습니다.
- 花嫁の支度ができあがらないので、司会者は挨拶を引き延ばして時間を稼いでいた。
  신부의 준비가 끝나지 않아서 사회자는 인사말을 길게 끌어 시간을 벌고 있었다.

424 はなわ [花輪] 화환 ★

- 社葬では多くの花輪や供物が贈られてくるが、その配列には充分に注意しなければならない。
  회사의 장례식에는 화환이나 제물이 증정되는데, 그 배열에는 충분히 신경을 쓰지 않으면 안 된다.
- 花輪を首にかける。
  화환을 목에 걸다.

425 はみがき [歯磨き] 양치질, 치약 ★

☞ 일본어에서의 [歯薬]은 이가 아플 때 먹는 약을 뜻한다.

- 毎朝、歯磨きをする。
  매일 아침 양치질을 한다.
- 三度の食事の後の歯磨きの習慣がやっと定着してきた。
  세번의 식사 후에 양치질하는 습관이 겨우 정착되었다.

426 はれぎ [晴着]　나들이옷, 외출복

- 晴着を着た妹はきれいだと褒められて、長い裾で恥ずかしそうに顔をおおった。
  나들이옷을 입은 여동생은 예쁘다는 말을 듣고 부끄러운 듯이 긴 소매로 얼굴을 감쌌다.

- 姉さんの成人式の晴れ着が調いました。
  언니의 성인식에 입을 나들이옷이 갖추어졌습니다.

427 はん [藩]　에도시대에 다이묘(大名)가 지배했던 영지 및 그 지배기구의 총칭

- 藩とは、日本の昔の封建時代の領主の領地をいう。
  藩이란 일본의 옛 봉건시대에 영주의 영지를 말한다.

- 将軍から一万石以上の領地を与えられた者を大名といい、その領地のことを藩と言った。
  将軍(쇼군)으로부터 1만석 이상의 영지를 받은 자를 大名(다이묘)라 하고, 그 영지를 藩이라고 했다.

428 ばんぐみ [番組]　방송・경기 따위의 프로그램　★

- 新聞には、ラジオやテレビの番組が載っています。
  신문에는 라디오나 텔레비전 프로그램이 실려 있습니다.

- この町の映画館は、毎週水曜日に番組が変わります。
  이 마을의 영화관은 매주 수요일에 프로가 바뀝니다.

- この番組に対するご意見、ご感想をお寄せください。
  이 프로그램에 대한 의견, 감상을 보내 주십시오.

429 ばんしゃく [晩酌]　저녁 반주　★

- 晩酌を始めたら、いつまでものんべんだらりと飲み続けている。
  저녁 반주를 시작하면 언제까지나 빈둥빈둥 계속해서 마시고 있다.

- 晩酌に酒を少し飲む。
  저녁 반주로 술을 조금 마시다.

430 はんしゅ [藩主]　번(藩)의 영주　⊕ だいみょう(大名)

- 前の藩主がなくなったあと家老が後見となって、幼い主君をもり立てていた。
  전의 영주가 사망한 후, 家老가 후견인이 되어 어린 주군을 보살피고 있었다.

- 彼は藩主の許しを得て、長崎に留学した。
  그는 번주의 허락을 받고 나가사키로 유학을 갔다.

431 はんじょう [半畳]　다다미 반장 / 야유를 퍼붓는 것

- そう半畳を入れないで、最後まで聞いてくれ。
  그렇게 야유를 퍼붓지 말고 끝까지 들어다오.

- 4.5畳の部屋と言えば、畳4枚と半畳の正方形の部屋だ。
  4.5평 방이라고 하면 다다미 4장과 반 다다미로 된 정사각형의 방이다.

432 ばんとう [番頭]　지배인, 고용인의 우두머리

- 妙案を思いついたらしくポンと膝を打つと、番頭さんは部屋から出ていった。
  묘안이 생각난 듯 무릎을 탁 치더니 지배인은 방에서 나갔다.

- あそこの主人は店を番頭に委ねて、病気の治療に専念した。
  그곳 주인은 가게를 지배인에게 맡기고 병 치료에 전념했다.

433 ひがん [彼岸]　깨달음의 경지, 목적을 이룸 / 춘분·추분을 중심으로 한 7일간

- 成功の彼岸に達する。
  성공의 경지에 도달하다.

- 暑さも寒さも彼岸まで。
  더위도 추분 무렵이면 물러가고, 추위도 춘분 무렵이면 풀린다.

434 ひきだし [引き出し]　서랍 / 빼냄, 찾음

- 机の引出しをあけて見たら、中は空っぽだった。
  책상 서랍을 열어 봤더니 속은 텅 비어 있었다.

- どうしよう！引出しの奥に隠しておいた日記が消えている。
  어떻게 해！서랍 속에 감추어 두었던 일기가 사라져 버렸어.

- きのう銀行へ預金の引き出しに行った。
  어제 은행으로 예금을 찾으러 갔었다.

  ☞ お金をおろす / お金を引き出す 돈을 찾다.

435 ひだりきき [左利き]　왼손잡이 / 술을 좋아하는 사람, 애주가

- 左利きの人には器用な人が多い。
  왼손잡이에게는 솜씨가 좋은 사람이 많다.

- 左利きのくせに甘いものにも手をだす。
  술꾼인 주제에 단것에도 손을 내민다.

436 ひだりて [左手]　왼쪽, 왼손　★

- 左手に見える丸い建物が国会議事堂です。
  왼쪽에 보이는 둥근 건물이 국회의사당입니다.

- 左手の薬指に、ダイヤの指輪をはめている。
  왼손 약지에, 다이아 반지를 끼고 있다.

437 ひっこし [引っ越し]　이사, 이전

- 引越しの荷物は運送屋に頼んで運んでもらった。
  이삿짐은 이삿짐센터에 부탁해서 운반시켰다.

- 近所にソバを配って、引っ越しの挨拶をする。
  이웃에 소바를 배달하고, 이사 온 인사를 하다.

- 今度の土曜日、空いていたら引越しの手伝いに来てくれないか。
  이번 토요일 (시간이) 비어 있으면 이사를 도와주러 오지 않을래?

438 ひとはこ [一箱]　한 상자, (담배) 한 갑

- 僕はヘビースモーカーで、一日五箱ぐらい吸っていたんだが、今は一箱に減らしている。
  나는 헤비 스모커로 하루에 5갑 정도를 피웠는데 지금은 한 갑으로 줄이고 있다.

- ミカン一箱が三千円で売られている。
  밀감 한 상자가 3천 엔에 팔리고 있다.

439 ひとやすみ [一休み]　잠깐 쉼

- 疲れたから一休みしましょう。
  피곤하니 잠시 쉽시다.

- 一休みのつもりだったのが、つい長くなってしまった。
  잠깐 쉴 생각이었는데 무심결에 길어지고 말았다.

440 ひのまる [日の丸]　일장기, 일본의 국기

- 元日の朝は、あちこちの家の門に日の丸の旗が掲げられていました。
  설날 아침은 여기저기 대문마다 일장기가 게양되어 있었습니다.

- 日の丸を捧げて持つ選手を先頭に、選手団が堂々と入場しました。
  일장기를 양손으로 높이 받든 선수를 선두로 선수단이 당당하게 입장했습니다.

441 ひばち [火鉢]　화로

- 火鉢に薬罐をかけておいて下さい。
  화로에 주전자를 올려놓아 주십시오.

- 外は寒かっただろう。早く火鉢で手をあぶりなさい。
  밖이 춥죠? 빨리 화로에서 손을 쬐세요.

442 ひゃくしょう [百姓]　농민, 농부, 시골사람　★

☞ 차별적 용어라 하여 지금은 별로 쓰지 않고 그 대신에 농업경영자라는 말 등으로 쓰고 있다.

- あの人は会社を辞めて、百姓の仕事を始めた。
  그 사람은 회사를 그만두고 농사일을 시작했다.

- 革命軍に追われた国王一家は、百姓姿に身をやつして国外へ逃れ出ようとした。
  혁명군에 쫓긴 국왕 일가는 농민의 모습으로 변장을 하고 국외로 도망치려 했다.

- 男たちは素朴で人の良い百姓の彼をだまそうとした。
  사나이들은 순박하고 사람 좋은 농부인 그를 속이려 했다.

443 **ひやざけ** [冷や酒]　찬술, 데우지 않은 술　★

💬 れいしゅ(冷酒)라고도 한다.

- 冷や酒で一杯やろう。
  차가운 술로 한잔하자.

- 冷や酒は酔いが早い。
  찬술은 빨리 취한다.

444 **ひらがな** [平仮名]　한자의 초서체를 변형시켜 만든 일본 문자

🔄 かたかな(片仮名)

- 平仮名だけの文より、適当に漢字が混じっているほうが、意味がとらえやすい。
  히라가나뿐인 문장보다 적당히 한자가 섞여 있는 쪽이 의미를 쉽게 파악할 수 있다.

445 **ひるね** [昼寝]　낮잠, 오수

- 昼寝から覚めたときには、窓の外はもう薄暗かった。
  낮잠에서 깼을 때는, 창 밖은 이미 어둑어둑했다.

- 兄は分厚い英語の辞書をまくらの代用にして、昼寝をします。
  형은 두툼한 영어사전을 베개 대신으로 베고 낮잠을 잡니다.

446 **ひるま** [昼間]　낮, 주간, 낮 동안

- あの人は昼間から酒を飲んでいる。
  저 사람은 대낮부터 술을 마시고 있다.

- 彼女は、昼間は仕事をして、夜、学校に行きます。
  그녀는 낮에는 일을 하고, 밤에는 학교에 갑니다.

447 **ひろいもの** [拾い物]　습득물, 뜻밖에 얻은 물건, 횡재

- 拾い物を交番に届けた。
  습득물을 파출소에 신고했다.

- その場に運良く居合わせていたので、まったくいい拾い物をした。
  마침 그 자리에 운좋게 있는 바람에 완전히 횡재를 했다.

문화 | 종교

448 **ぶさた** [無沙汰]   격조, 소식을 전하지 않음, 방문·편지 왕래가 오랫동안 끊어짐 / 따분함 ★

- ご無沙汰ばかりで失礼いたしております。
  오랫동안 소식을 드리지 못해 결례를 하고 있습니다.

- 無沙汰を詫びるために電話をした。
  무소식을 사과하기 위해 전화를 했다.

- 手持ち無沙汰で退屈しのぎに何本もタバコに火をつけた。
  할 일이 없이 따분해서 담배를 몇 대나 피웠다.

449 **ふだんぎ** [普段着]   평상복, 캐주얼 ★

- あの赤いワンピースは、今では普段着にしています。
  그 빨간 원피스는 지금은 평상복으로 하고 있습니다.

- 腰回りに少しゆとりを持たせたほうが、普段着として楽です。
  허리 둘레에 약간 여유를 두는 쪽이 평상복으로서는 편합니다.

450 **ふち** [縁]   테두리, 테, 가장자리

- この茶碗は縁がかけているから、お客さんに出さないほうがいい。
  이 찻잔은 테두리에 이가 빠져있으니 손님에게는 내놓지 않는 편이 좋다.

- お酒を飲んだのでしょう。目の縁が赤いからすぐ分かりますよ。
  술 마셨죠? 눈 가장자리가 벌겋기 때문에 금방 알 수 있다구요.

- あのお医者さんは縁なしの眼鏡をかけている。
  그 의사는 테 없는 안경을 쓰고 있다.

451 **ふつかよい** [二日酔い]   숙취, 이튿날까지 남아 있는 술기운 ★

- 朝起きたら頭がずきずき、気分が悪い、胃がむかつくというのが二日酔いの主症状である。
  아침에 일어나면 머리가 지끈지끈, 기분이 나쁘고, 배가 메슥거리는 것이 숙취의 주된 증상이다.

- 久しぶりに飲んで騒いだ次の日は、二日酔いで頭が痛かった。
  오랜만에 마시고 떠든 다음날에는 숙취로 머리가 아팠다.

- 翌日、二日酔いや寝不足でつらい思いをすると、楽しかった付き合いにも後悔が残るものだ。
  (음주) 다음날, 숙취나 수면 부족으로 고생했던 생각을 하면 즐거웠던 교제도 후회가 남기 마련이다.

452 ふとん [布団/蒲団]　이불, 이부자리

- 大きなカミナリの音に、妹は頭から布団をかぶって、ブルブル震えていた。
  커다란 천둥 소리에 여동생은 이불을 뒤집어쓰고 부들부들 떨고 있었다.
- 赤ちゃんが眠ったので、そっと布団をかぶせてやりました。
  아기가 잠들었기 때문에 살짝 이불을 덮어 주었습니다.
- 布団はときどき日光に当てたほうがいい。
  이불은 때때로 햇볕에 말리는 것이 좋다.

☞ 이불은 「かけぶとん(掛け布団)」, 요는 「しきぶとん(敷き布団)」, 방석은 「ざぶとん(座布団)」이라고 한다.

453 ふなよい [船酔い]　뱃멀미

- 波が荒らくて、みな船酔いに悩まされた。
  파도가 거칠어서 모두 뱃멀미로 시달렸다.
- 船酔いは耐え難く、気持ちが悪くなって吐きそうになる。
  뱃멀미는 참을 수 없도록 기분이 나빠져서 토할것 같다.

454 ふるさと [古里/故郷]　고향　★

- 古里が懐かしくない人はいない。
  고향이 그립지 않은 사람은 없다.
- 都会育ちで故里を持たない若者にとって、北海道の自然は大きなあこがれだ。
  도시에서 자라나 고향이 없는 젊은이에게 있어서 홋카이도의 자연은 커다란 동경의 대상이다.

455 ふるほんや [古本屋]　고서점, 헌 책방　★

- 神田にはたくさんの古本屋が集まっている。
  간다에는 많은 고서점이 모여 있다.

문화 / 종교

456 ふろ [風呂]   목욕, 목욕물, 목욕탕, 욕실 ★

- 小川さんは大の風呂好きで毎日3度も風呂にはいるそうだ。
  오가와 씨는 목욕을 좋아해서 매일 세 번이나 목욕을 한다고 한다.

- この風呂は熱くも温くもないです。
  이 목욕물은 뜨겁지도 미지근하지도 않습니다.

- 風呂からあがって飲むビールの味は格別だと、父が言っていた。
  목욕을 끝내고 나서 마시는 맥주 맛은 각별하다고 아버지가 말했다.

457 ふろしき [風呂敷]   보자기 / 허풍 ★

- 風呂敷は軽くて、畳めば小さくなりますから、持って歩くにはカバンより便利です。
  보자기는 가볍고, 접으면 작아져서 가지고 다니기에는 가방보다 편리합니다.

- 大風呂敷を広げる。
  허풍을 떨다.

458 ぶんつう [文通]   펜팔, 편지 왕래 ★

- 僕は外国人と文通をしています。
  나는 외국인과 펜팔을 하고 있습니다.

- 文通を続けている友達と初めて対面した。
  펜팔을 하고 있던 친구와 처음으로 대면했다.

459 ふんどし [褌]   남성의 음부를 가리기 위한 폭이 좁고 긴 천, 일본식 샅바

- 人の褌で相撲を取るような、そんな他力本願なことではいけません。
  남의 훈도시로 씨름을 하듯 타인에게 의지하여 일을 이루려 해서는 안 된다.

- このごろは褌を身につける人は少ない。
  요즈음에는 훈도시를 차는 사람은 많지 않다.

- さあ、褌を締めてかかろう。
  자, 훈도시를 매고 정신을 차려 시작하자.

460 **べいじゅ [米寿]**　미수, 88세　★

- 八十八歳の米寿を迎えた祖父の健在を祝って、ささやかなパーティーを開いた。
  88세의 미수를 맞이한 조부의 건재를 축하하여 조촐한 파티를 열었다.

- 八十八を一字で書くと、米の字になるところから、八十八歳を米寿という。
  八十八을 한 글자로 쓰면, 米자가 된다고 해서 88세를 '미수'라고 한다.

461 **へそくり [臍繰り]**　절약하여 비밀리에 마련한 돈, 비자금

☞ 「へそ(臍)」의 뜻은 원래 배꼽을 뜻한다.

- 女房は臍繰りが上手だ。
  마누라는 비자금 마련에 능숙하다.

- 急にお金が必要になったので、やむなく臍繰りで賄った。
  갑자기 돈이 필요해졌기에 어쩔 수 없이 비자금으로 충당했다.

- 母が父には内緒で、臍繰からお金を出してくれた。
  어머니가 아버지에게는 비밀로 하고 비자금에서 돈을 내주었다.

462 **べんとう [弁当]**　도시락

- お弁当屋さんは注文を受けてから製造にかかるので、お天気には神経を使います。
  도시락 가게는 주문을 받고 나서 제조에 착수하기 때문에, 날씨에는 (무척) 신경을 씁니다.

- 新婚当時はよく愛妻弁当をつくってくれたのに、さいきんは、サッパリです。
  신혼 당시에는 자주 사랑 도시락을 만들어 주었는데, 최근에는 구경도 못합니다.

463 **ほうこう [奉公]**　국가·조정을 위해 봉사함 / 고용살이

- 企業経営は私的なことではなく、一種の奉公である。
  기업 경영은 사적인 일이 아니라, 일종의 나라를 위한 봉사활동이다.

- 少年は家の貧しさから進学を諦めて呉服屋に奉公しなければならなかった。
  소년은 집이 가난해서 진학을 단념하고 포목전에서 고용살이하지 않으면 안 되었다.

464 **ほうじ** [法事]　재(斎), 제사를 지냄, 법요　★

- きのう亡父の三回忌の法事をつとめました。
  어제는 망부의 3주기 재를 올렸습니다.

- 「出席しなくては悪いんじゃない。」「この際ウソも方便、田舎で法事があることにしよう。」
  「참석하지 않으면 미안하잖아?」「이런 때는 거짓말도 방편, 고향에서 제사가 있는 것으로 하자.」

465 **ぼうず** [坊主]　주지승, 중 / 삭발 / (친밀한 의미로) 녀석, 꼬마　★

- 坊主にくけりゃ袈裟まで憎い。(諺)
  중이 미우면 가사도 밉다. (상대가 미우면 그 사람과 관계된 모든 것이 싫어진다.)

- 夏は髪の毛を長くしているより、坊主にしたほうが涼しくて気持ちがいい。
  여름에는 머리카락을 길게 하는 것보다 삭발하는 편이 시원하고 기분이 좋다.

- 大人をからかうなんて、生意気な坊主だ。
  어른을 조롱하다니, 건방진 녀석이다.

466 **ぼうずあたま** [坊主頭]　(중처럼) 민 머리, 까까머리
　　　　　　　　　　　　습 はげあたま(禿げ頭) 대머리　★

- あの坊主頭はだれですか。
  저 까까머리는 누굽니까?

- いつも短く刈り込んだ坊主頭は、僕のトレードマークだ。
  언제나 짧게 깎아 다듬은 민머리는 나의 트레이드 마크다.

467 **ほうちょう** [包丁]　식칼 요리(사)

- この包丁はステンレスという金属でできているので錆びません。
  이 식칼은 스테인리스로 만들어졌기 때문에 녹슬지 않습니다.

- 肉を薄く切るには、この包丁が一番だ。
  고기를 얇게 자를 때는 이 식칼이 최고다.

468 **ぼっちゃん** [坊ちゃん]　아드님, 도련님 / 철부지

- 彼は世間知らずのお坊っちゃんだ。
  그는 세상 물정을 모르는 철부지다.

- 夏目漱石の「坊っちゃん」は、発表後100年近く経った今も、人気小説のひとつだ。
  나츠메 소세키의 「도련님」은 발표후 100년 가까이 지난 지금도, 인기소설의 하나이다.

469 ほとけ [仏]　부처, 불타/부처처럼 온후한 사람 / 고인, 망자

- 仏教では人は死ぬと仏になると言われている。
  불교에서는 사람은 죽으면 부처가 된다고 일컬어지고 있다.

- 「あの人、みんなが悪口言っているのに、よく平気でいられるわね。」
  「知らぬが仏よ。」
  「그 사람은 모두가 욕을 하고 있는데도 잘도 태연하게 있네.」「모르는 게 약이지.」

- この仏は酒好きだった。
  고인은 술을 좋아했었다.

470 ほとけさま [仏様]　부처님, 부처의 높임말

- お線香を焚くのは、仏様に身も心も清浄にしてから近づかせていただくためです。
  선향을 지피는 것은 부처님에게 몸도 마음도 청정하게 하고 나서 가까이 다가가게 하기 위한 것입니다.

471 ぼんおどり [盆踊り]　음력 7월 15일 밤에 남녀가 모여서 추는 집단적인 윤무(輪舞)

- 日本では7月15日前後にいろいろな所で盆踊りをする。
  일본에서는 7월 15일 전후에 이곳 저곳에서 盆踊り를 춘다.

- このところ町内の若者たちが毎日のように太鼓をたたいて盆踊りの練習をしている。
  요즈음 마을 안의 젊은이들이 매일 같이 북을 치며 盆踊り의 연습을 하고 있다.

472 ほんだな [本棚]　서가

- 本棚を整頓していたら、面白い本が見つかりました。
  서가를 정돈하고 있던 중에 재미있는 책이 발견되었습니다.

- 本棚のなかの仕切りは、必要に応じて取り外すことができます。
  서가 안의 칸막이는 필요에 따라 떼어 낼 수가 있습니다.

| | 문화 | 종교 |

473 **ほんや** [本屋]　책방, 서점 / 안채

- いつもの本屋で本を買いました。
  언제나 이용하는 서점에서 책을 샀습니다.
- 落丁本や乱丁本は、すぐ本屋さんに持っていけば取り替えてくれます。
  낙장이나 파본은 곧바로 서점에 가지고 가면 바꿔 줍니다.

474 **まいご** [迷子]　미아, 길 잃은 아이　★

- 子供のときにお祭りを見に行って迷子になったことがあります。
  어릴 적에 축제를 보러 가서 미아가 된 적이 있습니다.
- 花子ちゃんが迷子になって警察に保護されているそうだ。
  하나코 양이 미아가 되어 경찰에서 보호받고 있다고 한다.
- 送った荷物がまだ着かないそうだ。どこかで迷子になっているかも知れない。
  발송한 짐이 아직 도착하지 않았다고 한다. 어딘가에서 미아가 되어 있는지도 모른다.

475 **まがり** [間借り]　셋방을 듦

- 去年までは間借りだったんですが、大家さんは大変いい人でした。
  작년까지는 셋방을 살았는데 집주인은 아주 좋은 사람이었습니다.

476 **まごむすめ** [孫娘]　손녀

- 祖母は孫娘に美しい着物を着せるのを楽しみにしている。
  할머니는 손녀에게 예쁜 기모노 입히는 것을 즐거움으로 삼고 있다.

477 **まつたけ** [松茸]　송이버섯

- 目の玉が飛び出るほど高いので、松茸ご飯は諦めたわ。
  눈알이 튀어나올 정도로 비싸서 송이버섯 밥은 단념했지요.

- 外国産の松茸は、国内産に比べると味、香りなどあらゆる点で品質が落ちるそうだ。
  외국산 송이는 국내산에 비하면 맛·품질 등 모든 면에서 품질이 떨어진다고 한다.

478 まどぎわ [窓際]　창가

- この大きな世界地図は、窓際の壁に貼ろう。
  이 커다란 세계지도는 창가의 벽에 붙이자.

- 窓際の席で飛行機の翼を見ていると、空を飛んでいることを実感します。
  창가의 좌석에서 비행기의 날개를 보고 있으면 하늘을 날고 있는 것을 실감합니다.

479 ままごと [飯事]　소꿉놀이

- 飯事をして遊ぶ。
  소꿉놀이를 하고 놀다.

480 ばんせいいっけい [万世一系]　영원히 하나의 계통이 이어지는 것, 만세일계 ★

☞ 주로 일본의 황실 계통을 국수주의적 입장에서 일컫는 말.

- 「万世一系」とは、初代、神武天皇から現代まで一度も断絶することなく(王朝の交替もなく)続いてきたという意味です。
  「万世一系」란 초대 진무천황부터 현대까지 한번도 단절이 없이(왕조의 교체도 없이) 계속되어 왔다는 의미입니다.

- 戦前の旧憲法では、「日本はく万世一系〉の天皇がこれを統治する」と書かれていました。
  패전 전의 구헌법에서는 「일본은 〈万世一系〉의 천황이 통치한다」고 씌여 있었습니다.

- さすがに、「万世一系」とは言えなかったようですが、天皇中心の日本歴史であるという点が「新しい歴史教科書」の最大の特色です。
  과연 「万世一系」라고는 말할 수 없었던 것 같지만, 천황중심의 일본역사라는 점이 「새로운 역사교과서」의 최대 특색입니다.

481 みあい [見合い]　맞선 ★

- 太郎君と道子さんのお見合いは、私が橋渡しをした。
  타로 군과 미치코 양의 맞선은 내가 다리를 놓아주었다.

문화 | 종교

- 嫌だ嫌だと言っていたけれど、お見合いをしてみたら、娘も満更ではないようだ。
  싫다 싫어 라고 말했었는데, 맞선을 보고 나더니 딸도 꼭 싫지만은 않은 것 같다.

- 彼女は見合いの席で恥ずかしそうに目を落としていた。
  그녀는 맞선 보는 자리에서 부끄러운 듯이 눈을 내리깔고 있었다.

482 **みうち** [身内] 집안, 일가, 친척 / 온몸, 전신 ★

- 言葉遣いは身内と他人、公私など時と場合によって、使い分けなければならない。
  언어 사용은 집안 사람과 타인, 공과 사 등 때와 장소에 따라 구분해서 사용하지 않으면 안 된다.

- 身内の者だけで、葬式を済ませた。
  일가친척만으로 장례식을 끝마쳤다.

- 対外的には身内の者に尊敬語や敬語を使わない。
  대외적으로는 집안 사람에게 존경어나 경어를 쓰지 않는다.

483 **みこし** [神輿] 가마(輿)의 높임말

☞ おみこし(御神輿)는 신위(神位)를 안치한 가마.

- 神輿は、持ち運びのできる小型の「神社」である。
  神輿는 들어 나를 수 있는 소형「神社」다.

- お祭りには、小さな子も神輿を担いでかわいい掛け声をかけるのです。
  축제에서는 작은 아이도 가마를 메고 귀엽게 기합 소리를 냅니다.

- 若い連中に神輿を担がれて、とうとう会長を引き受けさせられた。
  젊은 그룹에게 떠밀려서 마침내 회장을 억지로 떠맡게 되고 말았다.

- 長居をされて困っていた客がやっと神輿をあげてくれた。
  오래 눌러앉아 있어 지겨웠던 손님이 마침내 자리를 뜨고 돌아가 주었다.

484 **みじたく** [身支度] 몸차림, 몸치장

- 「遅刻するわよ」と母にせかされて、姉はやっと身支度を始めた。
  「지각해요!」라고 어머니에게서 재촉 받고 누나는 가까스로 몸치장을 하기 시작했다.

- 手早く身支度をした母は、突然の来客にも落ち着いて接待している。
  잽싸게 몸치장을 한 어머니는 갑작스런 내객에도 차분하게 접대하고 있다.

485 みずいらず [水入らず]　(남이 끼지 않고) 집안 식구끼리임, 오붓함　★

- 水入らずとは、内輪の親しい者だけで、中に他人を交えないことを言う。
  「水入らず」란 집안의 가까운 식구끼리 만으로, 그 안에 타인을 섞지 않는 것을 말한다.

- 長男が海外から帰ってきて、久し振りに親子水入らずの夕食をした。
  장남이 해외에서 돌아와서 오랜만에 집안 식구끼리만 오붓하게 저녁 식사를 했다.

486 みずさし [水差し]　컵 등 다른 그릇에 물을 옮겨 따르는 그릇, 주전자의 일종

- お茶の湯を水差しにいれ、良く冷やして飲むと、爽快な味わいが楽しめます。
  찻물을 주전자에 넣고 충분히 차게 해서 마시면 상쾌한 맛을 즐길 수 있습니다.

- 誰も居なくなったプラットホームで、水道の蛇口を捻って、水差しに水を入れていた。
  아무도 없는 플랫폼에서 수도 꼭지를 틀고 주전자에 물을 담고 있었다.

- 会議が始まると、女性がうやうやしく水差しを運んできた姿が印象的でした。
  회의가 시작되자 여성이 공손하게 주전자를 들고 온 모습이 인상적이었다.

487 みずわり [水割り]　물을 탐 / 물타기(내용을 빈약하게 함)

- ウイスキーのように強いお酒は、水割りで飲んだほうが安心です。
  위스키처럼 독한 술은 물을 타서 묽게 해서 마시는 편이 안심됩니다.

- ロックか水割りか、水割りならシングルかダブルか、ウイスキーは飲み方がいろいろある。
  온더락이냐 물 타기냐, 물 타기라면 싱글이냐 더블이냐, 위스키를 마시는 방법은 여러 가지가 있다.

- お酒を、水で割れば水割り、コーラで割ればコーラ割りになります。
  술을 물에 타면 水割り, 콜라에 타면 コーラ割り가 됩니다.

문화 종교

488 **みそ** [味噌]　된장 ★

- 日本では、朝はご飯に味噌汁、又は、トーストにミルクぐらいで済ます家が多い。
  일본에서는 아침은 밥에 된장국이나, 토스트에 우유 정도로 끝내는 집이 많다.

- あんなに有名で人気もある人が女性問題で失脚とは、つまらないことで味噌をつけたものね。
  그토록 유명하고 인기 있는 사람이 여성문제로 실각하다니 하찮은 일로 체면이 깎였군.

  ☞ 味噌をつける　어떤 일에 실패해 체면이 깎임.

489 **みなとまち** [港町]　항구 도시

- 船が港にはいると、港町の人々は急に忙しくなる。
  배가 포구에 도착하면 항구 도시의 사람들은 갑자기 바빠진다.

490 **みなり** [身形]　옷차림, 복장

- この会社は社員の身形にうるさい。
  이 회사는 사원의 옷차림에 까다롭다.

- あの男は身形には一向に気を使わないが、食べ物には贅を尽くしている。
  그 남자는 복장에는 전혀 신경을 쓰지 않지만 먹는 것에는 호사를 부리고 있다.

491 **みのまわり** [身の回り]　신변, 자기의 주변 / 자질구레한 일, 소지품

- 身の回りをいつも整頓しておけば、いざというとき慌てなくて済む。
  자기 주변을 항상 정돈해 두면 여차할 때 당황하지 않고 해결된다.

- お客様、身の回り品はご自分で注意してください。
  손님 여러분, 소지품은 각자 주의해 주십시오.

492 **みぶり** [身振り]　몸짓, 제스처, 몸놀림

- 外国人と言葉が通じないので、身振り手振りで話した。
  외국인과 말이 통하지 않아서 몸짓과 손짓으로 이야기했다.

- アメリカ人が大げさな身振り手振りでお巡りさんに何か聞いている。
  미국인이 야단스런 몸짓과 손짓으로 경찰관에게 뭔가를 묻고 있다.

493 **みやげ** [土産]　고장의 선물, 남의 집 방문시 가지고 가는 선물　★

- あの奥さんはケーキが好きだから、今度行くときはお土産にケーキを買って行くことにしよう。
  그 부인은 케이크를 좋아하니, 이번에 갈 때는 선물로 케이크를 사가기로 하자.

- 友人が海外旅行の土産だといって、ネクタイをくれた。
  친구가 해외여행의 선물이라며 넥타이를 주었다.

494 **みやづかえ** [宮仕え]　고용살이, 남의 집 살이, (원래) 궁중에 출사하는 것

- 昔も今も宮仕えの身はつらい。
  옛날이나 지금이나 고용살이 신세는 괴롭다.

- きゅうくつな宮仕えなど僕はまっぴらだ。
  답답한 남의 집 살이 따위 나는 딱 질색이다.

495 **むかえざけ** [迎え酒]　해장술　★

- 韓国でも日本と同じく迎え酒を飲む習慣があるそうだ。
  한국에도 일본과 마찬가지로 해장술을 마시는 습관이 있다더라.

- 迎え酒がほんとうに二日酔いを覚ましてくれるのか疑わしい。
  해장술이 정말로 숙취를 풀어주는지 의심스럽다.

496 **むかしばなし** [昔話]　옛날이야기, 회고담

- 桃太郎の話は日本の代表的な昔話です。
  모모타로 이야기는 일본의 대표적인 옛날이야기입니다.

- 漫画も面白いけれど、昔話の面白さをじっくり味わって読むのも楽しい。
  만화도 재미있지만, 옛날이야기의 재미를 곰곰이 맛보며 읽는 것도 즐겁다.

497 **むこ** [婿]　사위　㊧むこようし(婿養子) 데릴사위

- よい婿に恵まれて、店がだんだん大きくなっていったので娘の両親はたいそう喜びました。
  좋은 사위를 얻어서 가게가 점점 커졌기 때문에 딸의 양친은 대단히 기뻐했습니다.

- 祖母は口癖のように、「早くよい婿を探しておくれ」という。
  할머니는 입버릇처럼 「빨리 좋은 사윗감을 찾아봐라」라고 말한다.

498 むじ [無地] 전체가 한 빛깔로 무늬가 없는 것, 단색

- 君には柄物よりも無地のほうが似合うよ。
  자네에게는 무늬가 있는 것보다 단색 쪽이 어울리네.

- 無地よりも、何か柄があるほうが個性が引き立っていいよ。
  무지보다도 뭔가 무늬가 있는 쪽이 개성이 돋보여서 좋아요.

499 むしめがね [虫眼鏡] 돋보기, 확대경

- 虫眼鏡を使って、紙の上に太陽の光を集めると紙が焼ける。
  돋보기를 사용하여 종이 위에 햇빛을 모으면 종이가 탄다.

- 虫眼鏡をクリックすると、より詳細な周辺地図を見ることができます。
  돋보기를 클릭하면, 보다 상세한 주변지도를 볼 수가 있습니다.

- 標本の細部は、虫眼鏡を通して拡大したり、拡大写真によって展示されます。
  표본의 자세한 부분은 확대경을 통해 확대한다든가, 확대사진에 의해 전시됩니다.

500 むすこ [息子] 아들 ⟺ むすめ(娘) ★★

- 息子はいま六歳です。
  아들은 지금 여섯 살입니다.

- あの老人は息子夫婦と三人で住んでいます。
  저 노인은 아들 부부와 셋이서 살고 있습니다.

- 京都に行ったついでに神戸まで足を延ばして、息子の家を訪ねてきた。
  교토에 간 김에 고베까지 발을 뻗어 아들의 집을 방문하고 왔다.

501 むすめ [娘] 딸 ★

- 上のこども三人が娘で、いちばん下が息子です。
  위의 아이 셋이 딸이고, 맨 밑이 아들입니다.

- この工場では何百人もの娘さんたちが働いている。
  이 공장에서는 몇 백명이나 되는 처녀들이 일하고 있다.

502 **むだ** [無駄]　보람이 없음, 헛됨, 낭비　★

- そんな無駄な努力をしても駄目なものは駄目さ。
  그런 쓸데없는 노력을 해도 안돼는 건 안돼.

- あの人はすぐ忘れるから、教えても無駄だ。
  그 사람은 곧바로 잊어버리기 때문에 가르쳐도 헛수고다.

- あの人に勝とうなんて所詮無駄な抵抗だよ。
  그 사람을 이기려 하다니 어차피 쓸데없는 저항이야.

503 **むだぐち** [無駄口]　쓸데없는 말, 잡담

- 無駄口を叩いていないで、さっさと仕事をしなさい。
  쓸데없는 잡담은 집어치우고 냉큼 일을 하세요.

504 **むだづかい** [無駄遣い]　낭비, 허비

- 電気を無駄遣いしないように気をつけなさい。
  전기를 낭비하지 않도록 주의하세요.

505 **むだばなし** [無駄話]　잡담, 수다

- 友達と無駄話をするのは楽しいものだ。
  친구와 잡담하는 것은 즐겁기 마련이다.

506 **むだぼね** [無駄骨]　헛수고

- 相手がその気にならなければ、いくら君一人がんばったって無駄骨を折るだけさ。
  상대방이 그럴 마음이 내키지 않으면 자네 혼자서 아무리 힘내 봤자 헛수고일 뿐이네.

- 両国の開戦をくい止めようという努力も、無駄骨に終わってしまった。
  양국의 개전을 막아 보려는 노력도 헛수고로 끝나고 말았다.

507 **むてっぽう** [無鉄砲]　무모함, 경솔함, 분별없음

- 大学生にからかわれると、無鉄砲な弟は、かなうはずもないのに立ち向かっていた。
  대학생에게 놀림을 받자, 무모한 동생은 당해 낼 수 없는데도 정면으로 대항하고 있었다.

- 彼は無鉄砲な真似をする。
  그는 무모한 흉내를 낸다.

508 **むねん**[無念]　분함, 원통함

- 彼に裏切られたことは誠に無念だ。
  그에게 배반당한 것은 참으로 분하다.

- 今年こそはと期待したのに、また入試に失敗し、無念の涙をのんだ。
  금년이야말로 라고 기대했는데도 또 입시에 실패하여 원통한 눈물을 삼켰다.

- あんな男に頭を下げなければならないなんて、無念やるかたないよ。
  그런 사나이에게 머리를 숙이지 않으면 안 되다니 분한 마음 풀 길이 없어요.

  ☞ 無念やるかたない　분한 마음이 풀리지 않다.

509 **むらはちぶ**[村八分]　동네에서의 따돌림, 주위에서 절교하여 고립되는 일 ★

- 村八分にされた一家は、とうとう村を追い出されてしまった。
  동네에서 따돌림을 당한 일가는 마침내 마을에서 쫓겨나고 말았다.

- 最近は、あまり使いませんが、仲間外れにすることを、「村八分」にすると言います。
  최근에는 그다지 쓰지 않습니다만, 왕따하는 것을 「村八分」이라고 합니다.

- 農村社会で農協の組織を外れることは、今でも「村八分になりかねない」と不安を持っている生産者が多いです。
  농촌사회에서 농협조직을 벗어나는 것에는 지금도 「따돌림당하기 쉽다」는 불안을 가진 생산자가 많습니다.

- 村八分という言葉は、村の十の交際のうち、葬式と火事のとき、以外は絶交することです。
  「村八分」라는 말은 마을의 열 가지 교제 중에서 장례식과 화재 이외에는 절교하는 것입니다.

  ☞ 十の交際：冠・婚・葬・建築・火事・病気・水害・旅行・出産・年忌

510 **むりしんじゅう**[無理心中]　억지로 동반자살함, 강제 정사

- 無理心中させられた相手こそ可愛そうだ。
  억지로 동반자살을 강요당한 상대방이야말로 불쌍하다.

- あんなにかわいい子供たちが無理心中させられたなんて、本当に痛ましいことだ。
  그토록 귀여운 자식들이 동반자살을 강요당하다니 정말로 비극이로다.
- 警察は、母子が無理心中を図って飛び降りたとみて身元などを調べている。
  경찰은 모자가 동반자살을 기도하여 뛰어내렸다고 보고 신원 등을 조사하고 있다.

511 **めくら**[盲]　소경, 장님 / 문맹

☞ 오늘날에는 장애인의 인격을 존중하는 취지에서 이 말을 쓰지 않도록 하고 있으며, 대신에 目の見えない人(눈이 보이지 않는 사람), 目の悪い人(눈이 나쁜 사람)이라고 호칭하므로 주의를 요한다.

- 彼は、かわいそうに生れたときから盲です。
  그는 가엾게도 태어날 때부터 장님입니다.
- 絵については僕はまったく盲です。
  그림에 대해서는 저는 완전히 소경입니다.
- 座頭の市は、盲ですが、居合抜きの達人です。
  자토이치는 장님이지만, 居合抜き의 달인입니다.

☞ 居合(いあい)　한쪽 무릎을 꿇은 채 잽싸게 칼을 뽑아 베는 검법

512 **めざましどけい**[目覚まし時計]　자명종, 알람시계　★

- 目覚まし時計の時間をセットするのを忘れて、寝過ごしてしまった。
  자명종시계의 시간을 맞추는 것을 잊어 늦잠을 자버렸다.
- 僕は目覚まし時計が鳴ると飛び起きて、急いで身支度をし、会社へ走る。
  나는 알람시계가 울리면 벌떡 일어나서 서둘러 준비를 하고 회사로 달려간다.

513 **めだまやき**[目玉焼き]　계란 프라이

- 母の真似をして、片手で卵をポンと割ってフライパンで目玉焼きをつくりました。
  어머니의 흉내를 내어, 한쪽 손으로 계란을 툭 깨서 프라이팬으로 계란 프라이를 만들었습니다.

문화 　 종교

514 **めつけ** [目付]　(옛날의) 감찰관, 감시역

- 監査役の仕事とは、取締役の職務執行を監査する文字通りのお目付役である。
  감사역의 일이란 이사의 직무 집행을 감사하는, 문자 그대로 감시역이다.
- 母は大学生の娘をお目付役にして、息子に夏休み中勉強をさせた。
  어머니는 대학생인 딸을 감시역으로 하여 아들에게 여름방학 내내 공부를 시켰다.

515 **めもり** [目盛り]　(자・저울 등의) 눈금　★

- この瓶には目盛りがつけてある。
  이 병에는 눈금이 그어져 있다.
- 僕は目方にごまかされないように、ハカリの目盛りをしっかり見ていた。
  나는 무게에 속지 않도록 저울의 눈금을 똑똑히 보고 있었다.
- だるいので熱を計ると、目盛は38度を指していた。
  나른해서 열을 재 봤더니 눈금은 38도를 가리키고 있었다.

516 **めんつ** [面子]　체면, 면목

☞ 중국에서 들어온 외래어로 보통 가타카나 「メンツ」로 표기한다.

- 僕が一歩譲って、彼の面子を立ててやった。
  내가 일보 양보해서 그의 체면을 세워 주었다.
- 一流企業としての面子を保つため、会社は無理な経営状態を重ねていた。
  일류 기업으로서의 체면을 유지하기 위해, 회사는 무리한 경영 상태를 거듭하고 있었다.
- 僕の人生は僕のもの、親の面子で進路を決められるのは御免だ。
  내 인생은 나의 것, 부모의 체면으로 진로가 결정되는 것은 싫다.

517 **めんどう** [面倒]　번거롭고 귀찮음, 성가심 / 돌봄, 보살핌　★

- 面倒な仕事になると、みんな僕のところに持ち込んでくる。
  번거롭고 귀찮은 일이 생기면 모두 나한테 갖고 온다.
- 料理を作るのが面倒なので、外の店で食べます。
  요리를 만드는 것이 귀찮아서 밖의 음식점에서 먹습니다.
- 私が働きに出ると、子供の面倒を見てくれる人がいなくなる。
  내가 일을 나가면 아이를 돌봐 줄 사람이 없어진다.

- 君にはいろいろ面倒をかけたが、お陰で事件も片付いたよ。
  자네에게는 여러 가지로 수고를 끼쳤지만, 덕분에 사건도 결말이 났다네.

518 **もうしご** [申し子]　(어떤 특수한 배경에서 생긴) 산물, 신통력이 조화를 부려 생긴 물건　★

- コンピュータは情報化社会の申し子というべきものかもしれない。
  컴퓨터는 정보화 사회의 산물이라고 해야 할지도 모른다.

- マイケル ジョーダンこそアメリカのバスケット界の申し子だ。
  마이클 조던이야말로 미국 농구계에 신이 내려보낸 사람이다.

- 本田宗一郎こそ日本の資本主義社会の申し子というべき人物だった。
  혼다 소이치로야말로 일본의 자본주의 사회가 점지해 주었다고 할 만한 인물이었다.

519 **もじばけ** [文字化け]　(컴퓨터 화면에서) 글자가 깨지는 것, 이상한 글자로 둔갑함　★★

- 普通のテキストで送ったのに、文字化けで読めないと言われた。
  보통의 텍스트 파일로 보냈는데도 글자가 깨져서 읽을 수 없다고 했다.

- Webページを見ていると、日本語がちゃんと表示されないときがある。これを「文字化け」と呼ぶ。
  웹 페이지를 보면 일본어가 바르게 표시되지 않을 때가 있다. 이것을「文字化け」라고 부른다.

- 文字化けを直す方法は、ブラウザの文字コードの設定を「自動判別」にしてご覧ください。
  문자가 깨짐을 고치는 방법, 브라우저의 문자 코드 설정을「자동 판별」로 해서 보십시오.

520 **もしゅ** [喪主]　상주, 맏상제

- ご主人が亡くなって奥さんが喪主で葬式をした。
  부군이 사망해서 부인이 상주가 되어 장례식을 치렀다.

521 **もちあじ** [持ち味]　(음식의) 본래 지닌 맛, 본 맛, 제맛, 예술작품 등의 독특한 맛, 특색　★

- これは、魚の持ち味を生かした料理です。
  이것은 생선의 제맛을 살린 요리입니다.

문화 종교

- この作品には筆者の独特の持ち味が出ている。
  이 작품에는 필자의 독특한 특색이 나와 있다.

522 **ものがたり** [物語]　이야기, 전설, 설화, 소설　★

- まるで物語のように面白い出来事だ。
  마치 소설처럼 재미있는 사건이다.

- イソップ物語を読むと、獣や鳥が人間のように書かれています。
  이솝이야기를 읽으면 짐승이나 새가 인간처럼 쓰여져 있습니다.

- この湖には悲しい恋の物語が伝えられている。
  이 호수에는 슬픈 사랑의 이야기가 전해 내려오고 있다.

- これは、戦中、戦後をたくましく生きた一人の女性の物語である。
  이것은 전쟁 동안과 전쟁 후를 강인하게 살아간 한 여성의 이야기다.

523 **ものさし** [物差し]　자, 잣대, 척도, 기준

- 足に物差しを当てて、長さを計った。
  다리에 자를 대고 길이를 쟀다.

- 天才のすることは、普通の物差しでは計れない。
  천재가 하는 일은 보통의 기준으로는 측정할 수 없다.

- 以前の人事考課は相対評価が主流だったが、近頃は同一の物差で評価される絶対評価が採用されている。
  예전의 인사고과는 상대평가가 주류였지만, 최근에는 동일한 척도로 평가되는 절대평가가 채용되고 있다.

524 **ものほし** [物干し]　빨래를 말림, 빨래 너는 곳

- 物干しの紐が弛んでいるので、そっちの端を引っ張ってちょうだい。
  빨래 줄이 느슨해졌으니 그 쪽 끝을 잡아당겨 다오.

525 **もよおし** [催し]　행사, 회합, 개최, 주최　★

- 創立30年を祝って、僕たちの会社ではいろいろな催しが行われました。
  창립 30주년을 축하하여 우리 회사에서는 여러 가지 행사가 실시되었습니다.

- 今回の催しは入場者が少なくて、ずいぶん足を出してしまった。
  이번 행사는 입장객이 적어서 상당히 적자를 내고 말았다.

  ☞ 足を出す 적자를 내다

526 **もよおしもの**[催し物]　(연예・전람회 등의) 행사, 회합

- デパートではバーゲンセールや展示会などの催し物を時々する。
  백화점에서는 바겐세일이나 전시회 등 행사를 때때로 한다.
- 昨日の催し物はたいへんな人出だった。
  어제 행사에는 대단한 인파가 몰렸다.

527 **もりあわせ**[盛り合わせ]　모듬 요리, 한 접시 위에 여러 가지를 혼합해서 담음 ★

- 刺身は盛り合わせで注文したほうが割安だ。
  사시미는 모듬회로 주문하는 편이 상대적으로 값이 싸다.
- テンプラの盛合わせを頼んだら、食べきれないほど出てきた。
  뎀푸라(튀김) 모듬요리를 시켰더니 다 먹을 수 없을 정도로 많이 나왔다.

528 **もんげん**[門限]　폐문 시각, 밤에 문을 잠그는 시각, 귀가 제한시간 ★

- 門限は10時です。10時までに帰ってきてください。遅れてはいけません。
  폐문 시각은 10시입니다. 10시까지 돌아와 주십시오. 늦으면 안 됩니다.
- 彼女の家は躾が厳しく、門限は午後9時と決められている。
  그녀의 집은 가정교육이 엄격해서 귀가 시간은 9시로 정해져 있다.
- 門限に遅れたので、母に叱られると思うと、憂うつな気分になってしまった。
  귀가 시간에 늦어져서 어머니에게 야단맞겠다고 생각하니 우울한 기분이 되고 말았다.

529 **やおや**[八百屋]　야채상, 야채 장수 ★

- あの八百屋には新しくて新鮮な野菜がたくさんある。
  그 채소 가게에는 새롭고 신선한 야채가 많이 있다.

- 八百屋のおじさんに、売れ残ったリンゴを半値に負けてもらった。
  야채상 아저씨로부터 팔다 남은 사과를 반값으로 에누리해 받았다.

530 やかん [薬缶]   주전자, (본래는) 약탕관

☞ やかんあたま(薬缶頭) 대머리(주전자를 엎어놓은 모양이 대머리를 연상시키는 데서 연유한 말)

- 薬缶で湯を沸かす。
  주전자로 물을 끓이다.

- 台所のお母さんを手伝って、お鍋や薬缶をピカピカに磨きあげました。
  부엌의 어머니를 도와 냄비랑 주전자를 번쩍번쩍 광나게 닦았습니다.

531 やきにく [焼肉]   (한국식) 불고기, 구운 고기   ★

- 日本ではソウルオリンピックの後、焼き肉屋がたくさん増えたそうです。
  일본에서는 서울 올림픽 후에 焼肉가게가 많이 늘어났다고 합니다.

- 焼肉屋に行けばビビンバやクッパやそれに冷麺などが食べられる。
  焼肉가게에 가면 비빔밥이나 국밥 게다가 냉면 등을 먹을 수 있다.

532 やきもち [焼き餅]   질투, 시기   ★

- 僕の課には若い女性が多いので、女房が焼き餅を焼いています。
  우리 과에는 젊은 여성이 많기 때문에 마누라가 질투를 하고 있습니다.

- 自分で努力しないで、成績のよい友達に焼餅をやくのはよくないね。
  스스로 노력을 하지 않고 성적이 좋은 친구를 시기하는 것은 좋지 않아요.

533 やきもの [焼き物]   도자기 / 구이요리   ★

- 彼は韓国の焼き物を集めています。
  그는 한국에서 만든 도자기를 모으고 있습니다.

- この焼物の技術は、秘伝として代々子孫に伝えられたものである。
  이 도자기의 기술은 비전으로 대대손손 전해진 것이다.

534 やくどし [厄年]   재난이 많은 해, 운수가 사납다는 나이

☞ 남자는 25・42・60세, 여자는 33세.

- 男の大きな厄年は数えの42歳、女は33歳である。
  남자에게 크게 운수가 나쁘다는 해는 42세, 여자는 33세이다.

- 男は25歳と60歳、女は19歳と49歳も厄年と言われる。
  남자는 25세와 60세, 여자는 19세와 49세도 운수가 나쁜 해라고 한다.

535 やしき [屋敷]   부지, 대지 / (큰) 저택, 고급 주택 ★

- この家は、建物はあまり大きくないが、屋敷はたいへん広い。
  이 집은, 건물은 그다지 크지 않지만 대지는 대단히 넓다.

- 車は、屋敷町として知られるこの辺りでも一際大きな屋敷の門前に着いた。
  차는 고급 주택가로 알려진 이 부근에서도 한층 커다란 대저택의 문 앞에 도착했다.

536 やたい [屋台]   이동매점, 노점, 포장마차 ★★

- 神社の参道の両側には、屋台が軒を連ねて並んでいます。
  신사로 가는 참배 길에는 포장마차가 처마를 잇대고 늘어서 있습니다.

- 屋台で一杯などという時間でも、自分が業務出張中であることを忘れてはならない。
  포장마차에서 한잔하는 시간이라도 자신이 업무출장 중이라는 것을 잊어서는 안 된다.

- たまには会社の帰りに、同僚と屋台で軽く一杯やることもあります。
  이따금 회사에서 귀가 길에 동료와 포장마차에서 가볍게 한잔하는 경우도 있습니다.

537 やちん [家賃]   집세 ★

- 家を借りる場合、家賃のほかに権利金を払わなければならない。
  집 빌리는 경우, 집세 외에 권리금을 지불하지 않으면 안 된다.

- 新築の公団アパートは狭い上に家賃が高いため、世間の不評を買ってしまった。
  신축한 공단의 아파트는 좁은 데다가 집세가 비싸기 때문에 세간의 불평을 사고 말았다.

- このマンションは駅に近く公園が目と鼻の先なので、家賃がバカに高い。
  이 맨션은 역과 가깝고, 공원이 엎드리면 코 닿을 데라서 집세가 턱없이 비싸다.

문화 / 종교

538 **やぬし** [家主]　(셋집의) 집주인　🈴 たなこ(店子)　★

- 家主に家賃を払う。
  집 주인에게 집세를 지불하다.

- アパートの家賃を半年間ためたので、とうとう家主に追い出される羽目になった。
  아파트의 집세를 반년 간 미루었기 때문에, 마침내 집 주인에게 쫓겨날 지경에 이르렀다.

539 **やね** [屋根]　지붕　★

- この車は屋根がないから、雨の日には乗れない。
  이 차는 지붕이 없기 때문에 비가 오는 날에는 탈 수 없다.

- ヒマラヤ山脈は世界の屋根と言われている。
  히말라야산맥은 세계의 지붕이라고 일컬어지고 있다.

- 一つ屋根の下に暮らせば、自然と二人の間に情がわくというものさ。
  한 지붕 밑에서 생활하면 자연히 두 사람 사이에 정이 끓어오르게 마련이지.

☞ ひとつ屋根の下に暮らす　동거하다

540 **やまと** [大和]　일본의 옛이름, [명사에 붙어서] 일본 고유의 것을 나타내는 말　★

☞ 7세기 중엽 일본이라는 국호가 등장하기 전까지의 일본을 일컫는 말이며, 지금의 나라(奈良) 지역을 중심으로 형성된 왕정 즉, 「大和朝廷」에서 유래한 것이다. 역사적 용어가 아닌 고유명사의 경우에는 「だいわ(大和)」라고도 발음한다.

- 和語というのは、漢語や外来語に対して本来の日本語をさす用語で、大和言葉とも呼ばれる。
  和語란 한자어나 외래어에 대해서 본래의 일본어를 가리키는 명칭으로 「야마토 언어」라고도 한다.

541 **やまとだましい** [大和魂]　일본민족 고유의 정신, 일본 정신의 진수　★

- 大和魂とは、日本人としての気概を表わす言葉だ。
  「大和魂」란 일본인으로서의 기개를 나타낸 말이다.

- サポーターたちは日本代表のブルーのユニホームを着て、「必勝」の鉢巻をしたり、腕に「大和魂」と書いた若い女性もいた。
  서포터들은 일본대표팀의 푸른색 유니폼을 입고, 「필승」의 수건을 두르거나, 팔에 「大和魂」라고 쓴 젊은 여성도 있었다.

- 日系人ボクサーが、試合後のインタビューに、「ボク、大和魂で闘ったよ」とたどたどしい日本語で答えた。
  일본계 복서가 시합 후의 인터뷰에서「나, 일본정신으로 싸웠다」라고 더듬거리는 일본어로 대답했다.

542 **やまのて**[山の手]　높은 지대의 주택지　(反)下町

☞ 특히 東京의 文京区・新宿일대.

- 山の手には立派な家が多い。
  山の手에는 근사한 집이 많다.

- おばの家は、山手の閑静な住宅地にあります。
  아주머니의 집은 山の手의 한적한 주택지에 있습니다.

543 **やまのぼり**[山登り]　등산　(유) とざん(登山)

- 父はからだを鍛えるために、仕事の余暇を利用して山登りに出掛ける。
  아버지는 몸을 단련하기 위해, 업무의 여가를 이용하여 등산하러 나선다.

- 山登りは、山を下りるときのほうが本当の力が必要だとも言います。
  등산은 산을 내려올 때가 진짜로 힘이 필요하다고도 말합니다.

544 **やまもり**[山盛り]　수북히 담음, 산처럼 담음　★

- 接待を受けるときは、テーブルの上の山盛りのご馳走を遠慮なく頂けば良いのだ。
  접대를 받을 때는 테이블 위의 수북한 음식을 사양말고 먹어 주면 좋은 것이다.

- お相撲さんは、山盛り三杯のどんぶり飯を軽く平らげてしまった。
  스모 선수는 수북하게 담은 세 그릇의 덮밥을 가볍게 다 먹어 치웠다.

545 **やりとり**[遣り取り]　주고받음　★

- 日本では年末に贈り物の遣り取りをする習慣がある。
  일본에서는 연말에 선물을 주고받는 습관이 있다.

- お金を遣り取りするときは、よく気をつけなさい。
  돈을 주고받을 때는 단단히 주의하시오.

문화 종교

- 防衛問題をめぐる激しい遣り取りが、与党と野党の議員の間で続けられている。
  방위문제를 둘러싼 격렬한 (말싸움의) 주고받기가 여당과 야당의 의원들 사이에서 계속되고 있다.

546 **やりなおし** [遣り直し]　다시 함, 고쳐 하기

- さあ、みんな、元の位置にもどってもう一度遣り直しだ。
  자아, 모두들 제 위치로 돌아가서 다시 한번 하는 거다.
- 途中で監督からN.G.が出て、このシーンは最初から遣り直しになりました。
  도중에 감독으로부터 N.G라는 소리가 나와서, 이 장면은 처음부터 다시 하게 되었습니다.

547 **ゆいのう** [結納]　약혼예물 교환, 납폐

- 婚約を当事者二人の口約束だけでなく、公式に成立させる儀式が結納である。
  약혼을 당사자 두 사람의 구두 약속뿐만 아니라, 공식적으로 성립시키는 의식이 「結納」이다.
- 結納の日取りを決めようと、父はさっきから暦をめくって吉日を探しています。
  약혼예물 교환 날짜를 정하려고 아버지는 아까부터 달력을 넘기며 길일을 찾고 있습니다.

548 **ゆうはん** [夕飯]　저녁밥, 석식

- 僕の家では父が七時ごろ会社から帰るので、夕飯は七時半ごろになる。
  우리 집에서는 아버지가 7시경 회사에서 돌아오기 때문에 저녁식사는 7시 반경이다.
- 胃腸の調子が今いちなので夕飯はスープと果物で済ませた。
  위장의 상태가 조금 별로라 저녁밥은 수프와 과일로 때웠다.

549 **ゆかた** [浴衣]　무명 홑옷　★

☞ 목욕을 한 후, 또는 여름철에 입는 옷.

- 金魚の模様のついた浴衣を着ていた。
  금붕어 모양이 그려진 유카타를 입고 있었다.
- 父は会社から帰ると、まずひとふろ浴びて浴衣に着替え、ビールを飲む。
  아버지는 회사에서 돌아오면 먼저 가볍게 목욕을 하고 나서 홑옷으로 갈아입고 맥주를 마신다.

507

550 **ゆきおろし** [雪下ろし]　눈을 쓸어 내림

・屋根の雪下ろしを手伝ったが、寒くて重くて、骨の折れる作業だった。
지붕의 눈 치우기를 거들었는데 춥고 무거워서 힘든 작업이었다.

551 **ゆだん** [油断]　방심, 부주의　★

・敵を油断させておいてから攻めるのが一番よい。
적을 방심시켜 놓고 나서 공격하는 것이 가장 좋다.

・彼はなかなかの策士で、油断も隙もならない。
그는 대단한 모사꾼으로 조금도 방심할 수 없다.

・一瞬の油断がこんな大事故を招いてしまった。
한순간의 부주의로 이런 대형 사고를 초래하고 말았다.

552 **ゆのみ** [湯飲み / 湯呑み]　찻잔

・旅行に行って、記念に湯飲みを買ってきた。
여행을 가서 기념으로 찻잔을 사왔다.

・お土産にいただいた有田焼の湯飲みが大いに気に入った。
선물로 받은 아리타 도자기 찻잔이 아주 마음에 들었다.

553 **ゆびわ** [指輪]　반지, 가락지　★

・結婚すると左の薬指に金などの指輪をはめる。
결혼하면 왼손의 약지에 금 등으로 만든 반지를 낀다.

・母が指にはめている真珠の指輪は、祖母の形見の品です。
어머니가 손가락에 끼고 있는 진주반지는 할머니의 유품입니다.

554 **ゆみず** [湯水]　더운물과 찬물 / 흔한 것의 비유

・重態で湯水も喉を通らなくなった。
중태에 빠져 물도 넘기지 못하게 되었다.

・交際費を湯水のように使えた時代もあった。
교제비를 물 쓰듯 쓸 수 있었던 시절도 있었다.

555 ゆめみ [夢見]　꿈(을 꿈), 꿈자리

- 昨夜の夢見が悪かった。
  어젯밤 꿈자리가 사나웠다.

556 ゆりかご [揺り籠]　요람

- スウェーデンは、揺り籠から墓場までと言われるほど、社会保障制度が行き渡っている。
  스웨덴은 요람에서 무덤까지라고 일컬어질 정도로 사회보장제도가 고루 보급되어 있다.

557 よあかし [夜明かし]　밤샘, 철야

- 試験が近づいたので、夜明かしで勉強しています。
  시험이 가까워져서 철야로 공부하고 있습니다.

- 昨日は夜明かしでトランプをしたので、眠い。眠い。
  어제는 밤을 새가며 트럼프를 친 바람에 졸립다 졸려.

- 不通になった列車内で夜明かしなんて、とんだ災難に遭ったものだね。
  불통된 열차 안에서 밤을 새다니 생각지도 못한 재난을 만났었군.

558 よあけ [夜明け]　새벽, 새벽녘, 여명

- ぼくは毎朝、夜明けを告げる雄鳥の声とともに起きる。
  나는 매일 아침, 새벽을 알리는 수탉의 울음소리와 함께 일어난다.

- 一晩中、友達と昔の思い出を語りながら夜明けを迎えた。
  하룻밤 내내 친구와 옛 추억을 이야기하면서 새벽을 맞았다.

- 明治維新は、近代日本の夜明けとも言える。
  메이지 유신은 근대 일본의 여명이라고 말할 수 있다.

559 よいごし [宵越し]　하룻밤(을 넘김)

- 江戸っ子は宵越しの金は持たないといって、金離れがいいんだ。
  도쿄 토박이는 그날 번 돈은 그날 밤을 넘기지 못할 정도로 돈의 씀씀이가 좋다.

- 彼は宵越しのビールのごとく気の抜けた顔だ。
  그는 하룻밤 묵은 김샌 맥주처럼 얼빠진 얼굴이다.

560 **よいどめ**[酔い止め]　멀미약

- 酔い止めの薬も、彼女には一向に効き目がない。
  멀미약도 그녀에게는 전혀 효과가 없다.

561 **ようじんぼう**[用心棒]　(문의) 빗장, 신변을 호위하는 사람, 경호원

- 腕が立つ浪人を用心棒に雇う。
  역량이 있는 무사를 경호원으로 고용하다.
- 花子さんは、夜は弟を用心棒にして外出することがあるそうです。
  하나코 씨는 밤에는 남동생을 보디가드로 하여 외출하는 경우가 있다고 합니다.

562 **よくばり**[浴張り]　욕심쟁이, 욕심꾸러기

- あの人は欲張りですから自分がたくさん持っていても、まだ欲しがります。
  저 사람은 욕심쟁이라서 자신이 많이 갖고 있으면서도 더 갖고 싶어합니다.
- 欲張りな彼は、金にならないことは決してやろうとしない。
  욕심꾸러기인 그는 돈이 되지 않는 일은 결코 하려 들지 않는다.

563 **よこちょう**[横町]　골목, 시장 골목　★

- 太田君は、僕を避けるように横町へ逸れていった。
  오오타 군은 나를 피하려는 듯 골목으로 비켜 가 버렸다.
- アメヤ横町には、終戦直後、統制品の砂糖を使ったアメを売る店が集まっていた。
  아메야 골목에는 패전 직후, 통제품 설탕을 사용한 사탕을 파는 가게가 몰려 있었다.
- 大阪ミナミのシンボルとも言える法善寺横町は浪花情緒あふれる一角である。
  오사카미나미의 상징이라고도 할 수 있는 法善寺골목은 나니와 정서가 넘치는 한 모퉁이다.

564 **よこもじ**[横文字]　가로 글자, (특히) 서양문자

- あの人は、横文字が達者だ。
  저 사람은 서양문자에 통달한 사람이다.

- 最近の広告は横文字の氾濫と言ってもよく、わかりにくいこともある。
  최근의 광고는 서양문자의 범람이라 해도 좋을 정도로, 내용을 알기 힘든 적도 있다.

565 **よそゆき** [余所行き]　외출, 나들이 옷 / 격식 차린 언어나 동작

- 今夜パーティーがあるから、余所行きの服を着て出かけた。
  오늘밤 파티가 있어서 나들이 옷을 입고 나섰다.

- 田中君は若い女性と話をする時には、余所行きの言葉を使うんだよ。
  다나카 군은 젊은 여성과 이야기할 때는 격식 차린 말씨를 사용해.

566 **よそみ** [余所見 / 他所見]　한눈을 팖, 곁눈질 / 남의 눈

- 余所見をしながら歩いていたら、電信柱にぶつかってしまった。
  곁눈질하면서 걷고 있다가 전신주에 부딪히고 말았다.

- 先生がお話をしている時は、余所見をしてはいけない。
  선생님이 말씀하고 계실 때는 한눈을 팔면 안 된다.

567 **よっぱらい** [酔っ払い]　술주정꾼, 취객　★★

- 酔っ払いなどに絡まれたときは、逃げるが勝ちだ。
  취객에게 엉겼을 때는 피하는 것이 이기는 것이다.

- 酔っ払いがイタズラをして、ショーウインドーを壊してしまった。
  술주정꾼이 못된 장난을 해서 쇼윈도를 깨뜨려 버렸다.

- 酔っ払い運転で人を殺したというような記事を見ると怒りを感じる。
  음주운전으로 사람을 죽였다는 기사를 보면 분노를 느낀다.

568 **よのなか** [世の中]　세상, 세간 / 시대, 사회　★

- 彼は世の中がイヤになって自殺した。
  그는 세상이 싫어져서 자살했다.

- あの人は世の中をあまりにも知らない。
  그 사람은 세상을 너무도 모른다.

- 今は家柄などを問題にする世の中ではない。
  지금은 가문 따위를 문제로 삼는 시대는 아니다.

569 **よびすて**[呼び捨て]   경칭이나 호칭을 붙이지 않고 이름만 부름

☞ 예를 들면 ××君, ○○さん에서 「군」 또는 「씨」 등을 생략한다는 의미다.

- 出席をとるときには、呼び捨てで呼んでもいいですか。
  출석을 부를 때는 이름만 불러도 좋습니까?

- 日本では自分の家族の名前を他所の人に言う場合には呼び捨てにします。
  일본에서는 자신의 가족 이름을 남에게 말할 경우에는 호칭을 빼고 이름만 부릅니다.

570 **よふかし**[夜更かし]   밤늦게까지 잠을 자지 않음

- ゆうべ本を読み始めたが、面白かったので、つい夜更かしをしてしまった。
  간밤에 책을 읽기 시작했는데 재미가 있어서 그만 밤늦게까지 잠을 자지 않았다.

- あまり夜更しばかりしていると体に障るから、もう少し早く寝るほうがいい。
  너무 늦게까지 잠을 안 자고 있으면 몸에 해로우니 좀 더 일찍 자는 게 좋다.

571 **りょうし**[漁師]   어부, 고기잡이

- 難破して無人島にたどり着いた漁師は、沖を行く船に何とか連絡を取ろうと必死になった。
  난파해서 무인도에 가까스로 도착한 어부는 앞바다를 지나는 배에 어떻게든 연락을 하려고 필사적이었다.

- 漁師は日に焼けて、顔も身体も真っ黒だ。
  어부는 햇볕에 타서 얼굴도 몸도 새까맣다.

572 **りょうし**[猟師]   사냥꾼

- 猟師の一人が、『獣だ！ 静かにしろ。』と、仲間に片手を挙げて合図を送った。
  사냥꾼 한 사람이「짐승이다！ 조용히 해」라고 일행에게 한쪽 손을 들어 신호를 보냈다.

- そのとき、猟師は目の端になにか動くものを捉えた。
  그 때, 사냥꾼은 눈 가장자리에 뭔가 움직이는 것을 잡았다.

문화 | 종교

573 **るす** [留守]　부재중, 외출하고 집에 없음 / 빈집을 지킴　★★

- 友達の家へ行きましたが、留守で会えませんでした。
  친구의 집에 갔었는데, 부재중이라서 만나지 못했습니다.

- 会社を二、三日留守した間に仕事が溜ってしまいました。
  회사를 2·3일 비운 동안에 일이 쌓이고 말았습니다.

- 午後からは留守にしますので、午前中にお出でください。
  오후부터는 자리를 비우니 오전 중에 오십시오.

574 **れいきん** [礼金]　사례금　★

- アパートを借りるときには、礼金や敷金が要る。
  아파트를 빌릴 때는 사례금이나 보증금이 필요하다.

  ☞ 敷金은 保証金(ほしょうきん)이라고도 한다

- 首都圏では、賃貸住宅に入居する時、家主に対して家賃の1~3か月分の礼金を支払うのが一般的です。
  수도권에서는 임대주택에 입주할 때, 집주인에게 집세의 1~3개월분의 사례금을 지불하는 것이 일반적입니다.

- 礼金は、賃貸住宅から退去しても戻ってきません。
  (집주인에게 지불한) 사례금은 퇴거해도 돌려 받지 못합니다.

575 **ろうか** [廊下]　낭하, 복도

- ホテルの廊下を大声で話したり、走り回ったりする人はマナーのない人だ。
  호텔 복도를 큰 소리로 말하거나 뛰어다니는 사람은 매너 없는 사람이다.

- 廊下は真ん中を歩かず、左側を歩く。
  복도는 한 가운데로 걷지 않고 좌측으로 걷는다.

576 **ろうそく** [蝋燭]　양초, 초

- 停電があると困るから、蝋燭を用意しておいたほうがよい。
  정전이 되면 곤란하니 양초를 준비해 두는 편이 좋다.

- 50歳の誕生日ケーキの上に立てた蝋燭の火を一気に吹いて消すのは難しい。
  50세를 축하하는 생일 케이크 위에 꽂은 촛불을 한번에 불어서 꺼 버리는 것은 어렵다.

577 **ろばた** [炉端]　노변, 화롯가

・おじいさんは炉端に座ると、キセルでタバコをふかし始めた。
할아버지는 화롯가에 앉자마자 담뱃대로 담배를 피우기 시작했다.

578 **ろばたやき** [炉端焼き]　생선・고기・야채 등을 화롯가에서 굽는 요리 또는 그런 가게

・炉端焼きとは、日本の田舎の食生活のスタイルを商業的に再現したものである。
炉端焼(로바타야키)는 일본의 시골 식생활 스타일을 상업적으로 재현한 것이다.

・もともと炉端焼きとは、囲炉裏の端で魚や芋などを焼いて料理することを言う。特に寒い地方の田舎に多く見られる。
원래 炉端焼(로바타야키)는 실내의 붙박이 화로 옆에서 생선이나 감자 등을 구어서 요리하는 것을 말한다. 특히 추운 지방의 시골에서 많이 보여 진다.

579 **わいだん** [猥談]　음담패설

・酒が入ると猥談を始めるのが、彼の悪いクセだ。
술이 들어가면 음담패설을 하기 시작하는 것이 그의 나쁜 버릇이다.

・度が過ぎた猥談は人の顰蹙を買うこともある。
도가 지나친 음담패설은 남의 빈축을 사기도 한다.

580 **わきみ** [脇見]　한눈 팔기, 곁눈질　★

・脇見をしているのは誰だ。
곁눈질을 하는 자는 누구냐?

・脇見をしたりして気を散らさないで、一生懸命集中しなさい。
한눈을 팔거나 정신을 산만하게 하지말고 열심히 집중하세요.

・高速隊は脇見運転が原因とみて藤井容疑者を業務上過失傷害容疑の現行犯で逮捕した。
고속도로수사대는 한눈팔기 운전을 원인으로 보고 후지이 용의자를 업무상 과실상해 용의 현행범으로 체포했다.

581 **わご** [和語]　일본어, 일본 고유의 말　★

- 和語というのは、漢字や外来語に対して本来の日本語をさす名称である。
  和語라는 것은 한자어나 외래어에 대한 본래의 일본어를 가리키는 명칭이다.

- 日本語の単語の数は、現在、約半数が漢語、約一割りが外来語、そして後の残りは和語と見られています。
  일본어의 단어 수는 현재 약 반수가 한자어, 약 1할이 외래어, 그리고 나머지는 순수 일본어라고 간주됩니다.

582 **わずか** [僅か]　근소함, 조금, 약간 / 사소함, 하찮음 / 겨우, 간신히　★

- 僅かの金で家族5人が細々と暮らしている。
  약간의 돈으로 가족 5명이 간신히 생활하고 있다.

- 植物人間になった彼は、僅かに息をしているに過ぎない。
  식물인간이 된 그는 겨우 숨을 쉬고 있는 것에 불과하다.

- 3階建のビルが僅かひと月で出来上がった。
  3층짜리 빌딩이 불과 한달만에 완성되었다.

583 **わすれもの** [忘物]　분실물

- 電車から降りるとき、忘れ物がないかもう一度調べるべきだ。
  전철에서 내릴 때는 분실물이 없는지 다시 한번 살펴야 한다.

- 傘の忘れ物を取りに駅へ行ってきた。
  분실물인 우산을 찾으러 역에 갔다 왔다.

584 **わたくしごと** [私事]　자기에게 관계된 일, 비밀

- 私事で申し訳ございませんが、一言話させていただきます。
  사적인 일이라서 죄송합니다만, 한 말씀 드리겠습니다.

- かれは公の席にも私事を持ち込む癖がある。
  그는 공적인 자리에서도 사적인 일을 꺼내는 버릇이 있다.

585 **わふく** [和服]　일본식 옷

- どういうわけか、女性の和服の模様には、植物を図案化したものが圧倒的に多いようだ。
  어떤 이유인지 여성의 일본식 기모노의 무늬에는 식물을 도안화한 것이 압도적으로 많은 것 같다.

- ここ数年、和服が人気を盛り返し、着物の着付け教室はどこも満員です。
  최근 몇 년 일본식 옷이 인기를 만회하여 기모노를 맵시 있게 입는 법을 가르치는 교실은 모두 만원입니다.

586 **わりばし** [割り箸]　소독저, 나무 젓가락

- すでに割れているのは、割り箸とは言わない。
  이미 쪼개져 있는 것은 「割り箸」라고는 말하지 않는다.

- 割り箸の大きなメリットは、使いまわしがないために清潔であることです。
  나무 젓가락의 큰 장점은 돌려쓰기가 없기 때문에 청결하다는 것입니다.

- 今年の夏から、割り箸を回収し再生紙へとリサイクルしています。
  금년 여름부터 나무젓가락을 회수하여 재생지로 재활용하고 있습니다.

587 **わるぐち** [悪口]　욕, 험담　★

☞ 「わるくち」라고도 발음한다.

- 悪口は聞き流して、気にしないほうがいい。
  험담은 한쪽 귀로 흘려 버리고 신경 쓰지 않는 편이 좋다.

- あんなに世話になった人の悪口をいうなんて罰が当たるぞ。
  그토록 신세진 사람의 험담을 하다니, 천벌을 받을 거야.

- 自分の存在が無視されるということは、悪口を言われるより辛いものだ。
  자신의 존재가 무시된다는 것은 욕을 얻어먹는 것보다 괴롭기 마련이다.

588 **わんぱく** [腕白]　개구쟁이, 장난꾸러기

- 弟の腕白ぶりには父も母も頭を抱えている。
  동생의 개구쟁이 짓에는 아버지도 어머니도 골치를 썩고 있다.

- 「腕白な子供」も見方を変えれば「健康な子供」だ。
  「장난꾸러기 아이」도 관점을 바꿔서 보면 「건강하고 활달한 아이」다.

연 예
스 포 츠
오 락

Entertainment

001 **あいえんきえん** [合縁奇縁]　천생연분

- 私たち夫婦の仲は、合縁奇縁としか言いようがない。
  우리 부부 사이는 천생연분이라고 밖에 말할 수 없을 것 같다.
- あの二人はタイプがまったく違うのに不思議と仲がいい。こういうのを合縁奇縁という。
  그 두 사람은 타입이 전혀 다른 데도 신기하게 사이가 좋다. 그런 것을 천생연분이라고 한다.
- 北海道と沖縄県の人間がこんなに親しくなれたのは、合縁奇縁としか言いようがないね。
  홋카이도와 오키나와 현 사람이 이렇게 친해질 수 있는 것은 천생연분이라고 밖에 설명할 방법이 없네.

002 **いご** [囲碁]　바둑, 바둑을 둠　★

- 囲碁はアメリカやヨーロッパでもやる人が多くなって、国際的なゲームになってきた。
  바둑은 유럽이나 미국에서도 두는 사람이 많아져 국제적인 게임이 되었다.
- 囲碁気違いの父と兄は、碁をうちながら、「石が生きた、死んだ」と騒いでいる。
  바둑에 미친 아버지와 형은 바둑을 두면서「돌이 살았다, 죽었다」야단법석이다.

003 **うでずもう** [腕相撲]　팔씨름

- どちらが力持ちか、ひとつ腕相撲で勝負をしてみようじゃないか。
  어느 쪽이 힘이 센지 한번 팔씨름으로 승부를 해보지 않을래?
- 中学生になった息子が腕相撲を挑んできた。
  중학생이 된 아들이 팔씨름을 도전해 왔다.

004 **うら** [裏]　안쪽, 내부, 집 뒤, 이면 / 내막 / 야구에서의 각회 말

- この紙はどちらが表で、どちらが裏だかわからない。
  이 종이는 어느 쪽이 앞면이고, 어느 쪽이 뒷면인지 알 수 없다.

연예 | 스포츠 | 오락

- 上着の裏の生地はどんなものにしましょうか。
  웃옷의 안쪽 옷감은 어떤 것으로 할까요?

- そんなうまい話には何か裏がありそうだ。
  그런 듣기 좋은 이야기에는 뭔가 내막이 있는 것 같다.

- 九回の裏、ツーアウトフルベース、迎える打者は四番、絶体絶命のピンチです。
  9회말 투아웃 풀베이스, 맞이할 타자는 4번, 절대절명의 핀치입니다.

☞ 야구에서 각 회의 초(初)와 말(末)을 おもて(表)와 うら(裏)로 표현한다.
예컨대, 1회초를 (1回表)로 1회말을 (1回裏)라고 한다.

---

005 **おうしょう**[王将]   (장기에서) 주장(이 되는 말)

- 将棋の駒の中で王将が一番大きい。
  장기의 말 중에서 주장 말이 가장 크다.

- 将棋で相手の王将の逃げ道に、待伏せのように打つ駒を「待ち駒」と言います。
  장기에서 상대방 주장의 퇴로에 잠복하듯이 두는 말을 「대기 말」이라고 합니다.

---

006 **おうて**[王手]   (장기에서의) 승리를 굳히는 최종단계, 결정타   ★

- W杯初勝利という最高のスタートを切った韓国は、連勝して決勝トーナメント進出に王手をかけた。
  월드컵 첫승리라는 최고의 스타트를 끊은 한국은, 연승해서 결승 토너먼트 진출을 위한 결정타를 날렸다.

- ヤンキースは3勝2敗として、4年連続27回目のシリーズ制覇に王手をかけた。
  양키즈는 3승2패로서, 4년 연속 27번째 시리즈 제패에 최종 승부수를 걸었다.

---

007 **おおぜき**[大関]   프로 스모의 계급으로 요코즈나(横綱)의 아래 등급 〈서열 2위〉   ★★

- たゆまぬ努力が実を結んで、大関に昇進する。
  꾸준한 노력이 결실을 맺어 오오제키로 승진하다.

- 上り調子の新大関は、今や敵なしで、飛ぶ鳥を落とす勢いだ。
  오름세를 타고 있는 신진 오오제키는 이제는 적이 없어, 나는 새도 떨어뜨릴 기세다.

008 **おはこ** [十八番]　장기, 십팔번, 주특기　★

☞ [じゅうはちばん]으로도 발음함

- さあ、彼の十八番の手品が始まるよ。
  자! 이제 그의 18번인 요술이 시작됩니다.

- 宴席で、「十八番をやって!」とせがまれた。
  회식 자리에서 '18번을 불러 봐라!'라고 재촉을 받았다.

009 **おもて** [表]　겉, 표면, (야구에서) 초 공격

☞ 말 공격은 うら(裏)

- 葉書の表にあて名を書く。
  엽서의 표면에 수신자의 이름을 쓰다.

- 九回の表の大逆転に、観客はしばしば我を忘れて酔いしれる。
  9회초의 대역전에 관중은 몇 번이나 자신을 잊고 도취되었다.

010 **おやかた** [親方]　두목, 수령, 어버이처럼 섬기는 사람 / 기술이나 기예를 가르치는 후견인　★

- 「人間は辛抱だ」と言って、親方は弟子を励ました。
  「인간은 참고 견디는 것이다」라고 말하며 스승은 제자를 격려했습니다.

- 今日も親方から働きが少ないと、小言を言われました。
  오늘도 스승으로부터 노력이 부족하다고 꾸지람을 들었습니다.

011 **かけごと** [賭け事]　도박, 노름　★

- この研修所では、酒を飲まないことと、賭け事をしないことになっている。
  이 연수원에서는 술을 마시지 않을 것과, 도박을 하지 않도록 되어 있다.

- 彼は賭事が好きで、結局それが身の破滅を招いた。
  그는 도박을 좋아하여 결국 그것이 자신의 파멸을 초래했다.

| 연예 | 스포츠 | 오락 |

012 **かちぼし** [勝ち星] 승점, (경기·선거 등에서) 승리를 표시하는 표(○) ★

- 久しぶりに勝ち星を上げ、胸がすく思いだ。
  오랜만에 승점을 올려 가슴이 후련하다.

- 今年はなかなか勝星に恵まれていない。
  금년에는 좀처럼 승점을 얻지 못하고 있다.

013 **かどばん** [角番] 승패(운명)의 갈림길, 물러설 수 없는 마지막 국면, 패하면 탈락하는 상황 ★

- わが党は次の参議院選挙で破れたりすると、存続そのものが問われる危険な角番になってしまう。
  우리 당은 차기 참의원선거에서 패하기라도 하면 존속은커녕 위험한 지경에 이르고 만다.

- 彼は、腰の状態はまだ万全ではないようですが、14日目にして角番を脱出した。
  그는 허리 상태도 아직 완전하지 않은 듯 하지만, 14일째의 마지막 국면을 벗어났다.

014 **かぶき** [歌舞伎] 일본의 전통적인 민중 연극 ★

- 歌舞伎では女の役も男がします。しかも本当の女よりも女らしく見えます。
  가부키에서는 여자 역할도 남자가 합니다. 게다가 진짜 여자보다도 여자답게 보입니다.

- 日本の伝統芸能には、歌舞伎を初めとして、能、狂言、文楽などがある。
  일본의 전통 예능에는 가부키를 비롯해, 노·쿄겐·분라쿠 등이 있다.

- 歌舞伎で女性の役を演じる男優のことを女形という。
  가부키에서 여성의 역할을 연기하는 남자 배우를 오야마(女形)라고 한다.

015 **からて** [空手/唐手] 맨손, 빈 손 / 일본식 권법의 당수(唐手)

- 訪ねていくのに空手では格好が悪い。
  방문하러 가는데 빈손이어서는 모양이 좋지 않다.

- 空手部は12月の試合に備えて、毎日血の出るような練習を続けている。
  가라테(空手)부는 12월의 시합에 대비하여 매일 피나는 연습을 계속하고 있다.

521

016 **からぶり**[空振り]　(야구에서) 헛 침, 헛 스윙/허사, 빗나감

- マラソン大会を計画したが、意外にみんなが誘いに乗らず、空振りに終わった。
  마라톤대회를 계획했는데 뜻밖에도 모두가 권유에 응하지 않아 허사가 되어 버렸다.

- ランナーが盗塁するとき、バッターがわざと空振りして送球の邪魔をすることがある。
  주자가 도루할 때 타자는 일부러 헛 스윙을 해서 송구 방해를 하는 경우가 있다.

017 **かるわざ**[軽業]　곡예, 서커스, 위험이 따르는 사업이나 계획

- 軽業も特異な才能と言ってよいだろう。
  곡예도 특이한 재능이라고 말해도 좋을 것이다.

- 軽業師は危険な芸当をして、人々から喝采を浴びる。
  곡예사는 위험한 묘기를 해서 사람들로부터 갈채를 받는다.

018 **きあい**[気合]　기합, 기세, 호흡, 숨결

- 優勝がかかった一戦だけに、両チームとも気合が入ったプレーを見せてくれた。
  우승이 걸린 일전인 만큼 양팀은 기합이 들어간 플레이를 보여주었다.

- 今度の新入部員は少したるんでいるから、気合を入れてやろう。
  이번 신입사원은 약간 해이해져 있으니 기합을 넣어 주자.

019 **きど**[木戸]　(씨름·연극 등) 흥행장의 출입구

- 木戸に立ってお客を呼んでいる。
  (흥행장의) 출입구에 서서 손님을 부르고 있다.

- 木戸がガタンと閉まった。
  출입구가 쾅하고 닫혔다.

020 **きめて**[決め手]　(판가름하는) 결정적 방법, 확실한 증거, 결정타, 결재권자 ★

- 僕の打ったヒットが結局勝敗を分ける決め手になった。
  내가 친 안타가 결국 승패를 가늠하는 결정타가 되었다.

| 연예 | **스포츠** | 오락 |

- 対策を立てたくてもなかなか決手が見つからない。
  대책을 세우고 싶어도 쉽사리 해결방법을 찾을 수가 없다.

021 **ぎゃくて**[逆手]　상대편의 예상과 전혀 반대되는 수법, 역이용

☞ 원래는 (유도 따위에서) 상대의 관절을 반대로 꺾는 수.

- 逆手とは、相手の言動を利用して逆襲することを言う。
  「逆手」란 상대방의 언동을 이용해서 역습하는 것을 말한다.

- つまらぬ言い掛かりをつけてくるから、逆手を取って言い負かしてやった。
  어이없는 시비를 걸어 왔기 때문에 되받아서 말로 눌러 주었다.

022 **くろぼし**[黒星]　시합에 지거나 실수하는 것, 진 표시(●)　반 しろぼし(白星)

- 野球では、オープン戦がいくら好調でも、開幕戦を黒星スタートすることがある。
  야구에서는 오픈게임이 아무리 호조라도 개막전을 패배로 시작하는 경우가 있다.

- 今場所は、横綱、大関の上位陣がそろって黒星を重ねている。
  이번 시합은 요코즈나와 오오제키의 상위 계급이 한결같이 패배를 거듭하고 있다.

023 **ぐんばい**[軍配]　스모경기에서 판정을 내리는 심판의 부채, 판정, 원래는 옛날 군대에서 대장의 지휘용 부채

- 期待がかかった両横綱の一番だったが、軍配が返った瞬間、勝負はあっけなく決まった。
  기대가 걸린 양 요코즈나의 한판이었으나, 심판의 부채가 뒤집힌 순간, 승부는 싱겁게 결말이 났다.

- 東軍と西軍の戦いは前者に軍配が上がった。
  동군과 서군의 싸움은 전자에게 승리의 판정이 내려졌다.

024 **げいしゃ**[芸者]　기생, 예능에 뛰어난 사람, 재주꾼　★

- 芸者が宴会の席に出て歌や踊りで客を楽しませた。
  芸者가 연회에 나와 노래나 춤으로 손님을 즐겁게 했다.

- 料亭での接待は、芸者や仲居に任せた方がいい。
  요정에서의 접대는 芸者나 시중드는 여자에게 맡기는 편이 좋다.

025 **げいとう**[芸当]   연예, 곡예, 위험이 따르는 행위

- 二頭の象が鉄のおりにもたれ、鼻を長くのばして万歳の芸当をしている。
  두 마리의 코끼리가 철 우리에 기대어 코를 길게 뻗어 만세 모습의 곡예를 하고 있다.

026 **こうはく**[紅白]   홍백   ★

☞ 우리나라에서는 「청백(青白)」으로 표현한다. 예) 「가요 청백전」

- 紅白対抗のリレーを最後に、熱気と興奮で盛り上がった大運動会も幕を閉じた。
  紅白 대항 릴레이를 끝으로 열기와 흥분으로 달아올랐던 대운동회도 막을 내렸다.

027 **しばい**[芝居]   연극, 속임수

- 今度の芝居は女性客に受けがいい。
  이번 연극은 여성 관객에게서 반응이 좋다.

- 芝居の出し物と役者がいいと、客の入りもよくなる。
  연극의 레퍼토리와 배우가 좋으면 입장객도 많아진다.

- あの人のとんだ猿芝居にだまされた。
  그 사람의 엉뚱한 연극에 속았다.

028 **しゅうと**[姑]   시어머니, 장모   ★

☞ しゅうとめ(姑)의 약어.

- 世間ではよく嫁と姑の葛藤が問題なるようだが、ウチのおばあちゃんと母とはとても仲がいい。
  세상에서는 곧잘 시어머니와 며느리의 갈등이 문제가 된다지만, 우리 할머니와 어머니는 사이가 아주 좋다.

- 姑と嫁が気が合わないと家庭に揉め事が頻発する。
  시어머니와 며느리가 서로 마음이 맞지 않으면 가정에서도 분란이 끊이지 않는다.

| | | 연예 | 스포츠 | 오락 |

029 **じゅうりょうあげ** [重量挙げ]　역도, 역기

☞ 오늘날에는 보통 [ウエートリフティング]이라는 외래어로 대체되어 사용되고 있다.

- 重量挙げの三宅選手はもう十年以上、日本記録を保っています。
  역도의 미야케 선수는 벌써 10년 이상 일본 기록을 보유하고 있습니다.

030 **じょのくち** [序の口]　발단, 사물의 시초 / 스모에서 제일 말단의 씨름꾼

- このくらいの暑さはまだ序の口だよ。
  이 정도의 더위는 아직 시작에 불과해.
- 焼酎の三本位はまだ序の口です。
  소주 3병 정도는 아직 시작에 불과 합니다.

031 **しろぼし** [白星]　이긴 표시(○), 성공　⇔ くろぼし(黒星)　★

- あの投手は今日の試合に勝つと、全球団から白星をあげたことになる。
  그 투수는 오늘 시합에서 이기게 되면 전 구단을 상대로 승리를 거두는 것이 된다.
- 平幕が横綱を相手にして得た白星を金星という。
  히라마쿠가 요코즈나를 상대로 따낸 승리를 긴보시라고 한다.

032 **すもう** [相撲]　스모, (일본식) 씨름, 씨름꾼　★

- 相撲では相手が病気などで休むと、戦わずして勝ちになる。
  스모에서는 상대방이 병 등으로 결장하면 싸우지 않고 이기게 된다.
- 相撲の世界では、厳しい試練を乗り越えられずにやめていく若者が多い。
  스모의 세계에서는 혹독한 시련을 극복하지 못하고 그만두는 젊은이가 많다.
- 相手がプロ棋士じゃ戦っても相撲にならない。
  상대방이 프로 기사면 싸워도 상대가 안 된다.

033 **せきとり** [関取]　일본 씨름에서 幕内와 幕下의 사이인 じゅうりょう(十両) 이상의 씨름꾼

☞ 우리나라의 장사급에 해당.

- 十両以上の地位の相撲取りを関取という。
  十両 이상의 지위에 오른 씨름꾼을 関取라고 한다.

- 土俵のすぐ下で観戦していたので、関取の表情が手に取るようにわかった。
  스모판의 바로 밑에서 관전하고 있었기 때문에 세키토리의 표정을 손바닥을 보듯 환히 알 수 있었다.

- 相撲界に入るなら、関取になることを目指すのは当たり前だ。
  스모계에 들어가면 세키토리가 되는 것을 목표로 하는 것은 당연하다.

034 **せんしゅうらく**[千秋楽] (스모·연극 등)흥행의 최종일 / 사물의 끝

- 初日から盛況だった歌舞伎の公演もいよいよ千秋楽を迎えた。
  첫날부터 성황이었던 가부키 공연도 드디어 마지막 날을 맞았다.

- 歌舞伎、演劇、寄席、ミュージカルなどの舞台興行でスタートの日を「初日」、最後の日は「千秋楽」又は「楽日」「楽」と言います。
  가부키, 연극, 만담, 뮤지컬 등의 무대 흥행에서 시작하는 날은「初日」마지막 날을「千秋楽」또는「楽日」「楽」라고 합니다.

035 **たかとび**[高跳び] 높이뛰기

☞ はばとび(幅跳び) 넓이뛰기

- 走り高跳びの決勝が始まってすでに一時間、バーの高さは2メートルを越えています。
  높이뛰기의 결승이 시작된 지 벌써 1시간, 바의 높이는 2미터를 넘고 있습니다.

036 **たからくじ**[宝籤] 복권 ★

- 運を頼みにするなんて、我ながら愚かだと思いつつ、つい宝籤を買ってしまう。
  운을 기대하다니, 스스로도 어리석다고 생각하면서도 그만 복권을 사고 만다.

- 友達と合わせて60枚も買った宝籤は、残念ながら全滅だった。
  친구와 합해서 60장이나 산 복권은, 유감스럽게도 전멸이었다.

- 宝籤に当たったって。まさか、信じられないよ。
  복권에 당첨되었다고? 설마, 믿어지지 않아요.

| 연예 | 스포츠 | 오락 |

---

037 **たまつき** [玉突き]　당구

☞ ビリヤードらもいう。

- 高速道路で十数台の車が玉突き衝突をした。
  고속도로에서 10여대의 자동차가 (당구공처럼) 차례로 연쇄추돌 했다.

- ぼくは一日も欠かさず、玉突きをしている。
  나는 하루도 빼놓지 않고 당구를 치고 있다.

---

038 **だんご** [団子]　경단, 고물 등을 묻힌 동그랗고 조그만 떡

- 花より団子、この辺に腰をおろして弁当にしよう。
  꽃보다 경단(금강산도 식후경)이니 이 근방에 앉아 도시락을 먹자.

- NHKのTV番組、「おかあさんといっしょ」の1月の歌としてオンエアーされた「だんご3兄弟」がシングルCDになった。
  NHK TV 프로그램 「엄마와 함께」의 1월의 노래로 방영된 「だんご 3형제」가 싱글 CD로 나왔다.

---

039 **つなひき** [綱引き]　줄다리기

- 最近、綱引きがまた人気を盛り返してきました。
  최근 줄다리기가 다시 인기를 회복하게 되었습니다.

- 旗が振られると同時に綱引が始まった。
  깃발이 흔들리자 동시에 줄다리기가 시작되었다.

---

040 **てじな** [手品]　요술, 마술, 속임수　★

- 彼は手品を使うから、気をつけろ。
  그는 속임수를 쓰니 조심해!

- 手品師が鮮やかな手際で、空のはずの帽子の中から、次々に花やスカーフを取り出した。
  마술사가 멋진 솜씨로, 비어 있을 모자 속에서 잇달아 꽃이랑 스카프를 꺼냈다.

---

041 **でばん** [出番]　(배우가 무대에) 나갈 차례, 출근 차례

- こうなると彼の出番だ。
  이렇게 되면 그가 나설 차례다.

- 集会では大勢の人が発言を求めたので、ぼくの出番はなかった。
  집회에서는 많은 사람이 발언을 요구했기 때문에 내 차례가 없었다.

042 **どうあげ**[胴上げ]　헹가래　★

- 優勝が決まった瞬間には胴上げが始まり、監督の体が二度、三度も宙に舞った。
  우승이 결정된 순간에는 헹가래가 시작되어 감독의 몸이 두번, 세번 공중으로 떠올랐다.

- 優勝チームは、大歓声をあげながら万歳を唱え、胴上げをし、お祭り騒ぎであった。
  우승팀은 크게 환성을 지르며 만세를 부르고, 헹가래를 치며 떠들썩했다.

043 **どうけ**[道化]　익살, 익살꾼

- 宴会の際は、時には道化役になって盛り上げるぐらいの努力も必要だ。
  연회가 있을 때는, 때로는 익살꾼이 되어 흥을 북돋울 정도의 노력도 필요하다.

- 道化役こそ演技が難しい。
  익살꾼 역할이야말로 연기하기 어렵다.

044 **どたんば**[土壇場]　막판, 최후의 순간, 궁지에 몰린 위기　★★

☞ 에도시대의 사형장에서 죄인을 처형하기 위해 쌓아올린 흙담에서 유래한 말이다.

- 土壇場で勢いを盛り返した。
  막판에 전세를 반전시켰다.

- 土壇場に来て、逆転のホームランが出た。
  막판에 와서 역전 홈런이 나왔다.

- 土壇場になって計画を変える。
  최후의 순간에 계획을 바꾸다.

045 **どひょう**[土俵]　스모판, 지름 4.55m　★

- 横綱は、勢い余って土俵の外へ飛び出した。
  요코즈나는 힘의 탄력이 넘쳐 스모판 밖으로 튕겨나갔다.

연예 | 스포츠 | 오락

- 相撲では相手を投げて倒したり、土俵の外に押し出されたりすれば勝ちになります。
  스모에서는 상대를 메치거나 스모판 밖으로 밀어내거나 하면 이기게 됩니다.
- 大相撲で力士が塩をまくのは、土俵の汚れを除くためと、力士のケガの化膿を防ぐためである。
  大相撲(협회가 주관하는 스모대회)에서 스모선수가 소금을 뿌리는 것은 스모의 부정을 제거하기 위한 것과, 선수의 상처가 곪는 것을 예방하기 위함이다.

046 どひょうぎわ [土俵際]　씨름판의 경계선, 막판, 벼랑끝. 승패의 갈림길

- 狂牛病問題の失政責任を問われた農相は土俵際で踏み止まった。
  광우병 문제로 실정 책임을 추궁 당한 농업장관은 벼랑 끝에 서 있다.
- 武蔵丸は横綱初挑戦の霜鳥に土俵際で逆転され、3連敗を喫し、優勝争いから大きく後退した。
  무사시마루는 요코즈나에게 첫 도전하는 시모토리에게 스모판의 경계선에서 역전당해 3연패를 당하고 우승경쟁에서 크게 후퇴했다.
- 先送りを続けてきた医療制度改革もいよいよ土俵際に追い込まれた感がある。
  (시행)보류를 계속해 온 의료제도개혁도 마침내 갈림길에 몰리는 느낌이 든다.

047 なわとび [縄跳び]　줄넘기

- 簡単で気軽にできる運動というと、縄跳びなどはどうですか。
  간단히 가볍게 할 수 있는 운동이라면, 줄넘기 같은 건 어떻습니까?
- 縄跳や鬼ごっこは、昔から子供たちに親しまれてきた遊びです。
  줄넘기나 술래잡기는 예로부터 어린이들에게 사랑을 받아 온 놀이입니다.

529

048 ばくち [博打]   도박, 노름, 모험

- 社運をかけて博打を打ったのが見事に当たった。
  사운을 걸고 모험을 한 것이 보기 좋게 들어맞았다.

- 博打などの悪い遊びにふけるようになってから、彼の人生は滅茶苦茶になってしまった。
  도박 등 나쁜 놀이에 빠지고 나서 그의 인생은 엉망진창이 되어 버렸다.

049 はばとび [幅跳び]   넓이뛰기, 멀리뛰기

- 太郎君は幅跳びが得意で、いつも選手に選ばれます。
  타로 군은 멀리뛰기에 뛰어나서 언제나 선수로 뽑힙니다.

- 彼は走り幅跳びの世界記録を作ったが、半年後にその記録を破られた。
  그는 멀리뛰기의 세계 신기록을 세웠지만 반년 후에 그 기록이 깨졌다.

050 ばんづけ [番付]   순위, 서열 / 연예 프로그램

- 相撲の番付の最高位は横綱である。
  스모(相撲)에서 서열의 최고위는 요코즈나이다.

- 今年も土地の売却で長者番付の上位圏に入った人が大勢いる。
  금년에도 토지 매각으로 부호 순위의 상위권에 들어간 사람이 많이 있다.

051 ひきわけ [引き分け]   비김, 무승부   ★★

- 0対0で勝負がつかず、延長線になったが、とうとう時間切れのため引き分けになった。
  0대0으로 승부가 나지 않고 연장전으로 갔지만, 마침내 시간제한으로 인해 무승부가 되었다.

- どちらが強いとも言えない。引分けだ。
  어느 쪽이 강하다고 말할 수 없다. 무승부다.

- 最悪の場合でも引分けに持ち込まなければ、決勝進出は無理だろう。
  최악의 경우라도 무승부로 넘어가지 않으면 결승 진출은 무리일 것이다.

| | 연예 | 스포츠 | 오락 |

052 **ふうきり** [封切り]   개봉 / 새 영화의 첫 상영

☞ ロードショ 라고도 한다

- 話題の映画が封切りになって、切符売り場の前は長い行列ができた。
  화제의 영화가 개봉되어 매표소 앞에 긴 행렬이 생겼다.

- 封切り映画専門の映画館を封切り館という。
  개봉영화 전문 영화관을 개봉관이라고 한다.

053 **ふうぞくてん** [風俗店]   성을 상품화하는 음란업소, 카바레, 스낵 등 토폐적 유흥업소

- 警視庁は池袋、渋谷、新宿などの盛り場で、風俗店や客引き、ピンクチラシなどを取り締まっている。
  경시청은 이케부쿠로·시부야·신주쿠 등의 환락가에서 풍속점이나 호객꾼, 도색 전단 등을 단속하고 있다.

- 山口県萩警察署は、風俗店経営者に留学生を雇わないよう求める異例の通知を出した。
  야마구치현 하기경찰서는 풍속점 경영자에게 유학생 고용 금지를 요구하는 이례적인 통지를 했다.

054 **ほんばん** [本番]   (촬영이나 방송에서) 연습이 아닌 정식 프로그램, 본 경기 ★

- 練習ではうまくいくのに、いざ本番となると思うように力が出ない。
  연습에서는 곧잘 하는데, 막상 본 경기가 되면 생각대로 힘이 나오지 않는다.

- では、本番前にテストをします。出演者は集まってください。
  그러면 본 프로그램에 들어가기 전에 테스트를 하겠습니다. 출연자는 모여 주십시오.

055 **まんざい** [漫才]   만담, 재담

- あの二人が話しているのを聞くと面白くて、漫才を聞いているようだ。
  그 두 사람이 얘기하고 있는 것을 듣고 있노라면 재미가 있어 만담을 듣고 있는 것 같다.

- 漫才コンビのユーモアなやり取りに、僕はお腹を抱えて笑った。
  만담 콤비의 유머스럽게 주고받는 이야기에 우리들은 배를 쥐고 웃었다.

531

056 やおちょう [八百長]　미리 짜고 하는 시합, 사기 시합

- 相撲の八百長試合が週刊誌で騒がれている。
  미리 짜고 한 스모 시합이 주간지에서 떠들썩하다.

- プロレスの試合は八百長であると分かっていても面白くて、見ずにいられない。
  프로레슬링 시합은 미리 짜고 하는 시합이라는 것을 알면서도 재미가 있어서, 보지 않고는 못 배긴다.

057 やくしゃ [役者]　배우 / 재능이 있는 사람 / 필요한 주역들

- あの役者の芸の深さは底が知れないと言われる。
  그 배우가 갖고 있는 예술의 깊이는 끝을 알 수 없다고 일컬어진다.

- その役者は今度の舞台で初めて自分の個性を発揮できたと喜んでいた。
  그 배우는 이번 무대에서 처음으로 자신의 개성을 발휘할 수 있었다고 기뻐하고 있었다.

- 役者が揃ったところで、具体案について検討して見よう。
  필요한 주역들이 다 모인 상황에서 구체안에 관해서 검토해 보자.

058 よこづな [横綱]　일본 씨름(스모)의 최고위 / 제1인자, 왕자　★★

- 横綱同士の雌雄を決める対戦は5分間の大相撲になった。
  요코즈나끼리의 자웅을 결정하는 대전은 5분 동안의 大相撲가 되었다.

- 今日は東西の両横綱のどちらが勝つだろうか。
  오늘은 동서 양쪽의 요코즈나 중에서 어느 쪽이 이길지?

059 よせ [寄席]　연예 흥행장

- 落語家のうまい洒落に、寄席の客はどっとわいた。
  만담가의 재치 있는 익살에 흥행장의 관객은 한바탕 열광했다.

- 久し振りに寄席へ出かけて人気者の漫才に、腹を抱えて笑った。
  오래간만에 흥행장에 나가서 인기 만담가의 만담에 배를 잡고 웃었다.

060 **らくご**[落語]　만담

- へえ、飛行機の中で落語が聞けるんですか。
  아니, 비행기 안에서 만담을 들을 수 있습니까?

- 落語とは、こっけいな話を「落ち」でしめくくる寄席演芸である。
  落語란, 익살맞은 이야기를 재담으로 매듭짓는 흥행 연예이다.

기타

Others

1 부사

001 **あいかわらず**[相変わらず] 변함없음, 여전함 ★

- 銀座は相変わらず賑やかですね。
  긴자는 변함없이 번화하군요.

- 今年も相変わらず宜しくお願い致します。
  금년에도 변함없이 잘 부탁드립니다.

- 祖父の病気は、一進一退をくりかえして相変わらずだ。
  조부의 병환은 일진일퇴를 거듭하여 변함이 없다.

002 **あいにく**[生憎] 공교롭게도, 마침 ★

- 生憎主人が留守ですから、すぐ返事ができません。
  공교롭게도 남편이 부재중이라서, 곧바로 대답할 수 없습니다.

- 運動会なのに生憎の雨ですね。
  운동회 날인데 공교롭게도 비가 내리는군요.

- せっかくプロ野球の招待券をもらったのに生憎ひまがなくて残念だ。
  모처럼 프로야구 초대권을 받았는데 공교롭게도 시간이 없어 유감이다.

003 **あいまって**[相俟って] 서로 맞물려, 어울려

- 先生の誠意と、生徒の努力が相俟って今日の成果を収めたのであります。
  선생님의 열성과 학생의 노력이 맞물려서 오늘의 성과를 거둔 것입니다.

- 企業側の利益が住民側の思惑と相俟って、山村の開発は急速に進んだ。
  기업측의 이익과 주민측의 생각이 맞물려 산촌의 개발은 급속도로 진전되었다.

- 需要刺激策と日銀の公定歩合引下げ政策が相俟って、景気もようやく好転し始めた。
  수요 자극책과 일본은행의 공정금리인하 정책이 맞물려 경기도 점차 호전되기 시작했다.

기 타

004 **あえて** [敢えて] 감히, 억지로, 굳이, 무리하게

- 悲しいニュースですから、あなたに話したくありませんが、敢えて話します。
  슬픈 소식이라서 당신에게 말하고 싶지 않지만 감히 말씀드리겠습니다.

- 難しい計画だが、敢えて実行することに決めた。
  어려운 계획이지만 감히 실행하기로 결심했다.

- タイガーウッズが又、優勝したからといって、敢えて驚ろくには当たらない。
  타이거 우즈가 또 우승했다고 해서 굳이 놀랄 일은 아니다.

005 **あしからず** [悪しからず] 나쁘게 생각하지 마시기를 ★

- ご無礼の段、悪しからずお許し下さいますように。
  무례한 점 나쁘게 생각지 마시고 용서해 주시기를……

- どうぞ悪しからず。
  아무쪼록 나쁘게 생각하지 마시기 바랍니다.

006 **あたかも** [恰も] 흡사, 마치 ★

- この作者は人から聞いた話を、恰も自分が体験したかのように書いている。
  이 저자는 다른 사람에게서 들은 이야기를 마치 자신이 체험한 듯이 쓰고 있다.

- 恰も春の風に散るように、彼女は短い命を終えた。
  흡사 봄바람에 흩어지듯이 그녀는 짧은 생을 마감했다.

- 過ぎ去ったことが、恰も昨日のことのように思い出される。
  지나간 일이 흡사 어제의 일처럼 생각난다.

007 **あたり** [辺り] 주변, 주위 ★

- 日が暮れると、辺りが暗くなりますから、早く行きましょう。
  해가 지면 주변이 어두워지니 빨리 갑시다.

- この辺りは夜になると寂しいから、一人で歩いてはいけません。
  이 근방은 밤이 되면 적막하기 때문에 혼자서 걸어서는 안 됩니다.

008 **あたり** [当たり] ~당, 마다 / (낚시에서) 입질 / 당첨, 명중

- 六日間で6千円もらったから、一日当たり千円になります。
  6일 동안 6천 엔을 받았으니까, 하루에 천엔 꼴이 됩니다.

- 税率アップで、一人当り年間数万円の負担増となる。
  세율 인상으로 1인당 연간 수 만엔의 부담이 증가하게 된다.

- 一日中釣りをしたが当たりがなかった。
  하루 종일 낚시를 했지만 입질이 없었다.

- 宝くじの当たり番号が発表された。
  복권의 당첨번호가 발표되었다.

009 **あっけ** [呆気] 기가 참, 어이가 없음

- あまりの早業にみんなが呆気に取られた。
  너무도 날랜 솜씨에 모두가 어안이 벙벙했다.

- あんなに元気だった伯父が急死したと聞き、一瞬呆気にとられて声もでなかった。
  그토록 건강했던 백부가 급사했다는 소식에, 한순간은 어이가 없어 말도 나오지 않았다.

- いつもビリの山本君が一位になったとき、皆は呆気にとられたような顔をした。
  언제나 꼴찌였던 야마모토 군이 1위를 차지했을 때, 모두가 어안이 벙벙해진 듯한 얼굴을 했다.

010 **あらためて** [改めて] 다음 기회에, 새삼, 새삼스럽게 ★★

- 次の土曜日に忘年会をします。会場については改めてお知らせします。
  다음 주 토요일에 망년회를 합니다. 장소에 대해서는 다음에 다시 알려 드리겠습니다.

- 今日はここで失礼します。改めてゆっくりお伺いいたします。
  오늘은 이만 실례하겠습니다. 다시 시간을 갖고 찾아뵙겠습니다.

- 妻に死なれて、改めて彼女の存在の大きさを知った。
  아내가 죽고 나서 새삼 그녀의 존재가 컸음을 알았다.

기 타

011 **ありがたい** [有難い]　고맙다

- 友達がみんな親切なので、ほんとうに有り難いと思います。
  친구가 모두 친절하기 때문에 정말로 고맙게 생각합니다.

- お年寄りの一人暮しにとって、電話はひじょうに有難いものである。
  혼자서 사는 노인에게 있어서 전화는 대단히 고마운 물건이다.

012 **あるいは** [或いは]　혹은　★

- この用紙には、ボールペン或は鉛筆を使って書きなさい。
  이 용지에는 볼펜 혹은 연필을 사용해서 써 주십시오.

- 「う・よう」は、話し手の意志、他人に対する誘いかけ、或いは推量の意味を表します。
  「う・よう」는 이야기하는 사람의 의지, 타인에 대한 권유, 혹은 추량의 의미를 나타냅니다

013 **いかが** [如何]　어떻게, 어떤지, 어떨까?　★

- 最近の経済状態は如何ですか。
  최근의 경제 상태는 어떻습니까?

- コーヒーをもう一杯如何ですか。
  커피 한잔 더 드시겠습니까?

014 **いきおい** [勢い]　기세, 힘, 세력, 위세, 기운, 추세

- 彼は戦後の混乱に乗じて、順風満帆の勢いで今日の財を築き上げた。
  그는 전후의 혼란에 편승해서 순풍에 돛 단 듯한 기세로 오늘의 재산을 축적했다.

- 科学は20世紀になってから非常な勢いで発達した。
  과학은 20세기에 들어서 대단한 기세로 발달했다.

- 八回裏、ホームランで追いついた巨人軍は、一挙にいきおいを盛り返した。
  8회말, 홈런으로 따라붙은 자이언츠 팀은 일거에 기세를 회복했다.

015 **いくど** [幾度]　몇 번, 몇 차례　★

- 一年に幾度ぐらい旅行しますか。
  일 년에 몇 번 정도 여행합니까?

- 幾度電話をしても留守でした。
  몇 번이나 전화를 했는데도 부재중이었습니다.

016 **いくぶん**[幾分] 얼마(쯤), 어느 정도, 조금, 약간 ★

- くすりを飲んだので、乗り物酔いも、幾分おさまってきた。
  약을 먹었더니 차멀미도 어느 정도 가라앉았다.

- 問題を何度も読み返しているうちに、幾分見当がついてきた。
  문제를 몇 번이나 되풀이해서 읽는 동안에 약간 감이 잡혔다.

- あの人は事件に幾分関係がある筈だ。
  그 사람은 사건에 어느 정도 관계가 있을 것이다.

017 **いくら**[幾ら] 얼마, 어느 정도, 아무리 (참)いくつ(幾つ) 몇 살, 몇 개 ★

- この本は、幾らですか。
  이 책은 얼마입니까?

- この目方は幾らぐらいありますか。
  이것의 무게는 얼마 정도입니까?

- 幾ら説明しても分かってくれない。
  아무리 설명해도 이해해 주지 않는다.

018 **いささか**[些か / 聊か] 조금, 약간 ★

- 僕の作品が入賞したと聞いて、些か驚いています。
  내 작품이 입상했다는 소식을 듣고 약간 놀랐습니다.

- 彼の気持ちも考えず、些か言い過ぎたと反省しています。
  그의 기분도 생각하지 않고, 조금 말이 지나쳤다고 반성하고 있습니다.

019 **いずれ**[何れ] 어느, 어디, 어쨌든, 근간, 조만간 ★

- 何れかわかるものだ。
  언젠가는 알게 마련이다.

- 何れまた詳しく話しましょう。
  조만간 상세히 이야기합시다.

- お会いできなくて残念ですが、何れまた参ります。
  만나뵙지 못해 유감입니다만, 근간 다시 찾아뵙겠습니다.

020 **いたずら** [徒] 쓸데없음, 무익함, 헛됨

- 青年は仕事をやめて以来、徒に時を過ごしている。
  청년은 일을 그만둔 이래 헛되이 시간을 보내고 있다.

- 話し合いは一向にまとまらず、徒に時間を費やすばかりだった。
  이야기는 전혀 결말이 나지 않고 쓸데없이 시간을 소비할 뿐이었다.

021 **いちおう** [一応] 일단, 우선 ★★

- 一応調べてみましたが、もう少し詳しく調べる必要があるでしょう。
  일단 조사해 보았습니다만, 좀 더 자세히 조사할 필요가 있겠지요.

- 面接を受けるときには、一応身なりに気を配ったほうがいい。
  면접을 받을 때는 우선 몸차림에 신경을 쓰는 것이 좋다.

- 事件は一応解決したが、後々、悪い結果を生まなければよいのだが。
  사건은 일단 해결됐지만, 장래 나쁜 결과를 낳지 않았으면 좋겠는데.

022 **いちがい** [一概] 일률적으로, 몰아서, 통틀어, 무조건, 한 마디로 ★

- 値段の高いものが一概に品がいいとは言えない。
  값이 비싼 것이 무조건 품질이 좋다고는 말할 수 없다.

- 女の子と付き合うのが一概に悪いというのじゃない。要はその付き合い方だ。
  여자와 사귀는 것이 무조건 나쁘다는 게 아니다. 요는 사귀는 방법이다.

- 朝から晩までサッカーに熱中する息子を見ていて、外の子供も一概にこんなものだろうと思っていた。
  아침부터 저녁까지 축구에 열중인 아들을 보면서 다른 아이들도 대개 그러려니 하고 생각했다.

023 **いちど** [一度] 한 번 ★

- 一度ぐらいの失敗で気を落としてはいけない。
  한 번 정도의 실패로 기가 죽어서는 안 된다.

- うちの会社は一年に一度給料を上げることになっている。
  우리 회사는 일년에 한 번 급료를 올리게 되어 있다.

024 **いちもくさん [一目散]** 곁눈질하지 않고, 곧장, 외길을 걸음, 쏜살같이

- 「泥棒！」と叫んだら、男は一目散に逃げ出しました。
  「도둑이야!」하고 외치니까 사나이는 쏜살같이 도망쳤습니다.

- 「用意、ドン！」の合図とともに、みんなゴールをめがけて一目散に走った。
  「준비, 땅!」신호와 함께 모두가 골을 향해서 쏜살같이 달렸다.

- 駐車場で遊んでいた子供たちは、管理人さんに怒鳴られたとたん、一目散に逃げ出した。
  주차장에서 놀고 있던 어린이들은 관리인에게 큰소리로 꾸중을 들은 순간 곧장 도망치기 시작했다.

025 **いっき [一気]** 단숨에, 한꺼번에 ★

- 父は、ジョッキ一杯のビールを一気に飲み干した。
  아버지는 조끼(손잡이 달린 맥주잔)에 가득 찬 맥주를 단숨에 비웠다.

- ゲストの女優が姿を現すと、パーティーは一気に盛り上がった。
  게스트인 여배우가 모습을 나타내자 파티는 단숨에 무르익었다.

- 日ごろ積もり積もった不平不満が一気に爆発した。
  평소 쌓이고 쌓인 불만이 한꺼번에 폭발했다.

026 **いっこう [一向]** (부정을 수반하여) 조금도, 전혀 ★

- 林君は帰国したそうだが、一向に顔を見せないね。
  하야시 군은 귀국했다고 하는데, 전혀 얼굴을 볼 수 없구나.

- この子はいくら叱っても、一向にいたずらをやめない。
  이 녀석은 아무리 야단쳐도 장난을 조금도 멈추지 않는다.

027 **いっしょ [一緒]** 함께, 같이, 같음, 동시 ★★

- 彼とは呼吸が合わず、どうも一緒に仕事しにくい。
  그와는 호흡이 맞지 않아 도저히 함께 일하기 어렵다.

기 타

- あなたも一緒に写真を撮りませんか。
  당신도 같이 사진을 찍지 않겠습니까?

- ずいぶん言い争ったが、冷静に考えれば、ぼくも君の意見と一緒だったよ。
  꽤나 논쟁을 벌였지만, 냉정히 생각하면 나도 자네의 의견과 같았네.

028 **いっしょうけんめい** [一生懸命] 열심히 ★★

- あの人は一生懸命に勉強したので、日本語がうまくなった。
  그 사람은 열심히 공부했기 때문에 일본어가 능숙하게 되었다.

- 若いときから一生懸命働いて金持ちになりました。
  젊었을 적부터 열심히 일해서 부자가 되었습니다.

- 一生懸命にやったのだから負けても悔いはない。
  열심히 했기 때문에 져도 후회는 없다.

029 **いっそう** [一層] 한층, 더욱 ★

- 今までより、一層がんばってください。
  지금까지 보다 더욱 힘내세요.

- 夜になってから、風は一層ひどくなった。
  밤이 되자 바람은 한층 심해졌다.

- 当選した議員は、「一層のご協力、ご支援をお願い致します。」と、あいさつした。
  당선된 그 의원은 「더욱 많은 협력과 지원을 부탁드립니다」라고 인사했다.

030 **いったい** [一体] 대체로 / 도대체, 대관절 ★★

☞ 강조형은 「一体全体」

- 一体どうしてそんなバカなことを考えたんですか。
  도대체 어째서 그런 바보 같은 생각을 했습니까?

- 朝からキャンセルの電話が鳴りっぱなしだ。一体全体どうなってるんだ。
  아침부터 취소전화가 쇄도했다. 대관절 어떻게 된 것이냐?

- ぼくは、一体どうしたらいいんだろう。
  나는 도대체 어쩌면 좋단 말인가.

543

031 **いっぱい** [一杯] 한 잔 / 가득, 만원

- もう一杯いかがですか。
  한잔 더 어떻습니까?

- 優勝の感激で、胸が一杯になる。
  우승의 감격으로 가슴이 벅차다.

- この電車は一杯だから、次ので行きましょう。
  이번 전철은 만원이니 다음 차로 갑시다.

- 今月一杯、ソウルにいるつもりです。
  이번 달 내내 서울에 있을 생각입니다.

032 **いっぷく** [一服] 한 모금, 담배 한대 핌 / 약의 한 봉지 ★

- 忙しくてもタバコを一服してからやりましょう。
  바쁘더라도 담배 한 모금 피우고 나서 합시다.

- みなさん、お茶が入りましたので一服してください。
  여러분 차를 내왔으니 한 모금 드시지요.

033 **いっぽう** [一方] 한편, 한쪽 / 일방, 한 방면

- 一方の側の言うことだけを聞いたのでは、正しく判断することはできません。
  한쪽에서 말하는 것만 들어서는 올바르게 판단할 수 없습니다.

- 自動車の数は、増える一方です。
  자동차의 수는 증가 일로에 있습니다.

- 彼は一方では日本語を勉強しながら、他方では熱心に科学の研究を続けた。
  그는 한편으로는 일본어를 공부하면서 다른 한편으로는 열심히 과학 연구를 계속했다.

034 **いつわり** [偽り] 가짜, 거짓

- 嘘や偽りのない、あなたの誠の心が知りたい。
  거짓말이나 허위가 없는 당신의 진심을 알고 싶다.

- 「偽りの愛」という言葉が歌詞によく出てくる。
  「거짓된 사랑」이라는 말이 가사에 자주 나온다.

기 타

035 **いな** [否] 아니, 아니오 ★

- この仕事をするか否かは自分で決めなさい。
  이 일을 할 것인지 말 것인지는 자신이 결정하세요.

- 賛成か。否か。
  찬성이냐? 아니냐?

- 学生達は、親の財産があると否とにかかわらず平等に扱われた。
  학생들은 부모의 재산이 있고 없음에 상관없이 평등하게 다루어졌다.

036 **いなずま** [稲妻] 번개 ★

- 空が真っ暗になり、稲妻が光り、遠くで雷がごろごろなり始めた。
  하늘이 새까맣게 되고, 번개가 번쩍이고, 멀리서 천둥이 쿵쾅 울리기 시작했다.

- 突然僕の頭に、稲妻のようにいい考えがひらめいた。
  갑자기 내 머릿속에 번개같이 좋은 생각이 번뜩였다.

037 **いまさら** [今更] 새삼스레, 이제 와서 ★

- 今更君との約束を取り消すことはできないよ。
  새삼스럽게 자네와의 약속을 취소할 수는 없네.

- 今更言うまでもないが、今度の旅行は遊びじゃないんだ。
  새삼스럽게 말할 것도 없지만, 이번 여행은 놀러 가는 것이 아니다.

038 **いまひとつ** [今一つ] (기대에 비해서) 약간 부족함, 조금만 더, 조금 아쉬움, 시원치 않음 ㊥ 今いち ★★

- しかし、消費者の盛り上がりは今一つで、時代を画する人気商品になるかどうかは不透明だ。
  그러나 소비자의 열기는 시원치 않아 시대의 획을 긋는 인기상품이 될지 어떨지는 불투명하다.

- 最近は、「全集もの」の売れ行きが今一つで、先着2,000人に限って送料を無料にするサービスもある。
  최근에는 「전집물」의 매출이 시원치 않자 선착순 2,000명에 한해 송료를 무료로 해주는 서비스도 한다.

039 **うかがい** [伺い]　윗사람에게 의견을 여쭘, 찾아 뵘　★

- 今日はもう遅いので、また日を改めてお伺いいたします。
  오늘은 이미 늦었기 때문에 다른 날 찾아뵙겠습니다.

- その件に関しては、社長に伺いを立ててからでないと決められません。
  그 건에 관해서는 사장님의 의견을 여쭈어 보지 않고서는 결정할 수 없습니다.

040 **うしろ** [後ろ]　뒤, 뒤쪽, 등, 뒷모습　★

- 映画館では前に大きな人が座っていると、後ろの人が見えない。
  앞에 커다란 사람이 서 있으면, 뒷사람이 보이지 않는다.

- まともに勝負をせずに、後ろを見せるとは卑怯だ。
  정면으로 승부하지 않고 뒷모습을 보이다니 비겁하다.

041 **おいて** [於いて]　~에서, ~에 있어서　★★

- 大会は京都に於いて三日にわたって開かれた。
  대회는 교토에서 3일에 걸쳐 개최되었다.

- 過去に於いては普通のことだった。
  과거에는 보통의 일이었다.

- 業績に於いては見るべきものがない。
  업적에 있어서는 보잘 것이 없다.

042 **おおいに** [大いに]　대단히, 많이, 실컷, 매우　★

- 久しぶりだから、今夜は大いに飲もう。
  오래간만이니 오늘밤은 실컷 마시자.

- 君にそんなことをされては、大いに不愉快だ。
  자네한테서 그런 일을 당하다니 대단히 불유쾌하다.

043 **おおかた** [大方]　대부분, 대개, 거의　★

- 出席した人の大方は女だった。
  출석한 사람의 대부분은 여자였다.

- 大方の話はあなたのお父さんから伺いました。
  대부분의 이야기는 댁의 아버님께 들었습니다.

- この事件は、大方の予測に反して、大臣の逮捕にまで発展した。
  이 사건은 대부분의 예측과는 반대로 장관의 체포로까지 발전했다.

044 **おおざっぱ**[大雑把] 대략적, 조잡함, 엉성함 ★

- これは大雑把に数えても六千円にはなる。
  이것은 대충 헤아려 봐도 6천 엔은 된다.

- 今度の行事は大雑把に言って、成功だったと言える。
  이번 행사는 대략적으로 말하자면 성공했다고 말할 수 있다.

- 大雑把に言えば、現在の経済状況では輸出のほうが輸入より有利だ。
  대충 말하자면, 현재의 경제상황에서는 수출 쪽이 수입보다 유리하다.

045 **おおぜい**[大勢] 많은 사람, 여럿 ★

- 電車のドアがあいて、大勢の人が降りてきた。
  전철의 문이 열리고 많은 사람이 내렸다.

- 大勢の前であいさつをするのは、きまりが悪い。
  많은 사람 앞에서 인사를 하는 것은 쑥스럽다.

- 追悼式には彼の死を悼んで、大勢のひとが集まった。
  추도식에는 그의 죽음을 애도하여 많은 사람이 모였다.

046 **おおむかし**[大昔] 아득히 먼 옛날, 태고

- 大昔、人間は魚をとったり、木の実を食べたりして生活しました。
  아득한 옛날, 인간은 물고기를 잡거나, 나무 열매를 따먹으면서 생활했습니다.

- 大昔、日本は韓国と陸続きだったそうです。
  태고적, 일본은 한국과 육지로 이어져 있었다고 합니다.

047 **おおむね**[概ね] 대개, 대강, 대체로 ★

- 来年度の我が社の事業計画は、概ね次の通りです。
  내년도 우리 회사의 사업계획은 대체로 다음과 같습니다.

- 君の話は、概ねはわかった。
  자네의 이야기는 대강 알았다.

- 概ね、事件の裏には女が絡んでいるものだ。
  대개 사건의 뒤에는 여자가 얽혀 있기 마련이다.

048 **おおめ**[大目]　너그러움, 관대함 ★

- 悪意はなかったようだから、今回だけは大目に見てやろう。
  악의는 없었던 것 같으니 이번만은 너그럽게 봐주자.

- 若いうちは多少の失敗も大目に見てもらえるもんだよ。
  젊은 날에는 다소 실패해도 관대하게 용서받을 수 있는 것이란다.

049 **おおよそ**[大凡]　대강, 대략, 대충 ★

- 大凡の見当はつく。
  대강의 짐작은 간다.

- 大凡の説明を聞いたら、自分で始めてみてください。
  대충 설명을 들었으면 스스로 시작해 보십시오.

050 **おおよろこび**[大喜び]　대만족, 큰 기쁨

- 100点をとった学生は大喜びしています。
  100점을 받은 학생은 크게 기뻐하고 있습니다.

- 苦心の末、実験が成功して、みんなで大喜びした。
  고심 끝에 실험이 성공하여 모두가 크게 기뻐했다.

051 **おくればせ**[遅れ馳せ]　때늦음, 뒤늦음

- 遅れ馳せでもよいからやってみろ。
  뒤늦어도 좋으니 해봐라.

- 遅れ馳せながら、お祝い申し上げます。
  뒤늦게나마 축하드립니다.

기 타

052 **おしゃべり**[お喋り] 수다, 지껄임, 수다쟁이

- ほんとうにお喋りで口の軽い子だよ、お前は。
  진짜 수다쟁이에 입이 가벼운 아이구나, 너는.

- お喋りはやめて、みんな黙りなさい。
  수다는 그만떨고 모두 입을 다무세요.

053 **おって**[追って] 추신, 추이 / 나중에, 뒤에 ★

☞ 追っ手 추적자

- 追って、お返事は速達でお願いします。
  추신, 회답은 속달로 부탁드립니다.

- 追ってご連絡申し上げます。
  추후에 연락 드리겠습니다.

054 **おのおの**[各々] 각자, 각각, 제각기 ★

- 各々がもっている力を全部出し合って仕事をしました。
  각자가 갖고 있는 힘을 전부 합해서 일을 했습니다.

- 人には各々良いところも、悪いところもあるものです。
  사람에게는 각각 좋은 점과 나쁜 점이 있기 마련입니다.

055 **おぼつかない**[覚束無い] 기대할 수 없다, 의심스럽다 / 미숙하다, 미덥지 못하다, 불안하다

- その程度の努力では合格は覚束無いよ。
  그 정도의 노력으로는 합격은 기대할 수 없을거야.

- 君の覚束無い運転では怖くて乗っていられないよ。
  자네의 미숙한 운전으로는 무서워서 타고 있을 수가 없어.

- 満一歳になったばかりの息子が覚束ない足取りながら歩き始めた。
  이제 만 한 살이 된 아들이 미숙한 발걸음이지만 걷기 시작했다.

056 **おまけ**[お負] 값을 싸게 해줌, 덤, 경품 ★

- 毎度ありがとうございます。千円お負けします。
  매번 고맙습니다. 오늘은 천엔 싸게 해 드리지요.

549

- あのお菓子を千円以上買うと、お負けがついてくるよ。
  저 과자를 천엔 이상 사면 덤이 딸려 와요.

- 上司のお供での接待では、自分は相手にとってはお負けであることを忘れずに。
  상사를 수행하는 접대에서는 자신은 상대방에 있어서 덤이라는 것을 잊지 말 것.

057 **およそ** [凡そ] 대개, 대체, 대강 / 무릇, 도무지, 전혀, 전연 ★

- 私の会社には従業員が凡そ2千人います。
  우리 회사에는 종업원이 대략 2,000명 있습니다.

- 凡そ外国語の学習には復習ほど大切なものはありません。
  무릇 외국어 학습에서는 복습만큼 중요한 것은 없습니다.

- もう一度繰り返してみようなんて、凡そ無意味なことです。
  다시 한번 되풀이해 보자니, 전혀 무의미한 일입니다.

058 **および** [及び] 및, 또한, 더불어 ★

- 大阪は商業及び工業の中心地です。
  오사카는 상업 및 공업의 중심지입니다.

- オートバイ及び自動車の通行を禁止します。
  오토바이 및 자동차의 통행을 금지합니다.

059 **おり** [折り] 기회, 때, 그 즈음 / 꺾음, 접음, 나무도시락 상자

- その折の恩師の一言がショックになり、学問の道を志すようになった。
  그때 은사의 한 마디 말씀이 자극이 되어 학문의 길을 지망하게 되었다.

- 折しも雨が降り出しました。
  때마침 비가 내리기 시작했습니다.

- 京都に行った折に5年ぶりに友人を訪ねました。
  교토에 간 기회에 5년 만에 친구를 방문했습니다.

060 **おりおり** [折々] 때때로, 이따금, 그때 그때 ★

- 折々写真をみて、昔のことを思い出しています。
  이따금 사진을 보고 옛일을 회상합니다.

기 타

- 四季折々の自然の美しさに心打たれます。
  4계절 그때 그때마다 변하는 자연의 아름다움에 감동받고 있습니다.

061 **おりから** [折柄] 마침 그때, 때마침 ★

- 天候不順の折柄、なにとぞお体を大切に。
  날씨가 순조롭지 못한 때인데 아무쪼록 몸을 소중히 하시기를 (빕니다).

- 物価上昇の折柄申し上げにくいですが、部屋代を上げさせて頂きます。
  물가가 오르는 때라서 말씀드리기 어렵습니다만, 방 값을 올려 받겠습니다.

062 **かえって** [却って] 오히려, 도리어, 반대로 ★

- 儲ようと思っていたのに、却って損をしてしまった。
  (돈을)벌어 보려 했는데, 오히려 손해를 보고 말았다.

- 道がこんでいるときは、自動車より歩くほうが却ってはやいです。
  길이 혼잡할 때는 자동차보다 걷는 쪽이 오히려 빠릅니다.

- 友達と大喧嘩をした後、却って前より仲良くなった。
  친구와 크게 싸운 후, 도리어 전 보다도 사이가 좋아졌다.

063 **かかわらず** [拘わらず] 불구하고, 관계없이 ★

- よく勉強したのにも拘わらず成績が悪い。
  열심히 공부했는데도 불구하고 성적이 나쁘다.

- 厳重な品質管理にも拘わらず、欠陥品が見つかり、消費者から苦情が出た。
  엄중한 품질관리에도 불구하고, 결함품이 발견되어 소비자로부터 불만이 제기되었다.

- 「危ないから」と止めたのにも拘わらず出かけていった。
  위험하니까(가지 말라고) 말렸는데도 듣지 않고 나갔다.

064 **かたがた** [旁] 아울러, 겸하여, ~하는 김에

- 病院へ見舞いに行き旁、会社の様子を話してきた。
  병원에 문병을 가서 겸사겸사 회사의 상황을 이야기하고 왔다.

- 近いうちにお礼かたがたお伺いします。
  가까운 시일 내에 인사를 겸해서 찾아뵙겠습니다.

065 **かたわら** [傍] ～하는 한편, ～하면서 / 곁, 옆 ★

- ぼくは学校に通う傍ら、夜はスーパーで働いています。
  나는 학교에 다니는 한편, 밤에는 슈퍼에서 일하고 있습니다.

- 彼は、客と話をしながら、傍らで聞いている私に意味ありげに瞬きして見せた。
  그는 손님과 이야기를 하면서, 곁에서 듣고 있는 나에게 의미 있게 눈을 깜박여 보였다.

066 **かつて** [曽て] 일찍이, 예전에, 언젠가 / 전혀, 전연, 결코 ★

- 監督は、曽てパリーグきっての強打者と言われた名選手だった。
  감독은 예전에 퍼시픽 리그에서 가장 뛰어난 강타자로 불린 명선수였다.

- 曽ては海を支配する者が世界を支配したが、今は空を支配する者こそ世界の支配者だ。
  예전에는 바다를 지배하는 자가 세계를 지배했지만, 지금은 하늘을 지배하는 자야말로 세계의 지배자다.

- 僕は、こんなに美味しいものを曽て食べたことがなかった。
  나는 이렇게 맛있는 것을 일찍이 먹어 본 적이 없었다.

067 **かり** [仮] 임시적인 것 / (가정의 의미로) 설령, 만일 / 가짜

- 道路を直しているので、ここに仮の停留所ができている。
  도로를 고치고 있기 때문에 여기에 임시 정류장이 생겼다.

- 仮に、第三次世界大戦が起きたとしたら、僕たちはどうなるのだろう。
  만일 제3차 세계대전이 일어난다면 우리들은 어찌될는지?

068 **かろうじて** [辛うじて] 가까스로, 겨우, 간신히, 근근이

- 生活に困り、辛うじて食べている有様だ。
  생활이 곤궁하여 가까스로 먹고사는 형편이다.

- 辛うじて均衡を保っていたヨットも強い風にあおられ、ついに転覆してしまった。
  간신히 균형을 유지하던 요트도 강한 바람에 휘말려 마침내 전복하고 말았다.

069 **がんばり** [頑張り] 완강히 버팀, 견뎌 냄 ★

- 彼の頑張りには、さすがの僕も兜を脱いだ。
  그의 완강함에는 그렇게 자신만만하던 나도 손을 들었다.

- 年を取るにつれて、頑張りが効かなくなった。
  나이를 먹음에 따라 끈기가 없어졌다.

070 **きに** [機に] 계기로, 기회로 ★

- 現在の日本では結婚を機に退職する女性が少なくない。
  현재의 일본에서는 결혼을 계기로 퇴직하는 여성이 적지 않다.

- 湾岸戦争を機に、多くの人々が平和の尊さを改めて認識した。
  걸프 전쟁을 계기로 많은 사람들이 평화의 존귀함을 새롭게 인식했다.

071 **きまじめ** [生真面目] 고지식함, 진국, 지나치게 착실함, 융통성이 없음

- 彼は生真面目すぎて冗談が全然通じないので、付き合っていて疲れます。
  그는 지나치게 고지식해서 농담이 전혀 통하지 않기 때문에 사귀면서도 피곤합니다.

- かれは生真面目な性格で、約束はキチンと守る。
  그는 고지식한 성격으로 약속은 정확하게 지킨다.

072 **きまま** [気侭] 마음대로, 제멋대로, 버릇이 없음

- 独りで気侭に暮らす方が性にあっていると言い張って、今でも彼は独身です。
  혼자서 마음대로 생활하는 쪽이 성격에 맞는다고 우기면서 지금도 그는 독신입니다.

  ☞ 性に合う 성격에 맞다.

- 年に一、二度は気心の知れた友達と気侭な旅行をすることにしている。
  1년에 한두 번은 서로 속속들이 아는 친구와 마음대로 여행하기로 작정하고 있다.

- あまりに勝手気ままな性格なので、他の社員に、相手にされません。
  너무 제멋대로인 성격이라서 다른 사원들이 상대해주지 않습니다.

073 きれい [奇麗 / 綺麗]　아름다움, 깨끗함, 훌륭함, 멋짐

- バラの花が綺麗だ。
  장미꽃이 아름답다.

- 溜りに溜っていた借金を綺麗にした。
  쌓이고 쌓였던 빚을 깨끗이 갚았다.

- センターの前に綺麗に打ち返した。
  센터 앞으로 멋지게 받아쳤다.

074 きわめて [極めて]　매우, 가장, 더없이, 지극히

- この計画に対しては反対するものが多く、賛成したものは極めて少数であった。
  이 계획에 대해서는 반대하는 자가 많고, 찬성하는 자는 극히 소수였다.

- 最近の情勢は極めて流動的だ。
  최근의 정세는 매우 유동적이다.

075 くれぐれ [呉々]　부디, 아무쪼록, 거듭거듭

- 奥様に呉々も宜しくお伝え下さい。
  부인께 아무쪼록 안부 전해 주십시오.

- 寒さが厳しい折から、呉々もお体をお大事に。
  추위가 극심한 때이오니, 아무쪼록 몸조심하시기를 (빕니다).

076 ことに [殊に]　특히, 각별히

- 例年に比べて、今年の冬は殊に雪が多かった。
  예년에 비해서 금년 겨울에는 특히 눈이 많았다.

- ぼくは数学の中でも、殊に二次関数が苦手だ。
  나는 수학 가운데에서도 특히 2차 함수가 질색이다.

077 こんりんざい [金輪際]　결단코, 절대로　★

- 今日からは、金輪際タバコは吸いません。
  오늘부터는 절대로 담배는 피우지 않겠습니다.

- あんな不愉快な奴とは、金輪際口も利きたくない。
  그런 불쾌한 녀석과는 결단코 말도 나누고 싶지 않다.

078 さかん [盛ん] 번성함, 유행함, 왕성함, 열렬함, 빈번함

- 今日では国際的交流が盛んになっているので、言葉を知らなくてもなんとか旅行できる。
  오늘날은 국제적 교류가 빈번해져서 말을 모르더라도 어떻게든 여행할 수 있다.

- 最近、奥様族の間で趣味のサークル活動が盛んになったようです。
  최근 부인들 사이에서 취미 서클 활동이 유행하는 것 같습니다.

- スポーツが盛んになるにつれて、スポーツ用品の需要が増えている。
  스포츠가 유행함에 따라서 스포츠 용품의 수요가 늘고 있다.

079 さきほど [先程] 아까, 조금 전

- 先程、根本さんがいらっしゃいました。
  조금 전에 네모토 씨가 오셨습니다.

- 先程は失礼しました。
  아까는 실례했습니다.

- 先程と説明が重複するところは略します。
  조금 전의 설명과 중복되는 부분은 생략하겠습니다.

080 ささい [些細] 사소함, 시시함, 하찮음

- 些細なことでも疎かにしないでください。
  사소한 것이라도 소홀히 하지 마십시오.

- 時候のあいさつは些細なものですが、日本人はこれを非常に大切にします。
  계절에 대한 인사는 하찮은 것입니다만, 일본인은 이를 아주 소중히 합니다.

- 時には、些細な間違いが大きな失敗を招くことだってあります。
  때로는 사소한 실수가 커다란 실패를 초래하는 일조차 있습니다.

081 **さしあたり** [差し当たり] 당장(은), 당분간, 우선

- 差し当たり必要な身の回りのものだけカバンに入れて家を出た。
  당장 필요한 신변품만을 가방에 넣어 집을 나왔다.

- あの家を買うには差当たり10万円の手付金が必要だ。
  그 집을 사는 데는 우선 10만 엔의 보증금이 필요하다.

- 会社を辞めても差当たりの生活に困らないだけの金はある。
  회사를 그만두어도 당분간 생활에 곤란하지 않을 만큼의 돈이 있다.

082 **さすが** [流石] 과연, 소문대로, 역시 ★

- いつも元気な彼も、今度の病気には流石にまいったらしい。
  언제나 건강한 그도 이번 병에서는 역시 맥을 못 추는 것 같다.

- 流石にオリンピックの選手だ。実に、速いね。
  과연 올림픽 선수다. 참으로 빠르군.

- 流石剣の達人だ。不意に突かれても見事に体をかわしたね。
  과연 검술의 달인이로군. 허를 찔렀는데도 보기 좋게 몸을 피했구나.

083 **さっそく** [早速] 즉시, 곧 ★

- せっかくいいことを思い立ったのなら、「善は急げ」で早速始めたほうがいい。
  애써 좋은 일을 결심했다면, 「좋은 일은 서둘러라」라는 말처럼 즉시 시작하는 것이 좋다.

- いい提案ですから早速会議にかけて検討してみましょう。
  좋은 제안이니 즉시 회의에 부쳐서 검토해 봅시다.

- 「百聞は一見に如かず」と言うじゃないか。早速行って見て来よう。
  「백문이 불여일견」이라고 하지 않는가, 즉시 가서 보고 오자.

084 **じかに** [直に] 직접, 바로

- 肌に直にワイシャツを着る。
  맨몸에 바로 와이셔츠를 입다.

- このテーブルのうえに直に熱い物を置かないでください。
  이 테이블 위에 직접 뜨거운 것을 놓지 말아 주십시오.

기 타

- 天皇が一般民衆に直に接触することは珍しい。
  천황이 일반 민중과 직접 접촉하는 일은 드물다.

085 **しかも** [然も / 而も] 그 위에, 게다가, 더욱

- 問題は難しく、然も数が多い。
  문제는 어렵고, 게다가 (문항) 수가 많다.

- 風が吹き始め、然も雨まで降り始めた。
  바람이 불기 시작하고 게다가 비까지 내리기 시작했다.

086 **じきに** [直に] 곧, 금방, 바로

- もう、直に春が来ます。
  이제 곧 봄이 옵니다.

- 軽い風邪ですから、直になおりますよ。
  가벼운 감기이니까 금방 나을 거요.

087 **しきり** [頻り] 끊임없이, 빈번히, 계속 / 몹시, 열심히

- きょうは頻りに電話がかかってくる。
  오늘은 끊임없이 전화가 걸려 온다.

- 父は腕組みをしたまま、さっきから頻りに考え込んでいる。
  아버지는 팔짱을 낀 채 아까부터 계속해서 생각에 잠겨 있다.

- 母は見合いの写真を見せながら、「とてもいい話しよ」と頻りに妹を口説いた。
  어머니는 맞선 사진을 보여주며 「참 좋은 혼담이야!」라며 열심히 여동생을 설득했다.

088 **しだい** [次第] 순서 / 사정, 까닭, 나름, ~하는 대로, ~하자마자, ~하는 즉시

- 式の次第を会場に張り出す。
  식의 순서를 식장에 내붙이다.

- 今回の失礼に対し、深くお詫びする次第です。
  이번 실례에 대해 깊이 사과하는 바입니다.

557

- 事の次第によっては、戦争になるかも知れない。
  일의 사정에 따라서는 전쟁이 날지도 모른다.

- すべては君の決心次第だ。
  모든 것은 자네가 결심하기 나름이다.

- 都合がつき次第、ご返事いたします。
  형편이 닿는 대로 대답을 드리겠습니다.

089 しだいに [次第に] 점차, 차츰

- 学問が進むにしたがって、今まで疑問だったことが次第に明らかになってくる。
  학문이 진전됨에 따라 지금까지 의문이었던 것이 차츰 분명해지다.

- どんなことでも最初はおもしろくないが、次第に興味が出てくるものです。
  어떤 일이나 처음에는 재미가 없지만 점차 흥미가 생기기 마련입니다.

090 しゃにむに [遮二無二] 무턱대고, 마구, 죽자사자

- 父は遮二無二はたらいて、とうとうこの世を去った。
  아버지는 죽자사자 일만 하다가 마침내 이 세상을 떠났다.

- 彼は自分の主張を遮二無二押し通そうとした。
  그는 자기주장을 무턱대고 밀어붙이려 했다.

091 じょうぶ [丈夫] 건강함, 튼튼함, 견고함

- 前は病気ばかりしていましたが、この頃はずいぶん丈夫になりました。
  전에는 병을 앓기만 했습니다만, 요즘은 상당히 건강해졌습니다.

- 運動をして丈夫な体をつくる。
  운동을 해서 튼튼한 몸을 만든다.

- 新製品は従来の物に比べて、丈夫で長持ちするのが大きな特徴だ。
  신제품은 종래의 물건과 비교해서 견고하고 오래 쓸 수 있는 것이 커다란 특징이다.

092 しょせん [所詮] 결국, 필경, 어차피

- ヒトラーの描いた帝国は、所詮砂上の楼閣に過ぎなかった。
  히틀러가 그린 제국은 결국 사상누각에 불과했다.

- 目指す大学に入れるかどうかは、所詮おのずからの努力次第だ。
  목표로 하는 대학에 들어갈지 어떨지는 어차피 스스로가 노력하기 나름이다.
- 人間は、所詮は死ぬ運命にあるのだから、悔いのない人生を送りたいものだ。
  인간은 필경 죽을 운명이기 때문에 후회 없는 인생을 보내고 싶은 것이다.

093 **ずいぶん** [随分] 몹시, 아주, 무척, 상당히, 힘껏

- 随分勉強したが、試験に失敗してしまった。
  힘껏 공부했지만 시험에 실패하고 말았다.
- 病気の夫の世話もしないで遊びに行くとは、随分な話だ。
  병을 앓고 있는 남편을 돌보지도 않고 놀러 간다니 너무 심한 이야기다.
- 一生懸命に手伝っているのに、かえって邪魔だなんて随分だなあ。
  열심히 도와주고 있는데 오히려 방해라니 너무 하는구나.

094 **すごい** [凄い] 대단함, 굉장함, 무시무시함

- 彼は、凄い腕をもっている。
  그는 대단한 솜씨를 가지고 있다.
- 彼は絵が凄く上手だ。
  그는 그림을 무척 잘 그린다.

☞ 특히 젊은 층의 언어생활에서 입버릇처럼 자주 쓰는 말이기도 하다. 사용 빈도가 높은 말은「すごい!」외에「ほんとう! (정말!)」「う(っ)そ! (거짓말!)」「うれしい! (신난다!)」「いやだ! (싫어!)」등이다.

☞ 「すごい(凄い)」는 좋은 경우와 나쁜 경우에 두루 쓰이는 데에 비해, 「すばらしい(素晴らしい)」는 좋은 경우나 칭찬하는 경우에만 쓰인다. 예컨대, 「すごい格好」는「아주 예쁜 모습」과「아주 추한 모습」의 두 가지 의미가 있다.

095 **すこぶる** [頗る] 몹시, 매우, 대단히

- 仮名やローマ字に比べて、漢字の数は頗る多い。
  가나나 로마자에 비해서 한자의 수는 엄청나게 많다.
- 強敵を打ち負かすことができて、チーム全員が、頗るご機嫌だった。
  강적을 패배시켜서, 팀 전원이 매우 좋은 기분이었다.

- 彼女が頗る付きの美人であることは、みんなが認めている。
  그녀가 매우 뛰어난 미인이라는 것은 모두가 인정하고 있다.

096 **すてき**[素敵] 매우 훌륭함, 근사함, 뛰어남, 굉장함

- 今度の旅行は、お天気がよくて素敵だったわ。
  이번 여행은 날씨가 좋아서 아주 멋졌어.

- 素敵なお住まいに住んでいらっしゃいますね。
  근사한 저택에서 살고 계시군요.

- 今度の劇の主役をやれるなんて、素敵！
  이번 연극의 주역을 맡다니, 멋져라！

097 **すでに**[既に] 이미, 이전에, 벌써, 이젠

- このことは、あなたも既にご承知だと思いますが…。
  이 일은 당신도 이미 알고 계신다고 생각합니다만….

- 彼は死んでしまって既にこの世にはいない。
  그는 죽어버려서 이젠 이 세상에는 없다.

098 **すなわち**[即ち] 즉, 바로, 다시 말하면, 이를테면 / 반드시

- 少しぐらいなら大丈夫だろうという気持ち、これが即ち油断というものだ。
  조금 정도라면 괜찮을 거라는 기분, 이것이 바로 방심이라는 것이다.

- 僕のビザは180日、即ち六ヶ月日本にいることができる。
  나의 비자는 180일, 바꾸어 말하면 6개월간 일본에 있을 수가 있다.

- EC、即ちヨーロッパ共同体は1967年に発足した。
  EC, 즉 유럽공동체는 1967년에 발족했다.

099 **すり**[掏摸] 소매치기

- 電車の中で掏摸に財布をすられてしまった。
  전철 안에서 소매치기에게 지갑을 소매치기 당하고 말았다.

- 警官はとっさに、掏摸の腕をむずとつかまえた。
  경찰관은 순간적으로 소매치기의 팔을 덥석 잡았다.

100 **せい** [所為] 탓, 원인, 이유, 때문에

- 失敗を人の所為にする。
  실패를 남의 탓으로 하다.

- それは君の所為じゃない。
  그것은 네 탓이 아니다.

- 病気の所為か頭が痛い。
  병 때문인지 머리가 아프다.

101 **せいぜい** [精々] 기껏, 겨우, 고작해야 / 힘껏, 애써, 실컷

- 普通のノートなら高くても精々3百円です。
  보통의 노트라면 비싸다고 하더라도 기껏해야 300엔입니다.

- わたしが精々お力添えしましょう。
  제가 힘껏 도와 드리겠습니다.

- 若いときに精々遊んでおくことだ。
  젊었을 때 실컷 놀아 두어야 한다.

102 **せっかく** [折角] 일부러, 모처럼 / 부디, 아무쪼록

- 折角の旅行も雨ですっかりダメになってしまいました。
  모처럼의 여행도 비로 완전히 망쳐 버렸습니다.

- 折角の機会だから、みんなで一枚写真を撮りましょう。
  모처럼의 기회이니 모두가 한 장 짜리(전체) 사진을 찍읍시다.

- 折角のご好意ですから遠慮なくいただきます。
  일부러 베푸신 호의이오니 사양하지 않고 받겠습니다.

103 **ぜひ** [是非] 꼭, 제발, 부디, 아무쪼록 / 시비, 옳고 그름

- 男女共学の是非についてみんなで話し合った。
  남녀 공학의 좋은 점과 나쁜 점에 대해서 모두가 서로 의논했다.

- 一度でいいから是非ヨーロッパへ行きたい。
  한번만이라도 좋으니 꼭 유럽에 가보고 싶다.

- 是非とも来てください。
  부디 와 주십시오.

104 せんだって[先達て] 지난번, 먼젓번, 요전번, 앞서

- 先達て以来の雨で川の水が濁っている。
  지난번 (이후의) 비로 강물이 흐려져 있다.

- 先達てご注文いただいた品です。
  요전번에 주문하신 물건입니다.

105 そうそう[早々] 총총히, 서둘러 / ～하자 곧, ～되자 곧

- 解散になると議員たちは早々にそれぞれの選挙区へ散っていった。
  해산이 되자 의원들은 서둘러 각각의 선거구로 흩어져 갔다.

- 入社して早々、病気をしてご迷惑をおかけしました。
  입사하자마자 병을 앓아 폐를 끼쳤습니다.

106 そうそう[草々/忽々] 총총(편지 끝에 쓰는 말)

- 手紙であいさつ文の省略の場合、前略や冠省に対応して終りには敬具の代わりに「草々」と書く。
  편지에서 인사말을 생략할 경우, 前略이나 冠省에 대응해서 끝에는 敬具의 대신으로「草々」라고 쓴다.

107 だいじょうぶ[大丈夫] 걱정 없음, 틀림 없음, 문제 없음

- この家は地震があっても大丈夫なように工夫がしてあります。
  이 집은 지진이 있더라도 걱정이 없도록 고안되어 있습니다.

- 大丈夫だね。二度とこんなことをしてはいけませんよ。
  틀림없겠지? 두번 다시 이런 짓을 해서는 안돼요.

- そんなにたくさんの注文を引き受けちゃって、ほんとうに大丈夫かい。
  그토록 많은 주문을 받아들이다니, 정말로 괜찮으냐?

108 **たいそう**[大層] 매우, 대단히, 굉장함

- 僕が試験にパスしたので、父は大層喜びました。
  내가 시험에 합격했기 때문에 아버지는 굉장히 기뻐했습니다.

- あの人は大層な人気だ。
  그 사람은 대단한 인기다.

- この夏は大層な暑さでしたが、皆さん、お元気でしたか。
  이번 여름은 매우 더웠습니다만, 여러분은 건강하셨는지요?

109 **だいたい**[大体] 대략, 대강, 대개, 도대체

- ご意見の大体は聞いておりますが、なお細かい点についてご説明を願います。
  의견은 대강 들었습니다만, 좀더 상세한 점에 관해서 설명을 부탁드립니다.

- 大体そんなこと、ある筈がない。
  도대체 그런 일이 있을 리가 없다.

- あの人は大体なにを考えているのかさっぱりわからない。
  그 사람은 도대체 무엇을 생각하고 있는지 확실히 알 수 없다.

110 **たいてい**[大抵] 대개, 대부분, 아마, 보통(뒤에 부정을 수반), 적당히

- 大抵日曜は家にいます。
  대부분 일요일에는 집에 있습니다.

- 主人は6時になれば、大抵帰ってくると思いますが。
  남편은 6시가 되면 아마도 돌아올 거라고 생각합니다만.

- わずかの間にこれほど上手になるには、並大抵の努力ではなかったと思います。
  얼마 안 되는 동안에 이 정도로 능숙해지기에는 보통의 노력이 아니었다고 생각합니다.

111 **たいはん**[大半] 대부분, 태반

- 幽霊を見たという人の大半は、錯覚しているに過ぎない。
  유령을 봤다고 말하는 사람의 대부분은 착각하고 있는 것에 지나지 않는다.

- 火事で父の勤める工場が大半焼けてしまった。
  화재로 아버지가 근무하는 공장이 대부분 타 버렸다.

112 **だいぶ** [大分] 상당히, 꽤, 제법 ★

☞ 「だいぶん」이라고도 읽는다. 그러나 규슈(九州)의 동북쪽에 있는 지명 「大分」은 「おおいた」로 읽는다.

- あの人の病気は大分悪いらしい。
  그 사람의 병은 상당히 심각한 것 같다.

- まだ9時までには大分時間がありますから、そんなに急がなくてもいい。
  아직 9시까지는 꽤 시간이 있으니까 그렇게 서두르지 않아도 괜찮아.

113 **たいへん** [大変] 대단히, 매우, 중대함, 큰일, 힘듦

- 部屋が大変散らばっていますが、どうぞお上がりください。
  방이 매우 어질러져 있습니다만, 자 어서 올라오십시오.

- 大変だ、お爺ちゃんが倒れた。早く医者を呼べ!
  큰일이다, 할아버지가 쓰러지셨다. 빨리 의사를 불러!

- 大変な雪ですね。どのくらい積もったでしょうか。
  굉장한 눈이군요. 얼마나 쌓였나요?

114 **たいら** [平ら] 평평함, 편안함 / 평지

- 平らな道は自動車の運転が楽だ。
  평탄한 길은 자동차를 운전하기에 편하다.

- 海が静かなので、遠くから見ると平らに見えます。
  바다가 고요해서 멀리서 보면 평평하게 보입니다.

115 **たがいちがいに** [互い違いに] 엇갈리게, 번갈아, 교대로

- 障子は互い違いになっていなければならない。
  미닫이문은 엇갈리게 되어 있지 않으면 안 된다.

- 工事中で狭くなった道路を車が互い違いに通過して行く。
  공사중이라서 좁아진 도로를 자동차가 번갈아서 통과해 가다.

116 **たぐい**[類い] 같은 종류, 유례, 견줄 만한 것

- 彼女はその類まれな美貌を武器にして、スターへの階段を登って行った。
  그녀는 견줄 데가 없는 미모를 무기로 하여 스타를 향한 계단을 올라갔다.

- チンピラの類いがうろつく。
  불량배 비슷한 자들이 서성거리다.

117 **たくさん**[沢山] (수량이) 많음, 충분함, 싫증이 날 정도임, 질색임

- どうぞ沢山召し上がってください。
  부디 많이 드십시오.

- 家が狭いのに沢山の友達に来られて困りました。
  집이 좁은데도 많은 친구가 찾아와서 곤란했습니다.

- 「もう少しいかがですか。」「もう沢山いただきました。」
  「조금만 더 드시지요.」「벌써 충분히 먹었습니다.」

- 人と人が殺し合う戦争なんて、もう沢山だ。
  사람이 사람을 서로 죽이는 전쟁 따위, 이제 질색이다.

118 **ただ**[唯/只] 오직, 오로지, 다만, 얼마 안됨, 단, 그러나

- あの人は唯お金を儲ることだけしか考えてない。
  그 사람은 오로지 돈을 버는 것밖에는 생각지 않는다.

- 30人の中で、みんなできたのは唯一人でした。
  30명 중에서 모두 해 온 사람은 오직 한 사람뿐이었습니다.

119 **ただ**[只] 공짜, 무료, 그저, 평범함, 보통 ㈜ 속어로는 한자를 분리하여 가타카나 [ロハ]로 쓰기도 한다.

- あのラーメン屋さんは開店サービスで、三人で行くと一人分只なんだって。
  그 라면집은 개점 서비스로 세 사람이 가면 1인분은 공짜래.

- 日本は安保に関しては、アメリカと韓国に頼って只乗りをしている。
  일본은 안보에 관해서는 미국과 한국에 의지해서 무임승차를 하고 있다.

120 ただいま [只今 / 唯今]　지금, 방금, 곧 / '다녀왔습니다'의 인사말

- 只今ちょうど12時でございます。
  현재 정각 12시입니다.

- 「只今」とは、出先から会社や家庭に帰ったときの挨拶「只今帰りました」の略である。
  「只今」란 밖에서 회사나 가정에 돌아왔을 때의 인사로 「지금 막 돌아왔습니다」의 준말이다.

121 ただちに [直ちに]　곧, 즉시, 당장 / 바로, 직접

- 一行は食事がすむと直ちに出発した。
  일행은 식사가 끝나자마자 즉시 출발했다.

- 新入社員は研修の後、直ちに各支店に配属された。
  신입사원은 연수 후, 바로 각 지점에 배속되었다.

- アメリカの北部は直ちにカナダに接している。
  미국의 북부는 바로 캐나다와 인접해 있다.

122 たちまち [忽ち]　금세, 곧, 금방, 갑자기

- 音楽会の切符は忽ち売り切れてしまいました。
  음악회의 입장권은 금세 매진되어 버렸습니다.

- 長い間かかって作った料理を子供たちは忽ちのうちに食べてしまった。
  오랜 시간에 걸쳐 만든 요리를 아이들은 순식간에 먹어 치웠다.

123 たびたび [度々]　여러 번, 누차, 자주, 거듭

- 兄は将棋をさすと勝つまでやめないので、よるの12時近くなって帰ることも度々ある。
  형은 장기를 두면 이길 때까지 멈추지 않으므로, 밤 12시 가까이 되어 돌아오는 때도 자주 있다.

- 度々のことですみませんが、また電話を貸してくださいませんか。
  누차 미안합니다만 전화를 또 빌려주시지 않겠습니까?

- 風邪を引いているらしく、度々鼻をかんでいた。
  감기에 걸린 듯 거듭 코를 풀고 있었다.

124 **たぶん** [多分] 많음, 다량, 대개, 아마, 거의

- 山口さんは病気ですから、会議に多分出られないと思います。
  야마구치 씨는 병이 나서, 회의에 아마 나올 수 없을 걸로 생각합니다.

- あすは、多分雨は降らないでしょう。
  내일은 십중팔구 비는 내리지 않겠지요.

- 結構な品を多分に頂戴して、ありがとうございました。
  훌륭한 물건을 많이 주셔서 고마웠습니다.

125 **だめ** [駄目] 소용없음, 무익함, 가망이 없음, 해서는 안됨

- もうこの時計は古くて、なおしても駄目だ。
  이제 이 시계는 오래되어 고쳐도 소용없다.

- 私は、歌はほんとうに駄目なんです。
  나는 노래는 정말로 못합니다.

- 駄目だとあれほど言ったのに、どうしてそんなことをしたのか。
  안 된다고 그 만큼 말했는데도 어째서 그런 일을 했는가?

- 夏は暑いから食べ物はすぐ駄目になる。
  여름은 덥기 때문에 음식물은 바로 상하게 된다.

126 **たより** [便り] 소식, 안부, 편지

- 国の母から便りがないので、心配しています。
  고향의 어머니로부터 소식이 없어서 염려하고 있습니다.

- 田村さんがフランスにいることを風の便りに聞きました。
  다무라 씨가 프랑스에 있다는 것을 풍문으로 들었습니다.

- サッパリ音沙汰がないが、「便りのないのはいい便り」で、元気にやっているんだろう。
  도무지 소식이 없는데 무소식이 희소식이라고 건강하게 지내고 있겠지.

127 **たより** [頼り] 의지, 의뢰, 연고자

- あなたにみんなお任せしますわ。あなただけが頼りなんですものね。
  당신에게 모든 것을 맡기겠어요. 당신만이 의지가 되니까요.

- 杖を頼りに、やっと頂上まで登りました。
  지팡이를 의지해서 가까스로 정상까지 올랐습니다.

128 ちかごろ[近頃] 최근, 요즘, 근래

- 近頃の政治は中央にばかり力を入れて、地方のことを忘れている。
  요즈음의 정치는 중앙에만 힘을 쏟고, 지방에 관한 것은 잊고 있다.

- 「近頃の若者は…」という言葉をよく耳にします。
  「요새 젊은이는…」라는 말을 자주 듣습니다.

- どうしたんだろう。金本さんが近頃あまり顔を見せないね。
  어찌된 일인지 최근 가네모토 씨가 별로 얼굴을 보이지 않는군요.

129 ちなみに[因に] 덧붙여서, 그와 관련하여, 참고로 ★

- いちばん右にいるのが原田君、因みに彼は班長です。
  가장 오른쪽에 있는 학생이 하라다 군, 덧붙여서 말하자면 그는 반장입니다.

- この小説の作者はサリンジャー、因みに彼はアメリカ人だ。
  이 소설의 작자는 셀린저, 덧붙여서 그는 미국인이다.

130 ちょうど[丁度] 꼭, 딱, 정확히 / 꼭 닮음, 마치, 흡사 / 때마침, 알맞게

- 私が日本に来てから、今日で丁度1年になる。
  내가 일본에 온지 오늘로 꼭 1년이 된다.

- やあ、丁度よい所へ来てくれましたね。今あなたに電話をかけようと思っていたのです。
  야아, 마침 좋은 때 오셨군요. 지금 당신에게 전화를 걸려고 했었죠.

- 彼の顔は赤くて、丁度サルのようだ。
  그의 얼굴은 붉어서 마치 원숭이 같다.

131 ついて[就いて] ~에 관해서, ~에 대하여, ~마다 ★

- あのかたの家族に就いてあまり詳しいことは知りません。
  그분의 가족에 관해서 상세한 것은 그리 알지 못합니다.

기 타

132 ついで [序で] ~하는 김에, ~하는 기회에

- 買い物に行った序でに友達の家を訪ねました。
  쇼핑을 하러 간 김에 친구 집을 방문했습니다.

- 僕の家はすぐこの近くです。序での折にぜひお寄りください。
  나의 집은 바로 이 근처입니다. 지날 기회가 있으면 꼭 들러 주십시오.

- お序でにぼくの葉書も出してくださいませんか。
  가는 김에 내 엽서도 부쳐 주시지 않겠습니까?

133 ついに [終に/遂に] 마침내, 드디어, 결국 / (부정을 수반하여) 끝끝내, 끝까지

- 何度も失敗したが、遂に成功した。
  몇 번이나 실패했지만, 마침내 성공했다.

- あの会社も遂につぶれたか。
  그 회사도 결국 도산해 버렸나?

- 何度も電話をかけたのに、相手は遂に来なかった。
  몇 번이나 전화를 걸었는데도 상대방은 끝내 오지 않았다.

134 つつうらうら [津々浦々] 방방곡곡

- 津々浦々まで、名が知れ渡っている。
  방방곡곡까지 이름이 널리 알려져 있다.

- 全国津々浦々の名産を集める。
  전국 방방곡곡의 명산물을 모으다.

135 つねづね [常々] 평소, 평소에, 늘, 언제나

- 常々考えていたことを実行に移した。
  평소에 늘 생각하고 있던 것을 실행에 옮겼다.

- 病気しないように常々心掛けています。
  병에 걸리지 않도록 늘 신경 쓰고 있습니다.

- 常々医者になりたいと思っていたので、医学部に合格したときは嬉しかった。
  평소에 의사가 되고 싶다고 생각하고 있었기 때문에 의과대학에 합격했을 때는 기뻤다.

136 **つまり** [詰まり]　결국, 즉, 요컨대, 끝, 막판

☞ 흔히 かな로 쓴다.

- 詰まり、どうすればいいのか。
  결국 어떻게 하면 좋단 말이냐?

- あのとき店内にいた人物、詰まり石川君が事件のカギを握っていると思う。
  그때 점내에 있었던 인물, 즉 이시카와 군이 사건의 열쇠를 쥐고 있다고 생각한다.

- いろいろ言ったが、詰まりもっと努力すべきだと言うことだ。
  여러 가지로 말했지만, 요컨대 더욱 노력해야만 한다는 것이다.

137 **でたらめ** [出鱈目]　엉터리, 함부로 함

- この新聞の記事は出鱈目だ。少しも事実とあっていない。
  이 신문 기사는 엉터리다. 조금도 사실과 맞지 않는다.

- ヤツの言うことは出鱈目だから、信用してはいけない。
  녀석이 말하는 것은 엉터리이니 믿으면 안 된다.

- ○×式の問題は、出鱈目にやっても幾つかは当たることがある。
  ○×식 문제는 엉터리로 해도 몇 개는 맞는 수가 있다.

138 **どうし** [同士]　같은 동아리, 동료 / ~끼리　★

- あの人達は、となり同士でケンカばかりしている。
  그 사람들은 이웃끼리 싸움만 하고 있다.

- 実力の差がほとんどないチーム同士の試合の勝敗を予測するのは難しい。
  실력의 차이가 거의 없는 팀끼리의 시합 승패를 예측하기는 어렵다.

- 本人同士が好きなら、それでいいじゃありませんか。
  본인들이 좋다면 그것으로 좋지 않겠습니까?

139 **とかく** [兎角]　이러니 저러니, 이럭저럭 / 어쨌든, 아무튼, 하여튼 / 자칫하면　★

- 寒いときには、兎角カゼを引きやすい。
  추울 때는 자칫하면 감기에 걸리기 쉽다.

- 彼は会社を辞めさせられる前から、兎角の噂があった。
  그는 회사에서 파면 당하기 전부터 이러니 저러니 소문이 있었다.

140 **とたん** [途端]　그때 마침, 바로 그 순간　★

- 僕が出掛けようとしてドアにカギをかけた途端に電話がかかって来ました。
  내가 외출하려고 도어를 열쇠로 잠그려는 순간에 전화가 걸려 왔습니다.

- 学校を卒業して会社にはいると、途端に勉強しなくなる人が多いそうです。
  학교를 졸업하고 회사에 들어가면 갑자기 그 때부터 공부를 하지 않는 사람이 많다고 합니다.

- 外にでた途端、大勢の報道記者に取り囲まれた。
  밖으로 나온 순간, 많은 보도기자들에게 둘러싸였다.

141 **とっさ** [咄嗟]　순간, 순식간, 찰나 / 졸지, 갑작스러움

- 叱られると思い、咄嗟に思いついた嘘を言ってしまったのです。
  혼날 거라고 생각하고 졸지에 생각난 거짓말을 해 버렸던 것입니다.

- 最善の方法だったとは言えないが、咄嗟の判断にしては上出来だよ。
  최선의 방법이었다고는 말할 수 없지만, 순간의 판단치고는 썩 잘되었지.

- 対向車がセンターラインを越えてやって来たので、咄嗟にブレーキを踏んだ。
  맞은 편에서 오는 차가 중앙선을 넘어 와서 순간적으로 브레이크를 밟았다.

142 **となり** [隣]　이웃, 이웃집, 옆집

- お隣にカギを預けました。
  이웃에 열쇠를 맡겼습니다.

- 二軒おいた隣は外国人の家です。
  두 집 건너 이웃은 외국인의 집입니다.

- 隣のラジオがうるさいから、「静かにしろ！」と怒鳴ってやった。
  이웃의 라디오 소리가 시끄러워서「조용히 해！」하고 호통을 쳐주었다.

143 **とにかく** [兎に角]　여하튼, 어쨌든, 가부간　㊞ ともかく

- 旅行したいと思うのだが、お金の問題よりは兎に角暇がない。
  여행을 하고 싶은데 돈 문제는 어쨌든 여유가 없다.

- 間に合うかどうかは分からないが、兎に角駅まで行ってみよう。
  시간에 맞출지 어떨진 모르지만 여하튼 역까지 가 보자.

- 結果はどうであれ、兎に角一生懸命努力することが大切です。
  결과는 어쨌든 간에 열심히 노력하는 것이 중요합니다.

144 **ともかく** [兎も角] 어찌되었든 간에, 좌우지간, 하여간 ㉮ とにかく

- 他人のことは兎も角、まず自分がどうするかを考えなければなりません。
  다른 사람의 일은 어쨌든 우선 자기가 어떻게 할까를 생각하지 않으면 안 됩니다.

- できるか出来ないかは兎も角、一度やってみよう。
  될지 안 될지 하여간 한번 해 보자.

145 **とりあえず** [取り敢えず] 다른 일은 제쳐놓고 먼저, 곧, 즉시 / 우선, 일단

- 家に帰ると、取合えず食事の支度に取りかかった。
  집에 돌아오자마자 곧바로 식사 준비를 시작했다.

- 救急車が来るまでに取り合えず手当てをした。
  구급차가 올 때까지 우선 응급 치료를 했다.

- いずれ詳しくお話しますが、取り合えずお知らせしました。
  근간 상세히 말씀드리겠습니다만, 일단 알려 드렸습니다.

146 **とりいそぎ** [取り急ぎ] 급한 대로, '시간이 없어서 급히'라는 뜻으로 편지에서 쓰는 인사말

- まずは取り急ぎ、お知らせまで。
  우선은 급한 대로 알려 드립니다.

- 取急ぎ用件のみにして失礼いたします。
  급한 용건만 말씀드려 죄송합니다.

147 **とりわけ** [取り分け] 특히, 특별히 ★

- 僕たちがいま取り分け興味を持っているのは、流行しているパソコンだ。
  우리들이 지금 특히 흥미를 갖고 있는 것은 유행하고 있는 컴퓨터이다.

- 三日間のお祭りのうちでも、今日は取分け盛大ににぎわう日だ。
  3일간의 축제 중에서도 오늘은 특히 성대하게 붐비는 날이다.

148 **なお** [尚 / 猶]　역시, 또한, 아직, 한층, 더욱, 덧붙여 말하면

- あの人はいまも尚元気です。
  그 사람은 지금도 여전히 건강합니다.

- あなたがこの着物を着ると、尚美しく見えます。
  당신이 이 옷을 입으니까 더욱 예뻐 보입니다.

- 明日は8時集合です。尚、雨の場合は中止します。
  내일은 여덟 시에 집합합니다. 또한 비가 오는 경우에는 중지하겠습니다.

149 **なおさら** [尚更]　그 위에, 더욱더, 더한층, 게다가

- 夕方になって雨は尚更ひどくなった。
  저녁때가 되어 비는 한층 심해졌다.

- 叱ると尚更あばれる。困った子だ。
  나무라면 더욱 더 난폭하게 군다. 난처한 녀석이다.

- ふだんでも美しかったが、花嫁すがたの彼女は尚更美しかった。
  평소에도 예뻤지만 신부 모습의 그녀는 더더욱 아름다웠다.

150 **なかごろ** [中頃]　중간쯤

- 10月の中頃に出発します。
  10월 중순에 출발합니다.

- 秋も中頃になると稲刈りが始まる。
  가을도 중간쯤이 되면 벼 베기가 시작된다.

151 **なかば** [半ば]　절반, 중도, 중간, 중앙

- 仕事は半ばまで出来ています。
  일의 (절)반은 되어 있습니다.

- 10月の半ばには帰ってくるでしょう。
  10월 중순에는 돌아오겠지요.

- お話の半ばで席を立ったりして失礼しました。
  말씀하시는 중간에 자리를 떠 죄송했습니다.

152 **なかほど** [中程] 중간(쯤・정도), 복판

- 込み合いますから中程にお詰めください。
  혼잡하오니 중간 쪽으로 자리를 채워 주십시오.

- 試験の中程でお腹が急に痛くなり、我慢できず外へ出た。
  시험 보는 중간에 갑자기 배가 아파 참지 못하고 밖으로 나갔다.

- 中程から雨がふりだしたので、試合は中止になった。
  (시합) 중간에 비가 내리기 시작했기 때문에 시합은 중지되었다.

153 **ながら** [乍] (동사 ます형에 붙어서) ~하면서 / ~하지만, ~하는데도 ★

- まだ昔乍の習慣が残っている。
  아직 옛날 그대로의 습관이 남아 있다.

- 先ずは、略儀ながらお礼かたがたご挨拶申し上げます。
  우선 간단하지만 감사의 말씀을 겸해 인사 올립니다.

154 **なかんずく** [就中] 그 중에서도, 특히

- 彼は外国文学、就中、仏文学を好む。
  그는 외국문학, 그 중에서도 불문학을 좋아한다.

- どの絵も素晴らしかったが、就中、山田画伯の作品にひかれた。
  어느 그림이나 다 훌륭했지만, 그 중에서도 야마다 화백의 작품에 마음이 끌렸다.

155 **なぜ** [何故] 왜, 어째서 ★

- きのう会社を休んだのは何故ですか。
  어제 회사를 쉰 것은 어째서입니까?

- 出掛けるのはやめたほうがいい。何故ならあしたは雨が降るそうだから。
  나들이는 그만두는 편이 좋다. 왜냐하면 내일은 비가 온다니까.

- 果物が何故おいしいか分かりますか。
  과일이 왜 맛있는지 압니까?

기 타

156 なにとぞ [何卒]　아무쪼록, 부디, 제발, 어떻게든　★★

- 何卒このお願いを聞き届けてください。
  제발 이 부탁을 들어주십시오.

- ご承知くださいますよう何卒よろしくお願い申し上げます。
  승낙해 주시도록 아무쪼록 잘 부탁드립니다.

- 失礼を何卒お許しくださいますように。
  부디 실례를 용서해 주시길 빕니다.

157 なにぶん [何分]　얼마간 / 부디, 아무쪼록 / 아무래도, 워낙

- 何分あたまが悪い者ですから、よく覚えられないのです。
  워낙 머리가 나쁜 놈이라 잘 기억할 수 없습니다.

- 先生、子供を何分よろしくお願いします。
  선생님, 아이를 아무쪼록 잘 부탁드립니다.

158 なにぼう [何某]　어떤 사람, 모씨, 아무개　㊟ 某(なにがし)

- どこそこの何某だか素姓が分からない。
  어디어디 사는 아무개인지 출신을 알 수 없다.

- 東京神田の人とは聞いたが、そこの何某かはわからない。
  도쿄 간다에서 산다고는 들었지만 그 곳의 아무개인지는 알 수 없다.

159 なみ [並]　보통, 중간(치), ~과 같은 수준(정도) / ~마다

- 「一番になりなさい」とは言わないけど、せめて並の成績は取れるようにがんばりなさい。
  「1등이 되세요」라고는 말하지 않지만, 적어도 중간 성적은 유지할 수 있도록 노력하세요.

- うちは金持ちでもないし、貧乏でもないまあ並の暮らしができる程度です。
  우리 집은 부자도 아니고 가난하지도 않은 그런 대로 보통의 생활을 할 수 있는 정도입니다.

- 彼は並の人ではないことを思わせる立派な態度と、よどみのない物言いをした。
  그는 보통 사람이 아님을 일깨우는 훌륭한 태도와 거침없는 말씨를 보였다.

160 なみたいてい [並大抵] 보통, 예사

☞ 흔히 뒤에 부정어가 따른다.

- 女手ひとつで四人の子を育て上げたのですから、並大抵の苦労ではありませんでした。
  여자 혼자 손으로 4명의 자식을 키워 냈으니 보통 고생이 아니었습니다.

- 動乱の時代に、家族が揃って生き延びることは並大抵のことではなかった。
  동란 시절에 가족이 모두 살아남는 것은 보통 일이 아니었다.

161 なるほど [成程] 과연, 정말

- いい大学だと聞いていたけど、成る程これなら立派な大学だ。
  좋은 대학이라는 건 들었지만, 과연 이 정도라면 훌륭한 대학이다.

- あなたの説明を聞いて、「成程」と思いました。
  당신의 설명을 듣고, 「과연 (그렇구나)」라고 생각했습니다.

- 成程思った通り、君は僕の期待に見事に応えてくれたね。
  과연 생각했던 대로, 자네는 나의 기대에 보기 좋게 부응해 주었어.

162 なんら [何ら / 何等] 아무런, 조금도

- 何ら人手を煩わすことなく、僕らはその仕事を成し遂げることができた。
  조금도 남의 손을 번거롭게 하지 않고, 우리들은 그 일을 완수할 수 있었다.

- いくら調べても、何等疑わしいところは出てこなかった。
  아무리 조사해 봐도 하등의 의심스러운 점은 나오지 않았다.

- この事件はわたしとは何等関係がない。
  이 사건은 나와 아무런 관계가 없다.

163 にわか [俄か] 별안간, 갑자기, 돌연 ㉠ にわか・あめ (俄か・雨) 소나기

- あす試験があるからといって、俄かに勉強を始めても駄目だ。
  내일 시험이 있다고 해서 갑자기 공부를 시작해도 허사다.

- 病人の容態が俄かに悪化したので、急いで家族を呼んだ。
  환자의 상태가 돌연 악화되어서 서둘러 가족을 불렀다.

164 のちほど [後程] 나중에, 뒤에

- 食事が終わったら後程うかがいます。
  식사가 끝난 후에 찾아뵙겠습니다.

- これは今ではなく、後程詳しく説明します。
  이것은 지금 당장이 아니라, 나중에 상세히 설명하겠습니다.

165 のんき [呑気/暢気] 걱정이 없이 느긋한 모양, 태평스러운 모양, 성미가 느린 모양, 무관심한 모양

- 呑気なことばかり言っていないで、早く準備しなさい。
  태평스러운 말만 하지 말고 빨리 준비하세요.

- 子供たちがみんな結婚したので、あとは暢気に暮らします。
  자식들이 모두 결혼했기 때문에 느긋하게 생활하고 있습니다.

- 社会人に比べたら、やはり学生は呑気な身分に違いない。
  사회인에 비하면 학생은 역시 팔자 좋은 신분임에 틀림없다.

166 はたして [果たして] 과연, 말 그대로, 정말로 ★

- ダメだろうと思っていたが、果たして失敗だった。
  안 될 거라고 생각했는데 역시 실패였다.

- あなたの言うことが果たして事実なのか、調べてみよう。
  당신이 말하는 것이 사실인지 조사해 보자.

167 はて [果て] 끝, 맨 끝, 말로

- 激しい口論の果てに、とうとう彼らは路上で取っ組み合いを始めた。
  심한 말다툼 끝에 그들은 마침내 노상에서 맞붙어 싸우기 시작했다.

- おじいさんの果てのない話にも、子供たちはあきもせず目を輝かせて聞き入っていた。
  할아버지의 끝이 없는 이야기에도 어린이들은 지겨워하지도 않고 눈을 반짝이며 열심히 듣고 있었다.

168 はなはだ [甚だ] 매우, 대단히, 심히

- 甚だ恐縮ですが、お金を貸していただきたいのです。
  대단히 송구스럽습니다만, 돈을 빌려주시기 바랍니다.

- これは甚だ便利な道具です。
  이것은 매우 편리한 도구입니다.

- 自分のほうからぶつかってきて、謝りもせずに行ってしまうとは甚だけしからん。
  자기 쪽에서 부딪혀 놓고 사과도 없이 가 버리다니, 아주 괘씸하다.

169 はるか [遥か] 멀리, 아득히, 시간·거리가 먼 모양 / 훨씬

- 問い1は、問い2より遥かに難しい。
  문제1은 문제2보다도 훨씬 어렵다.

- 遥かに富士山が眺められる。
  멀리 후지산이 보인다.

- これは遥か昔の話である。
  이것은 까마득한 옛날의 이야기다.

170 ひごろ [日頃] 항상, 평소, 진작부터 / 요즈음, 최근, 수일 내

- 日頃希望していた品が手に入った。
  진작부터 희망하고 있던 물건이 손에 들어왔다.

- 日頃の努力が実を結び、念願の甲子園出場を果たした。
  평소의 노력이 결실을 맺어 염원하던 甲子園(대회) 출장을 이루었다.

171 ひじょう [非常] 대단함, 지독함, 아주 / 비상 ★

- 彼は風采は上がらないが、営業マンとしては非常に優秀だ。
  그는 풍채는 시원치 않지만 영업맨으로서는 대단히 우수하다.

- この夏の非常な暑さには参った。
  이번 여름의 지독한 더위에는 손을 들었다.

- ここは非常の場合に逃げる出口で、非常口と言います。
  이곳은 비상시에 탈출하는 출구로 비상구라고 말합니다.

172 **ひとかたならぬ** [一方ならぬ] 적잖이, 보통이 아닌, 굉장히

- 旧年中は一方ならぬお世話になり厚く御礼申し上げます。
  작년 한해 동안에는 대단한 신세를 졌기에 진심으로 감사드립니다.

- 氏は、この町の発展のために一方ならぬ尽力をされた方です。
  그 분은 이 마을의 발전을 위해서 적잖이 힘을 쏟으신 분입니다.

173 **ひとたび** [一度] 한번, 일단, 만약

- 一度決めたからには何がなんでもやり抜くつもりだ。
  한번 결심한 이상은 어떤 일이 있더라도 해낼 작정이다.

- 一度国を出たからには成功せずには帰れない。
  일단 고향을 떠나온 이상 성공하지 않고서는 돌아갈 수 없다.

174 **ひとまず** [一先ず] 일단, 우선

- 熱もだいぶ下がったし、一先ず、これで安心だ。
  열도 상당히 내렸고, 일단 이것으로 안심이다.

- 交渉の結果、一先ず明日のストライキは中止することになった。
  교섭 결과 우선 내일 파업은 중지하는 것으로 되었다.

- 今日の仕事は一先ずこの辺で終わりましょう。ご苦労様でした。
  오늘 업무는 일단 이쯤에서 끝냅시다. 수고하셨습니다.

175 **ひとやま** [一山] 한 무더기, 한 더미 / 한 번의 투기

- 道端でイチゴが一山500円で売られている。
  길가에서 딸기가 한 무더기 500엔에 팔리고 있다.

- 株で一山当てる。
  주식으로 한밑천 잡다.

176 **ひましに** [日増しに] 날로, 날이 갈수록

- 赤ん坊は日増しに可愛くなる。
  아기는 날이 갈수록 귀여워진다.

- 戦争は日増しに激しくなり、子供は都会から姿を消した。
  전쟁은 날이 갈수록 격렬해지고, 어린이는 도회지로부터 모습을 감췄다.

177 ふしょうぶしょう [不承不承] 억지로, 하기 싫은 일을 마지못해 함

・彼は人から頼まれた用事を不承不承に引き受けた。
그는 남한테 의뢰 받은 일을 마지못해 떠맡았다.

・何度も促されて子供は不承不承に塾へ行った。
몇 번이나 재촉을 당한 끝에 아이는 억지로 학원에 갔다.

178 べつべつ [別々] 따로따로, 각각

・これとこれは、別々に包んでください。
이것과 이것은 따로따로 포장해 주십시오.

・まとめて言ってくれればいいのに、別々に注文するなんてまったく二度手間だ。
한꺼번에 말해 주면 좋겠는데 각각 주문하다니 완전히 두번 품이 든다.

179 へん [辺] 가, 근처, 부근 / 정도, 쯤

・この辺に肉屋さんはありませんか。
이 근처에 정육점은 없습니까?

・この辺で少し休みましょうか。
이 쯤에서 좀 쉴까요?

・あなたはその本をどの辺まで読みましたか。
당신은 그 책을 어느 정도까지 읽었습니까?

180 へん [変] 이상함, 보통이 아님, 엉뚱함

・そんな変な格好をして外へ出ると笑われますよ。
그런 이상한 모습을 하고 밖에 나가면 웃음거리가 돼요.

・あの人について変な話を聞いたが、本当だろうか。
그 사람에 관해서 이상한 이야기를 들었는데 진짜일까?

・今までそこにあったのに、見つからないなんて変だね。
지금까지 그곳에 있었는데 보이지 않다니 이상하군.

181 **ほとんど**[殆ど] 거의, 대부분 ★

- その建物はもう殆んどできている。
  그 건물은 이제 거의 완성되었다.

- 地震で町の殆んどが焼けてしまった。
  지진으로 마을의 대부분이 불타 버렸다.

182 **まえもって**[前以て] 미리, 사전에 / 먼저부터

- 前以てこの書類に目を通しておいてください。
  미리 이 서류를 훑어보아 주십시오.

- 学校のものを使用するときは、前以て許可を受けること。
  학교의 물건을 사용할 때는 사전에 허가를 받을 것.

- 私たちの考えに反対する人が出ないように、前以て手を打っておいたほうがよい。
  우리들의 생각에 반대하지 않도록 미리 손을 써 두는 편이 좋다.

183 **まして**[況して] 하물며, 더구나, 게다가

- 君のお兄さんでもわからない問題なのに、況して、この僕にわかるはずがないよ。
  자네의 형님조차 알지 못하는 문제인데 하물며 내가 알 리가 없네.

- 子供でも読める本だよ。況して大人の君に読めない筈はない。
  어린이도 읽을 수 있는 책이야. 더구나 어른인 자네가 읽지 못할 리가 없어.

184 **まず**[先ず] 우선, 첫째로, 어쨌든, 여하간 / 아마도, 대체로

- 先ず始めに自己紹介をしたいと思います。
  우선 처음에 자기 소개를 하고 싶습니다.

- 今夜は雲が多いから、あしたは先ず雨でしょう。
  오늘밤은 구름이 많기 때문에, 내일은 아마도 비가 내리겠지요.

185 **まちまち** [区々] 가지각색, 구구함, 형형색색

- みんなの考え方が区々だから、なかなか決まりません。
  모두의 생각이 가지각색이라서 좀처럼 결말이 나지 않습니다.
- この病気の原因については医学者たちの意見も区々です。
  이 병의 원인에 관해서는 의학자들의 의견도 구구합니다.

186 **まで** [迄] ~까지(공간적·장소적 한계점), 만, 뿐(미치지 않음)

- 今迄どこで生活していましたか。
  지금까지 어디에서 생활하고 있었습니까?
- 夏休みは京都まで行って来ました。
  여름 휴가에는 교토까지 갔다 왔습니다.
- いちばん仲のよい友達に迄、私が疑われているのですか。
  가장 사이가 좋은 친구에게까지 내가 의심받고 있는 것입니까?

187 **みずから** [自ら] 몸소, 스스로 참 おのずから(自ずから) 저절로, 자연히

- 天は自ら助くる者を助く。
  하늘은 스스로 돕는 자를 돕는다.
- 彼女の場合は自ら招いた不幸だから、同情の余地はない。
  그녀의 경우는 스스로 초래한 불행이니까 동정의 여지가 없다.
- 不況対策として、社長自ら営業の第一線で陣頭指揮をとることになった。
  불황대책으로 사장이 몸소 영업 제일선에서 진두 지휘를 하기로 했다.

188 **むげに** [無下に] 냉정하게, 박절하게, 무턱대고 / 몹시, 아주

- せっかくの申し出を無下に断ることもできない。
  모처럼의 제의를 박절하게 거절할 수도 없다.
- 迷信だからといって、昔から伝えられたものを無下に否定するのはよくない。
  미신이라 해서 예로부터 전해진 것을 무턱대고 부정하는 것은 좋지 않다.

189 **むしろ** [寧ろ]　오히려, 차라리

- 自分で作るより、寧ろ買ったほうが安い。
  자기 스스로 만드는 것보다 사는 편이 오히려 싸다.

- 部長の頭は髪の毛が薄いと言うより、寧ろハゲに近いのだが、当人は認めたがらない。
  부장님의 머리는 머리털이 적다기보다 차라리 대머리에 가까운데 본인은 인정하려 하지 않는다.

190 **むちゃ** [無茶]　터무니없음, 엉뚱함, 난폭함, 무리함, 억지, 지독함

- 彼は友人の忠告に耳を塞いで無茶な生活を続け、身の破滅を招いた。
  그는 친구의 충고를 들으려 하지 않고 터무니없는 생활을 계속해 자신의 파멸을 초래했다.

- 彼は平気で無茶を言い、それを通そうとする。
  그는 태연하게 억지 말을 하고, 그것을 관철하려고 한다.

191 **むちゃくちゃ** [無茶苦茶]　당치 않음, 터무니없음, 엉망임

☞ むちゃ(無茶)를 강조한 말.

- 普段はおとなしい彼なのに、その時ばかりは無茶苦茶に荒れていた。
  평소에는 점잖은 그였는데도 그 때만은 마구 설쳤다.

192 **むやみ** [無闇]　무턱대고, 함부로, 덮어놓고 / 턱없음, 지나침

- 無闇にクスリを飲むより、早く医者に見てもらったほうがいいよ。
  함부로 약을 먹기보다 빨리 의사에게 진찰받는 것이 좋을 거요.

- 安いからといって無闇に買い物をすると、無駄になってしまう。
  싸다고 해서 무턱대고 쇼핑을 하면 낭비하게 되고 만다.

- きょうは朝から無闇に暑いですね。
  오늘은 아침부터 터무니없이 덥군요.

193 **めいめい** [銘々]　제각기, 각자, 각각

- 持ち物には銘々の名前を書いてください。
  소지품에는 각자의 이름을 써 주십시오.

- 切符を渡しますから、入場の際には銘々お持ちください。
  입장권을 나누어 드릴 테니, 입장할 때는 제각기 지참해 주십시오.

194 **めちゃくちゃ**[滅茶苦茶] 엉망진창, 뒤죽박죽 ㉺めちゃめちゃ(目茶目茶)

☞ めちゃ(目茶)의 힘줌말.

- 地震で家が滅茶苦茶に壊れてしまった。
  지진으로 집이 엉망진창으로 부서져 버렸다.

- 衝突で両方の車は滅茶苦茶につぶれた。
  충돌로 양쪽의 자동차는 엉망진창 찌부러졌다.

- 物をあちらこちらへ滅茶苦茶に置かないで、部屋をきれいにしなさい。
  물건을 여기저기에 뒤죽박죽으로 놓지 말고 방을 깨끗이 하세요.

195 **めった**[滅多] 함부로, 마구잡이로, 무분별함 / (~に의 형태로) 좀처럼, 거의

- 滅多にないことですが、停電で電車が止まることもあります。
  좀처럼 없는 일입니다만, 정전으로 전철이 멎는 일도 있습니다.

- 滅多に来ないおじさんが、珍しく深刻な顔をしてやってきた。
  좀처럼 오지 않는 숙부님이 심각한 얼굴을 하고 들이닥쳤다.

- 元軍人の祖父は、厳格で、孫の前で笑うなどということは滅多になかった。
  원래 군인이었던 할아버지는 엄격해서 손자 앞에서 웃거나 하는 일은 거의 없었다.

196 **めっぽう**[滅法] 터무니없음, 굉장히, 당치도 않게, 대단히

- 十一月に入って、滅法寒くなりましたね。
  11월에 들어서 몹시 추워졌지요.

- 大人しそうに見えた青年は滅法つよく、あっというまに二、三人の男を投げ飛ばしていた。
  점잖게 보였던 청년은 굉장히 강해, 눈 깜짝할 사이에 두세 명의 사나이를 메다꽂고 있었다.

- 宝石だとだまされ、滅法高いガラス玉を買わされてしまった。
  보석이라는 말에 속아 턱없이 비싼 유리알을 사고 말았다.

197 **めでたい** [目出度い] 경사스럽다, 축하할 만하다, 반갑다 / 어수룩하다, 호인이다

- 家中そろって元気に暮らしているのは目出度い。
  온 집안이 모두 건강하게 지내고 있는 것은 경사스러운 일이다.

- 簡単に人にだまされるのは、君がお目出度いからだ。
  쉽게 남에게 속는 것은 네가 어수룩하기 때문이다.

198 **もって** [以て] ~로서, ~을 가지고, ~으로 / 그로 해서, 게다가, 또한 ★

- 収入の多少を以てその人の値打を決めることはできない。
  수입의 많고 적음을 가지고 그 사람의 값어치를 결정할 수는 없다.

- この大会は本日を以て終了いたします。
  이번 대회는 오늘로서 종료합니다.

- 美人で以て頭がいい。
  미인이고 게다가 머리가 좋다.

199 **もっとも** [最も] 가장, 제일

- この地方は日本で葡萄が最も多くとれるところである。
  이 지방은 일본에서 포도가 제일 많이 수확되는 곳이다.

- 自分に最も適した職業を選ぶべきである。
  자신에게 가장 적합한 직업을 선택해야 한다.

- この辺が今度の地震で最も被害がひどかった地域です。
  이 부근이 이번 지진에서 가장 피해가 심했던 지역입니다.

200 **もっとも** [尤も] 당연함, 지당함, 사리에 맞음 / 그렇다고는 하지만, 하긴, 다만

- ひどい目にあったのだから、あの人が怒るのも尤もだ。
  지독한 꼴을 당했으니 그 사람이 화를 내는 것도 당연하다.

- 皆さんがおっしゃったことは一々ご尤もなことばかりです。
  여러분이 말씀하신 것은 하나 하나 지당한 것뿐입니다.

- 毎日5時まで会社に勤めています。尤も土曜日は午前中だけです。
  회사에서 매일 5시까지 근무하고 있습니다. 다만 토요일은 오전만입니다.

- 日本人は寿司が好きだ。尤も例外があるが。
  일본인은 스시(초밥)를 좋아한다. 하기는 예외도 있지만.

201 **もっぱら** [専ら] 오로지, 한결같이

- 彼は仕事で空いた時間を専ら自分の研究に打ち込んだ。
  그는 일이 비어 있는 시간을 오로지 자신의 연구에 전념했다.

- 連休は専ら家庭サービスで、会社にいるよりよっぽど疲れました。
  연휴는 오로지 가정에 대한 서비스로, 회사에 있는 것보다도 훨씬 피곤했습니다.

202 **もはや** [最早] 벌써, 이미, 이제는, 어느새

- 車にはねられた人を病院へ運び込んだが、最早手遅れだった。
  차에 들이 받힌 사람을 병원에 옮겼지만 이미 때가 늦었다.

- 人口は益々増大しているが、資源は、最早無尽蔵とは言えません。
  인구는 날로 증가하고 있는데, 자원은 이제 무진장하다고는 말할 수 없다.

203 **もより** [最寄] (그곳에서) 가장 가까운, 근처, 인근 ★

- ここからですと、最寄りの駅まで歩いて10分はかかりますよ。
  여기서부터라면 가장 가까운 역까지 걸어서 10분은 걸리지요.

- 当選したクジは、最寄りの商店で景品と引き替えますのでお持ちください。
  당첨된 제비는 근처의 상점에서 경품과 교환해 드리오니 지참해 주십시오.

204 **やたら** [矢鱈] 함부로, 마구, 무턱대고

- 暑くてのどが乾くからといって、矢鱈に生水を飲んではいけないよ。
  덥고 목이 마르다 해서 함부로 냉수를 마시면 안돼요.

- 所構わず、矢鱈ツバを吐く奴が実に多い。
  장소를 불문하고 함부로 침을 뱉는 놈이 참으로 많다.

- 規則ばかり矢鱈に多いと、世の中が窮屈になります。
  규칙만 무턱대고 많으면 세상이 답답해집니다.

205 **やはり** [矢張り] 역시, 마찬가지, 결국

- 僕の考えも、矢張り君の考えと同じだ。
  내 생각도 역시 자네의 생각과 같아.

- 何度も説明を聞いたが、矢張りわからない。
  몇 번이나 설명을 들었지만 역시 모르겠다.

- 矢張り名人の作った作品だけあって見事なものだ。
  역시 명인이 만든 작품인 만큼 훌륭하구나.

206 **やみくも** [闇雲] 마구잡이, 맹목적, 느닷없이, 불쑥, 마구

- 方法が正しくなければ、ただ闇雲に練習しても上手にはならない。
  방법이 옳지 않으면, 그저 맹목적으로 연습해 봤자 숙달되지 않는다.

- 何でもかんでも闇雲にやりさえすればよいというものではない。
  이것저것 마구잡이로 하기만 하면 좋다는 것은 아니다.

- そんなことを闇雲に言い出されても困る。
  그런 말을 느닷없이 꺼내면 곤란하다.

- 闇雲にどなり散らす。
  마구 욕설을 퍼붓다.

207 **ゆえん** [所以] 까닭, 연유, 이유, 근거

- スイスの時計が有名なる所以は、その正確無比な性能にある。
  스위스의 시계가 유명한 까닭은 그 정확성이 비할 데 없는 성능에 있다.

- これが、あの方を会長に推薦する所以である。
  이것이 그 분을 회장으로 추천하는 이유다.

208 **ようやく** [漸く] 겨우, 가까스로, 간신히 / 차츰, 점차로

- この海底トンネルは、10年かかって漸く開通した。
  이 해저 터널은 10년이 걸려 가까스로 개통했다.

- 彼は三回目の試験で漸くパスした。
  그는 세 번째 시험에서 겨우 합격했다.

- その意味が漸く分かってきた。
  그 뜻을 차츰 알게 되었다.

587

209 **よほど**[余程] 상당히, 훨씬, 꽤, 어지간히 / 정말이지, 꼭

☞ 강한 어조로는 「よっぽど」라고 한다.

- 今日は昨日より余程さむい。
  오늘은 어제보다 훨씬 춥다.

- 子供もいるのに離婚するなんて、余程の事情があったのだろう。
  자식도 있는데 이혼하다니, 어지간한 사정이 있었으리라.

- 余程言ってやろうかと思った。
  꼭 한마디 해주고 싶었다.

210 **らち**[埒] 사물의 한계, 결말, 매듭 ★

- 君が相手じゃ埒が明かないから責任者に会わせなさい。
  자네가 상대라면 매듭이 지어지지 않으니 책임자를 만나게 해 다오.

- ほろ酔い気分で、埒もないことを語り合う。
  얼근하게 취한 기분으로 종잡을 수 없는 이야기를 서로 나누다.

- お前の服装や行動はビジネスマンとしての埒を越えているから改めなさい。
  자네의 복장이나 행동은 비즈니스맨으로서는 도가 지나치니 고치시오.

211 **りっぱ**[立派] 훌륭함, 근사함, 충분함, 완전함

- 財界が積極的に後押しをしてくれたお陰で、予想外に立派な留学生寮ができた。
  재계가 적극적으로 후원해 준 덕택에 예상외로 훌륭한 유학생 기숙사가 생겼다.

- 病気は仕事を休む立派な理由になる。
  병은 일을 쉬는 충분한 이유가 된다.

- ウチの社長は、実に立派な人だ。
  우리 사장님은 참으로 훌륭한 사람이다.

わ

212 わがまま [我が儘] 제멋대로, 방자함, 버릇없음

- 今度だけは私の我が儘を許して、一人で旅行に行かせてください。
  이번만큼은 저의 버릇없음을 용서하시고 혼자서 여행을 가게 해 주십시오.

- あの人は自分のことしか考えない性格なのか、我が儘に振る舞うことが多くて困る。
  그 사람은 자기밖에 생각하지 않는 성격인지, 제멋대로 행동하는 일이 많아서 곤란하다.

- あの子は蝶よ花よと育てられた世間知らずの我が儘娘だ。
  그 아이는 부모가 나비야 꽃이야(금이야 옥이야) 하고 키운 세상물정 모르는 응석받이 딸이다.

213 わけ [訳] 의미, 뜻 / 까닭, 사정 / 도리, 이치

- あの外人は早く話すので、何を言っているのか訳がわからない。
  저 외국인은 말이 너무 빨라서 무엇을 말하고 있는지 의미를 알 수 없다.

- いつもおとなしいあの人が怒っているのだから、何か訳があるに違いない。
  언제나 점잖은 그 사람이 화를 내고 있으니, 뭔가 사연이 있음에 틀림없다.

- きのう習ったばかりだから、よくできる訳です。
  어제 갓 배운 것이라서 잘할 수 있는 것은 당연합니다.

- 今日は忙しいので、遊んでいる訳にはいかない。
  오늘은 바빠서 놀고만 있을 수는 없다.

- これはその辺の店で売っているのとは訳が違います。外国から取り寄せたものですから。
  이것은 그 근처의 가게에서 팔고 있는 것과는 격이 다릅니다. 외국에서 주문해 온 것이라서요.

214 わざわざ [態々] 일부러, 특별히

- 態々遠くから来るのは大変ですから、電話で話してください。
  멀리서 일부러 오는 것은 고생스러우니 전화로 이야기해 주십시오.

- お忙しいところ、私のために態々時間を割いていただき、ありがとうございました。
  바쁘신 데도 저를 위해서 특별히 시간을 할애해 주셔서 고맙습니다.

589

215 **わりに** [割に] 비교적 / 예상외로, 생각 밖으로

- この酒は値段の割に美味しい。
  이 술은 가격에 비해 맛있다.

- あの人は威張っている割に気が弱い。
  그 사람은 큰소리 치는 것에 비해 마음이 약하다.

- 今朝は割に早く起きました。
  오늘 아침에는 비교적 일찍 일어났습니다.

2 대명사

216 **あなた** [貴方]　당신, 댁, 귀하 / 아내가 남편을 가리키는 대명사

☞ 보통 한자로 쓰지 않지만 문어체에서는 한자로 표기하는 경우도 있으며, 「きほう(貴方)」로 발음하면 「상대방」의 뜻으로 공문서에서 자주 쓰는 표현으로 「귀측(貴側)」으로 번역한다.

- 貴方の連絡先と電話番号を書いてください。
  귀하의 연락처와 전화번호를 써주세요.

- 貴方のやる気次第で、多くの収入を得ることができます。
  당신이 하고자하는 의욕에 따라 많은 수입을 얻을 수 있습니다.

- 今後、貴方がどのような選択をされても、貴方への愛情に変わりはないと思います。
  앞으로 당신이 어떤 선택을 하시더라도 당신에 대한 애정에 변함은 없다고 생각합니다.

217 **あにき** [兄貴]　형 / 형의 애칭 / (깡패・젊은이들 사이에서) 선배, 형님　★

- スポーツが万能で成績優秀な兄貴は、いつだって僕の模範だった。
  만능 스포츠맨에 성적도 우수한 형은 언제까지나 나의 모범이었다.

- 兄貴には関係ないことなんだから、口を出さないでくれよ。
  형하고는 상관없는 일이니 말참견하지 말아.

218 **あによめ** [兄嫁]　형수

- 兄はおっとりしておとなしい人だが、兄嫁はどちらかというときつい性格だ。
  형은 침착하고 점잖은 사람인데, 형수는 (어느 쪽이냐 하면) 드센 성격이다.

219 **おのれ** [己]　자기 자신 / 너, 그대　★

☞ 남을 괘씸하게 여길 때나 화가 났을 때 쓰는 말.

- 敵を知り己れを知らば、百戦して危うからず。
  적을 알고 나를 알면 백번 싸워도 위험하지 않다.

220 **おまえ** [お前] 너, 자네 ★

☞ 항상 앞에 お를 수반한다.

- お前、昨日どこへ行ったんだ。
  너 어제는 어디 갔었냐?

- お前を育てるのに苦労したよ。
  너를 키우느라 고생했었지.

221 **おれ** [俺] 나 ★

☞ 주로 남자가 동년배・아랫사람에게 쓰는 1인칭으로 친한 사이에서 쓰는 말이지만 약간 난폭한 느낌이 들기도 하는 남성 전용어다.

- おい、お前、命が惜しけりゃ黙って俺の言う通りにしろ！
  이봐, 너, 목숨이 아깝거든 잠자코 내가 말하는 대로 해!

- 俺とお前の仲だ。腹を割って話そうじゃないか。
  나하고 자네 사이다. 속을 털어놓고 이야기하지 않겠나?

- すべて俺が悪かったんだ。許してくれ。
  모든 것이 내가 나빴네. 용서해 주게.

か

222 **かなた** [彼方] 저쪽, 저편

- 海の遥かな彼方の国に住んでいます。
  바다 건너 아득히 먼 저쪽 나라에 살고 있습니다.

- はるか彼方には、東京湾を隔てて房総半島の姿が見えます。
  멀리 저편에는 도쿄(東京)만을 사이에 두고 房総 반도의 모습이 보입니다.

223 **かのじょ** [彼女] 그녀, 그 여자, 연인 ★

- いくら君が熱をあげても、彼女にはその気がないようだよ。
  자네가 아무리 열을 올려도 그녀에게는 그런 마음이 없는 것 같네.

- 彼女の別れの言葉がいまも耳に残っている。
  그녀가 이별할 때 했던 말이 지금도 귓전에 남아 있다.

224 **かれ** [彼] 그, 그 남자, 그 사람

- 彼女はとうとう彼と結婚することに決めた。
  그녀는 마침내 그와 결혼하기로 결심했다.

- 彼は会社では仕事の鬼と呼ばれているが、一面では非常に家庭的な人である。
  그는 회사에서는 「일 귀신」이라고 불리고 있지만, 한편으로는 아주 가정적인 사람이다.

☞ 속어로서 「かれし(彼氏)」라는 말이 있는데, 이 말은 사귀고 있는 남자 애인을 지칭한다.

225 **きさま** [貴様] 너, 자네

☞ 동료나 아랫사람을 경멸하거나 아주 친한 말투로 대하는 대명사.

- 貴様、それでも武士か、恥を知れ。恥を…。
  이놈아 그러고도 무사냐, 부끄러움을 알아라, 부끄러움을….

- 貴様と俺とは同じ釜の飯を食った仲だ。
  너와 나는 한솥밥을 먹은 사이다.

- 現代では、貴様というのは相手を罵る言葉になっている。
  오늘날에는 「貴様」라고 말하면 상대를 모독하는 말로 되어 있다.

226 **だれ** [誰] 누구, 아무개

- 誰からそんなことを聞きましたか。
  누구한테서 그런 이야기를 들었습니까?

- 誰か適当な人はいませんか。
  누군가 적당한 사람은 없습니까?

な

227 **なんじ**[汝] 너, 그대

☞ 「おまえ」의 문어체적인 예스러운 말투로 일상적으로는 쓰이지 않지만, 결혼식 등에서 서약상의 문구로 쓰이는 경우가 있다.

・汝、自らを知れ。
  너 자신을 알라.

・汝の隣人を愛せよ。
  그대의 이웃을 사랑하라.

は

228 **ぼく**[僕] 나

☞ 남자가 동등(이하)한 상대에 대하여 자신을 일컫는 예사로운 말.

・あした、僕の家へ来たまえ。
  내일 우리 집에 놀러 오너라.

・僕たちは今、日本語を勉強しています。
  우리들은 지금 일본어를 공부하고 있습니다.

ま

229 **みなさま**[皆様] 여러분

☞ 「みなさん」은 「みなさま」의 스스럼없는 표현이다.

・ご無沙汰しましたが、皆様お元気ですか。
  오랫동안 안부 드리지 못했습니다만, 여러분은 안녕하십니까?

・皆様のご意見を承りたく存じます。
  여러분의 의견을 듣고자 합니다.

・私たち警察官は市民の皆様の生活と命を守るため、日夜努力しています。
  우리들 경찰관은 시민 여러분의 생활과 목숨을 지키기 위해 밤낮으로 노력하고 있습니다.

230 **やつ**[奴] (친근하게 막말로 부르는 말) 녀석, 놈 / 그 녀석, 그 자식

- 川へ魚釣に行って、大きな奴を二匹釣った。
  강에 낚시하러 가서 커다란 놈 두 마리를 낚았다.

- 奴はまだそのことは知らない。
  (그) 녀석은 아직 그것을 모른다.

231 **わたくしぎ**[私儀] 소생

☞ 「わたくし」보다 공손한 말씨이다.

- さて、私儀過日の株主総会において弊社社長に選任されましたので、ご報告申し上げます。
  다름이 아니라, 소생이 지난번 주주총회에서 폐사 사장으로 선임되었기에 보고 드립니다.

- 私儀先日御社へ出張の節は、ご多忙中にも拘わらずご高配を賜り、誠にありがとうございました。
  소생이 일전에 귀사에 출장 갔을 때는, 바쁘신 데도 불구하고 각별히 배려해 주셔서 대단히 고마웠습니다.

232 **わたくしども**[私共] 저희들(겸사말)

- ビジネス会談では、一人称を「私」ではなく、「私共」という習慣を徹底させよう。
  비즈니스 회담에서는 1인칭을 「저」가 아니라, 「저희들」이라고 말하는 습관을 철저히 들이자.

- 私共では、どこの店よりも安いお値段でご奉仕いたしております。
  저희들로서는 어느 가게보다도 싼 가격으로 봉사하고 있습니다.

233 **われわれ**[我々] 우리들, 우리

- 我々日本人は過去の過ちを自覚しなければならない。
  우리들 일본인은 과거의 잘못을 자각하지 않으면 안 된다.

- 出発の日取りが決まり次第我々に知らせてください。
  출발 날짜가 결정되면 우리들에게도 가르쳐 주십시오.

3 속담

234 **あさめしまえ** [朝飯前] 손쉬운 일, 식은 죽 먹기 ★

- そんな易しい仕事は、朝飯前だ。
  그런 쉬운 일은 식은 죽 먹기다.

- そんなことは俺には朝飯前さ。
  그런 것이야 내게는 누워서 떡 먹기지.

235 **あとのまつり** [後の祭り] 때늦음, 「사또 행차 후 나팔」과 같은 뉘앙스 ★

- 事故が起きてから安全対策を論じ合っても、後の祭だ。
  사고가 발생하고 나서 안전대책을 논의해 봤자 소 잃고 외양간 고치기다.

- 今ごろ来たってもう後の祭だよ。
  지금 와 봤자 사또 행차 후 나팔이다.

236 **いっしんふらん** [一心不乱] 한 가지 일에만 골몰함

- 彼ら化学者たちは、一心不乱に実験に取り組んでいる。
  그들 젊은 화학자들은 일사불란하게 실험에 임하고 있다.

- 生徒たちが一心不乱に図面を引いている。
  학생들이 몰두하여 도면을 그리고 있다.

237 **いっすんぼうし** [一寸法師] 난쟁이

☞ 일본의 동화에 나오는 난쟁이 주인공.

- 一寸法師は日本で有名な昔話です。
  一寸法師는 일본에서 유명한 옛날 이야기입니다.

- 一寸法師はりっぱな若者になって、お姫様と結婚しました。
  난쟁이는 훌륭한 젊은이가 되어 귀인의 딸과 결혼했습니다.

238 うみせんやません [海千山千] 산전수전, 노련한 사람 ★

- あいつは海千山千のくせ者だから用心したほうがいいよ。
  그놈은 산전수전을 겪은 방심할 수 없는 자이니 조심하는 편이 좋소.
- あの社長は海千山千だから、契約の際は十分注意しなさい。
  그 사장은 산전수전을 다 겪은 사람이니 계약할 때는 충분히 주의하시오.
- 相手は海千山千のつわもので、とても私なんかには太刀打ちできない。
  상대방은 노련한 수완가라서 도저히 나 따위로는 대적할 수 없다.

239 かけつけさんばい [駆け付け三杯] 후래삼배 ★★

- 「部長、遅くなりまして…。」「ああ、山田君か。駆け付け三杯だ。まずはグッとやりたまえ。」
  「부장님, 늦어서……」「아! 야마다 군인가? 후래삼배다. 우선 쭉 마셔라.」
- 酒席に遅れたお陰で駆付け三杯飲まされて、初めから酔ってしまった。
  술자리에 늦은 바람에 「후래삼배」를 당해 처음부터 취하고 말았다.

240 かなぼう [金棒] 쇠몽둥이, 쇠방망이

- 彼のような優秀な選手が獲得できて、我がチームは鬼に金棒だ。
  그 사람 같은 우수한 선수를 획득했으니 우리 팀은 범에 날개를 단 격이다.
- 君が我々の味方についてくれれば、鬼に金棒だ。
  자네가 우리 편에 가담해 준다면 금상첨화다.

241 かわざんよう [皮算用] 아직 성사되지 않은 것에 대해 미리 이익을 계산함, 김칫국부터 마시는 격

☞ 捕らぬ狸の皮算用의 준말.

- 合格もしないうちに入社したらなんて言うのは、捕らぬ狸の皮算用もいいところだ。
  합격도 하지 않은 상태에서, 입사하면 어쩌고저쩌고 하는 것은 김칫국부터 마시는 격이다.

- 幾らもらえるか分からないお年玉の使い道をきめておくなんて、捕らぬ狸の皮算用だ。
  얼마를 받을지도 모르는 세뱃돈의 쓸 곳을 정해 놓다니 너구리 굴 보고 가죽 값 따지는 격이다.

242 ぎゅういんばしょく [牛飲馬食] (마소처럼) 많이 먹고 마심, 폭음폭식

- ビジネスマンが酒席で、つい調子に乗って牛飲馬食するなどは、以ての外だ。
  비즈니스맨이 술자리에서 무심코 우쭐해져서 폭음폭식하는 행위 등은 당치도 않다.

- 彼は牛飲馬食をしては、絶えず胃が悪いと言っている。
  그는 짐승처럼 퍼마시고는 항상 위가 나쁘다고 말한다.

243 くちはっちょうてはっちょう [口八丁手八丁] 언변도 뛰어나고 일도 잘함

- この店の女将さんは、口八丁手八丁で、口もうまいし手早いしなかなかのやり手だ。
  이 집 마담은 언변이 뛰어나고 일도 잘하는 여자로, 입심도 좋고 손놀림도 날렵한 대단한 장사꾼이다.

- 口八丁手八丁の妹を向こうに回してのケンカは、いつも僕の負けだ。
  언변도 좋고 일도 잘하는 여동생을 상대하여 겨루는 싸움에서는 언제나 내가 진다.

244 ことわざ [諺] 속담, 격언, 금언

- 「猿も木から落ちる」という諺があります。いくら自信があっても油断してはいけません。
  「원숭이도 나무에서 떨어진다」는 속담이 있습니다. 아무리 자신이 있더라도 방심해서는 안 됩니다.

- あの人はいつも例えや諺を引用して説明するので分かりやすい。
  그 사람은 언제나 예를 들거나 속담을 인용해서 설명하기 때문에 이해하기 쉽다.

- 格言や諺は、多くの教訓を引出すことができる祖先の知恵だ。
  격언이나 속담은 많은 교훈을 끌어낼 수 있는 조상의 지혜다.

245 **しくはっく**[四苦八苦] 온갖 고생을 함, 모진 애를 씀

- 彼らは運動資金集めに四苦八苦した。
  그들은 운동자금 모금에 모진 애를 먹었다.

- 多額の税金を納めるために四苦八苦した。
  다액의 세금을 납부하기 위해서 온갖 고생을 했다.

246 **すずめのなみだ**[雀の涙] 아주 적음의 비유, 쥐꼬리만함

- 謝礼金を期待していたが、雀の涙ほどしかもらえなかった。
  사례금을 기대하고 있었는데 쥐꼬리만큼 밖에 받지 못했다.

- 雀の涙ほどの退職金はとっくに使い果たし、困っているよ。
  쥐꼬리만큼의 퇴직금은 벌써 다 써 버리고 어려움을 겪고 있네.

247 **たいげんそうご**[大言壮語] 호언장담, 큰소리

- 彼には大言壮語する癖がある。
  그에게는 호언장담하는 버릇이 있다.

- 彼は大言壮語するわりに気が弱いんだ。
  그는 호언장담하는 데에 비해서는 마음이 약하다네.

248 **にそくさんもん**[二束三文] (두 켤레에 3푼이란 뜻으로) 헐값, 똥값

- 妹は道具屋を呼んで先祖代々のがらくたを二束三文で売ってしまった。
  동생은 도구상을 불러 선조 대대의 잡동사니를 헐값에 팔아 버렸다.

- 家財道具を一式売り払ったが、二束三文にしかならなかった。
  가재도구를 한 벌 팔아 치웠는데 헐값밖에 되지 않았다.

249 **にっしんげっぽ**[日進月歩]　날로 진보함, 일취월장(日就月将)

- 現代の科学技術は日進月歩の発展を続ける。
  현대의 과학 기술은 일취월장 발전을 계속한다.

- 日進月歩の世の中だから、のんびりしていると取り残されてしまう。
  날로 진보하는 세상이라서 느긋하게 있으면 뒤쳐지고 만다.

250 **はらはちぶ**[腹八分]　배에 8할 가량 차도록 먹음, 식욕보다 약간 줄여 먹음

- 「腹八分に医者要らず」と、昔の人は食べ過ぎを戒めていた。
  「뱃속에 8할만 채우면 의사가 필요 없다」며 옛날 사람은 과식을 경계했다.

- 長寿の人達に聞いてみると、腹八分目という習慣を持っている人が多い。
  장수하는 사람들에게 물어 보면, 뱃속을 조금 비워두고 먹는 습관을 지키고 있는 사람이 많다.

251 **みっかぼうず**[三日坊主]　작심삼일(作心三日)

- 三日坊主にならないように、きちんと日記をつけなさい。
  작심삼일이 되지 않도록 규칙적으로 일기를 쓰세요.

- 意志の力が弱くて何をしても、三日坊主で終わってしまいます。
  의지력이 약해서 무엇을 해도 작심삼일로 끝나 버립니다.

- お父さんはお酒とタバコを断ったと宣言したけれど、三日坊主じゃないかしら。
  아버지는 술과 담배를 끊겠다고 선언했지만 작심삼일이 아닐는지?

부 록

Appendix

기본 어휘표

あ

001 **ああ** (부) 저처럼 (감) 오호, 아아(놀람·감동·한탄할 때 내는 소리)

002 **あいさつ**[挨拶] (명·자スル) 인사

003 **あいだ**[間] 사이, 공간, 틈 (시간이나 거리의) 간격

004 **あう**[合う] (자U) 꼭 맞다

005 **あう**[会う] (자U) 만나다, 마주치다

006 **あおい**[青い] (형) 파랗다, 푸르다

007 **あかい**[赤い] (형) 붉다, 빨갛다

008 **あがる**[上がる] (자U) 오르다, 높아지다

009 **あかるい**[明るい] (형) 밝다

010 **あき**[秋] 가을

011 **あく**[開く] (자U) 열리다, 속이 비다

012 **アクセサリー** 액세서리, 장식품, 부속품

013 **アクセス** 액세스, 접근

014 **あける**[開ける] 열다

015 **あげる**[上げる] 올리다, 높이다, (일을) 완성시키다, 끝마치다

016 **あさ**[朝] 아침

017 **あさって**[明後日] 모레

018 **あし**[足] 다리, 발

019 あじ [味] 맛

020 あした [明日] 내일

021 あそこ [彼処] (대) 저기, 저쪽

022 あそぶ [遊ぶ] (자U) 놀다

023 あたたかい [暖かい・温かい] (형) 따뜻하다

024 あたま [頭] 머리

025 あたらしい [新しい] (형) 새롭다

026 あっち [彼方] (대) 저기, 저쪽

027 あつい [暑い] (형) 덥다

028 あつい [厚い] (형) 두껍다

029 あつい [熱い] (형) 뜨겁다

030 あつまる [集まる] (자U) 모이다

031 あと [後] 후, (일이) 끝난 뒤, 다음

032 あなた [貴方] (대) 상대방을 높여 부르는 인칭대명사, 당신

033 あに [兄] 형

034 あね [姉] 언니, 누나

035 あの (연체) 먼데 있는 것을 가리키는 말, 저, 그

036 あぶない [危ない] (형) 위험하다

037 あまい [甘い] (형) (맛이)달다

038 あまり [余り] 어떠한 한도에 차고 남은 부분 (부) 너무, 지나치게

039 あめ [雨] 비

040 あらう [洗う] (타U) 씻다

041 ありがとう [有り難う] 고맙다

042 ある [有る] (자U) 존재하다, 있다

043 ある [或] (연체) 어떤

044 ある [在る] (자U) 살다, 생존하다

045 あれ[荒れ]　(살갗 등이)거칠함

046 あんな　(ナ형) 그러한, 그 정도의

047 あんない[案内]　(명・타スル) 안내

い

048 いい/よい　(형) 좋다

049 いいえ/いえ　아니다, 틀리다

050 いう[言う]　이야기하다, 말하다, (~를 ~라고) 하다, 부르다

051 いえ[家]　집

052 いえで[家出]　(명・자スル) 가출

053 いきる[生きる]　살다, 생존하다

054 いく[育]　키움, 자람, 성장함

055 いくつ[幾つ]　몇, 몇 개, 몇 살

056 いくら　몇, 얼마

057 いけない　(형) 안 되다, 못 쓰다

058 いしゃ[医者]　의사(医師)

059 いす[椅子]　의자, 걸상

060 いそがしい[忙しい]　(형) 틈이 없다, 바쁘다

061 いそぐ[急ぐ]　(자타U) 일을 서두르다, 빨리 하다

062 いた[板]　판자, 널빤지

063 いたい[痛い]　(형) 아프다

064 いたす[致す]　(타U)「する(하다)・おこなう(행하다)」의 공손한 말

065 いただく[頂く]　(타U)「もらう(받다)」의 공손한 말, 받들다

066 いち[一]　하나

067 いつ[何時]　(대) 언제, 어느때

068 いっしょ [一緒] 동시, 같은 때, 함께

069 いっしょうけんめい 열심히

070 いっぱい [一杯] 한 잔, 가득 차는 것

071 いつも [何時も] (부) 늘, 항상, 언제나

072 いと [糸] 실

073 いぬ [犬] 개

074 いま [今] 지금, 현재

075 いみ [意味] (명·타スル) 의미, 뜻

076 いもうと [妹] 여동생

077 いや [嫌] 싫은 모양

078 いや [否] 취소·부정할 때 쓰는 말, 아니

079 いらっしゃる (자U) 「来(く)る·行(ゆ)く·居(い)る」따위의 높임말

080 いる [居る] (자RU) (사람·동물 등이) 있다

081 いれる [入れる] (타RU) 들어가게 하다, 넣다

082 いろ [色] 색

083 いろいろ [色々] (명·ナ형) 여러 가지, 가지각색, 갖가지, 다양

084 インターネット 인터넷

う

085 ～う/よう (의지형) ～하자

086 うえ [上] 위

087 うかがう [伺う] (타U) 「듣다·방문하다」의 겸양어

088 うける [受ける] (타RU) 받다

089 うごく [動く] (자U) 움직이다

090 うしろ [後ろ] 뒤

091 うすい[薄い] (형) 얇다
092 うそ[嘘] 허위, 거짓(말)
093 うた[歌] 노래
094 うたう[歌う] (타U) 노래를 부르다
095 うち[内・中] 안, 가운데, 자기 집, 집안, 동안, 사이
096 うつ[打つ] (타U) 두드리다, 때리다
097 うつくしい[美しい] 아름답다
098 うつす[写す] (타U) 사진을 찍다
099 うつる[移る] (자U) 위치를 바꾸다, 옮기다
100 うで[腕] 팔
101 うまい[旨い] (형) 맛이 좋다, 맛있다
102 うまれる[生まれる] (자RU) 태어나다, 출생하다
103 うみ[海] 바다, 해양
104 うら[裏] 반대쪽, 뒤
105 うる[売る] (타U) 팔다
106 うるさい[五月蝿い] (형) 시끄럽다, 번거롭다, 귀찮다
107 うれしい[嬉しい] (형) 즐겁다, 기쁘다
108 うんてん[運転] (명・자타スル) 운전
109 うんどう[運動] (명・자スル) 운동

え

110 え[絵] 그림, 회화(絵画)
111 えいが[映画] 영화, 활동사진
112 えいせいほうそう[衛星放送] 위성방송
113 ええ (감) 대답이나, 승낙하는 소리

114 えき [駅] 역

115 えらぶ [選ぶ] (타U) 고르다, 선택하다

116 えん [円] 일본 화폐의 기본 단위, 엔

117 えんぴつ [鉛筆] 연필

お

118 お/おん [御] (접두) 말머리에 붙여 존경과 높임의 뜻을 나타냄

119 おいしい [美味しい] (형) 맛있다

120 おおい [多い] (형) 많다

121 おおきい [大きい] (형) 크다

122 おかあさん/さま [お母さん] 「어머니」의 높임말, 어머님

123 おかしい [可笑しい] (형) 우습다, 익살스럽다

124 おきる [起きる] (자RU) 일어나다, 일어서다

125 おく [置く] (타U) 물건을 놓다, 놓아두다

126 おくさま [奥様] 남의 아내에 대한 높임말, 부인

127 おくる [送る] (타U) 보내다, 발송하다

128 おくる [贈る] (타U) 물건을 주다, 선물하다

129 おくれる [遅れる] (자RU) (정각보다) 늦어지다, 지연되다

130 おこる [起こる] (자RU) 생기다, 발생하다

131 おじいさん [お祖父さん] 「할아버지」의 높임말, 할아버님

132 おしえる [教える] (타RU) 가르치다

133 おす [押す] (타U) 밀다, 누르다

134 おそい [遅い] (형) 시간이 걸리다, 늦다

135 おたく [お宅] 「상대방 집」의 높임말, 귀댁

136 おちゃ [お茶] 「차(茶)」의 높임말

137 おちる[落ちる] (자RU) 떨어지다

138 おっしゃる (타U) 「말하다」의 높임말, 말씀하시다

139 おと[音] 소리, 음

140 おとうさん[お父さん] 「아버지」의 높임말, 아버님

141 おとうと[弟] 남자 동생

142 おとこ[男] 남자, 사나이

143 おとす[落(と)す] (타U) 떨어뜨리다

144 おととい[一昨日] 그저께

145 おとな[大人] 성인, 어른

146 おなか[お腹] 배

147 おなじ[同じ] (ナ형) 같음

148 おばあさん[お祖母さん] 「할머니」의 높임말, 조모님

149 おはよう[お早う] (감) 아침의 인사말, (~ございます) おはよう의 높임말

150 おぼえる[覚える] (타RU) 기억하다, 마음에 두다, 암기하다

151 おめでとう(ございます) (감) 축하한다는 뜻의 인사말, 축하합니다

152 おもい[重い] (형) 무겁다

153 おもう[思う] (타U) 생각하다

154 おもしろい[面白い] (형) 재미있다, 우습다

155 おやすみ(なさい) 잠잘때 쓰는 인사말, 안녕히 주무세요

156 およぐ[泳ぐ] (자U) 헤엄치다

157 おりる[降りる・下りる] (자RU) (위에서 아래로) 내리다, 내려오다

158 おる[折る] (타U) 꺾다, 부러뜨리다, 접다

159 おわる[終わる] (자U) 끝나다

160 おんがく[音楽] 음악

161 おんな[女] 여성, 여자

か

162 ～か (조) 의문·질문·반문의 뜻을 나타냄

163 ～が (조) 주어를 나타냄, ～이, ～가

164 がいこく [外国] 외국

165 がいこくご [外国語] 외국어

166 かいしゃ [会社] 회사

167 かいもの [買(い)物] (명·자スル) 쇼핑, 물건을 삼

168 かいわ [会話] (명·자スル) 회화

169 かう [買う] (타U) 물건을 사다

170 かえる [反る] (자U) 뒤집히다, 변하다

かえる [変える] (타RU) 변화시키다

かえる [換える·替える] (타RU) 물건과 물건을 서로 바꾸다

かえる [代える] (타RU) 바꾸다

171 かお [顔] 얼굴

172 かかる [掛かる] (자U) 걸리다, 늘어뜨리다

173 かく [書く] (타U) 쓰다

174 がくせい [学生] 학생

175 かける [掛ける] (타RU) 치다, 늘어뜨리다, 걸치다

176 かさ [傘] 양산·우산 따위의 총칭

177 かじ [火事] 화재

178 かしゅ [歌手] 가수

179 かす [貸す] (타U) 빌려주다

180 かぜ [風] 바람

181 かぜ [風邪] 감기

182 かぞえる [数える] (타RU) 세다

611

183 かぞく [家族] 가족

184 かた [方] 방향, 방위, 사람을 존경해서 하는 말

185 かた [肩] 어깨

186 かたい [堅い・固い] (형) 단단하다, 굳다

187 カタカナ [片仮名] 일본글의 한 가지, 가타카나

188 かたち [形] 물체의 형태

189 かつ [勝つ] (자U) 이기다

190 がつ [月] 월 げつ(月) 개월

191 がっこう [学校] 학교

192 かならず [必ず] (부) 꼭, 반드시, 틀림없이

193 かね [金] 금, 돈

194 かのじょ [彼女] 그녀, 저 여자, 그 여자

195 かばん [鞄] 가방

196 かべ [壁] 벽

197 かみ [紙] 종이

198 かみ [髪] 머리털

199 かむ [噛む] 씹다

200 カメラ 카메라, 사진기

201 〜かも (조) 의문의 뜻을 나타냄, 〜인지도

202 かゆい [痒い] (형) 가렵다

203 かよう [通う] (자U) 다니다, 통학·통근을 하다

204 〜から (조) 〜에서, 〜이기 때문에

205 からい [辛い] (형) 맵다

206 カラオケ 노래방

207 からだ [体・身体] 몸, 신체, 육체

208 かりる [借りる] (타RU) 빌리다

209 かるい [軽い] (형) (무게가) 가볍다

210 かれ [彼] (대) 그, 사람, 그이, 여성이 남자 애인을 가리키는 말

211 かわ [川・河] 강, 내, 시내

212 かわいい [可愛い] (형) 귀엽다

213 かわる [代わる・替わる・換わる] (자U) 교대하다 [変わる] (자U) 변화하다

214 かんがえる [考える] (타RU) 생각하다

215 かんじ [漢字] 한자

216 かんたん [簡単] (명・ナ형) 간단

217 がんばる [頑張る] (자U) 노력하다, 인내하다

き

218 き [木・樹] 나무

219 き [気] 기운, 기체, 공기, 대기

220 きいろい [黄色い] (형) 노랗다

221 きえる [消える] (자RU) 꺼지다, 사라지다

222 きく [聞く・聴く] (타U) 듣다, 묻다

223 きこえる [聞こえる] (자RU) 들리다

224 きせつ [季節] 계절, 절기

225 きた [北] 북, 북쪽

226 きたない [汚ない] (형) 더럽다

227 きって [切手] 우표, 수표

228 きっと (부) 반드시, 꼭, 확실히

229 きっぷ [切符] 표

230 きのう [昨日] 어제

231 きみ 기미, 경향, 모양

613

232 きめる [決める・極める・定める] (타RU) 결정하다, 결심하다

233 きもち [気持(ち)] 감정, 기분

234 きもの [着物] 옷, 의복

235 きゃく [客] 손님

236 きゅう [急] 서두름, 진행이 빠름

237 ぎゅうにゅう [牛乳] 우유

238 きょう [今日] 오늘, 금일

239 きょうしつ [教室] 교실

240 きょうだい [兄弟] 형제

241 きょねん [去年] 지난해, 작년

242 きらい [嫌い] (명・ナ형) 마음에 들지 않음, 싫음

243 きる [着る] (타RU) 옷을 입다

244 きる [切る] (타U) 칼로 자르다

245 きれい [綺麗] (ナ형) 아름다운 모양, 깨끗한 모양

246 ぎんこう [銀行] 은행

く

247 くうき [空気] 공기

248 くうこう [空港] 공항

249 くすり [薬] 약

250 くださる [下さる] (타U) 주시다

251 くだもの [果物] 과일

252 くち [口] 입

253 くつ [靴] 구두, 신

254 くに [国] 국가, 고향

255 くばる [配る]　(타U) 분배해 주다, 나누다

256 くび [首]　목, 고개

257 くもる [曇る]　(자U) 구름이 끼다

258 くらい [暗い]　(형) 어둡다

259 ～くらい/ぐらい　(조) (대체의 수량·정도를 나타내어) ～정도

260 くらべる [比べる]　(타RU) 비교하다

261 くる [来る]　(자カ변) 오다

262 くるしい [苦しい]　(형) 괴롭다

263 くるま [車]　차

264 くれる　(타RU) 주다

265 くわしい [詳しい]　(형) 상세하다

266 くん [君]　(접미) 동년배 또는 손아래 사람의 이름에 붙이는 경칭, ～군

け

267 けいざい [経済]　경제

268 けいたいでんわ [携帯電話]　휴대폰

269 ゲーム　게임

270 けが　상처, 부상

271 けさ [今朝]　오늘 아침

272 けしき [気色]　기색　[景色]　경치

273 けす [消す]　(타U) 끄다, 없애다

274 げつ [月]　달 한 해를 열두 개로 나눈 시간의 단위, 개월

275 けっこう [結構]　(부) 충분히, 상당히, (사양의 뜻으로) 충분함, 괜찮음

276 けっこん [結婚]　(명·타スル) 결혼

277 けど／けれど　(조) 그러나, 그렇지만, 하지만

278 ける[蹴る] (타U) 발로 차다, 걷어차다
279 けれども (조) 그러나, 그렇지만, 하지만
280 げんかん[玄関] 현관
281 げんき[元気] (명·ナ형) 원기, 건강한 모양
282 けんきゅう[研究] (명·자타スル) 연구

こ

283 こ[子] 아들, 어린 아이, 아이
284 ご[語] 말, 낱말, 이야기, 단어, 문구
285 ご[御] (접두) 중요한 사물에 대하여 정중한 뜻을 나타냄
286 こい[濃い] (형) 색이 짙다, 진하다
287 こうえん[公園] 공원
288 こうこう[高校] 고교, 고등 학교
289 こうじょう[工場] 공장
290 こえ[声] (사람이나 동물의) 소리
291 コーヒー 커피
292 こくばん[黒板] 흑판, 칠판
293 ここ (대) 여기, 이곳
294 ごご[午後] 오후, 하오
295 こころ[心] 마음
296 ごぜん[午前] 오전
297 こたえる[応える] (자RU) 부응하다, 보답하다
298 こちら/こっち (대) 가장 가까운 방향(方向)을 가리킬 때 쓰는 말, 이쪽, 여기
299 コップ 컵
300 こと[事] 일, 사건

301 ことし [今年] 금년, 올해

302 ことば [言葉] 말, 언어

303 こども [子供] 어린이, 아동

304 この [此の] (연체) 자기에게 가장 가까운 곳을 가리킬 때 쓰는 말, 이~

305 ごはん [御飯] 밥

306 コピー 복사

307 こまかい [細かい] (형) 잘다, 정밀하다, 자세하다

308 こまる [困る] (자U) 곤란하다, 난처하다

309 コミュニケーション 의사소통

310 こむ [込む] (자U) 가득 차다, 붐비다

311 ごめん (감) 방문 또는 용서를 빌 때의 인사말

312 これ [此] (대) 이것

313 これから (연어) 지금부터, 이제부터, 앞으로

314 ～ころ/ごろ [頃] 경, 즈음, 시기

315 こわい [恐い・怖い] (형) 무섭다

316 こんげつ [今月] 금월, 이달

317 こんしゅう [今週] 금주

318 こんど [今度] 이번

319 こんな (ナ형) 이러한, 이 정도의

320 こんにちは (주로) 낮 인사

321 こんばんは 저녁 인사

322 コンピュータ 컴퓨터

さ

323 さい [歳]　나이, 세월

324 さがす [捜す・探す]　(타U) 찾다

325 さかな [魚]　물고기　[肴]　술안주

326 さがる [下がる]　(자U) 내려가다

327 さき [先]　끝, 가장자리, 제일 앞, 선두

328 さく [咲く]　(자U) 꽃이 피다

329 ～させる/せる　(타RU) 사람에게 어떤 일을 시키다

330 さつ [冊]　책을 셀 때 쓰는 말, ～권

331 サッカー　축구

332 ざっし [雑誌]　잡지

333 さとう [砂糖]　설탕

334 さびしい [寂しい・淋しい]　(형) 쓸쓸하다, 적막하다

335 ～さま/さん　(접미) 사람의 이름에 붙여 쓰여지는 말

336 さむい [寒い]　(형) 춥다, 차다

337 さようなら/*さよなら　(감) 헤어질 때의 인사말

338 さら [皿]　접시

339 ざんねん [残念]　(명・ナ형) 유감

340 さんぽ [散歩]　(명・자スル) 산보, 산책

し

341 ～し　(조) (사실이나 조건을 열거하며 강조함) ～고, ～며

342 じ [時]　때

343 じ [字]　글자

344 しお [塩]　소금

345 しか　(조) (언제나 부정(否定)의 말이 수반되어) ~밖에

346 しかし　그러나

347 しかる [叱る]　(타U) 꾸짖다, 화내다, 질책하다

348 じかん [時間]　시간

349 しけん [試験]　(명・타スル) 시험

350 しごと [仕事]　일, 작업

351 じしょ [辞書]　사전

352 じしん [地震]　지진

353 しずか [静か]　(ナ형) 조용한 모양, 잠잠한 모양

354 しぜん [自然]　자연

355 した [下]　아래, 밑

356 したく [支度・仕度]　(명・자타スル) 준비, 용의

357 しっかり(と)　(부・자スル) 견고한 모양

358 しっぱい [失敗]　(명・자スル) 실패, 실수

359 しつもん [質問]　(명・자타スル) 질문

360 しつれい [失礼]　(명・자スル・ナ형) 실례

361 じてんしゃ [自転車]　자전거

362 じどうしゃ [自動車]　자동차

363 じどうはんばい [自動販売]　자동판매

364 しぬ [死ぬ]　(자U) 죽다

365 しばらく [暫く]　(명・부) 잠시 동안, 잠깐, 오래간만, 오랫동안

366 じぶん [自分]　자기 자신

367 しま [島]　섬

368 しまう [仕舞う・終う]　(타U) 마치다, 정리하다, 그만두다,

(「しまった」의 형으로) 실수했다는 의미를 나타냄

369 しまる[締まる] (자U) 긴장하다, 닫히다, 막히다

370 しめる[締める·閉める] (타RU) 매다, 조르다

371 しめる[閉める] (타RU) (문 따위를) 닫다, 단속하다

372 しゃしん[写真] 사진

373 シャツ 셔츠

374 ジャズ 재즈

375 じゃま[邪魔] (명·타スル·ナ형) 방해, 장해(障害)

376 じゆう[自由] (명·ナ형) 자유

377 しゅうかん[週間] 주간, 7일간, 1주간

378 じゅうしょ[住所] 주소, 살고 있는 곳

379 じゅぎょう[授業] (명·자スル) 수업

380 しゅっぱつ[出発] (명·자スル) 출발

381 しょうかい[紹介] (명·타スル) 소개

382 しょうがつ[正月] 정월, 설

383 じょうず[上手] (명·ナ형) 하는 일이 능숙함, 또는 그런 사람

384 しょくじ[食事] 식사

385 しょくどう[食堂] 식당

386 しらべる[調べる] (타RU) 검사·점검·조사·연구 등을 하다

387 しる[知る] (타U) 알다, 이해하다

388 しろい[白い] (형) 희다

389 じん[人] ~사람, ~인

390 しんせつ[親切] (명·ナ형) 친절

391 しんぱい[心配] (명·자타スル·ナ형) 걱정, 근심

392 しんぶん[新聞] 신문

す

393 すう [吸う]　(타U) 들이마시다, 빨아들이다

394 スーパー　슈퍼

395 スカート　스커트

396 すき [好き]　(명·ナ형) 좋아함

397 すぎる [過ぎる]　(자RU) 지나다, 통과하다, (때가)지나다

398 すく [空く]　상쾌하다, 막힌 것이 없어지다

399 すぐ [直ぐ]　(부) 즉시, 곧

400 すくない [少ない]　(형) 많지 않다, 적다, 약간이다

401 すこし [少し]　(부) 조금, 약간

402 すずしい [涼しい]　(형) 시원하다

403 すすむ [進む]　(자U) 앞으로 나아가다, 진보되다, 발전하다

404 すっかり　(부) 완전히, 죄다, 모두

405 ずっと　(부) 매우 훌륭한 모양

406 すっぱい [酸っぱい]　(형) 시큼하다, 시큼한 맛이 나다

407 すてる [捨てる]　(타RU) 내버리다, 던져 버리다

408 すばらしい [素晴しい]　(형) 훌륭하다

409 スポーツ　스포츠

410 すみません　(연어) 죄송합니다, 감사합니다

411 すむ [住む]　(자U) 거처하다, 살다

412 すもう [相撲]　일본 씨름

413 する [為る]　(자타サ변) 행하다

414 すわる [座る]　(자U) 앉다, 착석하다

415 ズボン　바지

せ

416 せ[背] 등, 키, 신장
417 せいかつ[生活] (명·자スル) 생활
418 せいと[生徒] 생도, 중·고등 학교 학생
419 せかい[世界] 세계
420 せき[席] 자리
421 せつめい[説明] (명·타スル) 설명
422 せなか[背中] 등
423 ぜひ[是非] 시비, 좋은 일과 나쁜 일, 좋은 점과 나쁜 점 (부) 반드시, 꼭
424 せまい[狭い] (형) 좁다
425 せわ[世話] (명·타スル) 남을 도와주는 일, 남의 편의를 보아 줌
426 せんせい[先生] 선생
427 ぜんぜん[全然] (부) 전연, (부정을 수반하여) 전혀, 온통, 조금도

そ

428 そう (부) 그렇게, 그와 같이
429 そうじ[掃除] (명·타スル) 청소
430 そうして/そして (접) 그리하여, 그래서, 그리고
431 そうだ (조동) (ナ형型) (그럴 모양이라는 뜻의) 양태(様態)를 나타냄
     (ナ형型) (다른 사람에게서 전하여 듣는) 전문(伝聞)을 나타냄
432 そうだん[相談] (명·자타スル) 상담, 서로 의견을 말함, 협의 의논
433 そこ[其処] (대) 그곳, 그 장소, 거기
434 そこ[底] 밑바닥
435 そつぎょう[卒業] (명·타スル) 졸업

436 そちら/そっち [其方]　(대) 그곳, 그쪽

437 そと [外]　바깥, 겉부분, 바깥쪽

438 その [其の]　(연체) 조금 떨어져 있는 곳을 가리키는 말, 그

439 そば [側・傍]　가까운 곳, 부근, 옆, 곁

440 そら [空]　하늘

441 それ [其れ]　(대) 그것(「これ」보다 멀고「あれ」보다 가까움)

442 それから　(접) 그 다음에, 그리하여, 그리고

443 それでは　그러면

444 そんな　(연체) 그러한, 그런, 그와 같은

た

445 ～た　(조동특수型) 과거를 나타냄, 완료의 뜻을 나타냄, 존속・상태의 뜻을 나타냄

446 ～だ/です/でしょう　～이다, 입니다, 이죠 (でしょう는「だろう」의 공손한 말)

447 ～たい　(조동) 희망을 나타내는 말, ～하고 싶다

448 だいがく [大学]　대학

449 だいじょうぶ [大丈夫]　괜찮음

450 たいせつ [大切]　(명・ナ형) 매우 중요함, 꼭 필요함

451 だいたい [大体]　대체, 대강, 대개

452 たいてい [大抵]　(명・부) 개략, 대강

453 だいぶ [大分]　(부) 꽤, 상당히, 어지간히

454 たいへん [大変]　(명・부・ナ형) 굉장한 모양, 대단한, 몹시, 매우

455 たかい [高い]　(형) 높다

456 たがる　(조동U型) 자기 이외 사람(남)의 희망을 나타냄

457 たくさん　(명・부・ナ형) 수량이 많음, 가득 참, 많은

458 タクシー　택시

459 だけ (조) 한정을 나타냄, 단순한 한정

460 たす [足す] (타U) 부족을 보충하다

461 だす [出す] (타U) 내다, 제출하다, 보내다, 내밀다

462 たすける [助ける] (타RU) 구조하다, 돕다

463 たずねる [尋ねる] (타RU) 소재를 알 수 없는 것을 찾다, 질문하다, 방문하다

464 ただしい [正しい] (형) 바르다, 정확하다

465 たち [達] (접미) 복수를 나타냄

466 たつ [立つ] (자U) 서다

467 たっぷり (부) 듬뿍, 잔뜩, 많이, 충분히

468 たてる [建てる] (타RU) 건축하다, 건물을 짓다

469 たとえば [例えば] (부) 예를 들어, 말하자면, 예컨대

470 たね [種] 종, 씨, 종자

471 たのしい [楽しい] (형) 즐겁다

472 たのむ [頼む] (타U) 의지하다, 부탁하다

473 タバコ [煙草] 담배

474 たぶん 어느 정도, 아마도

475 たべもの [食べ物] 음식물

476 たべる [食べる] (타RU) 먹다

477 たまご [卵] 달걀

478 ため 이유, 원인, 까닭, ~때문에

479 だめ [駄目] 안됨, 해서는 안 됨

480 たら (조) 뜻을 강하게 나타내는 말, ~는데

481 ~たり/だり (조) 나열하여 서술할 때 쓰는 말, ~이기도 하고

482 だれ [誰] (대) 누구

483 たんじょうび [誕生日] 생일

484 だんだん (부) 순서를 따라서, 차차

ち

485 ち[血] 피
486 ちいさい[小さい] (형) (물건의 모양이) 작다
487 ちかい[近い] (형) 거리가 가깝다
488 ちがう[違う] (자U) 틀리다, 다르다
489 ちかてつ[地下鉄] 지하철
490 ちから[力] 힘
491 ちず[地図] 지도
492 ちち[父] 아버지
493 ちょうど (부) 마침, 바로, 꼭, 알맞게
494 ちょっと (부) 잠깐, 잠시

つ

495 ついたち[一日] 그 달의 제일 첫째 날
496 つうしん[通信] (명·자スル) 통신
497 つかう[使う] (타U) 쓰다, 사용하다
498 つかれる[疲れる] (자RU) 기력이 쇠하다, 지치다
499 つき[月] 달
500 つぎ[次] 다음
501 つく[付く·附く] (자U) 붙다, 부착(附着)하다
502 つく[着く] (자U) 다다르다, 도착하다
503 つく[点く] (자U) 불이 켜지다
504 つく[就く] (자U) 자리에 오르다, 동작을 시작하다
505 つくえ[机] 책상

506 つくる [作る·造る] (타U) (재료를 가지고 물건을) 만들다, 제작하다

507 つける [付ける·附ける] (타RU) 붙이다, 부착시키다

508 つごう [都合] 형편

509 つたえる [伝える] (타RU) 말로써 알리다, 말로 전하다

510 つづく [続く] (자U) 지속하다, 계속되다

511 つとめる [努める·勉める] (타RU) 노력하다, 참고 견디어 내다

512 つまらない (형) 재미없다

513 つめ [爪] 손톱, 발톱

514 つめたい [冷たい] (형) 차다

515 つもり [積(も)り·心算] 예정, 생각, 셈, 심중

516 つよい [強い] (형) 힘이 세다

517 つれる [吊れる] (자RU) (한쪽으로 당겨서) 위로 올라가다, (가능) 매달릴 수 있다

て

518 て [手] 손

519 ～て/で (조) (장소를 나타냄) ～에서

(원인·이유·근거·동기를 나타냄) ～으로, ～때문에

520 ～で (수단·재료를 나타냄) ～으로, ～로

521 データー 데이터

522 テーブル 테이블

523 でかける [出掛ける] (자RU) 나가려 하다, 나가는 도중이다

524 てがみ [手紙] 편지

525 できる [出来る] (자RU) 만들어지다, 제조되다, 생산되다, 완성되다

526 てつだう [手伝う] (타U) 남의 일을 도와주다, 협조하다

527 デパート 백화점

528 ～ても (접) ~해도

529 ～でも (접) ~라도, ~해도

530 でる[出る] (자RU) 안에서 밖으로 나가다

531 テレビ 텔레비전

532 てん[点] 점

533 てんき[天気] 날씨

534 でんき[電気] 전기

535 でんしゃ[電車] 전철

536 でんわ[電話] 전화

と

537 と[戸] 문

538 と (조) (동작을 같이하는 자를 나타냄) ~와 같이, (동작의 대상을 나타냄) ~와, (비교의 기준을 나타냄) 비유의 뜻을 나타냄) ~처럼

539 ど[度] 정도, 규칙, 법칙

540 ドア 도어, 문

541 どう (부) 어떻게

542 とうがらし[唐辛子] 고추

543 どうぞ (부) 아무쪼록, 부디, 제발

544 どうも (부) 아무리 해도, 전혀, 도무지, 정말로

545 とおい[遠い] (형) 거리가 길다, 멀다

546 とおる[通る] (자U) 지나가다, 통과하다

547 とき[時] 시간, 때

548 とけい[時計] 시계

549 どこ[何処] (대) (장소를 나타냄) 어디, 어느 곳

550 ところ [所・処] 곳, 장소, 위치

551 とし [都市] 도시, 도회지

552 としょかん [図書館] 도서관

553 どちら/どっち [何方] (대) 어디, 어느 쪽

554 とても (부) 매우 대단히, (뒤에 부정(否定)의 말을 붙여서) 아무리 해도, 도저히

555 どなた [何方] (대) 「だれ(누구)」의 높임말

556 となり [隣] 이웃, 옆

557 どの [何の] (연체) 어느 쪽의, 어느 것의

558 とぶ [飛び・跳ぶ] (자U) 하늘을 날다, 비행하다

559 とまる [止まる] (자U) 멈추다

560 ともだち [友達] 친구, 벗

561 とり [鳥] (조류(鳥類)의 총칭) 새

562 とる [取る] (타U) 쥐다, 가지다, 잡다

563 どれ (대) 어느 쪽, 어느 것

564 どんな (ナ형) 어떠한

な

565 ない [無い] (형) 없다

566 ない (조동) 동사에 붙어서 부정을 나타내는 말

567 なおす [直す] (타U) 고치다, 바로잡다

568 なおる [直る] (자U) 바르게 되다, 수선되다, 고쳐지다

569 なか [中] 가운데, 안쪽, 그 내부

570 ながい [長い] (형) 길다

571 なかなか (부) 몹시, 제법, 상당히

572 ながら (조) (두 개 이상의 동작·상태를 나타내는 말) ~함과 동시에, 하면서

628

573 ながれる [流れる] (자RU) 흐르다

574 なく [泣く] (자U) 울다

575 なげる [投げる] (타RU) (손에 들고) 멀리 던지다

576 なさる [為さる] (타U) (「する」「なす」의 높임말) 하시다

577 なぜ [何故] (부) 왜, 어째서

578 なつ [夏] 여름

579 なつやすみ [夏休み] (특히 학교 등의) 여름 방학, 여름 휴가

580 など (조) 예시(例示)의 뜻을 나타내는 말, 따위, 등

581 なん/なに [何] (대) 무엇

582 なまえ [名前] 이름

583 ならう [習う] (타U) 배우다

584 ならぶ [並ぶ] (자U) 나란히 서다, 줄을 짓다

585 ならべる [並べる] (타RU) 한 줄로 늘어놓다

586 なる [成る] (자U) 성취되다, 완성하다

に

587 に (조) (장소・시간・귀착점을 가리킴) ~에

588 にいさん [兄さん] 형님

589 におい [匂い・香い] 냄새, 향기

590 にぎやか [賑やか] (ナ형) 번화한 모양

591 にく [肉] 살, 살코기

592 にし [西] 서쪽

593 にち [日] 해, 태양, 햇빛, 햇살, 햇볕

594 にちようび [日曜日] 일요일

595 にっき [日記] 일기

596 にもつ [荷物] 짐
597 ニュース 뉴스
598 にわ [庭] 정원, 뜰
599 にんぎょう [人形] 인형

ぬ

600 ぬう [縫う] (타U) 바느질하다, 바늘로 깁다
601 ぬぐ [脱ぐ] (타U) 벗다
602 ぬる [塗る] (타U) 칠하다

ね

603 ね (조)(문장 가운데나 끝에 쓰여서 가벼운 탄복의 기분을 나타냄) ~구나, ~야
604 ねえさん [姉さん] (「누이・언니」의 높임말) 누님, 언니
605 ねがう [願う] (타U) 소원하다, 희망하다
606 ネクタイ 넥타이
607 ねこ [猫] 고양이
608 ねだん [値段] 값
609 ねつ [熱] 열
610 ねる [寝る] (자RU) 자다, 잠들다
611 ねん [年] 1년, 해

の

612 の　(조) 연체수식어(連体修飾語)로 쓰임 소유·소속의 관계를 가리킴

613 ノート　노트

614 のこる[残る]　(자U) 뒤에 머무르다, 남아있다, 잔류하다, 살아 남다

615 ので　(조) (원인·이유를 나타내는 말) ~므로, ~때문에, ~까닭에

616 のど[喉·咽]　목구멍

617 のに　(조) (앞의 말과 뜻이 상반되는 말을 연결하는 조사) ~한데

618 のぼる[上る·登る·昇る]　(자U) 높은 곳에 가다, 올라가다

619 のむ[飲む]　(타U) 마시다

620 のる[乗る]　(자U) 타다, 오르다　　[載る]　얹다

は

621 は　(조) (사물을 다른 것과 구별해서 말할 때 쓰는 말) ~는, ~은

622 は[葉]　잎, 잎사귀

623 は[歯]　이, 이빨

624 ば　(조) (가정형(仮定形)에 붙어서 가정의 조건을 나타내는 말) ~라면, ~한다면

625 はい　(감) (긍정을 나타내는 말) 네

626 はいる[入る]　(자U) 밖에서 안으로 들어가다

627 はかる[計る]　(타U) 물건의 길이·무게·양을 재다

628 はく[掃く]　(타U) 쓸다, 청소하다

629 はく[履く]　(신·양말 등을) 신다

630 はこ[箱]　상자

631 はこぶ[運ぶ]　나르다

632 はさみ[鋏]　가위

633 はし [橋] 다리

634 はし [箸] 젓가락

635 はし [端] 기다란 물건의 한가운데서 가장 먼 곳, 가, 끝

636 はじまる [始まる] (자U) 시작되다

637 はじめて [初めて] (부) 처음으로

638 はじめる [始める] (타RU) 시작하다

639 はしる [走る] (자U) 달리다, 뛰어가다

640 バス 버스

641 パソコン 컴퓨터

642 はたけ [畑] 밭

643 はたらく [働く] (자U) 일하다

644 はっきり(と) (부・자スル) 똑똑히 다른 것과 구별되어 뚜렷한 모양

645 はな [花] 꽃

646 はな [鼻] 코

647 はなし [話] 이야기, 담화

648 はなす [話す] (타U) 이야기하다, 말하다

649 はなび [花火] 불꽃

650 はは [母] 어머니

651 はやい [早い] (형) (시간적으로) 빠르다

652 はやい [速い] 움직임이 빠르다

653 はらう [払う] (타U) 없애다, 제거하다

654 はる [春] 봄

655 はれる [晴れる] (자RU) 구름이나 안개가 개다

656 ばん [晩] 저녁, 밤

657 パン 빵

658 ハンカチ 손수건

659 はんたい [反対] (명·ナ형) 반대

ひ

660 ひ [日] 태양, 해
661 ひ [火] 불
662 ひ [灯] 불빛
663 ひがし [東] 동쪽
664 ひく [引く] (타U) 끌어당기다
665 ひく [弾く] (타U) 악기를 타다, 연주하다
666 ひくい [低い] (형) 낮다
667 ひこうき [飛行機] 비행기
668 ひざ [膝] 무릎
669 ひだり [左] 왼편
670 ひつよう [必要] (명·ナ형) 필요
671 ひと [人] 인간, 사람
672 ひとつ [一つ] 하나
673 ひま [暇] 틈, 시간
674 びょういん [病院] 병원
675 びょうき [病気] (명·자スル) 병, 병환
676 ひらがな [平仮名] 헤이안시대, 초기 한자의 초서체(草書体)를 간략화하여 만들어진 음절문자(音節文字), 히라가나
677 ひらく [開く] (자타U) (닫혔던 것이나 막혔던 것이) 열리다, 펼치다
678 ひる [昼] 낮, 주간(昼間)
679 ひろい [広い] (형) 면적이 넓다, 범위가 넓다
680 ひろう [疲労] (명·자スル) 피로

ふ

681 ファン 팬

682 ふえる [増える] (자RU) 수·량이 많아지다, 늘다

683 ふかい [不快] (명·ナ형) 불쾌, 재미없음, 마음이 언짢음

684 ふく [服] 옷, 의복

685 ふく [拭く] (타U) (더러움이나 물기를) 천 따위로 닦다, 훔치다

686 ふつう [普通] (명·ナ형) 보통

687 ふとい [太い] (형) 굵다

688 ふね [舟·船] 배, 선박

689 ふべん [不便] (명·ナ형) 불편

690 ふむ [踏む] (타U) 밟다, 딛다

691 ふゆ [冬] 겨울

692 ふる [降る] (자U) 떨어지다, 내리다

693 ふるい [古い] (형) 오래다

694 ふろ [風呂] 목욕하는 일, 목욕

695 ふん/ぷん [分] 분

696 ぶんか [文化] 문화

へ

697 へ (조) (발음은「え」) 동작의 방향을 나타냄, ~으로

698 へた [下手] (명·자スル·ナ형) 솜씨가 서투름

699 へや [部屋] 방

700 べんきょう [勉強] (명·자타スル) 공부

701 へんじ [返事] (명·자スル) 대답

702 べんとう [弁当] 그릇에 넣어 밖에 나가서 먹는 식사, 도시락
703 べんり [便利] (명·ナ형) 편리

ほ

704 ほう [方] 위치, 향한 쪽, 방위, 방향(方向)
705 ぼうし [帽子] 모자
706 ホーム・ページ 홈페이지
707 ほか (조) (부정의 말을 수반하여) ～밖에, ～외에
708 ぼく (대) 남자가 자기를 일컫는 말, 나
709 ポケベル 호출기
710 ほし [星] 별
711 ほしい [欲しい] (형) 탐나다, 가지고 싶다
712 ほそい [細い] (형) 가늘다
713 ほど (조) 정도를 나타냄
714 ほとんど [殆ど] (부) 거의, 대개, 대부분
715 ほめる [誉める] (타RU) 칭찬하다
716 ほん [本] 책, 근원, 사물의 시초
717 ほん/ぼん/ぽん (접미) (막대 모양의 것을 세는 말) 자루
718 ほんとう [本当] (명·ナ형) 참말, 진실, 실제, 사실

ま

719 まいる [参る] (자U) 「行く 가다, 来る 오다」의 겸양어(謙譲語)
720 まがる [曲がる] (자U) 곧지 못하다, 굴절하다, 구부러지다, 휘어 구부러지다
721 まえ 앞, 정면

722 **まじめ**[真面目] (명・ナ형) (거짓이나 농담이 아닌) 진지함

723 **ます** (조동 특수형) 경의를 나타내는 말, 공손히 하는 말

724 **まず**[先ず] (부) 먼저, 우선

725 **まずい** (형) 맛이 없다

726 **また** (부) 또 한 번, 또 다시

727 **まだ** (부) 때가 되지 않은 상태, 아직

728 **まち**[町・街] 마을

729 **まつ**[待つ] 기다리다

730 **まっすぐ** (명・ナ형) 똑바름, 조금도 굽지 않음

731 **まつり**[祭り] 행사, 제례, 제사

732 **まで** (조) (때・곳・사태 등의 종점을 나타내는 말) ~까지

733 **まど**[窓] 창, 창문

734 **まにあう**[間に合う] (자U) 시간에 맞게 가다

735 **まもる**[守る] (타U) 지키다

736 **まるい**[丸い・円い] (형) 둥글다, 원만하다

737 **まわり**[回り・廻り・周り] 도는 일, 회전

み

738 **みえる**[見える] (자RU) 보이다

739 **みがく**[磨く・研く] (타U) 닦다

740 **みぎ**[右] 오른쪽

741 **みじかい**[短い] (형) 길이가 짧다

742 **みず**[水] 물

743 **みせ**[店] 가게, 상점, 점포

744 **みせる**[見せる] (타RU) 남에게 보이다

745 みたいだ ~같다

746 みち [道] 길, 도로

747 みどり [緑] 녹색, 초록색

748 みんな [皆] (대·부) 「みな」를 강하게 혹은 얕잡아 하는 말, 모두

749 みなみ [南] 남쪽

750 みみ [耳] 귀

751 みやげ [土産] 여행지에서 사오는 그 지방의 특산물

752 みる [見る] (타RU) 보다

む

753 むかし [昔] 옛날, 먼 과거의 시대

754 むずかしい [難しい] (형) 이해하기가 곤란하다, 알기 어렵다

755 むすこ [息子] 남자 아이, 아들

756 むすぶ [結ぶ] (자U) 묶다

757 むすめ [娘] 여자 아이, 여아, 딸

758 むね [胸] 가슴

759 むれ [群れ] 무리, 떼

め

760 め [目・眼] 눈

761 め [芽] 싹

762 めがね [眼鏡] 안경

763 めずらしい [珍しい] (형) 드물다, 희귀하다

も

764 も (조) 동일한 사실 중에서 하나를 들어 나타내는 말
감동·강조를 나타내는 말, ~까지, ~만큼, ~이, ~이나

765 もう (부) 머지않아, 벌써, 이미

766 もうす [申す] (타U) (「言(い)う : 말하다」의 공대말) 말씀드리다

767 も (부) 만약, 만일

768 もつ [持つ] (타U) 손에 쥐다

769 もっと (부) 더, 더욱, 그 위에

770 もどる [戻る] (자U) 되돌아가다, 원래의 상태로 되다

771 もの [物] 물건, 물품

772 もらう [貰う] (타U) 받다

773 もんだい [問題] 문제

や

774 や [屋] 집, 가옥

775 や (조) (나열할 때 쓰는 말) ~나 ~등

776 やく [焼く] (타U) 태우다

777 やくそく [約束] (명·타スル) 약속

778 やさい [野菜] 야채, 채소

779 やさしい [優しい] (형) 인정이 많다, 사려(思慮)가 깊다

780 やさしい [易しい] (형) 쉽다, 간단하다

781 やすい [安い] (형) 값이 싸다

782 やすむ [休む] (자타U) 쉬다, 휴식하다

783 やはり/やっぱり [矢張り] (부) 전과 같이, 본디대로, 과연, 생각대로

784 やま [山] 산

785 やめる [止める] (타RU) 그만 두다, 중지하다, 멈추다

786 やる (타U) 주다, 보내다, 가게 하다

787 やわらか [柔らか] (ナ형) 부드러운

ゆ

788 ゆうびんきょく [郵便局] 우체국

789 ゆうべ [昨夜] 전날 밤, 어젯밤

790 ゆうめい [有名] (명・ナ형) 유명

791 ゆき [雪] 눈

792 ゆしゅつ [輸出] (명・타スル) 수출

793 ゆっくり (と) (부・자スル) 천천히, 느릿느릿

794 ゆにゅう [輸入] (명・타スル) 수입

795 ゆび [指] 손가락, 발가락

796 ゆるす [許す] (타U) 허가하다, 늦추다, 느슨하게 하다

よ

797 よ (조) 감동・영탄(詠嘆)을 나타냄, 다짐을 하는 뜻

798 ようじ [用事] 용건, 볼일

799 ようす [様子] 모양

800 ようだ (조동ナ형型) 딴 것과 비슷함을 나타냄,
불확실한 단정을 나타냄, 예시(例示)하는 뜻을 나타냄
(연용형「よう」「ように」의 형태로써) 희망의 뜻을 나타냄
(연체형+「ように」의 형태로써) 목적을 나타냄

801 ようふく [洋服] 옷, 양복
802 よく [良く] (부) (형용사「よい」의 연용형에서) 충분히, 잘, 종종
803 よこ [横] 가로, 곁, 옆
804 よぶ [呼ぶ] (타U) 외치다
805 よむ [読む] (타U) 읽다
806 より (격조) 비교의 표준을 나타내는 말, ~보다
807 よる [夜] 밤
808 よろこぶ [喜ぶ] (자U) 기쁘다, 즐겁다
809 よろしい [宜しい] (형)「いい」의 정중한 말씨, 좋다

ら

810 らいねん [来年] 내년, 다음해
811 ラジオ 라디오
812 ラップ 랩
813 られる/れる (조동RU型) 동작・작용을 직접 받는 입장에 있음을 나타내는 말, 가능의 뜻을 나타내는 말, 존경의 뜻을 나타내는 말

り

814 りっぱ [立派] (ナ형) 뛰어남, 훌륭함
815 りょうしん [両親] 양친, 부모
816 りょうり [料理] (명・타スル) 요리
817 りょこう [旅行] (명・자スル) 여행

る

818 るす [留守]　다른 곳에 가 있어 집에 없는 일, 부재(不在)

れ

819 れきし [歴史]　역사
820 れんしゅう [練習]　(명·타スル) 연습

ろ

821 ろうか [廊下]　낭하, 집안의 통로, 복도
822 ロック　암석

わ

823 ワープロ　워드프로세서
824 わかい [若い]　(형) 젊다, 어리다
825 わかる [分(か)る]　(자U) 알다, 깨닫다
826 わすれる [忘れる]　(타RU) 잊어버리다
827 わたし/わたくし [私]　(대) 나, 자기
828 わたる [渡る]　(자U) 걸치다, 계속되어 오다, ~까지 미치다
829 わらう [笑う]　(자타U) 웃다
830 わる [割る]　(타U) 깨다, 부수다, 쪼개다
831 わるい [悪い]　(형) 나쁘다, 좋지 않다

·정치 ·경제 ·사회 ·문화·종교 ·스포츠·오락·연예 ·기타

색 인

Index

색 인

어휘 / 중요도 / 분류 / 번호

あ

あいえんきえん(合縁奇縁)	Ⓔ 001
あいかわらず(相変わらず) ★	Ⓞ 001
あいことば(合言葉) ★★	Ⓢ 001
あいさつ(挨拶) ★★	Ⓢ 002
あいしょう(相性) ★	Ⓒ 001
あいず(合図) ★★	Ⓢ 003
あいそ(う)(愛想) ★	Ⓢ 004
あいだがら(間柄)	Ⓢ 005
あいづち(相槌)	Ⓢ 006
あいて(相手) ★★	Ⓢ 007
あいてかた(相手方) ★	Ⓢ 008
あいにく(生憎) ★	Ⓞ 002
あいのこ(合いの子)	Ⓢ 009
あいま(合間) ★	Ⓢ 010
あいまって(相俟って)	Ⓞ 003
あえて(敢えて)	Ⓞ 004
あおたがい(青田買い) ★	Ⓑ 001
あおにさい(青二才)	Ⓢ 011
あかご(赤子)	Ⓢ 012
あかじ(赤字) ★	Ⓑ 002
あかちょうちん(赤提灯) ★★	Ⓒ 002
あかんぼう(赤ん坊) ★	Ⓢ 013
あきかん(空き缶) ★★	Ⓒ 003
あきす(空き巣) ★	Ⓢ 014
あきち(空き地)	Ⓢ 015
あきびん(空き瓶) ★★	Ⓒ 004
あく(灰汁)	Ⓢ 016
あくじ(悪事)	Ⓢ 017
あげあし(揚げ足) ★	Ⓢ 018
あげく(揚げ句) ★	Ⓢ 019
あご(顎)	Ⓢ 020
あさねぼう(朝寝坊)	Ⓢ 021
あさめしまえ(朝飯前) ★	Ⓞ 234
あしおと(足音)	Ⓢ 022
あしがかり(足掛かり) ★	Ⓑ 003
あしからず(悪しからず) ★	Ⓞ 005
あしこし(足腰)	Ⓑ 004
あしどめ(足止め) ★	Ⓢ 023
あしどり(足取り) ★	Ⓢ 024
あしなみ(足並み)	Ⓢ 025
あしば(足場) ★	Ⓢ 026
あしぶみ(足踏み) ★	Ⓑ 005
あしもと(足元) ★	Ⓢ 027
あだ(仇)	Ⓢ 028
あたかも(恰も) ★	Ⓞ 006
あたまうち(頭打ち) ★★	Ⓑ 006
あたまきん(頭金) ★	Ⓑ 007
あたり(辺り) ★	Ⓞ 007
あたり(当たり)	Ⓞ 008
あたりまえ(当たり前) ★	Ⓢ 029
あつかん(熱燗)	Ⓒ 005
あつぎ(厚着)	Ⓒ 006
あっけ(呆気)	Ⓞ 009
あて(宛)	Ⓑ 008
あてさき(宛先) ★	Ⓑ 009
あてじ(当字) ★	Ⓒ 007
あてな(宛名) ★	Ⓑ 010
あとあじ(後味) ★	Ⓢ 030
あとがき(後書き) ★	Ⓑ 011
あとかた(跡形)	Ⓢ 031
あとかたづけ(後片付け) ★	Ⓢ 032

Ⓟ・정치　Ⓑ・경제　Ⓢ・사회　Ⓒ・문화・종교　Ⓔ・스포츠・오락・연예　Ⓞ・기타

あとがま(後釜)	Ⓑ 012	あんのじょう(案の定) ★	Ⓢ 048
あとさき(後先)	Ⓢ 033		
あとしまつ(後始末) ★	Ⓢ 034		
あとのまつり(後の祭り) ★	Ⓞ 235		

い

あとまわし(後回し) ★	Ⓢ 035	いいつけ(言付け) ★	Ⓢ 049
あなうめ(穴埋め) ★	Ⓑ 013	いいぶん(言い分) ★★	Ⓢ 050
あなた(貴方)	Ⓞ 216	いいまわし(言い回し) ★	Ⓢ 051
あなば(穴場) ★	Ⓢ 036	いいわけ(言い訳) ★	Ⓢ 052
あにき(兄貴) ★	Ⓞ 217	いえがら(家柄) ★	Ⓒ 012
あによめ(兄嫁)	Ⓞ 218	いえじ(家路) ★★	Ⓒ 013
あま(海女)	Ⓒ 008	いかが(如何) ★	Ⓞ 013
あまくだり(天下り) ★★	Ⓑ 014	いかく(威嚇)	Ⓢ 053
あまとう(甘党)	Ⓒ 009	いがた(鋳型)	Ⓢ 054
あまのがわ(天の川)	Ⓢ 037	いきおい(勢い)	Ⓞ 014
あみど(網戸)	Ⓒ 010	いきがい(生き甲斐) ★	Ⓢ 055
あめあがり(雨上がり)	Ⓢ 038	いきき(行き来)	Ⓢ 056
あらけずり(粗削り/荒削り)	Ⓢ 039	いくじ(意気地) ★	Ⓢ 057
あらさがし(粗探し) ★	Ⓢ 040	いくど(幾度) ★	Ⓞ 015
あらし(嵐)	Ⓢ 041	いくぶん(幾分) ★	Ⓞ 016
あらすじ(粗筋) ★★	Ⓑ 015	いくら(幾ら) ★	Ⓞ 017
あらためて(改めて) ★★	Ⓞ 010	いけばな(生け花) ★	Ⓒ 014
あらひとがみ(現人神)	Ⓟ 001	いご(囲碁) ★	Ⓔ 002
あらもの(荒物)	Ⓢ 042	いこう(以降) ★	Ⓢ 058
あらりえき(粗利益) ★	Ⓑ 016	いごこち(居心地) ★	Ⓢ 059
ありかた(在り方) ★★	Ⓑ 017	いさい(委細)	Ⓢ 060
ありがたい(有難い)	Ⓞ 011	いざかや(居酒屋) ★★	Ⓒ 015
ありがためいわく(有難迷惑) ★	Ⓒ 011	いじ(意地)	Ⓢ 061
ありがね(有り金)	Ⓢ 043	いささか(些か/聊か) ★	Ⓞ 018
ありきたり(在り来り)	Ⓢ 044	いじわる(意地悪) ★	Ⓢ 062
ありさま(有り様) ★	Ⓢ 045	いずれ(何れ) ★	Ⓞ 019
あるいは(或いは) ★	Ⓞ 012	いぜん(依然) ★	Ⓢ 063
あれち(荒れ地)	Ⓢ 046	いそうろう(居侯)	Ⓒ 016
あんか(安価) ★	Ⓑ 018	いたずら(悪戯) ★	Ⓢ 064
あんがい(案外) ★	Ⓢ 047	いたずら(徒)	Ⓞ 020
あんしょうばんごう(暗証番号) ★★	Ⓑ 019		

645

いたで(痛手) ★	Ⓑ 020	いっぷう(一風)	Ⓢ 073
いたまえ(板前) ★	Ⓒ 017	いっぷく(一服) ★	Ⓞ 032
いちいたいすい(一衣帯水)	Ⓟ 002	いっぽう(一方)	Ⓞ 033
いちおう(一応) ★★	Ⓞ 021	いっぽん(一本) ★★	Ⓒ 026
いちがい(一概) ★	Ⓞ 022	いっぽんぎ(一本気)	Ⓢ 074
いちげんこじ(一言居士) ★	Ⓢ 065	いっぽんちょうし(一本調子) ★	Ⓢ 075
いちごいちえ(一期一会) ★	Ⓒ 018	いっぽんやり(一本槍) ★	Ⓢ 076
いちど(一度) ★	Ⓞ 023	いつわり(偽り)	Ⓞ 034
いちにんまえ(一人前) ★★	Ⓑ 021	いど(井戸)	Ⓒ 027
いちばん(一番)	Ⓢ 066	いとぐち(糸口) ★	Ⓢ 077
いちひめにたろう(一姫二太郎) ★	Ⓒ 019	いどころ(居所)	Ⓢ 078
いちぶしじゅう(一部始終) ★	Ⓢ 067	いな(否) ★	Ⓞ 035
いちみ(一味) ★	Ⓢ 068	いなか(田舎) ★	Ⓒ 028
いちもくさん(一目散)	Ⓞ 024	いなさく(稲作)	Ⓢ 079
いちもん(一文) ★★	Ⓑ 022	いなずま(稲妻) ★	Ⓞ 036
いちやづけ(一夜付け) ★	Ⓒ 020	いなびかり(稲光)	Ⓢ 080
いちよう(一様) ★★	Ⓢ 069	いねかり(稲刈り)	Ⓒ 029
いちりん(一輪)	Ⓒ 021	いねむり(居眠り) ★	Ⓢ 081
いっき(一気) ★	Ⓞ 025	いのちがけ(命懸け)	Ⓢ 082
いっき(一揆)	Ⓒ 022	いぶき(息吹)	Ⓢ 083
いっきうち(一騎打ち) ★	Ⓢ 070	いま(居間) ★	Ⓒ 030
いっきのみ(一気飲み) ★	Ⓒ 023	いまさら(今更) ★	Ⓞ 037
いっけん(一軒) ★	Ⓢ 071	いまひとつ(今一つ) ★★	Ⓞ 038
いっこう(一向) ★	Ⓞ 026	いやけ(嫌気)	Ⓢ 084
いっこだて(一戸建) ★★	Ⓒ 024	いやみ(嫌味/厭味)	Ⓢ 085
いっしょ(一緒) ★★	Ⓞ 027	いよう(異様)	Ⓢ 086
いっしょうけんめい(一生懸命) ★★	Ⓞ 028	いるす(居留守) ★★	Ⓒ 031
いっしんふらん(一心不乱)	Ⓞ 236	いれずみ(入れ墨)	Ⓒ 032
いっすい(一睡)	Ⓢ 072	いろけ(色気)	Ⓢ 087
いっすんぼうし(一寸法師)	Ⓞ 237	いろじろ(色白)	Ⓢ 088
いっそう(一層) ★	Ⓞ 029	いろり(囲炉裏)	Ⓒ 033
いったい(一体) ★★	Ⓞ 030	いんせい(院政)	Ⓟ 003
いっちょうら(一張羅)	Ⓒ 025	いんたい(引退) ★★	Ⓟ 004
いっぱい(一杯)	Ⓞ 031		

う

うえきばち(植木鉢)	ⓒ 034
うおつり(魚釣り) ★	ⓒ 035
うかがい(伺い) ★	ⓞ 039
うきぼり(浮き彫り) ★★	ⒷL 023
うきめ(憂き目)	Ⓢ 089
うけいれ(受け入れ) ★★	Ⓟ 005
うけざら(受け皿) ★	Ⓑ 024
うけつけ(受付) ★★	Ⓑ 025
うけみ(受け身) ★	Ⓢ 090
うけもち(受持ち)	Ⓢ 091
うしろ(後ろ) ★	ⓞ 040
うずまき(渦巻き) ★	Ⓑ 026
うそ(嘘)	ⓒ 036
うたがっせん(歌合戦) ★	ⓒ 037
うちあげしき(打上げ式) ★	Ⓑ 027
うちあわせ(打合せ) ★★	Ⓑ 028
うちいわい(内祝い)	ⓒ 038
うちき(内気)	Ⓢ 092
うちきり(打ち切り) ★★	Ⓟ 006
うちけし(打ち消し) ★	Ⓢ 093
うちじに(討ち死に)	ⓒ 039
うちべんけい(内弁慶)	ⓒ 040
うちょうてん(有頂天) ★	ⓒ 041
うちわ(内輪) ★★	ⓒ 042
うちわ(団扇) ★	ⓒ 043
うつて(打つ手) ★★	Ⓑ 029
うつわ(器)	Ⓢ 094
うでぐみ(腕組)	Ⓢ 095
うでずもう(腕相撲)	Ⓔ 003
うでどけい(腕時計)	ⓒ 044
うでまえ(腕前)	Ⓢ 096
うなぎのぼり(鰻登り) ★★	Ⓑ 030
うぬぼれ(自惚れ)	Ⓢ 097
うのみ(鵜呑み) ★	Ⓢ 098
うまのほね(馬の骨)	ⓒ 045
うまれつき(生まれ付き)	Ⓢ 099
うみせんやません(海千山千) ★	ⓞ 238
うめぼし(梅干し) ★★	ⓒ 046
うら(裏)	Ⓔ 004
うらおもて(裏表) ★	Ⓢ 100
うらぎり(裏切り) ★★	Ⓢ 101
うらぐち(裏口)	Ⓢ 102
うらづけ(裏付け) ★	Ⓢ 103
うらどおり(裏通り)	ⓒ 047
うらないし(占い師)	ⓒ 048
うらにほん(裏日本) ★★	ⓒ 049
うらばなし(裏話)	Ⓢ 104
うらはら(裏腹) ★★	Ⓢ 105
うらめ(裏目) ★	Ⓑ 031
うりあげだか(売上高) ★★	Ⓑ 032
うりかい(売り買い) ★	Ⓑ 033
うりかけ(売り掛け) ★	Ⓑ 034
うりきれ(売り切れ) ★★	Ⓑ 035
うりこみ(売込み) ★	Ⓑ 036
うりて(売り手) ★	Ⓑ 037
うれゆき(売れ行き) ★★	Ⓑ 038
うわき(浮気) ★★	ⓒ 050
うわぎ(上着) ★	ⓒ 051
うわきもの(浮気者) ★	ⓒ 052
うわさ(噂) ★★	ⓒ 053
うわて(上手) ★★	Ⓢ 106
うわのせ(上乗せ) ★	Ⓑ 039
うわのそら(上の空)	Ⓢ 107
うわべ(上辺)	Ⓢ 108
うわむき(上向き) ★	Ⓑ 040
うわやく(上役) ★★	Ⓑ 041
うんでい(雲泥)	Ⓢ 109

え

えがお (笑顔)	Ⓒ 054
えきしゃ (易者) ★	Ⓒ 055
えしゃく (会釈) ★★	Ⓑ 042
えたい (得体)	Ⓢ 110
えて (得手)	Ⓢ 111
えとく (会得) ★★	Ⓢ 112
えどっこ (江戸っ子) ★	Ⓒ 056
えび (海老) ★	Ⓒ 057
えびす (恵比寿) ★	Ⓒ 058
えもの (獲物) ★	Ⓢ 113
えんがわ (縁側)	Ⓒ 059
えんぎ (縁起) ★★	Ⓒ 060
えんそく (遠足)	Ⓢ 114
えんだか (円高) ★★	Ⓑ 043
えんだて (円建て) ★	Ⓑ 044
えんだん (縁談) ★	Ⓒ 061
えんとつ (煙突) ★	Ⓒ 062
えんぽう (遠方)	Ⓢ 115
えんまさま (閻魔様)	Ⓒ 063
えんやす (円安)	Ⓑ 045
えんりょ (遠慮) ★★	Ⓑ 046

お

おいたち (生い立ち)	Ⓢ 116
おいて (於いて) ★★	Ⓞ 041
おうしょう (王将)	Ⓔ 005
おうせつま (応接間)	Ⓒ 064
おうだんまく (横断幕) ★	Ⓑ 047
おうちゃく (横着) ★★	Ⓢ 117
おうて (王手) ★	Ⓔ 006
おうへい (横柄) ★★	Ⓢ 118
おうよう (鷹揚)	Ⓢ 119
おえらがた (お偉方) ★	Ⓑ 048
おおあたり (大当たり) ★	Ⓑ 049
おおいに (大いに) ★	Ⓞ 042
おおうりだし (大売出し) ★	Ⓑ 050
おおがかり (大掛かり) ★	Ⓑ 051
おおかた (大方) ★	Ⓞ 043
おおぐち (大口) ★★	Ⓑ 052
おおくら (大蔵)	Ⓑ 053
おおくらしょう (大蔵省)	Ⓑ 054
おおげさ (大袈裟) ★★	Ⓢ 120
おおごしょ (大御所) ★★	Ⓑ 055
おおざっぱ (大雑把) ★	Ⓞ 044
おおさわぎ (大騒ぎ) ★	Ⓢ 121
おおすじ (大筋) ★	Ⓢ 122
おおずもう (大相撲)	Ⓒ 065
おおぜい (大勢)	Ⓞ 045
おおぜい (大勢)	Ⓢ 123
おおぜき (大関) ★★	Ⓔ 007
おおづめ (大詰め) ★★	Ⓟ 007
おおて (大手) ★★	Ⓑ 056
おおどおり (大通り) ★★	Ⓒ 066
おおはやり (大流行り) ★	Ⓢ 124
おおひろま (大広間)	Ⓒ 067
おおぶろしき (大風呂敷)	Ⓒ 068
おおまちがい (大間違い) ★	Ⓢ 125
おおばけ (大化け) ★★	Ⓑ 057
おおみそか (大晦日) ★	Ⓒ 069
おおむかし (大昔)	Ⓞ 046
おおむね (概ね) ★	Ⓞ 047
おおめ (大目) ★	Ⓞ 048
おおめだま (大目玉) ★	Ⓒ 070
おおもの (大物) ★	Ⓑ 058
おおや (大家) ★★	Ⓒ 071
おおやけ (公) ★	Ⓟ 008

Ⓟ・정치　Ⓑ・경제　Ⓢ・사회　Ⓒ・문화·종교　Ⓔ・스포츠·오락·연예　Ⓞ・기타

おおやすうり(大安売り) ★	Ⓑ 059	おちつき(落ち着き)	Ⓢ 137
おおよそ(大凡) ★	Ⓞ 049	おっくう(億劫)	Ⓢ 138
おおよろこび(大喜び) ★	Ⓞ 050	おって(追って) ★	Ⓞ 053
おかず(御数) ★	Ⓒ 072	おつり(お釣り) ★	Ⓒ 081
おかどちがい(お門違い) ★	Ⓢ 126	おてあげ(お手上げ)	Ⓢ 139
おかめはちもく(岡目八目) ★	Ⓢ 127	おてあらい(お手洗い) ★	Ⓒ 082
おきて(掟)	Ⓑ 060	おてもり(お手盛り)	Ⓟ 010
おきゃくさま(お客様)	Ⓑ 061	おてんきや(お天気屋) ★★	Ⓒ 083
おく(奥)	Ⓢ 128	おてんば(お転婆)	Ⓒ 084
おくさま(奥様) ★	Ⓒ 073	おとさた(音沙汰)	Ⓢ 140
おくば(奥歯)	Ⓢ 129	おとしあな(落とし穴) ★	Ⓢ 141
おくびょう(臆病) ★	Ⓢ 130	おとしだま(お年玉) ★	Ⓒ 085
おくゆき(奥行き) ★	Ⓑ 062	おとな(大人)	Ⓢ 142
おくりがな(送り仮名) ★	Ⓒ 074	おとめ(乙女)	Ⓒ 086
おくりもの(贈り物) ★	Ⓑ 063	おどりば(踊り場) ★	Ⓑ 069
おくればせ(遅れ馳せ)	Ⓞ 051	おね(尾根) ★	Ⓢ 143
おごり(奢り)	Ⓑ 064	おのおの(各々) ★	Ⓞ 054
おしいれ(押し入れ)	Ⓒ 075	おのれ(己) ★	Ⓞ 219
おしうり(押し売り) ★★	Ⓑ 065	おはこ(十八番) ★	Ⓔ 008
おしえご(教え子)	Ⓢ 131	おふくろ(お袋) ★	Ⓒ 087
おじぎ(お辞儀) ★★	Ⓑ 066	おぼうさん(お坊さん) ★	Ⓒ 088
おしきせ(お仕着せ)	Ⓢ 132	おぼつかない(覚束無い)	Ⓞ 055
おしゃか(お釈迦) ★	Ⓒ 076	おぼん(お盆) ★★	Ⓒ 089
おしゃべり(お喋り)	Ⓞ 052	おぼん(お盆)	Ⓒ 090
おしゃれ(お洒落) ★	Ⓢ 133	おまえ(お前) ★	Ⓞ 220
おしょうがつ(お正月) ★	Ⓒ 077	おまけ(お負) ★	Ⓞ 056
おじょうず(お上手) ★	Ⓢ 134	おみや(お宮)	Ⓒ 091
おしょく(汚職) ★	Ⓟ 009	おみやげ(御土産) ★	Ⓒ 092
おしろい(白粉)	Ⓒ 078	おめみえ(お目見え) ★	Ⓑ 070
おすみつき(お墨付き)	Ⓢ 135	おもいあたり(思い当たり) ★	Ⓢ 144
おせいぼ(お歳暮) ★★	Ⓒ 079	おもいつき(思い付き) ★	Ⓢ 145
おせじ(お世辞) ★★	Ⓑ 067	おもいで(思い出) ★	Ⓒ 093
おせっかい(お節介) ★	Ⓢ 136	おもいやり(思い遣り) ★★	Ⓒ 094
おだぶつ(お陀仏) ★	Ⓞ 080	おもかげ(面影)	Ⓒ 095
おだわらひょうじょう(小田原評定) ★		おもて(表)	Ⓔ 009
	Ⓑ 068	おもてにほん(表日本) ★	Ⓑ 071

おもなが(面長)	Ⓢ 146
おもむき(趣)	Ⓢ 147
おももち(面持ち)	Ⓢ 148
おもや(母屋/母家) ★	Ⓒ 096
おもわく(思惑) ★★	Ⓢ 149
おや(親)	Ⓒ 097
おやがいしゃ(親会社) ★★	Ⓑ 072
おやかた(親方) ★	Ⓔ 010
おやかたひのまる(親方日の丸) ★	Ⓟ 011
おやこ(親子) ★	Ⓒ 098
おやこうこう(親孝行) ★	Ⓒ 099
おやじ(親父)	Ⓒ 100
おやじ(親爺) ★	Ⓒ 101
おやぶん(親分) ★★	Ⓢ 150
おやゆび(親指) ★	Ⓢ 151
およそ(凡そ) ★	Ⓞ 057
および(及び) ★	Ⓞ 058
おり(折り)	Ⓞ 059
おりあい(折り合い)	Ⓢ 152
おりおり(折々) ★	Ⓞ 060
おりかえし(折り返し)	Ⓢ 153
おりがみ(折り紙)	Ⓢ 154
おりから(折柄) ★	Ⓞ 061
おりめ(折り目)	Ⓢ 155
おれ(俺) ★	Ⓞ 221
おろしうり(卸し売り) ★★	Ⓑ 073
おろしや(卸屋) ★★	Ⓑ 074
おんがえし(恩返し) ★★	Ⓢ 156
おんしゃ(御社)	Ⓑ 075
おんぞうし(御曹司) ★	Ⓑ 076
おんちゅう(御中) ★★	Ⓑ 077
おんど(音頭) ★	Ⓑ 078
おんれい(御礼) ★	Ⓑ 079

かい(甲斐) ★	Ⓢ 157
かいかけきん(買掛金) ★	Ⓑ 080
かいご(介護) ★★	Ⓑ 081
かいしゃく(介錯) ★	Ⓒ 102
かいせきりょうり(懐石料理) ★	Ⓒ 103
かいだめ(買い溜め) ★	Ⓑ 082
かいて(買い手) ★	Ⓑ 083
かいどく(買い得) ★	Ⓑ 084
かいまみ(垣間見)	Ⓢ 158
かいむ(皆無) ★	Ⓢ 159
かいもく(皆目)	Ⓢ 160
かいもの(買物) ★	Ⓢ 161
かいわい(界隈)	Ⓢ 162
かえだま(替え玉) ★	Ⓢ 163
かえって(却って) ★	Ⓞ 062
かおだち(顔立ち)	Ⓢ 164
かおつき(顔付き)	Ⓢ 165
かおぶれ(顔触れ) ★	Ⓑ 085
かかし(案山子)	Ⓟ 012
かかり(係)	Ⓑ 086
かかわらず(拘わらず) ★	Ⓞ 063
がきだいしょう(餓鬼大将)	Ⓒ 104
かきとめ(書留) ★	Ⓑ 087
かきとり(書き取り)	Ⓢ 166
かきね(垣根) ★	Ⓢ 167
かくしげい(隠し芸) ★★	Ⓒ 105
かくしご(隠し子)	Ⓢ 168
がくぶち(額縁) ★	Ⓒ 106
かくづけ(格付け) ★★	Ⓢ 169
かくやす(格安) ★	Ⓑ 088
かくれんぼう(隠れん坊) ★	Ⓒ 107
かけあし(駆け足) ★	Ⓢ 170
かけがい(掛け買い) ★	Ⓑ 089

Ⓟ・정치　Ⓑ・경제　Ⓢ・사회　Ⓒ・문화・종교　Ⓔ・스포츠・오락・연예　Ⓞ・기타

かげぐち(陰口)	Ⓢ 171	かたほう(片方)	Ⓢ 185
かけごえ(掛け声) ★	Ⓢ 172	かたぼう(片棒)	Ⓢ 186
かけごと(賭け事) ★	Ⓔ 011	かたまり(塊)	Ⓢ 187
かけじく(掛け軸) ★	Ⓒ 108	かたみ(肩身) ★	Ⓢ 188
かけだし(駆け出し) ★	Ⓢ 173	かたみ(形見)	Ⓒ 115
かけつけさんばい(駆け付け三杯) ★★	Ⓞ 239	かため(片目)	Ⓢ 189
		かたわら(傍) ★	Ⓞ 065
かけはし(懸け橋) ★	Ⓢ 174	かちぼし(勝ち星) ★	Ⓔ 012
かけひき(駆け引き) ★	Ⓑ 090	かっこう(格好/恰好) ★	Ⓢ 190
かけもの(掛け物)	Ⓒ 109	かっせん(合戦) ★	Ⓒ 116
かげん(加減) ★	Ⓢ 175	かつて(曽て) ★	Ⓞ 066
かざみどり(風見鶏) ★	Ⓟ 013	かって(勝手) ★★	Ⓒ 117
かざむき(風向き) ★	Ⓑ 091	かっぱ(河童)	Ⓒ 118
かし(河岸)	Ⓢ 176	かっぽう(割烹)	Ⓒ 119
かじ(火事) ★★	Ⓢ 177	がてん/がってん(合点)	Ⓢ 191
かししぶり(貸し渋り) ★★	Ⓑ 092	かどで(門出) ★	Ⓢ 192
かしだおれ(貸し倒れ) ★	Ⓑ 093	かどばん(角番) ★	Ⓔ 013
かじょうがき(箇条書き) ★	Ⓑ 094	かどまつ(門松)	Ⓒ 120
ガス(瓦斯) ★	Ⓑ 095	かな(仮名) ★	Ⓒ 121
かずのこ(数の子)	Ⓒ 110	かない(家内) ★	Ⓒ 122
かすみがせき(霞が関) ★	Ⓟ 014	かなぐ(金具) ★	Ⓢ 193
かぜ(風邪) ★	Ⓒ 111	かなた(彼方)	Ⓞ 222
かぜあたり(風当たり) ★	Ⓟ 015	かなづち(金鎚)	Ⓒ 123
かぞえどし(数え年) ★	Ⓒ 112	かなぼう(金棒)	Ⓞ 240
かぞく(華族)	Ⓒ 113	かなめ(要) ★	Ⓢ 194
かたおもい(片思い)	Ⓢ 178	かねぐり(金繰り) ★	Ⓑ 098
かたおや(片親)	Ⓢ 179	かねまわり(金回り) ★	Ⓑ 099
かたがき(肩書) ★★	Ⓑ 096	かねめ(金目) ★	Ⓢ 195
かたがた(旁)	Ⓞ 064	かねもうけ(金儲け) ★	Ⓑ 100
かたがわり(肩代わり) ★	Ⓢ 180	かねもち(金持ち) ★	Ⓢ 196
かたきうち(敵討ち) ★	Ⓒ 114	かのじょ(彼女) ★	Ⓞ 223
かたこと(片言) ★	Ⓢ 181	かばんもち(鞄持ち) ★	Ⓑ 101
かたず(固唾)	Ⓢ 182	かぶき(歌舞伎) ★	Ⓔ 014
かたすみ(片隅)	Ⓢ 183	かぶと(兜)	Ⓒ 124
かたたたき(肩叩き) ★	Ⓑ 097	かぶとちょう(兜町) ★	Ⓑ 102
かたはし(片端) ★	Ⓢ 184	がまん(我慢) ★	Ⓢ 197

かみかぜ(神風) ★	Ⓒ 125	
かみがた(上方)	Ⓒ 126	
かみざ(上座) ★★	Ⓑ 103	
かみさま(神様) ★	Ⓒ 127	
かみそり(剃刀)	Ⓢ 198	
かみだな(神棚) ★	Ⓒ 128	
かみひとえ(紙一重)	Ⓢ 199	
かや(蚊帳)	Ⓒ 129	
がら(柄)	Ⓢ 200	
からくち(辛口)	Ⓒ 130	
ガラス(硝子) ★★	Ⓑ 104	
からて(空手/唐手)	Ⓔ 015	
からてがた(空手形) ★	Ⓑ 105	
からぶり(空振り)	Ⓔ 016	
かり(仮)	Ⓞ 067	
かりいれ(刈り入れ)	Ⓒ 131	
かりぬい(仮縫)	Ⓒ 132	
かるわざ(軽業)	Ⓔ 017	
かれ(彼)	Ⓞ 224	
かろうじて(辛うじて)	Ⓞ 068	
かわいそう(可哀想) ★	Ⓢ 201	
かわきり(皮切り)	Ⓢ 202	
かわざんよう(皮算用)	Ⓞ 241	
かわせ(為替) ★★	Ⓑ 106	
かわりめ(変り目) ★	Ⓢ 203	
かん(勘)	Ⓢ 204	
かんがえかた(考え方) ★	Ⓢ 205	
かんかんせったい(官官接待) ★	Ⓟ 016	
かんこどり(閑古鳥) ★	Ⓑ 107	
がんじつ(元日)	Ⓒ 133	
かんしょう(冠省) ★	Ⓑ 108	
かんじょう(勘定) ★★	Ⓑ 109	
かんしん(感心) ★★	Ⓢ 206	
かんじん(肝心) ★	Ⓢ 207	
かんちがい(勘違い)	Ⓢ 208	
かんづめ(缶詰)	Ⓢ 209	
かんどころ(勘所)	Ⓢ 210	
かんにん(堪忍)	Ⓢ 211	
かんねん(観念)	Ⓢ 212	
がんばり(頑張り)	Ⓞ 069	
かんべん(勘弁) ★	Ⓢ 213	
かんよう(肝要) ★	Ⓢ 214	
かんれき(還暦)	Ⓒ 134	

き

きあい(気合)	Ⓔ 018	
きおくれ(気後れ)	Ⓢ 215	
きがかり(気掛かり) ★	Ⓢ 216	
きがる(気軽)	Ⓢ 217	
ききて(聞き手)	Ⓢ 218	
ききめ(利き目/効き目) ★	Ⓢ 219	
きくばり(気配り) ★★	Ⓢ 220	
きげん(機嫌) ★★	Ⓢ 221	
ぎごく(疑獄) ★	Ⓟ 017	
きごころ(気心)	Ⓢ 222	
きざし(兆し)	Ⓢ 223	
きさま(貴様)	Ⓞ 225	
きじ(生地)	Ⓒ 135	
きしょう(気性)	Ⓢ 224	
きすう(奇数) ★	Ⓒ 136	
きずな(絆) ★	Ⓒ 137	
きちがい(気違い)	Ⓢ 225	
きちょうめん(几帳面) ★	Ⓢ 226	
きづかい(気遣い)	Ⓢ 227	
きっかけ(切っ掛け) ★★	Ⓢ 228	
きっさてん(喫茶店)	Ⓒ 138	
きって(切手) ★	Ⓢ 229	
きっぷ(切符) ★	Ⓢ 230	
きてん(機転/気転) ★	Ⓢ 231	

Ⓟ・정치   Ⓑ・경제   Ⓢ・사회   Ⓒ・문화・종교   Ⓔ・스포츠・오락・연예   Ⓞ・기타

きど(木戸)	Ⓔ 019	きれい(奇麗/綺麗)	Ⓞ 073
きどり(気取り)	Ⓢ 232	きれはし(切れ端)	Ⓢ 249
きなが(気長)	Ⓢ 233	きれめ(切れ目)	Ⓢ 250
きに(機に)	Ⓞ 070	きれもの(切れ者) ★	Ⓑ 116
きのどく(気の毒) ★	Ⓒ 139	きわめて(極めて)	Ⓞ 074
きばらし(気晴らし) ★	Ⓢ 234	きんぎょ(金魚)	Ⓒ 145
きまえ(気前)	Ⓢ 235	きんさく(金策) ★	Ⓑ 117
きまじめ(生真面目)	Ⓞ 071	きんじょ(近所)	Ⓢ 251
きまま(気侭)	Ⓞ 072	きんじょめいわく(近所迷惑) ★	Ⓑ 118
きまり(決まり)	Ⓢ 236	きんば(金歯)	Ⓒ 146
きまりもんく(決まり文句) ★	Ⓢ 237		
きみ(気味)	Ⓢ 238		
きみ(黄身)	Ⓒ 140		
きむすめ(生娘)	Ⓒ 141	**く**	
きめ(木目)	Ⓢ 239		
きめて(決め手) ★	Ⓔ 020	ぐあい(具合) ★	Ⓢ 252
きも(肝)	Ⓢ 240	くいちがい(食い違い)	Ⓢ 253
きもち(気持ち)	Ⓢ 241	ぐうすう(偶数) ★	Ⓒ 147
きもの(着物)	Ⓒ 142	くぎり(区切り)	Ⓑ 119
ぎゃくて(逆手)	Ⓔ 021	くさわけ(草分け) ★	Ⓑ 120
きゃくひき(客引き)	Ⓑ 110	くじびき(籤引き) ★	Ⓑ 121
ぎゅういんばしょく(牛飲馬食)	Ⓞ 242	くじょう(苦情) ★★	Ⓑ 122
きゅうくつ(窮屈) ★	Ⓢ 242	ぐず(愚図)	Ⓢ 254
ぎゅうじ(牛耳)	Ⓑ 111	くずかご(屑籠) ★	Ⓑ 123
きゅうす(急須)	Ⓒ 143	くせ(癖)	Ⓒ 148
ぎゅうほ(牛歩)	Ⓑ 112	くせもの(曲者)	Ⓢ 255
きゅうよう(急用) ★	Ⓢ 243	くそ(糞)	Ⓢ 256
きよう(器用) ★	Ⓢ 244	くだもの(果物)	Ⓒ 149
きょうい(脅威) ★	Ⓢ 245	くだりざか(下り坂)	Ⓢ 257
ぎょうぎ(行儀) ★	Ⓑ 113	ぐち(愚痴) ★	Ⓢ 258
ぎょうさい(業際) ★	Ⓑ 114	くちあたり(口当たり) ★	Ⓒ 150
きょうしゅく(恐縮) ★	Ⓢ 246	くちきき(口利き) ★★	Ⓟ 018
きょうじゅつ(供述)	Ⓢ 247	くちかず(口数)	Ⓢ 259
きらく(気楽)	Ⓢ 248	くちぐせ(口癖) ★	Ⓢ 260
ぎりのなか(義理の仲)	Ⓒ 144	くちぐるま(口車) ★	Ⓢ 261
きりふだ(切り札) ★★	Ⓑ 115	くちさき(口先) ★	Ⓢ 262

653

くちぞえ(口添え)	Ⓢ 263		げいしゃ(芸者) ★	Ⓔ 024
くちだし(口出し)	Ⓢ 264		げいとう(芸当)	Ⓔ 025
くちはっちょうてはっちょう(口八丁手八丁)	Ⓞ 243		けいろ(毛色)	Ⓢ 272
くちび(口火) ★	Ⓟ 019		けが(怪我)	Ⓢ 273
くちぶえ(口笛)	Ⓒ 151		げきやす(激安) ★★	Ⓑ 128
くちぶり(口振り)	Ⓒ 152		げこ(下戸)	Ⓒ 163
くちべに(口紅)	Ⓒ 153		けしき(景色)	Ⓢ 274
くちょう(口調) ★	Ⓢ 265		げた(下駄)	Ⓒ 164
くつした(靴下)	Ⓒ 154		けたちがい(桁違い) ★★	Ⓑ 129
くったく(屈託)	Ⓒ 155		けっこう(結構) ★★	Ⓢ 275
くびかざり(首飾り)	Ⓒ 156		けっそう(血相)	Ⓢ 276
くびきり(首切り) ★	Ⓑ 124		けなみ(毛並み)	Ⓢ 277
くふう(工夫) ★★	Ⓢ 266		けねん(懸念) ★★	Ⓢ 278
くまで(熊手)	Ⓒ 157		けはい(気配)	Ⓢ 279
くみあわせ(組み合わせ)	Ⓢ 267		けびょう(仮病)	Ⓒ 165
くみたて(組立て)	Ⓢ 268		げひん(下品)	Ⓢ 280
くめん(工面) ★	Ⓑ 125		けらい(家来) ★	Ⓒ 166
くもつ(供物)	Ⓒ 158		げり(下痢) ★	Ⓒ 167
くよう(供養)	Ⓒ 159		けんか(喧嘩) ★★	Ⓒ 168
くらもと(蔵元)	Ⓒ 160		げんき(元気)	Ⓢ 281
くりかえし(操り返し) ★	Ⓢ 269		げんこつ(拳骨)	Ⓢ 282
くれぐれ(呉々)	Ⓞ 075		げんすんだい(原寸大) ★	Ⓒ 169
くろう(苦労)	Ⓢ 270		けんちょう(堅調) ★	Ⓑ 130
くろうと(玄人) ★	Ⓢ 271		けんとう(見当) ★★	Ⓢ 283
くろじ(黒字) ★	Ⓑ 126		けんぶつ(見物) ★★	Ⓢ 284
くろぼし(黒星)	Ⓔ 022		けんめい(懸命) ★★	Ⓢ 285
ぐんて(軍手)	Ⓒ 161			
ぐんばい(軍配)	Ⓔ 023			

け

●

けいぐ(敬具) ★★	Ⓑ 127
けいこ(稽古) ★	Ⓒ 162

こ

●

ごういん(強引) ★	Ⓢ 286
こうえい(光栄) ★	Ⓒ 170
こうか(硬貨) ★	Ⓒ 171
こうきょ(皇居) ★	Ⓒ 172
こうこう(孝行) ★	Ⓒ 173

こうさん(降参)	Ⓢ 287	こだから(子宝)	Ⓢ 307
ごうじょう(強情) ★	Ⓢ 288	こだち(木立)	Ⓢ 308
こうじん(幸甚) ★	Ⓢ 289	こたつ(炬燵)	Ⓒ 179
こうていぶあい(公定歩合) ★★	Ⓑ 131	ごちそう(御馳走) ★	Ⓒ 180
こうでん(香典)	Ⓒ 174	コツ(骨) ★	Ⓑ 141
こうばい(勾配)	Ⓢ 290	こづかい(小遣い) ★	Ⓒ 181
こうはく(紅白) ★	Ⓔ 026	こづかい(小使)	Ⓒ 182
こうばん(交番) ★	Ⓒ 175	こっけい(滑稽) ★	Ⓒ 183
ごうべん(合弁) ★	Ⓑ 132	ことがら(事柄)	Ⓢ 309
こうほう(広報) ★	Ⓑ 133	ことづけ(言付け)	Ⓢ 310
こうまん(高慢)	Ⓢ 291	ことに(殊に)	Ⓞ 076
こうら(甲羅)	Ⓢ 292	ことば(言葉)	Ⓢ 311
こうろん(口論) ★	Ⓢ 293	ことばじり(言葉尻)	Ⓢ 312
こがい(子飼い)	Ⓑ 134	こども(子供)	Ⓒ 184
こがいしゃ(子会社) ★	Ⓑ 135	ことわざ(諺)	Ⓞ 244
こかげ(木陰)	Ⓢ 294	このは(木の葉)	Ⓢ 313
こがた(小型) ★★	Ⓑ 136	このみ(木の実)	Ⓢ 314
こきざみ(小刻み)	Ⓢ 295	こばん(小判)	Ⓒ 185
こぎって(小切手) ★	Ⓑ 137	ごふく(呉服) ★	Ⓒ 186
こきみ(小気味)	Ⓢ 296	ごぶごぶ(五分五分)	Ⓢ 315
こけ(虚仮)	Ⓒ 176	ごぶさた(御無沙汰) ★	Ⓢ 316
ここち(心地)	Ⓢ 297	こぶね(小船)	Ⓢ 317
こごと(小言) ★	Ⓢ 298	こぶん(子分) ★★	Ⓢ 318
こころあて(心当て)	Ⓢ 299	ごま(胡麻)	Ⓢ 319
こころえ(心得) ★	Ⓑ 138	こみみ(小耳)	Ⓢ 320
こころがけ(心掛け) ★	Ⓢ 300	ごめん(御免) ★	Ⓢ 321
こころがまえ(心構え) ★	Ⓢ 301	こもりうた(子守歌)	Ⓒ 187
こころくばり(心配り) ★	Ⓢ 302	こや(小屋)	Ⓒ 188
こころづかい(心遣い) ★	Ⓢ 303	ごよう(御用) ★	Ⓑ 142
こころもち(心持ち)	Ⓢ 304	こよみ(暦)	Ⓒ 189
こさめ(小雨)	Ⓢ 305	ごらん(御覧)	Ⓢ 322
ごさんけ(御三家)	Ⓑ 139	ごろ(語呂)	Ⓢ 323
こじき(乞食) ★	Ⓢ 306	ころもがえ(衣替え)	Ⓒ 190
こしょう(胡椒)	Ⓒ 177	ごんげ(権化) ★	Ⓢ 324
こぜに(小銭) ★	Ⓑ 140	こんだて(献立) ★	Ⓒ 191
ごぜんさま(午前様)	Ⓒ 178	こんぽう(梱包) ★	Ⓑ 143

こんやく(婚約)	Ⓒ 192	ざしき(座敷)	Ⓒ 203
こんりんざい(金輪際) ★	Ⓞ 077	さしず(指図) ★★	Ⓢ 337
		さしだしにん(差出人) ★	Ⓢ 338
		さしつかえ(差し支え)	Ⓢ 339
		さしみ(刺身)	Ⓒ 204
		さすが(流石) ★	Ⓞ 082

さ

さいく(細工)	Ⓢ 325	さた(沙汰) ★	Ⓢ 340
さいくん(細君)	Ⓒ 193	さっそく(早速) ★	Ⓞ 083
さいご(最期) ★	Ⓢ 326	さつたば(札束) ★	Ⓑ 146
さいころ(賽子)	Ⓒ 194	さっち(察知)	Ⓢ 341
さいさき(幸先) ★★	Ⓢ 327	ざっとう(雑踏)	Ⓢ 342
さいじつ(祭日) ★	Ⓒ 195	ざつよう(雑用)	Ⓢ 343
さいそく(催促) ★	Ⓢ 328	さて(扨) ★	Ⓢ 344
さいだい(細大)	Ⓢ 329	さとう(左党)	Ⓒ 205
さいちゅう(最中) ★	Ⓢ 330	さとがえり(里帰り)	Ⓒ 206
さいど(再度)	Ⓢ 331	さはんじ(茶飯事)	Ⓒ 207
さいはい(采配)	Ⓢ 332	ざぶとん(座布団)	Ⓒ 208
さいふ(財布) ★	Ⓒ 196	さほう(作法) ★	Ⓒ 209
さかいめ(境目)	Ⓢ 333	さみだれ(五月雨)	Ⓒ 210
さかだち(逆立ち)	Ⓢ 334	さむらい(侍)	Ⓒ 211
さかば(酒場) ★★	Ⓒ 197	さらしもの(晒し者)	Ⓢ 345
さかみち(坂道)	Ⓢ 335	さんかく(参画) ★	Ⓑ 147
さかや(酒屋) ★★	Ⓒ 198	さんしゅのじんぎ(三種の神器) ★	
さかりば(盛り場) ★★	Ⓒ 199		Ⓒ 212
さかん(盛ん)	Ⓞ 078	さんじょう(参上) ★	Ⓑ 148
さきおくり(先送り) ★★	Ⓟ 020	ざんだか(残高)	Ⓑ 149
さきどり(先取り)	Ⓑ 144	さんにゅう(参入) ★	Ⓑ 150
さきほど(先程)	Ⓞ 079	ざんねん(残念) ★	Ⓢ 346
さきゆき(先行き) ★	Ⓑ 145	さんぼんばしら(三本柱) ★★	Ⓢ 347
さくや(昨夜)	Ⓒ 200	さんもんばん(三文判) ★	Ⓑ 151
さけぐせ(酒癖)	Ⓒ 201		
ささい(些細)	Ⓞ 080		
さじ(匙)	Ⓒ 202		
さしあたり(差し当たり)	Ⓞ 081	## し	
さしえ(挿絵)	Ⓢ 336	しあげ(仕上げ) ★	Ⓢ 348

しあん(思案) ★	Ⓢ 349	したぎ(下着) ★★	Ⓒ 224
しいれ(仕入れ) ★	Ⓑ 152	したく(支度) ★★	Ⓢ 362
しうち(仕打ち)	Ⓢ 350	したごころ(下心)	Ⓢ 363
しおから(塩辛)	Ⓒ 213	したじ(下地)	Ⓢ 364
しおくり(仕送り)	Ⓒ 214	したしらべ(下調べ)	Ⓑ 157
しおどき(潮時) ★	Ⓢ 351	したそうだん(下相談) ★	Ⓑ 158
しおやき(塩焼き)	Ⓒ 215	したづみ(下積み)	Ⓢ 365
しかえし(仕返し)	Ⓢ 352	したてや(仕立屋)	Ⓒ 225
しかけ(仕掛け)	Ⓢ 353	したび(下火)	Ⓑ 159
しかた(仕方) ★★	Ⓢ 354	したまち(下町) ★★	Ⓒ 226
じかに(直に)	Ⓞ 084	じだん(示談) ★	Ⓑ 160
じがね(地金)	Ⓢ 355	しちや(質屋) ★	Ⓒ 227
しかも(然も/而も)	Ⓞ 085	しちょうそん(市町村)	Ⓟ 021
じかんわり(時間割り) ★	Ⓒ 216	じっか(実家)	Ⓒ 228
しきい(敷居)	Ⓒ 217	しつけ(躾/仕付け) ★	Ⓒ 229
しききん(敷金) ★	Ⓑ 153	しっそ(質素) ★	Ⓢ 366
しきじょうりこん(式場離婚) ★	Ⓒ 218	しっそく(失速) ★	Ⓑ 161
しきたり(仕来り) ★	Ⓒ 219	しっぽ(尻尾) ★	Ⓢ 367
しきち(敷地) ★	Ⓑ 154	じてん(事典) ★	Ⓑ 162
じきに(直に)	Ⓞ 086	しない(竹刀)	Ⓒ 230
しきぶとん(敷布団)	Ⓒ 220	しなもの(品物) ★	Ⓢ 368
しきもの(敷物)	Ⓒ 221	じならし(地均し)	Ⓢ 369
じきょう(自供) ★	Ⓢ 356	しにせ(老舗) ★★	Ⓒ 231
しきり(仕切り)	Ⓒ 222	しのぎ(鎬)	Ⓢ 370
しきり(頻り)	Ⓞ 087	しばい(芝居)	Ⓔ 027
しぐさ(仕草)	Ⓢ 357	じばさんぎょう(地場産業) ★★	Ⓑ 163
しくはっく(四苦八苦)	Ⓞ 245	しばふ(芝生) ★	Ⓢ 371
しくみ(仕組み) ★	Ⓑ 155	じばら(自腹) ★	Ⓢ 372
しごと(仕事) ★★	Ⓢ 358	じびき(字引き)	Ⓢ 373
しこみ(仕込み)	Ⓢ 359	じぶん(自分)	Ⓢ 374
じしゅまい(自主米)	Ⓒ 223	しまい(仕舞い) ★	Ⓢ 375
しだい(次第)	Ⓞ 088	しまつ(始末) ★	Ⓢ 376
しだいに(次第に)	Ⓞ 089	じまん(自慢) ★	Ⓢ 377
したうけ(下請け) ★	Ⓑ 156	じみ(地味) ★	Ⓢ 378
したうち(舌打ち)	Ⓢ 360	じみち(地道) ★	Ⓢ 379
したがき(下書き)	Ⓢ 361	しむけ(仕向け)	Ⓢ 380

しめい(氏名) ★	Ⓢ 381		しょうしか(小子化) ★★	Ⓑ 173
しめきり(締切) ★	Ⓑ 164		しょうじ(障子)	Ⓒ 241
しもざ(下座) ★	Ⓑ 165		じょうしゅび(上首尾)	Ⓢ 395
じもと(地元)	Ⓟ 022		じょうず(上手) ★	Ⓢ 396
しゃくし(杓子)	Ⓢ 382		しょうそくすじ(消息筋)	Ⓟ 023
しゃくしじょうぎ(杓子定規)	Ⓢ 383		じょうたつ(上達)	Ⓢ 397
じゃぐち(蛇口)	Ⓢ 384		じょうだん(冗談) ★	Ⓢ 398
しゃくりょう(酌量) ★	Ⓑ 166		しょうち(承知) ★	Ⓢ 399
じゃすい(邪推) ★	Ⓢ 385		しょうてんがい(商店街)	Ⓑ 174
しゃそう(社葬)	Ⓑ 167		しょうねんば(正念場) ★★	Ⓒ 242
しゃにむに(遮二無二)	Ⓞ 090		しょうばい(商売) ★	Ⓑ 175
じゃばら(蛇腹)	Ⓢ 386		しょうばいあがったり(商売上がったり)	
じゃま(邪魔) ★★	Ⓢ 387			Ⓑ 176
じゃまもの(邪魔者)	Ⓢ 388		じょうひん(上品) ★	Ⓢ 400
しゃようぞく(社用族) ★★	Ⓑ 168		じょうぶ(丈夫)	Ⓞ 091
しゃれ(洒落)	Ⓢ 389		しょうぶん(性分)	Ⓢ 401
しゅうし(修士) ★	Ⓒ 232		しようまっせつ(枝葉末節)	Ⓢ 402
しゅうし(終始)	Ⓢ 390		しょうや(庄屋)	Ⓒ 243
じゅうしょく(住職)	Ⓒ 233		しょうゆ(醤油)	Ⓒ 244
じゅうたい(渋滞) ★★	Ⓢ 391		じょうれん(常連) ★	Ⓒ 245
しゅうと(姑) ★	Ⓔ 028		しょうわ(唱和)	Ⓢ 403
しゅうもく(衆目)	Ⓢ 392		しょくあたり(食中り)	Ⓢ 404
しゅうゆうけん(周遊券)	Ⓑ 169		しょくあん(職安)	Ⓟ 024
じゅうりょうあげ(重量挙げ)	Ⓔ 029		しょせん(所詮)	Ⓞ 092
じゅく(塾)	Ⓒ 234		しょぞん(所存) ★	Ⓢ 405
しゅくじつ(祝日)	Ⓒ 235		しょたい(所帯)	Ⓢ 406
しゅじん(主人)	Ⓒ 236		しょちゅう(書中)	Ⓑ 177
じゅず(数珠)	Ⓒ 237		しょちゅう(暑中)	Ⓢ 407
しゅっこう(出向) ★	Ⓑ 170		じょのくち(序の口)	Ⓔ 030
しゅつじ(出自)	Ⓢ 393		しょもつ(書物)	Ⓢ 408
しゅっせき(出席) ★	Ⓑ 171		しらせ(知らせ) ★	Ⓢ 409
しゅんとう(春闘) ★	Ⓑ 172		しらんがお(知らん顔)	Ⓢ 410
しよう(仕様) ★	Ⓢ 394		しりあい(知り合い) ★	Ⓢ 411
じょうかまち(城下町) ★	Ⓒ 238		しりうま(尻馬) ★	Ⓢ 412
じょうぎ(定規)	Ⓒ 239		しりめ(尻目)	Ⓢ 413
じょうご(上戸)	Ⓒ 240		しるし(印) ★★	Ⓢ 414

しろうと(素人) ★★	Ⓢ 415	すけべえ(助兵衛)	Ⓒ 256
しろくろ(白黒) ★	Ⓑ 178	すごい(凄い)	Ⓞ 094
しろぼし(白星) ★	Ⓔ 031	すこぶる(頗る)	Ⓞ 095
しろみ(白身)	Ⓒ 246	ずさん(杜撰)	Ⓢ 431
しろめ(白目)	Ⓢ 416	すし(寿司)	Ⓒ 257
しわざ(仕業) ★	Ⓢ 417	すじ(筋)	Ⓢ 432
しわす(師走) ★	Ⓒ 247	すじがき(筋書き)	Ⓢ 433
じんぎ(神器) ★	Ⓒ 248	すじだて(筋立て)	Ⓢ 434
しんきょ(新居)	Ⓒ 249	すしづめ(寿司詰め)	Ⓢ 435
しんけん(真剣) ★	Ⓢ 418	すじみち(筋道)	Ⓢ 436
じんじゃ(神社) ★	Ⓒ 250	すずめのなみだ(雀の涙)	Ⓞ 246
しんじゅう(心中) ★	Ⓒ 251	すその(裾野)	Ⓢ 437
しんすい(真水)	Ⓟ 025	すで(素手)	Ⓢ 438
しんだい(身代)	Ⓢ 419	すてき(素敵)	Ⓞ 096
しんちょう(新調)	Ⓢ 420	すでに(既に)	Ⓞ 097
しんぱい(心配) ★	Ⓢ 421	すなお(素直)	Ⓢ 439
しんぼう(辛抱) ★	Ⓢ 422	すなわち(即ち)	Ⓞ 098
しんまい(新米) ★	Ⓑ 179	すはだ(素肌)	Ⓢ 440
しんみ(親身) ★	Ⓢ 423	ずぼし(図星) ★★	Ⓢ 441
しんるい(親類) ★	Ⓒ 252	すみ(済み)	Ⓢ 442
		すもう(相撲) ★	Ⓔ 032
		すり(掏摸)	Ⓞ 099
		すんぜん(寸前)	Ⓢ 443
		すんぶん(寸分)	Ⓢ 444
		すんぽう(寸法) ★	Ⓒ 258

す

すあし(素足)	Ⓢ 424
ずいいち(随一)	Ⓢ 425
すいがら(吸い殻) ★	Ⓒ 253
すいさつ(推察)	Ⓢ 426
すいしゃ(水車)	Ⓒ 254
ずいぶん(随分)	Ⓞ 093
すうき(数奇)	Ⓢ 427
すえっこ(末っ子)	Ⓒ 255
すがお(素顔) ★	Ⓢ 428
すききらい(好き嫌い) ★	Ⓢ 429
すきま(隙間)	Ⓢ 430

せ

せい(所為)	Ⓞ 100
せいいっぱい(精一杯) ★★	Ⓢ 445
ぜいこみ(税込み)	Ⓑ 180
せいこん(精根)	Ⓢ 446
せいこん(精魂)	Ⓢ 447
せいざ(正座)	Ⓒ 259

せいしょう(清祥)	Ⓢ	448
せいぜい(精々)	Ⓞ	101
ぜいたく(贅択) ★	Ⓢ	449
せいぼ(歳暮) ★★	Ⓒ	260
せかいいち(世界一) ★	Ⓑ	181
せきがはら(関が原) ★	Ⓑ	182
せきじ(席次) ★	Ⓑ	183
せきしょ(関所)	Ⓒ	261
せきとり(関取)	Ⓔ	033
せきはん(赤飯)	Ⓒ	262
せけん(世間) ★	Ⓢ	450
せけんてい(世間体) ★	Ⓢ	451
せすじ(背筋)	Ⓢ	452
せたけ(背丈)	Ⓢ	453
せっかく(切角)	Ⓞ	102
せっく(節句)	Ⓒ	263
ぜっく(絶句)	Ⓢ	454
せっけん(石鹸) ★	Ⓑ	184
せっぷく(切腹) ★	Ⓒ	264
せつぶん(節分)	Ⓒ	265
せっぷん(接吻)	Ⓢ	455
せとぎわ(瀬戸際) ★	Ⓢ	456
せともの(瀬戸物)	Ⓒ	266
せなか(背中)	Ⓢ	457
せのび(背伸び)	Ⓢ	458
ぜひ(是非)	Ⓞ	103
せびろ(背広)	Ⓒ	267
せりうり(競売り)	Ⓑ	185
せりふ(台詞)	Ⓢ	459
せろん(世論) ★	Ⓟ	026
せわ(世話) ★	Ⓢ	460
せわやく(世話役)	Ⓢ	461
せんこう(線香) ★	Ⓒ	268
せんさく(詮索)	Ⓢ	462
せんしゅうらく(千秋楽)	Ⓔ	034
せんす(扇子) ★	Ⓒ	269
せんだつ(先達)	Ⓢ	463
せんだって(先達て)	Ⓞ	104
せんたん(先端) ★★	Ⓑ	186
せんとう(銭湯) ★	Ⓒ	270
せんぬき(栓抜き)	Ⓒ	271
せんぱん(先般) ★	Ⓢ	464
せんぽう(先方) ★	Ⓢ	465

そ

そうかいや(総会屋) ★★	Ⓑ	187
ぞうきん(雑巾)	Ⓢ	466
そうけい(早計)	Ⓢ	467
そうごう(総合) ★	Ⓑ	188
ぞうさ(造作/雑作)	Ⓢ	468
そうしき(葬式) ★	Ⓒ	272
そうそう(早々)	Ⓞ	105
そうそう(草々/忽々)	Ⓞ	106
そうで(総出) ★	Ⓢ	469
そうば(相場) ★★★	Ⓑ	189
そうみ(総身)	Ⓢ	470
ぞくしん(続伸)	Ⓑ	190
そこいれ(底入れ)	Ⓑ	191
そこなし(底無し)	Ⓢ	471
そしな(粗品)	Ⓢ	472
そせん(祖先)	Ⓢ	473
そとぼり(外堀)	Ⓒ	273
そとまわり(外回り)	Ⓢ	474
そぶり(素振り)	Ⓢ	475
そまつ(粗末)	Ⓢ	476
そらに(空似)	Ⓢ	477
そらめ(空目)	Ⓢ	478
そろばん(算盤) ★	Ⓑ	192
ぞんがい(存外)	Ⓢ	479

そんぶん(存分) ★	Ⓢ 480	だいみょう(大名) ★	Ⓒ 281
		たいら(平ら)	Ⓞ 114
		たうえ(田植え)	Ⓒ 282
		たがいちがいに(互い違いに)	Ⓞ 115
		たかとび(高跳び)	Ⓔ 035
た		たかとび(高飛び)	Ⓢ 488
たいあたり(体当たり) ★	Ⓢ 481	たかね(高値) ★	Ⓑ 198
たいあん(大安)	Ⓒ 274	たかね(高嶺)	Ⓢ 489
たいがん(対岸)	Ⓢ 482	たかびしゃ(高飛車) ★	Ⓢ 490
だいく(大工) ★	Ⓒ 275	たからくじ(宝籤) ★	Ⓔ 036
たいくつ(退屈) ★	Ⓒ 276	たきび(焚き火)	Ⓢ 491
たいげんそうご(大言壮語)	Ⓞ 247	たぐい(類い)	Ⓞ 116
たいこ(太鼓)	Ⓒ 277	たくさん(沢山)	Ⓞ 117
たいこう(対向) ★	Ⓢ 483	たくはいびん(宅配便)	Ⓑ 199
だいこくばしら(大黒柱) ★	Ⓑ 193	たけのこ(竹の子)	Ⓒ 283
たいこばん(太鼓判) ★	Ⓑ 194	だし(山車) ★	Ⓒ 284
だいごみ(醍醐味) ★	Ⓒ 278	だしいれ(出し入れ)	Ⓑ 200
だいこん(大根)	Ⓒ 279	たしざん(足し算) ★	Ⓢ 492
だいさんこくじん(第三国人) ★★		だしぬけ(出し抜け)	Ⓢ 493
	Ⓟ 027	ただ(唯/只)	Ⓞ 118
だいじ(大事) ★	Ⓢ 484	ただ(只)	Ⓞ 119
だいしきゅう(大至急)	Ⓑ 195	ただいま(只今/唯今)	Ⓞ 120
たいしゃ(退社) ★	Ⓑ 196	たたきあげ(叩き上げ)	Ⓑ 201
だいじょうぶ(大丈夫)	Ⓞ 107	ただちに(直ちに)	Ⓞ 121
だいじん(大臣)	Ⓟ 028	たたり(崇り)	Ⓢ 494
たいせいほうかん(大政奉還) ★	Ⓑ 197	たちいり(立入り) ★	Ⓒ 285
たいせつ(大切)	Ⓢ 485	たちうち(太刀打ち) ★	Ⓢ 495
たいそう(大層)	Ⓞ 108	たちおうじょう(立往生) ★★	Ⓢ 496
だいたい(大体)	Ⓞ 109	たちのき(立退き)	Ⓢ 497
たいちょう(体調) ★	Ⓢ 486	たちまち(忽ち)	Ⓞ 122
たいてい(大抵)	Ⓞ 110	たちより(立ち寄り) ★	Ⓢ 498
だいどころ(台所) ★	Ⓒ 280	たっきゅうびん(宅急便)	Ⓑ 202
だいなし(台無し)	Ⓢ 487	たっしゃ(達者) ★	Ⓢ 499
たいはん(大半)	Ⓞ 111	だっと(脱兎)	Ⓢ 500
だいぶ(大分) ★	Ⓞ 112	たづな(手網)	Ⓢ 501
たいへん(大変)	Ⓞ 113	たつまき(龍巻) ★	Ⓢ 502

たて(殺陣)	Ⓒ 286	だんご(団子)	Ⓔ 038
たてかえ(立替え) ★	Ⓑ 203	たんざく(短冊)	Ⓒ 294
たてね(建値) ★	Ⓑ 204	たんしょ(短所) ★	Ⓢ 515
たてまえ(建前) ★★	Ⓒ 287	たんじょうび(誕生日)	Ⓒ 295
たな(棚)	Ⓒ 288	たんす(箪笥)	Ⓒ 296
たなあげ(棚上げ) ★	Ⓑ 205	だんだんばたけ(段々畑)	Ⓒ 297
たなおろし(棚卸) ★	Ⓑ 206	だんどり(段取り) ★	Ⓒ 298
たなこ(店子)	Ⓑ 207	だんな(旦那) ★	Ⓒ 299
たなばた(七夕)	Ⓒ 289	たんねん(丹念)	Ⓢ 516
たにぞこ(谷底)	Ⓢ 503	たんのう(堪能)	Ⓢ 517
たにま(谷間)	Ⓢ 504	たんぼ(田圃)	Ⓒ 300
たにんぎょうぎ(他人行儀) ★	Ⓒ 290	たんもの(反物)	Ⓢ 518
たね(種) ★	Ⓢ 505		
たねまき(種蒔き)	Ⓒ 291		
たはた(田畑)	Ⓒ 292		
たびたび(度々)	Ⓞ 123	## ち	
たびづかれ(旅疲れ) ★	Ⓢ 506		
たびびと(旅人)	Ⓢ 507	ちかごろ(近頃)	Ⓞ 128
たぶん(多分)	Ⓞ 124	ちかみち(近道) ★	Ⓢ 519
たましい(魂)	Ⓢ 508	ちくじ(逐次) ★	Ⓢ 520
たまつき(玉突き)	Ⓔ 037	ちくしょう(畜生)	Ⓒ 301
たまむしいろ(玉虫色)	Ⓢ 509	ちしお(血潮)	Ⓢ 521
たまもの(賜物) ★	Ⓒ 293	ちすじ(血筋) ★	Ⓢ 522
だめ(駄目)	Ⓞ 125	ちなみに(因に) ★	Ⓞ 129
ためいき(溜め息)	Ⓢ 510	ちまなこ(血眼)	Ⓢ 523
だめおし(駄目押し) ★	Ⓑ 208	ちゃくもく(着目) ★	Ⓢ 524
たより(便り)	Ⓞ 126	ちゃづけ(お茶漬け)	Ⓒ 302
たより(頼り)	Ⓞ 127	ちゃわん(茶碗)	Ⓒ 303
たらいまわし(盥回し)	Ⓟ 029	ちゅうがえり(宙返り)	Ⓢ 525
だれ(誰)	Ⓞ 226	ちゅうげん(中元) ★★	Ⓒ 304
たれまく(垂れ幕) ★	Ⓑ 209	ちゅうせん(抽選) ★	Ⓑ 211
たんい(単位) ★	Ⓢ 511	ちゅうとはんぱ(中途半端) ★	Ⓢ 526
だんかい(団塊) ★	Ⓑ 210	ちょうけ(帳消し)	Ⓑ 212
だんがい(断崖)	Ⓢ 512	ちょうし(調子) ★	Ⓢ 527
たんき(短気) ★	Ⓢ 513	ちょうじゃ(長者) ★	Ⓑ 213
だんこ(断固) ★	Ⓢ 514	ちょうしょ(長所) ★	Ⓢ 528

ちょうじり(帳尻)	Ⓑ 214		つなひき(綱引き)	Ⓔ 039
ちょうだい(頂戴) ★★	Ⓢ 529		つなみ(津波) ★	Ⓢ 542
ちょうちん(提灯)	Ⓒ 305		つねづね(常々)	Ⓞ 135
ちょうど(丁度)	Ⓞ 130		つば(唾)	Ⓢ 543
ちょうにん(町人) ★★	Ⓒ 306		つばさ(翼)	Ⓢ 544
ちょうほう(重宝) ★	Ⓢ 530		つぶより(粒選り) ★	Ⓢ 545
ちょうめん(帳面)	Ⓑ 215		つぼ(坪)	Ⓒ 314
ちょこ(猪口)	Ⓒ 307		つまさき(爪先)	Ⓢ 546
ちりがみ(塵紙)	Ⓒ 308		つまみ(お摘まみ) ★	Ⓒ 315
ちんあげ(賃上げ) ★	Ⓑ 216		つまり(詰まり)	Ⓞ 136
			つめばら(詰め腹)	Ⓑ 218
			つや(通夜)	Ⓒ 316
つ			つゆ(梅雨) ★	Ⓢ 547
●			つよき(強気) ★	Ⓢ 548
つい(対)	Ⓢ 531		つよごし(強腰) ★	Ⓑ 219
ついきゅう(追及) ★	Ⓢ 532		つらがまえ(面構え)	Ⓢ 549
ついて(就いて) ★	Ⓞ 131		つりあい(釣り合い)	Ⓢ 550
ついで(序で)	Ⓞ 132		つりかわ(吊り革)	Ⓢ 551
ついに(終に/遂に)	Ⓞ 133		つりせん(釣銭) ★	Ⓒ 317
つかいかた(使い方) ★	Ⓒ 309		つりばし(吊り橋)	Ⓢ 552
つかのま(束の間) ★	Ⓢ 533			
つきあい(付き合い) ★	Ⓒ 310			
つきあたり(突き当たり) ★	Ⓢ 534		**て**	
つきぎめ(月極め) ★	Ⓑ 217		●	
つきだし(突出し)	Ⓒ 311		てあい(手合い)	Ⓢ 553
つきなみ(月並み) ★	Ⓢ 535		であい(出会い) ★	Ⓢ 554
つげぐち(告げ口)	Ⓢ 536		てあか(手垢)	Ⓒ 318
つけどとけ(付け届け)	Ⓢ 537		てあたりしだい(手当り次第)	Ⓢ 555
つけもの(漬物) ★	Ⓒ 312		てあて(手当て) ★	Ⓑ 220
つごう(都合) ★	Ⓢ 538		ていきゅうび(定休日) ★	Ⓒ 319
つじ(辻)	Ⓒ 313		ていさい(体裁)	Ⓢ 556
つじつま(辻褄)	Ⓢ 539		ていしゅ(亭主)	Ⓒ 320
つつうらうら(津々浦々)	Ⓞ 134		ていねい(丁寧) ★	Ⓢ 557
つど(都度) ★	Ⓢ 540		ていばんしょうひん(定番商品)	Ⓑ 221
つとめぐち(勤め口)	Ⓢ 541		ていめい(低迷) ★	Ⓑ 222

ていれ(手入れ)	Ⓢ 558	てじゅん(手順) ★	Ⓑ 227
ておくれ(手遅れ)	Ⓢ 559	てすう(手数) ★	Ⓒ 321
ておち(手落ち)	Ⓢ 560	てだすけ(手助け)	Ⓢ 589
てがかり(手掛かり) ★	Ⓢ 561	てだて(手立て)	Ⓢ 590
てかげん(手加減)	Ⓢ 562	でたらめ(出鱈目)	Ⓞ 137
てかせあしかせ(手枷足枷)	Ⓢ 563	てぢか(手近)	Ⓢ 591
てかせぎ(手稼ぎ) ★	Ⓑ 223	てちがい(手違い)	Ⓢ 592
てがた(手形) ★	Ⓑ 224	てづくり(手作り)	Ⓒ 322
でかた(出方)	Ⓢ 564	てつけ(手付け)	Ⓑ 228
てがみ(手紙)	Ⓢ 565	てつだい(手伝い)	Ⓢ 593
てがら(手柄)	Ⓢ 566	でっち(丁稚)	Ⓒ 323
てがる(手軽)	Ⓢ 567	てつづき(手続き) ★	Ⓑ 229
でき(出来)	Ⓢ 568	てっぺん(天辺) ★	Ⓢ 594
てきかく(的確)	Ⓢ 569	てっぽうだま(鉄砲玉)	Ⓢ 595
できごと(出来事) ★	Ⓢ 570	てづる(手蔓)	Ⓢ 596
できそこない(出来損ない)	Ⓢ 571	てどり(手取り) ★	Ⓑ 230
できだか(出来高) ★	Ⓑ 225	てとりあしとり(手取り足取り)	Ⓢ 597
できばえ(出来栄え)	Ⓢ 572	てなおし(手直し) ★	Ⓢ 598
できもの(出来物)	Ⓢ 573	てぬき(手抜き)	Ⓢ 599
てぎわ(手際) ★	Ⓢ 574	てぬぐい(手拭)	Ⓒ 324
でぎわ(出際)	Ⓢ 575	てのうち(手の内)	Ⓢ 600
てくせ(手癖)	Ⓢ 576	てのひら(手の平)	Ⓢ 601
てぐち(手口)	Ⓢ 577	てばなし(手放し)	Ⓢ 602
てくび(手首)	Ⓢ 578	でばん(出番)	Ⓔ 041
てこいれ(挺入れ) ★	Ⓑ 226	てびき(手引き) ★	Ⓑ 231
てごころ(手心)	Ⓢ 579	てぶくろ(手袋)	Ⓒ 325
てごたえ(手応え)	Ⓢ 580	てぶり(手振り)	Ⓢ 603
でこぼこ/おうとつ(凹凸)	Ⓢ 581	てほん(手本) ★	Ⓢ 604
てごろ(手頃)	Ⓢ 582	てま(手間) ★	Ⓢ 605
てごわい(手強い)	Ⓢ 583	てまえ(手前) ★	Ⓢ 606
てさき(手先)	Ⓢ 584	でまえ(出前) ★	Ⓑ 232
でさき(出先)	Ⓢ 585	てまちん(手間賃)	Ⓢ 607
てさぐり(手探り)	Ⓢ 586	てまねき(手招き)	Ⓢ 608
てざわり(手触り)	Ⓢ 587	てまわし(手回し)	Ⓢ 609
てしお(手塩)	Ⓢ 588	てまわり(手回り)	Ⓢ 610
てじな(手品) ★	Ⓔ 040	てみじか(手短)	Ⓢ 611

Ⓟ・정치 Ⓑ・경제 Ⓢ・사회 Ⓒ・문화・종교 Ⓔ・스포츠・오락・연예 Ⓞ・기타

てみやげ(手土産) ★	Ⓢ 612	どかた(土方)	Ⓒ 333
てむかい(手向かい)	Ⓢ 613	どぎも(度肝)	Ⓢ 626
でむかえ(出迎え) ★	Ⓑ 233	どきょう(度胸) ★	Ⓒ 334
てもち(手持ち) ★	Ⓑ 234	とくい(得意) ★★	Ⓢ 627
てもと(手元)	Ⓒ 326	とくいさき(得意先) ★	Ⓑ 239
てらこや(寺子屋)	Ⓒ 327	どくしんきぞく(独身貴族) ★	Ⓢ 628
てわけ(手分け)	Ⓢ 614	とぐち(戸口)	Ⓢ 629
てんき(天気) ★	Ⓢ 615	とくり(徳利)	Ⓒ 335
てんぐ(天狗)	Ⓒ 328	とげ(刺)	Ⓢ 630
てんしゅかく(天守閣)	Ⓒ 329	どげざ(土下座) ★	Ⓑ 240
でんたく(電卓)	Ⓢ 616	とこ(床)	Ⓒ 336
てんてき(点滴) ★	Ⓢ 617	とこのま(床の間)	Ⓒ 337
でんのう(電脳) ★	Ⓑ 235	とこや(床屋)	Ⓒ 338
てんのうざん(天王山)	Ⓒ 330	とざま(外様) ★	Ⓒ 339
てんびき(天引き) ★	Ⓑ 236	としご(年子) ★	Ⓒ 340
てんぷら(天婦羅・天麩羅)	Ⓒ 331	とじまり(戸締まり)	Ⓒ 341
てんやもの(店屋物)	Ⓒ 332	としより(年寄り) ★	Ⓒ 342
		とだな(戸棚)	Ⓒ 343
		とたん(途端) ★	Ⓞ 140
		どたんば(土壇場) ★★	Ⓔ 044
		とち(土地)	Ⓑ 241

と

		とっさ(咄嗟)	Ⓞ 141
どあい(度合い)	Ⓢ 618	とって(取っ手)	Ⓒ 344
とい(問い)	Ⓢ 619	とっぴ(突飛) ★	Ⓢ 631
といあわせ(問い合わせ) ★	Ⓑ 237	とっぴょうし(突拍子)	Ⓢ 632
どうあげ(胴上げ) ★	Ⓔ 042	どて(土手)	Ⓢ 633
とうげ(峠) ★	Ⓢ 620	とどうふけん(都道府県)	Ⓟ 030
どうけ(道化)	Ⓔ 043	とどけで(届け出)	Ⓟ 031
どうし(同士) ★	Ⓞ 138	となり(隣)	Ⓞ 142
とうしょ(投書) ★	Ⓢ 621	とにかく(兎に角)	Ⓞ 143
どうぜん(同然) ★★	Ⓢ 622	とのさま(殿様)	Ⓒ 345
とうどり(頭取)	Ⓑ 238	とのさましょうばい(殿様商売)	Ⓑ 242
とうぶん(当分) ★★	Ⓢ 623	とびいし(飛び石) ★	Ⓢ 634
どうよう(同様) ★★	Ⓢ 624	どひょう(土俵)	Ⓔ 045
とおりま(通り魔) ★	Ⓢ 625	どひょうぎわ(土俵際)	Ⓔ 046
とかく(兎角) ★	Ⓞ 139	とびら(扉)	Ⓒ 346

665

とほう(途方) ★	Ⓢ 635	
とまどい(戸惑い)	Ⓢ 636	
ともかく(兎も角)	Ⓞ 144	
ともかせぎ(共稼ぎ) ★	Ⓑ 243	
ともだおれ(共倒れ) ★	Ⓑ 244	
ともばたらき(共働き) ★	Ⓑ 245	
とらのこ(虎の子)	Ⓑ 246	
とらのまき(虎の巻)	Ⓒ 347	
とりあえず(取り敢えず)	Ⓞ 145	
とりあわせ(取り合わせ)	Ⓒ 348	
とりい(鳥居)	Ⓒ 349	
とりいそぎ(取り急ぎ)	Ⓞ 146	
とりいれ(取り入れ)	Ⓢ 637	
とりえ(取柄/取得) ★	Ⓢ 638	
とりかえ(取り替え) ★	Ⓢ 639	
とりくみ(取り組み) ★	Ⓑ 247	
とりざた(取り沙汰)	Ⓢ 640	
とりしまり(取締まり) ★	Ⓢ 641	
とりしまりやく(取締役) ★★	Ⓑ 248	
とりたて(取り立て) ★★	Ⓢ 642	
とりつぎ(取り次ぎ) ★	Ⓑ 249	
とりなし(執り成し/取り成し)	Ⓢ 643	
とりはだ(鳥肌)	Ⓢ 644	
とりひき(取引) ★★	Ⓑ 250	
とりひきさき(取引先) ★	Ⓑ 251	
とりわけ(取り分け) ★	Ⓞ 147	
どろ(泥)	Ⓢ 645	
どろう(徒労)	Ⓢ 646	
どろぬま(泥沼)	Ⓢ 647	
どろぼう(泥棒) ★	Ⓢ 648	
とりまき(取り巻き)	Ⓢ 649	
どろみず(泥水)	Ⓢ 650	
とんや(問屋) ★★	Ⓑ 252	

なあて(名宛)	Ⓒ 350	
ないしょ(内緒/内所/内証) ★	Ⓢ 651	
なお(尚/猶)	Ⓞ 148	
なおさら(尚更)	Ⓞ 149	
ながい(長居)	Ⓒ 351	
ながいき(長生き)	Ⓒ 352	
なかがい(仲買)	Ⓑ 253	
なかごろ(中頃)	Ⓞ 150	
なかたがい(仲違い) ★	Ⓢ 652	
なかだち(仲立ち) ★	Ⓟ 032	
ながたちょう(永田町) ★	Ⓟ 033	
ながでんわ(長電話) ★	Ⓒ 353	
なかなおり(仲直り) ★	Ⓢ 653	
なかば(半ば)	Ⓞ 151	
なかほど(中程)	Ⓞ 152	
なかま(仲間) ★★	Ⓒ 354	
なかまいり(仲間入り) ★	Ⓒ 355	
なかまはずれ(仲間外れ) ★	Ⓒ 356	
なかみ(中身) ★★	Ⓢ 654	
ながや(長屋) ★	Ⓒ 357	
なかよし(仲良し)	Ⓒ 358	
ながら(乍) ★	Ⓞ 153	
なかんずく(就中)	Ⓞ 154	
なこうど(仲人) ★★	Ⓒ 359	
なごり(名残) ★	Ⓢ 655	
なじみ(馴染み)	Ⓢ 656	
なぜ(何故) ★	Ⓞ 155	
なぞ(謎) ★★	Ⓢ 657	
なだれ(雪崩)	Ⓢ 658	
なっとう(納豆)	Ⓒ 360	
なにごと(何事)	Ⓢ 659	
なにとぞ(何卒) ★★	Ⓞ 156	
なにぶん(何分)	Ⓞ 157	

Ⓟ · 정치　Ⓑ · 경제　Ⓢ · 사회　Ⓒ · 문화 · 종교　Ⓔ · 스포츠 · 오락 · 연예　Ⓞ · 기타

なにぼう(何某)	Ⓞ 158	
なふだ(名札) ★	Ⓒ 361	
なまいき(生意気) ★	Ⓒ 362	
なまえ(名前) ★	Ⓒ 363	
なまけもの(怠け者)	Ⓒ 364	
なまはんか(生半可) ★	Ⓢ 660	
なまびょうほう(生兵法)	Ⓢ 661	
なまもの(生物)	Ⓒ 365	
なまり(訛り)	Ⓒ 366	
なみ(並)	Ⓞ 159	
なみき(並木)	Ⓢ 662	
なみたいてい(並大抵)	Ⓞ 160	
なりきん(成金) ★	Ⓑ 254	
なりたりこん(成田離婚) ★	Ⓒ 367	
なりゆき(成り行き) ★★	Ⓑ 255	
なるほど(成程)	Ⓞ 161	
なわとび(縄跳び)	Ⓔ 047	
なわばり(縄張り) ★	Ⓑ 256	
なんぎ(難儀) ★	Ⓢ 663	
なんじ(汝)	Ⓞ 227	
なんじゅう(難渋)	Ⓢ 664	
なんちょう(軟調) ★	Ⓑ 257	
なんら(何ら/何等)	Ⓞ 162	

に

にいづま(新妻)	Ⓒ 368	
にがおえ(似顔絵)	Ⓢ 665	
にがて(苦手) ★★	Ⓢ 666	
にぎりめし(握り飯) ★	Ⓒ 369	
にくづけ(肉付け)	Ⓢ 667	
にくや(肉屋) ★	Ⓒ 370	
にげごし(逃げ腰)	Ⓢ 668	
にごりざけ(濁り酒)	Ⓒ 371	

にじかい(二次会) ★	Ⓑ 258	
にしきのみはた(錦の御旗) ★	Ⓟ 034	
にせ(偽)	Ⓢ 669	
にせさつ(偽札) ★	Ⓑ 259	
にせもの(偽物) ★	Ⓢ 670	
にそくさんもん(二束三文)	Ⓞ 248	
にちぎん(日銀) ★	Ⓑ 260	
にちようだいく(日曜大工) ★	Ⓒ 372	
にづくり(荷造り) ★	Ⓒ 373	
にっしんげっぽ(日進月歩)	Ⓞ 249	
にないて(担い手) ★	Ⓢ 671	
にのあし(二の足) ★	Ⓢ 672	
にのく(二の句) ★	Ⓢ 673	
にのつぎ(二の次) ★	Ⓢ 674	
にのまい(二の舞) ★	Ⓢ 675	
にばんせんじ(二番煎じ) ★	Ⓢ 676	
にほんいち(日本一) ★★	Ⓑ 261	
にほんま(日本間) ★	Ⓒ 374	
にまいじた(二枚舌) ★	Ⓟ 035	
にまいめ(二枚目)	Ⓒ 375	
にもの(煮物)	Ⓒ 376	
にゅうかん(入管) ★	Ⓟ 036	
にゅうよう(入用)	Ⓢ 677	
にょうぼう(女房) ★	Ⓒ 377	
にわか(俄か)	Ⓞ 163	
にんじゃ(忍者) ★	Ⓒ 378	

ぬ

ぬきうち(抜き打ち) ★	Ⓟ 037	
ぬきさし(抜き差し)	Ⓢ 678	
ぬけめ(抜け目)	Ⓢ 679	
ぬすびと(盗人)	Ⓢ 680	
ぬのじ(布地)	Ⓒ 379	

ね

ねあがり(値上がり) ★	Ⓑ 262
ねあげ(値上げ) ★	Ⓑ 263
ねいろ(音色)	Ⓢ 681
ねうち(値打ち) ★	Ⓑ 264
ねがえり(寝返り) ★	Ⓢ 682
ねこじた(猫舌) ★	Ⓒ 380
ねごと(寝言)	Ⓒ 381
ねこのひたい(猫の額) ★	Ⓢ 683
ねさげ(値下げ) ★	Ⓑ 265
ねじ(螺子)	Ⓢ 684
ねぞう(寝相)	Ⓒ 382
ねだやし(根絶やし)	Ⓢ 685
ねだん(値段) ★	Ⓑ 266
ねどこ(寝床)	Ⓒ 383
ねびき(値引き) ★	Ⓑ 267
ねぼう(寝坊)	Ⓒ 384
ねまき(寝巻き)	Ⓒ 385
ねまわし(根回し) ★	Ⓑ 268
ねみみ(寝耳)	Ⓢ 686
ねむけ(眠気)	Ⓢ 687
ねらい(狙い) ★	Ⓑ 269
ねわざし(寝業師)	Ⓢ 688
ねんいり(念入り)	Ⓢ 689
ねんぐ(年貢)	Ⓒ 386
ねんしょ(念書) ★	Ⓑ 270
ねんのため(念の為) ★	Ⓢ 690

の

のきした(軒下)	Ⓒ 387
のきなみ(軒並み) ★	Ⓒ 388
のけもの(除け者)	Ⓢ 691
のぞき(覗き)	Ⓢ 692
のちほど(後程)	Ⓞ 164
のどじまん(喉自慢) ★	Ⓒ 389
のばなし(野放し) ★	Ⓢ 693
のべ(延べ)	Ⓢ 694
のほうず(野放図)	Ⓢ 695
のみや(飲み屋) ★	Ⓒ 390
のり(海苔)	Ⓒ 391
のり(糊)	Ⓒ 392
のりかえ(乗り換え) ★	Ⓢ 696
のれん(暖簾) ★★	Ⓒ 393
のんき(呑気/暢気)	Ⓞ 165
のんべえ(飲ん兵衛)	Ⓒ 394

は

はいく(俳句) ★	Ⓒ 395
はいけい(拝啓) ★	Ⓑ 271
はいけん(拝見) ★	Ⓑ 272
はいざら(灰皿) ★	Ⓒ 396
はいしゃく(拝借)	Ⓑ 273
ばいしゃくにん(媒酌人) ★	Ⓒ 397
はいじゅ(拝受) ★	Ⓑ 274
はえぬき(生え抜き) ★	Ⓑ 275
ばか(馬鹿)	Ⓒ 398
はかず(場数)	Ⓢ 697
はかば(墓場)	Ⓒ 399
はかまいり(墓参り) ★	Ⓒ 400
はかり(秤)	Ⓒ 401
はきけ(吐気)	Ⓢ 698
はきもの(履物) ★	Ⓒ 402
はぎれ(歯切れ)	Ⓢ 699
はくじょう(白状)	Ⓢ 700

ばくち(博打)	Ⓔ 048	はなたば(花束) ★	Ⓒ 418
ばくふ(幕府) ★	Ⓒ 403	はなはだ(甚だ)	Ⓞ 168
はくらいひん(舶来品)	Ⓢ 701	はなび(花火) ★	Ⓒ 419
はぐるま(歯車)	Ⓢ 702	はなふだ(花札) ★	Ⓒ 420
はげあたま(禿げ頭) ★	Ⓒ 404	はなみ(花見)	Ⓒ 421
はけぐち(捌け口)	Ⓑ 276	はなみち(花道)	Ⓒ 422
ばけもの(化け物)	Ⓒ 405	はなもち(鼻持ち)	Ⓢ 711
はごたえ(歯応え)	Ⓢ 703	はなよめ(花嫁) ★	Ⓒ 423
はさみうち(挟み撃ち)	Ⓢ 704	はなわ(花輪) ★	Ⓒ 424
はしがき(端書き)	Ⓑ 277	はね(羽根)	Ⓢ 712
はしご(梯子)	Ⓒ 406	はばとび(幅跳び)	Ⓔ 049
はしござけ(梯子酒) ★	Ⓒ 407	はぶり(羽振り)	Ⓢ 713
はたあげ(旗揚げ)	Ⓑ 278	はみがき(歯磨き) ★	Ⓒ 425
はたいろ(旗色)	Ⓢ 705	はめ(羽目) ★	Ⓢ 714
はだかいっかん(裸一貫)	Ⓑ 279	はやがてん(早合点)	Ⓢ 715
はだぎ(肌着)	Ⓒ 408	はやくち(早口)	Ⓢ 716
はたけちがい(畑違い) ★	Ⓑ 280	はやめ(早目)	Ⓢ 717
はだざわり(肌触り)	Ⓢ 706	はらげい(腹芸)	Ⓑ 283
はだし(裸足)	Ⓢ 707	はらのむし(腹の虫)	Ⓢ 718
はたしあい(果たし合い)	Ⓢ 708	はらはちぶ(腹八分)	Ⓞ 250
はたして(果たして) ★	Ⓞ 166	はりあい(張り合い)	Ⓢ 719
はたじるし(旗印)	Ⓢ 709	はりがね(針金)	Ⓢ 720
はたもと(旗本)	Ⓒ 409	はるか(遥か)	Ⓞ 169
はたらきざかり(働き盛り) ★★	Ⓑ 281	はれぎ(晴着)	Ⓒ 426
はちうえ(鉢植え)	Ⓒ 410	はれもの(腫れ物)	Ⓢ 721
はちまき(鉢巻き) ★	Ⓒ 411	はん(判) ★	Ⓑ 284
はっと(法度)	Ⓟ 038	はん(藩)	Ⓒ 427
はっぴ(法被) ★	Ⓒ 412	ばんぐみ(番組) ★	Ⓒ 428
はつもうで(初詣で)	Ⓒ 413	はんこ(判子) ★	Ⓑ 285
はて(果て)	Ⓞ 167	ばんしゃく(晩酌) ★	Ⓒ 429
はで(派手) ★	Ⓢ 710	はんしゅ(藩主)	Ⓒ 430
はとば(波止場) ★	Ⓒ 414	はんじょう(半畳)	Ⓒ 431
はどめ(歯止め) ★	Ⓑ 282	ばんづけ(番付)	Ⓔ 050
はながた(花形)	Ⓒ 415	ばんとう(番頭)	Ⓒ 432
はなきん(花金)	Ⓒ 416	はんぶん(半分)	Ⓢ 722
はなしはんぶん(話半分)	Ⓒ 417		

ひ

ひあたり(日当たり)	Ⓢ 723
ひいき(贔屓)	Ⓢ 724
ひかえしつ(控え室) ★	Ⓑ 286
ひかえめ(控え目)	Ⓢ 725
ひがえり(日帰り) ★	Ⓑ 287
ひかげ(日陰)	Ⓢ 726
ひがん(彼岸)	Ⓒ 433
ひきあげ(引き上げ) ★	Ⓑ 288
ひきあげ(引き揚げ)	Ⓢ 727
ひきあてきん(引当金)	Ⓑ 289
ひきがね(引き金) ★	Ⓢ 728
ひきしめ(引締め) ★	Ⓑ 290
ひきだし(引き出し)	Ⓒ 434
ひきたて(引立て)	Ⓢ 729
ひきにげ(轢き逃げ) ★	Ⓢ 730
ひきぬき(引き抜き) ★	Ⓑ 291
ひきわけ(引き分け) ★★	Ⓔ 051
ひけめ(引け目)	Ⓢ 731
ひごろ(日頃)	Ⓞ 170
ひざし(日差し)	Ⓢ 732
ひざもと(膝元)	Ⓢ 733
ひじょう(非常) ★	Ⓞ 171
ひだね(火種)	Ⓢ 734
ひだりきき(左利き)	Ⓒ 435
ひだりて(左手)	Ⓒ 436
ひづけ(日付) ★	Ⓑ 292
ひっこし(引っ越し)	Ⓒ 437
ひでり(日照り)	Ⓢ 735
ひとあたり(人当たり)	Ⓢ 736
ひとあんしん(一安心)	Ⓢ 737
ひといき(一息)	Ⓢ 738
ひといちばい(人一倍) ★	Ⓢ 739
ひとがき(人垣)	Ⓢ 740
ひとかげ(人影)	Ⓢ 741
ひとかたならぬ(一方ならぬ)	Ⓞ 172
ひとがら(人柄) ★	Ⓢ 742
ひときわ(一際)	Ⓢ 743
ひとくち(一口)	Ⓢ 744
ひとけ(人気)	Ⓢ 745
ひとごこち(人心地)	Ⓢ 746
ひとこと(一言) ★	Ⓢ 747
ひとごみ(人込み)	Ⓢ 748
ひとさしゆび(人差し指)	Ⓢ 749
ひとじち(人質) ★	Ⓑ 293
ひとすじ(一筋)	Ⓢ 750
ひとたび(一度)	Ⓞ 173
ひとちがい(人違い)	Ⓢ 751
ひとづかい(人使い)	Ⓢ 752
ひとづま(人妻) ★	Ⓢ 753
ひとで(人出)	Ⓢ 754
ひとで(人手) ★	Ⓑ 294
ひととおり(一通り)	Ⓢ 755
ひとどおり(人通り)	Ⓢ 756
ひとなみ(人並み)	Ⓢ 757
ひとはこ(一箱)	Ⓒ 438
ひとばしら(人柱)	Ⓢ 758
ひとはた(一旗)	Ⓢ 759
ひとはだ(一肌)	Ⓢ 760
ひとばん(一晩)	Ⓢ 761
ひとまず(一先ず)	Ⓞ 174
ひとまわり(一回り)	Ⓢ 762
ひとめ(一目)	Ⓢ 763
ひとめ(人目)	Ⓢ 764
ひともうけ(一儲け) ★	Ⓑ 295
ひとやすみ(一休み)	Ⓒ 439
ひとやま(一山)	Ⓞ 175
ひとりごと(独り言)	Ⓢ 765
ひとりじめ(独り占め)	Ⓢ 766
ひとりだち(独り立ち)	Ⓢ 767

ひとりっこ(一人っ子)	Ⓢ 768		
ひとりまえ(一人前)	Ⓢ 769		
ひとりもの(独り者)	Ⓢ 770		
ひとりよがり(独り善がり)	Ⓢ 771		
ひなた(日向)	Ⓢ 772		
ひにく(皮肉) ★★	Ⓢ 773		
ひのいり(日の入り)	Ⓢ 774		
ひのきぶたい(桧舞台) ★	Ⓢ 775		
ひのくるま(火の車) ★	Ⓑ 296		
ひのまる(日の丸)	Ⓒ 440		
ひばち(火鉢)	Ⓒ 441		
ひばな(火花)	Ⓢ 776		
ひぶた(火蓋) ★	Ⓟ 039		
ひましに(日増しに)	Ⓞ 176		
ひやあせ(冷や汗)	Ⓢ 777		
ひゃくしょう(百姓) ★	Ⓒ 442		
ひやけ(日焼)	Ⓢ 778		
ひやざけ(冷や酒) ★	Ⓒ 443		
ひやめし(冷飯) ★	Ⓑ 297		
びょうき(病気)	Ⓢ 779		
ひょうけい(表敬) ★	Ⓑ 298		
ひょうし(拍子)	Ⓢ 780		
びょうよみ(秒読み) ★	Ⓟ 040		
ひより(日和)	Ⓢ 781		
ひよりみ(日和見) ★	Ⓟ 041		
ひらがな(平仮名)	Ⓒ 444		
ひらき(開き)	Ⓑ 299		
ひるあんどん(昼行灯) ★	Ⓑ 300		
ひるね(昼寝)	Ⓒ 445		
ひるま(昼間)	Ⓒ 446		
ひろいもの(拾い物)	Ⓒ 447		
びんぼう(貧乏)	Ⓢ 782		

ふ

ぶあい(歩合)	Ⓑ 301
ぶあいそう(無愛想)	Ⓢ 783
ふあんない(不案内)	Ⓢ 784
ふい(不意)	Ⓢ 785
ふいちょう(吹聴)	Ⓢ 786
ふうきり(封切り)	Ⓔ 052
ふうぞくてん(風俗店)	Ⓔ 053
ふうとう(封筒)	Ⓢ 787
ふうふべっせい(夫婦別姓) ★	Ⓟ 042
ふうらいぼう(風来坊)	Ⓢ 788
ふきげん(不機嫌)	Ⓢ 789
ぶきみ(不気味/無気味)	Ⓢ 790
ふくどく(服毒) ★	Ⓢ 791
ふくはい(復配)	Ⓑ 302
ふくびき(福引)	Ⓑ 303
ふくろだたき(袋叩き) ★	Ⓢ 792
ふこころえ(不心得)	Ⓢ 793
ぶさた(無沙汰) ★	Ⓒ 448
ふさほう(不作法) ★	Ⓢ 794
ふしあな(節穴)	Ⓢ 795
ふしぎ(不思議) ★★	Ⓢ 796
ぶしつけ(不躾)	Ⓑ 304
ふしまつ(不始末)	Ⓢ 797
ふしめ(節目)	Ⓢ 798
ふしゅび(不首尾)	Ⓢ 799
ふしょうぶしょう(不承不承)	Ⓞ 177
ぶしょう(不精/無精)	Ⓢ 800
ふしん(不審) ★	Ⓢ 801
ふだ(札)	Ⓢ 802
ふたけた(二桁) ★★	Ⓑ 305
ふたご(双子) ★	Ⓑ 306
ふだつき(札付き)	Ⓢ 803
ふてぎわ(不手際)	Ⓟ 043

ふたとおり(二通り)	Ⓢ 804	へいき(平気) ★	Ⓢ 818
ふたまた(二股)	Ⓢ 805	へいこう(閉口) ★	Ⓢ 819
ふだん(普段) ★★	Ⓢ 806	べいじゅ(米寿)	Ⓒ 460
ふだんぎ(普段着) ★	Ⓒ 449	へいぜい(平生)	Ⓢ 820
ふち(縁)	Ⓒ 450	へいぜん(平然)	Ⓢ 821
ふつかよい(二日酔い) ★	Ⓒ 451	へいばん(平板)	Ⓢ 822
ぶっそう(物騒) ★	Ⓢ 807	ページ(頁) ★	Ⓑ 312
ふてぎわ(不手際)	Ⓟ 043	へそくり(臍繰り)	Ⓒ 461
ふでぶしょう(筆無精)	Ⓢ 808	へそまがり(臍曲がり)	Ⓢ 823
ふところ(懐)	Ⓢ 809	へた(下手)	Ⓢ 824
ふところがたな(懐刀) ★	Ⓑ 307	べつべつ(別々)	Ⓞ 178
ぶどまり(歩留まり) ★	Ⓑ 308	へん(辺)	Ⓞ 179
ふとん(布団/蒲団)	Ⓒ 452	へん(変)	Ⓞ 180
ふなよい(船酔い)	Ⓒ 453	べんかい(弁解) ★	Ⓑ 313
ふなれ(不慣れ)	Ⓢ 810	へんきゃく(返却) ★	Ⓑ 314
ふぶき(吹雪)	Ⓢ 811	べんきょう(勉強)	Ⓢ 825
ふほんい(不本意)	Ⓢ 812	べんきょうかい(勉強会) ★	Ⓑ 315
ふみきり(踏み切り) ★	Ⓢ 813	へんじ(返事) ★	Ⓢ 826
ふみだい(踏み台)	Ⓢ 814	へんじょう(返上) ★	Ⓢ 827
ふよい(不用意)	Ⓢ 815	へんじん(変人) ★	Ⓢ 828
ふりかえ(振替) ★	Ⓑ 309	へんてつ(変哲)	Ⓢ 829
ふりこみ(振り込み) ★	Ⓑ 310	へんとう(返答)	Ⓢ 830
ふるさと(古里/故郷) ★	Ⓒ 454	べんとう(弁当)	Ⓒ 462
ふるほんや(古本屋)	Ⓒ 455	べんろん(弁論) ★	Ⓢ 831
ふるまい(振る舞い) ★	Ⓢ 816		
ふれあい(触合) ★	Ⓢ 817		
ぶれいこう(無礼講)	Ⓑ 311		
ふろ(風呂) ★	Ⓒ 456		
ふろしき(風呂敷) ★	Ⓒ 457		
ぶんつう(文通) ★	Ⓒ 458		
ふんどし(褌)	Ⓒ 459		

ほ

ほうがい(法外)	Ⓢ 832
ほうがく(方角)	Ⓢ 833
ほうき(放棄) ★	Ⓑ 316
ほうこう(奉公)	Ⓒ 463
ほうじ(法事) ★	Ⓒ 464
ほうず(方図)	Ⓢ 834
ぼうず(坊主) ★	Ⓒ 465

へ

○ · 정치   ⑧ · 경제   ⑤ · 사회   ⓒ · 문화·종교   ⑥ · 스포츠·오락·연예   ⓞ · 기타

ぼうずあたま(坊主頭) ★	ⓒ 466	まいご(迷子) ★	ⓒ 474
ほうだい(放題) ★★	⑧ 317	まえおき(前置き)	⑤ 847
ほうちょう(包丁)	ⓒ 467	まえがき(前書き)	⑤ 848
ほうび(褒美)	⑤ 835	まえがり(前借り)	⑧ 324
ぼく(僕)	ⓞ 228	まえぶれ(前触れ)	⑤ 849
ぼくとつ(朴訥)	⑤ 836	まえむき(前向き) ★	⑧ 325
ほご(反故/反古)	⑤ 837	まえもって(前以て)	ⓞ 182
ほこさき(矛先) ★	℗ 044	まがり(間借り)	ⓒ 475
ほしじるし(星印) ★	⑧ 318	まがりかど(曲がり角)	⑤ 850
ぼっちゃん(坊ちゃん)	ⓒ 468	まぎわ(間際) ★	⑤ 851
ほとけ(仏)	ⓒ 469	まけぎらい(負け嫌い)	⑤ 852
ほとけさま(仏様)	ⓒ 470	まごむすめ(孫娘)	ⓒ 476
ほとんど(殆ど)	ⓞ 181	まして(況して)	ⓞ 183
ほねおり(骨折り) ★	⑤ 838	まじめ(真面目) ★	⑤ 853
ほねぐみ(骨組み) ★	⑤ 839	まず(先ず)	ⓞ 184
ほねみ(骨身)	⑤ 840	ますます(益々) ★	⑧ 326
ほほえみ(微笑み)	⑤ 841	まぢか(間近)	⑤ 854
ほらあな(洞穴)	⑤ 842	まちがい(間違い)	⑤ 855
ぼろ(襤褸)	⑤ 843	まちかど(街角/町角) ★	⑤ 856
ぼんおどり(盆踊り)	ⓒ 471	まちまち(区々)	ⓞ 185
ほんき(本気) ★	⑤ 844	まつたけ(松茸)	ⓒ 477
ほんごし(本腰)	⑧ 319	まで(迄)	ⓞ 186
ほんじつ(本日) ★	⑧ 320	まと(的)	⑤ 857
ほんだな(本棚)	ⓒ 472	まどぎわ(窓際)	ⓒ 478
ほんとう(本当) ★	⑤ 845	まどぎわぞく(窓際族) ★	⑧ 327
ほんね(本音) ★★	⑧ 321	まとはずれ(的外れ) ★	⑧ 328
ほんば(本場) ★★	⑧ 322	まぬけ(間抜け)	⑤ 858
ほんばん(本番) ★	⑥ 054	まね(真似) ★	⑤ 859
ほんもの(本物) ★	⑧ 323	ままこ(継子)	⑤ 860
ほんや(本屋)	ⓒ 473	ままごと(飯事)	ⓒ 479
		まもの(魔物) ★	⑤ 861
		まるあんき(丸暗記) ★	⑤ 862
		まるごし(丸腰)	⑤ 863
ま		まるた(丸太)	⑤ 864
		まるのみ(丸呑み) ★	⑤ 865
まあい(間合い)	⑤ 846	まるはだか(丸裸)	⑤ 866

673

まんざい(漫才)	Ⓔ 055
まんざら(満更) ★	Ⓢ 867
ばんせいいっけい(万世一系) ★	Ⓒ 480
まんびき(万引き) ★	Ⓑ 329

み

みあい(見合い) ★	Ⓒ 481
みうごき(身動き)	Ⓢ 868
みうち(身内) ★	Ⓒ 482
みえ(見栄) ★	Ⓢ 869
みおくり(見送り) ★★	Ⓑ 330
みおとし(見落とし)	Ⓢ 870
みおぼえ(見覚え)	Ⓢ 871
みかえり(見返り) ★	Ⓑ 331
みかけ(見掛け) ★	Ⓢ 872
みかけだおし(見掛け倒し) ★	Ⓢ 873
みかた(味方) ★	Ⓟ 045
みかた(見方) ★	Ⓑ 332
みがって(身勝手)	Ⓢ 874
みがる(身軽)	Ⓢ 875
みがわり(身代わり) ★	Ⓢ 876
みぎかたあがり(右肩上がり) ★	Ⓑ 333
みぎきき(右利き)	Ⓢ 877
みきり(見切り) ★	Ⓑ 334
みこし(御輿)	Ⓒ 483
みごと(見事) ★	Ⓢ 878
みこみ(見込み) ★	Ⓑ 335
みじたく(身支度)	Ⓒ 484
みずあげ(水揚げ)	Ⓑ 336
みずいらず(水入らず) ★	Ⓒ 485
みずから(自ら)	Ⓞ 187
みずぎ(水着) ★	Ⓑ 337
みずぎわ(水際) ★	Ⓢ 879
みずさし(水差し)	Ⓒ 486
みずしょうばい(水商売) ★★	Ⓑ 338
みずまし(水増し) ★	Ⓑ 339
みずわり(水割り)	Ⓒ 487
みせかけ(見せ掛け)	Ⓢ 880
みせさき(店先) ★	Ⓑ 340
みせもの(見せ物)	Ⓢ 881
みそ(味噌) ★	Ⓒ 488
みだし(見出し) ★	Ⓑ 341
みだしなみ(身嗜み) ★	Ⓑ 342
みちあんない(道案内) ★	Ⓢ 882
みぢか(身近)	Ⓢ 883
みちくさ(道草)	Ⓢ 884
みちじゅん(道順) ★	Ⓑ 343
みちばた(道端)	Ⓢ 885
みっかぼうず(三日坊主)	Ⓞ 251
みとおし(見通し) ★	Ⓑ 344
みどころ(見所)	Ⓢ 886
みなおし(見直し) ★	Ⓑ 345
みなごろし(皆殺し)	Ⓢ 887
みなさま(皆様)	Ⓞ 229
みなとまち(港町)	Ⓒ 489
みならい(見習い) ★	Ⓑ 346
みなり(身形)	Ⓒ 490
みのうえ(身の上)	Ⓢ 888
みのがし(見逃し)	Ⓢ 889
みのしろきん(身代金)	Ⓑ 347
みのほど(身の程)	Ⓢ 890
みのまわり(身の回り)	Ⓒ 491
みはらし(見晴らし)	Ⓢ 891
みはり(見張り)	Ⓢ 892
みぶり(身振り)	Ⓒ 492
みまい(見舞い) ★	Ⓑ 348
みまわり(見回り)	Ⓢ 893
みみうち(耳打ち)	Ⓢ 894
みむき(見向き)	Ⓢ 895

Ⓟ·정치　Ⓑ·경제　Ⓢ·사회　Ⓒ·문화·종교　Ⓔ·스포츠·오락·연예　Ⓞ·기타

みもの(見物) ★	Ⓑ 349	むちゃくちゃ(無茶苦茶)	Ⓞ 191
みやげ(土産) ★	Ⓒ 493	むちゅう(夢中) ★	Ⓢ 907
みやづかえ(宮仕え)	Ⓒ 494	むてっぽう(無鉄砲)	Ⓒ 507
みょうじ(名字/描字) ★	Ⓑ 350	むとんちゃく(無頓着)	Ⓢ 908
みより(身寄り)	Ⓢ 896	むねん(無念)	Ⓒ 508
みわけ(見分け)	Ⓢ 897	むやみ(無闇)	Ⓞ 192
		むらはちぶ(村八分) ★	Ⓒ 509
		むりじい(無理強い)	Ⓢ 909
		むりしんじゅう(無理心中)	Ⓒ 510
		むろん(無論)	Ⓢ 910

む

むいちもん(無一文)	Ⓢ 898
むかえざけ(迎え酒)	Ⓒ 495
むかしかたぎ(昔気質)	Ⓢ 899
むかしばなし(昔話)	Ⓒ 496
むぎょうしゃ(無業者) ★	Ⓑ 351
むきず(無傷)	Ⓢ 900
むきだし(剥き出し)	Ⓢ 901
むくち(無口)	Ⓢ 902
むげに(無下に)	Ⓞ 188
むこ(婿)	Ⓒ 497
むざん(無残)	Ⓢ 903
むじ(無地)	Ⓒ 498
むしめがね(虫眼鏡)	Ⓒ 499
むじゃき(無邪気)	Ⓢ 904
むしょう(無性)	Ⓢ 905
むしろ(寧ろ)	Ⓞ 189
むすこ(息子) ★★	Ⓒ 500
むすめ(娘) ★	Ⓒ 501
むぞうさ(無造作)	Ⓢ 906
むだ(無駄)	Ⓒ 502
むだぐち(無駄口)	Ⓒ 503
むだづかい(無駄遣い)	Ⓒ 504
むだばなし(無駄話)	Ⓒ 505
むだぼね(無駄骨)	Ⓒ 506
むちゃ(無茶)	Ⓞ 190

め

めあて(目当て)	Ⓢ 911
めいがら(銘柄) ★	Ⓑ 352
めいし(名刺) ★	Ⓑ 353
めいめい(銘々)	Ⓞ 193
めいわく(迷惑) ★★	Ⓢ 912
めうえ(目上) ★	Ⓑ 354
めかた(目方)	Ⓑ 355
めくそ(目糞)	Ⓢ 913
めくら(盲)	Ⓒ 511
めくらばん(盲判) ★	Ⓑ 356
めさき(目先) ★	Ⓢ 914
めざましどけい(目覚まし時計)	Ⓒ 512
めざめ(目覚め)	Ⓢ 915
めざわり(目障り) ★	Ⓢ 916
めじるし(目印)	Ⓢ 917
めじろおし(目白押し)	Ⓢ 918
めだま(目玉)	Ⓢ 919
めだましょうひん(目玉商品) ★★	Ⓑ 357
めだまやき(目玉焼き)	Ⓒ 513
めちゃくちゃ(滅茶苦茶)	Ⓞ 194

めつき(目付き)	Ⓢ 920	もっか(目下)	Ⓢ 932
めつけ(目付)	Ⓒ 514	もったい(勿体)	Ⓢ 933
めっそう(滅相)	Ⓢ 921	もったいない(勿体ない) ★★	Ⓢ 934
めった(滅多)	Ⓞ 195	もって(以て) ★	Ⓞ 198
めっぽう(滅法)	Ⓞ 196	もってこい(持って来い)	Ⓢ 935
めでたい(目出度い)	Ⓞ 197	もってのほか(以ての外) ★	Ⓢ 936
めど(目処) ★	Ⓑ 358	もっとも(最も)	Ⓞ 199
めばえ(芽生え)	Ⓢ 922	もっとも(尤も)	Ⓞ 200
めぼし(目星) ★	Ⓢ 923	もっぱら(専ら)	Ⓞ 201
めまい(目眩/眩暈)	Ⓢ 924	もてなし(持て成し) ★★	Ⓑ 366
めもり(目盛り) ★	Ⓒ 515	もと(元) ★	Ⓑ 367
めやす(目安) ★	Ⓑ 359	もとで(元手)	Ⓑ 368
めんつ(面子)	Ⓒ 516	ものおと(物音)	Ⓢ 937
めんどう(面倒) ★	Ⓒ 517	ものおもい(物思い)	Ⓢ 938
		ものかげ(物陰)	Ⓢ 939
		ものがたり(物語) ★	Ⓒ 522
		ものごし(物腰)	Ⓢ 940

も

		ものごと(物事)	Ⓢ 941
		ものさし(物差し)	Ⓒ 523
もうしあわせ(申し合わせ)	Ⓑ 360	ものずき(物好き)	Ⓢ 942
もうしいれ(申し入れ) ★	Ⓑ 361	ものほし(物干し)	Ⓒ 524
もうしご(申し子) ★	Ⓒ 518	もはや(最早)	Ⓞ 202
もうしこみ(申込み) ★	Ⓑ 362	もめごと(揉め事)	Ⓢ 943
もうしで(申し出)	Ⓑ 363	もよおし(催し) ★	Ⓒ 525
もうしぶん(申し分) ★	Ⓢ 925	もよおしもの(催し物)	Ⓒ 526
もうしわけ(申し訳) ★	Ⓢ 926	もより(最寄) ★	Ⓞ 203
もくさん(目算)	Ⓢ 927	もりあわせ(盛り合わせ) ★	Ⓒ 527
もくろみ(目論見) ★	Ⓢ 928	もんく(文句) ★	Ⓑ 369
もじどおり(文字通り) ★	Ⓑ 364	もんげん(門限) ★	Ⓒ 528
もじばけ(文字化け) ★★	Ⓒ 519	もんぜんばらい(門前払い) ★	Ⓑ 370
もしゅ(喪主)	Ⓒ 520		
もちあい(持ち合い)	Ⓑ 365		
もちあじ(持ち味) ★	Ⓒ 521	## や	
もちきり(持ち切り)	Ⓢ 929		
もちぬし(持ち主) ★	Ⓢ 930		
もちろん(勿論)	Ⓢ 931	やおちょう(八百長)	Ⓔ 056

見出し	分類
やおもて (矢面) ★	Ⓟ 046
やおや (八百屋) ★	Ⓒ 529
やかん (薬缶)	Ⓒ 530
やきにく (焼肉) ★	Ⓒ 531
やきもち (焼き餅) ★	Ⓒ 532
やきもの (焼き物) ★	Ⓒ 533
やくいん (役員) ★	Ⓑ 371
やくしゃ (役者)	Ⓔ 057
やくしょ (役所) ★	Ⓟ 047
やくしょく (役職) ★	Ⓑ 372
やくづき (役付き)	Ⓑ 373
やくとく (役得) ★	Ⓑ 374
やくどし (厄年)	Ⓒ 534
やくにん (役人) ★	Ⓟ 048
やくば (役場)	Ⓟ 049
やくめ (役目) ★	Ⓢ 944
やけ (自棄) ★	Ⓢ 945
やさき (矢先) ★	Ⓢ 946
やじ (野次) ★	Ⓟ 050
やじうま (野次馬) ★	Ⓢ 947
やしき (屋敷) ★	Ⓒ 535
やじるし (矢印) ★★	Ⓑ 375
やすあがり (安上がり)	Ⓑ 376
やすうり (安売り) ★	Ⓑ 377
やすね (安値)	Ⓑ 378
やすもの (安物) ★	Ⓑ 379
やたい (屋台) ★★	Ⓒ 536
やたいぼね (屋台骨) ★	Ⓢ 948
やたら (矢鱈)	Ⓞ 204
やちん (家賃) ★	Ⓒ 537
やつ (奴)	Ⓞ 230
やつあたり (八つ当たり)	Ⓢ 949
やっかい (厄介) ★	Ⓢ 950
やぬし (家主) ★	Ⓒ 538
やね (屋根) ★	Ⓒ 539
やはり (矢張り)	Ⓞ 205
やぶへび (薮蛇)	Ⓢ 951
やぼ (野暮)	Ⓢ 952
やまし (山師)	Ⓢ 953
やまと (大和) ★	Ⓒ 540
やまとだましい (大和魂) ★	Ⓒ 541
やまのて (山の手) ★	Ⓒ 542
やまのぼり (山登り)	Ⓒ 543
やまば (山場) ★	Ⓑ 380
やまもり (山盛り) ★	Ⓒ 544
やみうち (闇討ち)	Ⓢ 954
やみくも (闇雲)	Ⓞ 206
やみとりひき (闇取引き) ★	Ⓑ 381
やりがい (遣り甲斐) ★★	Ⓢ 955
やりかた (遣り方)	Ⓢ 956
やりくり (遣り繰り)	Ⓑ 382
やりだま (槍玉) ★	Ⓟ 051
やりとり (遣り取り) ★	Ⓒ 545
やりなおし (遣り直し)	Ⓒ 546
やるき (遣る気) ★	Ⓢ 957

見出し	分類
ゆいのう (結納)	Ⓒ 547
ゆういぎ (有意義) ★	Ⓢ 958
ゆうがた (夕方)	Ⓢ 959
ゆうぐれ (夕暮れ)	Ⓢ 960
ゆうだち (夕立)	Ⓢ 961
ゆうはん (夕飯)	Ⓒ 548
ゆうひ (夕日)	Ⓢ 962
ゆうべ (昨夜)	Ⓢ 963
ゆうやけ (夕焼け)	Ⓢ 964
ゆえん (所以)	Ⓞ 207
ゆかた (浴衣) ★	Ⓒ 549
ゆきおろし (雪下ろし)	Ⓒ 550

ゆきき(行き来)	Ⓢ 965		よこがお(横顔) ★	Ⓟ 052
ゆきちがい(行違い)	Ⓢ 966		よこがみやぶり(横紙破り)	Ⓢ 982
ゆきどまり(行き止まり)	Ⓢ 967		よこぐるま(横車) ★	Ⓟ 053
ゆくすえ(行え末)	Ⓢ 968		よこちょう(横町) ★	Ⓒ 563
ゆげ(湯気)	Ⓢ 969		よこづな(横綱) ★	Ⓔ 058
ゆだん(油断) ★	Ⓒ 551		よこどり(横取り) ★	Ⓑ 384
ゆのみ(湯飲み/湯呑み)	Ⓒ 552		よこながし(横流し) ★	Ⓑ 385
ゆびおり(指折り)	Ⓢ 970		よこなりび(横並び) ★	Ⓑ 386
ゆびさき(指先)	Ⓢ 971		よこばい(横這い) ★	Ⓑ 387
ゆびわ(指輪) ★	Ⓒ 553		よこみち(横道) ★	Ⓢ 983
ゆみず(湯水)	Ⓒ 554		よこめ(横目)	Ⓢ 984
ゆめみ(夢見)	Ⓒ 555		よこもじ(横文字)	Ⓒ 564
ゆりかご(揺り籠)	Ⓒ 556		よこやり(横槍)	Ⓟ 054
			よしあし(善し悪し)	Ⓢ 985
			よせ(寄席)	Ⓔ 059
			よせあつめ(寄せ集め)	Ⓢ 986
			よせがき(寄せ書き)	Ⓢ 987
よ			よそ(余所/他所) ★	Ⓢ 988
よあかし(夜明かし)	Ⓒ 557		よそゆき(余所行き)	Ⓒ 565
よあけ(夜明け)	Ⓒ 558		よそみ(余所見/他所見)	Ⓒ 566
よいごし(宵越し)	Ⓒ 559		よつかど(四つ角)	Ⓢ 989
よいどめ(酔い止め)	Ⓒ 560		よっぱらい(酔っ払い) ★★	Ⓒ 567
よいのくち(宵の口)	Ⓢ 972		よのなか(世の中) ★	Ⓒ 568
ようい(用意) ★	Ⓢ 973		よびすて(呼び捨て)	Ⓒ 569
ようき(陽気)	Ⓢ 974		よふかし(夜更かし)	Ⓒ 570
ようじ(用事) ★	Ⓢ 975		よふけ(夜更け)	Ⓢ 990
ようじょう(養生)	Ⓢ 976		よほど(余程)	Ⓞ 209
ようじん(用心) ★	Ⓢ 977		よめいり(嫁入り) ★★	Ⓢ 991
ようじんぼう(用心棒)	Ⓒ 561		よりみち(寄り道)	Ⓢ 992
ようす(様子) ★★	Ⓢ 978		よろしい(宜しい)	Ⓞ 209
ようたし(用足し/用達し)	Ⓢ 979		よろん(世論)	Ⓟ 055
ようめい(用命) ★	Ⓑ 383		よわき(弱気) ★	Ⓢ 993
ようやく(漸く)	Ⓞ 208		よわたり(世渡り) ★	Ⓢ 994
よぎない(余儀ない) ★	Ⓢ 980		よわね(弱音) ★	Ⓢ 995
よくばり(浴張り)	Ⓒ 562		よわむし(弱虫)	Ⓢ 996
よけい(余計) ★	Ⓢ 981		よわりめ(弱り目)	Ⓢ 997

ら

らくご(落語)	Ⓔ 060
らち(埒)	Ⓞ 210
らんこうげ(乱高下) ★	Ⓑ 388

り

りくつ(理屈) ★	Ⓢ 998
りこう(利口)	Ⓢ 999
りそく(利息)	Ⓑ 389
りちぎ(律儀)	Ⓢ 1000
りっぱ(立派)	Ⓞ 211
りふじん(理不尽) ★	Ⓢ 1001
りまわり(利回り)	Ⓑ 390
りゃくぎ(略儀)	Ⓑ 391
りょうかい(了解/諒解) ★	Ⓑ 392
りょうがえ(両替) ★★	Ⓑ 393
りょうけん(了見/量見)	Ⓢ 1002
りょうし(漁師)	Ⓒ 571
りょうし(猟師)	Ⓒ 572
りょうしょう(了承/諒承) ★★	Ⓑ 394
りんぎ(稟議)	Ⓑ 395
りんりつ(林立)	Ⓢ 1003

る

るす(留守) ★★	Ⓒ 573
るすばん(留守番) ★	Ⓑ 396
るつぼ(坩堝)	Ⓢ 1004

れ

れいぎさほう(礼儀作法) ★★	Ⓑ 397
れいきん(礼金) ★	Ⓒ 574
れんちゅう(連中) ★	Ⓑ 398

ろ

ろうか(廊下)	Ⓒ 575
ろうそく(蝋燭)	Ⓒ 576
ろうにん(浪人) ★★	Ⓑ 399
ろじ(路地) ★	Ⓢ 1005
ろばた(炉端)	Ⓒ 577
ろばたやき(炉端焼き)	Ⓒ 578

わ

わいだん(猥談)	Ⓒ 579
わいろ(収賄) ★	Ⓑ 400
わかて(若手) ★	Ⓑ 401
わがまま(我が侭)	Ⓞ 212
わかもの(若者)	Ⓑ 402
わきみ(脇見) ★	Ⓒ 580
わきみち(脇道)	Ⓢ 1006
わきめ(脇目)	Ⓢ 1007
わく(枠) ★	Ⓑ 403
わくぐみ(枠組み)	Ⓑ 404
わけ(訳)	Ⓞ 213
わけまえ(分け前)	Ⓢ 1008
わけめ(分け目) ★	Ⓢ 1009
わご(和語) ★	Ⓒ 581

わこんようさい(和魂洋才) ★	Ⓑ	405
わざわざ(態々)	Ⓞ	214
わずか(僅か) ★	Ⓒ	582
わすれもの(忘物)	Ⓒ	583
わせいえいご(和製英語) ★	Ⓑ	406
わたくしぎ(私儀)	Ⓞ	231
わたくしごと(私事)	Ⓒ	584
わたくしども(私共)	Ⓞ	232
わたりどり(渡り鳥) ★	Ⓑ	407
わな(罠) ★	Ⓢ	1010
わふく(和服)	Ⓒ	585
わりあい(割合)	Ⓑ	408
わりかん(割り勘) ★★	Ⓑ	409
わりざん(割り算)	Ⓢ	1011
わりに(割に)	Ⓞ	215
わりばし(割り箸)	Ⓒ	586
わりまし(割増) ★	Ⓑ	410
わるぎ(悪気)	Ⓢ	1012
わるぐち(悪口) ★	Ⓒ	587
わるもの(悪者)	Ⓢ	1013
われもの(割れ物) ★	Ⓑ	411
われわれ(我々)	Ⓞ	233
わんぱく(腕白)	Ⓒ	588

저자

황인영 (黃仁瑛)
한국외국어대학교 일본어학과와 같은 대학 교육대학원을 마치고 삼성인력개발원과 LG인화원에서 국제화교육담당부장을 지냈다.
일본문화연구소 소장으로 일본의 역사 문화 상관습 등과 일본어를 연구했고, 천안외국어대학과 한양여대에서 강의했다.
저서에 「일본사 여행」「일본 쪼개보기」「현장일본어회화 입문편」등이 있다.

金田章敬　(かねだ あきのり)
日本 駒沢(코마자와)大学을 졸업하고 중앙대학교 교육대학원 일어교육학과를 나왔다.
SBS 라디오 굿모닝 日本語, 동덕여대, 경찰종합학교, 인천제철, 군포시청 등에서 강의했고, 현재 가천길대학 겸임교수로 있으면서 국민대, 유한대학, 한양대국제어학원, LG문화센터에서도 강의하고 있다.
국민대에서는 Best Teacher상(2002년)을 수상한 바 있으며, 한국에서 가장 바쁜 선생님 중 한 사람이다.
저서에 「많이 쓰이고 바로 활용할 수 있는 일본어」가 있다.

일본어를 지배하는 핵심어휘와 예문

초판 발행일 2004년 7월 16일
초판 2쇄 발행일 2006년 2월 10일

저　자 | 황인영 · 카네다 아키노리 공저
발행인 | 박효상
영업인 | 이종선
책임편집 | 정재은 · 김은진
본문디자인 | 글사랑
표지디자인 | 황미연
출판등록 | 제10-1835호
발행처 | 사람in
주　소 | 121-839 서울시 마포구 서교동 379-10
전　화 | (02)338-3555
팩　스 | (02)338-3545
e-mail | saramin@netsgo.com

* 책값은 표지 뒷면에 있습니다.
* 파본은 바꾸어 드립니다.

ⓒ saramin 2004
ISBN 89-89540-42-9

사람 in 일·본·어·시·리·즈

달인시리즈

일본어의 달인이 되는 법
저자 : 시마다 카즈코 | 가격 : 8,000원 (테이프 1개 포함)

저자가 오랫동안 한국인들에게 일본어를 가르치면서 늘 안타깝게 여기던 사항들, 즉, 한국인들이 잘 틀리는 발음 극복법 9가지와, 보이지 않는다고 소홀히 할 수 없는 억양과 액센트 그리고 일본어 학습을 원활하게 하는 사회문화 관습 14가지 등 異문화커뮤니케이션에 관한 문제들을 꼼꼼히 다루고 있습니다.

일본어 한자의 달인이 되는 법
저자 : 황 인영 | 가격 : 8,000원

일본 초등학교 학습 지도 요령에 의거한 교육한자 1006자를 1학년-6학년까지 각 학년별로 배열, 1945자의 상용한자에 포함된 교육한자를 제외한 상용한자 939자를 히라가나순으로 배열, 상용한자표에는 없지만 일상 생활에서 널리 쓰이는, 표외자 110자도 히라가나순으로 배열하여 일본어능력시험의 급수표기와 함께 실었습니다. 일본문화전문가인 저자가 각주를 달아 문화.역사적 배경을 통해 재미있는 한자학습이 되도록 쉽고 재미있게 설명하였습니다.

일본어 문법의 달인이 되는 법
저자 : 이 경수 | 가격 : 9,800원

기초 학습자뿐만 아니라 중,고급자들까지 필요한 문법을, 기존의 딱딱한 문법책과는 달리 그냥 읽기만 해도 이해하기 쉽도록 풀어쓴 책입니다. 정확한 문법설명과 다양하고 적절한 예문이 수록되어 있어 자연스럽고 세련된 회화와 작문을 돕습니다. 또, 본문에서의 어려운 부분이나 꼭 읽어야 할 사항을 영심이가 Tip을 통해 알려 주므로 더욱 흥미롭습니다.

일본어 어휘의 달인이 되는 법

저자 : 강성광 / 아카야마 쵸쿠 | 가격 : 10,800원

일본어능력시험, JPT 등 각종 일본어시험 출제단어를 한 권으로 정리할 수 있는 잘 짜여진 어휘집. 명사, 동사, 형용사 등 품사별로 단어를 나누고 이를 다시 3급단어, 2급단어, 1급단어로 나눠 난이도별로 정리했습니다. 시험에 포커스를 맞췄으나, 예문의 수준이 훌륭하고 유사표현 관련어구 등을 깔끔하게 비교해 일어독해, 회화, 일작 등 여러 가지 쓰임새에 도움이 됩니다. 초,중급학습자의 어휘정리용으로 적합합니다.

가나는 즐거워

저자 : 경기중등일본어교육연구회 | 가격 : 4,000원

그림과 함께 단어를 제시하여 연상법으로 문자를 습득하는 가나는 즐거워! 새 교육 과정에 맞게 학생들 스스로 능동적으로 참여할 수 있도록 구성한 일본어 펜맨십 교재로, 수년간 일본어를 지도한 선생님들의 경험을 바탕으로 처음 접한 일본어 문자를 좀 더 쉽고 즐겁게 익힐 수 있게 하였습니다. 필순과 함께 따라 쓰기를 제시하여 정확한 글자체를 익히고, 퍼즐게임, 줄긋기, 미로 찾기, 색칠하기 등으로 다양하게 학습합니다.

1318 나는 일본어

저자 : 박 순애 / 나고 마리 | 가격 : 9,800원 (테이프 1개 포함) 컬러 판

간결한 회화문과 다양한 교실활동으로, 어렵게 느껴온 일본어를 재미있고 신나게 학습할 수 있습니다. 주입식이 아니라, 선생님 · 친구들과 호흡을 맞춰가며 실생활에 필요한 지식을 습득할 수 있도록 구성되었습니다. 일본어회화 운용능력이 저절로 향상될 수 있도록 역점을 두었습니다.

사람 in 일·본·어·시·리·즈

처음in 일본어

저자 : 세키 요코 | 가격 : 10,800원 (테이프 1개 포함) 컬러 판

서바이벌 형식으로 문법과 문형을 배우는 처음in 일본어! 일본인 주인공의 한국 생활을 통해 실제 상황에서 사용되는 일본어를 학습합니다. 총 18과로 이루어진 본문은 모두 그림으로 구성되어, 정말 쉽고, 부담 없이 기초학습에 필요한 기능을 익힐 수 있습니다. 또한 반복 학습을 통해 저절로 일본어에 익숙해지도록 만들었습니다.

메인 일본어 회화 1·2

저자 : 박재환 / 아시하라 쿄코 | 가격 : 10,000원(CD 1개) / 12,000원 (CD 2개 포함)

일본어 중급을 깔끔하게 정리하고자 하는 독자를 위한 종합 일본어 학습서! 일본에서 생활하게 된 김민수와 이지원이라는 등장인물의 생활을 통해 중급 어휘와 표현, 문법, 회화, 청해를 골고루 연습하게 하였습니다. 회화는 실제 자기 문장으로 만들어 사용해야 하는 것인 만큼 쉽지만 많이 쓰이는 표현으로 골랐고, 독해나 청해, 작문은 중급레벨에 맞는 다소 난이도가 있는 것들로 구성했습니다.

시험시리즈

JPT의 달인이 되는 법 - 600점 / 800점 / 990점 공략편
저자 : 최 종훈/이 치우 | 가격 : 16,800원 / 17,800원 / 18,300원 (테이프 각3개 포함)

출제경향 분석, 문제 푸는 요령에서부터 시험에 꼭 나오는 문법사항, 중요표현, 품사별, 분야별 어휘에 이르기까지 시험대비에 필요한 사항을 빠짐없이 총정리해 놓았습니다.
각 권별로 연습문제(200문항) / 예상문제(200문항) / 문법보강문제(200문항) / 실전모의테스트(200문항)를 자세한 해설과 함께 실었습니다.

목표달성 JPT 700점 / 990점 (문제집)
저자 : 최 종훈 | 가격 : 12,600원 / 12,800원

목표달성 JPT시리즈는 학습자들의 효과적 점수향상을 위하여 저자의 다년간의 현장교육 경험과 연구경력, 다수의 문제출제 경험을 바탕으로 시험 출제경향을 분석하고 보다 다양하고 폭넓은 문제를 실어 학습자의 목표달성 기간을 확실히 단축할 수 있고 어떤 종류의 TOEIC방식 일본어능력 검정시험에도 대비할 수 있도록 하였습니다. 목표달성 JPT770점은 500~700점대를 목표로 하는 초·중급자, 목표달성 JPT990점은 700~만점을 목표로 하는 중·상급자 대상입니다. 각각 3회분의 예상문제가 수록되어 있습니다.

사람 in 일·본·어·시·리·즈

일본어 능력시험의 달인이 되는 법 1급 / 2급 / 3.4급
저자 : 1급 / 2급 신현정 · 3 · 4급 김지민 | 가격 : 16,000원 / 15,500원 / 17,000원

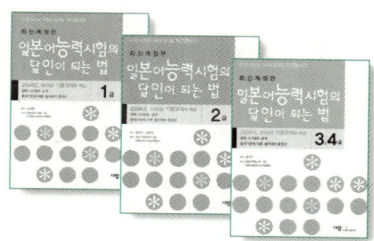

지난 10여년 간의 시험문제 완전분석, 출제 경향, 출제 유형 분석과 아울러 시험 대비에 필요한 분야별, 문제별 필수 어휘 / 청해표현 / 필수문형 / 부사분석 / 기타 조사 조동사 · 관용구 · 경어 등의 총정리는 물론 최근 2개년의 기출문제와 해설, 청해 스크립트 등, 일본어 능력시험 고득점 합격에 필요한 모든 것을 담았습니다.

점수upJPT 문법 · 독해 / 청해
저자 : 문법 · 독해 김기범/청해 김유영/김기범/다카하시 하루코 | 가격 : 10,800원 /가격 : 15,600원(테이프 3개 포함)

고도의 집중력과 빠른 스피드가 필요한 JPT시험에서 실력을 향상시키고 요령을 습득시켜 점수를 확 끌어올리게 하는 파트별 트레이닝 시리즈 점수upJPT!
문법 · 독해(오문정정 100문제 / 최신 예상문제 3회분)와 청해(질의응답 10회분 / 실전모의고사)를 집중적으로 훈련하여 실력 향상에 도움을 줍니다. 최신경향에 맞춘 철저한 문제분석과 각 파트별 문제풀이 요령, 청해 스크립트 해설을 통해 자신감을 높이고 실력을 탄탄히 만들어 줍니다. 어려웠던 취약부분만을 골라 실력을 트레이닝 시키는 실전을 위한 훈련서! 이제 까다로운 JPT 파트에 자신 있게 도전해 보십시오.

커뮤니케이션일본어시리즈

커뮤니케이션 일본어 1·2

저자 : 박 순애 / 나고 마리 | 가격 : 각 권 9,600원 (각 테이프 1개+펜맨십 포함)

일본어 학습 초보자가 그 즉시 일본어의 종합적인 커뮤니케이션 능력을 향상시킬 수 있도록 개발한 교재입니다. 활발한 교실활동으로 즐거운 수업이 되도록 하였으며, 높임말과 낮춤말을 동시에 배울 수 있도록 하였습니다. 또한 다양한 프로그램으로 문법까지도 입을 사용해서 적극적으로 학습하도록 구성했습니다.

커뮤니케이션 일본어 회화 스타트 〈초·중급회화 과정〉

저자 : 박 순애 / 나고 마리 | 가격 : 9,800원 (테이프 1개 포함)

기초과정을 마친 학습자가 본격적으로 커뮤니케이션을 위한 회화 운용 능력을 길러가는 단계의 교재로서 각 토픽을 통한 문형 표현연습과 롤플레이, 리스닝 등의 과정이 재미있는 상황설정과 함께 1과부터 8과까지 연결되는 이야기 전개로 토픽을 빠짐없이 밟아간다면 회화수업의 진행에 있어서 더욱 활기를 불어넣을 수 있습니다.

커뮤니케이션 일본어 회화 중급 챌린지 〈중급 회화〉

저자 : 박 순애 / 세키 요코 | 가격 : 9,800원 (테이프 1개 포함)

기초회화 과정을 어느정도 습득한 학습자들을 대상으로 중급수준의 듣고, 읽고, 쓰고, 말하기의 커뮤니케이션 능력향상을 목표로 트레이닝할 수 있도록 구성했으며 일본어다운 회화 표현으로 가장 자연스러운 일본어 회화 학습이 될 수 있도록 했습니다. 표현의 흐름을 formal, informal의 두가지 형태로 플로우차트를 만들어 마치 캐치볼을 하듯이 자연스럽게 커뮤니케이션하는 흐름을 파악하는데 주안점을 두었으므로 학습해가는 동안 일본어 능력이 한결 매끄러워집니다.

사람 in 일·본·어·시·리·즈

커뮤니케이션 일본어 회화 중급마스터 〈중·상급회화 과정〉
저자 : 박순애 / 오히라 요시카즈 | 가격 : 10,600원 (테이프 1개 포함)

중·상급과정의 학습자가 보다 고급스러운 일본어 표현을 익히는 단계의 교재로서 9개의 토픽으로 나누어 학습자들이 일상생활에서 부딪힐 수 있는 장면을 의도와 흐름에 맞게, 상황과 상대방의 관계에 맞춰 적절한 표현을 구사하고 연출해 일본어 운용능력을 세련되고 품위있게 다듬어 업그레이드 시켜가는 과정입니다.

커뮤니케이션 일본어 회화 고급점프 〈상급회화 과정〉
저자 : 박순애 / 다카하시 마리코 | 가격 : 10,600원 (테이프 1개 포함)

최근의 여러 가지 사회현상을 중심으로 한 자료와 정보를 근거로 하여 시사문화적 독해문을 통한 깊이있는 고급문형 문법, 자연스런 회화문을 통한 청해, 주어진 테마에 대해 자신의 의견교환을 통한 회화, 국내저작자의 작품을 일본어로 옮겨보는 작문노트를 통한 종합적인 일본어능력을 향상시킬 수 있도록 한 종합일본어 학습서입니다.